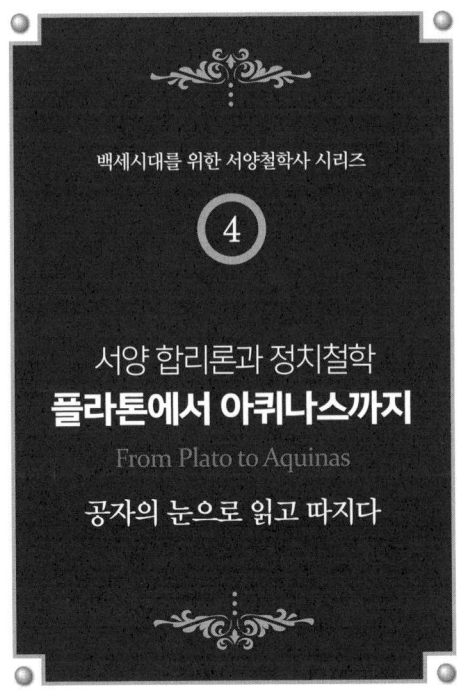

백세시대를 위한 서양철학사 시리즈

④

서양 합리론과 정치철학
플라톤에서 아퀴나스까지
From Plato to Aquinas

공자의 눈으로 읽고 따지다

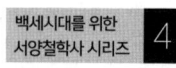

서양 합리론과 정치철학 **플라톤에서 아퀴나스까지**

공자의 눈으로 읽고 따지다

초판	1쇄 인쇄 2025년 4월 17일
	1쇄 발행 2025년 4월 18일

지은이	황태연
펴낸이	김영훈
펴낸곳	생각굽기
출판등록	2018년 11월 30일 제 2018-000070호
주 소	(07993) 서울 양천구 목동로 230 103동 201호
전 화	02-2653-5387
팩 스	02-6455-5787
이메일	kbyh33@naver.com

ⓒ 2025, 황태연

* 책값은 뒤표지에 있습니다.
* 잘못된 책은 바꾸어 드립니다.
* 이 책의 내용은 저작권법의 보호를 받는 저작물이므로 무단 전제 및 복제를 금합니다.
* 이 책의 본문은 ㈜한글과컴퓨터의 '함초롬' 서체를 사용하였습니다.

ISBN 979-11-989095-3-4

백세시대를 위한 서양철학사 시리즈

서양 합리론과 정치철학
플라톤에서 아퀴나스까지
From Plato to Aquinas

공자의 눈으로 읽고 따지다

지은이 황태연黃台淵은 서울대학교 외교학과를 졸업하고, 같은 학과 대학원에서 「헤겔에 있어서의 전쟁의 개념」으로 석사학위를 받고, 1991년 독일 프랑크푸르트 괴테대학교에서 『지배와 노동(Herrschaft und Arbeit)』으로 박사학위를 받았다. 그는 1994년 동국대학교 정치외교학과 교수로 초빙되어 30년 동안 동서양 정치철학과 정치사상을 연구하며 가르쳤다. 그러다 2022년 3월부로 명예교수가 되었다. 그는 지금도 동국대학교 학부와 대학원에서 강의를 계속하며 집필에 매진하고 있다.

그는 근 반세기 동안 동서고금의 정치철학과 제諸학문을 폭넓게 탐구하면서 동·서양 정치철학과 정치사상, 그리고 동서통합적 도덕·정치이론에 관한 연구에 헌신해 왔다. 그는 반세기 동안 총 87권(저서 49부작 75권+역서 12권)의 책을 썼다.

그는 서양정치 분야의 연구서로 *Herrschaft und Arbeit im neueren technischen Wandel*(최신 기술변동 속의 지배와 노동, Frankfurt/Paris/New York: 1992), 『환경정치학』(1992), 『포스트사회론과 비판이론』(공저, 1992), 『지배와 이성』(1994), 『분권형 대통령제 연구』(공저, 2003), 『계몽의 기획』(2004), 『서양 근대정치사상사』(공저, 2007), 그리고 본서 『서양 경험론과 정치철학』의 연작에 속하는 『베이컨에서 홉스까지』(2024), 『로크에서 섀프츠베리까지』(2024), 『데이비드 흄에서 다윈까지』(2024) 등 여러 저서를 출간했다.

Profile

황태연 黃台淵

동서통합적 연구서로는 『감정과 공감의 해석학(1, 2)』(2014-15)과 『패치워크문명의 이론』(2016)을 냈고, 2023-24년에는 『놀이하는 인간』(2023), 『도덕의 일반이론(상·하)』(2024), 『정의국가에서 인의국가로(상·하)』(2025), 『예술과 자연의 미학』(2025) 등을 출간했다. 공자철학과 공자철학의 서천西遷에 관한 연구서로는 『실증주역(상·하)』(2008), 『공자와 세계(1-5)』(2011), 『공자의 인식론과 역학』(2018), 『공자철학과 서구 계몽주의의 기원(1-2)』(2019), 『근대 영국의 공자숭배와 모럴리스트들(상·하)』(2020·2023), 『근대 프랑스의 공자 열광과 계몽철학』(2020·2023), 『근대 독일과 스위스의 유교적 계몽주의』(2020·2023), 『공자와 미국의 건국(상·하)』(2020·2023), 『유교적 근대의 일반이론(상·하)』(2021·2023) 등을 냈다. 그리고 『공자의 자유·평등철학과 사상초유의 민주공화국』(2021)에 이어 『공자의 충격과 서구 자유·평등사회의 탄생(1-3)』(2022)과 『극동의 격몽과 서구 관용국가의 탄생』(2022), 『유교제국의 충격과 서구 근대국가의 탄생(1-3)』(2022) 등을 연달아 공간했다. 공자관련 저서는 15부작 전29권이다.

한국정치철학 및 한국정치사·한국정치사상사 분야로는 『지역패권의 나라』(1997), 『사상체질과 리더십』(2003), 『중도개혁주의 정치철학』(2008), 『조선시대 공공성의 구조변동』(공저, 2016), 『대한민국 국호의 유래와 민국의 의미』(2016), 『갑오왜란과 아관망명』(2017), 『백성의 나라 대한제국』(2017), 『갑진왜란과 국민전쟁』(2017), 『한국 근대화의 정치사상』(2018), 『일제종족주의』(공저, 2019·2023), 『사상체질, 사람과 세계가 보인다』(2021·2023), 『대한민국 국호와 태극기의 유래』(2023), 『한국 금속활자의 실크로드』(2022)와 『책의 나라 조선의 출판혁명(상·하)』(2023), 『창조적 중도개혁주의』(2024), 『사상가 김대중』(편저, 2024) 등 여러 연구서를 냈다.

해외로 번역된 저자의 책으로는 중국 인민일보 출판사가 『공자와 세계』 제2권의 대중보급판 『공자, 잠든 유럽을 깨우다』(2015)를 중역中譯·출판한 『孔夫子與歐洲思想啟蒙』(2020)이 있다.

최근 저자는 「서양 합리론과 정치철학」 연작 6권의 집필을 마치고, 이어서 『공감적 해석학과 공감장의 이론』 원고를 방금 탈고했다. 현재 저자는 이 책들을 집필하느라 한동안 중단했던 '100년 한국현대사'의 연구로 다시 돌아갔다.

2018년부터 유튜브 "황태연아카데미아"를 통해 위 저서들과 관련된 대학원 강의를 시청할 수 있다. - 편집부 -

책머리에

　전 6권으로 이루어진 이「서양 합리론과 정치철학」시리즈의 집필과 공간公刊으로 고대에서 현대까지 서양 철학자들의 모든 철학사상을 공자의 눈으로 읽고 따지는 전 9권의 〈백세시대를 위한 서양철학사 시리즈〉는 완결된다. 14명의 서양 경험주의 철학자들과 경험과학자들이 전개한 경험론과 정치철학을 공자의 눈으로 읽고 따지는 전 3권의「서양 경험론과 정치철학」은 2024년 이미 완간되었다. 참고로 14명의 서양 경험론자와 경험과학자의 원전을 읽고 논한「서양 경험론과 정치철학」의 연작 3권은 다음과 같다.

　　제1권『베이컨에서 홉스까지』
　　제2권『로크에서 섀프츠베리까지』
　　제3권『데이비드 흄에서 다윈까지』

따라서 이 전 6권의 '서양 합리론과 정치철학'은 저 「서양 경험론과 정치철학」 연작 3권의 자매편인 셈이다. 「서양 합리론과 정치철학」 연작 6권은 다음과 같다.

제4권 『플라톤에서 아퀴나스까지』
제5권 『밀턴에서 데카르트까지』
제6권 『라이프니츠에서 루소까지』
제7권 『칸트에서 헤겔까지』
제8권 『마르크스에서 쇼펜하우어까지』
제9권 『니체에서 하버마스까지』

이 「서양 합리론과 정치철학」 연작 6권은 소크라테스·플라톤·아리스토텔레스에서 현대의 마르크스·쇼펜하우어·니체·하버마스에 이르기까지 총 20명의 서양 합리론자들의 인식론과 정치사상을 공자의 관점에서 분석한다. 독자는 서양의 모든 경험론자(14명)와 합리론자(20명) 도합 34명이 집필한 6백여 권의 서양 철학 원전을 70분의 1로 압축한 전 9권의 〈백세시대를 위한 서양철학사 시리즈〉만 읽으면 거의 모든 서양 철학자의 인식론과 정치철학을 익히 통달할 수 있다. 그리고 이 시리즈 9권을 다 독파하는 데는 9개월이면 족할 것이다.

이 9권의 시리즈가 자부할 것은 소소하게 많지만, 이 시리즈가 진짜 자부하는 바는 기실 다른 데 있다. 이 서양철학사 시리즈는 저자가 1974년 대학 1학년 때 플라톤의 『향연』을 꼼꼼히 읽고 요약문을 철학개론 수업시간에 발표한 것을 시작으로 이 '백세시대를 위한 서양철학사 시리즈'에 등장하는 총 34명 철학자의 6백여 권의 원전을 반세기 동안 모조리 정독하고 저술한 것이다. 이 오랜 독서와 연구는 저자가 그간 저술한 84권의 저서에 흩어져 있다. 따라서 이 방대한 서양철학사 시리즈를 집필하는 작업은 이 흩어진 연구들을 **빠짐없이** 찾아 집대성하는 과정이었다. (이 '서양철학사 시리즈'에 집대성된 글들의 출처는 일부 밝히기도 했지만 구차하게 느껴져서 일일이 밝히는 것을 생략했다.) 따라서 이 시리즈는 36명의 철학자가 평생 저술한 6백여 권의 영어·프랑스어·독어·한문 원전 전집들을 저자가 그리스어·라틴어 원전인 경우에는 일일이 원문을 찾아 대조하면서 청년기 글에서 노년기의 작은 글 조각에 이르기까지 구석구석 꼼꼼하게 정독하고 정확하게 따져서 집필한 세계 최초의 서양철학사라고 자부한다. 그간의 보통 서양철학사 저서들은 몇몇 철학자들이 쓴 소수의 주요 원전만 읽고 나머지 철학자들의 원전은 직접 읽지 않은 채 남들이 쓴 글을 발췌해 실어놓았다. 헤겔의 '철학사강의'가 그렇고, 버트런드 러셀의 '철학사'가 그렇다. 그래서 아무리 읽어도 이해할 수 없었다. 아니면 수많은 전문가의 글을 모아 편찬한 철학사나 사상사였다. '케임브리지·옥스퍼드 *Companion* 철학사'가 그렇고 이링 페처·뭥클러의 사상사 핸드북이 그렇다. 이런 까닭에 이런 철학사·사상사 시리즈들은 관점의 일관성과 연속성을 잃어서 중구난방이다. 그러나 이 〈백세시대를 위한 서양철학사 시리즈〉는 한 저자가 '공자의 눈'으로 일관되게 읽고 저술했으므로 글의 흐름이 연속적이고, 또 저자가 모든 원전을 직접 읽고 썼기 때문에 서술 내용이 정확하고 정통적이며, 서양 철학자들의 말을 직접 듣고 있는 듯이 생생하고 구체적이어서 이해하기 쉽다.

*****

서양 경험론과 합리론은 서로 영향을 주고받지 않은 채 서로에 대해 비판과 배척으로 일관하며 각기 자기 계통의 논의만을 계승해 왔다. 이 때문에 이 〈서양철학사 시리즈〉에서는 서양의 인식론과 정치철학을 이렇게 경험주의와 합리주의를 구분하여 그 전통에 따라 따로 논했다. 서양철학사를 이렇게 구분해서 논하면 두 계열의 철학이 지닌 연속성을 일목요연하게 보여줄 수 있다. 합리론은 경험론의 강점을 수용하는 경우에도 곧 경험론에 대한 비판으로 선회하여 더 철저한 합리론적 형이상학으로 되돌아갔다. 가령 임마누엘 칸트가 그러했다. 그는 데이비드 흄의 경험주의적 합리론 비판을 잠시 수용했으나 다시 흄의 경험론을 '회의주의'로 비난하고 나서 '순수이성 비판'이라는 양두구육羊頭狗肉의 간판 아래 미분화된 '표상(Votstellung)' 개념으로 '인상(impression)'과 '관념(idea)'의 차이, 곧 느낌(feeling)과 생각(thinking)의 차이를 뭉개버리고, '경험' 또는 '경험지식'까지도 '지성(Verstand)'의 작용으로 둔갑시킨 합리론적 인식론을 시대착오적으로 '신장개업'했고, 사단지심四端之心의 도덕감정과 도덕감각, 곧 감성적 '양심'을 경험적인 것으로 배격한 이성 법칙적 도덕 형이상학을 구축했다. 이런 까닭에 그는 우리의 가슴속에 가장 가까이 품고 있는 바로 그 '양심'을 실천이성적 도덕법칙으로 둔갑시켜 "별이 총총한 하늘"만큼 멀리 떨어진 신비 현상으로 만들었다.

경험론과 합리론이 이처럼 상호 대립하고 배척해 온 까닭에 기존의 철학사처럼 서양철학을 시대순으로 전개하면 합리론자 데카르트 다음에 경험론자 홉스, 경험론자 홉스와 로크 다음에 합리론자 라이프니츠, 라이프니츠 다음에 다시 경험론자 흄과 애덤 스미스, 흄과 스미스 다음에 합리론자 칸트, 칸트 다음에 경험론적 도덕감각 학파와 철두철미한 경험론자 찰스 다윈을 취급하는 식으로 철학사상사가 단절과 단절을 면치 못하고 이 단절들을 맥락 없이 기계적으로 붙여놓을 수밖에 없게 된다. 이러면 보통 철학사 서술은 뒤죽박죽 철학사가 되고 마는데, 기존의 철학사 책들이 대개 그렇다.

서양 경험론 시리즈 3권에 이은 서양 합리론 시리즈 6권, 즉 이 9권의 서양철학사 시리즈의 저술로 서양에서 2500년간 전개된 모든 경험론·합리론 철학과 정치사상을 '공자의 눈으로 읽고 따지는' 작업이 완결되었다. 지금까지 동서양 학계에서 아무도 '공자의 눈'으로 서양철학과 정치사상을 전면적·총체적으로 비판하지 않았고, 또 비판하려고 시도하지도 않았다. 동아시아에서도 20세기 이래 그저 공자 배격과 서양 맹종만이 계속되어 왔을 뿐이다. 종래 동아시아의 철학자와 사상가들은 대개 이런 어리석고 무지몽매한 행태를 반복해 왔다. 동아시아 학자들의 공자 연구와 서양 이해는 일천하면서도 서양을 맹종하는 외눈박이들이 무대를 지배하고, 구석으로 밀려난 한 무리의 동양 철학자들은 여전히 성리학만 되뇌는 식으로 복고적인 까닭이다. 여기에는 3대 인구어(영어·독어·프랑스어)와 한문을 동시에 읽을 줄 아는 학자나 공자철학과 서양철학, 이 동서의 두 철학에 다 능통한 철학자가 단 한 명도 없었던 탓도 있다.

이 서양 합리론과 정치철학을 서술하는 6권의 서양철학사 시리즈는 서양의 합리주의 인식론과 정치사상을 공자의 눈으로 읽고 따지는 저작들이다. 그런데 이에 필요한 공자철학의 정확하고 정교한 이해와 고도의 지식이 준비되어 있는가? 공자철학에 대한 동양 철학계의 논의가 거의 다 성리학에 의해 오염되어 있어 대개 함량 미달이거나 오류투성이기 때문에 하는 말이다. 이런 까닭에 저자는 기존의 경전 해석들을 다 물리치고 지난 30여 년 동안 독자적으로 정확하고 정교한 공자해석을 수행하고 현대화하여 이미 일련의 공자 연구서를 공간했다. 『공자의 인식론과 역학:

지물知物과 지천知天의 지식철학』,『공자의 자유·평등철학과 사상초유의 민주공화국』,『감정과 공감의 해석학: 공자윤리학과 정치철학의 심층이해를 위한 학제적 기반이론(1-2)』,『공자철학과 서구 계몽주의의 기원(1-2)』,『근대 영국의 공자 숭배와 모럴리스트들(상·하)』,『근대 프랑스의 공자 열광과 계몽철학자들』,『근대 독일과 스위스의 유교적 계몽주의』,『공자와 미국의 건국(상·하)』,『유교적 근대의 일반이론(상·하)』,『공자의 충격과 서구 자유·평등사회의 탄생(상·중·하)』,『극동의 격몽과 서구 관용국가의 탄생』,『유교제국의 충격과 서구 근대국가의 탄생(상·중·하)』,『도덕의 일반이론: 도덕철학에서 도덕과학으로(상·하)』,『정의국가에서 인의국가로: 국가변동의 일반이론(상·하)』 등 18부작 전 35권이 모두 그런 차원의 공자 저서들과 공자 관련 연구서들이다.

　공자철학과 중국제국의 유교적 정치문화는 고대로부터 서양의 철학과 정치사상에 대해 강력한 영향을 미쳤다. 공자철학은 특히 서양 경험론 철학에 그야말로 '본질 구성적인(constitutive)' 영향을 미쳤다. 이에 대해서는 서양 경험론과 정치철학에 관한 3권의 시리즈의 서론에서 종합적으로 다루었다. 서양 합리론에 대한 공자철학의 영향은 그렇게 본질적이지 않았지만, 소크라테스와 플라톤의 고대 그리스 철학과 바로크 사상, 그리고 계몽주의 시대의 합리주의 철학과 정치사상에 간과할 수 없는 영향을 미쳤다. 공자철학을 배격하거나 외면한 서양 합리론 철학은 스토아·교부·스콜라철학, 그리고 칸트·피히테·헤겔·마르크스·니체 등의 19세기 독일철학이었다. 이 합리론 철학들은 모두 이성과 과학숭배주의로 인해 사특함이 가득해서 "투쟁유일주의(Kampfsingularismus)"에 무젖고 자연과 인간에게 파괴적 성향으로 점철되었다. 반면, 공자철학을 부분적으로 수용하여 이성의 독단과 폭주를 얼마간 완화하고 제한한 아리스토텔레스·라이프니츠·루소·쇼펜하우어 등의 일부 합리론 철학들은 사특함이 비교적 덜했고 어느 정도로는 친親인간적이었다.

소크라테스와 플라톤의 철학에 대해서는 불교(힌두교)와 유교가 둘 다 영향을 미쳤는데 그 결과는 위조와 변조가 섞여서 아주 양가치적이었다. 그럼에도 그들에 대한 불교·유교의 영향은 서양 합리주의 계열의 철학사조 안에서 예외적으로 상당히 본질적인 것이었다. 소크라테스·플라톤의 여러 대화편에 출몰하는 윤회(팔린게네시스)·정화(카타르시스)·해탈(뤼시스) 등의 힌두·불교사상, 이 가운데 특히 윤회사상은 그들의 상기설적 인식론의 본질적 기반이 되어 있다. 그리고 그들은 인도를 통해 유교의 사덕론四德論도 받아들여 변조했다. 플라톤은 공맹의 사덕(인·의·예·지)에서 사랑(仁)을 빼고 지혜와 정의의 두 덕목만 취해 각각 사덕의 상석과 말석에 배치하고 예법을 '절제(소프로쉬네, σωφροσύνη)'로 바꿔 제3석에 두고 용기를 끌어들여 차석에 둠으로써 지혜·용기·절제·정의 순서의 새로운 사덕론으로 리메이크했다. 그리고 소크라테스와 플라톤은 지식 탐구를 '지물知物'에서 '지인知人'으로 전환한 공자의 철학 혁명을 모방해 "너 자신을 알라"는 명제와 함께 철학의 주主 대상을 자연에서 인간으로 바꾸었다. 소크라테스와 플라톤이 힌두·불교와 유교를 수용하는 이 과정에서 공히 놓치거나 배제한 것은 바로 '자비'와 '인仁'으로 개념화된 '사랑'(인간사랑과 자연사랑)이었다.

이런 까닭에 고대 이래 서양은 사랑을 잊고 '정의의 주먹', '정의의 칼'로 정의만을 추구하는 전쟁상태의 세계였다. 이런 전쟁상태의 적대 세계에서는 예수가 인도에서 가져온 사랑(자비)의 교설도 간단히 무력화되었다. 힌두·불교의 자비 사상이 뿌리내리기에는 유대 땅은 너무 척박했던 것이다. 구약에는 이웃사랑도 '거의' 나오지 않고, 심지어 십계명도 사랑을 빼먹고 있다. 이 때문에 구약과 플라톤 철학은 연합해서 신약의 사랑 설교를 무력화시켜 '기독교'를 '유대교'로 다시 변질시킨 신新플라톤주의 신학과 교부철학을 산출했다. 중세는 신플라톤주의적 교부철학의 지배 아래 구약이 신약을 제압하는 암흑시대였다. 오늘날도 이것은 기독교를 창시한 예수보다 유대교도였던 마리아를 앞세우고 '성모'로 숭배하는 가톨릭의 종교 관행과 교리에서 여실히 드러난다. 그러나 염주 사용, 입으로 중얼대는 독경, 독신 수도승·탁발승 제도, 불상 숭배를 본뜬 마리아상 숭배 등 가톨릭의 예배 의식과 제도에는 불교의 영향이 뚜렷하다. 물론 예수교에도 예수신성론神性論과 예수 부활·예수 재림·천년왕국설 등은 힌두·불교의 아바타·윤회 이론을 수용해 변조한 것이다.

동서를 연결한 13-14세기의 팍스 몽골리카(Pax Mongolica) 덕택에 동방과의 교역로가 활짝 열리게 된 르네상스·바로크 시대에 들어서서는 공자철학이 교부·스콜라철학(특히 가톨릭 정치사상)에 대해서도 영향을 미치기 시작했다. 뷰캐넌·벨라르민·수아레스·밀턴 등 바로크 신학자들의 유사類似인민주권론과 폭군방벌·이단군주폐위론 및 자연적 자유평등론 등은 유교적 반정反正·역성혁명론·민유방본론民惟邦本論(민본주의)·무위이치無爲而治·백성자치·성상근론性相近論 등을 수용한 것이다. 바로크 시대에 태동한 이 폭군방벌론과 유사類似인민주권론은 계몽시대에 민주주의·시민혁명론으로 발전한다.

그리고 공자철학과 유교적 정치문화는 존 밀턴, 푸펜도르프, 라이프니츠, 크리스티안 볼프 등으로 대표되는 바로크·계몽시대 합리론자들의 철학에 대해 상당한 영향을 끼쳤다. 이 네 명의 철학자들은 합리주의자들임에도 모두 공자를 애호하고 중국에 열광했다. 그러는 가운데 그들은 공자의 '군자치국론'을 플라톤의 '철인치자론'으로 오해하기도 하고, 라이프니츠와 볼프의 경우에는 말년에 공자와 중국의 '서술적序述的 경험론'으로 기울어지기도 했다.

독일철학의 주도권이 공자찬양자 볼프로부터 칸트로 넘어간 18세기 말엽부터 유럽대륙에서 합리주의가 석권하면서 유럽대륙은 20세기까지 '반민주 독재'(프로이센 군국주의, 나치즘, 파시즘, 팔랑헤주의, 공산주의, 포르투갈·스페인·그리스의 극우 독재)로 치달았다. 18세기 말부터 이미 칸트는 공자와 중국 문명을 맹렬하게 비방하기 시작했고, 칸트의 수강생 요한 헤르더도 한때 중국을 살아있는 "미라(Mumie)"라 조롱했다. (그러나 칸트의 합리론을 버리고 감성적 경험론자로 변신한 헤르더는 말년에 관점을 완전히 바꿔 공자와 중국문화를 죽을 때까지 예찬했다.) 칸트는 칸트주의자들이 계몽주의를 비판적으로 종합한 철학자로 '잘못' 홍보해 왔으나 실은 계몽 이념을 왜곡·변질시킴으로써 도도한 계몽의 과정을 중단시킨 대표적 반反계몽주의자, 바로 공언무실空言無實한 형이상학적 '몽매주의자(obscuratist)'였다.

가령 계몽 이념은 본래 몽매한 세상을 밝혀 인간을 억압·빈곤·무지·미신으로부터 해방하여 인간과 인간 사회를 자유롭게 하는 객관적·세계 변혁적 인간해방 기획이었다. 그러나 칸트는 이 객관적·세계 변혁적 계몽 이념을 "자기귀책적 미성년성을 탈피할 용기"라는 개인의 내심 문제로 내면화시켜 결국 모호한 주관적 흰소리로 변질시켜 몽매화했다. 이로써 그는 대륙에서 '계몽주의 혁명'을 저지하려고 했다. 물론 그의 이 반동적 기도는 성공할 수 없었다.

카를 마르크스는 『공산당선언』(1848)에서 "부르주아지의 상품의 저렴한 가격이 모든 중국장벽을 철저히 파괴하고 야만인들의 완고한 외국인 증오를 굴복으로 강요하는 중重대포다"라고 호언하면서 중국인을 '야만인'으로 취급했다. 또 막스 베버는 '서구 합리주의'를 기준으로 공자철학과 중국의 유교문화를 비판하고 중국의 자본주의 불가론을 강변했다. 그러나 웬걸 중국은 마르크스가 절대시한 기계적 '공장자본주의'나 베버가 중시한 합리적 자본회계의 '기업자본주의'(이윤율을 하락시키는 불변자본 폭증의 노동 절약적 생산방식)를 우회하여 이윤율 하락을 모르는 자본 절약적 '자호字號상인 주도의 네트워크 생산방식'(1970년대 이후 미국의 '브랜드 상인[이른바 빅 바이어]' 주도의 네트워크 생산방식'과 유사)을 통해 선진적 자본주의를 발전시켜 1920년대부터 다시 세계 4대 무역 대국으로 부상했다.

서양 합리주의 철학들은 이렇듯 이론적 오류와 사특한 비방으로 점철되었다. 그러나 합리주의는 오류와 비방으로 그친 것이 아니라, 그릇된 정치철학으로 유럽을 실제로 멸망시키기도 했다. 서양 합리주의는 지식인·학자의 이성적으로 체계화된 지식 관점에 서서 인간의 주된 본성을 이성으로 보는 조선의 성리학과 유사한 철학이다. 그러나 세상 사람들은 이성적이기보다 감성적으로 행동하고, 운동선수는 몸으로 한다. 체육학 학자가 운동선수의 바른 신체 동작을 이성으로 이론화하더라도 체육학의 체육은 '이성의 사실'이 아니라 '육체의 사실'이다. 그러나 합리주의자들은 세상의 움직임을 이론화하고 나서 세상을 '이성의 사실'로 안다. 그러나 체육이 아무리 이론화되더라도 '이성의 사실'이 아니듯이 인간들의 행동으로 돌아가는 이 사회 세계도 '이성의 사실'이 아닌 것이다. 이 세계는 감성적 행동과 공감적 커뮤니케이션의 세계이고, 여기서 이성은 흄의 명제대로 감성의 노예일 뿐이다. 그러나 합리주의자들은 저런 지식인적 자기기만과 오인誤認 구조에서 반대로 생각한다. 그래서 "합리주의는 지식인의 아편"이라고 하는 것이다.

고려 말에 일어난 안향·정몽주 중심의 조선 성리학자들은 또 다른 성리학자 정도전이 도륙해 버렸다. 그러나 성리학자 집단의 나머지 절반인 정도전 중심의 성리학자 무리는 태종 이방원이 도륙해 버렸다. 이후 인조 때(1595-1649)까지 무려 250년 동안 성리학은 조선에서 중앙 정계에 발도 못 붙였고 주희가 지은 '소학'과 '근사록'조차도 조광조의 도학 정치 난동 이후 선조 즉위년까지 판금 당했다. 송시열이 효종을 끼고 비로소 중앙 정계로 끌어올린 성리학은 이후 숙종·정조·고종의 서원 탄압 속에서도 패권을 유지했다. 그러나 조선 성리학은 조선 후기 250년 동안 유교 사상을 왜곡시키고 결국 조선을 멸망시켰고 이후 스스로 친일화親日化되어 사라졌다.

조선 성리학처럼 서양 합리주의는 서양 제국諸國을 두 번이나 멸망시켰다. 합리주의는 소크라테스·플라톤의 지성주의적·반민주적·우생학적 철인치자론과 카스트 분업적 정의론, 데카르트의 단독적 철인입법자론, 칸트의 철인군주론과 사이코패스적 도덕형이상학, 헤겔의 이성국가론과 게르만지배민족론, 마르크스와 엥겔스의 '과학적' 사회주의·계급투쟁론·승자정의론·프롤레타리아독재론, 니체의 '과학적' 인종주의·철인총통론·인종전쟁론, 스탈린의 철인서기장론(아류로서 모택동의 철인주석론, 김일성의 철인수령론) 등으로 서양제국諸國을 계급독재와 파쇼독재로 왜곡시키고 서양 민주주의를 완전히 파괴했다. 반면, 공자의 '서술적 경험론'의 영향으로 탄생한 베이컨 이래의 서양 경험론, 곧 영·미의 '비판적 경험론'

은 유럽대륙의 합리론 철학과 형이상학을 분쇄하고 영·미 제국諸國의 철학사상을 '경험과학'으로 격상시킨 데 이어 유럽과 동아시아를 파쇼독재와 계급독재로부터 구해내 민주화했다.

이런 민주와 반민주의 대립적 정치 사조는 상호 대립하는 경험주의 인식론과 합리주의 인식론에 기인했다. 경험주의 인식론은 대중적 경험(집단적 지식의 여론과 민심)을 합리적 지식에 앞세우는 반면, 합리주의 인식론은 대중의 경험적 인식으로서의 여론과 민심을 불합리한 '동물적 인식'으로 무시하고 철학자의 이성적 인식만을 진리로 간주하기 때문이다.

경험론은 인간의 절대지絶對知를 부정하고 "하늘조차도 우리 백성을 통해 보고 우리 백성을 통해 듣듯이(天視自我民視 天聽自我民聽)" 대중의 광범한 집단적 경험(博學·多聞多見)을 최고의 개연적 지식(probability)으로 중시하는 명제를 인식론의 금과옥조로 삼는다. 이 때문에 경험론적 정치철학은 대중의 집단적 경험으로서의 민심과 민의(국민의 집단적 지성과 견해)를 하늘처럼 받들고 따라서 본질적으로 민주주의와 친화적일 수밖에 없다. 반대로 합리론은 단독적 개인의 천재적 지성(=이성)을 금과옥조로 삼고 백성의 집단적 인식을 '동물적 인식'(라이프니츠) 또는 '이성의 가상假像'(der Schein der Vernunft, 헤겔)으로 깔본다. 이 때문에 합리론은 본질적으로 반민주적일 수밖에 없다. 여기서 주목해야 하는 것은 '민주정치론'과 '반민주 독재론'이 궁극적으로 제각기 경험론과 합리론의 대립적 '인식론'에 뿌리박고 있다는 것이다.

공자의 눈으로 서양 합리주의 인식론과 정치사상을 읽고 따지는 이 6권의 시리즈는 역사적으로 '과학적' 사회주의와 '과학적' 인종주의, 공산·

파쇼독재의 이론을 산출한 서양 합리론에 대해 근본적으로 비판적일 수밖에 없다. 이 서양 합리론 시리즈는 인류를 두 번이나 세계대전으로 몰아넣고 반민주 독재체제를 통해 수많은 인명을 앗아간 합리주의의 사특한 반인간성과 반민주적 악마성을 낱낱이 드러낼 것이다. 독자들은 이 시리즈에서 독자의 목전에 전시될 적나라한 합리주의 논변과 주장 자체를 통해 여러 합리주의 철학의 공통된 반인간적 악마성과 사특한 반민주성을 여실히 명찰하게 될 것이다.

이 책은 이제 저자의 손을 떠나기 때문에 사색하는 독자를 만나 무두질 당하는 일만 남았다. 독자의 새삼스런 관심과 깊은 이해를 고대한다.
끝으로, 필자의 여러 책을 정성껏 제작해 온 데에 이어 이 시리즈를 만드는 데에도 열정과 심혈을 기울여준 김영훈 '생각굽기' 출판사 사장에게 깊은 감사의 마음을 표한다.

2025년 3월 어느 날
인천 송도에서
황태연 지識.

| 백세시대를 위한 서양철학사 시리즈 **4** | 서양 합리론과 정치철학 **플라톤에서 아퀴나스까지**
공자의 눈으로 읽고 따지다 |

책머리에 · 7

들어가는 말 · 27

제1장/ 소크라테스와 플라톤의 합리론과 정치사상 · 37

- **제1절/ 철학적 탐구의 대전환: 자연에서 인간으로 · 45**
    - 1.1. 소크라테스의 철학 혁명에 대한 공자의 영향 · 47
    - 1.2. 소크라테스의 '무지의 지'와 '애지자(필로소포스)' · 54
- **제2절/ 소크라테스의 신지神智와 신탁점술의 철학적 위상 · 73**
    - 2.1. 주술과 신탁점에 대한 소크라테스의 믿음 · 73
    - 2.2. 그리스 세계에서 델피신탁의 철학적·정치적 위상 · 83
    - 2.3. 덕행과 신탁의 관계에 대한 소크라테스·플라톤의 견해 · 95
- **제3절/ 이성과 이데아의 인식: 윤회론적 상기설 · 133**
    - 3.1. 이성(지성)과 이데아의 인식 · 133
    - 3.2. 이데아와 중도로서의 '선의 이데아' · 142
- **제4절/ 천재적 '지식의 지배'와 철인치자 · 177**
    - 4.1. '선의 이데아'의 철학적 인식과 철학자의 권력 요구 · 177

C·O·N·T·E·N·T·S 차례

  4.2. 플라톤의 이상국가: 철인치자의 나라 · 181
  4.3. 제가齊家와 치국治國의 관계 · 188
- **제5절/ 공리주의 도덕론과 군사적·공산주의적 정의국가론 · 201**
  5.1. 소크라테스·플라톤의 동정심 없는 공리주의 도덕론 · 201
  5.2. 트라시마코스의 강자정의론과 플라톤의 공리주의적 비판 · 235
  5.3. 재산·처자공유제와 철인치자의 우생학적 군사국가 · 237
  5.4. 분업적 정의론과 카스트 분업적 정의국가론 · 260
  5.5. 중도와 중산층국가론 · 266
- **제6절/ 후기 철학에서 권력 분립적 간접민주주의 기획 · 281**
  6.1. 철인치자의 최종 유형으로서의 '야간국무회의' · 282
  6.2. 권력 분립적 간접민주주의(혼합정체)의 구상 · 305
  6.3. 혼합형 소유제도의 구상 · 309
- **제7절/ 놀이와 예술의 철학 · 319**
  7.1. 놀이의 예비적 고찰 · 320
  7.2. 플라톤의 놀이와 재미의 개념 · 331
  7.3. 소크라테스와 플라톤의 미학 · 338
- **제8절/ 소크라테스와 플라톤의 교육철학 · 357**
  8.1. 교육단계론 · 357
  8.2. 이성적 지식 이론과 천재교육론의 연관 · 381
  8.3. 수호자집단의 남녀평등과 남녀평등교육 · 391

제2장/ 아리스토텔레스의 전지적 자유 지식과 형이상학 · 427

- **제1절/ 이성적 직관과 논증 · 437**
    - 1.1. 유사 경험론과 논란 · 437
    - 1.2. 누스(*νοῦς*, 이성=지성)의 논증적 합리론과 '이성적 직관' · 447
- **제2절/ 무제한적 자유 지식과 전지적 '지식의 지배' · 457**
    - 2.1. '지식을 위한 지식'과 전지주의 · 457
    - 2.2. 전지적 '지식의 지배': 지혜(이성)의 권력 요구 · 463
    - 2.3. 치자로서의 스푸다이오스(현덕자) · 478
    - 2.4. 실체론과 이데아론에 대한 비판 · 484
    - 2.5. 인간 영혼의 구조 · 491
- **제3절/ 중용적 도덕철학과 인의국가론 · 499**
    - 3.1. 아리스토텔레스의 원시적 공리주의 · 500
    - 3.2. 수량적 중도론과 중도윤리학 · 506
    - 3.3. 필리아의 다양한 형태와 이에 따른 국가의 분류 · 525
    - 3.4. 플라톤의 공산국가에 대한 비판 · 553
    - 3.5. 중도 이념과 중산층국가론 · 572
- **제4절/ 아리스토텔레스의 이성신학과 신탁 경시 · 583**
    - 4.1. 아리스토텔레스의 가지론적 이성신학 · 584
    - 4.2. 인간 이성의 신격화와 신탁의 경시 · 594
    - 4.3. 지성주의적 행복론과 비극적 종말 · 604
- **제5절/ 미메시스 미학과 예술론의 파탄 · 629**
    - 5.1. 미메시스와 예술적 아름다움? · 630
    - 5.2. 비非미메시스적 예술의 인정 · 633
    - 5.3. 아리스토텔레스 미학의 오류와 예술론적 파탄 · 635

- 제6절/ 아리스토텔레스의 가부장제적 여가교육론 · 639
  - 6.1. '철학함의 조건으로서의 여가와 수재·천재교육 · 639
  - 6.2. 국민교육과 '3단계 학교' 개념의 결여 · 646
  - 6.3. 합리론적 남존여비론과 남녀불평등교육론 · 647

제3장/ 중세 교부철학과 스콜라철학 · 659

- 제1절/ 아우구스티누스와 교부철학의 탄생 · 663
  - 1.1. 생애와 사상 · 664
  - 1.2. "Si fallor sum"(내가 속는다면 나는 존재한다) · 686
  - 1.3. 감각의 격하, 수의 격상 · 705
  - 1.4. 잠재적 살신殺神과 지성적 지연 지배 · 715
- 제2절/ 토마스 아퀴나스와 스콜라 철학적 정치사상 · 721
  - 2.1. 생애와 사상 · 721
  - 2.2. 아퀴나스의 정치철학 · 739

참고문헌 · 748

서양 경험론과 정치철학 [전 3권]

Series 1

서양 경험론과 정치철학 **베이컨에서 홉스까지**

들어가기/ 공자철학의 서천西遷과 경험론의 세계사적 승리
제1장/ 에피쿠로스의 소박경험론
제2장/ 프랜시스 베이컨의 비판적 경험론
제3장/ 토머스 홉스의 에피쿠리언적 경험론과 정치적 절대주의
제4장/ 리처드 컴벌랜드의 인애적 자연상태론

Series 2

서양 경험론과 정치철학 **로크에서 섀프츠베리까지**

제5장/ 존 로크의 회의주의적 경험론과 근대 정치철학
제6장/ 아이작 뉴턴의 경험론적 자연철학과 과감한 '궐의궐태'
제7장/ 섀프츠베리의 도덕감정론적 도덕과학
제8장/ 프랜시스 허치슨의 경험론적 도덕감각론

Series 3

서양 경험론과 정치철학 **데이비드 흄에서 다윈까지**

제9장/ 데이비드 흄의 '온고지신'과 '비판적 경험주의'
제10장/ 애덤 스미스의 도덕감정론과 시장경제론
제11장/ 찰스 다윈의 경험과학적 인간진화론
제12장/ 현대의 진화론적 경험과학과 메타도덕론

서양 합리론과 정치철학 [전 6권]

Series 4

서양 합리론과 정치철학 **플라톤에서 아퀴나스까지**

제1장/ 소크라테스와 플라톤의 합리론과 정치사상
제2장/ 아리스토텔레스의 전지적 자유지식과 형이상학
제3장/ 중세 교부철학과 스콜라철학

5 Series

서양 합리론과 정치철학 **밀턴에서 데카르트까지**

제4장/ 바로크 정치철학과 근세 자유평등론의 발아
제5장/ 존 밀턴의 유교적 정치철학과 청교도혁명론
제6장/ 스피노자의 범신론적 형이상학
제7장/ 데카르트의 네오-스콜라철학

6 Series

서양 합리론과 정치철학 **라이프니츠에서 루소까지**

제8장/ 라이프니츠의 사변적 형이상학과 경험론적 정치철학
제9장/ 피에르 벨의 회의론적 합리주의와 근대적 관용론
제10장/ 볼테르의 공자 숭배와 근대적 정치철학
제11장/ 루소의 근대적·반근대적 정치·도덕철학

7 Series

서양 합리론과 정치철학 **칸트에서 헤겔까지**

제12장/ 칸트의 인간학적 단잠과 정복적 과학주의
제13장/ 헤겔의 이성숭배와 관념철학

8 Series

서양 합리론과 정치철학 **마르크스에서 쇼펜하우어까지**

제14장/ 마르크스의 자본주의 비판과 과학적 사회주의
제15장/ 쇼펜하우어와 동양철학적 서양합리론

9 Series

서양 합리론과 정치철학 **니체에서 하버마스까지**

제16장/ 니체의 반도덕적 권력의지와 과학적 인종주의
제17장/ 하버마스와 소통이론적 합리주의

정치철학자 **황태연**의

백세시대를 위한 서양철학사 시리즈 [전 9권]

들어가는 말

 이 서양 합리론과 정치철학 시리즈의 주제는 플라톤에서 하버마스까지 서양의 합리주의 인식론과 도덕철학 및 정치사상에 대한 역사적 서술과 비판적 분석이다. 여기서 비판적 분석은 구체적으로 서양의 합리주의 철학사상 전반을 공자의 눈으로 읽고 그 진위와 선악을 따지는 것이다.
 공자 인식론은 '서술적序述的 경험론'이라 하는데,[1] 이 경험론의 두 기둥은 (1) 경험에서 배우고 나서 생각하는 '학이사지學而思之'와, (2) 인지人智로 알 수 없고 그래도 오만하게 안다고 설치면 오류를 범할 수밖에 없는 '의심스러운 것'과 알면 다치는 '위태로운 것'을 비워두는 '궐의궐태闕疑闕殆'다. '학이사지'는 구체적으로 경험을 우선하고 사유를 뒤로하는 '선학이후사先學而後思', 경험을 주로 삼고 사유를 종으로 삼는 '주학이

---

1) 참고: 황태연, 『공자의 인식론과 역학: 지물과 지천의 지식철학』(파주: 청계, 2018), 15-289쪽.

종사主學而從思', 경험을 널리 하고 사유는 신중히 하는 '박학이신사博學而愼思'로 이루어진다. 따라서 '학이사지'는 경험에서 배우고 생각하되, 경험을 위주로 하고 수집된 경험내용을 사유로 일관되게 정리하는 것을 종속적 보조수단으로 활용하여 경험적 사실들을 신사愼思·명변明辨의 지성적 작업으로 '사실의 논리'에 충실하게 일이관지一以貫之로 '서술序述'하는 것, 달리 말하면 명쾌하게 구별하고 연결시켜 '사실의 순서'대로 일관되게 정리하는(체계화하는) 것이다. 이것은 곧 '경험에 충실하게 해석하고 예단과 공상으로 작화作話하지 않는'(述而不作) 방법을 뜻한다. '궐의궐태'는 인간의 지혜로 인식할 수 없을 것으로 '의심되는' 불가지적不可知的 대상들(가령 중력의 원인, 우주의 존재 이유, 신의 유무, 짠맛·매운맛의 원인 등)과, 유전자변형·인간복제·핵폭탄에 관한 지식처럼 알면 오히려 인류와 생물 일반의 존속을 위협할 '위태로운' 지식을 겸손하게 논의에서 제쳐놓는 중도적 회의론을 뜻한다.

'학이사지'와 '궐의궐태'의 겸손한 중도적 인식 방법에 근거한 공자의 '서술적 경험론'의 영향 하에 발전한 서양의 인식론 사조는 프랜시스 베이컨의 『신기관(*Novum Organum*)』(1622)으로부터 시작하여 18세기 이래 만개한 영국의 '비판적 경험론'이다. 합리론적 계몽주의는 감성을 폄하하고 이성을 숭배하여 그 능력을 과도하게 부풀리고 이 부풀려진 이성으로 작화作話된 형이상학적 도식과 합리적 비전을 기준으로 세상을 비판·계몽하려는 거만한 인식론 철학으로서 오히려 이성 숭배적·과학주의적 몽매주의 속으로 침몰한다. 이와 대조적으로 경험론적 계몽주의는 민시민청民視民聽 수준의 대중적 다문다견多聞多見(博學), 곧 박물지적 경험과 여론으로 끊임없이 기존 지식을 교정하고 이 자율 교정된 경험 지식으로 거만한 이성의 이 '형이상학적 단잠'을 깨우고 이성의 형이상학적 작화를 비판하여 이성을 제 자리로 돌려보냄과 동시에 반복과 누적의 감성적(감각적·감정적) 경험(다문다견의 박학)을 인식의 기본으로 격상시키고 또한 비판적으로 지성에 의해 '신사愼思·명변明辨'한다는 점에서 '이중적 비판'(다문다견을 통한 자율교정과 독단적 이성의 작화에 대한 경험의 비판)의 인식론이다. '이중적 비판'이란 다문다견의 경험(박학)을 통한 경험의 자율교정과 누적적 경험에 의한 이성적 작화의 비판을 말한다. 이 점에서 영국의 '비판적(해설적) 경험론'은 공자의 '서술적 경험론'과 동일한 '지적 겸손'의 길을 걸어왔다.

영국의 경험론은 '자연의 빛'('본성의 빛')을 '경험의 빛'으로 해석한다.[2] 반대로 합리론은 '자연의 빛'을 '이성의 빛' 또는 '내면의 빛'으로 해석한다.[3] 그리하여 합리론은 단독적 개인의 철학적·천재적·이성적 지혜를 무엇보다도 중시한 반면, 인민대중의 집단지성을 무시하고, 개인의 합리적·철학적 지혜(소피아)만을 '과학적 지식(에피스테메)'의 원천으로 주장한다. 이 합리론적 인식 체계에 대중의 집단적 의견(여론)은 철학적 지혜로 다스려야 할 대상이 된다.

이로부터 소크라테스와 플라톤의 합리적·독재적 철인치자론이 자연스레 도출된다. 이 철인치자 독재론은 데카르트의 단독 입법자론, 루소의 신적 입법자·인민독재론, 칸트의 철인군주론과 평화로 가는 과정으로서의 전쟁의 긍정, 헤겔의 게르만적 지배 민족론과 국가주의적 전쟁 예찬, 마르크스의 '과학적' 사회주의와 프롤레타리아 계급독재론 및 승자 정의

---

2) '경험의 빛'에 관해서는 참조: Francis Bacon, *The New Organon* [1620], edited by Lisa Jardine and Michael Silverthorne (Cambridge: Cambridge University Press, 2000), Book I, XLIX(49), LXXIV(74).

3) '이성의 빛'에 관해서는 참조: René Descartes, *The Principles of Philosophy* [1647], Part I, Principle LXXVI(76). *The Philosophical Wrings of Descartes*, vol.I, translated by John Cottingham·Robert Skoothoff·Dugald Murdoch (Cambridge·New York·Melbourne: Cambridge University Press, 1985, 19th printing 2007). 또 참조: René Descartes, *Rules for the Direction of the Mind* [1701], Rule. *The Philosophical Wrings of Descartes*, Volume I.

론, 니체의 '과학적' 인종주의와 철인총통론 등의 반민주적 정치철학, 스탈린의 철인서기장론, 모택동의 철인주석론, 김일성의 철인수령론을 낳았다. 또한 합리론은 전쟁 기술적 인간 파괴와 생산 기술적 자연 파괴를 자행한 '전지적全知的 과학주의(omniscient scientism)'와, 문명과 인간(사회)을 가차 없이 파괴한 (경험과학적으로 검증된 바가 전혀 없는) 합리주의적 공산주의 비전을 이구동성으로 설파했다.

건방지게도 거만한 독단적 '이성의 빛'으로 세상을 계몽하고 재단하려는 근대 합리론은 19세기 제국주의 시대로의 시대전환과 거의 동시에 혁명적 계몽운동에 빗장을 걸고 영·미 경험론을 비주류 사조로 밀어내고 20세기 전반까지 유럽대륙과 그 아류 국가들인 동구제국과 러시아, 일본, 그리고 그 식민지·종속국들의 철학계와 정신세계를 완전히 지배했다. 그리고 이 합리주의의 악마적 영향력은 후진 강단 학자들과 변변찮은 지식인들의 머릿속에 아직 잔존하고 있다. 이런 이유에서 오늘날 우리는 합리주의 인식론과 도덕·정치철학을 면밀히 분석해서 그 사악함을 제대로 이해하고 나아가 비판할 줄 알아야 인류를 악의 구렁텅이에서 구할 수 있을 것이다.

대륙의 합리론과 반대로, 아니 이것에 맞서 영·미의 비판적 경험론은 자기와 세계의 계몽, 민주주의와 시민혁명(영국 명예혁명, 미국독립혁명, 프랑스대혁명), 경험과학과 과학기술의 발전을 이끌어 왔다. 영국 경험론의 전통에서는 공자의 '박학·심문博學審問'(박물지적 경험과 실험) 명제에 따라 '우상과 오만에 오염된 이성'에 의한 독단론적 '세계 계몽(세계 변혁)'의 위험에 맞서 건전한 감성과 경험에 의한 '오염된 이성' 자체를 '계몽하기' 위해 늘 광범한 반복적 경험·관찰자료의 박물지적 구축 및 정밀실험(베이컨)을 통한 감각의 자기 교정 능력을 강조하고, 감성의 오류보다 훨씬 더한 이성의 (자기교정이 불가능한) 오류와 독단의 위험을 비판해 왔다. 또한 경험론은 공자가 말한 인간 지식의 '근도성近道性'("知所先後 則近道矣") 명제와 마찬가지로 인간의 절대 진리 획득의 불가능성과 개 연성을 인정하고, '미심쩍고 위태로운 것들'에 대한 불가지론과 회의론을 견지해 왔다.

이와 대조적으로 서양의 합리주의(=지성주의·이성주의) 사조는 생각하기만 하고 경험에서 배우지 않는 "사이불학思而不學"과 (알지 못하면서) 사변적 이성으로 작화하는 "부지이작不知而作"을 통해 위험한 독단을 초래해서 인류를 멸망으로 몰아넣어 왔다. 이 대륙의 합리주의는 소크라테스·플라톤과 아리스토텔레스로부터 비롯되어 스토아학파의 신플라톤주의를 거치면서 아우구스티누스의 신플라톤주의적 교부철학과 토마스 아퀴나스의 신아리스토텔레스주의적 스콜라철학을 통해 일반화되고, 스콜라철학을 신플라톤주의로 다시 바꿔서 계승한 데카르트와 라이프니츠의 교조적 합리주의, 그리고 18세기 영국의 '비판적 경험론'의 영향 하에 변형된 합리론, 곧 루소의 분열증적 지식철학과 칸트의 소위 비판철학, 그리고 피히테와 헤겔의 이성만능주의적 독일관념론에 이르는 사조다. 주지하다시피 19세기와 20세기 한때 서양철학을 주름잡던 관념철학적 합리주의는 급기야 포이어바흐와 마르크스에 이르러서 유물론화唯物論化된다.

고대 그리스로부터 유래하는 합리주의는 현대에 정치적으로 러시아의 소위 '과학적 사회주의' 혁명(1917), 나치즘·파시즘의 소위 '과학적 인종주의' 반혁명(1920-1945), 동서 진영의 과학주의적 자연 정복과 자연 파괴(20세기 후반) 등의 기저에 놓인 기본적 세계관이다. 반면, 비판적 경험론은 1688-1689년의 명예혁명, 1776년의 미국혁명과 1789년의 프랑스혁명, 그리고 미국과 프랑스의 근대국가 이념의 기저에 놓인 세계관이다.

대륙의 합리론이 인간 살육과 자연 파괴로 점철된 실천적 파탄에 처하고 오늘날은 20세기 말의 포스트모더니즘과 철학적 니힐리즘으로 표현되는 이론적 빈사 상태에 빠진 가운데, 줄곧 서양 세계를 조용히 지탱해온 것은 베이컨에서 비롯하여 홉스, 로크, 뉴턴, 흄, 애덤 스미스, 다윈 등으로 이어진 영국 계몽주의와 미국혁명으로 구현된 경험론적 세계관과 그 실천적 헤게모니로 보인다.

경험주의 혁명은 합리주의 혁명과 정반대의 특징을 보인다. 언론과 여론에 의해 주도된 영국·미국·프랑스혁명은 상식적·탐문적이고 자연발생적이며, 갈등 봉합적·폭발 흡수적이고, 건설적이고 자위적·평화적이었다. 그 영향은 처음에 국지적·일국적이었지만, 나중에는 황제로 등극한 나폴레옹의 대불 동맹을 분쇄하는 과정에서 유럽정복 기도와 같은 일탈이 있었을지라도 장기적으로 점차 공감과 모방을 통해 초국가적·세계적으로 확산되었다. 반면, '철인치자'의 19·20세기 버전으로서의 '철인혁명가들'이 주도한 합리주의 혁명은 이성적·전지적全知的이고 기획적이며, 폭발적·파괴적이고, 격렬하고 과격하며, 메시아적(구세적)·침략적(혁명수출적)이었다. 그 국제적 영향은 초기에는 세계적·보편적이고, 국제적으로 센세이셔널하고 충격적이지만, 메시아적 세계 해방 전쟁(나폴레옹의 대륙 정복)과 사회주의적 세계혁명 기도(소련과 중국의 혁명 수출)로 인해 각국에서 민족적 반발을 유발하여 나중에는 국지적으로 축소되고 일국적으로 변질되었고 나중에는 국제적으로 분열·갈등했다.

17-18세기 서양 합리론도 베이컨 이래의 경험론처럼 대부분 공자철학의 영향 하에서 전개되었다. 푸펜도르프·라이프니츠·크리스티안 볼프 등 17세기 말 또는 18세기 초의 합리론자들은 공자철학에 경탄하고 공자주의에 의해 많은 자극을 받았으나, 중국과 조선의 성리학자들처럼 공자철학을 합리주의적으로 왜곡시키고 본질적 오해 속에서 변조하여 받아들였다. 이것은 베이컨·피에르 벨·흄·스미스·볼테르·케네 등 경험주의 철학

자들이 공맹철학을 마음속으로 지극히 숭배하고 환호하는 심정에서 비교적 제대로 이해하고 적극 수용한 것과 대조된다. 그런데 칸트로부터 헤겔·마르크스·니체·베버에 이르는 모든 합리론자들은 공자·유교·중국을 폄훼하고 지극히 경멸하며 이성과 과학을 신격화하는 전지주의적 과학주의 이데올로기 속으로 침몰했다.

여기서 다룰 서양의 합리주의 철학자들은 제일 먼저 소크라테스와 플라톤이다. 소크라테스·플라톤 다음으로 취급되어야 할 합리론자들은 아리스토텔레스, 아우구스티누스, 토마스 아퀴나스, 조지 뷰캐넌, 로버트 벨라르민, 프란시스코 수아레스, 존 밀턴, 피에르 벨, 라이프니츠, 푸펜도르프, 크리스티안 볼프, 볼테르, 케네, 루소, 칸트, 피히테, 헤겔, 마르크스, 니체, 막스 베버, 존 롤스 등이다. 이 책에서는 그간 필자가 여러 저서들에서 누적적으로 연구해 온 이 철학자들의 합리주의 철학을 집대성한다.

서양 합리론이 인류에게 폐해를 주지 않고 계몽에 기여한 시기는 서양 합리론자들이 공자철학을 수용해서 합리주의의 교조적 일탈과 독단을 자제하며 이성을 비교적 제대로 사용하던 17-18세기였다. 이 경우의 합리주의 철학자들은 뷰캐넌, 밀턴, 벨, 라이프니츠, 푸펜도르프, 볼프, 볼테르, 케네, 루소 등이다. 하지만 칸트 이후 대륙의 합리론자들은 예외 없이 '공자의 노골적 적대자' 또는 '중국혐오론자들(Sinophobes)'이었다.

소크라테스 이전의 탈레스·파르메니데스·헤라클레스·아낙사고라스·피타고라스·고르기아스 등 고대 그리스 철학자들은 그 주장의 진위 판단이 어렵고 합리론·경험론의 미분화 상태에 있어서 이곳의 논의에서 제외한다. 신학도 제외하고 굳이 필요하다면 신학적 논의에서 정치철학 부분만을 논제로 채택한다.

전 6권의 '서양 합리론과 정치철학 시리즈'의 논의에서는 비교철학적 논의에 충실을 기하기 위해 서양 철학자들의 주요 원전 저작들을 직접 분석하는 데 역점을 두는 한편, 무수한 이차 문헌들의 인용을 최소화할 것이다. 이 이차 문헌들은 대부분 서양 우월주의 이데올로기에 대한 완전한 편향을 전제하고 공자와 계몽주의의 동서교류와 공자철학 자체에 대해 전적으로 무지하여 우리의 논의에 '백해무익'하기 때문이다.

   서양의 지성주의·합리주의 철학은 오늘날까지 면면히 이어지며 인류사회에 온갖 폐해를 초래했다. 2500여 년에 걸친 서양철학에서 생각하기만 하고 경험으로부터 배우지 않아 위태로운 독단적 오류에 빠진 "사이불학즉태思而不學則殆"의 합리론적 사변철학은 소크라테스와 플라톤으로부터 비롯되었다. 따라서 논의는 이들로부터 출발한다.

백세시대를 위한 서양철학사 시리즈 · **4**

1 소크라테스와 플라톤의 합리론과 정치사상

제1절/
철학적 탐구의 대전환: 자연에서 인간으로
제2절/
소크라테스의 신지神智와 신탁점술의 철학적 위상
제3절/
이성과 이데아의 인식: 윤회론적 상기설
제4절/
천재적 '지식의 지배'와 철인치자
제5절/
공리주의 도덕론과 군사적·공산주의적 정의국가론
제6절/
후기 철학에서 권력 분립적 간접민주주의 기획
제7절/
놀이와 예술의 철학
제8절/
소크라테스와 플라톤의 교육철학

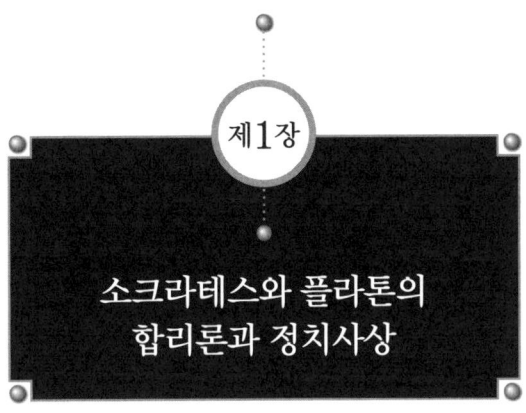

제1장
소크라테스와 플라톤의 합리론과 정치사상

　소크라테스(Σωκράτης; 기원전470?-399)는 아테네 출신으로 고대 그리스 철학자이다. 그는 석공 소프로니스코스(Sophroniscus)와 산파 파에나레테(Phaenarete) 사이에서 태어났다. 출생지는 아테네 성곽 바깥에 위치한 알로페카에(Alopecae) 구區였다. 그는 아테네 시민이었고, 아버지로부터 상속을 받아 살림살이 걱정을 하지 않을 만큼 비교적 부유했다. 그는 읽고 쓰는 법을 배웠고 부유한 아테네인들처럼 체육·시작詩作·음악과 같은 과외 과목들을 익혔다. 그는 두 번 결혼했는데, 크산티페(Xanthippe)와의 결혼은 그가 50대가 되었을 때 했고, 다른 한 번의 결혼에서 맞은 신부는 아테네 정치가 아리스티데스의 딸이었다. 소크라테스는 크산티페와 사이에서 3명의 아들을 두었다. 그는 펠로폰네소스 전쟁에 출전했고, (플라톤에 의하면) 3번의 원정에서 두각을 나타냈다.
　소크라테스의 법 존중을 잘 보여주는 사건은 살라미스의 레온을 체포하라는 명령을 집행하지 않은 사건이다. 소크라테스와 4명의 사람은 톨로스로 불려 가서 30인 참주들의 대표자로부터 레온을 체포해 처형하라는 명령을 수령했다. 그런데 소크라테스만은 그 명령을 범죄라고 생각하여 이행하지 않고 홀로 참주들의 분노를 당할 위험을 무릅썼다.

소크라테스는 아테네 공중, 특히 젊은 공중으로부터 큰 관심을 끌었다. 그는 아주 못생겼다고 한다. 코는 납작하게 까졌고, 눈은 튀어나오고, 배는 불룩했다. 그의 친구들은 그의 외모를 놀려댔다. 소크라테스는 그의 외모와 개인적 안락을 포함한 물적 쾌락에 무관심했다. 그는 개인위생을 소홀히 했고, 목욕을 거의 하지 않았고, 맨발로 다녔으며, 넝마 같은 외투 한 벌만 있었다. 그는 금욕을 하지는 않았지만 먹고 마시는 것을 적절히 줄였다. 젊은이들은 그에게 매력을 느꼈지만, 그는 청년들을 가르치는 데 관심이 더 많았기 때문에 청년들에 대한 (당시 유행이었던) 동성애는 거부했다. 정치적으로 그는 민주 진영과 과두 진영 사이의 경쟁 관계에서 중립을 지키며 양편을 다 비판했다.

소크라테스는 기원전 399년 독신죄瀆神罪와 청년을 타락시킨 죄로 처형되었다. 그는 죽기 직전 며칠을 친구들 및 제자들과 감옥에서 보냈는데, 이 제자들이 도주 루트를 제공했으나 그는 이를 거부했다. 그는 다음 날 법정의 선거에 따라 독미나리 사약을 마시고 죽었다. 파이돈에 의하면 그의 마지막 말은 "크리토, 아스클레피오스에게 수탉 한 마리를 빚졌다. 그 빚을 갚는 걸 잊지 말아다오"였다고 한다.

플라톤(Πλάτων; 기원전 428-347?)의 진짜 이름은 '아리스토클레스'인데, 아테네 또는 아이기나(Αἴγινα)에서 영향력 있는 귀족 가문의 일원으로 태어났다. 그의 아비는 두 왕의 후손인 아리스톤이었고, 그의 어미는 솔론의 후손인 페릭티오네(Περικτιόνη)였다. 플라톤은 두 형제(글라우콘과 아데이만토스)와 누이(포토네)가 한 명 있었다. 그리고 이복형제인 안티폰이 있었다.

플라톤은 이탈리아, 시칠리아, 이집트, 키레네 등지를 여행했을 것으로 보인다. 40세 때 그는 철학 학당 '아카데미아(Ἀκαδημία)'를 세웠다. 이 학당은 그리스 신화 속 아티카 영웅의 이름을 따서 '헤카데무스' 또는 '아카데무스'라 불리는 작은 숲속의 땅뙈기에 위치했다. 이 아카데미아 학당은 기원전 84년 술라에 의해 파괴될 때까지 운영되었다. 많은 철학자들이 여기서 공부했고, 가장 유명한 사람은 아리스토텔레스다.

디오게네스 라에르티우스(Διογένης Λαέρτιος, 서기 3세기경)에 의하면, 플라톤은 노년기 내내 시라쿠사 폴리스의 정치에 얽혀들었다. 그는 그곳에서 그의 추종자인 왕의 동생 디온(훗날 디오니소스 2세)과 함께 참주 디오니소스 1세를 타도하려고 기도했다. 그러나 참주의 반격으로 그는 처형될 처지에 처했는데 가까스로 노예로 팔려 살아남았다. 이를 본 키레네의 철학자 안니케리스(Anniceris)가 플라톤을 사서 해방시켜 아테네로 돌려보냈다.

플라톤의 죽음과 관련해서는 임종을 맞는 침대맡에서 소녀가 부는 피리 소리를 들으며 세상을 떠났다는 이야기와 결혼식장에서 죽었다는 이야기가 엇갈린다. 또 다른 이야기는 플라톤이 단순히 자다가 죽었다고 한다. 그는 아카데미아의 정원 안에 묻혔다. 디오게네스 라에르티오스가 기록한 『탁월한 철학자들의 생애』에 따르면 플라톤의 무덤에는 다음과 같은 비문이 새겨졌다고 한다. "사멸하는 자들 중 절제와 정의로운 품성에서 뛰어난 자, 바로 여기에 신적 아리스토클레스(플라톤의 본명)가 눕다. 누군가가 모든 이로부터 지혜에 대한 위대한 명성을 얻는다면, 이 사람이 가장 많은 것을 얻을 것이고 질투는 뒤따르지 않을 것이다."

플라톤은 최후의 저작 『법률』을 제외한 모든 대화편에서 소크라테스를 화자話者로 내세우고 있다. 이 때문에 소크라테스 철학과 플라톤 철학은 구별할 수 없다. 그러나 초기 대화편에서는 소크라테스의 철학이 두드러지고, 중기 대화편에는 소크라테스와 플라톤의 철학이 섞여 있고, 후기 대화편에는 소크라테스의 발언과 흔적은 희미해지다 지워지고 플라톤의 독자적 사상이 두드러지는 것처럼 보인다. 그러나 마지막 대화편『법률』까지 소크라테스의 핵심 논지는 자잘한 변화 속에서도 유지된다.

그런데『국가론』제1권은 초기 대화편처럼 소크라테스의 견해를 담고 있고 나머지 제2-10권은 플라톤이 소크라테스의 신념과 논증 방법을 버리고 그 자신의 사상을 전한다고 종종 주장되어 왔다. 그러나 "이것은 너무 단순한 독해법"이라는 견해도 있다. 호메로스와 시인들을 비판하는 제2·3권도 소크라테스적인 것이 아니라 플라톤적이라고 볼 명백한 요소가 전혀 없고, 남녀 평등을 말하는 제5권도 분명히 소크라테스적이라는 것이다. 따라서 "『국가론』의 이곳과 다른 곳은 플라톤이 자신을 소크라테스의 목소리로 여기고" 또 "대화편의 등장인물인 '소크라테스'가 플라톤의 스승 소크라테스가 견지했던 관점에서 함의들을 추정하고 있다고 말하는 것이 더 나을 것"이라는 견해가[4] 타당한 것으로 보인다. 따라서 이하에서는 최후의 대화편들을 제외하고 소크라테스와 플라톤의 철학을 구별 없이 하나로 보고 논한다.

그래도 그리스 철학사 안에서의 소크라테스와 플라톤의 위치와 역할은 디오게네스 라에르티오스가『탁월한 철학자들의 생애』에서 요약한 것이 가장 합당한 것으로 보인다. "철학의 논의가 처음에는 자연에 관한 것이 유일한 형태였고, 두 번째 논의로는 소크라테스가 윤리에 관한 것을 덧보탰고, 세 번째로는 플라톤이 변증술에 관한 것을 덧보태서 철학을 완성에 이르게 했다."[5]

---

4) Malcolm Schofield, *Plato: Political Philosophy* (Oxford·New York: Oxford University Press, 2006), 18-19쪽.
5) Diogenes Laertius, *Lives of the Eminent Philosophers*, translated by Robert

Drew Hicks. A Loeb Classical Library edition; vol.1·2. Cambridge/MA·London: Harvard University Press·William Heinemann LTD, 1925), 3.56: "οὕτως καὶ τῆς φιλοσοφίας ὁ λόγος πρότερον μὲν ἦν μονοειδὴς ὡς ὁ φυσικός, δεύτερον δὲ Σωκράτης προσέθηκε τὸν ἠθικόν, τρίτον δὲ Πλάτων τὸν διαλεκτικὸν καὶ ἐτελεσιού ργησε τὴν φιλοσοφίαν."

제1절

철학적 탐구의 대전환: 자연에서 인간으로

소크라테스(Σωκράτης, 기원전 470년경-399.5.7.)는 철학적 관심을 물·불·공기 등 세계와 우주의 구성요소를 논하고 천문을 연구하던 전前소크라테스 시대를 지배한 자연철학에서 인간 정신의 철학으로 돌려 인지人智로 인간에 대한 지식을 추구하는 철학의 대전환을 이룩했다. 그는 델피 신전의 입구 대문 위에 쓰인 3개의 격언 가운데서 빌려온 "너 자신을 알라!"를 이 대전환의 철학적 모토로 삼았다.

그러나 인지人智로 인간을 연구하는 새로운 철학은 지식에서 의외로 불가지不可知의 아포리아(難問)에 봉착하여 회의주의에 머물고 신지神智와 대비되어서는 무력감에 빠졌다. 따라서 플라톤이 기록한 초기 대화편의 인간탐구에서 소크라테스는 회의론자이자 무당 같은 신비주의 철학자로 그려진다.

소크라테스의 제자인 플라톤은 합리론적·객관적 관념론의 창시자라 불린다. 그는 대학의 원형인 고등교육 기관 '아카데미아'의 창설자로서 아리스토텔레스의 스승이었다. 훗날 아리스토텔레스는 소크라테스·플라톤의 이원론 철학에 대한 가장 정통적인 비판자가 된다.

소크라테스는 플라톤의 거의 모든 대화편에 등장하는 주요 등장인물이다. 플라톤의 대화편에서 서술되는 내용과 주장 가운데 무엇이 소크라테스의 것이고 무엇이 플라톤의 것인지에 관해 많은 논쟁이 있었다. 왜냐하면 소크라테스는 남긴 저술이 없기 때문이다. 이 문제를 종종 '소크라테스의 문제'라 부른다. 그러나 플라톤은 소크라테스의 가르침에 많은 영향을 받은 것은 확실하다. 따라서 수많은 플라톤의 아이디어, 적어도 그의 초기 연구는 소크라테스에게서 가져오거나 발전시켰을 것이다.

플라톤이 서양 합리론 철학에 미친 영향은 더할 나위 없이 크다. 아테네의 명문 가정에서 태어난 플라톤은 스승 소크라테스의 처형에 큰 충격을 받고 정치가로서의 꿈을 버리고 정의의 도덕을 가르치기로 결심했다. 그는 이탈리아를 여행하여 키레네 학파로부터 인도 브라만과 불교의 아바타 관념과 유사한 '이데아' 개념과 연역적 논증법(변증론)의 기초를 얻었고, 피타고라스학파를 접하며 실천적 정신과 실생활에의 흥미를 얻어 독자적 사상을 전개하게 되었다.

플라톤은 이탈리아에 체류할 때 『소크라테스의 변론』, 『크리톤』, 『라케스』 등을 썼다. 그리고 40세에 귀국해서는 『고르기아스』, 『대大히피아스』, 『소小히피아스』, 『프로타고라스』, 『이온』, 『카르미데스』, 『에이티프론』, 『뤼시스』를 썼다.

플라톤은 시라쿠사의 정치에 말려들어 죽을 고생을 한 뒤 키레네 사람의 도움으로 아테네로 귀국한 뒤 아테네에 설립한 아카데미아에서 철학 연구, 제자 양성, 집필에 몰두했다. 이때 중기 대화편 『향연』과 인도불교의 영향이 다분한 『파이돈』, 『파이드로스』, 『국가론』, 『메논』, 『알키비아데스』,『에우티데모스』,『메넥세노스』 등 주요 저술이 여기서 이루어졌다. 아카데미아 학당은 기원후 529년까지 계속되었다.

말년(기원전 357년)에 플라톤은 시라쿠사 참주 디오니소스 2세의 간청을 받아 다시 시칠리아로 가서 이상 정치를 펴보려 시도했다. 그러나 실패하고 1년 뒤 귀국할 수밖에 없었다. 이후 그는『파르메니데스』,『테이아테토스』,『소피스테스』,『정치가』,『티마이오스』,『크리티아스』,『필레보스』,『법률』등의 저서를 더 쓴 뒤 81세에 세상을 떠났다.

1.1. 소크라테스의 철학 혁명에 대한 공자의 영향

1670년 영국 철학자 윌리엄 템플(William Temple, 1628-1699)은 공자철학을 본격적으로 논하는 논문「고대학문과 현대학문에 관한 에세이(An Essay upon the Ancient and Modern Learning)」에서[6] 피타고라스의 인도 유학을 언급한 데 이어 자연의 탐구에서 인간의 탐구로 방향을 돌린 소크라테스의 '철학혁명'에 대한 중국의 영향을 시사한 바 있다. 템플은 공자철학이 인도를 거쳐 근동으로 전해져 소크라테스·플라톤철학의 모태가 되었을 것이라고 추정한다. 공자는 인지적人智的 지식 개념을 새로이 '지물知物'('격물치지格物致知')을 넘어 '지인知人'(사람을 아는 학문, 즉 인문사회과학)으로 제시함으로써 '지물'의 인식론적 자연철학에서 '지인'의 공감해석학적 정신과학·도덕철학으로의 패러다임 전환을 이룩한 '철학혁명의 주역'이었다. 공자는 '지식이 무엇이냐'는 제자의 질문에 '지인知人'이라고 답했다(樊遲問仁. 子曰 愛人. 問知. 子曰 知人).[7] 그런데

---

[6] William Temple, "An Essay upon the Ancient and Modern Learning"(London: First printed by J. R. for Ri. and Ra. Simpson under the title *Miscellanea. The second part in four essays*, 1699). *The Works of William Temple* (London: Printed by S. Hamilton, Weybridge, 1814).

[7] 『論語』「顔淵」(12-22). '지인'에 대한 자세한 논의는 참조: 황태연,『감정과 공감의

놀랍게도 템플은 소크라테스 전후의 서양철학과 정치제도들이 인도와 중국에서 들어온 것이라고 말하고, '너 자신을 알라'는 구호로써 연구의 포커스를 '자연'에서 '영혼'으로 돌린 소크라테스의 철학적 방향전환을 공자와 연결시키면서 공자철학을 '자연철학에서 정신철학으로의 혁명적 전환'으로 해석한다.

템플은 소크라테스와 플라톤에게 직접적인 영향을 준 피타고라스철학의 이국적 원천을 추적해 이 원천이 인도라는 것을 밝힌다. 그는 먼저 그리스인들의 철학이 이집트에서 유래했고 이집트철학과 그리스철학의 많은 부분이 다시 인도와 중국에서 유래했다는 것을 드러내기 위해 피타고라스의 주유천하를 기술한다.[8] 그리고 나서 템플은 여기서 방향을 돌려

해석학(1·2)』(파주: 청계, 2014·2015); 황태연, 『공자의 인식론과 역학』(파주: 청계, 2018), 347-363쪽.

8) Temple, "An Essay upon the Ancient and Modern Learning", 450-452쪽: "피타고라스는 철학자들의 아버지이고, 덕성의 아버지다. 그는 겸손하게 '지자'라는 이름 대신 '애지자(愛知者, philosopher)'라는 이름을 선택했고, 처음으로 사덕(四德)의 명칭을 도입하고 이 사덕에다 이것들이 세상에서 오래전부터 차지해 온 지위와 서열을 부여했다. (…) 그리스인들의 모든 학문이 원래 이집트나 페니키아에서 유래했다는 말은 가장 동의할 만한 것이다. 그러나 그들의 학문이 이집트인, 칼데아인, 아라비아인, 그리고 인도인들과의 교류에 의해 이집트나 페니키아가 번영한 정도로 번영하지 않았는지는 (나는 간절히 믿고 싶은 기분이지만) 분명치 않다. 그리스인들의 상당수가 대부분 이 지역들(이집트·인도·칼데아·아랍·페니키아 등지 - 인용자)로 학문과 지식의 광산을 찾아 여행을 갔다. 오르페우스, 무사이오스, 리쿠르고스, 탈레스, 솔론, 데모크리토스, 헤로도토스, 플라톤, 그리고 (고대철학자들의 원숭이에 불과했던) 저 헛된 소피스트 아폴로니우스의 여행까지 언급하지 않고 나는 피타고라스의 여행만을 추적할 것이다. 피타고라스는 다른 모든 사람 가운데 이런 의도로 가장 멀리 가서 가장 큰 보물들을 가져온 것으로 보인다. 그는 먼저 이집트에 갔다. 그곳에서 그는 멤피스, 테베, 헬리오폴리스의 사제대학들 사이를 오가며 연구와 대화 속에서 22년을 보냈다. 그리고 가장 발전 중에 있던 학문과 과학에 대한 입장허가와 가르침을 얻기 위해 그들의 모든 신비론의 기초를 배웠다. 그는 바빌론에서도 사제들의 연구와 배움 또는 칼데아인들의 마법 속에서 12년을 보냈다. 이 두 지역은 고대학문으로 유명했는데, 이 지역에서 한 저자가 말하기를, 그들의 계산에 입각할 때 피타고라스가 셀 수 없는 시대들의 관찰을 얻었다고 한다. 이것 외에도 피타고라스는 같은 냄새를 맡고 이집트·아랍·인도·크레타·델포스, 그리고 이 지역들 중 어느 곳에서든 유명한 모든 신탁소를 여행했다." '칼데아'는 옛 바빌로니아 남부지방에 있던 왕국이다.

소크라테스와 플라톤의 윤회론과 상기설·지옥론에 영향을 미친 피타고라스철학과 인도 브라만철학 간에 직접적 연관이 있다고 주장한다.[9] 템플에 의하면, 고대에 인더스강 유역으로 이주한 에티오피아인들은 이집트인들에게 학문과 관습적 제도를 전해주었고, 홍해에서 온 페니키아인들도 지중해 연안에 이주해 학문과 항해술로 명성을 날렸다.[10]

템플은 이어서 고대 그리스철학의 중국기원설을 시사한다. 그는 우선 중국의 태고대적 유구성에 대해 논한다.

- (에티오피아·이집트·페니키아·지중해 연안의) 많은 학문들이 인도 혹은 중국과 같은 멀고도 유구한 원천으로부터 들어왔다는 이 추정을 보강하기 위해 우리가 알렉산더 이전에 인도의 유구성에 대해 거의 아무것도 모를지라도 중국의 유구성은 어떤 곳에서든 공정한 기록임을 자부하는 최고最古의 것이라는 사실이 커다란 명증성으로 주장될 수 있다. 왜냐하면 예수회 선교사들은 이 기록들이 명백하고 부정할 수 없는 증

---

9) Temple, "An Essay upon the Ancient and Modern Learning", 452-455쪽: "인도 브라만들에 관한 가장 고대적인 보고서들을 통해 나는 피타고라스가 그 멀리까지 찾아간 사람들 중 상당수가 어떤 종류의 필멸자들이었을 것인지를 추적해 내려고만 노력할 것이다. 왜냐하면 다른 나라들에서 인도 브라만 식자들이나 현자들이 이야기 속에 종종 등장하기 때문이다. (…) 자연철학에서 그들의 의견은 세계가 둥글다는 것, 그리고 그것이 태초가 있었고 종말도 있을 것이지만 엄청난 시간의 기간에 입각해 양자를 헤아린다는 것이다. 세계의 조물주는 전 우주에 삼투해 있고 우주의 모든 부분에 퍼져 있는 기(氣)다. 브라만들은 영혼의 윤회를 생각했고, 어떤 이들은 플라톤의 지옥저택과 같이 많은 것들에서 지옥저택의 담화를 사용했다. 브라만들의 도덕철학은 주로 몸의 모든 질병이나 이상異狀을 방지하는 데 있다. (…) 피타고라스가 보통 가정되듯이 이집트라기보다 이런 유명한 인도인들로부터 그의 자연철학과 도덕철학의 최대 부분을 배우고 그리스와 이탈리아로 반입했다는 것은 가장 개연적인 것으로 보인다. 왜냐하면 이집트인들 사이에 공유된 '영혼의 윤회'에 관련해 내가 잘지(察知)할 수 있는 언급은 피타고라스 시대의 언급이 가장 오래된 것이기 때문이다. (…) 더구나 이집트인들조차 그 학문의 많은 것을 인도로부터 가져왔을 것이라는 것도 가능한 것이다."
10) Temple, "An Essay upon the Ancient and Modern Learning", 455쪽.

거들의 이러한 현상을 가지고 4000년 이상 아주 멀리 뻗어 올라간다는 데 동의하고 있기 때문이다. 그래서 저 종교인들조차도 『성서』의 속류적 연대기와 상반되는 것으로 인식함으로써 이 기록들의 진리성을 의심하기보다 (기원전 270년경에 그리스어로 번역된) 『70인역 성서』의 연대기에 호소함으로써 중국인들의 기록 속의 현상들을 덜어내는 것으로 만족할 정도다.[11]

이어서 템플은 에티오피아·이집트·페니키아로부터 학문을 전달받은 그리스 등 지중해 연안의 "많은 학문들이 인도 혹은 중국과 같은 멀고도 유구한 원천으로부터 들어왔다"는 추정을 그가 소크라테스의 "너 자신을 알라"는 '지인知人혁명'과 동일한 것으로 판단하는 공자의 '철학혁명'과 연결시킨다.

- 우리가 자신의 치세로부터 역사시대를 시작하려는 욕심에서 물리학과 농업 서적을 제외하고 모든 책을 분서하라고 명령한 중국인 왕 중 하나(진시황 - 인용자)의 야만적 야심 때문에, 중국의 학문이 어떤 행로를 취했는지, 그 방대한 영토에서 그리고 아주 커다란 시간적 유구성 속에서 이 학문이 어느 정도까지 높이 고양되었는지에 대한 지식을 상실했을지라도 (…) 주목할 만한 것이자 동의할 만한 사실은 중국인 중 배운 자들의 의견이 현재 존재하듯이, 식자들이 고대에 두 학파로 나뉘어 있었고 이 중 한 학파는 영혼(氣)의 윤회를 생각한 반면, 다른 학파는 세계를, 그 덩어리의 부분들이 지속적으로 1천 개의 다양한 형상으로 만들어지고 일정한 시간 뒤에 다시 같은 덩어리로 녹아내리는 거대한 금속 덩어리에 비교하며 물질의 영원성을 생각했다는 사실, 그

---

11) Temple, "An Essay upon the Ancient and Modern Learning", 455쪽.

리고 중국인들 사이에 자연철학에 대해 옛날에 쓰인 많은 서적이 존재했다는 사실, 나아가 소크라테스의 시대와 가까운 즈음에 인간들을 자연에 대한 이런 쓸모없고 밑도 끝도 없는 사색으로부터 도덕에 대한 사색으로 교정하는 동일한 설계를 개시했던, 중국인들의 위대하고 유명한 공자가 살았다는 사실이다.[12]

여기서 중요한 것은 공자가 "인간들을 (…) 자연에 대한 사색으로부터 도덕에 대한 사색으로 교정하는 (소크라테스와) 동일한 설계를 개시했다"는 템플의 해석이다. 지중해 연안의 "많은 학문들이 인도 혹은 중국과 같은 멀고도 유구한 원천으로부터 들어왔다"는 템플의 추정을 전제할 때, 이 해석은 – 공자가 소크라테스보다 82년이나 먼저 태어났으므로 – 소크라테스의 철학개혁이 '지물知物'에서 '지인知人'으로의 공자의 철학혁명을 수입해 리메이크한 것임을 시사하는 말이다.

하지만 템플의 논변 가운데 더욱 놀라운 것은 공자의 '철학혁명'이 내용적으로 '너 자신을 알라'는 소크라테스의 철학혁명보다 더 우월하고, 또 소크라테스가 공자의 철학혁명을 모방했을 것이라는 그의 추정이다. 템플은 일단 소크라테스·플라톤의 그리스적 철학개혁과 공자의 "지인知人"혁명(인간과학 혁명) 간의 차이를 지적하면서 소크라테스의 영혼론의 '사적' 지향과 대비되는, 인간의 덕성과 공동체의 '공적' 행복을 지향하는 공자철학의 원리적 우월성을 말한다.

- (공자의 이 계획은) 그리스인들의 성향이 주로 사적 인간들이나 가족의 행복에 쏠려 있는 것으로 보이지만, 중국인들의 성향은 훌륭한 품성과 국가·정부의 지락至樂에 쏠려 있는 것으로 보이는 점에서 차이가 있

---

12) Temple, "An Essay upon the Ancient and Modern Learning", 455-456쪽.

다. 중국의 이 국가와 정부는 수천 년 동안 알려졌고 또 알려져 있으며, 정확하게 '학자들의 정부'라 부를 만하다. 왜냐하면 학자가 아닌 사람은 국가를 책임지는 것이 허용되지 않기 때문이다.[13]

이어서 템플은 리쿠르고스·피타고라스·데모크리토스·에피쿠로스와 마찬가지로 소크라테스와 플라톤도 중국인과 인도인들로부터 철학과 제도를 '수입'해서 자기 것으로 만들었을 것이라고 추정한다. 그리고 그는 그리스철학에 대한 중국의 영향을 이렇게 논한다.

- 나로 말할 것 같으면, 나는 피타고라스가 그의 자연철학과 정신철학 둘 다의 최초 원리들을 이 먼 지역들(중국과 인도 - 인용자)에서 얻었을 뿐만 아니라, 이집트·칼데아·인도를 여행했던 데모크리토스가 말한 원리들도 (그의 독트린이 나중에 에피쿠로스에 의해 개선된다) 동일한 원천들에서 유래했을 것이라는 것, 그리고 이 두 사람 이전에, 마찬가지로 인도를 여행했던 리쿠르고스도 세상에 아주 평판이 자자한 그의 법과 정치의 주요 원리들을 거기로부터 가지고 왔다고 굳게 믿고 싶다. 왜냐하면 고대 인도인과 중국인의 학문과 견해들에 대한 이미 주어진 설명에 주목하는 사람이라면 누구나 (피타고라스·소크라테스·플라톤의 - 인용자) 영혼의 윤회, 4대덕大德(four cardinal virtues), 학자들에게 명해진 긴 묵상, 글자보다 전승에 의한 자기들의 독트린의 전파, 피타고라스가 도입한, 동물적 생명을 가진 모든 육류의 금욕, 에피쿠로스가 도입한, 형식의 영구변동과 결합된 물질의 영원성, 물질의 무통성無痛性, 정신의 평온 등과 같은 모든 그리스 생산물과 제도들의 씨앗들을 쉽사리 저 인도인과 중국인들의 학문과 견해들 가운데서 발

---

13) Temple, "An Essay upon the Ancient and Modern Learning", 456쪽.

견할 것이기 때문이다.[14]

템플은 중국의 기론氣論과 공자의 지인知人철학·사덕론·군자치국론君子治國論도 소크라테스 이전에 인도를 거쳐 고대 그리스로 전해졌다고 밝히고 있다. 까마득한 옛날 옛적 기원전부터 중국과 인도 사이에 또는 동서양 간에 직간접적 문화교류가 있었던 것이다. 동서를 잇는 문화교류의 통로는 기원전 700-800년 이래 실크로드가 있었고, 한대漢代 이후에는 중국-서역-인도를 잇는 우회적 교역로가 생겨났다. 또 히말라야를 넘어 직접 인도로 들어가는 차마고도茶馬古道와 유사한 다른 통로들도 분명 있었다. 『위략魏略』 등 전래되는 중국기록에만 의거하더라도 불교경전은 기원전 2년에 인도에서 서역을 통해 중국으로 전해졌다.

그리고 템플은 피타고라스와 데모크리토스가 인도에까지 가서 사덕론·윤회사상 등의 중국·인도철학을 들여왔고, 리쿠르고스의 법제도 모조리 인도에서 왔다고 말한다.[15] 그리고 소크라테스의 '너 자신을 알라'는 지인론知人論과 플라톤의 사덕론 및 철인치자론은 그들의 천재적 창작물이 아니라, 공맹의 지인론·사덕론·군자치국론의 (필자가 보기에 물론 왜곡된) 복제품이라는 것이다. 소피아(지혜) 위주의 인식론으로 편향된 소크라테스의 지성주의적 지인론은 분명 공자의 공감적·덕성론적 지인론을 왜곡시켜 표절한 것이고, 소피아를 최상석에 두고 인仁(사랑)을 배제한 플라톤의 사덕론(지혜·용기·절제[정심]·정의)은 인仁을 최상석에 두고 지혜를 말석에 두는 공맹의 사덕론(인·의·예·지)의 변조된 대덕론大德論이고, 지성주의적 '애지자愛知者'로서의 '철인哲人' 개념 및 철인치자론은 인의仁義의 대덕과 호지자好知者·낙지자樂知者의 지덕智德을 체현한 군자

---

14) Temple, "An Essay upon the Ancient and Modern Learning", 456-457쪽.
15) Temple, "An Essay upon the Ancient and Modern Learning", 456-457쪽.

개념과 군자치국론의 변조물이라는 것이다.

  윌리엄 템플이 공자철학의 서천西遷을 이렇게 추정하고 공자철학과 힌두·불교철학에 대한 고대 그리스철학의 의존관계를 솔직하게 인정한 내용들은 서양인들의 자존심을 심히 긁는 것이라서 지금까지 350여 년 동안 묻혀 있었다. 하지만 그 본질적 내용들은 결코 가벼이 볼 수 없을 만큼 중대하고 소크라테스·플라톤철학에 대해 본질구성적인 것들이다. 왜냐하면 공자의 지인론이 없었다면 소크라테스와 플라톤이 '너 자신을 알라'는 표어 아래 전개한 소피아·도덕론과 정치이론이 없었을 것이고, 윤회설이 전해지지 않았다면 그들의 인식론인 상기설이 나올 수 없었고, 공자의 사덕론이 없었다면 그들의 사덕론도 없었을 것이고, 군자치국론이 없었다면 철학치자론도 없었을 것이기 때문이다. 템플의 논변 전체를 이렇게 요약할 수 있다. 소크라테스가 철학적 연구방향을 자연연구에서 인간연구로 전환한 것은 공자철학의 영향이다. 따라서 "너 자신을 알라"는 모토도 비록 델피신전의 경구에서 빌려 왔을지라도 그 내용은 '중국산'이라는 것이다.

1.2. 소크라테스의 '무지의 지'와 '애지자(필로소포스)'

  공자는 혈기왕성한 제자 자로子路(중유仲由)에게 '참된 지知'에 대해 이렇게 설명해 준다.

- 중유야, 네게 안다는 것을 가르쳐주마. 아는 것을 안다고 하고 알지 못하는 것을 알지 못한다고 하는 것, 이것이 지知다.(子曰 由! 誨女知之乎 知之爲知之 不知爲不知 是知也) [16]

---

16) 『論語』「爲政」(2-17).

이 구절은 지식철학적으로 깊은 의미가 들어 있다. 일천하기 그지없는 전통적 해석을[17] 물리치고 그 의미를 본격적으로 파고들 필요가 있다. 공자철학에서 '지知'자는 의미가 미분화되어 지식(앎)과 지혜를 둘 다 뜻했다. 따라서 위 인용문에서 '시지야是知也'의 '지知'는 '지식'과 '지혜'를 동시에 뜻한다. 여기서 중요한 대목은 "아는 것을 안다고 하는 것"보다 "알지 못하는 것을 알지 못한다고 하는 것"이다. 이것은 모르는 것에 대한 앎, 곧 '무지無知의 지知'를 내포하기 때문이다.

소크라테스도 공자처럼 이 '무지의 지'에 주목한다. "아는 것을 안다고 하고 알지 못하는 것을 알지 못한다고 하는 것, 이것이 지다"라는 공자의 명제는 실은 지적 허풍과 망상을 극복하고 '앎과 모름'에 대한 앎을 통해 자기 자신을 아는 것, 곧 성의誠意와 정심正心의 '자기지식'이다. 이와 유사하게 소크라테스는 플라톤의 초기 대화편 『카르미데스(Χαρμίδης)』에서 '절제' 또는 '정심正心(소프로쉬네σωφροσύνη)'을[18] 자기가 무엇을 아

---

[17] 북송의 형병은 이를 다음과 같이 해설한다. "'내가 너에게 안다는 것이 무엇인지를 가르쳐 주마'라는 구절은 공자가 자로의 성격이 강하고 모르는 것을 안다고 말하기를 좋아하는 까닭에 이를 누르기 위함이다. 그러므로 그의 이름을 불러 말하기를 '유야, 내가 지금 너에게 안다고 하는 것을 가르쳐 주마!'라고 했다. 이것은 다 가르침의 말이다. 이어서 '네가 실로 아는 일이라면 안다고 하고 실로 알지 못하는 일이라면 알지 못한다고 하는 것, 이것이 참 지식(지혜)이다'라고 말하고 있다. 만약 알면서도 반대로 숨기고 알지 못한다고 하는 것과 알지 못하면서도 내가 안다고 망언하는 것은 다 지식이 아니다." 이것은 일천한 전통적 해석이다. 何晏 注·刑昺 疏, 『論語注疏』(北京: 北京大學出版社, 2000)., 22쪽: "由誨汝知之乎者 孔子以子路性剛 好以不知爲知 故此抑之. 呼其名曰 由 我今敎誨汝爲知之乎! 此皆語辭. 知之爲知之 不知爲不知 是知也者 此誨辭也. 言汝實知之事則爲知之 實不知之事則爲不知 此是眞知也. 若其知之 反隱曰不知 及不知 妄言我知 皆非知也."

[18] '소프로쉬네'는 우리말로 번역하기가 쉽지 않은 그리스어 특유의 낱말이다. 보통 '소프로쉬네(σωφροσύνη)'는 '소스(σωω: 건전한)'와 '프로네오(φρόνέω: 마음)'의 합성어(건전한 마음)로 분석된다. 아리스토텔레스는 '프로네시스(φρόνησις: 현명)'와 '소조(σώζω: 안전하게 지키다)'의 합성어로 보고 '현명을 안전하게 간직하는 것'으로 풀이했다. Aristoteles, Die Nikomachische Ethik, 1140b12-13. 소크라테스는 『카르미데스』와 『알키비아데스(Αλκιβιάδης)』에서 이를 '제 영혼을 알고 돌봄'으로 풀이하지만, 『국가론』에서는 '극기(자기 자신에 대해 강함)'로 정의하고 있다. Platon, Der Staat, 430e-431b. Platon Werke, Bd.III. (Darmstadt: Wissenschaftliche

는지를 아는 '지식의 지식'과 무엇을 모르는지를 아는 '무지의 지식'을 통해 '자기를 아는 것(자기지식)'으로 정의한다.[19]

■ 소크라테스: '너 자신(의 무지)을 알라!'

당시 아테네인은 권력과 재물에 집착하고 아낙사고라스 등 자연철학자들은 탈레스·파르메니데스·헤라클레스의 철학 전통에서 외적 자연과 천체를 탐구하면서 무신론에 빠져들었다. 그리스인 전체의 사회심리는 외물지향적 '물신주의(Feischismus)', 곧 물질만능주의가 지배했다. 소크라테스는 '소프로쉬네(절제, 정심)'를 새로운 맥락에서 해석하여 '소프로쉬네'와 '너 자신을 알라'를 연결함으로써 당시 아테네인들의 '물신주의'에 대항하는 차원에서 물음의 방향을 인간으로 돌려 영혼(인간정신)에 대한 질문을 던졌다.

초기 대화편 『카르메니데스』에서 소크라테스는 그리스 7현이 델피신전 입구에 새겼다는 3개의 경구警句 중의 하나인 "너 자신을 알라"를 바로 '소프로쉬네'로 풀이한다.[20] 3개의 경귀는 ① "그노티 세아우톤($Γνοθι$ $σεαυτόν$) - "너 자신을 알라", ② "메덴 아간($μηδέν$ $άγαν$)" - "뭐든 너무 많지 않게", ③ "에귀에 파라 다테($Eγγύη$ $πάρα$ $δ'άτη$)" - "보증 서는 자

Buchgesellschaft, 1977). 따라서 영어권에서는 이 '소프로쉬네'를 'prudence', 'temperance', 'moderation', 때로는 'sobriety(soberness)', 'self-control', 'restraint', 'continence', 최근에는 심지어 'measured judgment'(Schofield, *Plato: Political Philosophy*, 147쪽) 등 수많은 단어로 영역하고 있다. 독일어권에서는 슐라이어마허(Friedrich Schleiermacher)의 독역어 'Besonnenheit(사려깊음)'를 따르고 있다. 우리나라 학자들은 보통 '자제, 절제, 자제심, 절제심' 등으로 옮긴다. 그러나 필자는 절제로 옮기되, '소프로쉬네'의 어원적 의미('건전한 마음' 및 '현명을 안전하게 간직함')와 함께 중용적 '자제·극기'와 '자기를 알고 돌봄'의 뜻을 포괄하는 『대학』 8조목의 '정심正心'으로도 옮겼다.

19) Platon, Charmides, 164d-165c. *Platon Werke*, Bd.I; Platon, *Alkibiades* I, 131b; 133c. *Platon Werke*, Bd.I (Darmstadt: Wissenschaftliche Buchgesellschaft, 1977).
20) Platon, *Charmides*, 164d-165a.

는 멸망이 가깝도다"였다.

소크라테스는 초기 대화편 『알키비아데스』에서 자기 자신을 아는 것이란 자기의 영혼(퓌시케ψυχή)을 알고 돌보는 것이고, 그것도 영혼의 '덕성(아레테ἀρετή)'인[21] '지혜(소피아σοφια)'가 자리 잡은 영혼 부분, 즉 '누스(νοῦς, 이성)'를 살피는 것이라고 말한다. 그에 의하면, 이 '누스'의 덕성으로서의 '지혜'는 신神과 같은 것이다. 따라서 누구든 이 '누스'를 들여다보고 신적인 모든 것(신과 이성)을 앎으로써 자기 자신도 가장 잘 알게 된다. 그런데 신神을 안다고 하는 것은 신에 대한 일종의 불경이다. 여기서 벌써 신에 대한 지성주의적 불경이 엿보이고 있다. (신의 영역에 대한 이런 합리주의적 침범은 나중에 아리스토텔레스에게서 노골화되고, 헤겔과 니체에 이르면 신이 죽고 인간이 신의 빈자리를 차지한다.) 그러나 소크라테스는 아직 신이 인간보다 조금 더 우월함을 인정한다. "눈동자 속의 반사경보다 거울이 더 밝듯이 신은 영혼 속에서 가장 좋은 것보다 더 순수하고 더 밝은 것이다." 따라서 신을 들여다본다는 것은 우리가 가장 아름답고 가장 밝은 거울을 쓰는 것이다. 또 인간적인 것들 가운데서 가장 신적인 것인, 우리가 들여다보는 영혼의 덕성인 소피아는 우리가 우리 자신을 가장 잘 보고 가장 잘 알게 되며 가장 잘 돌볼 것이다.[22]

---

21) 그리스어 '아레테(ἀρετή)'와 '아가톤(ἀγαθων)'은 윤리적·비윤리적 성질에 걸쳐 두루 '훌륭함(좋음)'의 뜻으로 쓰인다. 그러나 '아레테'는 '아가톤'과 달리 '지속'의 뜻이 들어 있다. '아가톤'이 그저 '좋음'이라면 '아레테'는 습성화(숙달)된 훌륭한 품성과 기량, 즉 '덕성'이다. 덕성은 습관화된 품성과 습성화된 지속적 역량이다. 그런데 우리말 '덕(德)'을 윤리적으로만 느끼는 이들은 '아레테'를 '덕'으로 옮기기를 꺼린다. 가령 다음을 보다: 플라톤(박종현 역), 『국가·政體』(서울: 서광사, 2007), 74쪽 각주; 아리스토텔레스(이창우 외 역), 『니코마코스 윤리학』(서울: 이제이북스, 2008). 하지만 본래 한자어 '득(得)'과 통용되기도 하는 '덕(德)'자는 '학덕'·'무덕(武德)'·'쾌덕(卦德)'처럼 머리와 몸의 '기량'과 '자질'로 습득(習得)한 경우에도 쓰인다. 따라서 여기서는 '아레테'를 '덕' 또는 '덕성'으로 옮긴다.
22) Platon, Alkibiades I, 133b-c. Platon Werke, Bd.IV. (Darmstadt: Wissenschaftliche Buchgesellschaft, 1977).

극기·정심으로서의 이러한 자기지식(자기에 대한 앎)은 그 자신이 '무엇을 아는지'와 '무엇을 알지 못하는지' 또는 '무엇을 알 수 있는지'와 '무엇을 알 수 없는지'를 아는 것이다. 말하자면 '절제(정심)'란 '지식의 지식'과 '무지의 지식'을 통합한 지식, 즉 '앎 자체에 대한 앎'과 '모름 자체에 대한 앎'을 합한 앎이다. 자기 자신을 인식하는 정심자正心者 또는 자기의 지적 한계를 아는 절제자만이 그 자신이 아는 것을 앎과 동시에 무엇을 모르는지도 간파할 수 있다. 나아가 절제자(정심자)만이 자기가 안다고 믿지만 실은 알지 못하는 것을 판별한다. 그리고 절제자만이 "아무도 알지 못하는 것"을 식별해낼 수 있다. "아무도 알지 못하는 것"이란 신만이 알 수 있는 것이다. 따라서 절제·정심자만이 '신만이 아는 것'까지도 인지人智로 안다고 말하는 건방을 떨거나 이 '신만이 아는 것'까지 알려고 파헤치며 신을 모독하는 불경한 지적 오만을 완전히 버릴 수 있다.[23]

『카르메니데스』에서 소크라테스는, 모르는 것(무지)과, 모르는 것을 안다고 믿는 것(지적 오만·망상)은 전적으로 다르다고 말한다. "광기狂氣는 지혜의 반대다." 그래도 무지를 광기로 볼 수는 없다. 하지만 "자기 자신에 대해 무지하면서 자기가 알지 못하는 것을 정말로 안다고 생각하는 것은 광기와 가장 가까운 것"이다. 또한 "많은 사람들은 대부분의 사람이 잘못 아는 문제에서 실수하는 사람들이 돌지 않았다고 주장하는 반면, 다수가 아는 문제에서 실수하는 사람들을 돌았다고 부른다." 가령 어떤 자가 성문을 지날 때 몸을 앞으로 굽혀야 할 정도로 키가 크다거나 집을 들어 올릴 만큼 힘세다고 생각한다면, 또는 만인이 불가능한 것으로 여기는 엉뚱한 일에 몸 바친다면 많은 사람들은 이 자를 미쳤다고 생각할 것이다. 그리고 대중의 여론은 '작은 실수'를 하는 사람을 미친 것으로 여기지 않지만, 강렬한 욕망을 에로스적 정열이라 부르듯이 '정신의 커다란 혼

---

23) Platon, *Charmides*, 167a.

란'도 광기라 부른다.[24]

그러나 소크라테스는 자신에 제시한 "너 자신을 알라"는 명제를 '자아의 지식' 수준에서만 풀이했을 뿐이고, 정작 자기 자신, 즉 눈에 보이지도, 만질 수도 없는 '자아에 대한 지식과 무지'를 완전히 도외시했다. 아니, 소크라테스는 가장 가까운 자아이면서도 볼 수도, 만질 수도 없는 자아 자체를 어둠 속에 처넣어버린 것이다.

인간은 자기와 타인의 자아를 오로지 공감적으로만, 즉 자기공감을 통해서만 지각할 수 있다.[25] 따라서 공감개념이 없는 소크라테스는 자아 자체를 알 수 없었다. 훗날 이 때문에 니체는 소크라테스를 맹공한다. 니체는 소크라테스·플라톤과 마찬가지로 공감개념을 몰랐지만 자기를 알 수 없는 인간의 자기인지認知 불능에 관해 설파한다. 그는 젊은 시절에 쓴 한 논고 「도덕 외적 의미에서의 진실과 거짓에 관하여」에서 자아에 대한 자아의 무지를 이렇게 한탄했다. "인간이 본래 자기 자신에 관하여 무엇을 안단 말인가! 아니, 인간이 단 한 번이라도 환하게 조명된 유리상자 속에 넣어진 것처럼 자신을 완전히 지각할 수 있을까? 자연은 인간에게 가장 많은 것을 (…) 침묵하지 않는가?"[26] 이 자기인지 불능 테제에 이어 『서광(Morgenröthe)』(1872)에서 그는 자기 자신을 알고 '인간의 행위가 어떻게 이루어지는지'를 안다고 생각하는 보통사람들과 소크라테스의 '너 자신을 알라'는 테제를 '가장 오래된 광상狂想'으로 혹독하게 비판한다.

---

24) Xenophon, *Memorabilia (Recollections of Socrates)*, translated and annotated by Amy L. Bonnette (Ithaca and London: Cornell University Press, 1994), Book III, ch.9, §6·7.
25) 황태연, 『감정과 공감의 해석학(1)』 (파주: 청계, 2014·2015), 903-949쪽.
26) Friedrich Nietzsche, "Ueber Wahrheit und Lüge im aussermoralischen Sinne", 371쪽. *Nietzsche Werke*, V-I, hg. v. G. Colli und M. Montarinari (Berlin: Walter de Gruyer, 1973).

- '주체'의 알려지지 않은 세계 – 인간들에게 그토록 이해하기 어렵게 느껴지는 것은 자기 자신에 대한 인간들의 무지다. 태고대로부터 지금까지! 선악과 관련해서만이 아니라, 본질적인 많은 것과 관련해서도! 인간 행위가 어떻게 성립하는지를 안다는, 어떤 경우든 완전히 정확하게 안다는 아주 오래된 광상은 여전히 살아있다. "가슴을 들여다보는 신"만이 아니라, 자기의 행위를 숙고하는 행위자만이 아니라 모든 타인들도 모든 타인의 행위의 발생 속에서 본질적인 것을 이해한다는 것을 의심치 않는다. "나는 내가 의지하는 것, 내가 행한 것을 알고, 나는 자유롭고 그것에 대해 책임 있고, 나는 타인을 책임지게 만들고, 나는 행위 전에 존재하는 모든 윤리적 가능성과 모든 내적 운동을 거명할 수 있다. 너희들은 너희들 의지대로 행할 수 있다. 나는 이 속에서 나와 너희들을 모두 다 이해한다." 예전에 모든 사람들은 이렇게 생각했고, 거의 모든 사람들이 아직도 그렇게 생각한다. 소크라테스와 플라톤은 이 부분에서 커다란 회의론자이자 놀라운 혁신자들임에도 "바른 인식에 바른 행위가 따를 수밖에 없다"는 저 가장 불운한 편견, 저 가장 깊은 오류와 관련하여 천진하게 믿음성이 있었다. 그들은 이 원칙에서 여전히 행위의 본질에 관한 지식이 존재한다는 보편적 광상과 몽매의 상속자였다. "바른 행위의 본질에 대한 통찰에 바른 행위가 따르지 않는다면 당연히 경악스러울 것이다." – 이것이 저 위대한 철인들이 이 사상을 필요한 것으로 여기는 유일한 방식이다. 그 반대는 그들에게 생각할 수 없고 미친 것이다. 하지만 그 반대는 바로 영원 이래 매일 매 시간 입증되는 노골적 현실이다![27]

---

27) Friedrich Nietzsche, *Morgenröthe*, 106-107쪽. *Nietzsche Werke*, VI, hg. v. G. Colli und M. Montarinari (Berlin: Walter de Gruyer, 1971).

인간의 자기인지 불능의 비밀을 자신만이 아는 양 우쭐대는 니체의 이 고답적 독선은 독자들로 하여금 마치 '그 반대'의 사실, 즉 '사람들이 자신을 전혀 모른다는 것'이 사실인 양 착각하게 만든다. 그러나 니체보다 조금 뒤(1902) 찰스 쿨리(Charles H. Cooley)는 자아의 주제가 난해한 것으로 간주되는 까닭은 "순수한 자아의 형이상학적 논의" 때문이라고 말하면서 다음과 같이 니체와 반대로 "경험적 자아는 마음의 다른 사실들보다 아주 훨씬 더 파악하기 어려운 것이 아니다"라고 논박한 바 있다. "아무튼 1인칭 대명사가 실체적이고 중요한 의미, 이해하기 아주 어려운 것이 아닌 의미를 가졌다고 가정해도 된다. 그렇지 않다면, 그것은 전 세계적으로 단순한 사람들과 어린아이들이 이해할 수 있고 항상 사용하고 있는 것이 아닐 것이다. (…) 일인칭 대명사의 기저에 놓인 신비에 관한 한, 이것은 의심 없이 실재적이고 중요하고, 능력자들에 의한 논의의 아주 적합한 주제지만, 나는 이것이 '특유한' 신비라고 생각지 않는다. 내 말은 이것이 단순히 생의 일반적 신비의 한 국면인 것으로 보이고 어떤 다른 인격적·사회적 사실과 관련되기보다 더 많이 '나'와 관련된 것이 아니라는 것이다. 그리하여 다른 곳에서와 같이 여기서도 신비를 투시하려고 하지 않는 사람들은 이 신비를 단순히 무시해도 된다. 이것이 문제의 정확한 관점이라면, '나'란 단지 다른 것과 같은 사실이다."[28] 사이코패스는 공감능력이 없기 때문에 사이코패스적 자아는 자기공감을 통해 자기의 자아를 알 수 없다. 니체가 주체가 주체의 자아를 모른다고 주장하는 것은 이런 차원이다.

    공감능력을 일상적으로 사용하는 보통사람들의 경험적 자아지식을 돌아보면, 니체가 말하는 '그 반대(모른다)'와 반대되는 사실, 즉 '사람들이

---

28) Charles H. Cooley, *Human Nature and the Social Order* (New Brunswick·London: Transaction Publishers, 1902·1922·1930·1964·1984, 7th printing 2009), 169쪽.

일상적으로 자신을 잘 안다'는 사실은 실은 "영원 이래 매일 매시간 입증되는 노골적 현실"이다. 우리는 전화기 저편의 자아도 인지하고, 5초 전 나의 자아도 알고, 심지어 5초 전의 자아를 인지하고 있는 나의 '주의자아(attentive ego)'도, 지금 전화를 받고 있는 나의 '주의자아'도 인지한다.

그러나 소크라테스는 자아의 지식수준(신지에 대비되는 자아의 하찮은 지식, 무식자와 전지자 사이의 중간자, 지식을 갈망하는 애지자 등)에 대해서만 뻔질나게 논하고 막상 자아'에 대한' 지知와 무지는 논하지 않고 자아 자체를 어둠 속에 던져 넣어버린 것이다. 소크라테스의 이런 방기는 그가 빌린 "너 자신을 알라"는 델피신전의 격언을 무색케 한다. 그리하여 심지어 사이코패스 철학자 니체에게서까지도 욕을 듣는 것이다.

■ 중간자로서의 인간과 애지자(필로소포스)

소크라테스는 지식과 무지 자체에 대한 앎이 모르는 그 무엇에 대한 앎과 다르다고 말한다. 인간은 아무도 모른다는 사실을 인지人智로 알 수 있지만 '아무도 모르는 그 무엇', 즉 '신만이 아는 그 무엇'은 아무도 알 수 없기 때문이다. 그리고 '그가 안다는 사실'을 아는 것(지식 그 자체에 대한 지식)도 '그가 아는 대상' 자체를 아는 것과 다른 것이다. 이렇게 구분하는 차원에서 보면, 소프로쉬네(절제·정심)는 아는 대상과 모르는 대상 자체에 대한 지식이 아니라 대상을 안다는 사실과 대상을 모른다는 사실에 대한 지식이다.[29] 아무도 모르는 그 무엇을 아는 것, 즉 "전혀 조금도 알 수 없는 것을 어느 정도라도 아는 것"은 사실 "불가능한 일"이다.[30]

크세노폰의 기억에 따르면, 소크라테스는 인간이란 '완전한 지자智者', 즉 '소포스(σοΦός)'일 수 없다고 주장했다. 신만이 진정한 지자로서 완전

---

29) Platon, *Charmides*, 169e-170d.
30) Platon, *Charmides*, 175c.

히 지혜롭다. 따라서 "지자(소포스)라 부르는 것은 신에게만 합당한" 것이다. "신의 눈은 일시에 만유萬有에 도달할 수 있다. 인간의 영혼이 이곳의 일을 걱정하는 동시에 이집트나 시칠리아의 일을 걱정할 수 있듯이 신의 선의善意는 만사를 일시에 유의할 능력이 있다. 신은 일시에 만물을 다 보고 듣고 도처에 편재遍在하고 만사를 일시에 알고 관여할 수 있는 존재다."[31] 신은 만유에 편재하고 전지전능한 존재자(*omnipresent, omniscient and omnipotent being*)라는 말이다. 신은 이처럼 이미 완전히 지혜롭기 때문에 지혜에 대한 욕구도 없고, 지혜를 갈망하거나 애호할 필요도 없다.

물론 완전한 무식자도 지혜를 갈망하지 않는다. 완전한 무식자는 조금도 아름답지도, 선하지도, 이성적이지도, 조금도 지혜롭지도 않으면서 전적으로 충분하다고 느끼기 때문이다. 부족하다고 느끼지 않는 자는 자신이 필요하다고 느끼지 않기 때문에 이 불필요한 것을 욕망하지 않는 법이다.

이에 반해 지知와 무지 사이, 완전한 지식과 완전한 무식 사이, 완전한 지혜와 완전한 어리석음 사이의 중간에 서 있는 자는 지혜를 갈구하고 사랑하는 '애지자愛知者'일 수밖에 없다. 공자의 '호지자好知者'나[32] 다름없는 소크라테스의 '애지자', 즉 '필로소포스($\varphi\iota\lambda\acute{o}\sigma o\varphi o\varsigma$; 철학자)'는 이런 중간자인 까닭에 자기에게 결여된 지혜에 목말라 지혜를 사랑한다. 즉, '필로소페이($\varphi\iota\lambda o\sigma o\varphi\varepsilon\acute{\iota}$)', 즉 '애지愛知하는 것'이다.

처음으로 철인을 '애지자愛知者'라 정의한 사람은 피타고라스였다. 지혜롭고 부유한 아비 포로스($\Pi o\rho o\varsigma$)와 무식하고 가난한 어미 페니아($\Pi\varepsilon$

---

31) Xenophon, *Memorabilia*, Bk.I, ch.4, 17·18.
32) 『論語』「雍也」(6-20): "뭔가를 아는 자는 이 앎을 좋아하는 호지자만 못하고, 호지자는 이것을 즐기는 낙지자만 못하다(知之者 不如好之者 好之者 不如樂之者)." 여기서 '好之者'의 '之'는 '知(뭔가를 아는 것)'를, 그리고 '樂之者'의 '之'는 '好之(뭔가를 아는 것을 좋아하는 것)'를 가리킨다.

νία) 사이에 태어난 자식으로서 에로스(Ἔρος)가 가장 아름다운 것에 속하는 지혜를 갈망하고 사랑하는 것처럼, 애지자(철학자)는 지자와 무지자 사이의 중간에서 지혜를 애호한다.[33] 그러나 인간은 아무리 노력해도 신의 경지인 진정한 지자가 될 수 없고, 인간의 지혜는 무식자의 무식과 신의 완전한 지식 사이의 중간에 위치한다. 따라서 인간은 인간의 지성으로 신적 지식까지도 얻을 수 있다고 자부하는 오만을 떨지 않아야 한다. 이런 점에서 소크라테스도 초기에 공자와 마찬가지로 일단 인간을 '지자'가 아니라 '애지자(지적 중간자)'로 보는 의미에서 '중도적 지식철학'을 대변했다.

그러나 '소피스트'는 자기가 모든 것을 아는 지자인 양 떠벌리고 아테네의 부유한 가정을 떠돌며 가정교사 등으로 돈 받고 지식을 팔았다. 소크라테스는 이들을 '애지자'가 아니라 '매지자賣知者'라고 경멸했다. 따라서 '소피스트'는 바로 '애지자'와 반대로 진리가 아니라 돈에 관심을 두는 궤변가들이었다. 소피스트는 인지人智, 곧 '인간적 지혜(안트로피네 소피아 ἀνθρωπίνη σοφία)'의 수준을 뛰어넘는 '초인간적·신적 지혜, 곧 '신지神智(테이오세 소피아 θείοση σοφία)' 측면에서도 지혜롭다고 생각했다. 반면, 소크라테스는 플라톤이 기록한 『변명』에서 '인지人智' 측면에서나 겨우 자신이 지혜롭다는 평가를 들을 수 있다고 말한다. 그는 자신이 "다소간에 지혜롭지 않다는 것을 의식하고 있기"(자기의 무지를 알고 있기) 때문이다.[34]

잠시 관심을 돌려보면, 플라톤은 '무지의 무지'에 대한 소크라테스의 비판을 그의 후기 대화편에서도 견지한다. 후기 대화편 『필레보스(Φίλ

---

33) 참조: Platon, *Phaidros*, 278d('지자는 신에게만 합당'). *Platon Werke*, Bd.V; Platon, *Des Sokrates Apologie*, 23a('신의 진정한 지혜로움'). *Platon Werke*, Bd.II; Platon, *Das Gastmahl*, 204a('이미 지혜로운 신'과 '중간의 애지자'). *Platon Werke*, Bd.V; Platon, *Lysis*, 218a-b('중간자의 애지'). *Platon Werke*, Bd.I.
34) Platon, *Des Sokrates Apologie*, 20b, 21b.

ηβος)』(BC349)에서도 소크라테스는 '너 자신을 알라'는 델피신전 경구의 관점에서 자기 자신에 대한 '무지'와 '어리석은 마음씨'를 '일종의 악', 즉 "델피신전에 새겨진 글이 표현하는 것과 반대되는 마음씨", 말하자면 "결코 제 자신을 알지 못함"으로 규정한다. 그는 "제 자신을 모르는 사람들"은 재산 측면에서 자기가 "더 부유하다"고 믿고, 육체 측면에서 자기가 "더 크고 더 잘생겼다"고 믿고, 영혼의 덕성 면에서 "더 우수하다"고 믿는 등 자기의 이 세 가지 측면을 모르는데, 특히 "압도적으로 가장 많은 사람들이 셋째 부류의 것, 즉 영혼에 속한 부류와 관련해서 아주 잘못을 저지르고 있다"고 말한다. 영혼의 "덕" 가운데서도 특히 "지혜에 관해서는 아주 많은 다수가 나서서 다툼을 일삼고 거짓된 지혜에 대한 자만으로 가득 차 있다"는 것이다.[35]

무지의 지식, 자기가 무지하다는 것을 아는 것, 즉 무지에 대해 무지하지 않은 것은 실로 '인지人智(안트로피네 소피아)'로 얻을 수 있는 지식의 최고봉이다. 따라서 자신의 무지에 대해 아는 자는 자신이 알지 못함에도 불구하고 안다고 망상하고 신 외에 아무도 알 수 없는 그 무엇도 안다고 허풍 떠는, 따라서 자신의 무지에 대해 무지한 자들보다 더 지혜로운 자다. 이런 '무지의 무지'는 신 외에 아무도 알 수 없는 대상의 존재와 '신' 자체의 존재를 부정하는 것은 말할 것도 없고 '천부적으로 타고난 또는 학습과 단련을 통해 개발되는 예지적·기능적 초능력과 그 잠재인자潛在因子를 저장한 DNA 속의 '무의식적 초자아'와 무진장한 지식마저 모조리 부정하고 이런 초능력을 가진 소크라테스 같은 인물을 위험시하며 스스로 다 안다는 위험한 독선과 무서운 지적 오만을 표출하는 중우衆愚정치적 선동정치인들에게서 전형적으로 나타난다.

따라서 '안트로피네 소피아'를 초월할 정도로 지혜롭다고 생각하지도

---

35)   Platon, *Philebos*, 48c-49a. *Platon Werke*, Bd.Ⅶ.

않지만, 자신의 무지를 모르지도 않는 사람은 반대로 '안트로피네 소피아'를 초월할 정도로 지혜롭다고 망상하면서도 자신의 무지를 모르는 사람보다 더 지혜롭다. 최고의 '인지적人智的 지식'이란 "신은 진정으로 지혜로운" 반면, "인지는 이에 비하면 조금 값어치가 있거나 거의 값어치가 없다"는 사실을 아는 것이다. 이것은 신에 대비되는 '인간의 일천한 앎과 무한한 모름에 대한 앎'을 뜻한다. 따라서 역설적으로 소크라테스처럼 "지혜와 관련해서 자신이 진실로 아무런 값어치가 없다는 것을 통찰한 자가 가장 지혜로운 자"다.[36] 신과 비교하면 인간의 앎은 너무나 알량하고 인간의 모름은 엄청 무한하다는 사실을 깨달은 소크라테스 같은 인간이 인간들 가운데서 가장 지혜로운 자요, 가장 유식한 자인 것이다.

소크라테스에 의하면, '인지人智'의 관점에서 가장 지혜로운 자라도 신지神智에는 이르지 못하는 중간자다. 중간자는 완전성을 갈망한다. 따라서 지적 중간자는 가지적可知的이되 무한한 인간적 지식과 불가지적不可知的 신지를 둘 다 갈망하고 애호하는 자, 곧 필로소포스일 수밖에 없다. 필로(愛)+소포스(知者)의 합성어인 필로소포스는 바로 지식과 지혜를 사랑하는 '애지자愛知者'로서의 '철학자'다.

■ **지적 관상(테오리아)의 기쁨과 아포리아**

피타고라스가 스스로를 '소포스(지자)'가 아니라 '필로소포스(애지자)'라 자칭自稱하면서 처음 사용했다고 알려진 이 '철학자' 개념은 플라톤에 의하면 특정한 전문적 지혜를 사랑하는 자가 아니라 '모든 지혜, 모든 지식'을 사랑하는 자를 가리킨다. 따라서 소크라테스·플라톤에 따르면, 애지자는 '모든 배움'을 기꺼이 맛보려고 하고 배우는 일을 반기며 가까이

---

36) Platon, *Des Sokrates Apologie*, 21d('내가 더 지혜롭다'); 22d('무지에 대해 무지하지 않음'); 23a-b('진정한 신적 지혜, 인간적 지혜의 무가치성의 통찰').

하고 또 이에 만족할 줄 모르는 사람이다.[37]

또한 애지자는 진리를 구경하기를 좋아해 개별 사물들에 머물지 않고 아름답고 올바른 사물들의 본성(퓌시스)을 알아내는 자다. 애지자의 성향은 늘 생성소멸에 의해 흐트러지지 않고 항존恒存하는 본질적 존재(우시아 οὐσία)를 자신에게 드러내 보여주는 배움을 늘 사랑하고 또한 큰 존재든 작은 존재든, 귀한 존재든 하찮은 존재든 어떤 존재도 포기하지 않고 '온 존재'를 사랑하는 데 있다. '신지'와의 관계에서 중도적 지식철학의 자세를 유지했던 플라톤은 여기서부터 이미 광기 어린 무제한적 지성주의 성향을 보이고 있다. 이 방향으로 계속 질주하면 이 길은 아리스토텔레스의 불경한 전지적全知的 소피아(지덕) 개념으로 직통한다.

플라톤의 애지자는 전문적 실눈으로 한 가지, 한쪽의 단편적 측면만 보는 전문가가 아니라 크게 뜬 눈으로 전체의 원리를 보는 "포괄조망자(쉬놉티코스 συνοπτικός)"다.[38] 이것은 "군자는 전문가가 아니다(君子不器)"라는 공자 명제의[39] 그리스 버전이다. 또한 그 성향은 거짓을 증오하고 진리를 좋아하는 데 있다. 애지자는 사물의 본성을 포착할 때까지 지혜에 대한 사랑을 멈추지 않으며, 영혼의 덕성 부분에 의해 참 존재에 육박해 마침내 이것과 합체를 이루고 이성과 진리를 출산出産해 지식을 이룩하고 진실하게 살고 이에 의해 스스로 훈육·고양高揚된다. 이때까지 지혜를 사랑하여 이성적 지식을 낳으려는 애지자의 진통은 그치지 않는다.[40] 소크라테스와 플라톤은 참지식의 획득을 '출산'에 비유했고, 가르치는 것을 '산파술'에 비유했다.

소크라테스는 이와 같이 신적이고 인간적인 모든 것에 전체적으로 접

---

37) Platon, *Der Staat*, 475b-c.
38) Platon, Der Staat, 537a(쉬높티코스).
39) 『論語』「爲政」(2-12).
40) Platon, *Der Staat*, 475e(모든 지혜에 대한 요구); 476b(본성에 대한 앎); 485b-c(존재에 대한 관상); 490a-b(지성과 진리의 출산).

근하려고 하는, 그러므로 일체의 시간과 일체의 본질적 존재를 구경하고 즐기는 것을 "관상觀賞", 곧 "테오리아(θεωρία)"라 불렀다. 이 테오리아의 지적 능력과 고매함과 호연지기의 마음을 갖춘 사람에게는 인간적인 삶도 대단한 것이 아니다. 이런 사람은 죽음도 두려워하지 않는다.[41]

소크라테스에 의하면, 애지자는 아무도 맛볼 수 없는 최고의 기쁨으로서 "참 존재를 관상(테아 θέα)하는 기쁨"을 맛본다. 기쁨에는 명예의 기쁨, 부의 기쁨, 참 존재 전반에 대한 관상의 기쁨 등 세 가지가 있다.[42] 소크라테스와 플라톤은 덧없는 '기쁨'(쾌락)과 오래가는 '즐거움(행복감)'을 구별하지 못한다. 이것은 서양철학 전반과 기독교가 다 그렇다.[43] 아무튼 저 셋 가운데 "참 존재 전반에 대한 관상의 기쁨"이 최고의 기쁨이다. 따라서 이 최고의 기쁨을 누리는 이성적 영혼 부분이 지배하는 애지자의 삶이 가장 기쁜 삶이다.[44]

소크라테스의 '애지자(철학자)'가 공자의 '호지자'에 비견되는 개념이라면, '애지자'의 기쁜 삶은 공자의 '낙지자樂之者'의 삶에 비견된다. 그러나 플라톤의 애지자는 인지人智의 한계를 알고 신지神智를 공경하지만 그럼에도 비윤리적 순수 지성과 지혜를 어떤 윤리적 덕목의 제약도 받지 않는 최고 덕목으로 삼고 심지어 이 윤리적 덕목들마저도 비도덕적·인식

---

41) Platon, *Der Staat*, 486a-b.
42) Platon, *Der Staat*, 482c-583a.
43) '기쁨(쾌락)'은 각종 욕망(육체적 욕망과 호기심·진리욕·학습욕 등 정신적 욕망)의 충족에서 일어나는 흡족한 감정인 반면, '즐거움(행복감)'은 다른 사람과의 공감에서 일어나는 흡족한 감정이다. 공자는 『中庸』(1장)에서 "희로애락喜怒哀樂"을 구별해 말하듯이 기쁨(喜)과 즐거움(樂)을 확실히 구분했다. 또『논어』의 첫 구절에서도 '기쁨'과 '즐거움'을 엄격히 구별해 사용하고 있다. "경험하고 때맞춰 그것을 반복해 익히니 기쁘지 아니한가! 나를 알아주는 지지자가 있어 원방으로부터 찾아오니 즐겁지 아니한가!(子曰 學而時習之 不亦說乎! 有朋自遠方來 不亦樂乎!)"『論語』「學而」(1-1). 공자는 학습욕(진리욕)을 충족시키는 첫 구절에서 '기쁨'을 말한 반면, 멀리서 찾아온 지지자와 반가움을 공감하는 두 번째 구절에서는 '즐거움'을 말하고 있다.
44) Platon, *Der Staat*, 482c-583a.

적 지혜에 불과한 '소피아'에 굴복시키는 무제약적 지성주의자다. 반면, 공자의 애지자·낙지자(철인)는 지혜를 4덕(인의예지)의 말석에 위치시킨다.[45] 그리고 공맹의 이 지혜는 비도덕적·인식적 지식이 아니라, 도덕적 판단 지식이다.

『카르메니데스』에서 소크라테스는 '소프로쉬네($\sigma\omega\varphi\rho o\sigma\acute{v}\nu\eta$)'와 '그노티 세아우톤($\Upsilon\nu o\theta\iota\ \sigma\varepsilon\alpha\upsilon\tau\acute{o}\nu$)'을 유용성의 관점에서 더 파고든다. 자기 자신을 아는 것, 또는 안다는 사실을 아는 것과 모르는 것을 아는 것이 소프로쉬네라면, 자기에 대한 앎과 '지식의 지식'으로서의 이 소프로쉬네의 유용성이 무엇인지를 물어야 한다. 소크라테스는 이 물음을 거듭 던지고 있다. "아는 것과 모르는 것을 아는 것, 그리고 그것을 안다는 사실과 모른다는 사실을 아는 것이 가능한지, 아니면 가능하지 않은지, 그다음 이것이 가능하다면 그것을 아는 것이 우리에게 무슨 이익인지를 처음부터 다시 한번 고찰해 보자."[46] 그러면서 소크라테스는 심지어 '지식의 지식'이 있다는 것을 회의하면서 지금까지의 논의의 전 의미를 이 유용성으로 돌리는 입장을 취한다. "나는 '지식의 지식' 같은 것이 존재한다고 확신을 갖고 주장할 수도 없고, 진정 그와 같은 지식이 존재한다면, 그리고 그 지식이 소프로쉬네라면 우리에게 어떤 식으로든 유익한 것인지 아닌지를 밝혀내기 전까지는, 이 지식이 정심이라는 것을 수락할 수도 없다. 왜냐하면 나는 소프로쉬네가 좋고 유익한 것이라는 예감이 들기 때문이다."[47]

그러나 소크라테스는 복잡다단한 문답 끝에 이 문제를 아포리아(불가해한 난문)로 선언하고 만다. "만장일치로 모든 것 중에서 가장 탁월한 것으로 여겨지는 것이 필경 우리에게 무익한 것으로 현상할 것"이다. "우리

---

45) 공자는 대개 '인자'를 '지자' 앞에 언급한다. 『論語』「里仁」(4-2): "子曰 (…) 仁者安仁 知者利仁."; 「憲問」(14-28): "子曰 君子道者三 我無能焉. 仁者不憂 知者不惑 勇者不懼."
46) Platon, *Charmides*, 167b. *Platon Werke*, Bd.I.
47) Platon, *Charmides*, 169b.

는 조어자造語者가 소프로쉬네라는 이름을 부여한 그런 대상이 무엇인지를 밝혀내지 못했다." 그리고 길고 긴 문답식 탐구 조사 결과, 소크라테스는 자기에 대한 앎으로서의 소프로쉬네에 대해 진리를 발견하지 못하고 "소프로쉬네의 본질"로 제시했던 것을 "우리에게 완전히 무익한 것으로 입증하는 식의 조롱이라고 선언한다."[48]

그런데 애지의 관점이 아니라 이익의 관점에서 자기에 대한 앎 또는 지식의 지식과 무지의 지식으로서의 정심이 인간에게 어떤 이익을 주는지에 대한 상세한 답변은 뜻밖에도 다른 기록에 전한다. 크세노폰은 『소크라테스의 회상』에서 이에 대해 다음과 같이 쓰고 있다.

첫째, 소크라테스는 우선 "자기 자신을 아는 사람"이란 자기의 이름만 아는 사람이 아니라 "그가 인간들이 쓸모의 관점에서 어떠한지에 대해 자기를 정밀 검토하고 자신의 역량을 아는 사람"이라고 말한다. 자기의 역량을 모르는 사람은 자기에 대해 무지한 사람이다. 명시적으로 확실한 것은 "인간이 자기 자신에 대한 앎 덕택에 대부분 좋은 일들을 누리고 자기 자신에 대해 잘못 알기 때문에 대부분 나쁜 일들을 겪는다는 사실"이다. "자기를 아는 사람들은 자기에게 맞는 것을 알고, 할 수 있는 것과 할 수 없는 것을 구별한다. 그리고 그 자신이 어떻게 하는지를 아는 것을 행함으로써 그가 필요로 하고 또 잘하는 것을 마련하는 한편, 자기가 무지한 것을 삼감으로써 실수에서 벗어나고 나쁘게 행동하는 것을 피한다. 이 때문에 그들은 다른 사람들도 감별할 수 있고 다른 인간들을 써서 좋은 것을 얻고 악재를 막는 것이다."

둘째, 소크라테스는 자기 무지로 인한 불이익에 관해 말한다. "자기 자신의 역량에 대해 무지하고 극도로 잘못 알고 있는 사람들은 다른 사람들과 다른 인간사에 관해서도 유사한 처지에 던져진다. 이들은 자기들이 필

---

48) Platon, *Charmides*, 175b·d.

요한 것도, 자기들이 하고 있는 일도, 자기들이 사귀는 사람들도 알지 못한다. 이 모든 점에서 극도로 헤매는 까닭에 오히려 이들은 좋은 것들을 얻는 데 실패하고 나쁜 일들을 만나게 된다."

셋째, 자기를 아는 사람들에 대한 여론의 호평과 신뢰에 대해 말한다. "자기가 무엇을 하든 이것을 아는 사람들은 그들이 하는 일에서 성공하기 때문에 명성을 얻고 존경을 받게 된다. 이에 더해 그들과 유사한 사람들은 기꺼이 그들과 사귈 뿐만 아니라 자기의 일에 실패하는 사람들은 그들이 자기들에게 자문해 주고 심지어 자기들을 주재해 주기를 바란다. 그리고 좋은 일에 대한 희망을 그들에게 걸고 이 모든 일 때문에 그들을 대부분 소중히 여기는 것이다."

넷째, 자기 자신에 관해 무지한 사람들에 대한 여론의 평가와 비판에 관해 말한다. "그들이 하고 있는 일을 모르는 사람들은 나쁜 선택을 하여 자기들이 도모하는 일에서 실패하기 때문에 바로 이 일에서 곤란해지고 처벌받을 뿐만 아니라 이 실패한 일 때문에 여론의 평가도 낮아서 조소를 당하고 경멸과 치욕 속에서 살아간다. 당신도 도시국가들 가운데서 어떤 나라는 자기의 힘에 대한 무지 속에서 더 강한 도시국가에 맞서 전쟁을 벌여 멸망하는 한편, 이전에 자유로웠던 또 다른 나라는 예속화되는 것을 보았을 것이다."[49]

자기 자신을 알고 모르고는 이렇게 천양지차의 이익과 불이익을 빚어낸다. 그런데 자기를 알려면 자기의 어떤 점부터 시작해 자기 자신을 알아 가야 하는가? 먼저 '선과 악'의 관점에서 자기를 정밀 조사해 자기 자신을 알아야 한다. 미모·힘·부·명예 등과 같은 외적 요소를 배제한, 따라서 논란할 소지가 가장 적은 최고선은 영혼의 덕행으로서의 '행복'이다. 따라서 이 선과 덕에 대한 지식의 관점에서 자기 자신을 살펴나가기 시작

---

49) Xenophon, *Memorabilia*, Book IV, ch.2 §25-29.

해야 한다는 것이다.[50]

 그런데 소크라테스의 애지자(철학자)가 '아무도 모르는 것', '전혀 조금도 알 수 없는 것' 또는 신지로만 알 수 있는 것도 인간이 알 수 있는가? 애지자라도 '인지'의 차원을 넘을 수 없기 때문에 신만이 아는 것을 인지로 아는 것은 불가능하다. 참으로 지혜로운 신의 신지에 비해 '인지'는 "약간 값어치가 있거나 거의 값어치가 없다." 인간은 "모든 존재자를 알 수 없고", 또 "만사에서 지혜로운 것", 즉 '전지全知'는 불가능하다. 인간은 이 만물·만사의 "작은 부분조차도" 이해할 수 없다. 다만 "각 개인이 아는 것"의 범위 내에서만 인간은 "지혜로울" 뿐이다.[51]

---

50) Xenophon, *Memorabilia*, Bk.IV, ch.6 §7.
51) Xenophon, *Memorabilia*, Bk.IV, ch.6 §7.

제2절

소크라테스의 신지神智와 신탁점술의 철학적 위상

2.1. 주술과 신탁점에 대한 소크라테스의 믿음

인간이 "각 개인이 아는 것"의 범위 내에서만 "지혜로울" 뿐이라면, 인지人智로 알 수 없는 것을 알려는 노력은 포기해야 하는가? 소크라테스는 이 물음을 단호하게 부정하고, 신탁점괘로 신지神智를 구하여 인지로 알 수 없는 것을 알 수 있고 또 알아야 한다고 주장한다.

공자는 주역시서周易蓍筮를 통해 인지로 알 수 없는 미래의 일을 신에게 묻고 역괘易卦로 나타나는 그 대답을 풀이하는 점단占彖(占斷)으로 지천知天의 지식을 구했다. 시서蓍筮로 역괘를 얻을 때 시서자蓍筮者의 정신상태는 신들린 상태가 아니라, 맑은 정신통일 상태다. 소크라테스는 공자처럼 인지로 알 수 없는 일들에 대해서 반드시 이를 신에게 물어 답으로 신탁神託(oracle), 즉 '크레스모스(χρησμός)' 또는 '만테온(μαντεῖον)'

을 받음으로써 '신의 지혜', 곧 '신지神智'를 구해야 한다고 말한다. 그러나 신탁을 받는 자는 공자의 시서자와 달리 무당이었고, 소크라테스도 무기巫氣가 농후한 신들린 철학자였다.

소크라테스는 아폴론을 모신 델피신전의 신탁점과 기타 주술을 굳게 믿었다. 그는 그 귀추가 분명치 않은 미래의 일들에 부딪히면 신탁을 구하기 위해 델피신전으로 친구들을 보냈다.[52] 그는 특히 국가경영자라면 신탁을 중시해야 한다고 가르쳤다. "신은 말해진 것, 행해진 것, 말없이 숙고된 것 등 만사를 알고 모든 곳에 편재하며 모든 인간사에 관해 사람들에게 신탁을 내리는" 전지적全知的 존재이기 때문이다.[53]

소크라테스는 인간이 이 신적 존재를 다 인식하고 아는 것이 불가능하다는 불가지론을 대변했다. 그러므로 그는 신을 섬기는 것이 아니라, "인간이 알 수 없는" 신과 우주와 천체에 대해서 자연철학적·무신론적 관점에서 캐고 드는 자들은 "어리석다"고 비판했다. 그들은 인간사를 충분히 알지도 못한 채 또는 인간사를 무시한 채 인간으로서 알아낼 수 없는 신의 존재 및 그 양상과 속성을 캐들어가는 일에만 몰두하기 때문이라는 것이다.[54] 자연철학적 순수이성이 자연적 지각知覺의 영역을 넘어서 종교적·도덕적 신지의 영역으로 침범해 들어가 감히 이를 논단하는 것은 인지人智의 한계를 넘는 지적 오만으로서의 독신瀆神이다. 따라서 신과의 관계에서 중요한 것은 신에 대해 캐들어가는 것이 아니라 공경하고 섬기면서 인간으로서 알기 어려운 일이 있을 때마다 신탁을 통해 신지를 배우는 것이다. 신을 섬김으로써 우리는 "신이 인간에게 불분명한 일에 관해 자문을 주기를 원하는지를 알아내려고 애써야 한다"는 것이다.[55]

---

52) 참조: Xenophon, *Memorabilia*, Bk.I, ch.1 §6.
53) Xenophon, *Memorabilia*, Bk.I, ch.1 §19.
54) Xenophon, *Memorabilia*, Bk.I, ch.1 §11-13.
55) Xenophon, *Memorabilia*, Bk.I, ch.4 §18.

따라서 소크라테스는 "가정과 폴리스를 훌륭하게 다스리려는 사람들은 점을 칠 필요가 있다"고 가르쳤다. 목수, 대장장이, 농부, 인간 지도자, 이런 일의 평가사, 산술가, 가정관리자 또는 장군으로서 노련해지는 유류의 일은 "인지人智로 배우고 이룰 수 있는 일들"이다. 그러나 "이런 일들 속의 가장 중요한 측면은 신이 자신에게 유보해 두고 있다." 그리고 "이런 일들 가운데 어떤 일도 인간에게 분명치 않다." 가령 들녘을 가꾼 사람에게는 최종적으로 누가 이것을 수확할 것인지가 분명치 않고, 집을 지은 사람에게는 그 집에 누가 들어와 살지 분명치 않고, 노련한 장군에게는 군대 지휘가 그에게 이익인지가 분명치 않고, 노련한 정치가에게는 치국治國이 그의 이익인지가 분명치 않고, 행복하기 위해 미인과 결혼하는 사람에게는 이 여인 때문에 불행할지가 분명치 않고, 혼인으로 세도가 일족을 얻은 사람에게는 이들 때문에 나라에서 추방될지가 분명치 않은 것이다. 소크라테스는 "그럼에도 이런 유의 일에서 신적 요소가 전혀 없고, 따라서 이 모든 일들이 다 인지人智로 파악될 수 있다고 생각하는 자들은 미망迷妄에 빠진 것이 틀림없다"고 말한다. 그러나 그는 반대로 "가령 마차를 몰아본 경험이 있는 사람을 마차에 쓰는 것이 나은지 아니면 경험 없는 사람을 쓰는 것이 더 나은지, 또는 항해에 경험 있는 사람을 배에 쓰는 것이 나은지, 아니면 경험 없는 사람을 쓰는 것이 더 나은지와 같은, 인간의 능력으로 배워 정할 수 있다고 신이 여기는 일들, 또는 계산하고 측정하고 무게를 달아서 확정할 수 있는 일들을 묻고 점치는 자들도 미망에 빠진 것이다"라고 말한다. 그는 "이런 일들까지도 신에게 묻는 사람들은 종교적으로 불경하다"고 생각한다.[56]

결론적으로, 소크라테스는 "신이 우리가 배울 수 있다고 여기는 일은 우리가 배워야 하고, 인간에게 분명치 않은 일은 점을 통해 신에게서 배

---

56) Xenophon, *Memorabilia*, Bk.I, ch.1 §7-9.

우려고 애써야 한다"고 천명한다. "신은 은총을 주고 싶은 사람들에게 계시를 주기 때문"이라는 것이다.[57] 말하자면 '인지의 지식'과 '신지의 지식'을 합한 완전한 지식으로써만 "가정과 폴리스를 훌륭하게 다스릴" 수 있다는 말이다. 이것은 인지에 의한 '지인'과 신지에 의한 '지천'을 통합한 온전한 지식으로써 인간과 인간사의 좀 더 완전한 진리를 파악해야만 집·나라·천하를 다스릴 수 있다는 공자의 주장과 유사하다.

'인간은 무식자의 무지몽매와 신적 지자의 전지전능 사이의 중간자'라는 소크라테스의 핵심 명제와, 인지로 알 수 있는 것은 최대한 인지로 알아내야 하고 신에게 물어서는 아니 되며 반대로 신지의 사항까지 인지로 알려는 지적 오만을 자제하고 신적인 일은 신에게 물어 알아야 한다는, 그의 또 다른 핵심 명제는 그의 '중도적 지식철학'을 분명히 해 준다. 이것은 바로 '개연적 지식'("近道")을 추구한 공자의 '중도적 지식철학'과 상통한다고 할 것이다. 이런 까닭에 소크라테스처럼 '중도적 지성'과 델피신탁을 신봉했던 플라톤은 70대에 쓴 『필레보스』에서 지혜와 지성의 중도적中道的 성격에 대해 다음과 같이 말한다.

- 사물들 가운데 본성상 기쁨이나 지나친 쾌락보다 더 도를 넘는 것은 아무것도 없을 것이다. 반면, 지성과 지식보다 더 중도적인 것은 어떤 것도 찾을 수 없을 것이다.[58]

물론 이 말은 인간적 지성과 지식의 '본성'이 신의 전지全知와 무식자의 무지無知 사이의 중도라는 말이지, 지혜와 지식에 대한 인간의 '태도'가 중도적이어야 한다는 말이 아니다. 의심스러운 것과 위태로운 것을 비

---

57) Xenophon, *Memorabilia*, Bk.I, ch.1 §9.
58) Platon, *Philebos*, 65d.

워둔다면("闕疑闕殆") 지식을 향한 인간의 추구는 다다익선이다. 하지만 이 다다익선 지식추구가 아무리 많더라도 전지적 신지의 차원에 도달하지 못하고 중간상태에 머물 것이다.

상술했듯이 플라톤은 인간들이 '지나친 자기애'로 인해 "실제로 아무것도 모르면서도 만사를 다 안다고 망상하기"[59) 때문에 "거짓된 지혜에 대한 자만으로 가득 차 있다"고[60) 인간의 지적 태도를 비판한 바 있다. 알아서는 아니 되는 영역까지 다 알고 싶어 하고 불가지적 대상도 안다고 우기며 사변적 독단과 공상으로까지 무한히 치닫는 광적 호기심의 지성보다 지나친 것도 없을 것이다. 하지만 모자라면 '안달'하더라도 너무 많은 것에 대해 본성적으로 '넌더리'를 내는 역치閾値를 갖춘 '쾌락' 감정보다 더 중도적인 것도 없을 것이다.

소크라테스에 따르면 신은 서로 간의 가르침을 통해 좋은 일을 다 같이 나누고 집단적으로 살며 법률을 제정하고 정치 생활에 동참하게 하는 '설명의 재능'까지도 준다. 신은 인간과 인간사를 아주 정성껏 보고 들으며 이에 공을 들인다. 그러다가 "우리 인간들이 장래에 무엇이 유리한 것인지를 미리 알지 못하는 경우에는 일이 어떻게 될지 묻는 사람들에게 점을 통해 지적해 줌으로써, 그리고 일이 가장 잘 이루어질 수 있는 길을 가르쳐 줌으로써 이 문제들에서 인간에게 도움을 준다." 이처럼 신이 인간에게 모습을 드러내고 도와주는 전제조건은 신의 역사役事를 체험할 때마다 신을 찬미하고 숭배하는 것이다. 신을 이렇게 섬겨야만 신이 인간의 불타는 궁금증과 물음에 답을 계시啓示해 준다는 것을 성찰해야 한다는 것이다.[61)

---

59) Platon, *Gesetze*, 731e-732a. *Platon Werke*, Zweiter Teil des Bd.III in Acht Bänden, hg. von G. Eigler, deutsche Übersetzung von Friedrich Schleiermacher (Darmstadt: Wissenschaftliche Buchgesellschaft, 1977).
60) Platon, *Philebos*, 48c-49a.
61) Xenophon, *Memorabilia*, Bk.IV, ch.3 §12-13.

따라서 소크라테스는 "어떤 사람이 인지人智대로 하는 것보다 더 많은 혜택을 받고 싶어 하면 정성껏 점을 치기"를 권했다. 그리고 "신이 인간사에 대해 인간에게 계시하는 방법을 아는 사람들은 결코 신의 충고를 저버리지 않을 것이다"라고 덧붙였다.[62] 따라서 인간의 지혜로 그 귀추를 알 수 없는 미래의 일들을 다 신에게 고하고 점쳐 그 답변을 듣는 것은 지혜로운 것이고 백성의 이익과 관련된 국정과 정책을 점치는 것은 더욱 당연한 것이다. 그러므로 소크라테스는 누군가를 벗으로 사귈지 여부조차도 그와 사귀기 전에 먼저 점을 쳐서 신의 뜻을 따르라고 말한다.[63] 그리고 그는 인지가 '진실로 아무런 값어치가 없다'는 것을 통찰하는 것이 실은 인간세상에서 '가장 지혜로운' 경지에 도달한 것이라는 자신의 철학적 깨달음에 따라 "신의 신탁 자문에 견주어 인간적인 모든 일을 낮춰보면서" 신으로부터 뭔가 계시를 받았다고 느끼면 스스로 이 계시를 확고하게 준수했다. 그리고 신의 계시란 인간 세상에서 평판을 잃는 것을 막아주는 것임에도 이 계시를 저버리고 행동하는 사람들의 어리석음을 규탄했다.[64]

델피신전에는 '피티아(*Πυθία*)'라 불리는 3명의 무녀巫女가 있었는데, 소크라테스는 조상에 대한 제사와 기도나 그 밖의 것들을 어떻게 행해야 하는지를 묻고 피티아가 신탁을 말해주면 그대로 행동하는 독실한 경신敬神의 자세를 보였다. 피티아가 국법을 준수하고 경건하게 행동하라고 대답해 주었기 때문이다. 따라서 그는 스스로 이렇게 행동하며 살았고 다른 사람들에게도 그것을 권했다. 그는 다른 식으로 행동하며 사는 사람들은 완전히 헛된 짓을 하고 있고 불경하다고 생각했다.[65] 물론 그는 점 가

---

62) Xenophon, *Memorabilia*, Bk.IV, ch.7 §9.
63) Xenophon, *Memorabilia*, Bk.II, ch.6, 8.
64) Xenophon, *Memorabilia*, BkI, ch.3, 4.
65) Xenophon, *Memorabilia*, Bk.I, ch.3, 1.

운데서도 델피신전의 신탁점을 가장 중시했다. (델피신탁에 대해서는 뒤에 상론한다.) 그러므로 공자가 공감 해석학적(忠恕的) '지인知人'과 역학적易學的 '지천知天'을 둘 다 애호·추구하는 '통합적 호지好知'의 철학을 수립하고 견지했듯이 소크라테스도 인지人智의 애호만이 아니라 신지神智도 경애敬愛하는 '통합적 애지'를 지향했던 것이다.

  소크라테스의 제자 플라톤은 스승의 이런 통합적 애지 관점을 충실히 계승해 그의 중기 저작 『국가론』에서 최후의 저작 『법률』에 이르기까지 이를 견지하며 국가 건설과 입법에도 신탁점을 활용하도록 기안하고 있다.

  『폴리테이아(πολιτεία)』, 즉 『국가론』에서 소크라테스와 플라톤은 "막 전달된 신탁은 당분간 믿어야 하고", 피티아의 신탁이 있으면 '예외적 법 개정'도 허용된다고 말한다. 일반적으로 말해서 "법을 바꿀 필요가 생겨난다고 생각되면 관원官員을 포함해 만백성이 논의하고 반드시 신의 신탁으로부터 자문을 구해야 한다."[66] 애당초 플라톤에게 "입법자"는 인간이 아니라 신이고 인간이 입법하는 경우에도 "신의 신탁에 의해서 지도되기" 때문이다. 따라서 신탁점의 지위는 "최선의 국체國體와 최선의 법률의 맹아"와 동일시된다. "수많은 점쟁이들에게 점치고 특히 델피신전의 아폴론에게 묻는 신탁점을 치면" 나라의 체제가 "안정되고 오래 지속된다." 따라서 플라톤은 국가를 세울 때 "신의 현전顯前을 불러일으켜 국가와 법률을 만드는 데 우리를 돕도록 해야" 한다고 말하는가 하면, 나라의 가장 중요한 원칙을 신탁점과 점쟁이의 예언에 비유할 만큼 신탁의 지위를 높이 받들었다.[67] 그리하여 그는 『국가론』에서 건국 사업과 관련된

---

66) Platon, *Der Staat*, 461e(예외적 법개정); Platon, *Gesetze*, 771e(방금 전달된 신탁); 772d(법개정 일반에 대한 신탁자문).
67) Platon, *Gesetze*, 624a(입법자로서 신); 685e-686a(점과 신탁점에 의한 나라의 안정); 712a·b(신탁점의 지위).

신전 건립, 제물 봉헌, 신·신령·영웅에 대한 경배, 장례와 제사 등에 관한 "가장 중대하고 가장 훌륭한 제1법률들"의 제정을 델피의 아폴론 신에게 위임하고, 죽은 철인치자를 수호신으로 모시는 문제에도 피티아의 동의를 구하게 했다.[68]

또한 『법률』에서도 축제·제사·경배의 대상이 되는 신과 관련된 입법은 전적으로 델피신탁의 도움으로 제정하도록 하고 일반적으로 기타 종교적 문제와 관련된 모든 법률은 델피로부터 가져오며 신탁에 대한 유권해석 담당관을 임명하도록 하는가 하면, 경배해야 할 신과 수호신, 건립해야 할 신사와 사원 등과 관련해서는 델피·도도나·아몬과 고대 신화의 기존 신탁 자문을 바꾸지 않고 승계하고 이 자문에 따라 제사와 의례를 제도화하고 이러한 신화에 의해 신탁, 동상, 제단, 사원을 성축聖祝하도록 하고 있다. 플라톤은 심지어 상속자 문제의 결정, 분실·습득물 처리 등과 관련된 순수 행정업무에 신탁을 적용하도록 하는가 하면, 피토(델피신전이 있는 땅의 지명)의 아폴론 신(태양·의술·예언의 신), 올림피아의 제우스 신, 이스트무스의 네메아(Νεμέα) 신에게 가급적 수많은 고귀한 사자使者를 보내 이 신들을 경배하기 위한 제사와 국제경기에 참가하는 일을 중요한 대외 활동으로 기획하고 있다.[69] (이에 대해서는 뒤에 자세히 논한다.)

이것은 공자가 인간적 지혜(인지)로 알 수 없는 미래와 세계의 일을 주역점으로 물어 하늘의 지혜를 얻었던 '지천知天'의 지식철학과 통하는 점들이 있다. 소크라테스도 인간적 앎의 한계를 밝히고 이 한계를 아는 것을 참지식의 출발점으로 보았을 뿐만 아니라 인지人智의 한계에 대한 깨달음과 하늘(천신)의 예지를 통합하고자 했던 것이다.

---

68) Platon, *Der Staat*, 427b-c; 540c.
69) Platon, *Der Staat*, 427b·c(가장 중대하고 가장 훌륭한 으뜸 법률); 540b·c(수호신 모시기와 관련된 피티아 신탁); Platon, *Gesetze*, 738b·c(기존의 신탁 자문의 계승); 759a(종교문제와 관련된 법률의 신탁); 828a(축제와 제사 관련 입법에 대한 델피신탁); 856e(상속자 결정); 914a(분실물 처리); 950e(신전 주최 행사에 대한 참여).

중국 철학자 리쩌허우(李澤厚) 같은 이는 이 측면의 심오한 뜻을 이해하지 못하고 "유학은 종교가 아니면서도 종교를 대신하는 기능을 가진 준準종교의 역할을 하는데", 이것은 "세계 문화사에서도 그 예를 찾기가 매우 드문 경우다"라고 말한다.[70] 이런 평가는 그가 유가철학을 "종교적 요소가 함께 섞여 있는 반半철학"으로, 그리고 '준準종교성'을 "중국철학의 독특한 특성"으로 오해하는 데서 나온 것이다.[71] 그러나 '준종교적' 성격을 공맹철학의 '독특한' 특성으로, 또 공맹철학을 '반半철학'으로 보는 것은 납득하기 어렵다. 우리가 살펴보고 있듯이 소크라테스와 플라톤의 철학도 종교적·신화적 성격이 다분하고, 홉스·로크·흄·칸트의 철학도, 심지어 비트겐슈타인의 철학도 기독교적·신비적·신학학적 요소들을 많이 내포하고 있기 때문이다.

플라톤은 공자의 호지자好知者와 낙지자樂之者의 삶과 유사한 풍류적 운율로 '인지의 지식'과 신탁에 의해 얻는 '신지의 지식'을 '무지의 지'의 중간 고리로 통합해 이 통합된 지식을 애호하는 애지자적 철인의 생애를 다음과 같이 묘사한다.

- 그들은 소년과 청년 시기에 젊음에 적합한 교육과 애지(철학)에 전념하도록 만들고 몸이 커가면서 성년이 되는 동안에는 신체를 제대로 보살펴 애지적 삶을 뒷받침할 기반을 확보한다. 반면, 영혼이 완성되기 시작하는 인생 단계에 도달하면 영혼의 학습 장소에서 스스로 안간힘을 다해 단련한다. 그러다가 신체적 힘이 쇠락하고 정치와 병역의 나이가 지난 때는 – 행복하게 살고 죽어서도 이렇게 보낸 삶의 최후를 이

---

70) 李澤厚, 『中國古代思想史論』(北京: 人民出版社, 1985). 리쩌허우(정병석 옮김), 『중국고대사상사론』, 77쪽.
71) 李澤厚, 「才談實用理性」, 『原道』第1輯(北京: 社會科學出版社, 1994. 10). 정병석, 「리쩌허우의 『중국고대사상사론』과 문화심리 구조」, 『중국고대사상사론』, 29-30쪽에서 재인용.

에 어울리는 운명으로 장식하고 싶다면 – 마침내 (철학의) 목초지에 자유로이 방목된 것처럼 지내며 허드렛일이 아니라면 (철학 외에) 아무 일도 하지 않으며 살아야 한다.[72]

    동서 지식철학이 내용적으로 반대일지라도 형식적으로 이처럼 유사해진 것은 공자철학이 중국으로부터 인도를 거쳐 소크라테스에게 전해졌기 때문이었을 것이다. 앞서 논했듯이 피타고라스 이래의 고대 그리스철학은 인도철학만이 아니라 공자철학의 직간접적 영향도 받았다. 그래서 동서 철학자들이 소크라테스와 플라톤을 '계몽적 이성의 옷'으로 갈아입히고 서양철학을 높이 띄우는 반면, 공자에게는 '주술적 미신의 옷'을 입혀 공맹철학을 격하시키는 것은 크게 그릇된 것이다. 인간에 대한 존중과 하늘에 대한 공경 사이의 균형 의식 속에서 자신을 수신·함양한 동서 성현들은 '지적 겸손'의 중도정신 면에서 그렇게 다르지 않기 때문이다.

    동서양 근현대철학의 조종이 된 두 고대철학(공맹철학과 소크라테스·플라톤 철학) 중 어느 것이 덜 주술적인가, 아니 덜 종교적인가를 따진다면 – 이어지는 지식철학 논의에서 곧 밝혀지겠지만 – 인간적 지혜와 신적 지혜, 지인과 지천에 대한 두 철학의 비중 인정 측면에서 공맹철학이 소크라테스·플라톤 철학보다 덜 종교적이고 더 현세적인 편이다.

    그리고 하늘과 신으로부터 지천과 신탁을 얻는 종교적 방법을 비교해 보더라도 공자의 정신 통일적 주역시서가 델피신전의 피티아 무녀에게 묻는 소크라테스의 '신들린' 신탁점보다 더 지성적·계몽적이라고 말할 수 있다. 시서는 의식적 정신통일을 통해, 미리 체계적으로 배열된 의리적義理的·지성적 문사文辭(괘·효사)들 가운데서 의문에 대한 답사答辭를 점지받는 식의 '글말 신탁'으로서 최고 단계의 반半지성적 신탁인 반면, 소크

---

72)   Plato, *Der Staat*, 498b·c.

라테스와 플라톤이 경배한 델피 무녀의 신탁은 소크라테스도 스스로 인정하듯이 무녀가 신들린 비지성적 영감 상태에서 토해내는 무無지성적 '입말 신탁'이기 때문이다. 그리고 소크라테스는 시인이 시를 짓거나 점칠 때도 '지혜'가 아니라 '영감'에 의거한다는 점에서 시인, 점쟁이, 신탁 예언자를 모두 동일한 차원에서 취급한다. "시인은 (…) 시를 지혜에 의해 짓는 것이 아니라 어떤 자연적 소질에 의해, 그리고 점쟁이와 신탁 예언자들처럼 영감을 받는 상태에서 짓는다."[73]

2.2. 그리스 세계에서 델피신탁의 철학적·정치적 위상

인간의 지혜와 신탁점의 관계에 대한 소크라테스와 플라톤의 논지는 행복과 천명, 범애적 낙천구복과 시서蓍筮(신지로서의 지천)의 관계에 관한 공자의 철학·역학 사상과 아주 유사한 면이 있다. 그러나 행복과 운명, 인지와 신지의 관계에 관한 아리스토텔레스의 철학적·신학적 입장은 공자, 소크라테스, 플라톤과 사뭇 다르다. 그런데 바로 이 다른 점이 아리스토텔레스 철학의 최대 약점이자, 훗날 그 자신의 최대 불행으로 귀착되고 만다. 신탁점에 대한 이 세 철학자의 관점을 정확히 이해하기 위해서는 고대 아테네 사회의 정치와 종교, 델피신탁의 3자 관계에 대한 심층적 논의가 필요하다.

먼저 플라톤과 소크라테스는 당시 그리스의 주술적 세계관에 따라 인지人智와 전지全知 능력을 부정하고 신탁을 (너무) 많이 신뢰했고, 이와 정반대로 아리스토텔레스는 신탁을 무시하고 인간 지혜의 이성적 전지 능력을 확신하고 과도한 탈脫주술적 지성주의적(합리주의적) 전지주의 철학을 대변했다. 여기서는 공자와 소크라테스·플라톤의 관점을 먼저 논

---

73) Platon, *Des Sokrates Apologie*, 22b·c.

하고, 아리스토텔레스의 신학적 관점에 대한 논의는 뒤로 돌린다.

■ 델피신탁과 역사와 주술적 성격

"소크라테스는 공자가 그랬듯이 점(*divination*)이 정확한 정보를 산출할 수 있다고 생각했다".[74] 또한 주역시서와 델피신탁은 그만큼 유사한 측면이 있었다. 그러나 양자는 여러 가지 차이를 보이기도 한다.

델피신전의 아폴론 신탁은 기원전 8세기경부터 흥하기 시작해 서기 393년 로마 황제 테오도시우스(Theodosius) 1세에 의해 델피신전이 폐쇄될 때까지 1000년 동안 고대 그리스에서뿐만 아니라 소아시아의 리디아, 카리아, 심지어 이집트 등 주변 제국에서까지 큰 영향력을 떨쳤다. 그 전성기는 아테네 민주주의의 전성기와 일치하는 기원전 5-4세기경이었다. 이 기간은 기원전 4세기에 살았던 아리스토텔레스의 생존 기간을 포함한다. 그리스인들은 델피신전의 신탁을 통해 전쟁, 식민지, 헌법 개정, 통치권, 작황, 역병, 천재, 인재, 괴변怪變, 제사 등 국가와 종교의 막중대사와 개인과 사회의 중대사를 물어 아폴론 신의 답변을 들은 뒤 계획을 행동으로 옮겼다. 델피의 신탁점은 고대 아테네에서 고대 중국과 중세 조선의 주역점과 같이 정치적으로 공식적 신지의 역할을 했던 것이다.

'신탁神託', 또는 영어 'oracle'은 신이 신들린 사람을 매개자로 삼아 자기의 뜻을 나타내거나 인간의 물음에 답하는 것을 뜻한다. 성서는 이런 의미에서 신탁서이고 영어로 '*The Oracles*'라고도 부른다. 델피신전의 신탁은 앞서 잠시 시사했듯이 고대 그리스어로 '크레스모스(χρησμός)' 또는 '만테온(μαντεῖον)'이라 불렀다. 원래 '크레스모스'는 이 신탁점 가운데 신의 응답만을 가리키고 '만테온'은 신탁점 일반을 가리켰으나, 실

---

74) Geoffrey Redmond and Tze-ki Hon, *Teaching the I Ching* (Oxford·New York: Oxford University Press, 2014), 22쪽.

제에서는 이 말들이 뒤섞여 둘 다 신탁을 뜻하는 말로 통용되었다.

델피의 신탁점은 지성지도至誠之道의 정신 통일 방식으로 신의 답을 받는 신탁점이 아니었다. 주역시서는『주역』의 역학을 아는 시서자 자신이 지성지도의 정신통일을 통해『주역』의 괘·효를 뽑아 얻고 물음에 대한 신탁의 답을 기정旣定된 괘사와 효사의 글말로 얻어 철학적으로 해석하는 방법의 신탁이다. 이에 반해 델피의 신탁은 '피티아'라는 신들린 무녀를 통해 아폴론에게 묻고 신들린 피티아가 무아지경에서 구두(입말)로 아폴론의 신탁을 받아 전해 주는 무격巫覡 방식이었다.

신탁의 자문이 있는 날에 피티아는 신전에서 가까운 카스탈리아 샘에서 목욕재계하고 신전 안의 자문실로 들어가 바닥의 갈라진 바위틈 사이에 걸쳐져 놓인 크고 높은 삼발이 솥으로 기어 올라갔다. 이 갈라진 바위틈새는 '신적 증기'를 내뿜었고, 피티아는 이 솥 안에 앉아 이 증기를 마시며 무아지경에 빠져들어 신탁을 구하는 사람의 물음에 답했다. 아폴론 신은 겨울에는 다른 곳으로 이동하고 연중 9개월만 델피신전에 머무는 것으로 믿어졌고, 따라서 9개월 동안만 신탁神託을 했다. 또 한 달에 하루만 신탁을 했으므로 한 해에 겨우 9일만 신탁점을 봐주었다. 피티아는 보통 한 사람이었으나 전성기에는 3명까지도 늘어났다.

주술적 그리스 세계에서 델피신전의 신탁을 받는 것은 매우 진귀한 특권이었다. 신탁을 받을 권리는 우선순위를 정해 관리되었다. 일단 델피 폴리스와 그 시민이 1순위였고, 델피 폴리스로부터 우정의 표시로 신탁을 받을 권리의 특전을 부여받은 사람들이 2순위였다. 스파르타와 아테네는 오래전에 이 2순위의 특전을 얻었다. 이 영예는 델피신전에 세워진 황금사자상에 새겨졌다. 기원전 360년대 후반에는 테베가 이 특전을 얻었다.[75]

---

75) Hugh Bowden, *Classical Athens and the Delphic Oracle Divination and*

그러나 입말로 계시되는 무격 방식의 델피신탁은 역리易理와 괘·효사, 그리고 서법筮法을 익히면 누구나 스스로 묻고 답할 수 있는 『주역』의 글말 신탁에 비해 비지성적·비대중적·특권적이라는 점에서 상대적으로 낮은 등급의 신탁이었다. 『주역』은 누구나 배워 실행할 수 있는 까닭에 오늘날까지 전해져서 지금도 강습되고 활용되고 있다. 이런 『주역』과 달리 델피신탁은 서기 393년 델피신전의 폐쇄로 신전의 무녀들과 이를 집전하던 사제들이 없어짐과 동시에 역사의 무대에서 사라졌다. 그러나 적어도 535개, 많게는 615개의 신탁 문답 사례가 오늘날까지 전하고 있다. 그중 절반은 역사적 중대 사건과 관련된 것이다.

■ 아테네 민주정치와 델피신탁의 긴밀한 관계

기원전 508년 아테네의 입법자 클레이스테네스(Κλεισθένης, 기원전 570?-508?)는 정치권력을 에트노스(εθνος, 혈통 문화 집단)에서 데모스(δήμος, 지역 주민)로 이동시키는 민주개혁을 단행했다. 그리하여 클레이스테네스 이래 아테네 폴리스에서는 지역구민의 권력체제로서의 직접민주주의가 확립된 것이다. 그런데 이 민주정치는 델피신탁과 나란히 도입되고, 델피신탁에 의존해 발전한다.

델피신탁은 인지人智로 풀 수 없는 문제를 둘러싸고 격렬하게 대립·분열하는 국론을 권위롭게 통일하는 아테네 민주주의의 기본 요소였다. 민주 시대 아테네인들은 권위로운 국론통일 기제의 역할을 하는 델피신탁에 본질적 중요성을 부여했다. 신의 뜻에 따라 살아가려는 의지가 아테네 민주정치를 지배했다. 따라서 고대 아테네의 주술적 직접민주주의를 오늘날 완전히 세속화된 탈주술적 민주주의와 동일시해서는 아니 될 것이다.

Democracy (Cambridge: Cambridge University Press, 2005), 17-18쪽.

어떤 경우든 "신탁점은 인간적 지혜로 답할 수 없는 문제들을 답하는 데 쓰였고, 그러한 민주적 상황에서 신의 권고를 구하는 데는 백성의 권위를 해칠 하등의 도전적 요소도 없었다." 따라서 에클레시아(ἐκκλησία)라 불린 아테네의 민회와 델피신전 간에는 늘 협력이 벌어졌다. 그러나 민회의 일과 사제의 일은 엄격히 구분되었다. "사제들은 제사를 지낼 책임이 있었으나 결정을 내릴 책임은 없었다. 그들은 민회에 자문을 주었지만 결정을 채택하는 측은 데모스, 즉 민회(에클레시아)에 앉아 있는 지역 구민들이었다." 데모스는 새로운 축제를 설치하고 신탁의 자문을 인준했다. "이와 같이 민회는 로마의 원로원이나 페르시아 왕과 동일한 책임을 가지고 있었다."[76] 에클레시아에 앉아 있는 아테네의 데모스는 인간과 신 사이의 의사소통의 중심이었다.

아테네 민회의 의제는 대부분 종교적 문제였다. "제사와 축제는 정규적 폴리스 활동의 중요한 일부이었다." 민주국가 아테네 폴리스는 동시대의 어떤 폴리스보다도 많은 축제를 개최한 것으로 전해진다. 폴리스 자체와 그 하부집단인 부족·씨족·데모스 등은 저들의 고유한 축제 일정을 가지고 있고, 이에 따라 각각의 경우에 제각기 바른 희생물을 제사에 올렸다. 폴리스는 종교 행사와 제사에 상당한 금액을 쏟아부었다. 이런 까닭에 '데모스에 대한 민주 정부의 주요 책무'가 수많은 모호한 제사의 정규적 엄수를 통해 시민과 시민 가정에 '초자연적 가호'를 확보해 주는 주술적 역할로 여겨질 정도였다. '민주적 아테네'는 신의 가호를 확보하는 방법을 인준하는 나름의 독특한 절차를 가지고 있었다.

그리고 아테네에는 장군들과 민회에 자문해 줄 뿐만 아니라 개인적으로 시민들에게도 자문해 주는 '복관卜官(만테이스 μαντείς)'과 '신탁해석가(크레스몰로고이 χρησμολογοι)'가 있었다. 특히 이 '신탁해석가'는 아

---

76) Bowden, *Classical Athens and the Delphic Oracle*, 156쪽.

테네에서 높은 지위와 대단한 영예를 누렸다.

고대 그리스에는 다양한 신탁 성소聖所들이 중부 그리스를 관통해 도처에 흩어져 있었고, 아티카에도 여러 곳이 있었던 것으로 보인다. 이 중 델피는 '아폴론 신의 뜻이 계시되는 가장 높은 성소'였다. 델피 다음으로는 도도나의 제우스신전이 유명했다.[77] 고대 그리스에서 델피의 신탁점과 폴리스 간에는 긴밀하고 지속적인 관계가 있었다. "폴리스는 정규적으로 신탁에 자문을 구했고 (…) 정교한 자문 메커니즘을 발전시켰으며, 이 메커니즘에 민회의 시민과 지도적 관리들이 참여했다. 아테네가 전쟁에 나설 경우 델피의 현상現狀에 대한 우려와 관심은 ─ 군대를 그곳으로 파견해 주둔시키든, 신전을 강화조건에 포함시키든 ─ 중요한 고려 사항이었다. 고전 시기가 경과하는 동안 아테네의 종교적 신앙이 쇠락했으며 (…) 이에 따라 신탁의 활용이 쇠락했다고 추정하기도 하지만, 유물에 새겨진 명문들은 폴리스가 이전에 그랬던 것처럼 그 축제들을 계속해서 거행했고 신들을 찬미했고 또 새로운 신들을 판테온에 입소하도록 배려했음을 보여준다. 그리고 여전히 전장의 군영과 폴리스의 축제에서는 제수용 동물의 간을 보고 점을 쳤다. (…) 신탁은 여전히 중요한 것으로 남아 있었던 것이다. 아테네인들이 델피가 제공하는 것을 필요로 했기 때문이다."[78] 아테네 민주정치의 의제에서도 신과의 관계가 모든 다른 세속적 사안들에 우선하는 것으로 보일 만큼 중요했다.[79]

고대 그리스, 그리고 아테네는 민주화 이전이든 이후든 신과 공동체의 관계를 중시하는 주술적 종교사회였고, 따라서 동시에 제사와 축제의 사회였고, 바로 이 제사와 축제는 공동체의 건설과 유지 및 공동체들 간의 전쟁과 외교관계를 규율하는 정치 행위이기도 했다. 고대 그리스의 제사

---

77) Bowden, *Classical Athens and the Delphic Oracle*, 11쪽 참조.
78) Bowden, *Classical Athens and the Delphic Oracle*, 156-157쪽.
79) Bowden, *Classical Athens and the Delphic Oracle*, 8쪽 참조.

와 희생물을 구약성서의 모세 5경에 적힌 규정과 비교해 보면 유대인들에 비해 그리스인들이 쓴 희생의 종류가 훨씬 다양했음을 알 수 있다. 또 그리스에서는 어느 생활영역에서든 제사가 있었고, 어느 도시든 공사 간의 제사 없이 지나가는 날이 하루도 없었으며, 식용된 짐승고기는 모조리 다 제사용으로 도살된 것이었다.

고대 그리스 사회에서 제사와 희생의 종류는 유대 사회에서보다 훨씬 중요한 역할을 했다. 고대 그리스의 제사 관행의 대단한 다양성은 분열생식하듯이 외부 세계로 진출해 새로운 식민지 폴리스를 계속적으로 만들어내는 그리스 세계의 자기복제적 증식의 소산이었다. 제사는 고대 그리스인들이 자신들의 공동체 의식을 표현하는 가장 중요한 방식 가운데 하나였다. 아테네에서 특정한 범법자는 정치권만이 아니라 제사에 참여할 권리도 박탈당했다. 그리스가 다양한 정치 색깔의 수많은 도시국가와 다多인종으로 구성되어 있었기 때문에 제사 관행도 아주 다양했다. 제사 관행이 곳에 따라 달랐을지라도 공동 축제에 희생물을 제공하는 것은 정치집단의 소속감을 증대시켰고, 동맹국들 또는 마을 간에는 희생물을 주고받음으로써 복종과 동질감을 표시했다. 제사를 공동으로 지내는 것은 집단 간의 오랜 분규를 치유하고 강화講和하는 역할을 했으며, 국가들 간에는 특별히 돈독한 관계의 표시로 타국에 제사 참여 특권을 주기도 했다.[80]

이런 그리스 제사의 근본적인 특징 가운데 하나는 시민들이 정치적으로 평등한 만큼 제수祭需도 평등하게 분배받았다는 것이다. 제사를 지낸 뒤 제수들은 정확하게 무게를 달아서 분배하거나 추첨으로 지급했다. 물론 특별한 지위에 있는 몇몇 사람에게는 특별히 좀 더 많은 양이 지급되

---

80) 참조: A. M. Bowie, "Greek Sacrifice - Forms and Functions", Anton Powell (ed.), *The Greek World* (London·New York: Routledge, 1995), 465-6쪽.

었다. 가령 스파르타 왕들은 제사를 주재하고 보통 사람의 두 배를 받았다. 그들은 총애의 표시로 승전보를 가지고 돌아온 전령 등에게 자기 몫의 일부를 떼어 주기도 했다. 또 언제든 제물을 가져와 바칠 수 있도록 늘 열려 있는 성소가 있는가 하면 특별히 정해진 날짜에만 문을 열어두는 성소도 있었다. 그러다가 후기에는 모든 성소들이 항상 개방되었다. 다만, 제우스에 대한 제사는 벼락이 친 곳에서 일 년에 다섯 차례만 거행되었다.[81]

이처럼 고대 그리스는 제사와 종교적 축제의 주술화 된 사회였기 때문에 국정의 상당 부분도 종교 업무가 차지했다. 아리스토텔레스 또는 그의 지시를 받은 제자가 집필한 것으로 보이는 『아테네 헌법』은 민회의 의사일정에서 종교적 의제가 차지하는 비중이 상당했음을 보여주고 있다.

- 의장들은 불레($βουλή$: 상임평의회)의 회의를 휴일만 빼고 매일 소집하고, 민회는 각 의장단의 임기(35일 또는 36일) 동안 네 차례 소집한다. (…) 그 가운데 한 번은 주권적 회의인데, 이 회의에서는 행정장관들이 각자의 책무를 잘 수행하고 있다면 이들의 근속을 비준하고 곡물 공급과 국가 방위의 안건을 다룬다. (…) 다른 한 번의 회의는 소원 청취에 할당된다. 나머지 두 번의 회의는 법이 다루도록 요구하는 종교에 관한 세 가지 의제, 전령과 사자에 관련된 세 가지 의제, 세속적인 문제와 관련된 세 가지 의제 등 여타의 모든 의제에 사용된다.[82]

---

81) 참조: Bowie, "Greek Sacrifice - Forms and Functions", 467; 474쪽.
82) Aristotle, *The Athenian Constitution*, XLIII(43). Aristotle, *The Athenian Constitution·Eudemian Ethics·Vertues and Vices* (Cambridge[MA]·London: Harvard University Press·William Heinemann LTD, 1981). 투키디데스는 아리스토텔레스의 설명과 유사하게 민회의 통상의제를 묘사하고 있는 아이스키네스(Αἰσχίνης)의 연설(기원전 345년)을 소개하고 있다. "정화용(淨化用) 제물이 옮겨진 후에 그리고 보도관이 조상에 대한 기도를 읊은 후에 법은 프로에드로이(πρόεδροι, 회의주재관)에게 조상의 성스러운 일들(히에라, ἱερά), 전령과 사자의 일들, 그리고 기타 민사적

이처럼 아테네 민주정치의 한복판에 종교적 활동이 자리 잡고 있었다. 아테네인들의 세계관도 매우 주술적·종교적이었고, 또 이것이 아테네의 정치적 결정에 직접 영향을 미쳤다.

고대 아테네에서는 한 개인이나 소소집단의 불경한 활동도 공동체에 신의 불쾌감을 초래한다고 여겼다. 이 신의 불쾌감은 가령 흉작 등의 경제적 피해나 전쟁에서의 패배로 표출될 수 있는 것이다. 그러므로 신의 분노의 위협을 피하기 위해 만인의 활동을 규제하는 것은 폴리스의 책무였다. 예를 들면 아테네인들은 아테네 인구의 3분의 1을 죽인 기원전 430년대의 역병을 종교적 부정不淨의 결과로 해석했고, 이를 해결하기 위해 델피신전의 신탁에 따라 델로스섬을 완전히 소개疏開하는 조치를 취하기도 했다.[83]

■ 델피신탁의 구체적 사례들

그리스 역사상 가장 유명한 델피신탁 사례로는 이른바 '나무 장벽(wooden wall)'의 답변이 있다. 헤로도토스에 의하면, 기원전 481년 페르시아의 크세르크세스(Xerxes) 1세가 그리스를 침공하려고 하자 아테네인들은 다급하게 델피로 사자를 보내 신탁을 구했다. 그런데 뜻밖에도 신탁의 답변이 매우 흉하게 나오자 사자들은 극심한 절망감에 빠졌다. 그들은 델피에 사는 한 유명 인사로부터 델피신전에 탄원하고 다시 답을 구하라는 충고를 듣고 신전에 다시 들어가 이렇게 애원했다. "오 왕이시여! 우리들이 가져온 이 탄원자들의 올리브 가지를 존중하시어 우리에게 우리 조국에 관해 보다 좋은 것을 예언해 주시옵소서. 그렇지 않으면 우리는

관심사(호시아 ὁσιά)에 관한 토의를 진행하라고 명하고 있다." Thucydides, *History of the Pelophonnesian War* (Cambridge, Massachusetts·London: Harvard University Press, 2006), 1.23쪽.
83) Bowden, *Classical Athens and the Delphic Oracle*, 111-112쪽.

이 건물을 떠나지 않고 여기 남아서 죽을 것입니다."[84]

그러자 아폴론 신은 무녀의 입을 통해 다음과 같은 답변을 주었다.

- 멀리 내다보시는 제우스께서는 나무 장벽이 홀로 부수어지지 않고 남아 그녀와 그녀의 자녀들을 방어할 것을 아테네에 허락하셨도다. 허나 말발굽 소리도, 다가오는 보병, 육지로부터 오는 막강한 육군도 기다릴 필요가 없도다. 후퇴하라, 그들에게 등을 돌려라. 너희들이 그들을 공격할 날이 올 것이로다. 오! 거룩한 살라미스여, 너는 여인들의 자식들을 쳐부수리라.

이 신탁을 전해 들은 아테네인들은 논란 끝에 '나무 장벽'을 목조전함으로, '그녀와 그녀의 자녀들'을 아테나 여신과 아테네인들로 해석하고, '거룩한 살라미스'라는 표현을 근거로 '여인의 자식들'을 적군으로, '나무 장벽'을 목제전함으로 풀이하고 다가오는 전쟁을 해전으로 해석했다. 그리하여 그들은 아테네시를 소개하고 살라미스 해에서 목조전함을 짓고 해군을 육성해 해전을 준비했다. 마침내 기원전 480년 페르시아 군이 쳐들어오자, 아테네는 육전을 피해 살라미스 해로 후퇴했고 살라미스해전에서 페르시아 해군을 크게 격파했다. 크세르크세스가 이끈 페르시아군은 이를 기점으로 기세를 잃고 헤매다가 470년 소아시아로 완전히 퇴각했다. 결국 아테네인들은 이 페르시아전쟁에서 승리해 아테네와 그리스를 구했다.[85]

한편, 델피신전의 신탁 내용은 크게 정치·군사·외교의 범주와 종교적

---

84) Herodotus, *The Histories* (London·New York: Penguin Books, 2003), Book Seven, 139.5.
85) Herodotus, *The Histories*, Book Seven, 139.5-143. 또한 다음도 참조: Bowden, *Classical Athens and the Delphic Oracle*, 100-107쪽.

이슈의 범주로 나뉘지만, 어떤 경우든 델피에 묻는 구체적 물음은 직접적으로 신과의 관계에 관한 것이었다. 예컨대 역병에 대한 물음은 어떤 의식상儀式上의 부정이 신의 노여움을 야기했는지를 확정하기 위한 것이다. 전쟁에 관한 문제는 다가올 전투에 직면하여, 또는 '나무 장벽'의 경우에서처럼 아테네를 비우고 그들의 사원을 포기할 필요가 있을 때 신이나 영웅의 지원을 받기 위한 것이다.

기원전 508년 클레이스테네스의 민주개혁 과정에서 혈연적·씨족적 에트노스의 4부족제를 폐지하고 새로 창설된 거주지 기준 데모스의 10개 부족(필레φύλή)에 붙여질 영웅의 명칭을 신탁으로 선택한 것도, 따지고 보면 이 새로운 군사 편제에 대한 신의 도움과 관련된 것이었다.[86]

또 새로운 식민지를 찾는 것에 관한 신탁 자문은 새로운 식민지의 새로운 성소와 제사를 창설하는 권위를 누구에게 부여하느냐와 관련된 것이었다. 델피의 자문에 쏟아붓는 자금과 열성을 고려하면, 인간적 측면이 중요하고 신적 측면은 단지 외양을 꾸미기 위한 것이라는 억측은 그야말로 그저 '억측'일 뿐이다. 정책 결정의 인간적 측면과 신적 측면에 대한 정밀한 분석도 이러한 억측을 뒷받침해 주지 않는다. 사실 두 측면은 동등한 것으로 취급되었다. 가령 어떤 경계선을 정확히 어디에 설치하는가 하는 의제는 민회의 특별위원회에서 결정하는 반면, 그 자연 생태적 후과後果를 예견할 수 없어 인간적 판단이 답을 줄 수 없는 이 지역의 개간 여부는 아폴론에게 묻기 위해 델피신전으로 사자를 보내 신탁을 듣고 결정했다. 508년 클레이스테네스의 민주개혁에서도 인간과 신은 사실상 역할

---

86) 신탁점으로 정해진 10부족의 이름은 에레크테이스(Erechthides), 아이게이스(Aegides), 판디오니스(Pandionides), 레온티스(Leontides), 아카만티스(Acamantides), 오이네이스(Oenides), 케크로피스(Cecropides), 히포톤티스(Hippothoontides), 아이안티스(Æantides), 안티오키스(Antiochides)다. 거주지 기준으로 구획된 10부족 편제의 도입으로 귀족과 성직자의 혈연적 특권은 결정적으로 약화되었다.

을 분담했다.

아테네의 생활에서 신이 간여하지 않는 곳은 한 곳도 없었다. 아테네 시민들의 삶은 크게 농사와 전투로 이루어졌는데, 이 두 과업에 다 신이 관계했다. 풍년을 위해 추수 감사제를 지냈고 전쟁을 준비하기 위해 제사와 축제로 신과 영웅을 달랬다. 그러므로 아테네인들에게 신의 뜻을 계시하는 델피의 역할은 그들의 정치·군사적 활동의 사활적 일부일 뿐만 아니라 그들의 종교 생활이었다.[87] "신은 아테네인들의 공적 논의에서 불변적 현존재이고, 신탁점은 군사 원정에서 빈번한 활동이었다." 이런 상황에서 신에 대한 관심이 전쟁에 관한 결정에서 중요한 역할을 하지 않는다면 오히려 놀라운 일일 것이다. "아테네인들은 민주주의 시대의 거의 전 기간에 전쟁 중"이었기 때문에 "시민의 기본적 구획 단위인 10개 부족"은 "군사 단위"이고, "시민은 곧 군인과 등치되었다." 농사와 전투는 아테네인들의 가장 큰 공동 활동이고 신은 이 농사와 전투에서 다 중요한 역할을 담당했다. 그러므로 "신은 민주 아테네의 시민 생활에서 중심적인 것이었다."[88]

기원전 5-4세기 민주국가 아테네에서는 "어떤 시민이든 민회에서 발언하고 투표할 수 있었고, 공무 행정에 대한 가급적 폭넓은 참여를 보장하기 위해 대부분의 관직은 제비뽑기로 배정되었다." 아테네인들은 자신들의 경제적 번영을 좌우하는 농작물의 작황과 폴리스의 방위를 보증하는 전쟁에서의 승리를 위해 정치가들의 판단보다는 델피신탁으로 접하게 되는 신의 가호에 의지했다. 이런 이유에서 그들은 신이 그들에게 바라는 것이 무엇인지, 그리고 어떻게 신의 가호를 붙들어 둘 수 있는지를 알아야 했고, 일단 그것을 알게 되면 반드시 그에 따라 행동했다. "아테네

---

87) Bowden, *Classical Athens and the Delphic Oracle*, 132-3쪽 참조.
88) Bowden, *Classical Athens and the Delphic Oracle*, 151쪽.

민주주의는 무엇보다도 신의 의지를 확인하고 집행하는 체계였던 것이다."[89] 따라서 신탁은 아테네 민주주의의 '기반'이었을 뿐만 아니라 바로 아테네 민주주의의 실질적 '내용'이었다. 아테네 민주주의의 이러한 주술적 측면에 대해 소크라테스와 플라톤은 모두 델피신탁에 대해 나름대로 경건한 믿음을 가졌다.

2.3. 덕행과 신탁의 관계에 대한 소크라테스·플라톤의 견해

상론했듯이 소크라테스는 신지에 비해 인지가 약소하다고 단언했다. 그러나 그는 공자와 마찬가지로 우선 인간적 지혜를 얻기 위해 노력해야 한다고 생각했다. 또한 그는 인간의 행복을 '덕행'의 효과로 파악했다. 그도 공자처럼 행복을 '요행' 또는 '행운'이 아니라 덕행으로 보고 추구하는 덕행구복론을 설파한 것이다.

■ **소크라테스의 덕행구복과 신탁피흉**

소크라테스와 플라톤은 『국가론』에서 이렇게 주장한다. 몸으로 하는 모든 일에서 신체의 기관들은 "그 특유의 덕성에 의해 제 일을 잘하게 된다." 이것은 영혼의 경우도 마찬가지다. 영혼에는 세상의 다른 어느 것으로도 해낼 수 없는 그런 기능, 즉 "보살피거나 다스리는 것, 심사숙고하는 것" 등의 기능이 있다. '삶'은 무엇보다도 이 '영혼'의 기능이다.[90] 따라서 영혼도 덕성이 있는 것이다. "악덕의 영혼은 잘못 다스리고 잘못 보살피겠지만, 덕성의 영혼은 모든 일을 잘하게 되는 것이 필연적이다." 가령 정의는 "영혼의 덕성"이지만, 불의는 "영혼의 악덕"이다. 그렇다면 "정의로

---

89) Bowden, *Classical Athens and the Delphic Oracle*, 159쪽.
90) Platon, *Der Staat*, 353c-d.

운 영혼과 정의로운 사람은 잘 살겠지만, 정의롭지 못한 사람은 잘 살지 못할 것이다." 그러므로 이렇게 "잘 사는 사람은 복 받고 행복할 것이나, 그렇지 못한 사람은 그 반대일 것이다." 말하자면, "정의의 인간은 행복하고 불의의 인간은 불행한 것"이다.[91]

따라서 소크라테스와 플라톤은 "가장 훌륭한 사람(아리스톤 αρίστων)과 가장 정의로운 사람이 가장 행복한 사람이고" 또한 "이 사람이 가장 왕도적王道的인 사람이고 자기 자신을 다스리는 왕자王者다운 사람이다"라고 주장하는 한편, "가장 사악하고 가장 부정한 사람이 가장 불행한 사람이고, 자신 속에 참주僭主 기질을 가장 많이 가지고 있어서 자기 자신과 나라에 대해 가장 많이 참주 노릇을 하는 사람이다"라고 천명한다.[92]

소크라테스와 플라톤은 덕자가 악덕자보다 몇백 배 더 기쁨을 느끼는 지를 계산해 내기도 한다. "참된 기쁨의 관점에서 (덕성의 상징인) 왕자王者와 (악덕의 상징인) 참주 간의 간격 범위를 표현하려고 노력한다면, 곱셈을 완결할 때, 왕자가 729배 행복하고 참주는 같은 간격만큼 더 불행하다는 것을 발견할 것이다. (…) 기쁨의 관점에서 불선하고 부정한 사람들에 대한 선하고 정의로운 사람의 승리가 이만큼 크다면, 선하고 정의로운 사람은 삶의 점잖음과 아름다움 및 덕성에서 불선하고 부정한 사람을 생각할 수 없을 정도로 능가할 것이다." 그러므로 소크라테스와 플라톤의 철학에서 덕행을 통해 행복을 구하는 삶의 원칙은 인간에게 행운과 불운을 분배하는 신에 대한 관심을 당연히 앞서는 것이었다.[93]

크세노폰이 쓴 『메모라빌리아』에 의하면, 소크라테스는 덕성, 즉 선의 습성화된 마음씨는 "신들의 동반자이고 선인들의 동반자"라고 말한다.

---

91) Platon, *Der Staat*, 353e-354a.
92) Platon, *Der Staat*, 580b-c.
93) Platon, *Der Staat*, 587e-588a.

"신적인 일이든 인간적인 일이든, 모든 고귀한 일들은 덕이 없으면 이룰 수 없다." 덕성은 "신들 사이에서 그리고 영예를 줄 만한 자격이 있는 인간들 사이에서 가장 많이 존경받는다." 왜냐하면 덕성은 "장인의 소중한 동료, 가장들의 신뢰받는 수호자, 하인들의 친절한 보조자, 평시 업무의 좋은 지원자, 전시 업무의 믿을 만한 동맹군, 우정 관계의 훌륭한 동반자"이기 때문이다. 덕성의 벗들에게는 "음식의 섭취가 기쁘고 탈이 없다." 왜냐하면 덕자들은 "음식을 먹고 싶을 때까지 음식을 삼가기 때문이다." 덕자들은 "근면하지 않은 자들보다 더 달콤한 잠을 자고, 잠을 이루지 못했을 때도 짜증 내지 않고 이 때문에 해야 할 일을 하는 것을 빼먹지도 않는다." 그리하여 젊은 덕자는 "연장자들로부터 칭찬을 듣고 기뻐하고", 늙은 덕자는 "젊은이들의 존경을 받고 살맛을 느끼고 옛날의 행동들을 즐겁게 회상한다." 그리고 "정해진 종말이 언제 오든" 늙은 덕자들은 "영예 없이 잊힌 채 그냥 드러눕는 것이 아니라 늘 내내 울려 퍼지는 찬가 속에 생생하게 기억된다." 따라서 덕행에 힘쓰면 "가장 축복받은 행복을 누리는 것이 가능한 것이다."[94] 소크라테스는 공자의 덕행구복·인의구길仁義求吉 명제와 동일하게 덕행 그 자체를 행복과 동일시하고, 평생의 덕행은 살면서 가장 많은 기쁨과 즐거움을 느끼지만 말년이 될수록 더욱 의기양양하게 살맛을 맛보며 존경을 받을 뿐만 아니라 죽은 뒤에도 영원히 기억된다고 덧붙인다.

덕성 또는 덕행이란 이렇게 좋은 것이라서 그 자체가 인간의 행복인 것이다. 따라서 덕행은 바로 인간적 삶의 일차적 추구 대상이다. 『메모라빌리아』에서 소크라테스는 인간에게 가장 좋은 추구 대상이 무엇인지를 묻는 질문에 "덕행(에우프락시아 εύπράξιά)"이라고 대답했다.[95] 행운(에우

---

94) Xenophon, *Memorabilia*, Book II, ch.1 §32-33 참조.
95) '에우프락시아(εύπράξιά)'는 '행복' 또는 '성공'이라는 뜻도 가지고 있다.

튀키아 εὐτυχία)도 하나의 추구 대상인지를 재차 묻는 질문에 그는 다음과 같이 대답한다.

- 나는 운(튀케 τύχη)과 행위(프락시스 πρᾶξις)가 완전한 대립 개념이라고 생각한다. 나는 추구하지 않고 필요한 것을 우연히 얻게 되는 것을 행운(에우튀키아)으로 여기지만, 뭔가를 배우고 익힌 사람이 이것을 잘하는 것은 덕행(에우프락시아)이고 이것을 추구하는 사람들은 잘하는 것이라고 생각한다.[96]

소크라테스에 의하면, 인생의 최고 목적은 덕행이고, 덕행은 행복을 동반한다. 또한 행운이란 추구 대상이 아니다. 오로지 배우고 익혀 실수 없이 잘하는 것만이 추구할 일이고 이것이 바로 덕행이다.

소크라테스와 플라톤은 『국가론』에서도 정의로운 덕자德者가 "장차 행복하게 될 사람"이라고 말한다.[97] 그리고 "참된 부자"는 결코 황금이 풍부한 자들이 아니라 "행복한 자들에게 풍부한 것으로 풍부한 사람, 즉 선하고 현명한 삶(ζωῆς ἀγαθῆς τε καὶ ἔμφρονος)으로 풍부한 사람"라고 말한다.[98]

그렇다면 덕행자가 빈곤·질병·곤경 등의 불운에 빠져 평생 불행하게 사는 경우는 어떻게 되는가? 소크라테스와 플라톤은 『국가론』 마지막 장에서 이 난문難問에 불교의 윤회설을 도입하여 답한다. 그런 사람은 반드시 노년에 보상을 받고 노년에 보상받지 못하면 윤회설의 견지에서 죽은 뒤 내세에서 신들로부터라도 보상을 받게 된다는 것이다. "덕성이 인간과

---

96) Xenophon, *Memorabilia*, Book III, ch.9 §14.
97) Platon, *Der Staat*, 427d-e.
98) Platon, *Der Staat*, 521a. '엠프로노스(ἔμφρονος)'는 '바른 지각을 가진' 또는 '제 정신의'를 뜻하기도 한다.

신으로부터 영혼에 가져다주는 모든 다양한 보상과 보수를 생전이든 사후든 정의와 덕성 일반에게 추가로 할당해 주는 것에 대해 그 어떤 이의도 있을 수 없을 것이다."[99] 그리고 "신들로부터 오는 모든 것들은 전생의 죄로 야기된 불가피한 악행이 있는 경우가 아니라면 신에게 예쁨받는 의인義人을 위해 가장 좋은 것으로 하나같이 작용하게 되는 것이다."[100]

- 이것은 의인에 관한 우리의 확신이어야 한다. 궁핍이나 질병 또는 흉액에 처하든 이 모든 것은 최종적으로 의인에게 그의 생전과 사후에 다 좋은 것으로 입증될 것이라는 것이다. 기꺼이 정의롭고자 하고 또 열성으로 정의로워지려고 애쓰고 그에게 힘이 닿는 한, 덕행으로 신과 닮으려고 애쓴 그 인간을 결코 신이 소홀히 하지 않을 것이기 때문이다.[101]

따라서 의인들은 흉액에 처하더라도 인생 말년에 다 보상을 받게 된다는 것이다. "영리하지만 사악한 자들은 출발할 때 잘 달리지만 반환점을 돈 뒤부터는 잘 달리지 못하는 그런 육상선수가 하는 것처럼 행동한다." 그들은 "스타트에 재빨리 튀어 나가지만 종국에는 비웃음거리가 되어 월계관도 쓰지 못한 채 귀를 어깨 위에 늘어뜨리고 경기장을 떠나게 된다". 그러나 "참된 육상선수는 목표 지점에 도착해서 상을 타고 관을 받아쓴다". 이런 포상은 "의인들에게도 통상적 귀결이다." 의인들은 "모든 행위와 만남 그리고 인생의 마지막쯤에 사람들로부터 존경을 받고 상을 탄다." 그러나 정의 그 자체가 부여하는 축복에 더해 신과 인간에게서 받는 이런 상·보수·선물과 정의롭지 않은 자들이 겪는 수모는 "수와 크기에서

---

99) Platon, *Der Staat*, 612b-c.
100) Platon, *Der Staat*, 613a.
101) Platon, *Der Staat*, 613a-b.

사후에 이 양자를 기다리고 있는 것들과 비교하면 아무것도 아닙니다."[102] 의인은 생전에 느낀 행복과 비교가 되지 않는 열락을 다시 맛보고 혹시 생전에 불행했더라도 사후에 비교할 바 없이 크고 많은 축복과 포상을 받는다. 그리고 정의로운 철학자는 재탄생한다. 반면, 정의롭지 못한 자는 생전에 겪었던 수모와는 비교할 수 없게 고통스런 수모를 다시 겪게 되고, 다시 태어나기 어렵다고 말한다.

따라서 소크라테스와 플라톤은 내세에서의 심판과 윤회적 재탄생을 『국가론』의 마지막 제10권에서 자세히 기술하고 있다.[103] 이 불교적 내세관과 윤회설은 공자와 본질적으로 다른 점이다.

그런데 생전과 내세에 줄곧 인간과 신의 축복을 받은 덕자는 평생 흉액을 겪고 난 뒤 내세에서야 겨우 신의 축복을 받은 덕자보다 훨씬 행복한 자다. 두 덕자 사이의 이 차이는 내세의 뒤늦은 보상으로 매워질 수 없다. 또한 내세에 대한 산 사람들의 신뢰도 및 사후 보상의 신빙성과 설득력도 문제다.

따라서 소크라테스는 인지로 알 수 없는 흉액을 신점으로 미리 알아 피함으로써 덕행을 그르치지 않고 행복을 이루는 길을 제시한다. 그는 공자가 덕행구복과 복서피흉ト筮避凶을 결합한 것처럼 덕행구복과 신탁피흉을 결합하는 길을 택했다. 소크라테스는, 공자가 주역시서를 통해 인간의 지혜로 알 수 없는 의문을 신에게 고하고 그 답을 들어 '지천知天'(천명에 대한 지식)을 구했듯이, 인간의 지혜로 알 수 없는 일들에 대해서는 반드시 이를 신에게 물어 신탁을 받고 이를 통해 신지를 구해야 한다고 말한다. 따라서 앞서 시사했듯이 그는 "그 결과가 분명치 않은 일들"에 부딪히면 큰 흉액을 피해 덕행을 안전하게 수행하기 위해 "이 일들을 해야 하

---

102) Platon, *Der Staat*, 613b-c, 614a.
103) Platon, *Der Staat*, 614-621d.

는지에 대해 점을 치도록" 그의 친구들을 델피의 신탁 점쟁이에게 보냈다.[104] 신은 말, 행동, 숙고 내용 등 만사를 알고 모든 곳에 편재遍在하며 모든 인간사에 관해 사람들에게 신탁을 내리는 전지적 존재이기 때문이다.[105]

소크라테스의 신탁론을 약술하면, 그는 "가정과 폴리스를 훌륭하게 다스리려는 사람들은 점을 칠 필요가 있다"고 주장했다. 왜냐? 신은 "인지人智로 배우고 이룰 수 있는 일들"에서도 그 속의 "가장 중요한 측면을 자신에게 유보해 두기" 때문이다.[106] 따라서 인간은 모든 일의 최종적 귀추를 알 수 없는 것이다.[107] 소크라테스는 이런 유의 일 안에도 "신적인 요소가 전혀 없고, 따라서 이 모든 일들이 다 인간적 지혜로 파악될 수 있다고 생각하는 자들은 미망에 빠진 것이 틀림없다"고 비판했다.[108] 반면, 인지로 알 수 있고 인간의 능력으로 할 수 있는 일까지도 점치는 자들도 "미망에 빠진 것이다"라고 비판한다.[109] 그는 "이런 일들까지도 신에게 묻는 사람들은 종교적으로 불경하다"고 단죄한다. 결론적으로 그는 "신

---

104) Xenophon, *Memorabilia*, Book I, ch.1 §6.
105) Xenophon, *Memorabilia*, Book I, ch.1 §19.
106) Xenophon, *Memorabilia*, Book I, ch.1 §7-8.
107) Xenophon, *Memorabilia*, Book I, ch.1 §8: "이런 일들 가운데 어떤 일도 인간에게 분명치 않다. 가령 훌륭하게 들녘을 가꾼 사람에게는 최종적으로 누가 이것을 수확할 것인지가 분명치 않고, 훌륭하게 집을 지은 사람에게는 그 집에 누가 들어 살지 분명치 않고, 노련한 장군에게는 군대를 지휘하는 것이 그에게 이익인지가 분명치 않고 노련한 정치가에게는 도시국가를 다스리는 것이 그의 이익인지가 분명치 않고, 행복하기 위해 아름다운 여인과 결혼하는 사람에게는 이 여인 때문에 비탄에 빠질지 분명치 않고, 혼인으로 국가 안의 세도가 일족을 얻은 사람에게는 이들 때문에 나라에서 추방될지가 분명치 않은 것이다.".
108) Xenophon, *Memorabilia*, Book I, ch.1 §9.
109) "가령 마차를 몰아본 경험이 있는 사람을 마차에 쓰는 것이 더 나은지 아니면 경험 없는 사람을 쓰는 것이 더 나은지, 또는 항해에 경험 있는 사람을 배에 쓰는 것이 더 나은지 아니면 경험 없는 사람을 쓰는 것이 더 나은지와 같은, 신이 인간의 능력으로 배워 정할 수 있다고 여기는 일들이나 또는 계산하고 측정하고 무게를 달아서 확정할 수 있는 일들을 묻고 점치는 자들도 미망에 빠진 것이다." Xenophon, *Memorabilia*, Book I, ch.1 §9.

이 우리가 배울 수 있다고 생각한 일은 우리가 배워야 하고, 인간에게 분명치 않은 일은 점을 통해 신에게서 배우려고 애써야 한다"고 종합한다. 왜냐하면 "신은 은총을 주고 싶은 사람들에게 계시를 주기 때문"이라는 것이다.[110]

이 마지막 단서는 아무나 점을 친다고 해서 적중률 높은 신탁을 받을 수 있는 것이 아니라, 신에 대해 경건한 믿음을 가진 사람만이 신의 은총으로서 이런 신탁을 받을 수 있다는 말이다. 이것은 『중용』에서 공자가 강조했듯이 '지성지도至誠之道'를 다하는 경우에만 흉액을 미리 알 수 있는 것과 마찬가지다. 앞서 시사했듯 소크라테스는 신이 인간에게 계시를 주는 조건은 신의 역사役事를 체험할 때마다 더욱 경건하게 숭배하는 것이라고 말한다.[111] 신도 경건히 섬겨야만 인간의 물음에 답을 계시해 준다는 것을 명심해야 한다는 것이다.

따라서 앞서 시사한 대로 소크라테스는 "어떤 사람이 인지人智대로 하는 것보다 더 많은 혜택을 받고 싶어 하면 정성껏 점을 치라"고 권고하면서 "신이 인간사에 대해 인간에게 계시하는 방법을 아는 사람들은 결코 신의 충고를 저버리지 않을 것이다"라고 덧붙였다.[112] 소크라테스의 이 권고와 주장을 따를 때 불확실한 미래사를 신에게 고하고 그 답변을 듣는 것은 지혜로운 일이다.

소크라테스는 심지어 친구를 사귀는 문제조차도 사귀기 전에 점쳐 신의 뜻을 따르라고까지 권고한다.[113] 그러므로 정치와 국정은 당연히 점을

---

110) Xenophon, *Memorabilia*, Book I, ch.1 §9.
111) Xenophon, *Memorabilia*, Book IV, ch.3 §12·13: 소크라테스는 말한다. "신은 우리 인간들이 장래에 무엇이 유리한 것인지를 미리 알지 못하는 경우에는 일이 어떻게 될지 묻는 사람들에게 점을 통해 지적해 줌으로써 그리고 일이 가장 잘 이루어질 수 있는 길을 가르쳐 줌으로써 이 문제들에서 인간에게 도움을 준다."
112) Xenophon, *Memorabilia*, Book IV, ch.7 §9.
113) Xenophon, *Memorabilia*, Book II, ch.6 §8.

쳐서 수행해야 할 것이다. 그리고 그는, 인간적 지혜가 '진실로 아무런 값어치가 없다'는 것을 깊이 깨닫는 것이 실은 인간이 '가장 지혜로운' 경지에 도달한 것이라는 자신의 철학적 깨달음에 따라 "신의 신탁 자문에 견주어 인간적인 모든 일을 낮춰보면서", 신으로부터 받은 계시를 엄격하게 준수했다. 그리고 신의 계시, 곧 이 신지를 저버리는 것을 어리석음으로 비판했다.[114]

소크라테스는 독실한 경신敬神의 자세로 델피신탁대로 말하고 행동했다. 그는 가령 델피신전의 무녀가 제사 방법에 대해 준 "국법대로 하라"는 신탁도 그대로 준행했고 타인들에게도 준행을 권했다. 그러므로 그는 신탁과 다르게 행동하는 것을 완전히 헛된 짓으로, 불경한 짓으로 비난했다.[115] 말하자면 소크라테스는 공자가 지인知人과 지천知天을 통합해 애호했듯이 인지의 지식과 신지의 지식을 둘 다 애호하는 '통합적 애지자'의 관점을 견지한 것이다.

■ 신들린 예지자 소크라테스의 '신명순도神命殉道'

기원전 5-4세기의 그리스는 여러 부문에서 현저한 변화와 발전을 겪고 있었다. 특히 아테네는 6세기와 5세기 초반 클레이스테네스 민주주의 전성기를 지나 윤리적·정치적 덕목을 잃고 다른 그리스 도시국가들과 이민족을 유린하며 무자비하게 부와 권력을 추구하는 제국주의 국가로 변질되었다. 그러나 이 아테네 제국주의 국가가 동족상잔의 펠로폰네소스전쟁에서 패배함으로써 쇠락하고 아테네 폴리스가 참주정과 민주정 사이를 오락가락하는 극심한 정치적 혼란을 겪었다.

이러는 과정에서 신 개념을 둘러싸고 심각한 사상적 혼란과 갈등이 빚

---

114) Xenophon, *Memorabilia*, Book I, ch.3 §4.
115) 참조: Xenophon, *Memorabilia*, Book I, ch.3 §1.

어졌다. 한쪽에서는 자연 철학적·유물론적 무신론이 고개를 들었고, 거룩한 신성神性도 없이 인간과 마찬가지로 모든 악행을 저지르는 신화적·시문적 양상의 '인간화된' 신 관념은 오히려 아테네의 타락을 가속화시키기 시작했다. 이 시기에 헤로도토스는 신탁을 중시하는 역사를 쓴 반면, 투키디데스는 신탁을 멀리하고 인간사에 집중하는 새로운 탈脫신화적·탈주술적 역사를 쓰고, 히포크라테스는 인간 신체의 신비를 깨뜨리는 과학적 의학서를 저술했다. 특히 5세기 말엽에는 아테네에 소피스트 운동이 크게 일어났다.

 소크라테스는 이 모든 혼란스런 사상적 상황에서 인간화되었던 신 개념을 다시 신격화하고 인간의 자기 영혼 회복과 정심을 촉구하는 철학운동과 교육활동을 전개했다. 그의 제자 플라톤과 아리스토텔레스의 철학적 대저大著들은 다 기원전 4세기에 출간되었다. 소크라테스는 처음에 자연철학에 대해 관심을 가졌으나 그 신성모독적·무신론적 성격 때문에 자연철학을 멀리하고 탐구 방향으로 바꿔 도덕철학과 정치철학에 관심의 초점을 맞추는 철학 혁명을 일으켰다.

 그런데 아리스토파네스('Ἀριστοφάνης, 기원전 448?-385?)는 그가 쓴 희극 『구름』에서 소크라테스가 "자연철학을 연구하는 천체관측자(메테오로스코포스 μετεωροσκοπός)이자 무신론자"라는 소문을 퍼트리고 있었다. 소크라테스는 『소크라테스의 변론』에서 이 소문을 진화하기 위해 무진 애를 쓴다.[116] 소크라테스와 플라톤은 『국가론』에서 호메로스·핀다로스·아이스킬로스 등 유명 시인들이 신들을 인간이 저지르는 온갖 악행을 자행하는 존재로 인간화하여 묘사한 통속적 신인동형론神人同型論(anthropomorphism)을 신성모독이라고 일관되게 비판했다.[117] 소크라

---

116) Platon, *Des Sokrates Apologie*, 18b-d; 19c-d; 26c-e.
117) Platon, *Der Staat*, 379a-383c.

테스와 플라톤에 의하면, 신은 "진실로 선량하고" 또 신은 "거짓된 기질"도 "거짓"도 없기 때문에 "가장 아름답고 선해 자기 모습을 바꾸지 않을" 뿐만 아니라 "말과 행동에서 전적으로 단순하고 진실하며 (신화에서 말하는 것처럼 사람이나 짐승으로) 변신하거나 속이지 않는다." 또한 신들은 뇌물이나 다름없는 "선물"이나 제물에 혹해서 "설득되거나 넘어가지 않는다."[118]

소크라테스는 경건하고 독실한 불가지론적 신 개념의 관점에서 신과 하늘의 양상과 속성을 자연 철학적으로 '인식'하려는 기도들을 비판했다. 왜냐하면 자연의 속성에 대한 애매모호한 지각을 바탕으로 지각할 수 없는 신의 존재를 '인식'하는 것은 불가능하고 그럼에도 불구하고 우격다짐하듯이 이를 밀어붙여 자의적으로 신에 대한 무신론적 결론을 도출해 내는 것은 불경한 독신瀆神 행위이기 때문이다. "소크라테스는 불경하거나 신성에 반하는 어떤 짓도 행하거나 말하지 않았다." 왜냐하면 그는 "다른 대부분의 사람이 하는 방식으로, 즉 소피스트들이 우주라고 부르는 것을 캐들어가는, 말하자면 우주가 어떻게 존재하고 천체의 각 사물의 어떤 필연성이 생성하는 것들의 원인이 되는지를 캐들어가는 방식으로 만물의 본성에 관해 논하지 않았기 때문이다. 반대로 그는 이런 유형의 사물들에 골몰하는 자들이 어리석다는 것을 입증하기까지 했다." 먼저 그는 "이 자들이 인간사를 이미 충분히 알기 때문에 저런 천계天界의 일들에 골몰하게 되었는지, 아니면 인간사를 버리고 신적인 일들을 캐들어간 것인지를 조사·검토했다." 이것은 소크라테스도 인간이 노력해야 할 대상의 선후 관계에서 '아래에서 배워 위로 달하려고' 노력하여 하늘이 자기를 '알아주기'를 바랐던 공자처럼, 인지적人智的 '지인知人'(인간철학)을 우선으로

---

118) Platon, *Der Staat*, 378c·d; 379a·b; 382c-e; 390e. 또 '거짓말은 신에게 가당치도 않은 것이다'라는 소크라테스의 믿음에 대해서는 참조; Platon, *Des Sokrates Apologie*, 21b.

삼았다는 말이다.

　게다가 공자와 마찬가지로 신과 하늘에 대해 불가지론적 입장을 취한 소크라테스는 "인간이 신적인 일들을 인식해 내는 것은 불가능하다"고 천명한다. 이런 까닭에 가장 오만하게 신적인 일들을 말하는 자들조차도 같은 의견을 개진하는 것이 아니라 "서로에 대해 미치광이들같이" 엇갈린 태도를 보이는 것이다. 어떤 미치광이들은 무서운 것을 봐도 무서운 줄 모르고 다른 미치광이들은 두려운 일을 봐도 두려워하지 않는다. 어떤 미치광이들은 군중 속에서 어떤 언행을 해도 수치스러워하지 않는가 하면, 또 다른 미치광이들은 아예 사람들 사이에 나서려고도 하지 않는다. 또 어떤 미치광이들은 사원도, 제단도, 어떤 다른 신적인 일도 공경하지 않는 반면, 다른 미치광이들은 바위나 우연한 나무 조각과 짐승들에게도 경건하게 행동한다. "만물의 속성에 골몰하는 자들 가운데 어떤 자들은 존재는 하나뿐이라고 우기고, 다른 자들은 정반대로 존재란 무한히 많다고 우기고, 어떤 자들은 만물은 유전流轉한다고 우기고 다른 자들은 반대로 어떤 것도 유전하지 않는다고 우긴다. 어떤 자들은 만물은 생성, 소멸한다고 우기고 다른 자들은 반대로 어떤 것도 생성, 소멸하지 않는다고 우긴다." 한마디로 인간의 지혜 또는 지각에 기초한 순수이성으로는 알 수 없는 이 문제들에 대해 이 자들은 멋대로 결론을 내리는 것이다. 이에 대해 소크라테스는 말한다. "인간사를 배우는 이들이 이 배운 것을 자기 자신들과 자기가 위하는 그 밖의 사람들을 위해 쓸 것이라고 믿듯이 신적 일들을 탐색하는 자들은 생성하는 각 사물의 원인이 되는 필연성을 이해한 뒤에 바람·비·계절, 그들이 필요로 하는 그 밖의 것들을 그들이 원하면 언제든 만들어낼 것이라고 생각한다. 아니면 그들은 이러한 것을 희망하는 것이 아니라 이런 것들이 각각 어떤 방식으로 생성되는 것인지를 단지 이해하는 것만으로 충분하다고 생각한다." 그러나 소크라테스 자신은

"늘 인간적인 일들을 논의했다". 신과 하늘에 대해 "경건한 것"과 "불경한 것"이 무엇인지, 귀천, 정의와 불의, 중용과 광기, 용기와 비겁, 국가와 정치가, 치인治人과 치자 등이 무엇인지를 캐들어갔다. 이것들에 대한 지식을 갖춘 사람은 "고귀하고 훌륭한" 대인군자인 반면, 이것을 모르는 무식자는 "노예 같은" 소인배다.[119] 이것은 군자는 '천명'·'대인'·'성인의 말씀'을 경외하는 반면, 소인은 천명을 모르고 경외하지도 않고 대인과 성인의 말씀을 깔본다고 말한 공자의 명제와 그대로 상통한다.[120]

따라서 소크라테스는 신이 하늘의 각 사물을 운행시키는 방식을 알아내기 위해 골몰하는 것을 적극적으로 말렸다. 사람이 이런 일에 골몰하는 것은 신이 드러내 보여주기를 원치 않는 불가능한 일을 도모하는 것일 뿐 아니라 결국 사람을 정신 나간 미치광이로 만들기 때문이다. "그는 이 일들이 인간들에 의해 탐지될 수 없다고 생각했고 신이 분명히 하기를 원하지 않는 것을 탐색하는 자는 신을 불쾌하게 한다고 믿었다. 그리고 그는 이 일들에 골몰하는 사람들이 신의 천체 운행 계획을 설명하는 데서 지극히 큰 자부심을 느꼈던 아낙사고라스가 정신 나간 것에 못지않게 정신 나갈 위험을 무릅쓴 것이라고 말했다."[121]

소크라테스는 신과 하늘에 대한 이런 경건한 입장에서 신점神占 일반과 델피신탁에 대한 독실한 신뢰를 표했다. 그는 단순한 철학자라기보다는, '다이몬($\delta\alpha\iota\mu\omega\nu$: 신령)' 혹은 '테오스($\theta\epsilon\delta\varsigma$: 신)'가 수시로 강림하고 무당처럼 이 신령과 신으로부터 금지의 예언을 받는 신들린 '선지자' 또는 '예언가'에 가까웠다. 그러나 공자의 '신지적 철학자'는 역학의 '지성' 차원을 떠나지 않고 천지신명天地神明과 '감응感應'할 뿐이고, 계시적 '예

---

119) Xenophon, *Memorabilia*, Book I, ch.1, §11-16.
120) 『論語』「季氏」(16-8): "孔子曰 君子有三畏 畏天命 畏大人 畏聖人之言. 小人不知天命而不畏也 狎大人 侮聖人之言" 참조.
121) Xenophon, *Memorabilia*, Book IV, ch.7 §16.

언'을 철학적 교설로 삼지 않으며 '신들림' 상태에 전혀 빠져들지 않는다. 이 점에서 공자의 신지적 경지는 계시적 예언들을 철학적 교설로 삼는 '신들린 철학자'로서의 소크라테스의 주술적·탈脫지성적 경지와 본질적으로 달랐다.

플라톤의 중기 대화편 『파이드로스』에서 소크라테스는 자신이 '예언가'임을 스스로 토로한다. "내가 강을 건너려고 할 때, 내가 무엇인가를 하려고 하면 늘 나를 중지시키는 익숙한 신령적 계시가 내게 나타났다. 이 계시로부터 나는 내가 신에게 뭔가 죄를 지은 것처럼 나를 정화하지 않으면 거기로부터 움직이는 것을 내게 막는 어떤 음성을 듣는다고 믿었다. 나도 예언가인데, 대단한 예언가는 아니지만, 다만 글을 괴발개발 쓸 줄 아는 사람들처럼 내게 필요한 그만큼만은 예언가다. 따라서 나는 죄 짓는 것을 정확히 예감하게 된다. 그러니 영혼이란 또한 얼마나 예언적인 존재인가!"[122] 이 외에도 소크라테스는 자기에게 수시로 나타나는 다이몬 또는 테오스의 예언 또는 계시를 도처에서 언급하고 있다.[123] 이것은 그가 단순히 철학자가 아니라 '무당 철학자' 또는 '신들린 철학자'임을 거듭 분명히 입증해 준다.

---

122) Platon, *Phaidros*, 242b-c. 소크라테스는 여기서 예언능력을 '영혼'의 능력으로 여기고 있다. 하지만 『변론』에서는 점쟁이와 신탁무당들의 예언능력이 이들의 '지혜'에서 나오는 것이 아니라, '신들린 상태'에서 나온다고 말한다. Platon, *Des Sokrates Apologie*, 22b-c. 다른 곳에서는 또 신이 "인간사 일체에 대해 인간들에게 계시를 준다"고 말한다. Xenophon, *Memorabilia*, Book I, ch.1 §19. 소크라테스의 이런 말들을 종합하면, 인간의 예언능력은 영혼에 내재하면서도 초월하는 그 어떤 미지의 것으로부터 나오는 것으로 정리할 수 있다. 그러나 소크라테스는 자신의 혼란스런 입장을 끝내 정리하지 않았다.
123) 예컨대 "그 익숙한 계시, 신령적 계시가 내게 나타났다." Platon, *Euthydemos*, 272e. *Platon Werke*, Bd.II. 또 "그 신령적 존재가 그 중 몇 사람들과 내가 다시 교류하는 것을 막고 있다." Platon, *Theaitetos*, 151a. *Platon Werke*, Bd.VI. 또 Platon, *Des Sokrates Apologie*, 31c-e; 40a·b·c; Platon, *Der Staat*, 496c 등 참조. 그는 이미 『알키아비아데스』에서 다이몬을 자신의 후견인으로 내세웠다. 참조: Platon, *Alkibiades* I, 124c.

신령 또는 신의 이 잦은 예언적 시사에 대한 소크라테스 자신의 공공연한 언급은 그의 독신죄 재판에서 결정적으로 불리한 변론을 촉발하게 한다. 영·불·독어에서 제각기 '악령' 또는 '악마'를 뜻하는 demon, démon, Dämon으로 둔갑한 소크라테스의 신 '다이몬'은 아테네 시민들이 전혀 모르는 '새로운 신령' 또는 '생소한 신'이었다. 이 생소한 신에 대한 그의 실토가 아테네 법정이 소크라테스를 기소하게 된 핵심적 이유라는 것은 그가 『소크라테스의 변론』에서 전하는 말로도 분명하다.

소크라테스는 법정에서 자신에 대한 고발장 내용을 이렇게 요약한다. "소크라테스는 젊은이들을 타락시키고 나라가 믿는 신들을 믿지 않고 다른 새로운 신령적 존재들(다이모니아)을 믿음으로써 죄를 범하고 있다는 것이다."

또 재판 전에 에우티프론을 만나 주고받은 대화를 실은 플라톤의 작은 대화편 『에우티프론』에서는 그가 다이몬 신을 섬기며 아테네인들의 전통적인 신인동형적 신 관념을 혁신하려는 새로운 선지자라는 사실이 고발의 핵심 이유임이 『변론』에서보다 좀 더 분명히 드러난다. 소크라테스는 에우티프론에게 말한다. "그(기소자)가 주장하는 것은 내가 신들을 만들어내는 자이고 또한 생소한 신들을 만들어내면서도 예로부터 믿어 온 신들을 믿지 않는 자라는 것이다." 이에 에우티프론은 다음과 같이 지적한다.

- 알겠습니다. 소크라테스 선생님! 그건 다름이 아니라 선생님께서 신령적 존재가 수시로 스스로에게 나타난다고 말씀하시기 때문입니다. 신적인 일과 관련해서 선생님께서 혁신을 하려고 한다고 해서 선생님을 기소한 것입니다.[124]

---

124) Platon, *Euthyphron*, 3b. *Platon Werke*, Bd.I,

따라서 그가 아테네인들의 전통적 신 관념을 뜯어고치려는 – 훗날의 예수나 마호메트 같은 – 새로운 '선지자'라는 사실을 제쳐 놓고 그를 단지 '철학자'로만 보고 접근한다면, 일생에 걸친 그의 특이한 살신성인적 철학·교육활동과 '자초自招한' 죽음을 이해할 수 없고, 또 『소크라테스의 변론』의 내용은 '변론'이라기보다는 아테네에 대한 오만하고 어리석고 무모하고 역겨운 도발에 불과한 것으로 보게 된다. 『변론』은 소크라테스가 스스로 평생을 건 자기의 철학·교육활동이 실은 델피신탁으로 내린 아폴론의 명령을 이행하는 과정이었음을 해명하는 문건이다.

소크라테스의 제자인 크세노폰과 플라톤은 둘 모두 소크라테스가 기원전 399년 독신죄 죄목으로 유죄 선고를 받고 처형된 뒤에 소크라테스의 변론을 썼다. 이 두 사람은 소크라테스의 친구 카이레폰(Χαιρεφών)이 델피신전을 방문해 소크라테스에 관해 신탁을 구했다는 사실을 말하고 있다. 플라톤의 『소크라테스의 변론』은 이 대목을 다음과 같이 전하고 있다.

- 나, 소크라테스는 내 지혜가 지혜인지, 지혜라면 어떤 종류의 지혜인지, 내 지혜에 관해 여러분들에게 델피의 신을 증인으로 세울 것이다. 여러분들은 카이레폰을 안다. 이 사람은 어린 시절부터 내 친구이고, 여러분 인민의 친구였고, 이 최근의 탈주 때에 같이 망명해 여러분들과 같이 돌아왔다. 또한 여러분들은 카이레폰이 어떤 인물인지, 그가 무엇을 시작하든 모든 일에서 열렬했다는 것을 안다. 그랬기 때문에도 그는 언젠가 델피에 갔을 때 용감하게 그것(나의 지혜)에 대해 신탁을 구했다. (…) 그는 "누가 소크라테스보다 더 현명한가"라고 물었다. 그러자 피티아는 누가 나보다 더 현명하다는 사실을 부인했다. 카이레폰이 이미 죽었기 때문에 여기 그의 동생이 여러분들에게 증언을 줄 것

이다.[125]

　이것은 실제로 이런 신탁이 있었다는 사실에 못지않게 중요한 사실, 즉 델피신전의 아폴론 신에 의한 소크라테스의 신탁적 인정이 이 두 제자와 그의 추종자들, 그리고 배심원들과 아테네 시민들에게 가치 있게 받아들여졌다는 사실을 시사해 준다.

　소크라테스는 아폴론의 이 신탁을 전해 듣고 당혹스러워 고민하다가 이 신탁의 뜻을 직접 알아보는 쪽으로 방향을 잡고 아테네에 지자로 소문난 정치인·시인·장인 등을 찾아다니며 이들과 이야기를 나눠 보았다. 그러나 그는 '자기가 무지하다'는 사실을 아는 사람, 따라서 '전지전능한 신의 지혜에 비해 인간의 지혜는 아무것도 아니다'라는 사실을 아는, 즉 불경한 지적 오만을 갖지 않은 사람은 아무도 없다는 것을 깨닫게 되었다는 것이다.[126]

　따라서 소크라테스는 그 신탁을 '소크라테스가 가장 지혜롭다'는 것을 말하는 신탁이 아니라, 소크라테스라는 이름을 이용해 실은 "신이 진실로 지혜롭고 인간적 지혜는 별로, 아니 전혀 가치가 없다"는 것, "인간들이여! 너희들 가운데 누구든 소크라테스처럼 지혜와 관련해 자신이 진실로 전혀 보잘것없다는 사실을 깨달은 자가 가장 지혜로운 자다"라는 가르침을 주려는 신탁으로 이해하게 되었다.[127]

　이후 소크라테스는 이 가르침을 자기에 대한 신명神命으로 알고 지적

---

125) Platon, *Des Sokrates Apologie*, 20e-21a. '최근의 탈주'는 기원전 404년 30인 참주지배 시대의 아테네인들의 해외탈주를 말한다. 그런데 크세노폰에 의하면, 소크라테스는 카레폰이 물은 질문은 언급하지 않고 '소크라테스가 사람들 가운데 가장 자유롭고 정직하고 분별 있다'고 말했다는 신탁의 토막말만을 전하고 있다고 한다. Xenophon, *Apology of Socrates*, 14쪽. Bowden, *Classical Athens and the Delphic Oracle*, 82쪽에서 재인용.
126) Platon, *Des Sokrates Apologie*, 21b·c-22d.
127) Platon, *Des Sokrates Apologie*, 23a-b.

오만으로 가득 찬 아테네 사람들에게 캐물어 이들의 무지를 가르치기 위해 노력했고, 그러다가 스스로 지독하게 가난해졌으며 또 세인들로부터 많은 비난을 듣게 되었다는 것이다. 그리고 그러는 가운데 애지자(철학자)들 모두를 싸잡아 비난하는 '자연을 연구한다'든가, '신들을 믿지 않는다'든가 하는 말도 듣게 되었다는 것이다.[128]

그러나 그에 의하면, "지혜를 사랑하며 저 자신과 남들에게 캐물어 가면서 살아야 한다는 것"은 그의 뜻이 아니라 그에 대한 신의 명령이다. 따라서 "죽음 같은 것을 두려워하여 내게 배정된 위치를 이탈한다면" 이것은 "무서운" 죄를 범하는 것이다. 그러므로 소크라테스는 아테네와 아테네인들을 사랑하지만 아테네 사람들에게보다는 "오히려 신에게 복종해야 할" 입장임을 밝힌다. 그는 "제가 살아있는 동안은, 그리고 할 수 있을 때까지는 지혜를 애호하는 것도, 여러 사람들에게 충고하는 것도, 그리고 언제든 여러분 중 누구라도 만나게 되는 사람들에게 이 점을 지적하는 것도 그만두지 않을 것이고 늘 해 오던 방식으로 계속할 것이다"라고 선언하여 배심원들을 자극한다.[129]

소크라테스는 법정에서도 아테네 사람들에게 물질과 재물이 아니라 진리를 찾는 인간의 영혼과 지혜를 갈고닦는 데 노력할 것을 촉구한다.

- 당신은 가장 위대하고 지혜와 권력으로 가장 이름난 나라 아테네의 시민인데 당신에게 재물이 최대로 많아지도록 애쓰고 명성과 영예도 그렇게 되도록 애쓰면서 지혜와 진리, 그리고 자기의 영혼이 최대로 훌륭해지도록 하는 데는 애쓰지도, 생각하지도 않는 것을 부끄러워하지 않습니까?[130]

---

128) Platon, *Des Sokrates Apologie*, 23b·d.
129) Platon, *Des Sokrates Apologie*, 28e-29a, 29d.
130) Platon, *Des Sokrates Apologie*, 29d-e.

소크라테스는 이에 대해 반박하는 자가 있으면 그가 젊은이든 노인이든, 아테네인이든 외국인이든 문답 형식으로 그에게 캐물어 다시 반박했다. 혈통 상 가까운 아테네인에 대해서는 더욱 캐묻고 나무라고 가르쳤다. 그에 의하면 이것은 신의 명령이었다. 그가 돌아다니면서 한 일은 "젊은이든 나이 든 자든 자신의 영혼이 최선의 상태가 되도록 영혼에 대해 애쓰는 것보다 또는 이것만큼 몸과 재물에 대해 애쓰는 일이 없어야 한다고 설득하는 것"이었다. "재물로 인간적 덕이 생기는 것이 아니라 인간적 덕으로 재물도, 기타 모든 것들도 공사 간에 사람에게 좋은 것이 된다"고 말해 주는 것이다. 이런 활동을 계속할 경우 아테네 법정이 그 자신을 죽일 것이라고 위협한다면, "자기가 골백번 죽는다고 할지라도" 이 활동을 그만두지 않을 것임을 천명한다.[131] 아테네를 계몽하기 위해 자초한 그의 죽음은 일종의 살신성인, 또는 순도殉道였다.

그러면서 이런 교육활동이 신의 명령이고 또 이 명령이 다양한 형태(신탁, 꿈, 신의 섭리 등)로 그에게 전달되었음을 밝힌다.[132] 그는 이와 같이 그의 오랜 철학적 교육·계몽 활동이 신의 명령이었고 이로 인해 그가 자초한 죽음도 신의 뜻이었다고 주장하고 있는 것이다.

소크라테스는 재판이 있던 날 이상하게도 다이몬의 '하지 말라!'는 금지 계시가 없었다고 말한다. 그는 이 금지 계시의 부재를 신이 그에게 자발적 순사殉死를 요구한 증좌로 제시한다. 그리고 그는 배심원들에게 일부러 도발해서 스스로 사형선고를 초래하는 듯한 행태를 보인다. 먼저 그는 그의 내면에 현현顯現해 금지의 목소리를 전하는 그의 다이몬에 대해 설명한다.

---

131) Platon, *Des Sokrates Apologie*, 29d-e; 30a-c.
132) Platon, *Des Sokrates Apologie*, 33c.

- 여러분께 여러 번, 여러 곳에서 내가 말하는 것을 들은 적이 있을 텐데, 신적이고 또 신령적인 존재(테이우 티 카이 다이모니온 θεού τι καί σαιμονίου)가 내게 나타난다는 것입니다. (…) 내게 그것은 소싯적부터 시작되었습니다. 이 신령적 존재는 음성적인 것으로 현현하는데, 이것이 현현할 때는 늘 내가 하려고 하는 것을 하지 말도록 금지할 뿐이고 결코 적극적인 권유를 한 적은 없습니다.[133]

델피신전의 신탁은 '권고'와 '금언'의 두 가지 형태로 나타나지만, 소크라테스의 내면에 나타나는 다이몬의 계시는 늘 '금지의 음성'이라는 것이다. 그는 『변론』과 『국가론』에서 자신이 정치를 하지 않은 것도 '정치를 하지 말라'는 다이몬(신령) 또는 신의 금언이 있었기 때문이라고 말한다.[134]

그리고 소크라테스는, 사형선고가 내려질 것을 뻔히 알면서도 자신의 독신죄를 단죄하는 재판정에 자진 출두한 것은 '출두하지 말라'는 다이몬의 금지 계시가 없었기 때문이라고 말하면서 자기의 죽음이 신의 뜻이라는 점을 시사한다.

- 그런데 배심원 여러분, (…) 내게 놀라운 일이 생겼습니다. 내게 익숙한 그 신령적 존재(토 투 다이모니우 τὸ τού σαιμονίου)의 예언은 이전에는 언제든 아주 빈번하게 그리고 제가 무엇인가를 잘못할 것 같기만 하면 아주 사소한 일에도 반대하고 나섰으나, 지금 여러분들이 몸소 보고 있는 이 일, 생각하기에는 그리고 일반적으로 믿기에는 나쁜 것 중 최악의 것인 바로 이 일이 내게 일어났습니다. 그 신적 신호(토 투

---

133) Platon, *Des Sokrates Apologie*, 31c-d.
134) 참조: Platon, *Des Sokrates Apologie*, 31c-e; Platon, *Der Staat*, 496c.

테우 세메이온 *tò τού θεού σεμείον*)가 이른 새벽 집을 나설 때에도 내게 반대를 하지 않았고, 내가 여기서 진술하고 있는 어느 대목에서도 말하려는 나에게 반대하지 않았습니다. 다른 논의의 경우에는 내가 말하는 사이에 실로 많은 대목에서 제지를 하곤 했습니다. 그런데 이번 일의 경우에는 행동할 때도, 어떤 말을 할 때도 전혀 내게 반대하지 않았습니다. 그렇다면 나는 그 이유가 무엇이라고 생각하겠습니까? 내게 일어난 이 일은 (금언이 없으므로) 좋은 일일 것입니다. 따라서 우리 가운데 죽음을 나쁜 것으로 생각하는 분들은 분명 옳게 이해하는 것이 아닐 것입니다. 내게 그에 대한 유력한 증거가 있습니다. 그것은 이것이 뭔가 내게 잘못된 일이라면 그 익숙한 신호(토 에이오토스 세메이온 *tò εiωθoς σεμείον*)가 확실히 내게 반대를 했을 것이라는 사실입니다.[135]

소크라테스는 이처럼 신적·신령적 금지의 예언이 없다는 사실을 '그의 죽음이 신의 뜻'이라는 증거로 해석했다. 그의 철학자로서의 전全 인생은 델피신탁과 다이몬의 신적 명령을 완수하기 위한 활동이었고 그의 죽음도 신 또는 신령의 뜻이었던 것이다.

아테네인들을 캐물어 귀찮게 하고 스스로 신의 대변인임을 자임하는 그의 태도와 아테네인들의 '인간화된' 전통적 신관神觀과 충돌하는 그의 새로운 '신격화된' 신관은 – 유대민족만이 아니라 전 인류를 사랑한다는 예수의 새로운 신 개념만큼이나 – 아테네인들과 전통적 사제들을 강하게 자극했다. 이것이 바로 그의 죽음의 진정한 원인이었다. 그러므로 소크라테스의 이 종교적·정치철학적 순사로 서구 문명이 탄생했다고 해도 과언이 아닐 것이다. 두꺼비는 살모사를 자꾸 건드리고 도발해 살모사에게 잡

---

135) Platon, *Des Sokrates Apologie*, 40a-c.

혀 먹힌 뒤에 살모사 뱃속에 알을 낳아 부화된 제 새끼들로 하여금 살모사의 몸을 자양분으로 삼아 자라게 만든다고 한다. 타락한 아테네에 잡아먹혀 이를 영양분으로 새로운 서구 문명이라는 소중한 자식을 탄생시킨 소크라테스는 저 어미 두꺼비와 같은 행동을 취한 것이다.[136]

동시에 소크라테스의 이 죽음은 아폴론의 신탁과 다이몬의 계시에 대한 그의 독실한 믿음을 증명하는 살신성인殺身成仁이었던 것이다. 따라서 이 죽음은 불법 무도해진 반려적 세계를 위한 목숨을 건 애지·교육활동의 덕행으로서 행복한 죽음이었다. 소크라테스의 죽음은, 맹자의 개념을 쓰면, "천하가 무도하면 도에 자신의 목숨을 바친 것(天下無道 以身殉道)", 즉 '순도殉道'였던 것이다.[137]

물론 소크라테스 자신은 아테네인들을 길거리에서 캐묻고 나무라는 자기의 '가두교육'을 '교육'으로 여기지 않았다. '캐묻고 나무라는' 대화 과정에서 깨달음이 있다면 그것은 소크라테스의 변증법적 산파술에 의해 대화자 자신이 스스로 찾게 되는 깨달음일 뿐, 그의 교육으로 인한 깨달음이 아니라는 것이다. 또한 그는 수업료도 받지 않았기 때문에 제자를 키운 적이 없다고 주장한다. 하지만 이것은 변명일 뿐, 피교육자의 자발적 사고 활동을 촉진하는 독특한 산파술적 대화법도 교육임에는 틀림이 없다. 그럼에도 불구하고 크리티아스·카르메니데스·알키비아데스 등 정치적 야심가들을 그의 '제자'로 볼 수 없고, 이 '제자들'을 가르치고 조종한 정치 지도가 소크라테스의 진정한 죽음의 원인도 아닐 것이다.

물론 반론도 없지 않다. 아테네 시민들이 소크라테스를 고발한 진정한 이유는 독신죄가 아니라, 펠로폰네소스전쟁 기간에 참주정을 도입하

---

136) 그의 죽음을 '자살'로 보는 해석은 참조: James A. Colaiaco, *Socrates Against Athens: Philosophy on Trial* (London: Routledge, 2001). 제임스 A. 콜라이코(김승욱 역), 『소크라테스의 재판』(서울: 작가정신, 2005), 378쪽.
137) 『孟子』「盡心上」(13-42).

는 데 앞장선 '그의 제자' 카르미데스와 크리티아스, 또 '그의 제자'인 사악한 미남 정객 알키비아데스를 가르치고 조종한 그의 반민주적 활동에 대한 책임 추궁이었다는 것이다. 아테네는 민주 회복 직후 발표된 정치적 사면령에 막혀 소크라테스를 직접 정치적 이유로 고발할 수 없었기 때문에 어쩔 수 없이 독신죄의 죄목으로 고발하는 길을 택했다는 주장이다.[138]

그러나 소크라테스는 법정 변론에서 이 혐의를 미리 감지하고 이를 선제적으로 방어한다. 자기는 아테네 시민들을 캐묻는 식으로 귀찮게 했을 뿐이지, 가르친 적이 없어서 제자도 없다. 따라서 자기가 캐묻는 것을 옆에서 구경했을 뿐인 사람들을 자신의 제자라고 하는 것은 어불성설이다. 그러므로 저들의 정치적 과오는 자기가 책임질 일이 아니라고 말한다.[139]

크세노폰은 크리티아스, 카르메니데스, 알키비아데스 등이 소크라테스가 당시 저명했기 때문에 그를 이용하기 위해 그 곁에 잠시 붙어있었으나 자기들이 타인보다 더 뛰어나다는 생각이 들자마자 그 곁을 떠나 정치판으로 몰려갔다고 말한다. 따라서 소크라테스가 이들의 정치적 과오를 책임지고 죽어야 한다는 것은 옳지 않다고 변호한다.[140] 그러나 그들이 소크라테스의 제자임을 소크라테스와 크세노폰이 부인하더라도 소크라테스가 그들과 오래 교류한 사실은 소크라테스의 가르침이 이 젊은 사람들에게 영향을 끼쳤다는 중요한 증거로 간주될 위험성이 컸다.

소크라테스가 처형된 지 반세기 뒤에 소크라테스의 제자 아이스키네스(Αἰσχίνης)는 한 법정 변론에서 이 점을 분명히 밝힌다.

---

138) 참조: Julia Annas, "Platon", 23쪽. Iring Fetscher und Herfried Mnkler (Hg), *Pipers Handbuch der Politischen Ideen*, Bd.1, *Frhe Hochkulturen und europische Antike* (Mnchen: R. Piper GmbH & Co. KG, 1988). 스코필드도 유사한 견해를 피력한다. 참조: Schofield, *Plato: Political Philosophy*, 23쪽.
139) Platon, *Des Sokrates Apologie*, 33a-b.
140) 참조: Xenophon, *Memorabilia*, Book I, ch.2 §12-47.

- 아테네 시민 여러분, 여러분은 소피스트 소크라테스가 민주주의를 무너뜨린 30인 참주의 한 명인 크리티아스를 교육시켰음이 분명히 드러났기 때문에 그를 처형했습니다.[141]

이 말을 보면 독신죄는 겉으로 내건 명분이고 처형의 진짜 이유는 '반反민주' 범죄로 보인다.

그러나 소크라테스를 고발한 숨은 동기들은 하나가 아니라 제자들에 대한 책임, 민주주의의 수호와 회복 과정에서의 방관, 중우정치(직접민주주의) 비판, 종교적 파괴 위험(독신죄, 젊은이들에 대한 종교적 악영향, 선지자 또는 무당을 자임하는 종교적 '오만'), 도발적 법정 변론 등 다양할 수 있다. 그래도 가장 대중적이고 가장 중대한 핵심적 이유는 역시 신들린 철학자 소크라테스가 정치적으로 요동치는 아테네의 전통적 종교 문화를 뒤흔들지도 모른다는 아테네인들의 두려움 때문이었을 것이다.

하지만 일반적 정치 사면령 아래서 승소 가능성이 낮은 정치범죄로 고소하는 대신 독신죄로 고소하는 것이 당시의 상황을 고려할 때 원고 측의 승소 가능성이 가장 높았다고 보는 분석도 있다. 독신죄가 소크라테스 처형의 핵심 이유라는 것이다.[142] 따라서 소크라테스가 아테네인들보다 비교할 바 없이 더 경건하다는 역설적 의미에서의 '독신죄'가 바로 그의 죽음의 진정한 원인이었다는 것이 여전히 가장 유력한 추정으로 제기되고 있다.

이런 관점에서 카를 야스퍼스(Karl Jaspers)는 소크라테스의 '경건한 믿음'을 세 가지로 정리해 나열한다. "첫째, 끊임없이 질문하는 사람에게 진리가 나타나고, 자신의 무지를 인정하면 아무것도 얻지 못하는 것이 아

---

141) Aeschines, *Against Timarchus* (Cambridge[Massachusetts]·London: Harvard University Press·William Heinemann LTD, 1968), 173쪽.
142) 콜라이아코, 『소크라테스의 재판』, 198-201쪽.

니라 인생에서 가장 중요한 지식을 얻을 수 있다는 믿음이다. 둘째, 폴리스의 신성함과 그리스 신들에 대한 믿음이다. 셋째, 자기의 신령(다이몬)에 대한 믿음이다."[143]

소크라테스가 목숨을 걸고 신의 명령에 따라 아테네의 유력한 시민들과 벌인 20여 년의 긴 대화 교육 과정은[144] 난세에 처한 아테네와 그리스의 난잡한 정치 세계, 그리고 타락한 신관神觀을 바꾸려는 정치 계몽 활동이자 종교운동이었다. 동시에 이것은 공식 정치에는 가담하지 않고 벼슬을 거부한 재야 정치활동이자 자기 수련 과정이기도 했다. 소크라테스는 스승이 없이 그의 대화 과정 자체를 스승으로 삼았다.

■ 이상국가론에서 소크라테스·플라톤에 의한 신탁의 인정과 활용

『국가론』에서도 소크라테스와 플라톤은 공자처럼 덕행구복의 입장에서 "선은 유익한 것"이고 또한 "선은 잘 삶 또는 행복(에우프라기아 $ε\dot{υ}πρ\alphaγί\alpha$)의 원인"이라고 말한다.[145] "선은 유익한 것"이라는 명제는 그들의 도덕론이 아직 원시적 공리주의를 탈피하지 못했음을 보여준다. 아무튼 그들은 덕성이 오랜 "에토스($ε\theta o\varsigma$; 습관)와 아스케시스($\ddot{\alpha}\sigma\kappa\eta\sigma\iota\varsigma$; 수신)"를 통해서 "나중에야 생기게" 되는 것이라고 말한다.[146] 따라서 "훌륭한 생활 습관은 덕성의 습득으로 통하는 반면, 수치스런 생활 습관은 악덕의 습득으로 통한다". 따라서 "덕성은 일종의 영혼의 건강·미美·양호인 반

---

143) Karl Jaspers, *Die Großen Philosophen* (Mnchen: Piper, 1957). 카를 야스퍼스(권영경 역), 『위대한 사상가들: 소크라테스·석가모니·공자·예수』(서울: 책과함께, 2005), 15쪽.
144) 아리스토파네스가 기원전 420년에 쓴 희극 『구름』에서 소크라테스가 하늘을 탐구하는 소피스트로 풍자되고 있는 것을 보면, 소크라테스는 이미 아테네에 그 이름이 알려질 만큼 이전부터 시민들과 대화하는 재야활동을 벌인 것으로 보인다. 기원전 420년 이전 시점부터 그의 처형 시점(399년)까지 추산하더라도 그의 이 대화활동 기간은 21년이 넘는다.
145) Platon, Der Staat, 379b. '악행'이 아니라 '덕행이 이익'이라는 견해는 참조: 445a.
146) Platon, Der Staat, 518d-e.

면, 악덕은 영혼의 질병·추함·허약"이다.[147]

또 플라톤은 그의 마지막 대화편 『법률』에서도 덕행으로 행복을 이루는 덕행구복론을 대변한다.

- 행복과 선이 동행하는 것은 거의 필연적이므로 국가 건설자는 백성들이 선하고 행복하기를 바랄 것이다. 그러나 선하면서 동시에 지나치게 부유한, 대부분의 사람이 부자로 칠 만큼 부유한 것은 불가능하다. 왜냐하면 대부분의 사람은 방대한 양의 화폐가치가 되는 재산을 가진 아주 드문 사람들을 부자로 여기고 이런 재산은 바로 사악한 사람이나 가질 수 있기 때문이다. 따라서 아주 부유한 자는 선하지 않고 선하지 않기 때문에 행복하지도 않은 것이다.[148]

플라톤은 결론짓는다. 그러므로 "우리 공동체의 구성원들은 남녀노소를 가릴 것 없이 인간에게 속한 영혼의 덕성을 보유한 선한 인간이 될 수 있는 방법이 무엇이든 (…) 전 인생에 걸친 모든 노력을 이 목적의 달성에 바쳐야 한다. 단 한 사람도 이 목표를 방해하는 어떤 목적물을 선호하는 모습을 보여서는 아니 될 것이다."[149]

그러나 소크라테스와 플라톤의 이런저런 덕행구복도 그 자체로는 흉액으로부터 안전하지 않다. 공자가 큰 흉액과 대과大過를 초래하는 큰 불운이 덕행을 그르치게 한다고 보았듯이, 플라톤은 덕자도 불운을 피할 수 없고 덕자이면서도 불운을 당하기 때문에 동정을 받는다고 생각했다. 그런데 플라톤은 덕자가 스스로 흉액을 피하기 위해 신탁점을 쳐야 한다고 주장하지 않고 이상국가가 덕자의 극단적 불행을 막아야 할 책임을 져야

---

147) Platon, *Der Staat*, 444d-e.
148) Platon, *Gesetze*, 742e-743a; 743c.
149) Platon, *Gesetze*, 779d.

한다고 말한다.

- 동정을 받을 만한 사람은 배고픔 등으로 고통받는 사람이 아니라, 정심이나 그 어떤 덕성을 일부라도 보유했으면서도 불운을 당하는 사람이다. 그러므로 적절하게 잘 조직된 헌정 체제와 폴리스에서 이런 유의 인간이 (자유인이든 노예든) 극단적 거지 신세가 되도록 완전히 방치한다면 이는 이상한 일일 것이다.[150]

이상국가가 덕자의 불행을 막기 위해 모종의 법적 조치를 해주어야 한다는 말이다.

그런데 문제는 국가가 제대로 건설되고 잘 운영되어 이런 법제를 제정하고 또 이를 늘 잘 운영해 나가리라는 보장이 없다는 점이다. 소크라테스와 플라톤은 『국가론』의 이상국가에서 "무사($Mού\sigma\alpha$) 여신들(음악·시가의 여신들)"의 입을 통해 '완전한 수호자', 즉 철인치자(철인왕 또는 철인귀족들)와 '보조적 수호자'의 철학적 지혜로도 이 지혜가 '인간적 지혜'인 한에서 국가의 번영과 쇠퇴의 법칙을 놓치게 되고 결국 어리석은 무자격자들이 수호자의 직위를 승계하게 되어 불화로 망할 것이라고 말한다.

- 생성되는 만물은 파괴가 예정되어 있기 마련이다. 이 (이상적) 국가와 같은 조직도 영구히 존속하는 것이 아니라 분명히 해체될 것이다. 이것이 이 국가의 해체 방식이다. 땅 밑으로부터 자라 나오는 식물만이 아니라 땅 위에서 사는 동물들도 영혼과 육체의 궤도의 순환이 완전한 주기를 도는 것과 같은 횟수로 영혼과 육체의 가임과 불임의 주기가 존재한다. 생명이 짧은 존재들은 이 주기가 짧고, 그 반대의 존재들

---

150) Platon, *Gesetze*, 936b-c.

은 그 주기가 길다. 그러나 너희 종족(인류)의 출산과 불임의 법칙을 치자로 양육된 사람들이 자기들의 온갖 지혜에도 불구하고 감각과 결합된 이성적 추리로도 인식하지 못하고 놓칠 것이고, 자식을 적기가 아닌 시기에 낳는 때가 있을 것이다. (…) 수호자들이 이것을 놓치고 신랑·신부를 부적절한 시기에 합방시키면, 그 자식은 잘나지도, 운수가 좋지도 않을 것이다. 선대先代가 이 자식들 가운데 가장 잘난 자들을 뽑아 그 자리에 앉힐 것이지만, 무자격자들이라서 순번대로 그 아비들의 권력을 맡으면 수호자로서 제일 먼저 우리들(무사 여신들)부터 무시하기 시작해 음악에 지나치게 적은 관심밖에 보이지 않을 것이고 그다음은 체육에 대해서도 그러하게 되어 청년들의 문화가 퇴락할 것이다. 이들로부터 선발된 치자들은 헤시오도스(Ἡσίοδος)와 우리 무사 여신들의 금·은·동·철 종족들을 시험하는 데서 능률적인 수호자들로 스스로를 입증하지도 못할 것이다. 철과 은, 동과 금의 이런 혼합은 비동일성과 불협화음적 불균등성을 낳고 이것이 생기는 곳마다 전쟁과 적대를 산출할 것이다. 우리는 불화란 어디서 생기든 늘 이런 발생 계보를 갖는 것이라고 단언한다.

소크라테스와 플라톤은 무사 여신들의 이 예언에 붙여 이상국가의 몰락 과정을 추리한다. "두 집단이 서로에 대해서 줄다리기를 하는데 통치자 중에서 철·동 종족은 돈벌이와 토지·주택·금은의 획득 쪽으로 당기고, 나머지 둘인 금·은 종족은 영혼이 가난하지 않고 부유해서 그들을 당겨 덕과 원래의 헌정 체제로 되돌아가려고 노력할 것이다. 이와 같이 이들은 서로 싸우고 경합하다가 땅과 주택을 사유화해 분배하는 계획에 서로 타협한다. 그리고 나서 그들이 수호했던 이전의 자기 친구와 지지자들을 농노農奴와 가노家奴로 굴복시키고, 전쟁에 종사하며 이 종복들에 대한 감시 태세를 운영하게 될 것이다."[151] 철인통치자의 인간적 지혜로는 이 이상국가를 대대로 운영하기에 부족하고 그 미래를 미리 예견할 수도 없는 것이다.

그러므로 국가의 성장·번영·쇠퇴도 장기적으로 보면 인간적 지혜의 영역을 벗어나 이른바 '천명' 또는 '국운'에 종속된 것이다. 그리하여 국운을 매개로 덕행자의 행복 문제가 다시 천명으로 귀착되고 말았다.

하지만 플라톤은 애당초 인간적 지혜와 신적 지혜를 둘 다 애호하는 소크라테스의 통합적 애지자 관점을 충실히 계승해 국가건설·입법·국정운영 과정에 신탁점을 집중적으로 투입하고 있다. 즉, 플라톤은 델피신탁을 정상적 국가 질서와 정치학의 일부로 삼은 것이다. 따라서 그는 이런 특유한 정치 원리로 이상국가의 순항을 보장하는 초월적 방책의 문제를 원천적으로 해결하고 있다. 그는 그의 초기 대화편으로부터 최후의 저작 『법률』에 이르기까지 통합적 애지자의 관점을 견지한다. 소크라테스와 플라톤의 이 주술적 정치 원리는 신탁점의 적중도와 문제해결 효과에 대한 신지론적 논란을 일단 제쳐 놓으면 적어도 논리적으로 완벽한 셈이다.

소크라테스와 플라톤은 『국가론』에서부터 중요한 입법 과정의 하나로 신탁점을 처방한다. 가령 공산주의적 처자妻子공유제에서 형제자매들끼리의 혼인을 금하지만, "추첨의 운명이 오고 피티아가 (형제자매들 간에 혼인을 허용하는) 신탁을 그렇게 내린 경우"에는 그것을 허용하는 예외법률을 만들 수도 있다고 말한다.[152] (형제자매간 근친혼 허용 논변은 나중에 상론하듯이 우생학적 고려에서 장애아와 허약아를 제거해야 한다는 논변과 모순된다. 근친혼은 장애아와 허약아를 낳을 확률을 급격히 높이기 때문

---

151) Platon, *Der Staat*, 546a-547c. 무사 여신들은 음악·시가의 여신들인데, 여기서 시가는 '철학적 시가'다. "철학은 가장 위대한 시가다." Platon, Phaidon, 61a. *Platon Weke*, Bd.III.
152) Platon, *Der Staat*, 461e.

이다.) 또한 플라톤은 철인치자가 죽으면 이들을 국가의 신령으로 모실지 여부를 결정하는 것도 델피신탁에 따르도록 규정한다.[153]

또한 소크라테스와 플라톤은 『국가론』에서 신전건립과 제물봉헌, 신·신령·영웅들에 대한 경배 관련 결정을 이상국가 건국을 완결하는 "가장 중요하고 가장 멋지고 제일가는 법률제정"으로 규정하고 이것을 델피의 아폴론 신에게 맡긴다.

- 신전 건립과 제물 봉헌, 신·신령·영웅들에 대한 기타 유형의 경배에 관한 것이다. 그리고 죽은 자의 매장, 저승에 사는 사람들을 자비롭도록 하기 위해 우리가 바쳐야 하는 제사 등에 관한 것이다. 왜냐하면 이런 일에 관해서 우리는 알지도 못하고, 나라를 건설하는 일에서, 우리가 현명하다면, 우리 조상들의 신 외에 다른 해석자들에게 이 일들을 위탁해서도, 이들을 써서도 아니 되기 때문이다. 이러한 일에서 온 인류에게 이 신은 지구의 중심인 배꼽(옴팔로스 ὀφαλος)의 앉은자리로부터 자기의 해석을 전하는 우리 조상의 종교적 해설자시다.[154]

델피신전 안쪽 바닥에는 유황 증기가 올라오는 갈라진 틈새가 있었는데 그리스인들은 이곳을 지구의 "배꼽(옴팔로스)"이라 부르고 "지구의 중심"이라 여겼다. 그리고 그곳의 "앉은자리"는 삼발이 위에 앉은 피티아 무당의 자리를 말하고, 이들을 통해 자기의 해석을 전하는 신은 예언의 신 아폴론이다. '가장 중요하고 가장 멋지고 제일가는' 종교·제사·장례 관련 입법을 아폴론의 신탁에 위임해야 하는 이유를 플라톤은 이런 일들에 대한 인간의 무지와, 아폴론을 숭배해 온 전통을 들고 있다. 이런 일에서

---

153) Platon, *Der Staat*, 540b·c.
154) Platon, *Der Staat*, 427b·c. 고대 그리스인들은 아폴론을 모신 델피신전이 있는 장소가 '지구의 배꼽'이라고 믿었다.

인간적 무지를 든 것은, 인지로 알 수 없는 일과 관련해서는 반드시 신탁점을 쳐서 결정해야 하고 그렇지 않으면 불경한 것이라고 가르친 소크라테스의 지침과 일치한다.

80세의 플라톤이 소크라테스를 등장시키지 않고 기술한 『법률』에서는 입법의 신탁 의존도가 더욱 높아진다. 『법률』은 아테네인, 스파르타인, 크레타인 등 세 남자가 크레타섬에 세우기로 한 새로운 폴리스 '마그네시아(Μαγνήσια)'의 건설과 통치를 위한 이상적인 법률들의 입법을 논하는 책이다. 『법률』에서 제일 먼저 플라톤은 "방금 전달된 신탁은 당분간 믿어야 한다"고 천명한다.[155] 또한 『국가론』에서는 예외적인 법개정만을 피티아의 신탁 자문에 따르도록 규정했었으나, 『법률』에서는 "법을 바꿀 필요가 있다고 생각되면 관원官員을 포함한 모든 백성이 논의하고 반드시 신의 신탁으로부터 자문을 구해야 한다"고 일반적으로 규정하고 있다.[156] 플라톤에게 애당초 입법자는 인간이 아니라 신이고[157] 인간이 입법하는 경우에도 "신의 신탁에 의해서 지도되기" 때문이라는 것이다. 따라서 신탁점의 지위는 "최선의 국체國體와 최선의 법률의 맹아"와 동일시된다. 그리하여 플라톤은 "수많은 점쟁이에게 점치고 다른 예언가 중에서 특히 델피의 아폴론 신에게 신탁점을 치면" 국체가 "안정되고 오래 지속된다"고 말한다.[158] 따라서 플라톤은 "나라에 신탁을 적용한" 다음, "토의를 통해 법률을 모델화하려고" 노력해야 하고 국가를 세울 때 "신의 현전顯前을 불러일으켜 신이 국가와 법률을 만드는 데 우리를 돕도록 해야" 한다고 말한다.[159]

그리하여 『국가론』처럼 『법률』도 "종교에 관한 모든 법률은 델피로부

---

155) Platon, *Gesetze*, 771e.
156) Platon, *Gesetze*, 772d.
157) Platon, *Gesetze*, 624a.
158) Platon, *Gesetze*, 685e-686a.
159) Platon, *Gesetze*, 685e-686a; 712a·b.

터 가져오고 신탁의 유권해석관을 임명하고 이 법률을 활용해야 한다"고 논변한다.[160] 또 델피신탁점의 도움으로 축제·제사·숭배의 신을 정하고 제사의 수를 "365개 이상"으로 정해 "어떤 신 또는 어떤 신령에 대해 항상 제사를 지내도록" 한다.[161]

『법률』에서 플라톤은, 신과 신전의 건립 및 제사와 관련된 입법은 옛 신탁을 바꾸지 않고 따르도록 강조한다. 또한 외국 신이라도 이미 확립된 신은 그대로 계승하도록 규정한다.

- 처음부터 새로운 폴리스를 창설하든 또는 무너진 옛 폴리스를 복구하든, 신과 사원들에 관련해서는 - 가령 폴리스 안에 개별 부문들 가운데 어떤 것이 건설되어야 할지, 이 신전들에 어떤 신 또는 어떤 다이몬의 이름을 붙여 주어야 할지 등과 관련해서는 - 그가 센스가 있다면 델피·도도나·아몬(이집트 태양신)의 말씀이든 그 밖의 어떤 오래된 옛말이 권고한 것이든 이런 것들을 감히 바꾸려고 하지 않을 것이다. 이 말씀들은 현상이 현장에서 발생한 것을 통해서든, 신적인 영감으로부터 들은 것을 통해서든, 어떤 식으로 사람들을 설복시켰든지 아무튼 사람들을 설복했고 봉납과 연관된 제사를 정했다. 그 말씀들의 기원이 국내든 튀레니아나 키프로스든 그 밖의 다른 곳이든 말이다. 나아가 사람들은 이러한 말씀들을 근거로 신탁 신전과 신의 입상立像, 제단과 사원을 바치고 이 각각을 위해 성역들을 구획했다. 입법자는 신들로부터 온 것으로 여겨지는 증기의 흡입으로든 아무튼 어떤 방식으로든 확립된 것은 어떤 것도 바꾸려고 시도하지 않을 것이다.[162]

---

160) Platon, *Gesetze*, 759c.
161) Platon, *Gesetze*, 828a-b.
162) Platon, *Gesetze*, 738b-e. 델피의 피티아는 신전 내부의 지하 틈새 위에 설치된 삼발이 솥 위에 올라가 그 안에 앉아 이 틈새로 지하에서 올라오는 증기를 마시고 무아지경에 빠져 아폴론의 신탁을 말했다. 아테네인들은 이 증기를 아폴론 신이 보내는 증기

"신들로부터 온 것으로 여겨지는 증기"는 델피신전의 그 유황 증기다. 이 논의는 현실에서 식민지 건설자들이 해 온 일들을 그대로 옮겨 써놓다시피 하고 있다.

일단 폴리스가 건설되고 난 후에도 델피는 수많은 임무를 걸머지게 된다. 플라톤은 심지어 상속자 문제의 결정, 분실·습득물 처리 등과 관련된 일상적 서무행정에까지 신탁을 적용하도록 하는가 하면,[163] 피토(델피신전이 있는 땅의 지명)의 아폴론 신, 올림피아의 제우스 신, 이스트무스의 네메아 신에게 가급적 수적으로 많고 고귀한 사자를 보내 이 신들을 경배하기 위한 제사와 국제경기에 참가하는 일을 중요한 대외 활동으로 기획하고 있다.[164] 신탁 법률의 유권해석관의 임명을 최종 결정하는 인사문제는 델피신탁을 받아 처리해야 하고 추방자의 재산에 대한 상속권자의 결정도 델피신전의 신탁으로 처리한다.[165] 이 모든 사안의 공통성은 델피가 인간의 지혜로 알 수 없는 이슈들을 자문한다는 데 있었다. 그 사안들이 신의 소망과 관련된 것이기 때문이거나, 개인들의 성격과 미래의 운수에 관한 지식(인간이 얻을 수 없는 지식)을 요구하기 때문이다.[166] 인간의 지혜로는 질문에 답하는 것이 가능하지 않을 때 신탁으로 답을 구하는 것이 적합하다는 이 관념은 소크라테스의 생각과 정확히 일치한다.

플라톤은 공자·소크라테스와 마찬가지로 점이 다른 방식으로 발견할 수 없는 지식·정보를 우리에게 제공해 준다고 생각했다. 게다가 신탁의 답변은 신으로부터 오기 때문에 어떤 종류의 자문보다도 정치적 의사결정에 더 많은 권위를 갖는다. 더구나 델피신탁은 모든 점들 가운데 가장 유력한 점이었다. 플라톤은 『국가론』과 『법률』에서 헤로도토스처럼 신

로 여겼다. '신들로부터 온 것으로 여겨지는 증기의 흡입'은 이를 가리킨다.
163) Platon, *Gesetze*, 856e; 914a.
164) Platon, *Gesetze*, 950e.
165) Platon, *Gesetze*, 759d; 856d-e.
166) Bowden, *Classical Athens and the Delphic Oracle*, 85쪽.

을 그가 기술하는 이상적 국가 질서의 일부로 포함시킨 정치 비전을 기획하고 그의 이상적 폴리스의 정초를 불변적 신명神命의 원리에 두고자 했던 것이다.[167]

■ 신에 대한 소크라테스와 플라톤의 불가지론

『국가론』에서 소크라테스와 플라톤은 신은 선량하고 거짓을 말하지 않기 때문에 시문과 신화에서 신들이 간통하고 절도·납치·살해하는 짓을 일삼는 것으로 묘사되는 신인동형설적 신 관념을 폐기하고 신을 신격화해야 한다는 '신 이야기'를 연장해서 신을 왜곡시키는 헤시오도스·호메로스 등의 시문들을 비판하고 문제 되는 구절들을 검열하고 삭제할 것을 제안한다.[168] "(선한) 신은 신 그대로 그려야 한다"는 것이다.[169]

소크라테스와 플라톤은 신의 형상과 의미를 좀 더 정확히 기술하고자 한다. 하지만 우리 인간이 신 및 신과 관련된 일들에 대해 알지 못한다는 소크라테스의 불가지론은 『국가론』에서도 그대로 계속 이어진다. 소크라테스와 플라톤은 '신전 건립과 제물 봉헌, 제신·제신령·영웅들에 대한 기타 유형의 경배, 죽은 자의 매장, 조상에 대한 제사' 등에 대한 『국가론』의 기술에서도 "이런 일에 관해서 우리는 알지도 못한다"고 토로한다. 따라서 신과 관련된 일들은 조상들의 전통을 기준으로 처결해야 한다고 결론을 내리고 있다.

귀신의 일과 관련된 이 불가지론은 신이 어떤 모습인지에 대해 가장 많이 언급하고 있는 후기 대화편에서도 일관되게 견지된다. 기원전 360년 경에 쓰인 『티마이오스(Τίμαιος)』에서 플라톤은 신을 불처럼 빛나고 아름다운 구형球型의 기하학적 천체로 그린다.

---

167) 참조: Bowden, *Classical Athens and the Delphic Oracle*, 86쪽.
168) 참조: Platon, *Der Staat*, 377d-383c.
169) Platon, *Der Staat*, 379a.

- 신은 보기에 가장 빛나고 아름다운 모습을 보증하기 위해 대체로 불을 신족神族의 형상으로 만들었고 이 형상에 우주와 비슷한 면을 부여해 이 형상을 둥그렇게 만들었으며, 정교하게 도처에 수놓은 참된 보석이 되도록 이 형상을 하늘 위로 빙 둘러침으로써 이 형상을 만물의 지배자의 이성적 궤도 위에 올려놓았다.[170]

그러나 플라톤은 "여타 신성들의 유래를 말하거나 인식하는 것은 우리의 능력을 초월하므로" 신성에 관한 전래된 신화와 설화를 믿을 것을 강조한다.

- 우리는 이전에 그것에 관한 설화를 얘기한 적이 있는 사람들에게 믿음을 주어야 한다. 그들은 스스로 주장하듯이 신들의 자식이기 때문이다. 그들의 말을 개연성의 근거 또는 꼼짝할 수 없는 증거로 뒷받침하지 못할지라도 신들의 자식들에게 믿음을 거부한다는 것은 불가능하다. 우리는 관습에 순응해야 하고, 그들이 자신의 가족사를 말하는 것이라고 주장한다면 그들을 믿어야 한다.[171]

그리고 사망 한 해 전 79세(기원전 349년경)에 쓴『필레보스』에서도 플라톤은 자연과 우주의 생성에 대해 말하거나 인식하는 것도 우리의 능력을 초월한다고 말한다. 생성·소멸하지 않고 '항상 동일한 방식으로 한결같은 상태'로 존재하는 '참 존재'에 대해서만 '명확성, 확실성, 진리성'을

---

170) Platon, *Timaios*, 40a2-8. *Platon Werke* Bd.VII in Achten Bänden, , hg. v. Gunther Eigler, bearbeitet von Dietrich Kurz, deutsche Übersetzung von Friedrich Schleiermacher (Darmstadt: Wissenschaftliche Buchgesellschaft, 1977). Platon, *Timaios*, 29d도 참조. 플라톤은『필레보스』에서 '구(球)'를 신적인 것으로 묘사한다. Platon, *Philebos*, 62a.1
171) Platon, *Timaios*, 40d6-e6.

갖춘 지식이 가능하기 때문이라는 것이다.[172)]

그러나 '항상 동일한 방식으로 한결같은 상태'로 존재하지 않고 생성·소멸하는 "우주"의 "창조주와 아버지"를 찾아내는 것은 "힘든 일"이고, "찾아내더라도 만인에게 이를 알려주는 것은 불가능하다." 왜냐하면 우주는 "동일한 방식으로 한결같은 상태로 존재하는 것", 즉 '참 존재'가 아니라 이것을 '본떠' 만든 '모상模像'이기 때문이다. "한결같고 확실하고 지성에 의해 분명해지는 것에 대한 설명은 한결같고 불변하는 것이어야 하는" 반면, "이것을 본뜬 것에 대한 설명은 이것이 모상이므로 앞의 설명에 상응하게 그럴싸한 '이야기(로고이 λόγοι)'이어야 한다." 왜냐하면 "생성과 존재의 관계는 믿음과 진리의 관계와 같기 때문이다." 말하자면 "신과 우주의 생성에 관해서는 여러 면에서 일관되고 정확한 설명을 기할 수 없다." 이 신과 우주의 생성에 대해서는 "그럴싸한 이야기의 제시로 만족해야 한다." 우리가 "인간적 본성을 지니고 있기" 때문이다. 따라서 이 분야에서는 "뮈토스(μύθος: 그럴싸한 이야기)를 받아들이고 이것을 넘어 더 이상 탐구하지 않는 것이 마땅하다."[173)] 따라서 그는 철학으로서의 '신학'을 거부했다.

따라서 플라톤은 『필레보스』에서 "자신이 자연을 탐구하고 있다고 믿는" 경우에도 "우주와 관련된 것들, 우주가 어떻게 생성되었는지, 무슨 일을 어떻게 겪고 있고 또한 어떻게 작용하고 있는지 등 이런 것들을 탐구하는 데 평생을 보내는" 자연철학자들을 비판한다. 이 자연철학자들은 "영원한 참 존재자들이 아니라, 과거·현재·미래의 생성을 알려고 애쓴다." 하지만 "이 생성들은 동일한 상태로 있은 적도, 있을 수도 없고, 지금 그런 상태에 있지도 않은 그런 것들이기 때문에 이 생성들 가운데 어

---

172) Platon, *Philebos*, 58a-59d.
173) Platon, *Timaios*, 28c-29d.

떤 것도 가장 엄정한 진리의 시금석으로 검증해 확실하다고 말할 수" 없는 것들이다. 또 "그 어떤 확실성도 갖지 못한 것에 관해 확실한 그 무엇을 어떻게 우리가 얻을 수 있겠는가?" 결코 얻을 수 없는 것이다. 그러므로 "그런 것들에 골몰하는 어떤 지성이나 어떤 지식(에피스테메 ἐπιστήμη)도 가장 완전한 진리를 보유하는 것이 불가한 것이다".[174]

플라톤도 소크라테스처럼 신이 편재遍在하는 자연과 우주의 객관적 상태로 인해 확실한 인식가능성이 없고 또 인간에게 이것을 명확하게 인식할 인식능력이 없다는 엄정한 인식론적 입장에서, 그리고 신에 대해 경건한 마음가짐에서 신과 관련된 신비적 불가지론을 견지한 것이다.

플라톤은 『법률』에서도 '우리의 인식능력을 초월하는' 신성神性의 유래를 좀 더 개념화하려고 시도하지만, 일정한 선을 넘지 않는다. 그는 신을 우주론적으로 "변화의 제1원인" 또는 "스스로 운동하는 운동", "어떤 중심점을 항상 돌며 반드시 운동할 수밖에 없는, 한 장소에서 운동하는 운동"으로서의 "최선의 영혼"으로 정의한다.[175]

동시에 플라톤은 초기 대화편에서 소피아를 신적인 것이라고 논변한 소크라테스의 말을 이어서 신의 영역을 침범하는 언설도 편다. "영혼은 신이고", 따라서 모든 인간은 영혼을 가지고 있기 때문에 "모든 인간은 신이고", 또 탈레스를 본떠 "만물은 신들로 가득 차 있다"고 주장한다.[176] 이것은 플라톤의 ('신학'이 아니라) '신 이야기'는 불가지론적 절제 속에서 '신은 존재한다', 그리고 '영혼은 영생불멸이다'라는 두 명제를 뛰어넘는 것으로 보인다.

그럼에도 소크라테스와 플라톤의 신론神論에서 전체적 강세는 불가지론에 있다. 그러나 선을 넘는 플라톤의 저 논변으로부터는 인간을 신

---

174) Platon, *Philebos*, 59a-b.
175) Platon, *Gesetze*, 894e; 896a-b; 897c; 899a-b.
176) Platon, *Gesetze*, 899a-b.

적 존재로 만들고 인간의 소피아를 전지적 능력으로 만드는 아리스토텔레스의 '진지적 이성의 신격화' 또는 '이성숭배'도 생겨날 수 있다. 아리스토텔레스는 플라톤의 절제된 '기하학적·천문학적' 신 이야기를 사변적 형이상학적으로 과장해 신에 대한 가지론적可知論的 형이상학, 즉 사변적 '제1철학'으로서의 존재론적 '신학神學'을 구축한다. 아리스토텔레스의 신학은 경배와 사랑을 상호 교환하는 신과 인간 간의 종교적 수수授受관계와 신의 윤리적 천혜天惠·천벌天罰 관념을 다 털어 버린 '무제한적 지성우월주의'의 '오만한' 사변적 가지론이다. 그리하여 그는 '신의 신격화'(소크라테스)가 아니라 '이성의 신격화'의 합리주의를 완결했다고 할 수 있다.

제3절

이성과 이데아의 인식: 윤회론적 상기설

3.1. 이성(지성)과 이데아의 인식

"영혼은 신이고", 따라서 모든 인간은 영혼을 가지고 있기 때문에 "모든 인간은 신이다"고 논한 플라톤의 강한 논변에서도 드러나듯이 소크라테스와 플라톤에게서 이미 이성을 신격화하는 무제한적 지성주의(합리주의)의 줄기가 형성되어 있었다. 이 줄기는 소크라테스와 플라톤의 이데아론과 상기설적 인식론ㄱ에서 대목大木이 된다. 이데아 개념 자체에 대한 비판은 아리스토텔레스가 훌륭하게 수행하기 때문에 뒤로 미루고 여기서는 이데아론의 설명에 충실을 기하고자 한다.

■ 기만적 감각과 이성적 인식(노에시스)

『국가론』 10권에서 소크라테스와 플라톤은 감각과, 이 감각을 통해 포착되는 '현상(파이노메나 φαινόμενα)'을 사기스런 이미지, 곧 '존재자(타 온타 τά ὄντα)' 자체와 다른 기만적 이미지로 불신한다. 왜냐하면 거울로 "현상들을 만들 수 있지만, 존재자들을 만들 수 없는 것"처럼 침상 제작자도 "참으로 침상인 것"을 만드는 것이 아니라, 즉 "참 존재자를 만드는 것이 아니라, 이 참 존재자를 닮은 것을 만드는 것"이기 때문이라는 것이다. 그리하여 플라톤은 침상 제작자의 제작물 또는 어느 손재주꾼의 제작물을 누군가가 "완전히 그것인 것"으로 말한다면, 그것은 진리가 아니라고 단정한다.[177]

플라톤은 여기서 목수가 만든 침상과 거울에 비친 침상의 영상을 동일시하는 우스꽝스런 오류를 저지르고 있다. 아니, 기만적 속임수를 쓰고 있다. 플라톤은 감각이 기만한다고 주장하지만, 정확히는 그가 어쭙잖은 속임수로 우리를 기만하려고 하고 있는 것이다. 왜냐하면 거울 속의 침상 이미지는 목수의 침상과 좌우가 반대로 되어있어 이것과 동일한 것이 아니기 때문이다.

플라톤은 이성이 인간을 기만하고 오류에 빠뜨리는 것을 전혀 고려치 않은 채 감각이 곧잘 우리를 기만하는 것만을 부각시킨다. "같은 크기의 사물이지만, 시각을 통해 가까이서 보는 것과 멀리서 보는 것이 우리에게 같아 보이지 않는다." 또 "동일한 것이 물속에 넣고 볼 때와 물 밖에서 볼 때 구부러져 보이기도 하고 곧을 것으로 보이기도 하는가 하면, 색깔과 관련된 착시로 인해 오목하게 또는 볼록하게 보인다. 바로 이런 종류의 온갖 혼란이 우리 영혼 안에 있는 것이 분명하다. 우리 본성의 이런 상태를 이용한 음영법과 요술과 그 밖의 유사한 많은 고안은 마법에 비해 손색이 없다." 그렇다면 "측정하는 것과 계산하는 것, 그리고 계량하는 것

---

177) Platon, *Der Staat*. 596e-597a. '파이노메나 φαινόμενα(현상)'의 어간은 '파이노(φαίνω; 보이게 하다, 나타나다)'다.

이 이 경우와 관련하여 가장 반가운 구원책으로 등장하게 된다." 이렇게 되면 "더 크거나 더 작은 것으로 '현상하는 것(토 파이노메논)'이나 더 많거나 더 무거운 것으로 '현상하는 것'이 지배하지 못하고, '계산된 것', '측정된 것', '계량된 것'이 지배하게 된다." 이것은 우리 영혼의 "이성적 계산 기능"이다. "측정과 계산을 신뢰하는 부분이 영혼에서 가장 훌륭한 기능부분이다".[178]

따라서 다섯 감각을 이용하거나 존재자의 현상만을 포착해서는 참 존재자의 진리, 즉 참지식에 이를 수 없다. 감각은 항상 그런 것은 아니지만 한 가지 대상에 상반된 사실들을 통고해 주어 영혼을 당혹하게 하기 때문이다. 따라서 감각을 물리치고 '이성적 인식(노에시스)'을 요청해야 한다는 것이다.

- 감각적 지각(아이스테시스 $\alpha\iota\sigma\theta\eta\sigma\iota\varsigma$)들에서 어떤 것은 감각에 의해 결정된 것으로 충분하기 때문에 탐구하는 데 이성적 인식(노에시스)을 불러일으키지 않지만, 어떤 것은 이성적 인식으로 하여금 탐구하도록 전면적으로 촉구한다. 감각이 건실한 것을 아무것도 만들어내지 않기 때문이다. … 이성적 인식을 불러일으키지 않는 것은 '상반되는 감각'으로 뒤집히지 않는 모든 것이다. 반면, 상반되는 감각으로 뒤집히는 것은 이성적 인식을 불러일으키는 것이다. 대상이 멀리서 접근하건, 가까이서 접근하건, 이것인지 아니면 상반되는 것인지, 감각이 확연히 밝히지 못하는 경우다.[179]

플라톤은 이것을 설명하기 위해 소지小指(새끼손가락)·검지·중지 등

---

178) Platon, *Der Staat*, 602c-603a.
179) Platon, *Der Staat*, 523a-c.

세 개의 손가락을 예로 든다. 이것들은 일견에 제각기 '손가락'으로 보인다. 가운데 있건, 끝에 있건, 희어 보이건, 검어 보이건, 두툼해 보이건, 가느다랗게 보이건, 이런 성질로 보이건, 저런 성질로 보이건, 세 손가락은 '손가락'이라는 점에서 아무런 차이가 없다. 이 '손가락'은 각각 세 손가락의 일반적 개념('일반자')인 반면, 각각의 세 손가락은 이 일반개념적 '손가락'의 '특수태'다. 소지·검지·중지, 또는 희어 보이는 손가락, 검어 보이는 손가락, 두툼해 보이는 손가락, 가느다랗게 보이는 손가락 등 손가락의 특수태들에 공통적으로 적용되는 '일반자'로서의 이 '손가락'을 플라톤은 뒤에서 '이데아'라고 부른다. '이데아'는 근현대 철학에서 '개념'이다.

손가락들의 이 모든 특수한 경우의 손가락에서 대중의 영혼이 이성적 인식을 상대로 '도대체 손가락이 무엇인지'를 더 물어야 하는 경우는 없다. 시각은 어느 경우에도, 이 손가락이 저 손가락과 상반되는 것이라고 엇갈리는 지각을 영혼에 전달하지 않기 때문이다. 이와 같은 경우는 이성적 인식을 불러일으키지도, 일깨우지도 않는다. 그러나 손가락이 '두툼하다'와 '가늘다', '단단하다'와 '부드럽다'는 상대적인 것이다. 감각은 이 점에서는 난감하게 뒤집어(두툼한 것을 가느다랗다고, 가느다란 것을 두툼하다고, 부드러운 것을 단단하다고, 단단한 것을 부드럽다고) 영혼에 통고하기도 한다. 즉, 감각은 검지가 소지에 비해 크다고 느끼면서 동시에 중지에 대해서는 반대로 작다고 느낀다. 플라톤에 의하면 이런 경우에 영혼은 '계산과 이성적 인식'을 불러일으켜 지각에 전달된 이 '큼'과 '작음'이 한 가지 사실인지, 두 가지인 사실인지를 고찰하려고 한다. 만일 각각이 두 가지인 사실로 드러난다면, 그 각각은 저마다 다른 하나인 것이다. 반대로 영혼은 분리된 것이 아닌 것을 둘이 아닌 하나로 이해할 것이다. 시각도 둘이 한데 섞인 것으로 볼 것이다. 이것을 밝히기 위해 '이성적 인식'은 시각과 반대로 크고 작음이 한데 섞여 있는 것이 아닌, 구별된 것들로서 보지 않을 수 없다. 이쯤에서 '큼'이 무엇이고 '작음'이 도대체 무엇인지를 처음으로 문득 생각하게 된다. 또한 바로 이래서 한쪽을 '예지계叡知界(가지계可知界)'라 부르고, 다른 쪽을 '가시계可視界'라 불렀다.[180] 플라톤은 나란히 붙어있어 직접 대비되는 세 손가락 중 하나가 비교되는 손가락에 따라 크기가 달리 느껴지는 그 상대성이 - 이성적 인식이나 측정이 불필요할 정도의 - '직관적 명백성'을 지녔음에도 불구하고 '큼'과 '작음'의 본질 개념을 운위하면서 사변적 궤변을 부리고 있다.

■ 이데아와 태양의 비유

소크라테스와 플라톤은 감성적 경험을 무시하는 이런 사변적 궤변의 위태로운 오류, 즉 '사이불학즉태思而不學則殆'를 바탕으로 감각을 격하시키는 사변적·합리적 인식론을 전개한다. 그는 감각에 의해 포착되는 '현상들'과 구별되는(이 현상들을 만들어내는) '참 존재자'를 '이데아(에이도스)'라 부른다. 소크라테스와 플라톤의 이 이데아 개념은 플라톤이 이탈리아 체류 중에 퀴레네학파로부터 배웠다고 알려져 있지만 실은 인도 브라만교와 불교의 아바타(화신化身) 관념을 도입해 개념화한 것으로 보인다.

플라톤은 다양한 이데아를 상정하고 또 다양한 이데아들을 가능케 하는 '일반적 존재(본질) 자체'를 단일한 '선의 이데아'로 상정함으로써 세계를 감각적 현상의 세계와 이데아의 세계로 이원화하고 각각 '가시계可視界(호 호라토스 토포스 ὁ ὁρατῶς τόπως)'와 '예지계(=가지계, 호 노에토스 토포스 ὁ νοητῶς τόπως)'라 부른다. '가시계'는 볼 수 있지만 알 수 없는(즉, 개연적 의견만 가질 수 있을 뿐인) 세계인 반면, '가지계'는 볼 수 없

---

180) 참조: Platon, *Der Staat*, 523c-d.

지만 알 수 있는 세계다. '가시계'는 특수태들의 세계인 반면, '가지계'는 '일반자들'의 세계다. 플라톤은 특수태들의 세계와 '일반자들'의 세계 사이에 만리장성을 쌓아 '가시계'와 '가지계'로 분리시킨 것이다. 우리는 "아름다운 많은 것들과 좋은 많은 것들을 '개별적으로 그렇게 존재한다(그렇다)'고 인정하고", 또한 말로도 이것을 그렇게 규정한다. 그러나 그런가 하면 또한 우리는 다시 "아름다운 것 자체"와 "선한 것 자체", 그리고 우리가 앞서 "많은 것들로 정립하는 모든 것들 자체"도 "각각의 이데아가 오로지 하나일 뿐이라고 상정함"으로써 이 "각각의 이데아로 정립하고", 이 각각의 것을 "바로 그것인 것(호 에스틴 ὃ ἔστιν)"이라 부른다. 그리고 "저 많은 것들"에 대해 우리는 "보이지만 지성적으로 알려지지 않는다"고 말하는 반면, "이데아들"에 대해서는 "지성적으로 알려지지만 보이지 않는다"고 말한다."[181] 그런데 소크라테스와 플라톤은 이 여러 많은 이데아가 단일한 '선의 이데아'로부터 그 존재를 부여받는 것으로 이해한다.

플라톤은 다양한 '이데아들'과 단일한 '선의 이데아'의 이 관계를 주지하다시피 '태양의 비유'를 통해 설명하고자 한다. "눈은 감각기관 중 아무튼 태양을 가장 많이 닮았다". 눈은 자기가 가지고 있는 시력을 "태양신에 의해 눈에 전달되는 유출물流出物"로서 얻는다. 그러나 태양은 "시각의 원인"이지만, "시각이 아니다". 다만 태양은 "바로 이 시각 자체에 의해 보일" 뿐이다. 태양은 선善이 선 자체를 본떠 만든 "선善의 소생"이다. 그리하여 "선이 가지계可知界에서 이성(누스νοῦς)과 이성적으로 인식되는 것들(타 누우메나 τὰ νοούμενα)에 대해 맺는 관계는 태양이 가시계可視界에서 '시각'과 '보이는 것들에 대해 맺는 관계와 같다." 인간의 영혼은 "진리와 참 존재가 찬연하게 비추는 영역에 확고하게 고정될 때"는

---

181) Platon, *Der Staat*, 507b.

"이 진리와 참 존재를 파악하여 알게 되고 이성(누스)을 지닌 것으로 나타난다. 그러나 영혼이 어둠과 뒤섞인 영역으로, 즉 생성과 소멸의 세계로 기울어지면, 영혼은 다만 '의견'을 가질 뿐이고 영혼의 예리함이 무뎌져 영혼은 그 '의견'을 이리저리 동요시키게 되고 다시 이성을 결여한 것처럼 보인다." 인식대상에게 진리를, 인식주체에 인식능력을 부여하는 이 참 존재는 '선의 이데아'다. 이 '선의 이데아'는 "지식(에피스테메)과 – 이 진리가 인식되는 한에서 – 진리의 원인이기는 하지만, 이 둘, 즉 지식과 진리가 아름다울지라도 선의 이데아는 이것들과 다른 것이고 이것들보다 훨씬 더 아름다운 것이다." 이 지식과 진리에 대해서 말하자면, "마치 가시계에서 빛과 시각을 태양과 유사한 것으로 간주한 것은 옳지만 태양 자체로 간주하는 것은 옳지 않은 것처럼, 여기에서도 이 둘, 즉 지식과 진리를 선과 동일한 종자(아가토에이데 $\dot{\alpha}\gamma\alpha\theta o\epsilon\iota\delta\dot{\eta}$)로 간주하는 것은 옳지만, 이 둘 중 어느 것이든 선 자체로 간주하는 것은 옳지 않다". 선의 자질은 지식과 진리보다 훨씬 더 고차원적인 것으로 간주되어야 한다는 것이다. "선은 지식과 진리를 산출하지만, 선의 이데아 자체는 아름다움에서 이것들을 초월한다." 플라톤은 이 단계에서 '선의 이데아'가 개념적으로 확실히 무엇인지 말하지 않는다. (이것을 보면 소크라테스와 플라톤은 선의 가치와 진리[지식]의 가치를 혼동·동일시하고 있다.) 다만 온갖 참 존재자와 온갖 덕을 가능케 하는 '선의 이데아', '선 자체'란 "쾌락"이 아니라는 것은 분명히 하고, 태양의 비유를 통해 암시만 한다. "태양은 가시적인 것들에게 '보일' 능력을 제공할 뿐만 아니라, 그 자체가 생성이 아니면서도 이 가시적인 것들의 생성과 성장과 영양을 제공해 준다." 유사하게 "인식 대상들이 그들의 인식됨을 선의 현존으로부터 받을 뿐만 아니라, 선 자체가 위엄과 힘에 있어서 본질들(참 존재자들)을 훨씬 초월하는 까닭에 본질이 아닐지라도 바로 이 인식 대상들의 존재와 본질이 선으로부터 유래하여

이 인식 대상들에게 주어지는 것이다".[182]

플라톤은 가시계와 가지계의 구별에 따라 꿈꾸는 '의견'과 깬 '지식'을 확연히 구별한다. '의견'은 생성·소멸하는 '가시계'에 대응하는 것이고, '지식'은 불변적 '가지계'에 대응한다. "아름다운 것들을 인정하면서 아름다움(칼로스 κάλλος) 자체를 인정하지 않고, 누군가가 아름다움 자체에 대한 인식(그노시스 γνῶσις)으로 이끌어도 따라갈 수도 없는 사람"은 "꿈꾸며 사는" 자다. "꿈꾸는 것"은 "어떤 것과 유사한 것을 유사한 것으로 여기지 않고 이것에 유사성을 부여해 주는 저 어떤 것 자체로 여기는 것"이다. 반대로, "깨어 있는" 자는 "아름다움 자체를 인정할 뿐만 아니라, 이 아름다움과 이와 관련된 것들을 분간할 수 있어 이 관련된 것들을 아름다움 자체로 생각하는 일이 없는, 또는 아름다움 자체를 간여하는 것들로 생각하는 일이 없는 사람"이다. "아는 것으로서의 이 깨어 있는 사람의 생각(디아노이아 διάνοια)은 앎(그노메 γνώμη)이라고 부름이 옳겠으나, 의견 있는 것으로서의 저 꿈꾸는 자의 생각은 의견(독사 δόξα)이다".[183] 만물이 있다가 없어지는 생성·소멸의 가시계, 즉 존재와 비존재 사이의 세계는 알 수 없고 다만 이에 대해 의견을 가질 수 있기 때문이다. "완전한 존재자는 '완전히 알 수 있는 것'이지만, '전혀 존재하지 않는 것'은 '전혀 알 수 없는 것'이다." 그런데 "존재하면서 존재하지 않기도 하는 그런 상태의 것"은 "순수하게 존재하는 것과 전혀 존재하지 않는 것 사이의 중간에 위치하는 것"이다. "그렇다면 존재자(토 온 τὸ ὄν)에는 지知(그노시스 γνῶσις)가 대응하고 비존재(토 메 온 τὸ μὴ ὄν)에는 필연적으로 무지(아그노시아 ἀγνωσία)가 대응하게 된다."[184] 그리고 "이것들 사이의 중간 것에 상관하는 것"은 "무식(아그노이 ἀγνοία)과 지식(에피스테메 ἐπ

---

182) Platon, *Der Staat*, 508c-509b.
183) Platon, *Der Staat*, 476c-476d.
184) Platon, *Der Staat*, 477a..

ιστήμη) 사이의 중간적인 것"이다. '완전한 존재자'는 '본질'인 반면, 이 '유有'와 '무無'의 중간자는 앞서 말한 '현상'이다. 따라서 '의견'은 이 '현상'만을 파악하는 것이다. "의견의 대상은 존재자도 아니고 비존재자도 아니다". 따라서 '의견'은 "지식(에피스테메)도, 무식도 아니고", "지식보다 어둡지만 무식보다 더 밝은 것"이다. 따라서 의견은 지와 무식, "이 둘 사이에 있다". 거듭 확인하자면, "존재하면서도 동시에 존재하지 않는 것"으로 나타나는 것은 "순수한 존재자와 전혀 존재하지 않는 것 사이의 중간에 위치하게 될 것이고, 이것에 관계할 것은 지식(에피스테메)도, 무식도 아니고, 이 무식과 지식의 중간으로 나타나는 것일 것", 즉 "의견"이다. 오랜 경험의 산물인 '관습들'도 "비존재자와 순수 존재자 사이의 어딘가에서 맴도는" '의견'으로서 '지식'에 미달하는 것이다. 결론적으로, "많은 아름다운 사물들을 관상觀賞하지만(테오메누스 θεωμένους) 아름다움 그 자체를 보지(호론타스 ὁρῶντας) 못하고, 이 아름다움 자체로 이끄는 타인의 안내를 따라갈 능력도 없는 사람들, 많은 바른 일들을 관상하지만 바름(정의) 자체를 보지 못하는 사람들"은 "이 모든 것에 대해 의견을 만들지만 의견을 만드는 것들에 대해 아무것도 인식하지 못하는" 자들이다. 반대로 "언제나 동일하고 불변적인 것으로 남아 있는 각각의 경우의 바로 그 사물 자체를 관상하는 사람들"은 "단순히 의견을 만드는 것이 아니라 인식한다." 이로써 플라톤은 "지혜를 사랑하는 철학자(필로소포스)"와 "의견을 사랑하는 자(필로독소이 φιλοδόξοι)"를 만리장성으로 갈라놓는다.[185]

플라톤은 이 '이데아의 인식'의 어려움을 '출산'의 산고에 비유하여 다음과 같이 설명한다.

---

185) Platon, *Der Staat*, 478a, 478c, 479d, 479e, 480a.

- 참으로 학문을 좋아하는 사람들의 본성은 존재자에 이르려고 열심히 추구하고, 존재하는 것이라는 의견이 있는 많은 제각각인 사물들 위에서 미적거리는 것이 아니라, 제 갈 길을 계속 가서, 이 유형의 존재를 포착하기에 적합한 영혼 부분 – 말하자면 이 존재와 동족同族인 부분 – 에 의해 제각각인 사물의 본성을 포착하기까지 이 본성에 대한 사랑이 무뎌지거나 이 사랑을 그만두지 않는다. 그는 이 영혼 부분을 통해 참된 존재자(토 온 온토스 το ὄν ὄντως)에 접근하여 그것과 잘 결합하여 이성(누스)과 진리를 낳고, 앎에 도달하고 참으로 살고 자라며 이렇게 하여 영혼의 산통産痛이 그치게 되고 이러기 전에는 그치지 않는다.[186]

이런 논의 위에서 플라톤은 『국가론』 제6권에서 이성적 지식(이성적 인식·지성적 인식)과 의견(믿음·짐작)을 세분하고 명확성을 기준으로 등급화한다.

3.2. 이데아와 중도로서의 '선의 이데아'

'선의 이데아'는 가지적인 대상들과 가지계를 지배한다. 하지만 태양은 그것대로 가시적인 대상들과 가시계를 지배한다.

■ 동굴의 비유: 짐작·믿음·지성적 지식·학적 지식

소크라테스와 플라톤은 하나의 직선을 부등한 섹션으로 분할하여 가시계와 가지계를 나타내고 각 섹션을 다시 같은 부등한 비율로 분할한다. 상대적인 명확성과 불명확성의 표현에 따라 가시계의 두 하부 섹션 중 한

---

186) Platon, *Der Staat*, 490b..

섹션은 "이미지(에이콘εἰκόν)", 즉 모상模像이 채운다. 이 '이미지'는 "그림자", "물과 조밀하고 매끄럽고 빛나는 물체의 표면 위에 나타나는 현상들"(반영상들) 및 기타 "이와 같은 종류들"이다. 가시계의 다른 하부 섹션은 실물을 닮은 이 이미지들을 낳은 실물들, 즉 "우리 주변의 동물과 모든 식물, 그리고 인간이 만든 대상들의 전체 부류"가 채운다. "진리와 진리의 반대의 관점에서의 분할"은 인식 대상에 대한 의견 대상의 관계가 닮음의 실물 대상에 대한 닮은 것의 관계와 같다는 것에 의해 표현된다. 지성계의 섹션은 앞의 구분에서 닮음의 실물 대상이었던 것들을 "이미지"로 "취급함"으로써 그리고 "영혼이 제1원리로 올라가는 것이 아니라 결론으로 내려오는" 과정의 "출발점"이 되는 "가정"에 의해 탐구하지 않을 수 없는 하부 섹션이 있는 반면, 영혼이 "가정"으로부터 출발하여 "무가정의 제1원리"(선의 이데아)로 나아가고 다른 하부 섹션에 의해 채택된 이미지를 전혀 이용하지 않고 "형상(헤이도스 εἶδος)들 자체"만을 이용하여 이 형상들을 통해 체계적으로 진행하는 또 다른 하부 섹션으로 분할한다.[187]

  기하학·산술, 그리고 이와 같은 일에 종사하는 기타인 등 수학자들은 "홀수·짝수, 다양한 도형, 삼각, 그리고 각 과학에 따른 이런 등속의 다른 것들을 이미 알고 있는 것으로 가정한다". 이것들을 가정으로 채택하고서 "마치 이것들이 만인에게 명백한 양" 이것들을 자신에게도 남들에게도 더 이상 설명이 필요 없는 것으로 간주한다. 여기로부터 더 앞으로 단계를 밟아 나아간 다음, "일관성 있게" 원래 탐구의 목표로 삼았던 것에 도달한다. 수학자들은 정작 생각하는 것이 가시적인 형태들(에이도스)이 아니라 이 형태들이 닮은 원래의 대상들일지라도, 이 가시적인 형태들을 추가로 이용하고 이 형태들이 묘사하는 사각형이나 대각선의 이미지를

---

187) Platon, *Der Staat*, 509d.

위해서가 아니라 사각형 그 자체와 대각선 그 자체를 위한 탐구를 추구한다. 수학자들은 그림자와 물속의 이미지를 갖는 바로 그 사물들을 "단지 이미지로만 취급할" 뿐이다. 수학자들이 진짜로 보려고 하는 대상은 오로지 "지성(디아노이아)"에 의해서만 볼 수 있는 것들이다. 이것은 내가 "가지적인" 대상들이라고 부른 부류이긴 하지만, 조건이 있다. 첫째, 영혼이 가정으로부터 벗어나 이 가정을 넘어 올라갈 수 없는 불가능성 때문에 제1원리로 전진하는 것이 아니라 가지적인 것들의 탐구에서 '가정'을 쓰지 않을 수 없다는 것이다. 둘째, "그 아래 단계의 부류에 의해 복사되고, 또 이 아래 단계의 부류에 비해 명백한 것으로 간주되고 존중되는 바로 그 대상들"을 영혼이 "이미지"로 사용한다는 것이다.[188]

가지계의 다른 하부 섹션은 의인화된 객관적 논변과 주관적 능력으로서의 이성(로고스) 자체가 "가정들"을 "제1원리"로서가 아니라, "진입과 출발의 지점"으로서의 - 글자 그대로의 의미에서의 - 가정"을 만드는 "변증술적 능력"에 의해 장악하는 것이다. 이로써 이성은 무가정의 것이자 모든 것의 출발점인 것으로 상승하고 여기에 도달한 후에 다시 여기로부터 도출되는 첫 번째 의존물을 엄밀하게 고수하고 결론에까지 하강한다. 이 과정에서 "감각적인 것을 전혀 이용하지 않고 형상들 자체만을 이용해서" 이 형상들을 관통하여 형상들로 끝난다. 변증술의 "학적 인식", 즉 에피스테메가 "참 존재와 가지적인 것들"을 "관상하는 것"은, "가정"을 출발점으로 삼는 소위 "생산적 학예들(테크나이 τεχναι)"의 고찰들에 의한 앎보다 "더 확실한" 것이다. 이 생산적 학예에서는 고찰자가 "감각"으로가 아니라 "지성(디아노이아)"으로 고찰해야 하기는 하지만, 이 수리적 학예는 "참 존재와 가지적인 것들"의 탐구에서 출발점으로 되돌아가는 것이 아니라 역으로 가정들로부터 출발하기 때문에 - 제1원리부터 출발

---

188) Platon, *Der Staat*, 509d-510.

한다면 이 가정들도 다 인식될 수 있을 것일지라도 – "이 가정들에 관한 이성적 인식(누스)을 가지고 있지 않다." 따라서 수학자들의 정신적 자질은 '이성'이 아니라, '지성'이다. '지성'은 '의견'과 '이성적 인식(누스)' 사이에 있는 것이기 때문이다.[189]

이런 논의를 바탕으로 소크라테스와 플라톤은 인식과 의견의 분류를 종합한다.

- 이 네 섹션에 대응하여 영혼 안에서 일어나는 이 네 가지 상태를 상정해 보라. 가장 높은 것에 대해서는 이성적 인식(노에시스 νόησις), 둘째 높은 것에 대해서는 지성적 인식(디아노이아), 셋째 것에 대해서는 믿음(피스티스 πίστις), 그리고 마지막 것에는 짐작(에이카시아 εἰκασία)이 배당된다. 이것들은 그 대상들이 진리에 참여하는 것과 같은 정도로 명백성에 관여하는 것을 고려하여 비례적으로 배열된다.[190]

그러나 『국가론』 7권에서는 주지하다시피 '동굴의 비유'를 통해 다른 각도에서 이 분류를 재정리하면서 각 단계의 의견·인식을 더욱 강하게 등급화·서열화한다. 빛이 들어오는 동굴 입구 쪽을 돌아볼 수 없이 동굴의 지하감옥에 포박되어 있는 죄수들은 '교육 부족 상태(아파이데위시아 ἀπαιδευσία)'의 무식하고 가련한 대중적 보통 사람을 묘사한다. 이들은 어둠 속에서 입구로부터 비쳐오는 불빛에 의해 만들어진 동굴 벽면의 조잡하고 희미한 그림자와 어둑한 모습의 주변 사람들만을 본다. 동굴 밖의 밝은 세상은 이데아의 세계를, 태양은 선의 이데아를 비유한다. 입구에 지펴진 불에서 나오는 불빛은 태양의 축소판 상징이다. 누군가의 도움으

---

189) Platon, *Der Staat*, 509d-511d.
190) Platon, Der Staat, 511d-e.

로 포박을 풀고 죄수가 입구의 불빛으로 기어 올라가도 어둠 속에서 갑자기 햇빛 속으로 나오는 것처럼 한 동안 눈 멀고 불빛 속에 지내다가 지하동굴 속으로 다시 내려와도 한 동안 눈 먼다. 또한 오르내리는 일도 포박을 푸는 일부터 험난한 일이다. 비유상, 불빛 또는 동굴 밖은 가지계인 반면, 지하동굴 속은 가시계다.[191] 그러나 플라톤은 이런 비유와 '선의 이데아'의 개념에 대해서 명확하게 말하는 것을 삼간다.

- 이 동굴의 전체 비유를 앞서 언급한 것들에다가 적용시켜야 한다. 시각을 통해 드러나는 곳은 감옥 속의 거처에, 감옥 속의 불의 빛은 태양의 힘에 비유된다. 높은 곳으로 오름과 높은 곳에 있는 것들의 관상觀賞은 가지계를 향한 영혼의 등정으로 간주된다. (…) 그러나 이 말이 진실인지 어쩐지는 신이나 알 것이다. 아무튼 내가 보는 것은 가지계에서 마지막 것으로 어렵게만 보게 되는 것이 '선의 이데아'다. 일단 이것을 본 다음에는 이것이 모든 옳음과 아름다움의 원인이고 가시계에서는 빛과 이 빛의 주인을 낳고, 가지계에서도 스스로 주인으로서 진리와 이성을 제공하는 것이다. 그리고 장차 공사 간 슬기롭게 행하고자 하는 자는 이 이데아를 알아야(이데인) 한다고 결론을 내려야 한다.[192]

'이데아'는 논의의 맥락에서 어렴풋이 '개념'으로 이해될 수 있지만, '선의 이데아'는 태양의 비유 외에 그 정체를 조금도 드러내고 있지 않다. 그럼에도 플라톤은 "장차 공사 간 슬기롭게 행하고자 하는 자는 이 이데아(선의 이데아)를 알아야 한다"고 단언한다. "변증술적 논변에 의해 일체의 감각은 쓰지 않고 이성적 논증(로고스)을 통해 각각인 것 자체를 향해 출

---

191) 참조: Platon, *Der Staat*, 514a-517e..
192) Platon, *Der Staat*, 517b-c..

발하려고 하고 좋은 것 자체를 이성적 인식 자체에 의해 파악하기 전에는 물러서지 않는" 사람은 – 마치 동굴을 벗어난 그 죄수가 그때 가시적인 것의 끝에 이르렀듯이 – 가지계의 바로 끝에 이르게 된다." 플라톤은 이 여정이 '변증술'이라고 부른다. '변증술'은 '논증'(논리적 추론)을 의미한다. 물론 "결박에서 풀려나도, 그림자로부터 상像과 불빛으로 방향을 전환해도, 지하동굴로부터 태양의 광명을 향해 올라가도, 그리고 이 광명에 이르러서도 아직은 동식물들과 햇빛을 바로 볼 수 없다". 따라서 어두운 동굴에서 힘들게 지상으로 기어 올라온 철학자는 눈이 부셔 눈먼 상태에 빠지기 때문에 한동안 햇빛에 비친 실물들과 햇빛에 익숙해지고 실물과 햇빛을 보는 데 숙달해야 한다. 그러기 전에는 실물적 존재자들과 태양 자체가 아니라, 한동안 "물에 비친 이들 존재자의 신적(태양신적)인 반영상들과 그림자들"만을 본다. 물속에 비친 이 '반영상과 그림자'도 동굴의 장면이나 동굴 벽면의 '그림자'를 선명도에서 능가하는 것이다. 플라톤은 동굴 밖 지상의 물속에 비친 이 '반영상과 그림자들'로써 실물들을 '이미지'로 취급한다는 저 상술한 수리적 학예의 대상을 비유하고 있다. 이 '반영상과 그림자들'은 "태양과 대비시켜 판단하면", 우리의 관심을 태양과 실물들로 향하도록 상향시킨다. 말하자면 상술한 수리적 학예가 하는 모든 일은 "영혼의 최선의 부분"으로 하여금 "결박에서 풀려나" – 마치 몸에서 가장 명확한 기관(눈)이 물질적 가시계에서 가장 밝은 것(태양)의 관찰로 인도되듯이 – "존재자들" 가운데서도 "최선의 것(선의 이데아)의 관상"으로 "끌어올리는 힘"을 가지고 있다.[193] 수학적 지식은 아직 철학적 지식이 아니지만, 철학적 지식으로 올라가는 것을 도와주는 징검다리라는 말이다.

그러나 플라톤은 '지식'에 비하면 '의견'이 잠자며 꿈꾸는 것이듯이 수

---

193) 참조: Platon, *Der Staat*, 532a-d..

학의 '지성적 지식'도 변증술의 학적 지식에 비하면 잠자며 꿈꾸는 것에 불과하다. 개별 사물들을 낱낱이 체계적으로 파악하려고 하는 모든 생산적 학예(자연학·물건 제작·농축산·화폐 증식·제가학齊家學 등)는 그 대상들에 대해 인간들의 의견과 욕망을 가지고 있거나, 생산과 조립, 농작물과 가축들의 보살핌과 보관에 관심을 갖는 한편, "참 존재의 어떤 측면을 파악한다"는 수리적 학예는 "존재에 대해 꿈을 꾼다." 기하학·산술 등 수학은 "존재에 대한 명확한 잠 깬 조감"이 "불가능하다". 수학은 수학적 논증에 이용하는 "가정들"을 "손대지 않은 채 그대로 두어 이 가정들에 대해 해명하지 못하기" 때문이다. 따라서 "제1원리(아르케 ἀρχή)도 알지 못하는 것이고, 그 결론과 중간항들도 알지 못하는 것으로 짜인" 수학적 지식의 경우, 논리적으로 줄곧 일관된 논증적 추리의 "합치성"을 이루어도 이 '합치성'은 결코 이데아들과 '선의 이데아'를 파악하는 "에피스테메(학적 지식)로 전환될 수 없다." '변증술적 탐구방법'만이 "가정들을 하나하나 폐기하는 이런 식으로 확실성을 확보하기 위해 제1원리 자체로 나아간다." 또한 이 방법만이 "정말 낯선 고장의 수렁에 파묻힌 영혼의 눈"을, 상술한 "생산적 학예들"을 "협조자·동조자로 활용하여 조용히 이끌어 위로 안내한다." 이 학예도 사람들은 "습관적으로 종종 '에피스테메'라고 부른다". 하지만, "다른 이름이 필요하다". 물론 플라톤은 앞서 이를 '지성적 지식(디아노이아)'으로 규정했었다.[194] 그러나 이번에는 플라톤이 분류와 용어를 좀 더 쇄신하고 연관·소속 관계를 분명히 한다.

- 그렇다면 앞에서처럼 첫째 섹션은 학적 지식(에피스테메)으로 부르되, 둘째 것은 지성적 지식(디아노이아)으로, 셋째 것은 믿음(피스티스)으로, 넷째 것은 짐작(에이카시아)로 불러도 족하다. 그리고 뒤의 둘을 함

---

194) 참조: Platon, *Der Staat*, 533b-d..

께 '의견'으로 부르고, 앞의 둘을 함께 이성적 지식·인식(노에시스)으로 부른다. '의견'은 '생성'과 관련된 것이지만, '이성적 지식'은 실재實在, 즉 참 존재(우시아 οὐσία)와 관련된 것이라고 일컫는다. 그리고 참 존재가 생성에 대해 갖는 관계는 이성적 지식이 의견에 대해 갖는 관계와 같다. 그리고 이성적 지식이 의견에 대해 갖는 관계는 학적 지식이 믿음에 대해, 또 지성적 지식이 '짐작'에 대해 갖는 관계와 같다. 이것들이 대응하는 대상들에 대한 유사관계와 이 각각 대상들, 즉 의견의 대상과 가지계가 둘로 나뉘는 것에 대해서는 언급할 필요가 없다.[195]

이 설명에 따라 플라톤의 존재론과 지식철학 체계 전체를 도식화하면, 다음과 같다.

	가시계		가지계	
대상	이미지	실물들	수와 도형	이데아 (에이도스)
인식	짐작 (아카시아)	믿음 (피스티스)	지성적 지식 (디아노이아)	학적 지식 (에피스테메)
	의견 (독사)		이성적 지식 (노에시스)	

이런 바탕 위에서 플라톤은 '사이불학思而不學'(순수 사변)의 논변을 더욱 강력히 밀어붙인다. "논증적 사고력(로고스)을 통해 '선의 이데아'를 다른 모든 것에서 분리하여 구별할 수 없는 자", 그리고 "마치 전투에서처럼 모든 논박을 헤쳐나가며 의견이 아닌 본질적 참 존재에 따라 논박하도록 열의를 다하여 이 모든 경우에도 결코 넘어지지 않을 주장으로써 뚫고 나가지 못하는 자"는 "선 자체를 알고 있다고 말하지 못한다"는 것이

---

195) 참조: Platon, *Der Staat*, 533e-534a.

다. 이런 자가 '선'의 '이미지'라도 포착한다면, 이것은 '학적 지식'이 아닌 '의견'에 의해 그런 것이다. 이에 잇대서 소크라테스와 플라톤은, 이런 자는 "현재의 상태를 꿈꾸며 조는 상태로 보내는 사람으로서 이 세상에서 미처 깨어나기도 전에 저세상에 먼저 당도해서 완전히 잠들어 버리게 될 것이다"라고[196] 거침없이 의심스럽고 위태로운 순수 사변의 '사이불학思而不學'과 '부지이작不知而作(알지 못한 상태에서의 사변적 작화)'의 '합리론적 악담'을 쏟아놓는다.

■ 이데아의 기원: 윤회와 상기

이러한 논의를 통해서도 소크라테스와 플라톤은 변증술이 대상으로 삼는 수많은 '이데아들'의 출처와, 이 이데아들을 생성시키고 양육하고 부양·유지·조화·통일한다는 '선의 이데아'의 개념적 의미를 밝히지 않고 있다. 첫 번째 물음에 대해서 플라톤은 『메논』·『파이돈』·『파이드로스』 등 다른 대화편들에서 신화적 '윤회·상기설想起說'로 답하고, '선의 이데아'의 개념에 대해서는 『법률』과 함께 최후의 대화편에 속하는 『필레보스』에서 비교적 분명하게 시사한다.

'이데아들'의 출처에 관한 첫 번째 문제부터 살펴보자. 상술된 플라톤의 설명과 함의를 다시 생각해 보면, 지혜로운 사람들, 아름다운 사물들, 정의로운 사람들, 용기 있는 사람들, 자제력(正心) 있는 사람들, 이런저런 산·강·바다, 이런저런 나무, 이런저런 사람, 이런저런 개·고양이·돼지·말·소·닭·새·물고기·벌레·뱀, 이런저런 식탁·침상·의자 등 온갖 특수태의 가시적 실물들이 존재한다. 감각적 지각으로는 이 가시적 실물들은 '특수태'로서만 포착할 수 있다. 이 모든 특수태들에게 부류에 따라 공통적으로 적용되는 '지혜', '미', '정의', '용기', '정심', '산', '강', '바다', '사

---

196) 참조: Platon, *Der Staat*, 534b-d.

람', '개', '고양이', '돼지', '말', '소', '닭', '새', '물고기', '벌레', '뱀', '식탁', '상', '의자' 등은 눈에 보이지 않는 가지계에 속하는 '이데아들', 즉 '일반자(일반개념)들'이다. 그런데 플라톤 말대로 이 '이데아(일반자)들'이 가지계 속에 실존한다고 하더라도, 이 '이데아들'은 감각적으로 보고 듣고 냄새 맡고 맛보고 피부로 감촉할 수 없어서 '정신 속의 이데아들'로 전환시킬 수 없다. '존재하는 이데아(참 존재=본질)'를 영혼 속으로 받아들일 통로가 없는 것이다. 플라톤에 의하면 이성적 지식은 '존재하는 이데아들'과 '영혼 속의 이데아들'이 교합하여 일치할 때 배태되어 키워지고 출산되는 아기와 같은 것이다. 플라톤은 이데아(에이도스) 또는 '일반자'를 '본질(참 존재=실재實在)'을 뜻하는 '본성(퓌시스 $\varphi\acute{u}\sigma\iota\varsigma$)'으로 바꿔 설명하기도 한다. "본성창조주(퓌투르고스 $\varphi v\tau o v \rho \gamma \grave{o}\varsigma$)"는 태초에 이런 가시적 실물들의 불변적·일반적 원형, 즉 '퓌시스(본성)'를 만들었고,[197] 이후에는 이 '본성'에 따르는 이 실물들의 생성·소멸을 관리하기만 한다. 이 온갖 가시적 실물들은 이 본성적 원형들의 유사품들이다. 이것을 공자의 『중용』의 '천명지위성天命之謂性 솔성지위도率性之謂道(하늘이 명한 것을 일러 성이라고 하고 이 성에 따르는 것을 일러 도라고 한다)'와 비교해 보면, 유사한 면이 있다. 그러나 가시적 현실 세계의 실물들을 본성의 구현이 아니라, '유사품'으로 보는 것은 『중용』의 세계 개념과 결정적 차이다. 아무튼 플라톤에 의하면, 이런저런 특수한 지혜로운 사람의 본성(본질)은 '지혜'라는 이데아(일반개념)이고, 이런저런 특수한 아름다운 사물들·정의로운 사람들·용기 있는 사람들, 자제심(正心) 있는 사람들의 본성은 미·정의·용기·정심이라는 이데아(일반개념)이고, 이런저런 특수한 산들·강들·바다들의 본성은 '산'·'강'·'바다'라는 이데아(일반개념)이고, 이런저런 특수한 나무들의 본성은 '나무'라는 이데아(일반개념)이고, 이런저런 특수한 사

---

197) 참조: Platon, *Der Staat*, 579b·d.

람들의 본성은 '사람'이라는 '이데아(일반개념)'이고, 이런저런 특수한 개·고양이·돼지·말·소·닭·새·물고기·벌레·뱀의 본성은 개·고양이·돼지·말·소·닭·새·물고기·벌레·뱀이라는 '이데아(일반개념)'이고, 이런저런 특수한 식탁·침상·의자의 본성은 식탁·침상·의자의 '이데아(일반개념)'이다. 따라서 영혼의 이데아들과 가지계의 이데아들이 일치하는 상황에서, 가시적 사물들과 분리된 초월적 본성·본질(참 존재·실재·실체)·개념·이데아·에이도스(형상)는 다 같은 말이다.

그런데 문제는 본성 창조주인 신이 이 이데아를 만들었다는 사실을 플라톤이 어떻게 알았고 또 인간은 어디로부터 또는 어떠한 경로로 이 이데아를 영혼 속으로 받아들여서 영혼 속의 변증술과 에피스테메(학적 인식)의 대상으로 삼느냐 하는 것이다. '바깥의 가지계에 존재하는 이데아'는 그냥 영혼 속으로 받아들일 수 없다. 플라톤이 감각을 불신하고 또 가지계가 감각으로 포착될 수 없으므로 영혼 속으로 옮겨놓을 통로가 없는 것이다. 영혼 속의 이데아(일반개념)가 가지계의 이데아(일반자)와 완전히 일치하려면 그것은 아마 '본성창조주'가 창조한 '본성들'과 동기원적同起源的인 것이어야 할 것이다. 영혼 속에서의 이데아의 이 동기원적 생성과 유지에 대한 설명을 플라톤은 '사이불학'·'부지이작'의 믿기지 않는, 불가사의한 신화神話로 가름한다. 각 인간은 윤회를 통해 재탄생하는 영혼의 '상기(아남네시스 $\dot{\alpha}\nu\dot{\alpha}\mu\nu\eta\sigma\iota\varsigma$)' 속에서 원래 윤회적 재탄생 전 영혼 세계(이데아 세계)에서 보았던 수많은 이데아를 – 가시계의 개별태들에 대한 감각적 지각과 감성적 경험에 촉발되어 – 영혼 속에서 다시 떠올린다(상기한다)는 것이다.

플라톤의 초기 대화편 『메논($M\acute{\varepsilon}\nu\omega\nu$)』에서 메논은 '이미 아는 것'은 더 이상 탐구가 필요 없기 때문에 탐구하지 않고 '모르는 것'은 무엇을 탐구해야 할지 모르기 때문에 탐구하지 못해서 결국 인간은 '아는 것'도 탐구할 수 없다고 하는 "말싸움 명제"를 "아주 멋진 명제"로 여기고 동의를 구한다. 이에 맞서 플라톤은 소크라테스의 입을 통해 "전혀 그렇지 않다"고 답하면서, "나는 신적인 일들에서도 아주 지혜로웠던 남녀들에 대해 뭔가 들어 알고 있다"고 말한다. 이들은 "아주 참되고 아름다운 것"을 말한 "사제와 여사제들"인데, 이들은 모두 "그들이 관장하는 일에 대해 보고하는 것을 의무로 안다." 그리고 "핀다로스와, 신적 경지의 기타 시인들도 이를 말하고 있다."[198] 『국가론』에서는 "영혼은 신적이며 사멸하지 않고 영원한 것과 같은 부류의 존재다".[199]

따라서 메논에 의하면 시인들은 "인간의 영혼은 불멸 불사여서 영혼이 지금 끝나더라도, 언필칭 죽더라도 지금 다시 탄생하여 결코 몰락하지 않는다"고 말한다. 그러므로 소크라테스와 플라톤은 천명하기를, "이런 까닭에 인간은 자신의 삶을 가장 거룩하게 보내야 한다"고 한다. "영혼이 불멸이고 종종 다시 태어나 이승과 저승에 있는 만사를 다 봐서 아는 것처럼, 영혼이 경험하지 않은 것은 아무것도 없어서 영혼이 덕성과 기타 모든 것에 대해 이전에 이미 알았던 것을 상기想起할 수 있더라도 놀랄 것이 없는 것이다. 전 자연이 서로 친족처럼 가깝고 영혼이 이미 모든 것을 경험해서 앎으로 말미암아 단 한 가지만이라도 상기하는 자, 즉 사람들이 언필칭 '배운다'고 하는 것을 행하는 자가, 용기 있고 탐구에 지치지 않는다면, 기타 모든 것을 스스로 알아내는 것을 아무것도 막지 못하기 때문이다. 따라서 탐구와 배움이란 전적으로 상기(아남네시스)다. 그러므로 결코 저 말싸움 명제를 추종해서는 아니 되는 것이다. 저런 명제는 우리를 게으르게 만드는 말이고 무능한 인간이나 듣고 싶어 하는 말이기 때문이다. 그러나 우리의 명제는 우리를 활동적이고 탐구적으로 만들어 준

---

198) Platon, *Menon*, 80-81a. Platon Werke Bd. II in Acht Bänden, hg. von Gunther Eigler.
199) Platon, *Der Staat*, 611e.

다." 아무튼 "가르침은 없고 상기(아남네시스)만이 있을 뿐이다".[200]

말하자면 배움과 가르침 또는 인식(앎)은 불멸적 영혼의 상기, 즉 경험으로 얻은 후천적 기억의 회상이 아니라 영겁의 영혼(정신적 DNA) 차원에 축적된 선천적 기억의 회상인데, 플라톤의 이 상기설을 오늘날 생산적으로 이해해 주자면 – 무의식(심리) 차원에서 일어나는 것이 아니라 – 인간 개개인의 배움과 탐구 노력을 통해 무의식에서 의식 밖으로 불러일으키는 '인위적 데자뷔(deja vu, 旣視) 현상'과 유사한 것으로 보인다.[201] 따라서 '배움'은 '가르침'이 아니라 '인위적 상기'에 의해 이루어진다. 배움은 '스승'의 '가르침'에 의해 이루어지는 것이 아니고 지식의 출산을 돕는 '산파'와 '산파술'만이 있는 것이다. 그러므로 소크라테스와 플라톤은 인간이 감각적 지각과 경험의 도움 없이 각고의 변증술적 전투와 광적 사변적 사유만으로 불러낼 수 있는 선험적先驗的 '본유관념(innate idea)'과 '본유지식(innate knowledge)'을 지니고 있음을 처음으로 가장 강력하게 제창한 최초의 사변 철학자였다.

『파이돈(Φαίδον)』에서 소크라테스와 플라톤은 윤회·상기설을 더욱 분명히 한다. "오래된 하나의 설說"에 의하면 "이승에서 저승에 도착한 영

---

200) Platon, *Menon*, 81a-82a.
201) 프랑스어로 '이미 본 것'을 뜻하는 'deja vu'는 난생 처음 경험하는 것임에도 이전에 이미 보았거나 겪은 적이 있다고 여기는 기시감(旣視感)·기시의식(旣視意識)을 가리킨다. 플로랑스 아르노Floance Arnaud는 1900년 이 현상을 처음 개념화하면서 뇌 세포 속에 집적된 '무의식적 기억정보'의 재현으로 설명했다. 에밀 부아락(Émile Boirac, 1851-1917)은 그의 저서『심리과학의 미래(L'Avenir des Sciences Psychiques)』(1917)에서 처음 이 현상을 'deja vu'로 명명하고 망각된 기억의 재현이 아니라 '뇌세포의 신경화학적 작용'이라고 주장했다. 이 개념은 지금도 논란중이다. 참조: Alan S. Brown, *Deja Vu Experience: Essays in Cognitive Psychology* (Hove, East Sussex: Psychology Press, 2004). 물론, 1940--50대에야 발견된 DNA(deoxyribonucleic acid)를 당시로서는 몰랐기 때문에 뇌세포에 국한된 설명밖에 시도할 수 없었을 것이다. 데자뷰는 오늘날 'DNA 속의 무의식적 초자아'의 인지·예지능력으로 대체하여 설명하는 것이 더 설득력이 있을 듯싶다. 이에 대한 더 이상의 해명은 이 저작의 목적을 초월하는 것이다.

혼들이 저승에 있다가 다시 이승으로 와서는 사자死者들로부터 다시 윤회(팔린게네시스 $\pi\alpha\lambda\iota\nu\gamma\epsilon\sigma\iota\varsigma$)한다(돌아와 다시 태어난다)는 것"이다. 이 영혼의 윤회는 인간에게만 한정되지 않고 모든 동식물 등 "탄생을 갖는 모든 존재자(삼라만상)"에게도 그대로 적용된다. '아름다운 것'은 '추한 것'과, '옳은 것'은 '옳지 않은 것'과 대립되는데, '아름다운 것'이 그 대립물인 '추한 것'에 의해, '옳은 것'은 그 대립물인 '옳지 못한 것'에 의해 생겨나는 것처럼, "대립되는 것들은 대립되는 것들 이외의 어떤 다른 것에서도 생겨나지 않는다." 따라서 삶은 그 대립자인 죽음에서 생겨난다. 죽어감과 소생함은 대립이고, 소생함은 죽은 자로부터 산 자로 생성하는(탄생하는) 현상이고, 거꾸로 죽어 감은 산 자들로부터 죽은 자가 생기는 현상이다. 또한 이렇다면 "죽은 자들의 영혼은 (죽은 뒤에도) 어딘가에 있는 것이 필연적이고 이곳으로부터 다시 태어나는 것이다". 그리고 '모든 배움(알게 됨)은 상기'라는 소크라테스의 지론이 사실이라면, "지금 우리가 상기하게 되는 것들은 이전에 어느 땐가 우리가 알았을 것임이 짐작건대 분명한 것"인데, 이렇게 미리 아는 것은 "영혼이 인간의 모습으로 태어나기 전에 어딘가에 있었어야"만 가능한 것이다. 따라서 상기설에 의하더라도, "영혼은 불사불멸하는 것이다." 어떤 식으로 학적 지식(에피스테메 $\dot{\epsilon}\pi\iota\sigma\tau\acute{\eta}\mu\eta$)이 생길 때 이것은 이 영혼의 상기다. "어떤 것을 보고 들음에 의해 또는 다른 감각적 지각을 갖고 그것을 알게 되었을 뿐만 아니라 이를 통해 같은 앎의 대상이 아닌 다른 앎의 대상인 다른 것을 또한 생각하기에 이른다면 그가 생각이 미치게 된 그 대상을 그가 상기하게 된 것이라고 말하는 것이 옳다". 그런데 "누군가 닮은 것들로 말미암아 무엇을 상기하기에 이를 때 그가 이것과 머물러 경험하게 되는 것, 즉 상기의 실마리가 된 것이 그가 상기하는 것과 닮은 그 측면에서 어떤 점이 부족한지 여부를 생각하는 것은 필연적이다". 닮음(유사성)은 '동일성(똑같음)'의 근사치이고, 따라서 '동일성'을 상기시킨다. 이데아의 유사성·근사치를 알려주는 견문見聞의 감각적 지각은 상기의 첫 실마리이고, 이를 바탕으로 이데아가 이데아들을 상기시킨다. 『파이돈』에서는 – 감각적 지각(가시계)과 이데아(가지계) 간의 만리장성적 분리와 단절을 강조하는 『국가론』에서와 달리 – 이데아의 획득·형성에 대한 감각과 경험의 위상과 역할이 분명히 밝혀지고 있다. 그럼에도 플라톤은 이데아의 선험적·본유적·생득적 성격을 더욱 강조한다. 이 "동일성 자체", 즉 "이데아"가 "우리가 경험하는 닮은 사물들로부터 오지 않았기 때문에 이 닮은 것들을 경험하기 이전에 우리의 영혼 속에 먼저 갖춰져 있었다고 말해야 한다." 따라서 이 동일성 자체에 대한 영혼의 앎은 "우리가 태어나기 전에 갖게 된 것이 필연적이다". 이것은 미美와 선善의 이데아, 그리고 정의와 경건함에 대한 앎도 마찬가지다. "우리가 이런 앎들을 일단 갖게 되는 때마다 잊지 않는다면 우리는 언제나 알고 있는 상태로 태어나 일생을 통해 늘 알고 있을 것도 필연적이다. 알고 있음은 어떤 것에 대한 앎을 갖고서 잃지 않고 가지고 있음이기 때문이다." 반대로 "앎을 잃어버림은 망각(레테 λήθη)이다." (이것은 이승으로 돌아오는 영혼이 그 물을 마시면 저승의 세계와 하늘의 일을 다 잊어버린다는 『국가론』 10권의 '무심無心의 강' 또는 '망각[레테]의 강'을[202] 연상시킨다.) "만약 우리가 태어나기 전에 갖게 되었다가 탄생하면서부터 잃어버렸지만, 나중에 이것들과 관련해서 감각적 지각들을 이용하게 됨으로써 언젠가 이전에 우리가 갖고 있던 그 앎들을 도로 갖게 된다면, 우리가 배움이라 일컫는 것은 자신의 것인 앎을 되찾아 가지는 것이다." 이것이 바로 "상기(아남네시스)"다. 우리는 "이미 알고 있는 상태로 태어나 평생 알고 있거나, 사람들이 '배움'이라고 일컫는 상기를 하게 될 뿐이다". 말하자면 "배움은 상기다". 여기서 '이미 알고 있는

---

202) Platon, *Der Staat*, 621a-c.

상태로 태어나 평생 알고 있는' 사람은, 공자의 용어로 표현하면, '생이지지자生而知之者'에 해당하고, '탐구'의 노력을 통해 '상기하여' 아는 사람, 즉 배워서 아는 사람은 '학이지지자'에 해당한다. 따라서 자신들의 영혼에 속하는 이 지적知的 '상기'를 관심대상으로 삼고 몸을 만드는 짓을 멀리하고 살아가는 사람들은 모든 욕망, 모든 재산과 가난, 모든 권력과 명예, 따라서 모든 불명예와 오명 등에 대해 작별을 고하고 "애지愛知(철학) 및 애지를 통한 해탈解脫(뤼시스 λύσις)과 정화淨化(카타르모스 καθαρμός)와 어긋나는 짓을 해서는 아니 된다고 믿고서 애지(철학)가 인도하는 대로 애지를 좇아가는 쪽으로 방향을 잡는다." 그러므로 "배움을 사랑하는 자들은" 철학이 자신들의 영혼을 떠맡아서 기만에 가득 찬 눈의 관찰 등 감각적 지각으로부터 물러나도록 설득함으로써 "조용히 영혼을 타이르며 자유롭게 해주려고 꾀한다는 것을 알고 있다". 철학자들은, 감각에 의해 지각될 수 있는 것은 가시적인 것이지만 "영혼이 보는 것은 이성(누스)에 의해서라야 알 수 있는 것이라서 눈에 보이지 않는다는 것을 알고 있다". 그러므로 "참된 철학자의 영혼은 이 해탈(뤼시스)을 거슬러서는 아니 된다고 생각하고 가급적 쾌락과 욕망, 고통과 두려움을 아주 멀리한다." 지나치게 기뻐하거나 지나치게 두려워하는 것 또는 지나치게 슬퍼하거나 지나치게 탐욕을 부리는 것은 "온갖 나쁜 일 가운데 최악의 것, 극한적인 것"에 이르기 때문이다. 이 '최악의 것'이란 이 지나친 감각·감정의 대상이야말로 자칫 "가장 명확하고 가장 참된 것이라고 생각하지 않을 수 없게 하는" 요물이다.[203] 소크라테스와 플라톤은 '지나친 감각·감정'만이

---

203) Platon, *Phaidon*, 70c, 71a-e, 72e-73a, 73c-76a, 82c, 83a-c. *Platon Weke* Bd.III, herausgegeben von Gunther Eigler. 영혼의 불멸성을 '자기운동자'의 불멸 개념으로 설명하는 논리와 인간적 영혼의 여덟 가지 윤회적 운명 및 영혼의 접신(接神; 신들림) 상태, 그리고 미학적 상기설에 대해서는 다음도 참조: Platon, *Phaidros*, 245b-e, 246a-249d, 249d-251b. 이에 대한 좋은 주석은 참조: C. J. Rowe (trans. and comment.), *Plato. Phaedrus* (Oxford: Oxbow Books, 1988), 174쪽. 인간영혼의

문젯거리라고 생각하고 감성적 경험을 결한 지나친 사색, 곧 순수사변적 사고가 또 다른 문젯거리인 것을 전혀 모르고 있다.

물론『파이돈』의 영혼 이론은 아직 완전하지 못하다. 합리성의 실체인 영혼으로 하여금 생물학적 유기체(organism)의 다분히 비합리적인 생을 책임지도록 만드는 것은 사실 어색하다.『파이돈』에서 소크라테스의 주장은 단지 영혼이 육체로부터 완전히 이탈할 때 순수하게 합리적으로 될 수 있다는 것뿐이다. 소크라테스는, 영혼이 윤회하여 유기체 속에 체현되어 있는 기간 동안에는 필연적으로 육체 활동과 어느 정도 연루되어 있다고 암시한다. 그런데 육체와도 연루된 이 영혼이 전체적으로 다 합리적이고 불멸적인가?『국가론』등 중기 대화편들에서 영혼을 합리적 부분(소피아)과 비합리적 부분(호기·욕구)으로 나눔으로써 합리적·불멸적인 영혼 부분과 비합리적·사멸적 영혼 부분의 분리가 보다 명시적으로 인정된다.

그러나『파이돈』에서는 영혼이 단일한 것인지, 복합적인 것인지 하는 문제를 조심스럽게 열어둔다.[204] 짐작건대『파이돈』은 영혼과 육체의 결합에 의해 영혼을 존재하도록 강제하는 것보다 '신적 합리성(godlike rationality)'을 획득할 영혼의 잠재성에 더 관심이 있기 때문이다.[205] 아무튼 소크라테스·플라톤의 윤회설·해탈·정화론과 인식론적 상기설은 석가모니 부처가 가르친 영혼 불멸·윤회설·해탈·정화론을 거의 그대로 재현하고 있다. 이런 인식론적 재현의 근본적 문제점은 부처가 – 신이나 부처만이 알 수 있는, 따라서 인간은 불가지한 – '천지天知·신지神知'에 대해 전개한 이론을 부처도 신도 아닌 소크라테스와 플라톤이 '인지人知', 곧 인간적 "차선의 지식"에 적용하여 인간적 인식론(지식철학)으로 전개하

사후정황과 윤회에 대해서는『국가론』제10권에서 더 상론된다. 참조: Platon, Der Staat, 611a-621d.
204) 참조: Platon, Phaidon, 78b-80b.
205) C. J. Rowe, "Introduction", 9쪽. C. J. Rowe (ed.). Plato. Phaedo (Cambridge·New York: Cambridge University Press, 1993).

고 있다는 것이다. 후술하듯이 소크라테스와 플라톤의 인식론적 상기설은 철학적 인식론이라면 위험한 '부지이작'적 독단이고, '신지론神知論'인 경우에만 유의미할 수 있을 것이다.

『파이드로스』에서 소크라테스는 불가지론을 원칙으로 견지하면서도 신에 대한 '그럴싸한 이야기'를 들려준다. "영혼이 한 쌍의 날개 달린 비마飛馬와 마부가 합해 이루는 능력과 같은 것이라고 해보자. 신들의 말과 마부는 모두 훌륭하고 좋은 혈통에서 태어났지만, 신과 다른 것들(인간과 동물)의 경우에는 이것들이 뒤섞여 있다. 우리 인간의 경우에는, 첫째, 마부가 한 쌍의 말을 끌고, 둘째, 두 필의 말 가운데 한 마리는 그가 보기에 아름답고 훌륭하며 이런 좋은 혈통의 품성을 나타내는 반면, 다른 말은 그 반대의 품성을 타고나서 다른 쪽 말과 정반대다. 그래서 우리 인간의 마차여행은 어쩔 도리 없이 어렵고 불만스러울 수밖에 없다." 그리고 "모든 영혼은 생명 없는 것 전체를 돌보는데, 시시각각 형체를 바꾸면서 온 우주를 돌아다닌다. 그러다가 완전한 상태에서 날개가 있는 영혼은 공중으로 올라가 온 우주를 다스린다. 하지만 날개를 잃으면 영혼은 무언가 단단한 것을 얻을 때까지 추락해 거기에 머물면서 흙으로 된 육체를 취하는데, 육체는 영혼에 힘입어 마치 자율운동하는 것처럼 보이고 영혼과 육체가 결합된 그 자체는 생명체라고 불리며 숙명적으로 죽어야 하는 것이라는 이름을 얻는다."[206]

반면, "우리는 신이 죽지 않는 생명체고 신이 영혼과 육체를 가졌지만 이 둘은 영원한 시간 내내 본성적으로 함께 결합되어 있다고 상상한다. 하지만 이런 것들은 신의 마음에 드는 식으로 이야기하기로 하자." 비마의 날개 기능은 공중으로 들어 올려 신들이 살고 있는 천상으로 끌어올리는 데 있다. "이 날개는 육체에서 가장 신적인 것이다. 신적인 것은 아름

---

206) Platon, *Phaidros*, 246a.

답고 지혜롭고 선하며 그런 종류의 모든 성질을 갖추고 있다. 영혼의 날개는 이런 것들을 영양분으로 자라지만, 추하고 악하고 앞서 말한 것과 반대되는 것들에 의해서는 크기가 줄어들어 사라진다. 하늘의 위대한 지도자 제우스는 날개 달린 마차를 몰고 선두에 나아가서 모든 것을 질서 있게 다스리고 돌본다. 그 뒤를 신과 신령들의 군대가 열한 개의 분대로 정렬해서 따라간다. (⋯) 불사의 영혼들은 맨 꼭대기에 이르면 바깥으로 나가 천상 위에 멈춰 서는데, 그들이 멈춰 서면 회전운동이 그들을 돌게 하고 그때 그 영혼들은 천상 바깥의 것들을 구경한다. 지상의 시인들 가운데 그 누구도 지금껏 천상 위의 그 구역을 찬양한 적이 없고 앞으로도 그에 합당한 찬양을 하지 못할 것이다. 하지만 (⋯) 이제 용기를 내어 그 진상을 밝혀야 하는데, 진상에 대하여 말하는 사람이라면 특히 그러하다. 색깔도 없고 모양도 없으며 만질 수도 없는 실체가 참으로 있는바, 그것은 오로지 영혼의 인도자인 이성에게만 보이고 참된 인식의 부류와 짝한다. 이런 것이 그 천상 위의 구역을 차지한다. 신의 정신은 지각과 순수한 인식에 의해 영양분을 얻는데, 이것은 합당한 것을 받아들이려고 하는 모든 영혼의 경우에도 마찬가지다. 영혼은 회전운동이 같은 곳으로 돌아올 때까지 줄곧 존재를 바라보며 즐거워하고 참 존재를 관상觀賞하면서 영양분을 얻고 기뻐한다. 회전 노상에서 영혼은 정의 자체를 바라보고 정심을 바라보고 인식을 바라보는 데 이 인식에는 생성도 속하지 않고 우리가 지금 존재자로 일컫는 각 대상에 따라 달라지는 일도 없는 참 존재에 속하는 인식이다. 그리고 영혼은 이런 방식으로 나머지 참 존재들을 관상하고 잔치에 참여한 뒤에 다시 천상 안쪽으로 하강해 귀가한다."[207] 이것이 소크라테스가 들려주는 신들의 생활이다.

그러나 소크라테스는 "신을 본 적도 없고 신에 대해 충분히 생각한 적

---

207) Platon, *Phaidros*, 246a-247e.

도 없다"고 토로한다.[208] 따라서 그가 위에서 말한 것은 논픽션의 다큐멘터리가 아니라 다 그럴듯하게 꾸며낸 '부지이작'의 픽션에 불과한 것이다. 그리하여 『티마이오스』에서 플라톤은 신에 대한 이 신화적 설화가 '학적 지식(에피스테메)'이 아니라, "더 이상 탐구하지 않는 것이 마땅한 그럴싸한 이야기(미토스 μύθος)"에 지나지 않다고 부연한다.[209] 신과 인간 및 동식물 등의 "영혼의 본질(이데아) 자체" 또는 "이 본질 자체의 양상"은 어디까지나 "모든 면에서 심원한 신적 기술(디에게시스 διήγησις)"의 대상이다. "보다 용이한 인간적 기술"로써는 겨우 "영혼의 본질과 비슷한 것"만을 표현할 수 있을 뿐이기 때문이다.[210]

　이 점은 '신과 다른 영혼들', 즉 죽음을 피할 수 없는 인간과 다른 동식물들의 불사불멸적 영혼들의 경우도 마찬가지다. 다만, 인간과 동물의 영혼들은 참 존재를 보느냐 보지 않느냐 또는 보더라도 얼마만큼 보느냐에 따라 차등화되고, 이 등급에 따라 차별적으로 윤회한다. "다른 영혼들 중에서 신을 가장 잘 따르고 닮은 몇몇 영혼들은 마부의 머리를 바깥으로 뻗어 회전을 다 따라 돌지만 말들 때문에 불안해하면서 가까스로 존재자를 볼 수 있었다. 다른 영혼들은 한동안 위로 상승했다가 결국 다시 아래로 하강했고 이러는 가운데 말들이 격렬히 몸부림치는 와중에 어떤 것은 보고 어떤 것은 보지 못한다. 나머지 영혼들은 모조리 위를 향해 올라가려고 애쓰며 따르지만, 능력이 없어 밑바닥 공간에 함께 내몰려 돌면서 서로 앞서 나가려고 서로 밟고 부딪힐 뿐이다. 소란이 일고 다툼과 불안한 비지땀이 나는 가운데 미숙한 마부 탓에 많은 영혼이 불구가 되고 또 많은 영혼은 깃털을 많이 손상당한다. 이 모두는 많은 고통을 당한 끝에 존재자의 관상觀賞에 동참하지 못한 채 그곳에서 떨어져 나오고 이렇게

---

208) Platon, *Phaidros*, 246c-d.
209) Platon, *Timaios*, 29d.
210) Platon, *Phaidros*, 246a.

떨어져 나온 뒤에는 무상한 의견(독사)을 영양분으로 삼아 살아간다. 참된 이데아의 평원(이데인 페디온 ἰδεῖν πεδίν)을 보기 위해 안간힘을 쓰는 이유는 영혼의 가장 고귀한 부분에 알맞은 목초지가 이 초원에서 유래하고, 영혼을 고양시키는 날개의 힘은 여기에서 자양분을 얻어 자라기 때문이다." 운명의 법칙은 이렇다. "어떤 영혼이든 신을 좇아 함께 가면서 참존재 가운데 뭔가를 본다면 그다음 순환 주기까지 해를 입지 않는데, 영혼은 언제든 이 일을 해낼 능력이 있다면 늘 해를 입지 않는다. 그러나 따라갈 능력이 없어 아무것도 보지 못하고 사고를 당해 망각과 무기력으로 가득 차 아래로 눌리고 날개를 잃은 채 땅으로 추락한다."[211] 그러고 나서 정해진 법칙은 다음과 같다.

- 첫 번째 생명 탄생에서는 아직 짐승의 본성으로 이식되지 않는다. 가장 많은 것을 본 영혼은 장차 애지(철학)하거나 애미愛美하고(필로칼로스 φιλοκάλος) 음악과 사랑에 헌신하는 '인간의 유전인자(안드로스 게네소메노스 ανδρος γενησομενος)' 속으로 이식되고, 두 번째로는 합법적 왕자王者·전사·통치자의 유전인자 속으로 이식되고, 세 번째로는 정치가나 제가齊家와 상공업을 하는 사람들의 유전인자 속으로, 네 번째로는 체육인과 신체 치료에 종사하는 사람들의 유전인자 속으로, 다섯 번째 영혼은 점을 치거나 비의秘儀에 종사하는 사람들의 유전자 속으로 이식된다. 여섯 번째 영혼들은 시인이나 모방에 종사하는 삶이 알맞고, 일곱 번째 영혼들은 농업과 막노동에 종사하는 데 알맞고, 여덟 번째 영혼들은 소피스트와 민중 선동가의 생에 알맞고, 아홉 번째 영혼들은 참주의 생에 알맞다. 이 모든 인간 가운데 평생 정의롭게 산 사람은 보다 좋은 운명을 얻는 반면, 불의의 삶을 산 사람은 보다 나쁜

---

211) Platon, *Phaidros*, 248a-c.

운명을 얻는다. 어떤 영혼도 1만 년이 차기까지 귀향할 수 없고 이만한 시간에 흐르기 전에는 날개가 생기지 않기 때문이다. 그러나 거짓 없는 애지자(철학자)들과 비非애지적(비철학적)이지 않게 어린이를 사랑했던 인간의 영혼은 예외다. 이들은 잇달아 세 번 이런 삶을 선택한다면 3천 년의 세월이 흐른 뒤에 세 번째 천 년에 깃털이 돋아 귀향할 수 있다. 다른 영혼들은 첫 번째 생을 마친 뒤 심판대에 세워진다. 이 심판에 따라 일부는 자기들의 잘못을 속죄하는 지하 가막소로 가고, 다른 일부는 정의의 여신 디케(δίκη)에 의해 부양浮揚되어 하늘의 한 구역으로 올라가서 그들이 사람의 모습으로 살던 그런 삶에 맞게 살게 된다. 이 두 부류의 영혼은 천 년마다 제비뽑기를 통해 각자가 원하는 대로 뽑는 두 번째 생을 선택하기에 이른다. 이에 따라 인간적 영혼이 짐승의 생으로 넘어가기도 하고, 이전에 인간이었던 짐승이 다시 인간이 되기도 한다.[212]

이것은 축생도를 포함한 인두·불교의 윤회설과 유사한 윤회설을 재현하고 있다. 소크라테스와 플라톤은 놀랍게도 "인간의 유전인자" 개념을 이용하여 윤회설을 설명하고 있는 것이다.

소크라테스와 플라톤이 대변하는 이 윤회설의 연원이 구체적으로 힌두교(브라만교)인지, 불교인지는 확실치 않다. 윌리엄 템플이 주장하듯이 소크라테스는 인도의 윤회설을 이집트를 경로로 받아들였다. 플라톤의 윤회설과 상기설·지옥론에 영향을 미친 피타고라스 철학은 인도 브라만과 직접적 연관성이 있다.[213] 템플에 의하면, 상당수의 저자들이 고대에 인더스강 유역으로 이주한 에티오피아인들이 이집트인들에게 학문과 제

---

212) Platon, *Phaidros*, 248c-249b.
213) Temple, "An Essay upon the Ancient and Modern Learning", 452-455쪽.

도 관습을 전해주었고, 홍해에서 온 페니키아인들도 지중해 연안에 이주하여 학문과 항해술로 명성을 날렸다고 한다.[214] 또한 템플은 영혼윤회설만이 아니라, 가령 요순·탕무·주공·공자의 '대덕론'과 유사한 피타고라스·소크라테스·플라톤의 '대덕론'을 언급함으로써 이들이 힌두교와 공자철학 자체를 수입했을 가능성을 강력히 시사했다.[215] 또 템플은 리쿠르고스의 입법도 중국산이라고 말한다. "리쿠르고스의 제도들 중에서 어린이의 탄생부터 교육의 배려, 섭생의 엄격한 절제, 노고의 끈기 있는 인내, 생명의 무시 또는 경시, 금과 은을 사원에서만 사용하는 것, 이방인과의 상업의 옹호, 리쿠르고스에 의해 스파르타인들 사이에 확립된 그 밖의 여러 가지 것들은 모두 다 인도의 것처럼 보인다. 이것들은 그리스에 그 당대나 그 이후나 나타난 적이 있는 사상이나 상상력의 어떤 흐름과도 다르기 때문이다."[216]

19세기에 쇼펜하우어도 주저『의지와 표상으로서의 세계』에서 소크라테스·플라톤의 윤회설과 인도 브라만교·불교의 윤회철학 간 연관성을 인정한다.

- 신화적 설명의 저 극치(윤회사상 - 인용자)는 이미 피타고라스와 플라톤이 인도나 이집트로부터 전해 듣고, 경탄 속에 이해했고, 숭배했고, 적용했고, 우리가 얼마만큼인지 모르지만 자신들이 믿었다.[217]

『도덕의 정초에 관한 현상논문』에서 쇼펜하우어는 더욱 분명한 어조로 주장한다.

---

214) Temple, "An Essay upon the Ancient and Modern Learning", 455쪽.
215) Temple, "An Essay upon the Ancient and Modern Learning", 456-457쪽.
216) Temple, "An Essay upon the Ancient and Modern Learning", 457쪽.
217) Arthur Schopenhauer, *Die Welt als Wille und Vorstellung* I, §63 (467쪽). *Arthur Schopenhauer Sämtliche Werke*, Bd.I (Frankfurt am Main: Suhrkamp, 1986).

- 저 플라톤의 신화(윤회신화 - 인용자)는 칸트가 그 추상적 순수성 속에서 이지적 성격과 경험적 성격의 학설로서 제시한 저 위대하고 심오한 인식의 비유로 간주될 수 있다는 사실과, 따라서 이 인식이 본질적으로 플라톤보다 이미 수천 년 전에 획득되었다는 사실, 아니 이보다 훨씬 더 높이 거슬러 올라간다는 사실을 독자는 인식할 것이다. 왜냐하면 포르퓌리오스(Porphyrios, 232-305)는 플라톤이 이 인식을 이집트로부터 넘겨받았다는 견해를 갖고 있기 때문이다. 그러나 이 인식은 브라만교의 윤회설 속에 이미 들어 있고, 이집트의 성직자들의 지혜는 지극히 개연적으로 이 브라만교로부터 유래하는 것이다.[218]

이와 같이 유럽인들 중에서 동양철학을 유독 좋아했고 또한 지극히 양심적이었던 윌리엄 템플 경과 쇼펜하우어가 플라톤의 윤회설의 연원적 출처를 공히 인도로 지목하고 있는 한에서 소크라테스와 플라톤의 신비론적 이원론철학 전체를 힌두·불교의 영향 아래서 발생한 것으로 봐도 무방할 것이다.

플라톤에 의한 브라만교적(힌두교적)·불교적 윤회설의 유전자론적 변형은 경험 없이 생각만 하는 순수한 사변적 사유의 위험을 말하는 '사이불학즉태思而不學則殆'의 법칙에 따라 훗날 19-20세기 서양의 잔악한 파시즘·나치즘적 인종주의와 우생학의 철학적 배경이 된다.

플라톤은 유전자론적 윤회설에 의거해서 다시 상기설을 전개한다.

- 한 번도 진리를 본 적이 없는 영혼은 결코 이런 (인간적) 형상을 받을 수 없다. 왜냐하면 인간은 형상(에이도스)에 따라 표현된 것을 개념적

---

218) Arthur Schopenhauer, *Preisschrift über die Grundlage der Moral* [1840·1860], 709쪽. *Arthur Schopenhauer Sämtliche Werke*, Bd.III (Frankfurt am Main: Suhrkamp, 1986).

으로 인식해야 하기 때문이다. 이것은 이성적 추론에 의해 종합된 다양한 지각들로부터 하나가 되어 생겨나는 것이다. 그리고 이 인식은 우리의 영혼이 신을 따라 돌아다니면서 우리가 지금 진짜로 여기는 것을 개관槪觀했을 때 언젠가 본 적이 있는 것에 대한 상기, 참 존재로 머리를 높이 향하게 한 것에 대한 상기다. 따라서 당연히 철학자의 영혼만이 깃털이 난다. 늘 상기와 함께 철학자의 영혼은 신이 거하는 것들, 따라서 신적인 품격을 지닌 것들과 가급적 많이 접해 있기 때문이다. 그러므로 이러한 상기들을 잘 이용하고 완벽한 헌신으로 늘 헌신하는 사람이 있다면, 이 사람만이 홀로 참으로 완벽해질 수 있다. 그는 인간적 추구들을 그만두고 신적인 것과 관계함으로써 사람들로부터 정신적 혼란에 빠진 놈이라는 욕을 듣겠지만, 그가 신들려 있음(엔투지아존 $\dot{\varepsilon}\nu\theta o \upsilon \sigma\iota\dot{\alpha}\zeta\omega\nu$)을 사람들은 알아채지 못한다.[219]

지금까지 이야기는 공자라면 멀리했을 엄청난, 아니 터무니없는 작화作話다. 그것도 힌두교와 불교의 신지적神智的 윤회설을 흉내 내 '인지적人智的 인식론'에 오용한 모방적 '작화'다. 소크라테스와 플라톤은 "신을 본 적도 없고 신에 대해 충분히 생각한 적도 없다"고 스스로 실토하면서도 '부지이작不知而作'으로 '구렁이 담 넘어가듯이' 철학자를 '신들린 사람'으로 만들어 마침내 거의 신으로 승격시키고 있다. 신의 영역을 '지식'으로 침범하는 이 잠재적 독신瀆神의 맹아는 훗날 아리스토텔레스의 가지론적 신학에서 오만한 무제한적·무제약적 지성주의로 변질·강화된다. 공자도 '하학이상달下學而上達'하려고 했지만,[220] 스스로 신은커녕 '성인

---

[219] Platon, *Phaidros*, 249b-d.
[220] 『論語』「憲問」(14-35). 온전한 문장은 다음과 같다: "공자가 가로되, '아무도 나를 알아주는 자가 없도다!'라고 했다. 이에 자공이 '왜 아무도 선생님을 알아주는 자가 없습니까?'라고 물었다. 이에 공자는 '하늘을 원망하지 않고 사람들을 탓하지 않고 아래에 배워 위에 도달하려고 했으니, 나를 알아주는 자는 하늘이로구나!'라고 했다.(子曰

聖人'의 가능성을 입에 담는 것도 삼갔다. 또한 보통 사람이 성인이 되는 길도 철학적 '지식'이 아니라 '거룩한 사람사랑', 즉 '거룩한 인(聖仁)'이었다. 또한 공자는 이 '거룩한 인'의 실천을 '생이지지'하는 신적 성인에게도 힘든 일로 여겼다. 주지하다시피 이 '거룩한 인'의 실천이란 쌍두마차 타고 하늘을 오르내리는 거창한 일이 아니라, 이승에서의 "박시제중博施濟衆"이다.

- 자공이 "백성에게 널리 베풀어 대중을 구제할 능력(博施於民而能濟衆)이 있다면 어떻겠습니까? 인仁이라고 이를 만합니까?"라고 묻자, 공자가 이에 대답하기를, "어찌 인일 뿐이겠느냐! 틀림없이 거룩함일 것이다. 요순도 아마 오히려 그 일을 힘들어했을 것이니라!"라고 했다.[221]

공자의 이 명제만으로도 소크라테스·플라톤·아리스토텔레스의 사변적 인식론이 지닌 '사이불학즉태'로서의 '독신'의 잠재적 위험을 능히 알 수 있을 것이다.

■ 중도로서의 '선의 이데아'

마지막 주제인 '선의 이데아'의 개념은 『국가론』이 끝날 때까지 안개에 싸여 있다. 그러나 플라톤은 『필레보스($\varphi\iota\lambda\eta\beta o\varsigma$)』에서 이 '선의 이데아'를 '중도中道' 또는 '중화中和'로 시사한다. 공자는 일찍이 플라톤보다 120여 년 전 『중용』에서 이미 "중中이란 천하의 큰 근본이고, 화和란

莫我知也夫! 子貢曰 何爲其莫知子也? 子曰 不怨天 不尤人 下學而上達. 知我者其天乎!

221) 『論語』·「雍也·」(6-30): "子貢曰 如有博施於民而能濟衆 何如? 可謂仁乎? 子曰 何事於仁 必也聖乎 堯舜其猶病諸".

천하의 달도達道(완전에 이른 도)니, 중화를 이루면 이에 하늘과 땅이 존립하고 만물이 이에 생육한다"고 함으로써,²²²⁾ '중'과 '화'를 하늘과 땅의 '존립'과 만물의 '생육·성장'의 원리로 천명했다. 그리고『주역』겸謙괘의 「단전彖傳」에서는 이 중도의 원리를, 천도·지도·귀신·인도에 공통된 자연적 균형의 '겸허' 원리로 규정한다. "천도는 가득 찬 것을 덜어 겸허한 것에 더하고, 지도는 가득 찬 것을 바꿔 겸허한 곳으로 흐르게 하고, 귀신은 가득 찬 것을 해치고 겸양을 복되게 하고, 인도人道는 가득 찬 것을 싫어하고 겸허한 것을 좋아한다. 그러므로 겸허는 높고 빛나는 것이다."²²³⁾ 여기서 공자는 중화를 가득 찬 것(오만)과 텅 빈 것(비하)의 중간, 천정과 밑바닥의 중간인 '낮은 것'('겸허')으로 파악하고 있다.

또한 공자는 이 '중화' 개념을 인간에게 적용하여 '중덕' 또는 '중용'의 덕으로 파악하고 군자만이 아니라 소인도 중용을 갖춰야 함을 갈파하면서 군자의 중용과 소인의 중용을 구분한다.

- 중니(공자) 가라사대, 군자는 중용하고(평소 중화를 사용·常用하고) 소인은 군자의 중용과 반대된다. 군자의 중용은 군자다우면서 시중時中한 것(때에 적중한 것)이고, 소인의 중용은 소인다우면서 기탄없는 것이다 라고 했다. 공자는 중용, 그것은 지극한 것일진저! 라고 찬탄했다.²²⁴⁾

여기서 '군자답다'는 것은 공적 지도자로서 인·의·예·지의 대덕大德에 통달하여 대덕에 따라 사는 것을 뜻하고, '소인답다'는 것은 사인私人으

---

222) 『禮記』「中庸 第三十一」(1장): "中也者 天下之大本也 和也者 天下之達道也) 致中和 天地位焉 萬物育焉". [位: 존립할 위(=立). 焉: 이에 언(=於之)].
223) 『周易』'謙'괘 ·「彖傳」: "天道虧盈而益謙 地道變盈而流謙 鬼神害盈而福謙 人道惡盈而好謙 謙尊而光".
224) 『禮記』「中庸 第三十一」(2·3장). "仲尼曰 君子中庸 小人反中庸. 君子之中庸也 君子而時中 小人之中庸也 小人而無忌憚也. 子曰 中庸其至矣乎." 괄호는 인용자.

로서 근면·검소·절약·민완·청결·상호주의 등의 소덕小德에 통달하여 이 소덕에 따라 어우러져 잘 사는 것을 뜻한다.[225] 군자의 중용은 대덕에 통달하여 시의에 적중한 삶을 사는 것이고, 소인의 중용은 군자의 중용과 반대로 사인으로서 소덕에 통달하고 시의에 개의치 않고 기탄없이 자유롭게 사는 것이다. 소인은 중용에 반하는 나쁜 사람들이 아니라, 군자(사회지도층 인사들)의 공적 중용과 반대로 소인의 중용을 따르는 좋은 사인들이다.

플라톤은『필레보스』에서 '중도' 개념에 수리적으로 접근하여 자연과 우주의 모든 존재자와 생명체의 창조와 유지보존의 원리 및 기술 창조의 원리로 일반화한다. 삼라만상의 존재는 한정된 '일자一者'이면서 무한한 '다자多者'인데, 이 한정된 '일자'와 무한한 '다자' 사이에는 '몇몇' 또는 '수적 일정함'이 있다고 말한다. 이 '몇몇' 또는 '수적 일정함'은 한정된 '일자'과 무한한 다자의 '혼합'이다. 이 세계의 존재자는 무한자(무제한자), 유한자(제한자), 무한자와 유한자의 혼합에 의해 생성된 존재, 혼합의 원인(혼합을 만드는 자) 등 네 종류다.[226] 한도는 온도·속도·습도·양·크기·강도 등과 관련해서 더 뜨거움과 차가움, 더 빠름과 느림, 더 건조함과 습함, 더 많음과 적음, 더 큼과 작음, 더 셈과 약함 등 위아래로 무한히 진행될 수 있다. 이 무한한 '더함과 덜함'은 무한자(다자)의 성질을 나타내는 특징이다. 여기에 한정을 가해 일정한 '한도'를 주면, 즉 이것들에 대해 일정한 정도·수량·비율을 부여하여 이것들을 한정하면, 더한 쪽이나 덜한

---

225) "군자는 의에 밝으나 소인은 이에 밝다"(子曰 君子喩於義 小人喩於利)",『論語』「里仁」(4-16); "군자는 위로 통달하고 소인은 아래로 통달한다(子曰 君子上達 小人下達)",·「憲問」(14-23); "군자는 두루 어울리고 사사롭게 친하지 않고, 소인은 사사롭게 친하고 두루 어울리지 않는다(子曰 君子周而不比 小人比而不周)",·「爲政」(2-14) 등을 참조.
226) Platon, *Philebos*, 27b. *Platon Werke*, Bd.VII in Acht Bänden. Hg. von Gunther Eigler.

쪽으로의 무한 진행은 멈추게 된다. "수를 개입시킴으로써 이것들을 비로소 균형과 조화를 이룬 것들로 만들어 주는 것이다". 무한과 유한의 '혼합'을 통해 "생성들이 있게 된다". 무한과 유한의 "바른 결합"은 가령 몸의 경우에 "건강한 상태를 만들어 준다".[227] 이처럼 무한자에 대해 수적 한도를 부여함으로써 지나침과 무한함을 없애고 "중용(토 에메트론 το ἒ μμετρον)과 균형(쉬메트론 συμμετρον)을 실현하는 것"이다. 가령 자연 질서로서의 '사계절'도 "무한자와 유한자가 혼합됨으로써 생긴다".[228] 건강, 아름다움, 사계절, 덕성과 기능적 탁월성, 음악 등도 바로 이런 중도적·균형적 혼합의 산물이다. 자연에서 종種으로 생성되어 생존을 영위하고 있는 만물은 이런 중도적 혼합 또는 바른 결합의 소산이다. 그리하여 플라톤은 무한자와 유한자의 소산은 모두 하나로 보면 "한도와 함께 실현되는 중도에서 비롯되는 존재의 생성"이라고 말한다.[229]

그런데 "이 생성되는 것은 실은 모두 어떤 원인에서 생기는 것이 필연적이다". 나아가 "만드는 자의 천성은 그 이름을 제외하면 원인과 다르지 않다". 따라서 "만드는 쪽과 원인이 되는 것은 하나로 말해도" 된다.[230] 그런데 인간(소우주)의 영혼으로부터 대우주에도 영혼이 있다고 유추하면, 우주의 이 영혼(지성·지혜)은 생성과 창조에서 '선善의 이데아'를 본받는다. 생성과 존재의 궁극적 원인은 실은 이 '선의 이데아'인 것이다.[231] "모든 행위의 목적은 선이고 이 선을 위해 다른 모든 것들이 행해지는 것이다".[232] 진정 '모든 행위의 목적은 선인가?' 증오·전쟁·배신행위 등 모

---

227) Platon, *Philebos*, 24c-25e.
228) Platon, *Philebos*, 26a-b.
229) Platon, *Philebos*, 26d.
230) Platon, *Philebos*, 26e.
231) Platon, *Der Staat*, 509b.
232) Platon, *Gorgias*, 499e-500a. Platon Werke, Bd.II, herausgegeben von Gunther Eigler..

든 불선不善행위의 목적도 선인가? 선의 개념이 실질 없이 너무 형식적이다. 아무튼 이 형식적인 '선의 이데아'는 우주 창조에서부터 무릇 자연적 생성과 인위적 창작·기술적 제작 및 실천행위에 이르기까지 궁극적인 원리로서 역할을 한다. 이 '선의 이데아'를 따르지 않는 존재는 인위적인 것이든 자연적인 것이든 결국 소멸하게 된다. 따라서 - 나중에 상론하겠지만 - 이 '선의 이데아'에 대한 배움이 '대학大學(메기스톤 마테마 $μέγιστον\ μαθήμα$)'인 것이다.[233] 그러나 '선'은 한 가지 모습으로 나타나지 않고 적어도 '아름다움·균형·진리' 등 '세 가지'로 나타난다. 이 '세 가지'이면서도 '일자一者'로 보이는 '선'은 모든 혼합의 원인이다. "제일가는 선은 적도適度(메트론 $μετρον$)·중도中度(토 메트리온 $το\ μετρον$)·시중時中(적시適時: 토 카이리온 $το\ καίριον$)이고", 버금가는 선은 "균형·아름다움·완전성·충족성"이다. 세 번째 선은 "이성과 현덕"이다. 네 번째 선은 "학적 지식(에피스테메)·기술·옳은 의견"이다.[234] 아무튼 도度·양量·시時의 문제에서 '선의 이데아'는 중도·중간(토 메손 $το\ μεσον$)·시중이지만, 그 아래로 갈수록 미적·지성적으로 변하고 있다. '제일가는 선'에서 '네 번째 선'에 이르기까지 선의 '형식'만 있지 '실질'이 없다. 따라서 이 '형식'에만 맞고 가령 강도·강간·서구제국주의·특정 국가·특정 집단·이기적인 자아 등의 '생성과 존재'의 원인적 목적에 기여한다면, 증오·독선·오만·배신·전쟁·지배 등도 선일 수 있고, '선의 이데아'의 적용을 받을 수 있는 대상이다.

그러므로 "일체의 혼합(쉰크라시스 $συνκρασις$)은 무슨 혼합이든, 어떻게 이루어진 혼합이든, 중도와 균형에 맞지 않으면, 혼합을 이루고 있는 것들과 함께 무엇보다도 그 혼합물 자체를 필연적으로 파멸시킨다. 이것은 화和(크라시스 $κρασις$)가 아니라, 화합하지 못한 채 한데 모인 것으

---

233) Platon, *Der Staat*, 505a.
234) Platon, *Philebos*, 66a-b.

로서, 그 파멸과 같은 불행은 실제로 그때마다 일어나기 때문이다." 중도와 균형에 맞는 혼합은 파멸할 '혼합'이 아니라 영속할 '화합'이다. 화합은 아름다운 것이다. 이처럼 "선의 특성"은 곧장 "아름다움으로 달아나 버린다". 왜냐하면 "중도와 균형은 모든 경우에 아름다움과 훌륭함(덕)이 될 것이 틀림없기 때문이다". 그리고 여기에 바로 "진리가 섞여 있는 것이다".[235] 이렇게 보면, 적어도 '아름다움·균형·진리' 등 '세 가지'로 나타나는 최상의 '선의 이데아'는 '제1·2·3·4의 선'(적도·중도·시중+균형·아름다움·완전성·충족성+이성·현덕+학식·기술·옳은 의견)의 '화합'이다.

　나아가 '기술'도 자연에서의 생성을 흉내 내는 것이기 때문에 중도의 원리를 따른다. 플라톤은 『정치가』에서 기술의 생명은 '중도의 창출'에 있다고 말한다. 모든 기술은 중도에 그 존립 기반을 두고 있다는 뜻이다. 중도가 견지될 때, 기술이 탄생하고 존립한다. 이 중도를 측정하는 기술 자체가 '측정술'이다. 참된 기술은 '상대적 측정'과 함께 '중도의 측정'을 실현할 때만 성립한다. 수량·길이·넓이·속도를 '반대되는 상태'에 관해 측정하는 상대적 측정술은 "서로에 대한 크고 작음의 상호 관계에 관련된 것"인 반면, 중도·적중·때맞음·마땅함, 그리고 '극단을 피하고 중간을 향하는 모든 것'에 관해 측정하는 중도의 측정술은 "생성의 불가결한 성립에 관련된 것"이다.[236] 따라서 모든 기술은 중도를 잃으면 소멸한다. 측정술에 의한 '중도의 창출'은 기술의 본령으로서, '선善의 실현'이다. 선이 사물이 제대로 이루어지기 위해 따르지 않을 수 없는 궁극적 원리라는 것은 이처럼 기술의 경우에도 그대로 적용된다. 자연에 있는 모든 사물이 중도나 균형의 형태로 제 나름의 선을 자연적으로 실현하고 있고 또 그러지 않고서는 소멸할 수밖에 없듯이 인위적 실천이나 기술도 그러지 않을

---

235) Platon, *Philebos*, 64d-e.
236) Platon, *Der Staatsmann*, 283e-284e. Platon Werke, Bd.VI, hg. von Gunther Eigler.

수 없기 때문이다.

플라톤의 '선의 이데아'는 '중도'로 드러났다. 플라톤의 선은 선의 특성이 미로 자꾸 달아나고 진리가 과도히 대표되는 미·균형·진리의 수학적 혼합체다. 이 선은 '인의仁義'나 '예禮'의 덕성이 아니라, 다분히 지성적이고 미학적인 혼합물이다. 따라서 플라톤이 줄곧 '균형'과 '화합'을 거론할지라도, 그의 선 개념은 이성적·수학적·기술적 진리와 미가 양적으로 압도하는 일종의 불균형과 불협화음이다. 이 점이 공자의 순수한 덕성주의적 중용개념과 다르다. 가령 균형과 중도의 사람 사랑은 사랑다운 사랑이다. 이때 균형과 중도는 이 '사랑다운 사랑'의 적절한 형식이다. 이 중도는 이 사랑의 '실질적 내용'이 아니다. 공자의 이 실질적 내용이 먼저고 형식은 그다음이다. 그러나 플라톤은 이성적으로 인식된 균형 또는 수학적으로 규정된 중도의 형식이 실질보다 먼저다. 따라서 실질이 가령 사랑·믿음·화합·자유에서 증오·독선·배신·전쟁·지배로 바뀌어도 상관없다. 이 증오·독선·배신·전쟁·지배 등은 결과적으로 존재자 일반 또는 특별한 존재자(인간 대신 맹수, 자기 국민, 자기 민족, 자기 집단, 나 등)의 생성·양육·보존에 기여하기에 적당해서 중도적·균형적이라면 선하다.

플라톤의 지성주의적 '중도'와 수학적 '선의 이데아' 개념은 이런 점에서 '사이불학즉태'의 사변적 위험을 떨쳐 버리지 못하는 것이다. 베이컨의 말대로 '거미'의 오만은 플라톤에게서 가장 정화淨化된 형태로 나타나고 있다. 하지만 '거미'의 사변적 오만은 필연적으로 위태로운 독단과 공상으로 흘러가고 만다. 그래서 공자가 노자나 에피쿠로스처럼 "경험에서 배우기만 하고 생각하지 않는 것은 공허한(學而不思則罔)" 반면, 플라톤처럼 "생각하기만 하고 경험에서 배우지 않는 것은 위태롭다(思而不學則殆)"고 한 것이다.

따라서 베이컨은 소크라테스와 플라톤의 철학을 가장 강도 높게 미신적 '극장의 우상'으로 공박한다. "미신과 신학의 주입으로 철학을 부패시키는 것은 훨씬 더 광범하고, 전체적 철학 또는 그 부분들에 아주 커다란 해악을 끼친다. 인간 정신은 통상적 개념들로부터 생긴 인상에 못지않게 환상에도 노정되기 때문이다." 이것의 현저한 사례는 "그리스인들 가운데 철학이 거칠고 성가신 미신과 결합된 피타고라스에게서, 그리고 더 위태롭고 미묘한 형태로는 플라톤과 그의 학파에서 나타난다". 이런 유의 해악은 일부 다른 철학에서도 추상적 형상, 목적인, 제1원인의 도입에 의해, 그리고 중간 원인의 빈번한 생략 등으로 인해 발생한다." 이 대목에 "가장 강한 경고"가 주어져야 한다. 왜냐하면 "최악의 것은 오류의 신격화(apotheosis)이기" 때문이다. "어리석은 개념들에 대한 경배"는 "지성의 질병"이라는 것이다.[237]

따라서 베이컨은 소크라테스와 플라톤이 '소피스트'라 부른 철학자들과 플라톤·아리스토텔레스를 구별하지 않고 이들을 모두 다 소피스트로 몰아 비판했다.

- 우리가 가진 거의 모든 과학은 그리스인들로부터 왔다. 로마·아랍 또는 보다 최근의 저술가들에 의한 보충은 거의 없고, 큰 의미도 없다. 보충은 그것들이 그렇듯이 그리스의 발견의 기초에 근거한다. 그러나 그리스인들의 지혜는 수사적修辭的이고 논박으로 흐르는 성향을 지녔고, 진리 추구에 대해 적대적이고 유해한 종류였다. 따라서 철학자로 간주되기를 바라는 사람들에 의해 배격되고 연설가들 – 고르기아스·프로타고라스·히피아스·폴루스 – 에게 경멸적으로 적용되었던 '소피스트들'이라는 단어는 또한 전 종족 – 플라톤·아리스토텔레스·제논·에피쿠로스·테오프라토스와 이들의 계승자들, 크리시포스·카르네아데

---

237) Bacon, *The New Organon*, Book I, § LXV(65쪽).

스와 기타인 - 에게도 그대로 적용할 수 있다. 유일한 차이는 전자가 여기저기 순회하고 돈을 위해 가르쳤고, 도시들을 돌아다니며 자기들의 지혜를 전시하고 수고료를 요구했고, 후자들은 고정된 거주지를 가졌고 학교를 열었고 수업료 없이 철학을 가르친 점에서 보다 품위 있고 보다 활수했다는 것이다. 그러나 (기타 방식에서 다를지라도) 양자는 수사적이었고 이것을 논박의 문제로 삼았고 철학적 종파와 학파를 수립했고, 종파를 위해 싸웠다. 결과적으로 이들의 가르침은 다시 디오니소스 1세(시라쿠사의 참주)가 플라톤에 대해 적절히 말한 것, "아직 이마에 피도 마르지 않은 어린것들에게 한 게으른 노인들의 말씀"이었다.[238]

베이컨은 소크라테스와 플라톤 이전, 소피스트들이 등장하기 이전의 엠페도클레스·아낙사고라스·파르메니데스·헤라클레이토스·데모크리토스 등 철학자들을 비교적 호평하지만, 그들도 결국 그리 좋은 철학자들이 아니었다고, 따라서 유럽인들이 물려받은 그리스철학 전체에 대해 결국 '좋지 않다'고 평가했다.

- 우리는 "그들이 항상 어린애였고, 지식의 옛것도 없었고, 옛것의 지식도 없었다"는, 그리스인들에 대한 한 이집트인의 판단, 아니 예언을 잊지 말아야 한다고 생각한다. 그들은 확실히 어린이의 특징, 즉 아무것도 생산할 능력도 없으면서 그저 말만 하고 싶은 성향을 가지고 있다. 왜냐하면 그들의 지혜는 말만 많고 성과가 없는 것처럼 보이기 때문이다. 그러므로 철학의 탄생지와 그 가계로부터 수집해 지금 쓰고 있는

---

238) Bacon, *The New Organon*, Book I, §LXXI.

기표記表들은 좋지 않다.[239]

그리스인들이 뭘 모르는 어린애이면서도 말을 많이 하는 자들이라는 말은 이집트인의 이 그리스철학 비판은[240] "경험적 내용도 없이 생각하기만 해서 위태롭게 떠든다(思而不學則殆)"는 말, "알지 못하면서 작화한다(不知而作)"는 말이나 다름없다.

이런 까닭에 베이컨은 소피스트적 매지자賣知者(소피스트)든 소크라테스·플라톤적 애지자愛知者든, 플라톤 시대의 철학이든, 그 이전의 철학이든 그리스철학 전체를 몽땅 "좋지 않은" 공상, 곧 "극장의 우상"(이론적 픽션과 소피스트적·공상적 궤변)으로 배척하고 있다. 소크라테스와 플라톤의 가장 위태로운 독단적 공상 가운데 하나는 바로 그들의 철인치자론이다.

---

239) Bacon, *The New Organon*, Book I, §LXXI.
240) 이집트인의 이 그리스철학 비판은 참조: Platon, *Timaios*, 22B.

제4절

천재적 '지식의 지배'와
철인치자

4.1. '선의 이데아'의 철학적 인식과 철학자의 권력 요구

중도로서의 '선의 이데아' 개념에 대한 지식은 주지하다시피 '권력으로서의 지식', 즉 '지식=권력'이다. 플라톤은 이 '선의 이데아'를 인식하는 철학자에게만 나라를 다스릴 치자의 정통성을 부여하기 때문이다.

플라톤은 『국가론』에서 "멀고 먼 우회로"를 통해 "선의 이데아를 배우는 것"을 "대학大學(메기스톤 마테마 μέγιστον μαθήμα)"이라고 말한다.[241] 영어로 보통 'Great Learning'으로 번역되는 이 '메기스톤 마테마'는 공자가 설파한 "대학지도大學之道"의 '대학'을 모방·축소시켰을 개연성이 크다. 공자는 『대학』 「수장首章」에서 군자가 추구해야 할 "대학의 도(大學之道)"가 "명덕을 밝히는 데 있고, 백성을 새롭게 하는 데 있고, 지

---

241) Platon, *Der Staat*, 505a.

선에 사는 데에 있다(在明明德 在親民 在止於至善)"고 언명한다. 공자의 이 명제는 플라톤으로 옮겨가면서 "명명덕明明德"과 "친민親民"이 탈락하고 '대학(메기스톤 마테마)'이 "지선에 사는 것(止於至善)"이 아니라 '지선至善을 아는 것', 즉 '선의 이데아를 아는 것'으로 축소된다. 플라톤은『국가론』에서 '메기스톤 마테마(대학)'를 단순히 "선의 이데아에 대한 배움"이라고만 하고 있기 때문이다.[242] "멀고 험한 우회로"를 통해 지선(선의 이데아)을 배워 아는 플라톤의 '대학자'는 도덕 정치를 시행하여 백성을 새롭게 진보시키며 지선에 사는 군자가 아니라 그저 지혜를 사랑할 뿐인 '철학자'다.

'대학' 또는 '메기스톤 마테마'를 두고 공자와 플라톤의 유사성과 차별성이 선명하게 드러난다. 인·의·예·지의 네 가지 명덕(대덕)을 갖춘 공자의 '군자'는 인仁(사랑)을 제일로 치고 지혜를 말석에 놓고 명덕을 밝게 펴려는 대덕자인 반면, 지혜·용기·정심·정의의 네 가지 덕성밖에 모르는 플라톤의 '철학자'는 지혜를 제일로 치고 용기와 정의만을 중시하고 사랑을 배격하는 천재적 애지자일 뿐이다. 또한 '군자'는 실천적 박시제중의 양민養民·백성 교화와 백성의 진보를 추구하며 지선의 '삶'을 사는 인애의 실천가인 반면, '철학자'는 양민과 교민의 치국에 관심이 없을 뿐만 아니라 이 치국을 위한 국가 관직도 "하찮게 여기고"[243], 지선의 '구경(관상=테오리아)', 즉 선의 이데아의 이론적 인식에만 쏠려 '지어지선止於至善', 즉 지선에 사는 '지선의 실천'에는 무관하고 '지선에 대한 앎'에만 관심을 집중하는 지성 제일주의적 이론가, 참 존재와 현실을 저만치 두고 관찰만으로 즐기는 '진리 구경꾼', '진리 관객'이다. 그러나 플라톤은 인심仁心도 수완도 없어 인정仁政을 망칠 이 몰인정하고 꺼벙한 지성주의적 방관자

---

242) Platon, *Der Staat*, 505a.
243) Platon, *Der Staat*, 520e-521b.

에게 국가를 몽땅 맡겨야 한다고 거듭 주장한다.

플라톤은 공자가 추구한 '덕치'를 이와 배치되는 지성주의적 '철인치국'으로 변조하여 다음과 같이 말한다.

- 철학자들이 나라에서 군왕으로 다스리거나, 아니면 현재 소위 군왕 또는 세습군주라 불리는 이들이 '진실로 그리고 충분히 철학(애지)하게 되지 않는 한, 정치권력과 철학(애지)이 한데 합쳐져 다양한 성향들이 (…) 어느 한쪽으로 따로따로 가는 상태가 강제적으로나마 저지되지 않는 한 (…) 나라에도 (…) 인류에게도 악惡의 종식은 없을 것이다. 그러므로 철학자들이 통치를 해야 한다고 감히 주장한다.[244]

플라톤은 철학적 지식 또는 철학자가 이렇게 지배권을 쥐는 것의 정당성을 다음과 같이 논변하고 '철인 지배'의 도래를 예견한다.

- 오늘날 쓸모없는 사람들로 불리기는 하지만 결코 못되지는 않은 소수의 철인들이 원하든 원하지 않든 어떤 필연성에 의해 나라를 관리하게 되고 국가도 이에 따르도록 하기 전에는, 또는 현재 권력을 쥐고 있거나 군주로서 통치를 하고 있는 당사자이나 이들의 자손에게 어떤 신적인 감화에 의해 진정한 철학에 대한 진정한 사랑의 감정이 엄습하기 전에는 폴리스도, 헌정 체제도, 개인도 결코 완전해지지 못한다고 – 진리의 강제에 의해 어쩔 수 없이 두려워하면서도 – 말했던 것은 이 때문(권력자들이 교언과 논쟁적 언사를 멀리하고 그런 훌륭하고 자유로운 논의를 충분히 경청해 본 적이 없기 때문)이었고 또한 이를 미리 예견하고서였다. 그런데 이 두 경우 가운데 어느 하나 또는 둘 다가 일어나는

---

244) Platon, *Der Staat*, 473c-d, 474b.

제1장/ 소크라테스와 플라톤의 합리론과 정치사상

것은 불가능하다고 할 어떤 근거도 없다고 나는 주장한다. 우리는 기원과 같은 것을 공연히 말한 셈이기에 우리가 비웃음을 사도 쌀 것이다. (…) 그런데 만약 철학에서 정상급인 사람들로 하여금 나라를 관리토록 하는 일이 어떤 필연성에 의해 한없이 먼 과거에 일어났거나, 오늘날이라도 우리의 시선이 미치지 않는 먼 이역만리에서 일어나거나 나중에라도 일어난다면, 우리는 이와 관련해서 이 주장을 할 각오가 되어 있다. 말하자면, 무사(Μοῦσα) 여신(철학과 시가의 여신)이 폴리스를 장악하게 될 경우에는 우리가 언급한 헌정 체제(철인이 다스리는 지혜·용기·정심·정의의 나라)가 실현되었고, 실현되는 중이고, 실현될 것이다. 왜냐하면 이런 일이 일어나는 것은 불가능하지 않고, 우리가 불가능한 것을 말하고 있지도 않기 때문이다. 그렇지만 이런 일이 일어나기 어려운 일이라는 것은 우리도 인정하는 바다.[245]

플라톤은 여기서 속 보이는 어설픈 논변으로 자기를 포함한 철학자의 권력욕을 정당화하고 있다. 이 철인의 '지혜의 지배' 주장은 '지혜'를 사덕(지혜·용기·정심·정의) 중 최고의 덕목으로 삼는 플라톤의 지성주의와 맞닿아 있다. 플라톤은 노년에 시라쿠사의 참주 디오니소스 1세의 초빙을 받고 그곳으로 가서 철인정치를 시도하면서 그의 추종자인 왕의 동생 디온과 함께 참주 디오니소스 1세를 타도하려고 기도했다가 처형될 처지에 처했다. 그는 노예로 팔리는 것으로 가까스로 처형을 면해 살아남는 치욕을 겪었다. 71세 때(기원전 357년) 시칠리아의 통치자가 디온, 곧 디오니소스 2세의 간청을 받았고 망설이던 끝에 다시 시칠리아의 시라쿠사로 가서 철인치자의 이상 정치를 펴보려 했다. 그러나 그의 시도는 1년 만에 다시 철저히 실패했다. 이로써 그는 철인치자의 꿈이 얼마나 허무맹랑

---

245) Platon, *Der Staat*, 499b-d, 괄호는 인용자. 다음도 참조: 501e, 503b.

한 것인지를 스스로 입증해 주었다.

4.2. 플라톤의 이상국가: 철인치자의 나라

플라톤은 철인치자의 꿈이 허무맹랑한 것이라는 것을 말년에 알게 될지라도 중기 대화편인 『국가론』에서는 자신의 이상국가에 철인치자론을 적용하고 그 요지를 설명한다. "나라를 맡는" 치자들은 "진리·정의·절제심(정심)과 친화적이고 동조적인" 타고난 천재들 가운데서 "교육과 연륜을 통해 원숙해진 50세 이상의 철학자들로 선발되어야" 하는데,[246] 이들은 "선善 자체(선의 이데아)를 보았을 때, 여생 동안 저마다 차례로 나라와 개인들 그리고 자기 자신들을 바르게 다스리는 데에 이 선 자체를 본本(파라데이그마 $παράδιγμα$)으로 사용해야 하는" 한편, "시간을 대부분 철학 연구에 바치다가 자기 차례가 오면 나랏일로 수고하고 저마다 나라를 위해 치자(아르콘토스 $άρχοντος$) 관직을 맡는다." 그러나 이들은 순번제의 "이 직무를 아름다운 것이 아니라 강제적인 것으로 간주한다." 그리고 이들은 죽기 전에 의무적으로 "늘 자기들과 같은 또 다른 사람들을 교육시켜서 자기들 대신 국가 수호자들로 남겨야 한다."[247]

말년의 처절한 실패를 아직 몰랐던 중년의 플라톤은 "폴리스와 헌정체제에 관해 우리가 한 말이 몽땅 다 백일몽이 아니라, 어려울지라도 어떤 면에서는 실현 가능한 것이다"라고 확언한다. 환언하면 "참된 철학자들은 여러 사람이든 1인이든 한 나라에서 최고 권력자가 되어 현재의 명예들을 속되고 무가치한 것으로 여기고 경멸하는" 반면, "옳은 것과 이것에서 나온 명예들을 숭상하고 정의를 가장 위대하고 가장 필수 불가결한

---

[246] Platon, *Der Staat*, 412c, 487a.
[247] Platon, *Der Staat*, 540b. 이 '강제(아나그케 $άναγκη$)'에 관해서는 이전에도 여러 번 언급한다. Platon, *Der Staat,* 500d, 520a, 521b.

것으로 보고 이를 섬기고 촉진시켜서 자신들의 폴리스를 질서 잡히게 할 때 그것이 가능할 것이다".[248] 권력자를 "여러 사람이든 1인이든"이라고 말하는 것은 철인치자를 '철인군주(철인왕)'와 '철인들의 집단지도체제(가령 『법률』에서 제시되는 '야간국무회의' 형태의 철인귀족정)'을 상정한 것이다. 아무튼 만인이 자치하는 (직접)민주정은 철인치자론에서 배제된다.

철인치자는 우수한 천성을 바탕으로 "필수적 지식을 갖춘" 치자, "정확히 이 지식 때문에 치자로서의 정통성을 얻은 치자"다.[249] 이 치자도 피치자(상공 신분)로부터 모종의 '합리성'에 근거한 '동의'를 얻는는 얻는다. "절제는 정말로 전全 음역에 걸친 것으로서 가장 약한 음과 가장 센 음, 그리고 중간 음이 동일한 노래를 합창하는 것인바, 여기서 음은 지혜·체력·수數·부富 등 유사한 기준으로 대체될 수 있다. 우리가 이때의 화합(호모노이아ὁμόνια)을 '절제'로 긍정하는 것이 옳다. 이것은 나라 안에서든 개인의 마음속에서든 어느 쪽이 지배해야 하는지에 대한, 천성적으로 우월한 자와 열등한 자 간의 합치(호모노이아ὁμόνοια)다." 즉, "치자와 피치자 간의 합의(호모독시아 ὁμόδοξια)"다.[250]

그런데 이 '합의'는 치자와 피치자 간의 자유로운 공감적 교류와 대등한 의견 교환의 결과가 아니라 이른바 '나라의 존속과 발전'이라는 '목적'의 실현을 위한 '전략'을 선택하는 관점에서, 즉 '공리적 행위'의 관점에서 치자와 피치자에게 사실상 명령처럼 '강제로 부과된' 것이다. "천성상 장인이나 돈벌이를 하는 사람이 나중에 부富·수數·힘에 의해 또는 이런 유형에 의해 우쭐해져서" 저 합의를 깨고 "전사戰士의 부류로 이행하려 들거나 어떤 전사가 자격도 없이 토의하고 의결하는 수호자집단으로 이

---

248) Platon, *Der Staat*, 540d-e.
249) Schofield, *Plato. Political Philosophy*, 137쪽.
250) Platon, *Der Staat*, 432a-b, 433a, 434a-b.

행하려 든다면 (…) 이 나라에 파멸을 가져올 것이다."[251] 소크라테스·플라톤이 강조하는 이 관점에서 보면, 양자 간의 '합의'는 국망國亡의 회피와 국가 발전을 위해 불가피한 것으로서 충분한 '공리성'을 지녔다고 할 수 있으나, 치자와 피치자 간에는 이 '싸늘한' 공리적 타산 외에 아무런 연대 의식도, 우애도, 동류의식도 없다. 말하자면, 이 '합의'는 당사자들 간의 대등하고 자유로운 공감적 교류를 통해 상황 해석을 공유하고 서로 사귀는 속에서 상호이해와 연대 의식을 공유한 '상호 납득과 상호 결속'이라는 의미에서의 '공감 작용'이 완전히 결여되어 있다. 『국가론』의 치자는 철학적 지식(진리)의 공리적 정당성 외에 아무런 '사회적·정치적' 정통성도 없는 천성적·권위적 '지식 권력자'일 뿐이다. 따라서 철인치자가 다스리는 이상국가의 헌정 체제는 공자의 군자치국처럼 하늘 같은 민심으로부터 동의와 지지를 받는 '덕치가'의 민주적 '덕성의 지배(덕치)'가 아니라 우생학적으로 정당화된 '천성적 철학자'의 단순한 '지식의 지배', 즉 우생학적 천성론天性論에 기초한 공리적 '에피스테모크라티아(ἐπιστήμοκρατία; 지혜로 우상화된 지식의 지배)'일 뿐이다. 철인치자는 공자의 '군자'와 같은 '덕치자'가 아니라 지배의 정통성을 유일하게 '지식'과 그 공리성에만 둘 뿐인 지식 권위적 '괴짜 먹물'일 뿐이다. 따라서 과거에도 이 철인치자의 '에피스테모크라티아'가 실제로 실현된 적이 없지만, 오늘날과 같은 21세기에는 더욱 들어설 자리가 없을 것이다. 다만 20세기에 과학주의 이데올로기와 인종주의 이데올로기를 '철학'으로 착각하는 히틀러·무솔리니·스탈린·모택동·김일성 등 사이비 철인치자들만이 등장했을 뿐이다. 오늘날은 인류가 허위와 이데올로기에 시달리는 것보다 핵물리학적·유전자학적 '진리'가 인류와 자연의 존속을 위협하고 IT와 AI 감시 기술로 인권과 행복을 유린하는 '진리의 지식·정보 정치'에 시달리는

---

251) Platon, *Der Staat*, 432a-b, 433a, 434a-b.

시대, 아니 인류와 자연이 무제한적·무제약적 지식으로 말미암아 말살 위기로 몰리고 있는 시대이기 때문이다.

그렇다고 해서 『국가론』단계의 플라톤을 반反민주주의자라 단언할 수는 없을 것이다. 철학적 '지식'이 지배하는 '에피스테모크라티아'의 폴리스를 그는 '아가테 폴리스(ἀγαθή πολις; 덕스런 나라)' 또는 '칼리폴리스(καλλιπολις; 아름다운 나라)'라 불렀다.[252] 칼리폴리스는 플라톤 자신이 추구하는 '이상理想'이라기보다 천박한 '의견(독사δoξα)'이 지배하던 당대의 중우적衆愚的 직접민주주의를 각성시키기 위한 도발적 대립모형으로 기안된 것이다. 플라톤은 이 '칼리폴리스'도 영구적인 것이 아니라서 필연적으로 우생학적인 이유에서 붕괴될 것이라고 말한다. 수호자들이 동식물들에게 주기적으로 찾아드는 불임·불모의 시기에 동침해 천성과 운수 측면에서 열등한 아이들을 출산하게 되기 때문이라는 것이다.[253] 이를 근거로 일각에서는 플라톤의 『국가론』을 "민주주의의 자기비판" 또는 "민주주의의 수준 있고 조심스러운 (복잡한) 방어론"으로 해석하는 경우도 있다.[254] 물론 플라톤이 소크라테스를 처형한 당대의 저 중우 민주주의를 '방어한' 것으로까지 보는 것은 어폐가 있을 듯하다. 그러나 당시에도 플라톤은 결코 반민주주의자가 아니고, 바로 무제한적 '자유(엘레우테리아 ἐλεὔθερια)'와 '자유언론(파레시아 παρρησία)'를 보장하는 민주정의 '비판적 수호자'였다.

일각에서 강조하듯이,[255] 칼리폴리스의 구상이 바로 무제한적 '자유'와 '자유언론'를 보장하는 이 중우 민주주의의 산물이라는 것을 플라톤 자신이 잘 알고 있었음이 『국가론』의 소크라테스의 발언내용에서도 분명하

---

252) Platon, *Der Staat*, 472e, 527c2.
253) Platon, *Der Staat*, 546a-547b.
254) David Roochnik, *Beautiful City. The Dialectical Character of Plato's 'Republic'* (Ithaca·London: Cornell University Press, 2003), 79, 91쪽.
255) 가령: Roochnik, *Beautiful City*, 78-93쪽.

기 때문이다. 소크라테스는 "이들(민주주의적인 사람들)은 자유롭고 온 나라가 자유와 자유언론이 가득 차고 자기가 하고 싶은 것을 멋대로 할 수 있는 권능(엑수시아 ἐξουσία)이 있고", 따라서 "적어도 멋대로 할 수 있는 권능이 있는 곳에서는 분명 모든 이들이 각자 제 마음에 드는 자신의 사적 생활양식을 마련하게 된다"라고 말한다. 이어서 그는 민주정체를 찬미하기를, "아마 정체 중에서는 이 민주정체가 가장 아름다운 정체일 것이다. 흡사 온갖 꽃무늬로 수놓은 다채로운 외투처럼 온갖 윤리·도덕들로 짜여 있는 이 정체도 가장 아름다운 정체로 나타날 수 있기 때문이다"라고 한다. 이 '가장 아름다운 정체'는 어떤 정체든 찾아보기에 적합한 곳인데, "그것은 이 정체가 제 멋대로 할 수 있는 자유방임 덕에 모든 종류의 정체를 자신 속에 포함하고 있기 때문이다." 따라서 "우리가 방금 했던 것처럼 폴리스를 세우기를 원하는 사람은 누구든 아마 민주국가로 가서 정체政體를 파는 상점에 들른 사람처럼 마음에 드는 모델을 골라야 할 것이고, 고른 뒤에는 그 자신의 정체를 수립해야 할 것이다."[256] 이와 같이 칼리폴리스 같은 것을 세우려면 '민주국가로 가서 정체를 골라야 한다'는 말은 다채로운 민주주의가 마음속의 칼리폴리스를 수립할 수 있는 절대적 전제조건이라는 것을 뜻한다. 그러나 민주주의는 수많은 취약점들(방종, 무법, 무정부성, 무례·몰염치, 포퓰리즘, 데마고기, 민중의 우중화愚衆化, 참주적 포퓰리스트에 대한 취약성 등)이 있다. 철학적 '에피스테모크라티아'는 이 중우 정체에 대한 대립 모형이다. 이런 점들을 종합하면, 중우 정치적 민주주의에 대한 비판과 개혁이 아마 당시 플라톤의 진의였을 것으로 추정된다. 여기에 추가하여 그가 『법률』에서 기획한 혼합정체(간접 민주정)를 고려하면, 이 추정이 더욱 근거 있는 것으로 보인다.

그러나 다시 관점을 바꾸면, 플라톤이 칼리폴리스의 '에피스테모크라

---

[256] Platon, *Der Staat*, 557b-d.

티아'의 주장이 나오게 된 배경을 이해해 준다고 해서 이것이 '에피스테모크라티아'의 긍정을 뜻하는 것이 아니다. '칼리폴리스'가 아테네민주주의의 자유·자유언론과 멋대로 할 권능 속에서만 탄생할 수 있는 결과라고 해서 소크라테스와 플라톤이 구상한 '칼리폴리스' 자체가 오늘날 통용하는 '민주주의'라는 말이 아니기 때문이다. '의견'과 '지식'을 극단으로 대립시키는 패러다임을 전제로 해서 민주적 '여론의 지배'를 '지식의 지배'로 대체하려는 '에피스테모크라티아'는 완전히 그릇된 모형이다.

첫째, 나라가 민중이 우중화하기 쉬운 사회경제적·정치군사적 극한상황에 처해있지 않는다면, '공중의 의견', 곧 '여론'은 거의 법적 효과를 갖는 '공론公論'을 뜻하고 대개 소수의 뛰어난 철학자의 지식을 능가하는 '집단적 지혜'를 담고 있다.[257] 따라서 거두절미하고 민주주의를 늘 인식적 가치(진리성)가 전혀 없는 '의견'이 지배하는 것으로 몰아붙임으로써 '지식의 지배'를 정당화하려는 것은 설득력이 없는 것이다.

둘째, 정치에서 철학적 지혜(지식)의 용도가 전혀 없지 않을지라도, 정치에 기본적으로 필요한 것은 '지혜'가 아니라 '현명'이다. '현명'은 다양한 변화가 용인되는 가변적인 것들과 관련하여 최선의 대안을 구하고 시행할 역량으로서 '오랜 경험으로만 얻어지는 경륜'이다. 이 실천적 '현명'은 오랜 경험을 통해 얻은 슬기로운 판단·결정·집행에 대한 노하우다. 따

---

257) 아리스토텔레스는 최고권력이 가장 훌륭한 소수의 수중에게 있는 경우보다 다중에게 있는 경우가 더 적합하다는 견해가 "약간의 난점을 내포하지만 진리도 내포하고 있다"고 생각한다. "다중은 개개인이 훌륭한 사람이 아닐지라도 전체로서 보면 저 소수의 가장 훌륭한 사람들보다 더 훌륭할 수 있다. 여러 사람들이 힘을 모아 만든 음식이 한 개인이 만든 음식보다 훌륭할 수 있는 것처럼, 각 개인이 아니라 전체가 더 훌륭할 수 있다는 말이다. 왜냐하면 사람들이 많고 각각이 일부의 덕과 지혜를 지니고 있기 때문이다. 이들이 모이면 다중은 수많은 다리·손··지각기관·성품과 지성에 관련된 것 등을 가진 한 단일한 사람과 같아진다. (…) 이 사람은 이 측면을 판단하고 저 사람은 저 측면을 판단하여 모두는 전체를 판단하기 때문이다." Aristoteles, *Politik*, übersetzt von Olof Gigon (München: Deutscher Taschenbuch Verlag, 1955·1986), 1281a38-b14.

라서 정치적 현명은 움직일 수 없는 불변적 필연성을 가장 정확하게 인식해야 하는 엄정한 지혜와 다른 것이다. '정치적 현명'의 테두리 안에서는 복수의 현명한 대안들이 항상 존재하고 늘 서로 경쟁한다. 또 가령 화합을 위해, 또는 상황 강제 때문에 '최선'의 대안과 조금 다르거나 이보다 조금 못한 대안을 채택해도 괜찮을 수 있는 여지가 늘 존재하는 것이다. 따라서 철학적 '지혜'와 달리 정치적 '현명'과 관련해서는 복수의 현명한 대안들에 상응하게 다양한 형태의 '참된 의견들'이 있을 수 있는 것이다. 또한 늘 시간 속에서 발휘되는 실천적 현명의 관점에서는 정반대되는 명제들이 둘 다 옳을 수도 있다. 가령 '종은 불변이다'는 아리스토텔레스의 테제와 '종은 진화한다'는 다윈의 테제는 시간 변수를 집어넣어 고려할 때 둘 다 옳다. 1만 년 이내의 역사적 시간대에서는 종은 불변이고, 3만 년 이상의 진화적 시간대에서는 종은 진화하기 때문이다. '노사勞使는 적수다'는 명제와 '노사는 한 몸이다'는 명제도 둘 다 옳다. 장단기의 시간변수를 투입하면, 단기적으로 노사는 대립하고, 장기적으로는 노사가 늘 한 기업의 구성원이기 때문이다. 지혜는 시간변수를 고려 속에 넣지 않지만, 현명은 늘 시간변수 속에서 사고한다.

따라서 철학적 '에피스테모크라티아'는 정치적 슬기를 '현명'이 아니라 철학적 '지혜'로 보고 모든 '민중의 의견'(여론)을 허위로 보는 본질적 오류 위에 기획된 것이다. 민심(집단적 지성과 집단적 판단)을 깔보고 제압하는 비윤리적·철학적·천재적 '지혜의 지배'라는 '반反민주적·지성주의적' 정통성과 철인치자에 관한 플라톤의 이 지성주의적 '철인치자' 교설은 이후 근현대 합리주의 계열의 정치철학에서 '철인입법자'(데카르트·루소), '철인왕'(라이프니츠·칸트), '철인혁명가'(마르크스·레닌·스탈린·모택동·김일성), '철인총통'(니체·히틀러·무솔리니) 등의 각종 독재와 정치만행을 기획하고 정당화한 '인류 대재앙의 정치철학'으로 면면히 계승된다.

그러나 공자와 맹자는 플라톤과 정반대로 지혜(지식)를 사덕의 말석에 위치시킬 뿐만 아니라 이 지혜에 대해 정통적 지배권력을 부정하고, 인·의·예의 윤리적 '덕성'과 - 이것으로 얻는 - '민심=천심'을 정통적 지배권력의 권원權源으로 인정하는 '덕의 지배(덕치)'를 주장했다. 한편, 홉스·로크·흄도 유사하게 '지혜'의 정통적 지배권력을 정면으로 부정하고 '사회계약'(홉스)·'민심·여론'(템플)·'동의·계약'(로크)·'민심(흄)'을 정통적 지배권력의 원천으로 주장했다. 플라톤의 철인치자론은 이런 경험론 계열의 민주주의철학과 정면으로 배치되는 것이다.

4.3. 제가齊家와 치국治國의 관계

공자는 제가齊家를 치국治國의 바탕으로 주장했다. 소크라테스와 플라톤도 '제가'와 '치국'이 긴밀히 연결되어 있다고 생각했다. 소크라테스와 플라톤은 노예 농장과 '오이코스(οἶκοσ, 가정)'를 전제로 공자·증자·맹자와 유사한 '제가이후치국齊家以後治國'의 논리를 전개한다. '경제'의 유럽어는 'economy·ökonomie·économie'인데, 이것은 고대 그리스어 '오이코노미아(οἰκονομια)'에서 유래했다. '오이코노미아'는 '오이코스'와 '노미아(νομια, 경영·관리)'의 합성어다. '오이코스'는 집·가정·가문 등을 뜻하고, '노미아'는 '노모스(νομος, 법·명령·통치)'에서 나온 파생어로서 '잘 관리하여 가지런히 하는 것', '흐트러짐 없이 가지런하게 정리하는 것'을 의미한다. 그러므로 '노미아'는 한자어 '제齊'의 의미와 거의 일치한다. '오이코노미아'는 원래 '가계경영' 또는 '가정경영'을 의미했다. 따라서 '오이코노미아'는 『대학』의 의미 그대로 '제가齊家'로 옮겨도 무방하다.

크세노폰이 기록한 『메모라빌리아』에서 소크라테스는 국정을 논하면서 '제가학齊家學(오이코스노미아)'에 능란한 사람을 깔보지 말 것을 주문하면서 다음과 같이 말한다.

- 사적인 일을 보살피는 일은 공무를 보살피는 일과 크기에서만 다를 뿐이기 때문이다. 다른 아주 커다란 유사성 중에서 가장 큰 유사성은 둘 중 어느 것도 인간 없이는 행할 수도 없고 사적인 일에서 어떤 인간들에 의해 취해지는 행위가 공무에서 다른 인간들에 의해 취해지는 행위와 다르지도 않다는 것이다. 왜냐하면 공무를 담당한 사람들은 제가齊家를 할 때 사무에서 만나는 사람들과 다른 사람들을 만나는 것이 아니기 때문이다. 이 인간들을 만나는 방법을 아는 사람들은 사적인 일에서도, 공무에서도 다 잘한다. 이를 알지 못하는 사람들은 두 일에서 다 실패한다.[258]

『국가론』에서 개인의 정신·육체 구조에 비유해서 국가체제를 설명하는 국가유기체설을 줄곧 견지하던 플라톤도 최후의 저작 『법률』에서는 소크라테스와 유사하게 제가와 국정, 가정과 국가의 긴밀한 연관성을 시사한다.

- 아마 나라 안의 주인과 자유인의 정신은 나라 안의 사적 일들이 올바로 관리되어 있지 않으면 공무를 위한 그 어떤 안정적 법전이 있을 수 있다고 상정하는 것이 헛되다는 올바른 결론에 귀 기울이고 이 결론을 내릴 것이다. 이것을 감지하면 개인적 시민들은 스스로 우리가 방금 언급한 규칙을 법으로 채택할 것이고 이렇게 함으로써 그리고 이렇게 올바로 규정함으로써 그의 가계와 국가는 둘 다 행복을 이룰 수 있을

---

258) Xenophon, *Memorabilia*, Book III, ch.4 §12.

것이다.[259)]

또한 플라톤은 국법도 "아버지나 어머니처럼 사랑과 지혜에 따라 움직이는 사람들을 담아야 한다"고 생각했다.[260)] 소크라테스는 오이코스와 폴리스(국가) 간의 기능적 동일성을 말하고 있고 플라톤은 양자 간의 기능적 연관성과 양자 간의 사랑과 지혜의 동일성을 말하고 있다. 뒤에 상론하듯이 아리스토텔레스는 이와 좀 다른 각도에서 일단 '프락시스($πρα\xiιςς$ 실천), 즉 정치활동, 철학 등을 가능케 하는 부와 스콜레($σχολή$ 여가) 확보의 경제적 관점에서 당대의 '오이코노미아'를 고찰한다. 그는 노예 관리 능력과 풍요로운 경제기반의 확대를 통해 자질구레하고 귀찮은 오이코노미아로부터 해방되어 스콜레 속에서 '정치와 철학'을 할 수 있다는 시각에서 오이코스와 폴리스의 관계를 본 것이다. 그는 오이코노미아에 성공한 시민만이 정치를 업으로 삼을 수 있다고 말한다. 그 성공의 기준은 '오이코스'를 번창시켜 노예의 숫자를 늘리고 가정 경영의 일을 대리경영인에게 위임할 수 있는 규모의 부富를 축적하는 것을 말한다.[261)] 바로 '제가이후치국'의 경제적 의미다.

소크라테스와 플라톤은 이른바 '필리아($φιλία$, 사랑, 인애仁愛)'를 덕으로 인식하고 인간 생활과 국가의 기초이자 하나의 목표로 여겼다. '필리아'는 공자의 '인仁'과 거의 개념적으로 일치한다. 플라톤의 초기 대화편에 속하는 『뤼시스』에서 소크라테스는 이 '필리아'를 본격적으로 다루지

---

259) Platon, *Gesetze*, 790b.
260) Platon, *Gesetze*, 859a.
261) Aristoteles, *Politik*, 1255b30-38: "주인의 학學은 노예들을 활용할 줄 아는 학이다. 주인이 주인인 것은 노예의 획득에서가 아니라 노예의 활용에서 나타나기 때문이다. 하지만 이 학은 위대하거나 고상한 것이 전혀 없다. 이 학은 단지 노예가 수행할 수 있어야 하는 것을 시킬 수 있는 것에 있을 뿐이다. 그러므로 이런 일로 스스로를 귀찮게 하지 않을 정도로 풍족해진 사람들은 모두 대리인에게 이 일을 맡기고 정치를 하거나 철학을 한다."

만 놓쳐서는 안 되거나 반드시 회피되어야 할 핵심적 줄거리만 상론하고 필리아의 정의를 아포리아(미제의 난문)로 남겨놓다.[262] 그러나 소크라테스는 이 아포리아에 대한 개략적 해답을 가지고 있었다. 소크라테스의 필리아는 부자간의 효도, 형제간의 우애, 공사 간의 신의(우정과 우호)로 구분한다. 그런데 이 중 효도에 대한 그의 논변은 감동적이기 때문에 좀 길게 소개할 필요가 있다.

소크라테스는 "야수가 잔혹한 것보다 더 참기 어려울 정도로 잔혹하고 사나운 부모"에 대해서도 자식이 효도를 해야 할 이유를 공자보다 더 상세하고 절실하게 논증한다. 만약 이런 효도를 잊으면 배은망덕이고 "배은망덕은 순수하고 단순하게 부정不正한 짓"이다.[263] 자식이 부모로부터 받은 은혜보다 더 큰 은혜는 없다. 부모 덕택에 자식은 비로소 '무'에서 '유'로 이동했고 그리하여 이 세상의 그 많은 고귀한 것들을 보고 수많은 좋은 일들에 참여할 수가 있는 것이다. 인간은 정욕 때문에 자식을 만든 것이 아니라 곰곰이 숙고하여 서로 좋은 배우자를 구하고 아비는 자식을 낳을 어미를 부양하고 태어날 자식을 위해 자식의 삶에 도움이 될 만한 일체의 것을 준비한다. 어미는 임신하면 자신의 생명을 무릅쓰고 그 무서운 짐을 지고 자신의 영양분을 나눠주고 모든 고생을 마지막까지 견디어 아이를 낳는다. 그 후에도 이에 대한 아무런 보은을 받은 것도 아닌데 기르고 돌봐주고 은혜를 입었는지 알 리도 없고 제 욕구를 말할 줄도 모르는 아이를 짐작으로 다 알아서 이것을 채워주려고 애쓰고 오랜 세월 밤낮으로 제 몸을 아끼지 않고 기르지만, 보답을 받을 생각조차 하지 않는다. 그리고 배울 나이가 되면 부모는 자식에게 인생을 위하여 필요한 것을 가르치고 돈을 들여 자기들보다 훌륭한 스승에게 자식을 보내 공부를

---

262) Platon, *Lysis*.
263) Xenophon, *Memorabilia*, Book II, ch.2 §3·7.

시켜 될 수 있는 대로 훌륭한 아이가 되도록 있는 힘을 다한다. 따라서 어미의 성격이 사납고 잔혹하더라도 야수가 물어뜯거나 낚아채는 것에 비하면 약과이고 또 자식이 어려서 어미를 밤낮으로 귀찮게 괴롭히고 아파서 어미의 걱정을 끼친 것을 생각하면 그런 사나움과 잔혹함은 이에 비할 게 못 된다. 더구나 자식이 더 잘되라고 사납고 잔혹한 것처럼 연극을 하는 것일진대 이것은 간단히 참아 넘길 수 있는 것이다. 자식에 대한 어미의 사랑은 변함없는데 어미가 거칠고 사납다고 생각하는 것은 잘못이다. 이런 어머니를 견딜 수 없는 자식은 훌륭한 일들을 감당할 수 없다. 자식은 다른 사람들을 섬기거나 장군이나 치자治者를 제대로 섬기려면 이런 어미를 견디어 내야 하는 것이다. 이런 효자만이 사회와 정치에서도 협력자와 조력자의 인애를 얻을 수 있고, 해외여행 중에 길동무의 인애를 얻을 수 있다. 따라서 자식을 누구보다도 사랑하는 부모에 대한 자식의 효도는 인간에게 매우 중요한 것이다. 이런 까닭에 국가는 다른 배은망덕에 대해 눈감지만, 부모에 대한 배은망덕과 관련해서는 처벌하고 부모에 대한 배은망덕자가 공무를 담당하는 것을 금지하는 것이다. 이런 자들은 공무를 바르고 훌륭하게 수행하지 못할 것이기 때문이다. 그뿐만 아니라 부모의 묘지를 잘 보살피지 않고 제사를 지내지 않는 자는 '도키마시아(δοκιμασϊά)'에서 이를 심사하는 것이다. 불효자는 세상 사람들에게 경멸받고 결국 친구 하나 없이 고립무원에 빠지게 된다. 부모에게도 배은망덕한 이런 불효자에게 잘해주더라도 그로부터 보은을 받으리라고 누구도 생각지 않기 때문이다.[264] 플라톤도 『법률』에서 소크라테스의 이러한 효론 孝論과 전적으로 동일한 견해를 피력하고 있다.[265]

---

264) Xenophon, *Memorabilia*, Book II, ch.2 §3-14. 도키마시아(δοκιμασϊά)는 시민의 자식이 18세가 되면 심사를 통해 시민권을 부여하기 공적 권리와 의무를 이행할 역량을 검증하는 아테네의 시민권심사제도다.
265) Platon, *Gesetze*, 717쪽.

소크라테스의 효론은 효를 실천해야 하는 이유와 효의 사회적·정치적 위치가位置價에 대해 논리적으로 잘 설명하고 있다. 이와 유사하게 증자는 공자의 '제가이후치국론'를 이렇게 해설한다.

- 소위 치국이 반드시 제 가문을 가지런히 함을 앞세우는 것은 제 집을 가르치지 못하면서 능히 남을 가르칠 수 있는 경우가 없기 때문이다. 그러므로 군자는 출가出家하지 않고서도(집안에서도) 나라에 관한 가르침을 이루는 것이다. 효는 임금을 섬기는 방식이요, 우애는 상사(윗사람)을 섬기는 방식이요, 자애는 백성을 부리는 방식이다.[266]

그리고 공자는 효의 이유를 당연한 것으로 전제하고 효의 근본적 위치가와 시종始終에 대하여 다음과 같이 말한다. "효는 덕의 근본이고 가르침의 발생이유다. (…) 신체발부身體髮膚는 부모로부터 받은 것이니 감히 훼손하거나 상하게 하지 않는 것이 효의 시작이고, 몸을 바로 세워 도를 행하고 후세에 이름을 날려 부모를 드러나게 하는 것이 효의 마침이다. 효는 부모를 섬기는 데서 시작하여 중간에 임금을 섬기고 자신을 바로 세우는 데서 끝나는 것이다."[267] 따라서 "어버이를 사랑하는 자는 감히 남을 미워하지 않고 어버이를 공경하는 자는 감히 남에게 오만하게 굴지 않는다. 그러기에 어버이 섬기는 데에 사랑과 공경을 다 하면 덕의 교화가 백성에게 더해져 사해에 모범적 영향을 미친다(子曰 愛親者不敢惡於人 敬親者不敢慢於人. 愛敬盡於事親而德敎加於百姓刑于四海)". 또한 아버지에 대한 사람과 어머니에 대한 사랑은 동일해야 하고, 또 아버지에 대한

---

266) 『大學』「傳九章」: "所謂治國 必先齊其家者 其家不可敎 而能敎人者無之. 故君子 不出家而成敎於國. 孝者 所以事君也 弟者 所以事長也 慈者 所以使衆也."
267) 『孝經』: "子曰 夫孝德之本也 敎之所由生也 (…) 身體髮膚受之父母不敢毀傷孝之始也. 立身行道揚名於後世以顯父母孝之終也. 夫孝始於事親中於事君終於立身"

공경과 임금에 대한 공경도 동일해야 한다. 공자는 "아버지를 섬기는 것을 본으로 하여 어머니를 섬기되 사랑은 같아야 하고 아버지를 섬기는 것으로 본으로 삼아 임금을 섬기되 그 공경은 같아야 한다"고 말한다(資於事父以事母而愛同資於事父以事君而敬同).[268] 공자의 이 효론은 거칠고 사나운 척 연극을 하는 어머니를 견디고 사랑하는 자식만이 훌륭한 일들을 감당할 수 있고 타인들을 섬기거나 장군과 치자를 제대로 섬긴다고 설파하는 소크라테스의 효론과 참으로 대동소이하다 할 것이다. 이런 까닭에 윌리엄 템플이 그리스철학의 기원을 공자철학이라고 주장한 것으로 보인다.

또 공자는 말한다. "『서경』에 '효성스럽도다! 부모에 효성스럽고 형제간에 우애 있으니 이를 정치에 편다(書云 孝乎 惟孝 友于兄弟 施於有政)'라고 했다. 이것도 역시 정치인데, 이것 말고 무엇이 정치를 하는 것이란 말이냐?(是亦爲政 奚其爲爲政)"[269] 공자의 제자 유자有子도 '가정의 사적 효제가 정치적 인仁의 – '맹아'일 뿐만 아니라 – '근본'이라고 표명한다. "사람됨이 효성스럽고 우애로우면서 윗사람을 범하기 좋아하는 자는 드물다. 윗사람을 범하기를 좋아하지 않으면서 난을 일으키기를 좋아하는 자는 아직 없었다. 군자가 근본에 힘쓰면 근본이 서고 도가 일어난다. 효제孝悌는 인의 근본이니라!"[270]

소크라테스도 형제간의 우애, 벗들 간의 우정, 정치적 우호와 연대 등 다른 인애에 대해서도 상론한다. 형제는 두 손, 두 발, 두 눈의 유대관계보다 더 큰 도움을 주는 유대관계다. 손은 물건들이 너무 멀리 떨어져 있으면 먼 곳의 물건과 가까운 곳의 물건을 동시에 집을 수 없고, 발은 먼 곳과 가까운 곳을 동시에 디딜 수 없고, 눈은 먼 곳과 가까운 곳, 앞과 뒤를 동

---

268) 『孝經』「第1章 開宗明義」,「第2章 天子」,「第5章 士」.
269) 『論語』「爲政」(2-21). 『서경』의 인용구는 『書經』「君陳」에서 따온 것이다.
270) 『論語』「學而」(1-2).

시에 볼 수 없다. 그러나 신이 이런 사자와 이목보다 서로 더 큰 도움이 되도록 맺어준 형제들은 우애한다면 아무리 멀리 떨어져 있더라도 서로의 이익을 위해 도울 수 있다. 따라서 형제간의 불화는 반드시 해소해야 한다. 불화를 해결할 때는 동생이 먼저 손을 내밀어야 한다. 이것은 길에서 만난 사람들 간에 연하가 연장자에게 길을 비켜주고 자리를 앉을 때는 연장자에게 자리를 권하고 대화할 때는 먼저 말하도록 양보하는 것이 통례이듯이 동생이 먼저 양보하여 손을 내밀어야 한다. 형제간에 서로의 마음을 얻으려면 사악한 사람들의 마음을 붙잡을 때처럼 물건을 주고받는 것보다 고상한 유덕자들이 인애의 예로 서로의 마음을 얻어 벗이 되는 식으로 하는 것이 좋다.[271] 소크라테스는 공자처럼 형제간의 우애와 벗들 간의 우정을 서로 상통하는 것으로 다루고 있다. 이어서 소크라테스는 인애의 사적·공적 형태인 우정과 연대를 논한다. "신의 있고 훌륭한 친구는 모든 자산 중에서 가장 귀중한 것이다". 그런데도 사람들은 벗을 사귀는 일보다 다른 일에 더 힘쓰고 있다. 따라서 하인이 아프면 마음을 쓰지만 벗이 아프면 돌아보지 않고, 노예가 죽으면 아까워하지만 친구가 죽으면 아쉬워하지 않고, 다른 재산은 하나도 잊지 않으면서도 벗이 도움을 바랄 때는 모르는 체하는 일이 발생하는 것이다.[272] 그러나 좋은 벗은 어떤 재물, 어떤 마소, 어떤 노예보다 쓸모 있고 호의적이고 신의 있는 존재다. 좋은 벗은 사적 장비나 집단행동에서 자신의 벗의 부족을 메워주고, 벗이 누군가를 잘 대접해야 할 필요가 있을 때는 후원을 해주고, 두려움으로 마음이 어지러울 때는 그를 지원하고 필요에 따라 벗을 재물과 행동으로 돕고 누군가를 설복하고 압력을 가하는 것을 돕는다. 또한 좋은 벗은 자기 벗이 잘할 때 가장 기뻐해 주고 실패할 때는 힘을 북돋워 준다. 좋은 벗

---

271) Xenophon, *Memorabilia*, Book II, ch.3, §16·17-18.
272) Xenophon, *Memorabilia*, Book II, ch.3, §3-14.

들은 두 손, 두 눈, 두 귀, 두 다리가 서로 돕는 것보다 서로에게 더 많은 도움을 준다. 따라서 인간은 각자 자신이 벗에게 얼마나 가치 있는 존재인지를 돌아보고 가급적 소중한 사람이 되도록 노력하여 친구가 나에게 등을 돌리지 않도록 하는 것이 중요하다.[273]

공자는 "자기와 같지 않은 자를 벗으로 사귀지 말라(無友不如己者)"고 말했다.[274] 소크라테스도 유사하게 좋은 벗을 사귀려면 식욕, 음주 욕구, 쾌락 욕구, 수면 욕구, 나태에 대한 욕구 등을 스스로 지배하는 수신자, 극기자克己者를 사귀어야 한다. 왜냐하면 이런 욕구들에 정복당하는 자들은 자기 자신을 위해서나 벗을 위해서나 해야 할 일을 할 수 없기 때문이다. 좋은 벗이 될 만한 사람은 육체적 쾌락을 잘 절제하고 신의 있고 타협적이며 야심 있고 보은을 잊지 않아 그와 사귀는 사람에게 유익한 사람이다. 사귀기 전에 신탁점을 쳐보고 사귈 사람을 검토해 보는 것도 좋다. 인간은 천성상 필리아(인애)를 향한 성향이 있다. 인간은 협력자로서 서로를 필요로 하고 동정을 갖고 혜택을 주고 이것을 받으면 서로에게 고마워 할 줄 안다. 그러나 동시에 서로 좋은 것을 얻으려고 경쟁과 적대를 향한 성향도 있다. 그러나 필리아는 온갖 경쟁과 적대를 뚫고 고귀한 선인들(군자들)을 결합시킨다. 자신들의 덕성 덕택에 이들은 전쟁을 통해 만물의 주인이 되는 것보다 오히려 고생이 없을 만한 적당한 재산을 소유하는 길을 선택할 것이기 때문이다. 그들은 배고프고 목마를지라도 어렵지 않게 음식을 나눌 수 있고, 성인과는 섹스의 기쁨을 즐길지라도 섹스 상대로 적당치 않은 사람들에게 고통을 주지 않을 만큼 절제할 수 있다. 그들은 돈도 공정하게 나눠 가지고 서로 융통해 주고 투쟁심을 억제하고 조절하여 상호 이익을 유도할 줄 안다. 자기의 재물을 벗에게 제 것처럼 쓰게

---

273) Xenophon, *Memorabilia*, Book II, ch.4 §1·3-6.
274) 『論語』「學而」(1-8).

하고 그 벗의 물건을 제 것처럼 소중히 여겨 질투심을 완전히 질식시켜 버린다.[275]

또한 소크라테스는 군자들 간의 필리아(우정)는 훌륭한 치국의 전제라고 말한다. 군자들은 정치적 영예의 영역에서도 서로에게 무해할 뿐 아니라 이로운 동지가 된다. 재부를 훔치고 인간들에게 강권을 구사하고 쾌락을 즐길 면허증을 얻기 위해 나라의 명예로운 치자가 되려는 자들은 부정하고 사악하여 남들과 조화롭게 사는 데 무능하다. 반대로 누군가 자신이 억울할 일을 당하지 않고 벗들에게 정당한 도움을 줄 수 있도록, 그리고 치국에서 자신의 조국에게 어떤 도움이 되도록 나라에서 명예로운 자리를 얻으려고 한다면, 이런 인물은 어떤 조건에서든 다른 사람들과 조화롭게 살 수 있을 것이다. 그는 군자들이 그와 함께하면 그의 벗들에게 혜택을 더 베풀고 이 군자들을 동지로 얻으면 자기 나라에 선행을 더 많이 할 수 있을 것이다. 최선의 군자들이 최선의 벗들을 얻은 뒤 이들을 동지와 협력자로 활용해 나라에 훌륭한 치적을 이룬다면 이들을 이길 자는 없다. 전쟁의 경우에도 동맹이 필요하다. 더구나 적군에 군자들이 더 많다면 더욱 많은 동맹군이 필요하다. 그리고 동맹자가 되려는 사람을 잘 대접하여 열심히 싸우도록 만들어야 한다. 무엇보다도 수적으로 많은 열등한 사람들보다 수적으로 적은 최선의 인물들을 잘 대접하는 것이 더 낫다. 사악한 자들은 선한 자들보다 훨씬 더 많은 대접을 요구하기 때문이다. 사람들로부터 어떤 일이든 잘한다는 평가를 받아 군자들을 벗으로 사귀는 가장 효과적이고 안전하고 고귀한 지름길은 어떤 일이든 잘하게 되도록 노력하는 것이다. 덕이라 불리는 모든 일들은 학습과 연습에 의해 더해지는 법이다.[276]

---

275) Xenophon, *Memorabilia*, Book II, ch.6 §1·5·7·21·22·23·24.
276) Xenophon, *Memorabilia*, Book II, ch. 6, 25·26·27·28·39.

소크라테스는 이처럼 필리아를 공사公私의 모든 인간관계에 적용하여 두 분야의 필리아를 연계적·연속적으로 설명하고 있다. 이것은 플라톤도 마찬가지다. 그는 『뤼시아』의 아포리아에 대한 논리적인 해답을 그의 최후 저작 『법률』에서 주고 있다. 일단 그는 입법이 목표로 삼는 "국가의 최고선은 우리가 탈출하려고 기원하는 전쟁이나 내분이 아니라 서로서로와의 평화와 인애 감정이다"라고 전제한 뒤에 논의를 다음과 같이 정리한다. "우리는 우리의 이상이 나라가 자유롭고 분별 있고 내적으로 인애(필리아) 속에 들어 있어야 하고 입법자도 이를 목표로 입법해야 한다는 것이기 때문에 거대하거나 혼합되지 않은 단일 헌정 요소를 가진 정체政體를 법으로 설립하는 짓을 큰 실책이라고 명명했다. (…) 그런데 목표를 염두에 둘 때는 현덕(프로네시스)과 인애가 진짜 다른 목표가 아니라 동일한 목표라는 것을 성찰해야" 한다.[277] 이 두 번째 논의에서는 결국 국가의 최고선이란 인애와 자유로 정의된다. 그런데 그는 나중에 이 정의를 약간 변형시킨다. "우리의 법의 기본 목적은 (…) 시민들이 가능한 한 행복해야 하고 인애(연대) 속에서 최고도로 화합해야 한다는 것이다. 시민들은 빈번히 서로와 합법 행위를 하다가 또 빈번히 불법 행위를 하는 곳이 아니라 이 불법행위가 최소이고 가급적 가장 적은 곳에서 인애롭다."[278] '인애와 평화', '인애와 자유', '인애와 행복'으로 나타나는 세 번의 각기 다른 정치적·법적 최고선(최고목적)의 정의에서 플라톤은 인애를 공통된 최고의 국가이념으로 여기고 있다.

국가와 인애 간의 이러한 기본 관계를 세 차례에 걸쳐 명확히 함과 동시에 플라톤은 뒤에 다시 상론하지만 필리아(인애)의 개념을 정의한다. "우리가 인애(필리아)·욕망·육감적 사랑(에로스)을 올바로 규정하려면, 이

---

277) Platon, *Gesetze*, 628c, 693b·c.
278) Platon, *Gesetze*, 743c·d.

개념들의 참된 본성을 식별할 필요가 있다. 이 개념들이 극도의 혼동과 모호성을 야기하는 것은 성애라는 이 단일 술어(에로스)가 저 두 술어들(필리아와 욕망)을 포함하고 또한 제3의 유형이 이 중 두 개의 술어(필리아와 에로스)로 혼성되어 있다는 사실이다. (…) 필리아는 덕의 관점에서 유사한 자가 유사한 자에 대해 그리고 동일한 자가 동일한 자에 대해 갖는 애착과, 또한 빈자가 부자에 대해 갖는 애착에 부여하는 명칭이다. 그리고 이 감정 중 어느 것이든 강렬하면 우리는 이것을 '에로스'라고 부른다. (…) 상반되는 사람들 간에 일어나는 필리아는 격렬하고 맹렬하지만, 사람들 간에 거의 교호적이지 않은 에로스인 반면, 유사성에 기초한 필리아는 점잖고 평생 교호적이다. 이 둘의 혼합으로부터 일어나는 유형(제3의 유형)은 어려움을 안고 있다. 첫째는 이 제3의 유형의 사랑을 품은 사람이 진정으로 얻으려고 하는 것이 무엇인지 알아내기 어렵다는 것이고, 그다음은 그 사람 자신이 한쪽에서 애인의 농염한 아름다움을 즐길 것을 졸라대고 다른 쪽에서는 이를 가로막는 두 가지 성향에 의해 상반된 방향으로 동시에 끌려 어찌할 바를 모르는 까닭에 어렵다는 것이다. 육체와 열애에 빠져 농익는 복숭아처럼 농염한 아름다움을 갈망하는 사람은 애인의 마음을 고려치 않은 채 스스로에게 그 풍만함을 취하라고 재촉하는 반면, 육체적인 욕망을 한낱 부차적인 것으로 여기고 육감적 에로스를 동경의 눈길로 대치代置하고 영혼으로 영혼을 진정으로 갈망하는 사람은 육체의 육체적 충족을 비행非行으로 여기고 절제·용기·위대성·지혜를 존경의 염으로 숭배하기 때문에 당연히 에로스의 순결한 대상과 더불어 늘 순결하게 살기를 열망한다. 이 두 종류로 혼성된 필리아는 우리가 빙금 제3의 유형이라고 부른 에로스다." 따라서 "이른바 에로스가 이처럼 아주 다양하기 때문에" 법으로 "이 모든 에로스를 다 금지하고 이 에로스라는 것이 우리들 사이에 존재하는 것을 막기"보다는 "솔직히 젊은 애인들이 가능한 한 훌륭하기를 요구하는 덕성에 속하는 사랑이 원컨대 우리 국가 안에 존재하기를 기원하는 한편, 다른 두 가지 유형(욕망과 육감적 에로스)을 가급적 금지하는" 길을 가야 할 것이다.[279] 플라톤은 '덕성에 속하는 사랑'을 '영혼으로 영혼을 진정으로 갈망하는' 점잖고 교호적인 필리아 및 필리아와 에로스의 '혼합'으로 이루어진 덕스런 사랑으로 넓게 규정함으로써 예와 의에 따른 사적 '효제'와 공적 박시제중의 '인애'를 포괄하는 '인간사랑'으로서의 공자의 인仁 개념과 거의 동일한 광의의 필리아 개념을 주조해 내고 있다.

---

279) Platon, *Gesetze*, 836e-837d.

제5절

공리주의 도덕론과
군사적·공산주의적 정의국가론

앞서 드문드문 보였지만 소크라테스와 플라톤의 도덕론은 사랑을 말하지만 결국 사덕에서 사랑을 배제하고 도덕성을 유용성(이익)과 동일시하고, 따라서 그의 정의론도 분업적 효율성(공리성)을 최고로 치는 분업적 정의론이다. 따라서 그의 이상국가도 사랑을 배제하고 장애인에 대해서도 무자비한 영구불변의 공고한 카스트 분업적 국가다.

5.1. 소크라테스·플라톤의 동정심 없는 공리주의 도덕론

소크라테스와 플라톤의 공리주의는 흄·벤담·밀의 근대 공리주의의 원시적 기원이다. 근대 철학자들은 자본주의 시대의 개막과 함께 소크라테스·플라톤·아리스토텔레스·에피쿠로스의 미흡하고 불철저한 도덕철학에 뒤섞여 있는 원시적 공리주의를 되살려내 일반화했다. 공리주의적 속류

도덕론의 특징은 행위의 동기를 중시하지 않고 결과주의적 최대 이익(최대 기쁨)을 도덕의 원인과 이유로 보는 데 있다.

■ 소크라테스·플라톤의 원시적 공리주의

쇼펜하우어는 플라톤만이 덕성론에 행복을 끌어들이지 않았다고 평가했는데,[280] 이것은 분명 오독에서 나온 말일 것이다. 소크라테스와 플라톤은 오히려 선과 덕행을 이익과 뒤섞고 덕행을 행복과 등치시키거나 덕성을 행복의 원인으로 간주하는 공리주의적 덕성 개념에 자주 빠져들었다.

『국가론』에서 플라톤은 선지자 소크라테스와 함께 덕행으로 행복을 구하는 '덕행구복론德行求福論'의 입장에서 "선은 유익한 것(오펠리몬 ὠφέλιμον)"이고, 또한 "선은 잘함 또는 잘 삶(에우프라기아εὐπραγία, 행복)의 원인"이라고 말한다.[281] 또 "악행"이 이익이 아니라 "덕행이 이익"이라고도 말한다.[282] 영혼의 덕성은 "이전에 영혼 안에 들어 있지 않았으나", 오랜 "에토스(ἔθος)와 아스케시스(ἄσκησις)", 즉 오랜 "습관과 수신"을 통해서 "나중에야 생기게 되는" 것이다.[283] "훌륭한 생활 습관은 덕성의 습득으로 통하는 반면, 수치스런 생활 습관은 악덕의 습득으로 통한다." 그런데 이에 잇대서 플라톤은 "덕성"을 "일종의 영혼의 건강, 아름다움, 양호함"으로 정의하고 "악덕"은 "영혼의 질병, 추함, 허약함"으로 정의한다.[284] 소크라테스와 플라톤의 덕성론은 이렇게 철두철미 이익 연관적·공리적功利이다.

또 『국가론』 4권에서 소크라테스와 플라톤은 정의의 본질도 이익이라

---

280) Schopenhauer, *Preisschrift über die Grundlage der Moral*, §3, 643쪽.
281) Platon, *Der Staat*, 379b.
282) Platon, *Der Staat*, 445a.
283) Platon, *Der Staat*, 518d-e.
284) Platon, *Der Staat*, 444d-e.

고 생각한다. 그들 자신이 "정의가 이익이다"는 트라시마코스의 이 주장에 동의하기 때문이다.[285] 그들은 정의론에서 트라시마코스의 동일하게 공리주의적 정의 개념으로부터 출발하고 있다.

플라톤의 이 공리주의는 소크라테스에 근거한 것이다. 소크라테스는 '인간에게 가장 좋은 추구 대상이 무엇인지'를 묻는 질문을 받고 "덕행(에우프락시아 εὐπραξιά)"이라고 대답한다. '에우프락시아'는 물론 '덕행' 외에도 '행복'과 '성공'이라는 뜻도 있다. '행운(에우튀키아 εὐτυχία)도 하나의 추구 대상인지'를 묻는 재차 질문에 그는 다음과 같이 대답한다.

- 나는 운(튀케τύχη)과 행위(프락시스πρᾶξις)가 완전한 대립 개념이라고 생각한다. 나는 추구하지 않고 필요한 것을 우연히 얻게 되는 것을 행운(에우튀키아)으로 여기지만, 뭔가를 배우고 익힌 사람이 이것을 잘 하는 것은 덕행(에우프락시아)이고 이것을 추구하는 사람들은 잘하는 것이라고 생각한다.[286]

소크라테스에 의하면, 인생의 최고목적은 덕행이고, 덕행은 행복과 동의어다. 오로지 배우고 익혀 실수 없이 잘하는 것만이 추구할 일이고 이 것이 바로 덕행이다. 『국가론』에서도 소크라테스는 정의로운 덕자德者는 "장차 행복하게 될 사람"이라고 말한다.[287] 그리고 앞서 시사했듯이 "참된 부자들"은 결코 황금이 풍부한 자들이 아니라 "행복한 자들에게 풍부한 것으로 풍부한 사람, 즉 선하고 현명한 삶(ζωῆς ἀγαθῆς τε καὶ ἔμφρονος)으로 풍부한 사람"이라고 말한다.[288] 이 말은 행복은 곧 '풍부한

---

285) Platon, *Der Staat*, 339b.
286) Xenophon, *Memorabilia*, Book III, ch.9 §14.
287) Platon, *Der Staat*, 427d-e.
288) Platon, *Der Staat*, 521a.

선과 현명의 삶'이고, '풍부한 선과 현명의 삶'은 수신을 통해 광대한 선과 현명이 습관화(체화)된 삶이고, 이런 삶은 곧 '덕스런 삶'이다. '덕스런 삶'은 상술한 대로 '덕행의 삶' 또는 '삶으로서의 덕행'이다.

그런데 소크라테스와 플라톤은 모순되게도 덕행자도 빈곤·질병·곤경 등의 불운에 빠져 평생 불행하게 살 수 있다고 생각한다. 덕행자는 덕행 자체로써 행복을 누리는 것이 아니라 불행할 수 있다고 생각하는 것은 그들이 개념적 혼란 속에서 인간적·사회적 행복(필자의 '사랑·우애·연대·덕행의 행복')과 본질적으로 다른 공리적 쾌락을 최고 행복으로 상정하고 있다는 것을 뜻한다.

소크라테스와 플라톤은 기쁨을 즐거움과 혼동하고, 행복을 이 기쁨, 또는 욕망의 충족으로 기쁨을 주는 이익으로 이해한다. 그러나 덧없는 기쁨(쾌락)이나 이 쾌락을 위한 이익을 '행복'이라고 할 수 없을 것이다. 행복(감)은 성질상 오래가는 '즐거움'이기 때문이다. '즐거움'은 타인과의 공감에서, 즉 사람들 간의 사랑(우정), 서로 어울림(우호적 교제나 더불어 모임)의 정다움, 덕행(도덕적 행위)의 선의善意에 대한 공감에서 나온다. 덕성 또는 덕행도 그 자체가 행복이 아니라, 서로 사귀어 벗이 됨으로써 느끼는 행복감이다. 어려운 상황에 처한 남을 동정하여 남을 돕는 덕행은 반드시 왕왕 그 남과 벗이 될 수 있기 때문이다. 그래서 공자가 "덕은 외롭지 않으니 반드시 이웃이 있다(德不孤 必有隣)"고 말한 것이다.[289]

소크라테스와 플라톤은 행복을 공리적 쾌락을 맛보는 것으로 생각했다. 그렇기 때문에 '불행'은 공리적 쾌락을 맛보지 못하는 것을 뜻한다. 그들은 이 – 이런 의미에서 – '불행한' 덕자에게 사후에라도 쾌락적(공리적) 행복으로 보상해 주려고 한 것이다. 생전에 불행한 덕자는, 소크라테스에 의하면, 반드시 노년에 보상을 받고 노년에 보상받지 못하면 (한두

---

[289] 『論語』「里仁」(4-25).

교나 불교에서 온) 윤회설의 관점에서 죽은 뒤 내세에서 신들로부터라도 보상을 받게 된다는 것이다. "덕이 인간과 신으로부터 영혼에 가져다주는 모든 다양한 보상과 보수를 생전이든 사후든 정의와 덕성 일반에게 추가로 할당해 주는 것에 대해 그 어떤 이의도 있을 수 없을 것이다."[290] 그리고 "신들로부터 오는 모든 것들은 신에게 예쁨 받는 의인義人을 위해 – 전생의 죄로 야기된 불가피한 악행이 있는 경우가 아니라면 – 가장 좋은 것으로 하나같이 작용하게 되는 것이지만", 이들도 빈궁·폐질·흉액을 당할 수 있기 때문이다. "이것은 의인에 관한 우리의 확신이어야 한다. 궁핍이나 질병 또는 흉액에 처하든 이 모든 것은 최종적으로 의인에게 그의 생전과 사후에 다 좋은 것으로 입증될 것이라는 것이다. 기꺼이 정의롭고자 하고 또 열성으로 정의로워지려고 애쓰고 그에게 힘이 닿는 한, 덕행으로 신과 닮으려고 애쓴 그 인간을 결코 신이 소홀히 하지 않을 것이기 때문이다."[291] 따라서 의인들은 흉액에 처하더라도 인생 말년에 이르면 또는 사후에는 다 보상을 받게 된다는 것이다. "영리하지만 사악한 자들은 출발할 때 잘 달리지만 반환점을 돈 뒤부터는 잘 달리지 못하는 그런 육상선수가 하는 것처럼 행동한다." 그들은 스타트에 재빨리 튀어 나가지만 종국에는 비웃음거리가 되어 월계관도 쓰지 못한 채 귀를 어깨 위에 늘어뜨리고 경기장을 떠나게 된다. 그러나 참된 육상선수는 목표 지점에 도착해서 상을 타고 관을 받아쓴다. 이런 포상은 "의인들에게도 통상적 귀결이다." 의인들은 "모든 행위와 만남 그리고 인생의 마지막쯤에 사람들로부터 존경을 받고 상을 탄다." 그러나 정의 그 자체가 부여하는 축복에 더해 신과 인간에게서 받는 이런 상·보수·선물과 정의롭지 않은 자들이 겪는 수모는 "수와 크기에서 사후에 이 양자를 기다리고 있는 것들

---

290) Platon, *Der Staat*, 612b-c.
291) Platon, *Der Staat*, 613a-b.

과 비교하면 아무것도 아니다."²⁹²⁾ 의인은 생전에 느낀 행복과 비교가 되지 않는 열락을 다시 맛보고 혹시 생전에 불행했다 하더라도 사후에 비교할 바 없이 크고 많은 축복과 포상을 받을 것인 반면, 정의롭지 못한 자는 생전에 수모를 겪었다면 이것과 비교되는 고통스런 수모를 다시 겪고 생전에 수모를 겪지 않았다면 죽어서는 제대로 수모를 겪게 된다는 말이다. 따라서 소크라테스와 플라톤은 내세에서의 심판과 윤회적 재탄생을 『국가론』의 마지막 제10권에서 자세히 기술하고 있다.²⁹³⁾

따라서 소크라테스의 덕자행복론은 생전이든 사후든 물질적·정신적 쾌락과 이익으로 보상받는 거대한 공리주의다. 그러나 앞서 시사했듯이 공자는 "덕은 외롭지 않으니 반드시 이웃이 있다(德不孤必有隣)"고 했다. 덕은 그 자체로서 혼자서 몰래 이익을 얻는 고독자의 기쁨이 아니라, 벗을 얻어 사귀는 즐거움(정다운 교제에 대한 공감 감정으로서의 즐거움)이 있다는 말이다. 이것은 오늘날 실험 과학적으로도 입증된다. 에모리대학교의 신경과학자 릴링(James Rilling)·번스(Gregory Berns) 팀은 실험적 연구에서 연민(동정심)에서 타인을 돕는 덕행이 사람들이 보상을 받거나 즐거움을 경험할 때 발화하는 뇌 영역들인 꼬리핵(caudate nucleus)과 전측 대상회(anterior cingulate)의 활동을 가동시키는 것을 밝혀냈다.²⁹⁴⁾ 이것은 타인을 돕는 덕행이 우리가 개인적으로 보상받을 때 느끼는 것과 동일한 행복감(즐거움)을 가져다준다는 것을 뜻하기 때문이다. 덕행은 다른 것으로 보상받거나 사후에 정신적·물질적 이익으로 보상받는 것이 아니라 그 자체가 보상인 것이다. 그래서 공자는 "마땅히 빈천해지는 (도박·나태·방탕 등의) 길로 빈천을 얻은 것이 아니라면 빈천도 마다하지 않

---

292) Platon, *Der Staat*, 613b-c, 614a.
293) Platon, *Der Staat*, 614-621d.
294) James K. Rilling, David A. Gutman, Thorsten R. Zeh, Giuseppe Pagnoni, Gregory S. Berns &, Clinton D. Kilts, "A Neural Basis for Social Cooperation", *Neuron*, 35-2(18 July 2002): [395-405쪽]..

고(不以其道得之 不去也) (…) 밥 먹는 막간에도 인을 어기지 않고 다급해도 반드시 인에 의지하고, 넘어져도 반드시 인에 의지한다(君子無終食之間違仁 造次必於是 顚沛必於是)"고 선언함으로써 도를 닦거나 덕행을 베풀다가 얻은 빈천이라면 감수하고 다급하고 쓰러진 곤궁 속에서도 인덕仁德을 베푸는 덕행을 멈추지 말라고 천명했다.[295] 덕자는 빈천한 가운데 덕행을 하는 속에도 즐거움(행복감)이 고유固有하기 때문에 보상을 기대하지도 않고, 도박·나태·방탕 등의 길로 빈천을 얻은 것이 아니고 덕행을 하다가 빈천해진 것이라면 이런 빈천을 거부하지도 않는다. 따라서 공자는 덕자의 빈천에 대한 이승과 저승에서의 공리적 보상을 일정 기획하지 않았다.

그러나 소크라테스와 플라톤은 공자처럼 덕은 그 자체로서 즐거움의 보상을 내포한다고 생각지 않았다. 그렇기 때문에 소크라테스와 플라톤은 덕자가 평생 빈천 속에 살았다면 사후에라도 응당 몇 곱절의 공리功利(공명功名과 이익)로 보상해 주어야 한다고 생각해 영혼 불멸을 전제로 사후 보상론을 기획한 것이다. 실로 이승과 저승을 관통하는 공리주의다!

소크라테스와 플라톤의 윤리학에서 노골화되는 공리주의의 뿌리는 하나가 더 있다. 『국가론』과 『법률』에서 그려지는 이상국가는 둘 다 카스트 분업적 노예제 국가로서 지혜·용기·정심(절제)·정의의 생존 도덕을 네 개의 대덕으로 받들고 인의仁義의 대도, 즉 대인大仁과 대의大義의 인의도덕을 한 마디도 입 밖에 내지 않는 전쟁 국가다. 지혜는 국가 분업 체계의

---

295) 『論語』 「里仁」(4-5): "子曰 富與貴 是人之所欲也. 不以其道得之 不處也. 貧與賤 是人之所惡也. 不以其道得之 不去也. 君子去仁 惡乎成名? 君子無終食之間違仁 造次必於是 顚沛必於是.(부귀는 사람들이 욕구하는 바지만 부귀를 얻을 제대로 된 방도로 얻지 않았다면 이런 부귀에는 처하지 않아야 한다. 빈천은 사람들이 싫어하는 바지만 마땅히 빈천해지는 (나태·도박·방탕 등과 같은) 길로 빈천을 얻은 것이 아니라면 빈천도 마다하지 않아야 한다. 군자가 인을 마다한다면 어디서 이름을 이루겠는가? 군자는 밥 먹는 시간에도 인을 어기지 않고, 다급해도 반드시 인에 의지하고, 넘어져도 반드시 인에 의지한다.)"

효율과 이익을 지향하고, 용기는 전쟁을 벌이고 전리품을 노획하는 데 필요한 무용의 공리적 생존 도덕이고, 절제도 이익 극대화를 위한 생존 도덕이고, 『국가론』의 정의는 효율(공리)을 극대화하는 사회적 분업의 이익이다. 그리고 국가 자체가 남의 영토와 재물과 인력의 전리품을 추구하는 공리주의적 전쟁 국가다.

소크라테스와 플라톤의 도덕철학은 이런 여러 가지 측면에서 그 공리주의적 성격이 더욱 분명해진다. 『법률』의 이상국가가 『국가론』의 이상국가와 다른 점이 있다면 4덕에서 '용기'의 서열을 말석으로 돌려 지혜·정심·정의·용기 순으로 열거하는 작은 수정일 뿐이다.[296] 아무튼 플라톤의 윤리학에서 덕행은 공리적 쾌락을 능가하는 독자적 가치를 갖는 것이 아니라, 거꾸로 빈천과 고난에 의해 무력화되는 것이다.

■ **동정심(사랑) 없는 불인不仁한 도덕이론**

서양의 합리론자들은 대개 '동정심의 적들'은 대개 동정심 없는, 또는 동정심을 적대하고 사랑을 배제한 정의국가를 기획했다. 서양을 대표하는 '동정심의 적들', '사랑의 적들'은 소크라테스·플라톤, 홉스, 스피노자, 칸트, 니체 등이다. 이 중 소크라테스·플라톤은 동정심(사랑) 없는 불인不仁한 서양 도덕 이론의 비조였다. 소크라테스와 플라톤의 이 동정심을 결여한 도덕 이론은 장애아동, 허약아동, 열등한 부모의 아동들을 물리적으로 제거하는 살벌한 우생학으로까지 악화된다.

소크라테스와 플라톤의 대덕大德(cardinal virtues)은 중기와 후기를 관통해 지혜·용기·절제·정의 덕목들로서 동일하지만 후기 대화편에서 이

---

296) 플라톤은 『법률』에서 "튀르타이오스가 특별히 찬미한 그 선덕(용기)은 그게 멋지고 이 시인에 의해 적절히 찬양되었을지라도 서열과 평가에서 네 번째 순위 이상으로 높이 자리할 자격이 없다"고 말한다. Platon, *Gesetze*, 630c-d. 지혜, 정심, 정의 다음의 자리에 놓일 네 번째 덕목이라는 뜻이다. 튀르타이오스(Τύρταιος)는 기원전 680년경에 스파르타에서 전쟁시를 썼던 시인이다.

덕목들의 배열 순서가 좀 달라진다. 중기대화편 『국가론』에서 4대덕은 지혜·용기·정심(절제)·정의다. 최후의 대화편 『법률』에서는 배열 순서만 바뀐 지혜·정의·절제·용기의 4덕론을 전개한다. 그러므로 중기와 후기의 도덕론은 둘 다 공히 사랑(필리아) 또는 동정심을 '대덕'에서 배제한 불인不仁한 도덕 이론이다.

그리고 소크라테스와 플라톤의 국가는 신체적 약자(장애자와 허약자)와 사회적 약자를 배려하기는커녕 사랑도 동정심도 없이 무자비하게 죽이고 유기하고 방치하는 잔학무도하고 불인한 범죄적 군사 국가다. 그리고 이 불인한 군사 국가를 이끌 그들의 철인치자도 안인자安仁者가 아니라 사랑도 동정심도 없이 지혜만 발달한 사이코패스 같은 불인자不仁者다.

■ 소크라테스·플라톤의 4덕론과 사랑의 배제

소크라테스와 플라톤의 4덕론은 '지혜'를 최상석에 배치하고 사랑과 동정심을 배제한 '지성우월주의' 도덕론이다. 이 지성 우월주의적 도덕론은 도덕감정 '동정심'도, 사랑도 없는 불인不仁도덕론이다. 소크라테스는 철학적 대화 속에서 사람에 대한 '필리아(인애)'보다 지성과 이것에 대한 필리아로서의 애지愛智, 그리고 정심正心(절제심)과 정의를 주로 논하지만, 실천적 삶 속에서는 정치와 시민교육의 '위인爲仁'활동을 제1의 신적 과업으로 삼았다. 그는 심지어 '위인'을 하려면(인仁을 실천하려면) 죽음을 무릅써야 하는 무도한 시대에도 목숨을 걸고 청년교육의 '위인' 활동을 하다가 순도殉道했다.

소크라테스는 내면의 다이몬(δαιμόν)신령이 그가 정치하는 것을 반대했고 또 당시의 아테네 정치 상황이 너무 무도했기 때문에 몸소 정치하는 것을 피하면서도 아테네 시내를 여기저기 돌아다니면서 - 그는 '가르친다'는 말을 거부하지만 - 개인적으로 젊은 시민들을 가르치는 일에 전념했다.[297] 그는 이런 사해동포적 교육사업을 "신에 대한 봉사"로 여겼다. 소크라테스는 필리아(인애)를 공사公私의 모든 인간관계에 적용해 효도에서 정치적 동지애·연대·국가 간 우호동맹에 이르는 공사 간의 필리아(사랑)를 연계적·연속적 덕목으로 파악했다. 이런 공사公私의 필리아 개념을 전제로 이를 증진하고 북돋웠던 소크라테스의 삶은 중우정치적衆愚政治의 타락 속에서 몰락하는 아테네를 구하려는, 가난도 죽음도 무릅쓴 '필리아' 활동으로 점철된 삶이었다. 이런 삶이야말로 공자가 말한 개념 그대로의 의미에서 '살신성인殺身成仁'의 거룩한 인애의 삶인 것이다.

그러나 이 '인애'를 소크라테스는 인간과 국가의 최고 덕목으로 파악하지 않았고, 플라톤도 4덕에 이 '인애'를 집어넣지 않고 배제했다. 이것은 소크라테스·플라톤 철학의 일대 미스터리다. 소피아(지성)제일주의의 도덕론에서 본성적 도덕감정 '필리아'의 자리를 없앤 이 미스터리는 나중에 밝혀진다.

소크라테스와 플라톤은 덕성론에서 ① 덕성을 지혜(지식)로 환원하거나('덕성과 지혜의 동일성' 테제), ② 지혜를 사덕의 최상석에 자리매김을 함('지혜의 덕 주도' 테제)으로써 선善을 진眞에 굴복시킨 '지성 우월주의적 덕성론'을 전개한다. 그리고 지혜·용기·절제·정의의 사덕론에서 필리아(사랑)를 배제했다. 이것은 공맹이 '인간사랑(仁)'을 최상석에 놓고, '지智'를 말석에 놓는 식으로 인의예지의 사덕을 서열화한 것과 비교하면 심상치 않은 덕성론이다.

'나라-영혼 유추법'에 기초한 『국가론』의 '사덕'을 살펴보자. 이상국가가 '행복한 나라'가 되려면, '완벽하게 덕스런 나라'가 되어야 하고, 이런 완벽하게 덕스런 나라는 중요한 기본덕목들을 갖추어야 한다. 소크라테

---

297) Platon, *Des Sokrates Apologie*, 31c-e.

스·플라톤은 지혜·용기·정심·정의의 네 가지 덕목을 말한다.[298] 제일 먼저 소크라테스·플라톤은 제1덕목, "나라 안에서 아주 명백히 첫째가는" 덕목을 "지혜(소피아)"로 천명한다. 지혜로운 나라인 것은 훌륭한 의지(에우불리아 εὐβουλία)가 있기 때문이고, 이 훌륭한 의지는 일종의 학적 지식(에피스테메)이고, 사람들은 이 지식에 의해 분별 있게 된다는 것이다. 그런데 나라를 분별 있게 만들어 주는 지식은 기술·기능·생산과 관련된 도구적 지식이 아니라 "나라 전체와 관련해 어떤 방식으로 이 나라가 대내적으로, 그리고 타국과 가장 잘 지낼 수 있을 것인지를 토의·의결할 그런 지식"이다. 이 지식은 "완벽한 수호자들로 불리는 치자들"이 갖춰야 할 "수호학守護學(필라키케 φυλακική)"이다. 이런 완벽한 치자는 소수일 수밖에 없는데, 나라 전체를 지혜롭게 만드는 지식은 이 "나라의 최소最小 집단"인 "이 지도자와 치자들의 지식"이다. 이 지식은 "모든 지식 가운데 유일하게 '지혜(소피아)'라 불리어야 마땅한 그런 지식"이다.[299] 따라서 이 소수의 치자 집단이 지혜로우면 나라는 전체적으로 지혜로운 나라가 된다. 그런데 소크라테스와 플라톤이 의지를 지식과 등치 시키는 것은 심히 유치하고 가소롭다고 말해야 할 것이다.

두 번째 덕목인 '용기'(안드리아스 ἀνδρίας)는 나라를 위해 전쟁을 수행하는 군인집단의 무용武勇을 말하고, 따라서 다른 시민들이 아니라 군인들이 용감하면 그 나라는 '용감한 나라'가 된다. 그러나 소크라테스·플라톤은 이 무용을 자꾸 추상화한다. 용기는 "입법자 같은 지도자들이 저 군인집단의 교육에서 주입한 것(가령 위치 이탈, 무기 방기, 탈영, 불복종 등)을 두려운 것들로 보는 소신을 모든 조건에서 고수할 자질"이라는 것이다. 이런 의미에서 용기는 '모든 조건에서'의 "일종의 지킴·고수(소테리

---

[298] Platon, *Der Staat*, 427e.
[299] Platon, *Der Staat*, 428a-429a.

아 σωτμία)", 즉, "법이 교육을 통해 두려운 것들에 대해 창출한 소신의 고수"다. 법은 두려워할 것들이 무엇이고 또 어떠한 것들인지를 정한다. "모든 조건에서"라는 구절은 "용감한 사람이 그 소신을 고통 속에서든 기쁨 속에서든, 욕망 속에서든, 공포 속에서든 고수하고 자신의 영혼에서 그것을 내몰지 않는 것을 뜻한다". 양모를 염색하려면 흰 양모를 고르고 이것을 잘 손질한 다음에 염색해야만 짙게 물들일 수 있고 빨아도 물감이 빠지지 않아 색채를 유지할 수 있다. 마찬가지로,

- 우리가 군인을 선발해 시가·체육교육을 하는 것도 힘닿는 데까지 양모 염색과 같은 일을 하는 것으로 이해할 수 있다. 이렇게 강구하는 유일한 목표는 그들이 물감처럼 우리의 법률을 확신하고 받아들여서 두려워해야 할 일들과 기타 모든 것들에 관한 그들의 믿음과 신념이 천성의 적합성과 양육 때문에 짙게 물들여져서 그들의 물감이 신념을 무서운 세척력을 가진 잿물로도 세척되지 않고 이 일을 하는 데서는 세제나 세척제보다 더 강력한 쾌락으로도, 어떤 잿물보다 더 확실한 고통·공포·욕망으로도 세척되지 않게 하는 것이다.[300]

말하자면 참된 용기는 "영혼 속의 이 능력, 즉 두려워할 일들과 두려워하지 않을 일들에 관한 바른 법적 믿음의 이런 충직한 고수"다.[301] 거의 궤변이 가까운 무용 개념이다. 그래서 베이컨이 플라톤을 '극장의 우상'(픽션 시나리오와 같은 거짓된 이론)을 생산하는 '소피스트'로 고발한 것이다.

소크라테스는 이미 『소크라테스의 변론』에서 젊은 시절 자기의 전투

---

300) Platon, *Der Staat*, 430b.
301) Platon, *Der Staat*, 429a-430b.

참여 사실을 말하면서 이미 이런 용기의 개념을 언급한다. "아테네 시민 여러분들이 나를 지휘하도록 선출했던 그 지휘관들이 포테이다이아, 암피폴리스, 델리온 등지에 나를 배치했을 때 나는 그들이 나를 배치해준 그곳에 다른 사람들과 똑같이 남아 있으면서 죽음의 위험을 무릅썼다."[302]

그런데 최후의 대화편 『법률』에서는 서로 대립되는 "두 종류의 두려움"을 구별하면서 무용을 뛰어넘는 진정한 용기를 말한다. 보통의 '두려움'은 나쁜 일이 일어날 것으로 예상될 때 느끼는 흔한 '두려움'이다. 다른 하나는 치사하거나 열등한 행동과 말을 하여 나쁜 평판을 얻게 될지 모른다는 생각이 들 때 여론에 대해 느끼는 '두려움'이고, 이것은 '염치 또는 수치심(아이스퀴네 αἰσχύνη)'이라 부른다. 이 후자의 '두려움'은 고통이나 전자의 '두려움'의 대상들과 반대되고 최대·최다의 쾌락과도 반대된다. 불명예(망신)에 대한 '두려움'인 수치심은 고통 속에도 굳셈과 나쁜 쾌락에 대항할 힘을 주기 때문이다. 따라서 상식 있는 사람들은 "이런 종류의 '두려움'을 '최고의 명예'로 간주하고 이를 '염치 또는 수치심(아이도스 αἰδώς)'이라 부르는 것"이다. 이 두려움과 대립되는 '자신감'은 '몰염치'라고 부르고 공사 간에 "아주 큰 악"으로 여겨진다. 따라서 플라톤은 말하기를, "사람은 두려움이 없으면서 두려움이 많아야 한다"고 한다.[303] 전자의 두려움은 없어야 하지만, 후자의 두려움(염치)은 많아야 한다는 말이다. 그래야 진정한 용기라는 말이다. 이것은 "수치를 아는 것은 용에 가깝다(知恥 近乎勇)"는 공자의 말과 상통하고[304] 공자의 "남방의 굳셈(南方之强)"과[305] 가까운 것이다. 또한 정의의 단초인 맹자의 '수오지심'(자기

---

302) Platon, *Des Socrates Apologie*, 28e.
303) Platon, *Gesetze*, 646e-647c.
304) 『禮記』「中庸 第三十一」(20章).
305) 그러나 공자는 '남방의 굳셈'을 군인의 덕목으로 보는 것이 아니라, 군자(인자)의 덕목으로 본다. 『中庸』(十章): "자로가 굳셈에 대해 물었다. 이에 공자가 되물었다. '남

의 잘못을 수치스러워하고 남의 잘못을 혐오하는 마음)과도 내용적으로 통한다. 따라서 플라톤의 후기 용기 개념은 알고 보면 공맹이 말하는 '남방의 굳셈'과 '예禮'(수오지심) 사이에서 오락가락한다. 이런 까닭에 4덕론의 차석에 있는 용기는 말석의 정의와 경계가 겹친다. 그런데 플라톤은 이 용기의 덕목을 수호자 신분(카스트)에게만 요구하고 있다. 수호자들이 용감하면 나라 전체가 용감한 나라가 된다는 식이다. 이것은 그의 카스트적 도덕론의 한계다.

세 번째 덕목은 '절제'(정심; 소프로쉬 $\sigma\omega\phi\rho o\sigma\upsilon\nu\eta$)이다. 소크라테스는 『카르미데스』에서 정심의 이 개념정의를 아포리아로 방치했었으나 『국가론』에서는 이를 분명히 정의한다. 정심은 협주나 화음과 비슷하다. 그것은 "일종의 질서이고 쾌락과 욕망의 억제"다. 그것은 "저 자신보다 더 강한 것"이다. 이것은 자기가 자기를 이기는 것이므로 자기가 동시에 지는 자가 되며, 따라서 웃기는 말이지만, 그 참뜻을 추적해 보면 "그 표현은 영혼과 관련해 인간 자신 안에 있는, 천성상 더 나은 면과 더 못한 면 가운데 더 나은 면이 더 못한 면을 제압하는 것"을 가리킨다. 반대로 "더 못한 면이 더 나은 면을 제압할 경우, 이를 꾸짖는데 이런 사람을 저 자신에게 패배한 무절제한 자라 이른다."[306]

그러나 인간의 천성적 자질들은 뭔가를 할 수 있는 것과 할 수 없는 것이 있을지언정 천성적으로 이 자질보다 낮고 더 못한 자질이 있을 수 없

방의 굳셈이냐, 북방의 굳셈이냐? 관유하게 가르치고 무도함에도 보복하지 않는 것은 남방의 굳셈인데, 군자는 거기에 산다. 병장기와 갑옷을 깔고 자며 죽어도 싫어하지 않는 것은 북방의 굳셈인데 강자는 거기에 산다. 그러므로 군자는 화해로우나 휩쓸리지 않으니 강하도다. 꿋꿋함이여! 중립해서 기대지 않으니 굳세도다. 꿋꿋함이여! 나라에 도가 있어도 나라에 도가 막혔던 상태를 바꾸지 않으니 굳세도다. 꿋꿋함이여! 나라에 도가 없어도 죽어도 불변하니 굳세도다 꿋꿋함이여!" (子路 問强, 子曰 南方之强與 北方之强與? 寬柔以敎 不報無道 南方之强也, 君子居之. 衽金革 死而不厭 北方之强也, 而强者居之. 故君子 和而不流 强哉矯, 中立而不倚 强哉矯, 國有道 不變塞焉 强哉矯, 國無道 至死不變, 强哉矯.)

306) Platon, Der Staat, 430d-432b.

다. 소크라테스와 플라톤이 인간의 천성 가운데 '더 못한 부분'이라고 한 자질(가령 감성)도 실은 다 더 나은 부분이라고 한 자질(이성)만큼 또는 이보다 더 필수적인 것이다. 하지만 소크라테스와 플라톤은 인간의 천성을 이렇게 우열로 서열화한 뒤 이 서열을 국가에 적용하여 사람들을 우열화한 다음 우등자의 지배와 열등자의 피지배에 대한 합의 또는 우월자 지배의 (반민주적) 정당성을 도출한다.

소크라테스와 플라톤은 이 그릇된 논변을 국가에 적용하여 국가의 더 나은 부분이 더 못한 부분을 지배하는 국가는 "저 자신을 이기는 나라", 즉 절제심(정심) 있는 나라"라고 우격다짐한다. 따라서 절제심(정심)은 지혜나 용기와 달리 나라의 일부 집단과 관련된 것이 아니라 나라 전체와 관련된 것이다. 쾌락과 욕구를 이겨 자기를 이기는 나라의 정심 또는 절제는 "가장 약한 음흡을 내는 사람들과 가장 강한 음을 내는 사람들, 그리고 중간 음을 내는 사람들이 같은 노래를 합창함으로써 이 전체 음들을 통해 마련되는 합치(호모노이아 ὁμόνοια)", 말하자면 "나라에서나 한 개인에게서나 더 나은 쪽과 더 못한 쪽 가운데 어느 쪽이 지배해야 할 것인지에 대한 합의"다. 정심은 '자기를 이기는 것'에 대한 합의, 쾌락과 욕구에 열등한 사람들이 쾌락과 욕구에 우월한 사람들에게 승복하고 이 우월한 사람들이 이들을 잘 이끌어 준다는 약속을 주고받는 것이다.[307] '절제'란 열등한 자들에 대한 우월한 자의 지배를 반민주적으로 정당화하는 일종의 도구 개념에 불과한 것이다.

『국가론』에서의 네 번째 덕목은 '정의(디카이오쉬네 δικαιοσύνη)'다. 정의正義는 상공업자·전사·철인치자의 사회적 분업에 따라 각 개인이 제 위치에서 제 역할을 제대로 하는 것이다. 소크라테스와 플라톤은 "자기 나라와 관련된 일들 중에서 자기의 천성에 가장 적합한 한 가지 일에 종

---

307) Platon, *Der Staat*, 430d-432b.

사하는 것"이 가장 중요하므로 나라와 관련해 '(남의 일에) 참견하지 않으면서 제 일을 하는 것이 올바른 것'이라는 세간의 여론을 수용하면서 "제 일을 하는 것(토 타 아위투 프라텐τό τά αύτού πράτειν)"을 실현하는 것이 정의라고 한다.[308] 그리고 최종적으로 의미를 더 확장해서 소크라테스는 "판결을 내림에 있어서 목표로 삼게 되는 것이 이런 것인데, 그것은 각자가 남의 것을 취하지 않도록 하고 또한 제 것을 빼앗기지도 않도록 하는 것 외에 다른 것이 아니다"고 말하면서 "제 것의 소유와 제 일을 함이 정의다"고 확정한다.[309] 말하자면 분업적 위치의 합당한 배치가 정의라는 말이고, 여기서 합당성은 전체적 임무 수행의 효율성이다. 그러므로 결과적으로 소크라테스와 플라톤의 정의란 곧 '분업적 효율성'에 지나지 않는 공리주의적 정의다.

플라톤에 의하면, '정의'는 나라의 정심·용기·지혜를 생겨나게 하고 성장시키고 유지시키는 힘이다. 따라서 국덕國德(국가의 덕성)과 관련된 정의는 치자와 피치자 간의 지배-복종 합의(국가 차원의 절제 약속), 두려운 것들과 관련해 법령에 따르는 군인들의 준법적 소신의 고수(나라의 용기), 치자들의 슬기와 정치학(나라의 지혜) 등에 필적하는 덕목이다. 따라서 정의는 순서에서 말석에 위치해 있지만 실질적으로 4덕의 제일 덕목이다. 정의는 "저마다 한 사람으로서 제 일을 하고 참견하지 않는 것, 이것이 노예와 자유민, 장인匠人과 도제, 치자와 피치자에게서 실현되는 것"에 더해 법정에서 판결할 때 염두에 두는 원칙("각자가 남의 것을 빼앗지 않도록 하고 또한 제 것을 빼앗기지도 않게 하는 것")을 합친 것, 간단히 "제 것의 소유와 제 일을 하는 것"인 바, 이것은 '덕스러운 나라'를 만드는 데 결정적으로 이바지하는 중요한 덕목인 것이다.[310] 그런데 "목수가 제화공

---

308) Platon, *Der Staat*, 433b.
309) Platon, *Der Staat*, 433e-434a.
310) Platon, *Der Staat*, 433a-e.

의 일을, 또는 제화공이 목수의 일을 하려 들거나 이들이 서로 도구와 직분을 바꾸거나 아니면 심지어 동일인이 이 양쪽을 다 하려고 들거나 또는 그 밖의 모든 것들이 뒤바뀌어 버린다면 이것은 나라를 크게 해칠 것이다". 그러므로 "제 천성에 맞게 장인 등 돈벌이 집단이 나중에 부나 사람의 수나 힘 또는 기타 이런 유의 것으로 우쭐해져서 전사戰士집단으로 옮기려 하거나 전사 중 어떤 자가 자격도 없으면서 평의評議(토의)하는 최고 수호자집단(치자)으로 옮기려 든다면, 그리고 이들이 서로 도구와 직분을 맞바꾸게 된다면 또는 동일인이 이 모든 일을 동시에 행하려" 든다면, "이 맞바꿈이나 참견은 이 나라에 파멸을 가져다줄 것"이다. 따라서 상공 신분·전사 신분·치자 신분(토의 결정하는 철인치자) 사이의 "상호 참견이나 상호교환은 나라에 최대의 해악"이고 "그 어떤 것보다도 더한 악덕의 자행"이다.[311] 그것은 바로 "불의(아디키아 ἀδικία)"다.[312] 그러므로 반대로 "돈벌이 집단(장인·상인 집단), 보조자 집단(노예 집단?), 수호자집단이 각각 나라에서 저마다 제 일을 할 경우의 '제 자신에게 맞는 제 일을 함'이 정의"이고 "이것이 나라를 정의롭게 한다"는 것이다.[313] 그렇지 않으면 나라는 뒤죽박죽이 되어 치자가 농민·장인 등 피치자에 의해 또는 보조자 집단(노예)에 의해 살해, 타도되고 피치자가 치자 행세를 하게 되어 난세가 도래한다.[314] 소크라테스·플라톤의 이 '정의' 개념은 겉보기에 "임금은 임금답고 신하는 신하답고 아비는 아비답고 자식은 자식다워야

---

311) Platon, *Der Staat*, 434b-c.
312) Platon, *Der Staat*, 434c.
313) Platon, *Der Staat*, 434c-d. "각자가 자기에게 주어진 일을 하는 것이 정의"라는 이 '정의' 개념은 이미 초기 대화편 『알키비아데스』부터 등장한다. Platon, *Alkibiades*, 127c.
314) 이런 관점에서 코스먼은 정의를 "적절한 유별(有別; appropriate difference)"로 해석한다. Aryeh Kosman, "Justice and Virtue. The Republic's Inquiry into Proper Difference", 117쪽 이하. G. R. Ferrari (ed.), *The Cambridge Companion to Plato's Republic* (Cambridge: Cambridge University Press, 2007).

한다"는 공자의 (관계에 따라 바뀌는 지위에 상응하는) 의리 개념과 유사한 것 같지만, 실은 플라톤의 정의가 직업적 기능과 관련된 점에서 본질적으로 다르다.

소크라테스와 플라톤의 이 정의론은 직업적 기능을 배정하는 '사회 분업'의 효율성에서 도출된 것이다. 그들에 의하면, 인간은 "각자가 서로 그다지 닮지 않았고 각기 천성 면에서 다르게 태어나서 저마다 다른 일을 하는 데 적합한" 존재다. 그래서 사람은 한 사람이 여러 가지 일에 종사하는 경우가 아니라 한 사람이 한 가지 일에 종사할 경우에 일을 더 잘하게 된다. 또 일에는 다 '때'가 있는데 한 사람이 한 가지 일을 하면 이 '때'를 맞추기에도 더 좋다. 따라서 "각각의 일이 더 많이, 더 훌륭하게, 더 쉽게 이루어지는 것은 한 사람이 한 가지 일을 천성에 따라 적시에 하고 다른 일들로부터는 한가로워지는 경우다."[315] 그러므로 나라가 부강해지려면 가령 제화공이 농부가 되거나 직조공 또는 건축가가 되는 것을 금하고 각 장인이 제 일에 평생 종사하도록 해야 한다. 따라서 각 개인에게 알맞고 천성에 적합한 한 가지 직업만 할당하고 평생 종사하게 하고 다른 일들로부터는 한가로워짐으로써 일을 잘할 적시를 놓치지 않게 해야 한다는 것이다.[316] 이 분업적 효율성이 바로 정의라는 것이다.

소크라테스와 플라톤의 정의론은 사법적 정의("각자가 남의 것을 빼앗지 않도록 하고 또한 제 것을 빼앗기지도 않게 하는 것")도 일부 포함하지만, 기본적으로 바뀔 수 없이 확고한 카스트적 사회 분업을 말하는 것이다. 따라서 소크라테스와 플라톤의 이 사회 분업적 정의론에 대해 마르크스는 『자본론』1권에서 다음과 같이 적확한 비판을 가한바 있다.

---

315) Platon, *Der Staat*, 370a-c.
316) Platon, *Der Staat*, 374b-c.

- 플라톤의 『국가론』은, 그 안에서 분업을 국가의 구성원리로 간주하고 있는 한에서, 한낱 이집트 카스트제도의 고대 아테네적 이상화일 뿐이다. 그런데 이집트는 이와 같이 가령 이소크라테스와 같은 그의 다른 동시대인들에게도 산업적 모델 국가로 통했고, 이런 중요성을 로마 시대의 그리스인들에게조차도 유지했다.[317]

마르크스의 이 적확한 지적대로 소크라테스와 플라톤의 정의론은 그 본질적·결정적 부분이 카스트적 분업론이었다. 그런데 『법률』에서 플라톤은 어떤 이유에서인지 이 사회 분업론적 정의 개념을 포기했다고 할 정도로 수정한다.

그런데 『국가론』에서 이 분업적 정의 개념은 나머지 용기와 정심(절제심), 그리고 이에 대한 지혜를 다 삼켜버릴 정도로 광의적廣義的이다. 왜냐하면 용기는 이를 대표하는 수호자계급의 (법률적 배치를 견지하는) 직업적 덕목이고, 정심은 치자·피치자의 이 직업적 질서를 참는 절제이고, 소피아(지혜)는 이를 대변하는 철인치자의 직업적 덕목이기 때문이다. 이런 한에서 소크라테스·플라톤의 국가론은 공고한 종신적 사회 분업을 '정의의 이름'으로 관찰시킨 카스트적 '정의국가'다.

소크라테스·플라톤은 『국가론』에서 국가 차원의 지혜·용기·정심·정의의 4덕론을 (상론했듯이 영혼 부분들 사이에는 우열이 없음에도 불구하고) 개인의 영혼에 거꾸로 적용해서 개인 차원에서도 반복한다. 이들은 인간의 영혼을 이성적 영혼 부분, 정기적精氣的 영혼 부분, 욕구적 영혼 부분으로 나눈다. "지혜로우며 영혼 전체를 위해 선견지명(프로메테아 προμήθεια)을 지니고 있는 이성 부분"은 국가의 '지혜'에 대응하는 것으로서 영

---

[317] Karl Marx, *Das Kapital* I, 388쪽. *Marx Engels Werke* (MEW), Bd.23 (Berlin: Dietz Verlag, 1981).

혼 전체와 신체를 "지배하는 것이 적합하다". 정기는 "이것(이성 부분)에 복종하고 협력자가 되는 것이 적합하며" 따라서 국가의 '용기'에 대응한다. "한쪽은 토의·의결하고, 다른 쪽은 싸움을 하고 지배하는 쪽을 따르고 토의·의결된 내용을 용기 있게 수행한다". 개인 차원에서의 용기란 "이성이 두려워할 것과 두려워하지 않을 것으로 지시해 준 것을 정기의 영혼 부분이 고통과 쾌락을 뚫고 끝끝내 고수하는 것"이다.[318]

정심은 이성·정기·욕구 사이의 "우의와 화합", 즉 영혼의 지배하는 이성 부분과 영혼의 두 피지배 부분(정기와 욕구) 사이에 이성 부분이 지배해야 한다는 데 의견의 일치를 보고 이 이성 부분에 대해 나머지 두 부분이 대들지 않는 것이다.[319] 개인의 차원에서 정의는 나라의 경우와 마찬가지로 "자신 안에 영혼의 각 부분이 각각 제 일을 하게 되면 이 사람이 정의로운 사람, 제 일을 하는 사람"인 것이다.[320]

이것은 "자기 안에 있는 각각의 것이 남의 일을 하는 일이 없도록, 영혼의 각 부분이 서로 참견하는 일이 없도록 하는 한편, 참된 의미에서 자신의 것들을 잘 조절하고 스스로 자신을 지배하며 통솔하고 또한 저 자신과 화목함으로써 세 부분을 흡사 최고음·최저음·중간음의 세 음정으로 조화시킨다. 또한 혹시 이들 사이의 것으로서 어떤 다른 것이 있더라도 이들도 모두 함께 결합시켜 잡다한 상태를 탈피해 절제(정심) 있고 조화로운 완전한 하나의 사람이 되는 것이다. 이렇게 되고 나서 이 사람은 가령 재물의 획득, 몸의 보살핌 또는 정치나 개인적 계약의 일 등 그 어떤 일을 하게 될 경우에 행동하는 것이다. 이 모든 경우에 이 습성을 유지해 주고 지원해 이루게 하는 것을 정의롭고 아름다운 행위로, 그리고 이 행위를 맡은 지식을 지혜로 여겨 그렇게 부르는 반면, 이 습성을 무너뜨리는 것은

---

318) Platon, *Der Staat*, 441e-442c.
319) Platon, *Der Staat*, 442c-d.
320) Platon, *Der Staat*, 441d-e.

불의로, 그리고 이 행위를 맡은 판단력을 무지無知라고 여기고 또 그렇게 부르는 것이다." 불의는 영혼의 "세 부분 간의 일종의 내분이고 참견·간섭이며 영혼 전체에 대한 어떤 부분의 반란 상태"다. 이것은 "지배에 적합하지 아니하고 오히려 지배하는 (이성) 부분에 복종하는 것이 천성상 어울릴 그런 부분이 영혼 안에서 지배하려 드는 반란"인 것이다. 이 세 부분의 "혼란과 방황"이 바로 "불의"이고 나아가 "무정심·비겁·무지, 즉 일체의 악덕"인 것이다. 결론적으로 "정의를 생기게 하는 것은 영혼 안에서 여러 부분(이성·정기·욕구)이 서로 지배하고 지배받는 관계를 천성에 따라 확립하는 것인 반면, 불의를 생기게 하는 것은 곧 서로 다스리고 다스림을 받는 관계를 천성에 어긋나게 확립하는 것이다".[321] '첫째가는 덕목'인 지성 또는 지혜의 우월성, 즉 '지혜의 덕 주도' 테제는 여기에서도 용기·정의·정심을 관장하는 영혼 부분들이 이성의 지배에 복종해야 한다는 표현 속에서도 다시 확인되고 있다.

상론했듯이 윌리엄 템플에 의하면 소크라테스와 플라톤의 철학은 인도와 중국의 영향을 받은 것이다. 공자(기원전 551-479)와 72인의 1세대 제자들이 기원전 520년경부터 420년경까지 100년간 활약하며 설파한 유가 철학은 공자 이래 크게 번창하며 도처로 전해졌다. 제각기 일가를 이룬 공자의 대표적 제자들은 자공(기원전 520-456), 자하(507-420), 자유子游(506-?), 유약(518-458), 자장(503-?), 증삼(506-436) 등이었다. 공자 이래 고대에 사방팔방으로 계속 확산된 유가 철학은 기원전 430년경부터 350년까지 80년간 배우고 활동한 소크라테스와 플라톤의 중기 대화편 『국가론』(기원전 377년경)과 후기 대화편 『법률』(기원전 339년)에 충분히 영향을 미칠 수 있었다. 그러나 중국으로부터 서역과 히말라야를 넘어 인도와 이집트를 거쳐 그리스에 도달하는 동안 공자의 사덕론도, '대학大

---

321) Platon, *Der Staat*, 443d-e, 444b·d.

學'의 이념도 많이 뒤틀렸다. 인·의·예·지는 지혜·용기·정심·정의의 사덕으로 왜곡·훼손되었고, 사덕에서 사랑(仁)이 배제되고 용기가 정의와 중첩되어 끼어들면서 지배와 복종, 승리와 패배의 엄혹한 논리로 더럽혀졌다. '지선至善'은 '선의 이데아'로, '대학'은 '선의 이데아'에 대한 "큰 배움(토 메기스톤 마테마)"으로,[322] '중도'는 수리적·미학적 중도로 변질되었다.

마지막 후기 대화편 『법률』의 덕성론을 살펴보자. 플라톤은 일단 공맹의 '소덕과 '대덕의 구별과 유사하게 덕성을 "인간적 덕목"과 "신적 덕목"으로 대별한 다음, "인간적 덕목"을 "건강·미·힘·부富"의 4덕으로, "신적 대덕"을 "지성(누스, νοῦς)"에 의해 주도되는 "현명·정심·정의·용기"의 4덕으로 제시한다.

● 덕성(아가타 ἀγαθά)은 두 종류다. 인간적 덕목과 신적 덕목이다. 인간적 덕목은 신적 덕목에 의존해 있다. 신적 덕목을 받은 사람은 인간적 덕목도 얻고, 그렇지 않으면 둘 다 잃는다. 인간적 덕목은 건강이 제1

---

[322] 『대학』「수장」은, "대학의 길은 명덕을 밝혀 폄에 있고, 백성을 새롭게 함에 있고, 지선至善에 사는 것에 있다(大學之道 在明明德 在親民 在止於至善)"고 한다. 정치학(국가학)으로서의 '대학(큰 배움)'은 궁극적으로 '지선'과 관련된 것이다. 그러나 『대학』은 '대학'을 '지선을 아는 것'을 넘어서 '지선에 사는 것'과 관련시키고 있다. '지선에 살면' 천성으로부터 명덕을 얻을 수 있다. 이 명덕은 천하에 베풀어 백성을 새롭게 할 정치실천적 목표를 갖는다. 따라서 『대학』의 '선의 이데아'는 정치적 실천을 위해 생겨난 것이므로 바로 이 실천 속에 들어 있다. '앎'은 실천을 준비하는 과정의 한 계기에 지나지 않을 뿐만 아니라 '지선에 대한 앎'뿐만이 아니라 '지선에 사는 것에 대한 앎'이기도 해야 한다. 그러므로 『대학』의 '앎'은 태생적으로 지극히 실천적인 앎이다. 따라서 「수장」은 바로 이어서 말한다. "지선에 사는 것을 안 뒤에 정함이 있고, 정한 뒤에 고요할 수 있고, 고요한 뒤에 편안할 수 있고, 편안한 뒤에 생각할 수 있고, 생각한 뒤에 지득할 수 있다(知止而后有定 定而后能靜 靜而后能安 安而后能慮 慮而后能得)." 이처럼 '지득', 즉 깨달음을 얻는 것은 먼저 '지선에 사는 것을 안' 뒤에 가능하다. 그런데 '지선에 사는 것을 아는 것'은 다시 '지선에 산' 뒤에 가능한 것이다. 『대학』의 '대학'의 길은 겨우 '지선에 대한 앎'에 있는 것이 아니라 '지선에 사는 것'에 있는 것이다. 반면, 플라톤에게 '선의 이데아'와 이에 대한 '토 메기스톤 마테마'로 가는 '멀고 큰길'은 초월적이고 이론적(지성적)이고 엘리트적이다.

순위로 오고 미가 제2순위, 달리기와 다른 신체운동에서의 힘이 제3순위, 그리고 제4는 부富인데, 부가 현명(프로네시스)을 동반한다면 이 부는 눈먼 부가 아니라 눈 좋은 부다. 그다음 신적 덕목은 현명(현덕)이 제1순위고, 영혼의 합리적 정심(소프로쉬네)이 제2순위에 오고, 이 두 개로부터 용기와 결합되어 제3순위의 정의(디카이오쉬네)가 산출되고, 제4순위는 용기(안드리아스)다. 이 신적 덕목들은 모두 본성상 인간적 덕목보다 앞선 자리에 정렬되는데, 바로 입법자들도 이 덕목들을 이렇게 정렬해야 한다. 그다음, 그들이 받는 모든 훈령은 이 덕목들을 지향한다는 것과, 이 덕목들 가운데 인간적 덕목들은 신적 덕목들 우러러 보고 신적 덕목들은 지성(누스 νούς)을 자기들의 주도자로 우러러본다는 것을 시민들에게 천명해야 한다.[323]

여기서 플라톤은 덕성을 '아가톤(ἀγαθων, 善)'의 복수 '아가타(ἀγαθά)'로 표현하고 있지만, 나중에는 이를 '아레테(ἀρετή)'로 바꾼다.[324] 플라톤이 『법률』에서 덕성을 '인간적 덕목'과 '신적 덕목'을 양분하고 건강·미·힘·부 등 '인간적 4덕'을 "현명·정심·정의·용기"의 '신적 4덕'에 종속된 것으로 정리하고 있다. 그리고 지성과 현명을 구분한 것도 두드러진 변화다. 이런 수정들은 공자의 소덕과 대덕의 구분 및 지자와 현자의 구분에 접근한 것이다. 이것들만이 아니라 전반적으로 『법률』은 『국가론』보다 더 공자철학에 접근해 있다. 하지만 『법률』의 '신적 덕목'에서도 여전히 '사랑(仁)'은 배제되어 있다.

미·힘·부·건강의 '인간적 덕목'은 명칭과 평가만 다를 뿐이고 『국가론』의 내용을 거의 그대로 반복하고 있다. 『국가론』에서 플라톤은 "영혼이

---

323) Platon, *Gesetze*, 631b-d. 플라톤은 여기서 덕성을 '아가타(ἀγαθά, '아가톤『ἀγαθων』'의 복수)'로 표현하고 있지만, 963a쪽에서는 이를 '아레테(ἀρετή, 덕성)'로 바꾼다.
324) Platon, *Gesetze*, 963a.

신체보다 더 귀중한 만큼, 최선의 본성을 회복한 완전한 영혼은 지혜와 결합된 정심과 정의를 획득하는 측면에서, 신체가 건강과 결합된 힘과 미를 얻을 때보다 훨씬 더 귀중한 조건을 달성할 것이다"라고 말한다. 또한 "자신의 신체의 습관과 양육을 불합리한 야수적 쾌락에 내던지고 이 방향으로 얼굴을 고정시킨 채 살지 않아야" 할 뿐만 아니라, "건강을 주요 목표로 삼지도 말아야" 할 것이다. 또한 "영혼의 정심을 수반하지 않을 것 같다면 힘이 세지거나 건강해지거나 아름다워지는 방법들에 제1위의 서열 자리를 주지 않아야 할 것이다". 오히려 "항상 신체의 조화를 영혼 안에서의 화합을 위해 조율해야" 할 것이다.[325] 『법률』에서 말하는 "눈먼 부"가 아니라 "눈 좋은 부"도 『국가론』에서의 이 '부'의 관점을 그대로 계승한 셈이다.

'눈먼 부'라는 표현은 그리스인들이 '재부의 신' 플루토스(Πλοῦτος)를 재물만 보고 다른 선들을 보지 못하는 '장님'으로 여겼기 때문에 나온 말이다. 부란 원래 사람을 눈멀게 만드는 속성이 있다. 그런데 여기서 말하는 '눈 좋은 부'는 현명(프로네시스)의 덕성을 갖추고 법·도덕·정심·정의·중도 등 여러 인간적·신적 덕목과 조화된 '건전한 부'를 말한다. 따라서 여기서 '눈 좋은 부'란 인간적·신적 가치를 손상시키며 '개처럼' 아무렇게나 벌어들인 '눈먼 부'가 아니라 여러 가치들에 대한 예리한 '분별력'을 갖고 올바른 방식으로 벌어들인 '건전한 부'이면서, 동시에 지나친 빈곤과 지나친 부 사이의 '중도中度'에 적합한 중도적 부를 말한다. 『국가론』에서는 "누구든 황금을 올바르지 않은 방법으로 갖는 것", 가령 제 아들과 딸을 노예로 팔거나 제 남편의 목숨을 대가로 목걸이를 얻는 식으로 재물을 얻는 것은 "자신의 가장 훌륭한 부분"을 "가장 사악한 부분에 종속시키는 짓"이요, "무서운 파멸을 대가로 황금을 뇌물로 받는 것"이라

---

325) Platon, *Der Staat*, 589d-590a.

고 비판한다.[326] 따라서 '눈 좋은 부'란 일단 '현덕'을 발휘해 올바른 방법으로 돈을 벌어 이룬 부를 말한다. 또한 "소유에서도 질서와 화합을 유지해야" 한다. "많은 사람들의 축복에 넋을 잃고 부의 규모를 무한대로 늘려나가고 한없는 병폐에 말려들지 말아야" 한다. "영혼의 헌정 체제를 응시하면서 영혼 속의 어떤 것도 부의 과다나 결핍으로 교란당하지 않도록 보살피고 감시해야" 하고 "이 원칙 위에서 가급적 삶의 과정을 조종하고 그의 부를 가감해야" 할 것이다.[327] 따라서 '눈 좋은 부'란 다시 이 중도의 덕목을 충족시키는 부다. '중용' 절에서 상론했듯이 플라톤은 『법률』에서도 거듭 최선의 부를 중도의 부로 규정한다.[328] 이처럼 '인간적 덕목'에서는 『국가론』과 『법률』 사이에 일관성이 돋보인다.

그러나 이 "인간적 덕목들"은 공자의 소덕들(장수, 건강, 근면, 검소, 인내, 상호주의, 등)이 그렇듯이 고대 그리스 시가에서 회자하던 '세속적 가치들'에 지나지 않는다. 일찍이 『고르기아스』에서 소크라테스는 말한다. "난 네가 향연에서 사람들이 가장 훌륭한 것은 건강이고, 둘째는 아름다워지는 것이고, 셋째는 술자리 노래를 짓는 시인들이 생각하듯이 정직하게 부유해지는 것(플루테인 아돌로스 πλουτείν ἀδόλως)이라고 열거하는 술자리 노래를 부르는 것을 들었을 거라고 생각한다."[329] 여기에 저 '인간적 4덕' 중 세 가지(건강·미·부)가 열거되고 있다. 당대에는 이런 4행 시도 있었다. "죽게 마련인 인간에게 건강이 제일 좋은 것이로되, 둘째는 아름다워지는 것이고, 셋째는 정직하게 부유해지는 것이고, 넷째는 벗들과 더불어 젊음을 누리는 것이라네."[330] '건강'과 '힘'을 하나로 합쳐 볼

---

326) Platon, *Der Staat*, 591b-c.
327) Platon, *Der Staat*, 591d-e.
328) Platon, Gesetze, 679b-c, 728e-729b, 744d.
329) Platon, *Gorgias*, 451d, 452b.
330) E. R. Dodds, *Plato: Gorgias* (Oxford: 1959), 200쪽. 박종현, 「『필레보스』해제」, 43쪽 각주21.

때, 이 4행시에 이미 인간적 4덕이 다 들어 있다.

한편,『법률』의 신적 4덕론은『국가론』의 4덕론과 중요한 차이를 드러내고 있다. 첫째, 4덕이 지혜·용기·정심·정의의 순위에서 지혜·정심·정의·용기의 순위로 바뀐 것이다.『국가론』의 이상국가에 비해『법률』의 이상국가에서는 군인이 덜 중요하기 때문에 용기가 뒤로 밀린 것으로 보인다.

이 차이로 인해 둘째, 플라톤은『법률』에서 용기의 개념을『국가론』에서보다 더욱 정신적인 쪽으로 기울도록 수정하고 있다. 이 대목에서 유교적 풍미가 물씬 풍긴다. 플라톤은 "단독적 용기"보다 "정의·정심·지혜와 결합된 용기"를 더 높이 치고, 이 단순한(단독적) 용기는 '용병'들도 발휘할 수 있는 '무용' 정도로 평가절한다. "선덕 전반을 결여한 사람은 (아무리 용감하더라도) 내전에서 충직하고 건전한 사람으로 입증될 수 없을 것이기 때문이다."[331]

"완벽한 의기"라는 플라톤의 표현은 용기가 어디까지나 감정에 지나지 않다는 것을 드러내 보이는 표현이다. 그리하여 플라톤은 용기를 감정에 불과한 것으로 격하하고 "서열과 평가에서 네 번째 순위 이상으로 높이 자리할 자격이 없다"고 평가한다.[332]『법률』에서 '용기' 덕목의 순위가 사덕 안에서 차석에서 말석으로 밀린 것은『국가론』의 사덕론과 중요한 차이다.

셋째, 플라톤은『법률』에서 3위의 '정의'를 단순 덕목이 아니라 현명과 정심이 용기와 결합된 복합 덕목으로 파악함으로써 실질적·내용적으로 정의를 사덕 중 최상석의 덕목으로 격상시키고 있다.『국가론』에서도 이러한 정의 개념의 맹아가 보이지만『법률』에서는 분업적·카스트적 정의 개념의 어떤 기미도 아직 풍기지 않고 있다.『국가론』의 사회 분업적 정의

---

331) Platon, *Gesetze*, 630a-b.
332) Platon, *Gesetze*, 630c·d.

개념을 버리는 듯하지만, 나중의 논변으로 갈수록 그 그림자가 보인다.

그런데 플라톤은 『국가론』에서처럼 『법률』에서도 변함없이 '지성'을 이 신적 4덕의 주도자로 규정하는 '무제약적 지성주의(지성우월주의)'를 견지한다. 그런데 이번에는 '소피아'(지혤)가 아니라 '누스'(지성)를 내세운다. 그런데 이 '지성'이 현명·정심·정의·용기와 별개로 이 4덕을 리드하는 것인지, 아니면 '현명'의 대체 개념인지는 분명치 않으나, 현명과 지성을 같은 의미로 혼용하는 그의 관점에서는 지성이 현명을 대체하는 것이 얼마든지 가능하다. 플라톤이 『법률』에서 4대덕의 현명(프로네시스)과 지성(누스)을 구분하고 지성을 현명 위에 놓는 것처럼 보일지라도 "이 4덕(아레테) 중 주덕主德은 지성(누스)이고 나머지 세 가지 덕은 그 밖의 모든 것들처럼 이 지성을 지향해야 한다"고 말하기[333] 때문이다. 『국가론』에서는 지혜(소피아)·지식(에피스테메)·현명(프로네시스)을 혼용하면서 이 소피아·에피스테메·프로네시스를 덕성으로 규정했지만, '지성'은 언급하지 않았었다. 그러나 『법률』에서는 소피아와 에피스테메를 제외시키고 '현명'만을 택해 4대덕의 상석에 위치시키고, 이론적 이성 '지성(누스)' 개념을 새로 도입해 4대덕의 주도자로 덕성 위에 위치시키고 있다. 아마 플라톤은 연역적·이론적 '지성'이 경험적 '현명'을 지도해야 하는 것으로 생각한 것으로 보인다. 따라서 『법률』에서도 지성주의는 계속된다.

제2순위로 올려진 '절제(정심)'와 관련된 '자기를 이기는'의 요소는 『법률』에서도 여전히 견지된다. 진정한 정심은 이제 "공포와 고통에 대한 싸움"에서 이길 뿐 아니라 "보통 사람의 마음만이 아니라 제 딴에는 가장 존경받는 사람의 마음도 왁스처럼 녹여버리는 위험한 유혹과 아첨을 수반하는 욕망과 쾌락에 대한 싸움"에서도 이기는 마음이다. "쾌락에 굴복한 사람"과 "고통에 굴복한 사람"은 둘 다 "수치스럽게 자기에게 열등한

---

333) Platon, *Gesetze*, 963a.

(패배한) 사람"으로서 "악인들"이다.[334] 그러나 『법률』에서는 이 '자기를 이긴다'는 극기克己 요소가 용기 개념과도 뒤섞이는 약간의 모호성이 보인다. 플라톤은 가령 "정복해야 할 곳을 정복하고 가장 가깝고 가장 위험한 적들에게 결코 지지 않도록 만듦으로써 같은 사람을 고통과 쾌락 양자에 대해 용기 있게 되도록 만드는 그런 법규가 있다고 선언하자"라고 말한다.[335]

『정치가』에서처럼 『법률』의 끄트머리 부분에서도 플라톤은 '덕성과 지식의 동일성' 테제를 복원한다. 서로 다른 이름으로 불리고 그 본성도 상이한 덕들의 통일성과 전체성을 확보하기 위한 철학과 이 철학을 구현할 국가의 특별 정치기구(야간국무회의)가 기안된다. 국가 건설의 논의를 "덕으로 시작하고 덕이 입법자의 목표라고 말하는 것은 올바른 방식이다."[336] 왜냐하면 "모든 법률은 항상 '덕성'이라는 하나의 단일 대상을 겨냥해야" 하기 때문이다.[337] 그리고 "덕성의 어떤 한 부분이나 가장 자잘한 부분을 보는 것이 아니라 덕성 전체를 보는 눈으로 법률을 집행해야 한다."[338] 그런데 물론 네 가지 덕목 가운데 지성이 나머지 세 가지 덕목과 그 밖의 모든 것이 지향해야 하는 주덕主德이지만, 문제는 그 덕이 상이한 이름으로 불리는 네 가지 덕목이라는 데, 즉 덕이 '일一'이면서도 '다多'라는 데에 있다. 이와 관련해 '아테네에서 온 손님'은 즐겨 쓰는 '나라-영혼 유추법'의 변형태인 '나라-영혼·머리·눈 유추법'과 항해사·의사·장군의 사례를 들어 이 문제에 접근한다. "우리는 모든 대상과 관련해 그 대상들의 각 동작에서 무엇이 적절한 구원자 노릇을 하는지를 관찰해야 한다. 가령 동물의 경우, 영혼과 머리가 천성상 그 구원자다." 따라서 모든

---

334) Platon, *Gesetze*, 633d-634a.
335) Platon, *Gesetze*, 634b.
336) Platon, *Gesetze*, 631a.
337) Platon, *Gesetze*, 963a.
338) Platon, *Gesetze*, 630e.

동물에게 구원을 주는 이 기능은 동물의 두 기관, 즉 영혼과 머리의 "덕행"이라고 말해야 한다. "영혼 속에 다른 모든 자질에 더해 지성이 존재함으로써 그리고 머릿속에 다른 모든 자질에 더해 시각과 청각이 존재함으로써 구원을 준다. 요약하면, 극히 정당하게 각 동물의 구원으로 불릴 것은 지성과 극히 민감한 감각들의 결합, 즉 이것들의 통합이다. (…) 그런데 폭풍우 치는 날씨와 평온한 날씨에 다른 감각들과 함께 배에 구원을 줄 것은 어떤 종류의 지성인가? 선상에서는, 감각들을 항해사(선장)의 지성과 결합함으로써 자신들과 모든 승객에게 구원을 확보해 줄 이들은 항해사와 선원들이 아닌가? (…) 구원을 겨냥한다면, 가령 군대의 경우, 장군이 쏘아 맞히기 위해 세우는 바른 표적은 무엇인가? 또는 인간 신체의 경우에 의료업의 표적은? 전자는 승리를 표적으로 삼고 적에 대한 제압을 하는 것인 반면, 의사와 그 조수들의 표적은 신체에 건강을 주는 것이 아닌가?" 그러나 "의사가 우리가 '건강'이라고 부르는 신체 상황을 모르거나 장군이 승리에 대해 모르거나 우리가 언급한 다른 일들의 그 누구든 모른다면", 이 일에 대한 "지성"을 보유하고 있다고 생각할 수 없을 것이다.[339]

플라톤은 '필리아(사랑)'를 4덕에 포함시키지 않았지만 이상하게도 사랑을 국가와 입법의 최고선으로 규정할 정도로 정치적으로 중시했다. 소크라테스는 필리아를 공사公私의 모든 인간관계에 적용해서 두 분야의 필리아를 연계적·연속적으로 설명했다. 이것은 플라톤도 마찬가지다. 그는 『법률』에서 입법이 목표로 삼는 "국가의 최고선은 우리가 탈출하려고 기원하는 전쟁이나 내분이 아니라 서로서로와의 평화와 인애감정이다"라고 전제다.[340] 그리고 논의를 더 전개해 다음과 같이 정리한다.

---

339) Platon, *Gesetze*, 961d-962c.
340) Platon, *Gesetze*, 628c.

- 우리는 우리의 이상이 나라가 자유롭고 분별 있고 내적으로 인애(필리아) 속에 들어 있어야 하고 입법자도 이를 목표로 입법해야 한다는 것이기 때문에 거대하거나 혼합되지 않은 단일 헌정 요소를 가진 정체政體를 법으로 설립하는 짓을 큰 실책이라고 명명했다. (…) 그런데 목표를 염두에 둘 때는 현덕(프로네시스)과 인애가 진짜 다른 목표가 아니라 동일한 목표라는 것을 성찰해야 한다.[341]

이 두 번째 논의에서는 결국 국가의 최고선을 인애와 자유로 정의하고 있다. 그런데 그는 세 번째 논의에서 이 정의를 약간 변형시킨다.

- 우리의 법의 기본 목적은 (…) 시민들이 가능한 한 행복해야 하고 인애(연대) 속에서 최고도로 화합해야 한다는 것이다. 시민들은 빈번히 서로와 합법 행위를 하다가 또 빈번히 불법 행위를 하는 곳이 아니라 이 불법 행위가 최소이고 가급적 가장 적은 곳에서 인애롭다.[342]

'인애와 평화', '인애와 자유', '인애와 행복'으로 나타나는 세 번의 각기 다른 정치적·법적 최고선(최고목적)의 정의에서 플라톤은 인애를 공통된 최고의 국가이념으로 언급하고 있다.
  동시에 플라톤은 최후의 대화편 『법률』에서 최초로 필리아(인애)의 개념을 정의한다.

- 우리가 인애(필리아)·욕망·육감적 사랑(에로스)을 올바로 규정하려면, 이 개념들의 참된 본성을 식별할 필요가 있다. 이 개념들이 극도의 혼

---

341) Platon, *Gesetze*, 693b·c.
342) Platon, *Gesetze*, 743c·d.

동과 모호성을 야기하는 것은 성애性愛라는 이 단일 술어(에로스)가 저 두 술어들(필리아와 욕망)을 포함하고 또한 제3의 유형이 이 중 두 개의 술어(필리아와 에로스)로 혼성되어 있다는 사실이다. (…) 필리아는 덕의 관점에서 유사한 자가 유사한 자에 대해 그리고 동일한 자가 동일한 자에 대해 갖는 애착과, 또한 빈자가 부자에 대해 갖는 애착에 부여하는 명칭이다. 그리고 이 감정 중 어느 것이든 '강렬하면' 우리는 이것을 '에로스'라고 부른다. (…) 반대되는 사람들 간에 일어나는 필리아는 격렬하고 맹렬하지만 사람들 간에 거의 교호적이지 않은 에로스인 반면, 유사성에 기초한 필리아는 점잖고 평생 교호적이다. 이 둘의 혼합으로부터 일어나는 유형(제3의 유형)은 어려움을 안고 있다.[343]

그리하여 플라톤은 "반대되는 사람들 간에 일어나는 필리아"(에로스)가 "유사성에 기초한 필리아"와 뒤섞인 제3의 혼합형 에로스에 대해 분석한다.

- 첫째는 이 제3의 유형의 사랑을 품은 사람이 진정으로 얻으려고 하는 것이 무엇인지 알아내기 어렵다는 것이고, 그다음은 그 사람 자신이 한쪽에서 애인의 농염한 아름다움을 즐길 것을 졸라대고 다른 쪽에서는 이를 가로막는 두 가지 성향에 의해 상반된 방향으로 동시에 끌려 어찌할 바를 모르는 까닭에 어렵다는 것이다. 육체와 열애에 빠져 농익는 복숭아처럼 농염한 아름다움을 갈망하는 사람은 애인의 마음을 고려치 않은 채 스스로에게 그 풍만함을 취하라고 재촉하는 반면, 육체적인 욕망을 한낱 부차적인 것으로 여기고 육감적 에로스를 동경의 눈길로 대치代置하고 영혼으로 영혼을 진정으로 갈망하는 사람은 육

---

343) Platon, *Gesetze*, 836e-837a.

체의 육체적 충족을 비행非行으로 여기고 정심·용기·위대성·지혜를 존경의 염으로 숭배하기 때문에 당연히 에로스의 순결한 대상과 더불어 늘 순결하게 살기를 열망한다. 이 두 종류로 혼성된 필리아는 우리가 방금 제3의 유형이라고 부른 에로스다.[344]

따라서 "이른바 에로스가 이처럼 아주 다양하기 때문에" 법으로 "이 모든 에로스를 다 금지하고 이 에로스라는 것이 우리들 사이에 존재하는 것을 막기"보다는 "솔직히 젊은 애인들이 가능한 한 훌륭하기를 요구하는 덕성에 속하는 사랑이 원컨대 우리 국가 안에 존재하기를 기원하는 한편, 다른 두 가지 유형(욕망과 육감적 에로스)을 가급적 금지하는" 길을 가야 할 것이다.[345] 플라톤은 성욕과 육체적 사랑을 금지하는 성 억압 국가를 구상하고 있다.

그러나 플라톤은 "덕성에 속하는 사랑"을 "영혼으로 영혼을 진정으로 갈망하는" 점잖고 교호적인 필리아(인애·사랑) 및 필리아와 에로스의 '혼합'으로 이루어진 덕스런 사랑으로 넓게 규정하고 있다. 이럼으로써 사적 '효제'와 공적 박시제중의 '인애'를 포괄하는 '사람 사랑'으로서의 공자의 인 개념과 거의 동일한 광의의 필리아 개념을 주조해 내고 있다.

플라톤은 '필리아(사랑)'를 이렇게 국가와 입법의 최고선으로 규정할 정도로 정치적으로 중시했으면서도 끝까지 4덕에 포함시키지 않았다. 이것은 그의 정치철학에 심각한 구조적 문제를 야기하게 된다. 국가의 최고선(필리아)이 개인 차원에서의 최고덕목(지성)과 원리적으로 단절되어 이것과 무관한 것이 되고 말기 때문이다. 이로 인해 플라톤의 철학자(愛智者)에게는 필리아(사람 사랑)나 이 필리아를 베푸는 정치행위가 개인의 덕

---

344) Platon, *Gesetze*, 837b-d.
345) Platon, *Gesetze*, 837d.

성과 무관할 뿐만 아니라, 개인의 관점에서 비윤리적 '지성'과 지성적 '애지'보다 가치론적으로 보잘것없는 사소한 행위로 추락한다.

플라톤은 『법률』에서 위와 같이 세 번의 각기 다른 정치적·법적 최고선(최고목적)의 정의에서 공통적으로 인애(필리아)를 '국가의 최고선'으로 규정했으나, 『법률』에서의 이러한 결정적 입장 전환에도 불구하고 끝끝내 필리아를 4덕에 포함시키지 않았다. 이것은 커다란 미스터리로 느껴진다. 그러나 뒤에 논할 '신체적 약자'의 제거와 '사회적 약자'의 정책적 방치의 견지에서 보면 그 숨은 의도를 간취할 수 있다.

『국가론』과 『법률』의 사덕론을 종합적으로 고찰하면, 덕성을 지성과 동일시하는 지성 제일주의의 사덕론이고 또 동시에 정의 제일주의의 도덕론이다. 플라톤은 『국가론』에 "국가적 정의에 대하여($περὶ\ Δικαίου\ Πολίτικός$)"를 부제로 붙임으로써 정의 제일주의를 이미 예고했었다. 그런데 플라톤은 국가 차원의 정의를 카스트 분업 체제의 '고수'로 정의하면서 '정의'는 나라의 정심·용기·지혜를 생겨나게 하고 성장시키고 유지시키는 힘이라고 말한다. 정의는 치자와 피치자 간의 합의(국가의 절제), 두려운 것들과 관련해 법령에 따르는 군인들의 준법적 소신의 고수(나라의 용기), 치자들의 슬기와 정치학(나라의 지혜) 등에 필적하는 덕이다. 따라서 정의는 순서에서 말석에 위치해있지만 실질적으로 4덕의 제일덕목, '덕스런 나라'를 만드는 데 결정적으로 이바지하는 중요한 덕목이라고 말한다. 그리고 이런 정의 개념을 개인 차원에도 적용해 "자신 안에 영혼의 각 부분들이 각각 제 일을 하는" 사람을 "정의로운 사람"으로 규정했다. 따라서 불의는 영혼의 영혼의 세 부분(이성·정기·욕구) 간의 "일종의 내분", "영혼 전체에 대한 어떤 부분의 반란 상태"다. 이것은 영혼 안에서 정기와 욕구가 이성을 "지배하려 드는 반란"인 것이다. 정의는 소피아·용기·절제의 조화를 관할하는 실질적 최고덕목이다. 이것이 『국가론』의 부제副題를 "국가적 정의에 대하여"로 붙인 이유인 것이다. 정의를 국가의 실질적 제일덕목으로 격상시키는 것은 『법률』에서도 마찬가지였다. 그리고 조화로운 카스트적 분업을 정의로 규정하는 논변의 골간은 '야간국무회의' 위원과 항해사·의사·장군의 유추에서 드러나듯이 『법률』에도 그대로 남아 있었다. 다만 『법률』에서는 『국가론』의 지혜·용기·절제·정의 등 사덕의 순서와 지혜가 현명·절제·정의·용기로 바뀌고 지성이 이 사덕의 주도자로 제시되는 변화를 보였을 뿐이다.

　그러나 『국가론』과 『법률』의 두 저서에서 국가 차원의 사덕론이든, 개인 차원의 사덕론이든 사덕에서 사랑(동정심)은 깔끔하게 배제되었다. 플라톤은 오히려 효율성을 정의로 여기는 공리주의의 카스트 분업적 정의관점에서 무자비하게 신체적·지적 장애인들을 제거하고 우생학적으로 아이를 낳아 기르는 지성주의적 반反동정심의 사이코패스 정책을 제시하고 애민복지(양민·교민)정책을 제쳐두었다. 뒤에 논하듯이 사덕에서 사랑을 배제한 까닭은 백성 복지를 눈 딱 감고 배격하고 장애인과 허약자를 무자비하게 제거하는 정책을 도입하기 위한 것이었다. 따라서 철인치자는 사랑을 베푸는 정치에 관심이 전혀 없는 불인不仁치자다. 따라서 소크라테스와 플라톤의 국가는 영락없이 동정심도 사랑도 없는 무자비한 불인국가로 귀착된 것이다. 뒤에 상론하겠지만 지나친 부자와 지나친 빈자의 출현을 막으려는 플라톤의 중산층국가론도 복지국가론이라기보다 민생경제의 성장과 발달을 억압할 위험이 큰, 시민 재산에 대한 강제적 관리제도다. 왜냐하면 그는 '중용 수칙'에 따른 재산의 균제로 빈곤과 내분이 없는 플라톤의 중산층국가론을 시민의 생산 의욕과 경제성장을 해칠 수도 있는 '탐욕 단념' 원칙과 '신의 허락'에 기초한 신국건설의 순수한 소망과 강력한 법률적 강제를 담은 금욕주의 색조의 비현실적 이상으로 그리고 있기 때문이다.

5.2. 트라시마코스의 강자정의론과 플라톤의 공리주의적 비판

그렇다면 트라시마코스의 강자정의론은 도대체 구체적으로 어떤 논리이고, 이에 대한 소크라테스와 플라톤의 비판은 무엇이었던가?

플라톤은 『국가론』, 정확하게는 『국가, 또는 국가적 정의에 대하여(Πολίτεία, ἡ περὶ Δικαίου Πολίτικός)』 제4권에서 카스트신분제로 귀착되는 '분업적 정의'의 이론을 설파하기 위해 제1권에서 미리 트라시마코스의 강자정의론을 끌어들여 비판한다.

트라시마코스는 "내 보기에 정의(토 디카온)라는 것은 더 강한 자(호 크레이톤)의 이익(토 심페론) 외에 다른 것이 아니다"라고 주장한다.[346] "나라들 가운데서도 어떤 나라는 참주정으로 다스려지는 반면, 어떤 나라는 민주정으로, 또는 귀족정으로 다스려지고 있다는 것도 모르는가? (…) 그러니 나라마다 권력을 행사하는 것은 지배자 쪽이지? (…) 한데 적어도 법률을 제정함에 각 정권은 자기의 이익을 목적으로 삼는다. 민주정은 민주적 법을, 참주정은 참주정의 법을 제정하고, 그 밖의 다른 정체도 다 이런 식으로 법을 제정한다. 일단 법 제정을 마친 다음에는 자기들에게 이익이 되는 것을 피치자들에게 공표하고서는 이를 위반하는 자를 범법자로, 불의를 저지른 자로 처벌한다. (…) 모든 나라에서는 동일한 것, 즉 수립된 정권의 이익이 정의다. 확실히 이 정권이 권력을 행사하기에 바른 추론자의 견지에서는 어디에서나 정의는 동일한 것으로, 즉 더 강한 자의 이익으로 귀결된다."[347]

그러나 트라시마코스의 이 공리주의적 강자정의론을 소크라테스는 '선장의 예'를 들어 분쇄한다. 그는 먼저 정의가 이익이라는 공리주의적

---

346) Platon, *Der Staat*, 338c.
347) Platon, *Der Staat*, 338d-339a.

정의 개념에 동의하면서[348] 그것이 누구의 이익인지, 강자의 이익이라는 것이 맞는지를 문제 삼는다.[349] 그러고는 선장과 선원들의 관계를 예로 들어 그 이익이 선장(통치자)의 이익이 아니라, '선원들의 이익'이라는 데 트라시마코스로 하여금 동의하게 만든다. "엄밀한 의미에서의 선장은 선원이 아니라 선원들의 통치자라는 데도 동의하지 않았는가? (…) 그러면 아무튼 그 선장 통치자는 선장에게 이익이 되는 것을 미리 생각하고 지시하는 것이 아니라 피통치자 선원들에게 이익이 되는 것을 생각하고 통치할 것이다." 이에 트라시마코스도 어쩔 수 없이 동의한다. 그리하여 "논의를 여기까지 했을 때 정의의 이야기가 정반대로 뒤바뀌어 버렸다는 것이 모두에게 명백해졌다".[350] 말하자면 정의는 나라를 통치하는 '강자의 이익'이 아니라 '백성의 이익'이라는 결론으로 낙착된 것이다. 이것은 트라시마코스의 공리주의적 강자정의론에 대한 '공리주의적' 비판에 불과한 것이다.

참주정(군주정)·귀족정·민주정이 모두 다 '최강자의 이익'이 아니라 '백성의 이익'을 위한다는 논변으로 "정의는 강자의 이익이다"는 트라시마코스의 공리주의적 최강자 정의 개념을 논파한 소크라테스와 플라톤의 비판은 전혀 바른 논변이 아니라 몽매주의적 궤변이다. 이 논변에서 그들은 참주정·귀족적·민주정이 권력 이익에서 본질적으로 다르다는 사실을 무차별적으로 깔아뭉개고 있다. 이 정체政體들 중에서 참주정과 귀족정은 '백성의 이익'이 아니라 제각기 '참주의 이익'과 '귀족의 이익'에 부합하는 정의 개념을 내세우는 반면,[351] 민주정은 '백성의 이익'에 부합하는 정의 개념을 내세운다는 차이점을 몽매주의적 궤변가들처럼 감추고 있

---

348) Platon, Der Staat, 339b.
349) Platon, *Der Staat*, 341b-c.
350) Platon, Der Staat, 342e-343a.
351) 아리스토텔레스는 군주정을 임금이 백성을 위해 다스리는 '왕도정'과 임금의 이익을 위해 다스리는 '참주정'으로 구분했다.

는 것이다. 권력을 쥔 강자들은 늘 자기의 이익을 '백성의 이익'이라는 유명무실한 명분으로 포장하지만 명분과 무관하게 참주정의 정의는 본질적으로 참주의 이익이고, 귀족정의 정의는 귀족집단의 이익인 것이다. 그렇기 때문에 모든 정체는 역사적 경과 속에서 만인의 이익을 대변하는 민주정으로 귀착되어 온 것이다. 민주정에 이르러서야 백성이 최강자로 올라서게 되므로 '강자의 이익'이 곧 '백성의 이익'이 되는 것이다. 따라서 정체의 차이를 애매모호하게 만드는 소크라테스와 플라톤의 트라시마코스적 강자정의론 비판은 일종의 궤변에 불과한 것이다.

  아래에서 논증하듯이 소크라테스와 플라톤이 강자정의론을 비판하고 그 대신에 제시한 이상국가의 카스트 분업적 정의도 그들이 '백성의 이익과 행복'을 명분으로 정당화하는 일종의 지성주의적 강자정의론에 불과하다. 이 때문에 그들의 논변은 본질적·전체적으로도 궤변이다. 그들의 이상국가는 체능과 지능의 '최우수자들'에 카스트 분업적 직업 위계에서 최고의 지위를 부여하고 이 새로운 최우수 강자들을 군인과 철인치자로 특대하고 일반백성을 아무런 민생·교육복지(양민·교민)정책도 없이(야경국가적으로) 방치한 채 '강제적(부자 강탈적) 중산층 국가'를 추구하고(이에 대해서는 후술) 불구자와 허약자를 무자비하게 제거하는 국가다. 결국 카스트 분업적 정의는 새로운 강자 '최우수자'의 이익이고, 이 정의의 정체는 바로 트라시마코스적 정의인 것이다.

5.3. 재산·처자공유제와 철인치자의 우생학적 군사국가

  소크라테스와 플라톤은 자기들이 구상한 이상국가를 '칼리폴리스(아름다운 국가)'라 불렀다. 그런데 칼리폴리스는 외적外敵의 방어와 야만지역의 정복에 초점에 맞춰진 수호자계급과 철인치자의 군사국가다. 따라서 군사작전과 방어·침략전쟁의 수행을 위한 교육이 다른 교육에 우선하고, 수호자들은 시험을 통해 선발되고, 낙방자는 영양계급(농민·상공인·노예)으로 방출되고, 장애·허약자와 천민아동들(보잘 것 없는 부모로부터 태어난 자제들)은 모두 유아 단계에서 우생학적으로 유기·살해된다. 그리고 여성들은 남자와 영혼이 동일한 것으로 취급되어 남자와 동일하게 체육·군사교육을 받는다. 그리고 여성의 일부도 군사국가의 요구에 따라 수호자 계급에 귀속되고 국토 방위와 전투에 참여한다.

소크라테스와 플라톤은 『국가론』 제2권에서 분업의 필연성과 이 분업적 직업 가운데서 전쟁을 도맡는 수호자(전사)계급의 최고 지위에 대해서 논한다. 소크라테스는 플라톤의 형 글라우콘에게 이렇게 말한다. "자네가 기억한다면 한 사람이 여러 기술의 일을 다 잘하는 것이 불가능하다는 것에 분명히 동의했다." 그러나 그가 "물론입니다"라고 답했다. 이에 소크라테스는 "자, 그렇다면 투쟁 업무가 하나의 기술이고 전문 직업이라고 생각하지 않는가?"라고 묻는다. 그러자 그가 "진정 그렇고말고요."라고 답한다. 그 대화는 이어진다. "구두장이의 기술에 대한 관심이 전쟁 기술에 대한 관심보다 더 커야 하나?" "결코 아닙니다." "그렇다면 우리가 구두장이의 일이 잘 되게 할 목적에서, 그리고 유사하게 각자 한 사람에게 그에게 맞고 본성적으로 적합한, 그리고 각자가 다른 직업으로부터 여유롭게 일생 동안 수행하는 하나의 직업을 맡겨 그 일을 잘할 적시를 놓치지 않도록 할 목적에서 구두장이가 동시에 구두장이 대신 농부, 직조공, 건축가가 되려고 하는 것을 애써 막으면서도, 우리가 전쟁 업무의 바른 수행이 최고로 중요하지 않은지 의심한다고 생각하느냐? 아무도 설계도나 주사위 일과 그 밖의 일을 어린 시절부터 하지 않고 그 일을 부차적으로 취급한 사람은 그 누구도 세상에서 스스로 완전한 설계도 전문가나 완전한 주사위 전문가가 될 수 없을지라도, 땅을 가는 사람이 동시에 군인이 되고 구두장이 일이나 어떤 다른 직업을 하는 사람이 되는 것이 그렇게 쉬운가? 그리고 어떤 다른 도구도 그것을 손에 쥔다고 어떤 사람을 기술자나 운동선수로 만들어주지 않을지라도, 더욱이 도구가 도구의 과학을 획득하거나 이 도구의 사용을 충분히 연마하지도 않은 사람들에게 도움이 되지 않을지라도, 방패나 다른 어떤 전쟁 무기를 손에 든 사람이 바로 그날 바로 중무장이나 다른 전투 형태의 유능한 전사로 도약할 거라고 우리가 믿는가?" 그는 "그런 경우에는 도구의 가치가 정말 굉장할 겁니다"라고 말했다. 소크라테스는 "그렇다면 우리 수호자들의 과업은 모든 것 가운데 가장 큰 정도로 다른 어떤 직업보다 큰 여유와 가장 큰 과학과 훈련을 요할 것이네"라고 말했다. 이에 그가 "저도 그렇다고 생각합니다"라고 답했다. "바로 그 직업에 적합한 천성도 요하지 않을까?" "물론입니다." "그렇다면 우리가 할 수 있다면 국가 수호자 자격에 적합한 종류의 천성을 고르는 것이 우리의 과업이 되는 것으로 보이네."[352] 소크라테스는 전문화의 원리를 도입하고 당대 그리스의 시민군 모델을 물리치고 내외의 적과 싸우는 것을 임무로 삼고 전쟁 기술에 관한 다측면적 교육을 받은 스파르타 유형의 항구적 전사 계급 모델을 채택한 것이다.

   소크라테스·플라톤은 감시견을 모델로 천성적 수호자 자질을 가진 사람을 선발하는 것을 동물우생학적으로 정당화한다. "감시견의 일에 맞는 품종 좋은 사냥개의 천성과 태생 좋은 젊은이의 천성 사이에 어떤 차이가 있다고 생각하느냐?" "그들 각각은 지각이 예리하고 감지된 것의 추적에서 재빠르고 또 잡을 것과 싸워야 한다면 강하기도 해야 한다는 말이다." "더 나아가 잘 싸우려면 용감해야 할 것이다." 그리고 "말이나 개, 또는 그 어떤 것이든 기개 있지 않은 동물이 용케도 용감할까? 자네는 그 정신을 보유한다면 모든 영혼을 만물 앞에서 공포도 없고 정복도 불가능하

---

352) Platon, *Der Staat*, 374a-e.

게 만드는 정신이 얼마나 무저항·무적의 것인지를 본 적이 없는가?" "그렇다면 수호자의 신체적 특질은 명확한 것이네." "그리고 영혼의 특질, 기개를 가져야 한다는 것도 명백한 것이네." "글라우콘, 그렇다면 이것이 그들의 특질이라면 그들이 서로에게, 그리고 다른 시민들에게 사납게 구는 것을 어떻게 피할 것인가?" "하지만 자네는 그들을 그 벗들에게 점잖게 만들고 적에게 사납게 대하도록 만들어야 한다. 그렇지 않으면 그들은 타인들의 손에 파괴되는 것을 기다릴 것도 없이 먼저 저들이 그것을 야기할 것이다." "그렇다면 무엇을 해야 하지?" "점잖으면서도 동시에 기개 있는 소질을 어디서 발견하지? 기개 있는 유형과 점잖은 천성 간에 대립이 있는 것으로 보이기 때문이다." "그러나 이 두 자질 가운데 하나를 결한다면 그자는 훌륭한 수호자가 될 수 없다. 하지만 이 요건들은 불가능한 것들을 닮았고, 그래서 결론은 훌륭한 수호자는 불가능하다는 것이다." "친구, 우리가 당혹할 만하네. 앞서 우리가 스스로 설정한 비교에 대한 시야를 잃었기 때문이다." "우리는 우리가 불가능하다고 생각한, 이 두 대립적 특질을 품부 받은 그런 천성이 결국 존재한다는 사실에 주목하지 못했다." "그것은 다른 동물들에게서 관찰될 수 있지만, 특히 우리가 수호자에게 비유하는 동물에게서 관찰될 수 있다. 자네는 분명 품종 좋은 사냥개들에게서 그것들의 자질이 그것들의 친밀한 사람들과 그것들이 아는 사람들에게 지극히 얌전하지만, 그것들이 알지 못하는 사람들에게는 반대로 행동한다는 것을 관찰해 왔다." "그렇다면 그것은 가능하고, 우리가 수호자에게서 찾는 것은 부자연스런 요건이 아니다." "그리고 수호자임이 기개 있는 것에 더해 그 천성 속에 지혜 사랑을 지닌 그 이상의 특질을 요한다고 자네는 여기는가?" "이것은 자네가 개에게서 발견할, 그리고 이 동물에게서 놀랄 만한 어떤 것이다." "이 동물은 알지 못하는 사람을 보면 그 자신이 어떤 위해도 당하기 전에 화를 내지만, 아는 사람을 보면 그로부터 아무런 친절을 받지 못했어도 바닥에 누워 해롱댈 것이다. 그것에 자네는 놀란 적이 없는가?" (…) "그런데 그것은 개의 천성의 더할 나위 없는 특징이고 진정한 지혜 사랑을 보여주는 특질이다." "개가 이 사람을 알아보는 것과 저 사람을 인식하지 못하는 것 외에 어떤 것에 의해서도 우의적 측면을 적대적 측면과 구별하는 점에서 그렇다. 나는 자네에게 묻는다. 배움 사랑이 어떻게 지성과 무지를 친한 것과 낯선 것의 판단기준으로 가진 동물에게 부정될 수 있는가?" "하지만 자네는 배움 사랑과 지혜 사랑이 동일하다고 인정하고 싶지?" "인정한다면 친구와 친밀한 것에 대해 어느 정도 얌전하다면 천성상 지혜와 배움을 사랑하는 자임이 틀림없다는 것을 인간의 경우에도 역시 확실하게 정할 수 있지 않을까?" "그렇다면 지혜 사랑과 기개와 재빠름과 강함은 훌륭하고 참된 국가 수호자 이어야 할 사람의 천성에서 우리를 위해 결합될 것이다." "그렇다면 이런 것이 국가 수호자의 품성의 기반일 것이다. 그러나 이 사람들의 육성과 교육, 이것을 어떻게 해내지?"[353]

여기서 '국가 수호자들'로 (나중에는 보조자나 수호자들의 보조자로) 언급되는 헌병적憲兵的 전사 계급은 폴리스의 모든 위협에 맞서 겁 없이 전투하기 위해 품종 좋은 사냥개처럼 굳센 신체, 명석한 정신, 기개 있는 자세를 가져야 한다. 하지만 유일하게 무장한 계급으로서 그들이 권력을 남용하거나 동료 시민들을 학대하지 않는 것이 절대로 중요하다. 이것이 기개와 얌전함을 동일한 사람 안에 통합하는 문제를 제기하는 것이다. 육성과 교육을 통해 이 성격들을 통합하는 것은 플라톤이 『정치가』와 『법률』에서 계속 탐구하는 주제다.

결국 소크라테스는 군사국가의 요구에 맞춰 수호자(전사)가 가장 중요한 직업이고, 이 직업은 본성적으로 이에 적합한 사람들을 동물우생학적

---

[353] Platon, *Der Staat*, 375a-376c

으로 선발하고 전쟁 업무가 이 사람들에 의해 전문화되어야 한다고 주장하고 있다. 이 논변은 '농담 반, 진담 반'으로 개를 '지혜를 사랑하는 철학자'로 등극시키면서 정당화된다. 그리하여 소크라테스는 수호자들의 집단적 공동성을 강화하기 수호자계급 안에서 사적 소유제를 폐지하고 모든 재산을 공산주의적으로 공유하고, 여성과 자식도 집단적으로 남성 수호자들이 공유한다.

소크라테스·플라톤은 재산·처자공유제를 이렇게 천명한다. "이 모든 여성은 공동적으로 모든 남자에게 속하고 어떤 여성도 어떤 남자와 사적으로 살지 못하고, 모든 자식도 역시 부모가 자신의 새끼를 알아보지 못하고 어떤 자식도 자기 부모를 알아보지 못하도록 공동으로 소유된다."[354] 이것이 바로 소크라테스와 플라톤이 주장하는 "수호자들 사이에서의 부녀와 자식들의 공유방식"이다.[355] 그리고 이상사회에서 여성을 포함한 모든 사적소유는 제거되어야 한다고 반복적으로 주장된다.[356] 수호자계급 안에서 사유재산의 원천인 '가정'은 당연히 해체되고 존재하지 않는다.

모든 여성과 자식들이 남자들에게 공유될 뿐이고 역으로 남자들이 여자들에게 공유되지는 않는 소크라테스와 플라톤의 이 '처자공유제'는 그 안에 강고한 집단적 가부장제와 남성우월주의를 담고 있다. 따라서 이 남성 우월의 처자 공유제에서, 그것도 남성이 여성을 지배할 수밖에 없는 군사 국가에서 여성까지도 군사적으로 동원하기 위해 남녀 평등을 주장하고 양성평등 교육을 제도화하더라도 남성 우월의 남존여비 체제는 해소되지 않고 오히려 더 강화된다. 플라톤의 이 부녀공유제에서는 여성들이 남성들의 공동재산, 남성들의 집단적 소유물로 전락하기 때문이다.

---

354) Platon, *Der Staat*, 457c-d.
355) Platon, *Der Staat*, 461e.
356) Platon, *Der Staat*, 739c.

수호자들에게 엄격한 재산공유제가 시행된다. 수호자계급은 사유재산을 소유하는 것도 허용되지 않고 심지어 "금과 은을 손대거나 다루는 것"도 허용되지 않는다.[357] 모든 주택과 보유재산은 수호자들이 최선의 가능한 수호자와 다른 사람이 되지 않도록 확실하기 위해 공동으로 점유·유지된다.[358] 이 제한의 의도는 수호자들이 너무 탐욕적으로 변하는 것을 방지하기 위한 것이다. 그들은 가능한 한 최대로 개인적 야심의 악덕과 쾌락으로부터 자유로와야 하고 국가의 덕치에 완전히 몸을 바쳐야 한다. 이것이 실패하면 그들은 생산자들처럼 변할 것이고 "동료시민의 동맹자가 아니라 시민들의 주인과 적이 될 것이다."[359] 플라톤은 이런 정치적 타락을 교육이 막아줄 것이라고 생각했다.

한편, 이상국가 '칼리폴리스'를 공산주의적 재산·처자공유제의 군사국가로 기획·수립하고 다스리는 소크라테스와 플라톤의 철인치자는 인정仁政을 모르는 잔인한 사이코패스적 불인자不仁者다. 국가의 최고선인 필리아와 이를 위한 정치는 – 지성적 애지활동을 본업으로 삼는 – 합리론적 철학자들의 성향도, 본분도 아니다. 장애·허약자들을 무자비하게 제거할 정도로 사람을 사랑하지 않고 '지혜를 사랑하는 자(철학자)'는 소인배들이 보기에 세상일에 관심이 없는 "천체관측자"나 자꾸 뭔가를 따지고 알아 들 수 없는 말을 지껄여대는 "말쟁이(아돌레스케스, ἀδολέσχης)" 같은 쓸모없는 괴짜들인 데다가,[360] 소크라테스와 플라톤의 정의에 따르더라도 "진리 구경을 좋아하는 사람들(알레테이아스 필로테아모나스, ἀληθείας φιλοθεάμονας)",[361] 즉 지상의 세상물정에 어둡고 그저 쓸데없이 지적 호기심만 많은 꺼벙이들이기 때문이다. 소크라테스와 플라톤

---

357) Platon, *Der Staat*, 417a.
358) Platon, *Der Staat*, 415d-417b.
359) Platon, *Der Staat*, 417b.
360) Platon, *Der Staat*, 488e.
361) Platon, *Der Staat*, 475e.

의 '철학자'는 '진리를 실천하기를 좋아하는 사람(필로프락티쿠스, ἀληθεί ας φιλοπρακτικούς)'이 아니라, 실천을 멀리하고 중덕中德 없이 "모든 지혜를 욕구하고" 한없이 진리 구경을 좋아하여 배우는 일에 "만족할 줄 모른" 채 진리를 관상觀賞하는 '사이코패스적 이론가들'일 뿐이라는 말이다.[362] '사이코패스'는 보통사람보다 지능이 더 높고 공감능력도, 도덕감정도, 따라서 동정심도 없고 오직 합리적·공리적으로만 사고하는 잔인한 사람이다.[363]

지성을 최고덕목으로 삼고 지성적 애지활동의 '기쁨'을 행복으로 알고 즐기는 소크라테스와 플라톤의 철학자들은 다른 사람들을 위한 필리아의 정치적 실천(위인爲仁)을 그들의 행복과 무관한, 힘들고 귀찮고 하찮은 일로 깔볼 수밖에 없다. 따라서 플라톤의 철학자들에게 치국의 정치를 맡기려면 법으로 강제하는 수밖에 없다. 실은 동굴 밖의 '진리구경'과 지하 동굴세계에서의 '진리실천'을 결합시킨 '철인치자'란 '뜨거운 얼음' 같은 형용모순의 개념인 셈이다. 그리하여 플라톤은 천상과 지하의 거리만큼 벌어진 대립적 두 요소인 '철인'의 이론적(관상적觀賞的) '애지'와 '정치가'의 실천적 '애인(사람사랑)'을 그가 그린 유토피아적 이상국가에서도 '강압'으로 연결시켜야 하는 기이한 '강제적' 정치철학을 주조하기에 이른 것이다.

지덕을 최고덕목으로 떠받들기 때문에 소크라테스와 플라톤은 앞서

---

362) 만족할 줄 모르고 모든 지식을 무한히 추구하는 '철학자'의 개념은: Platon, *Der Staat*, 455b-c. 스코필드는 "의지·성격·지성의 이 결합은 '네가 선 자체를 참으로 안다면 이것이 너로 하여금 네가 하는 모든 일에서 그것을 실행하도록 하기에 충분할 것이다'라는 소크라테스의 핵심 이념에 대한 플라톤의 최종 해명이다"라고 풀이한다. Schofield, *Plato: Political Philosophy*, 160-161쪽. 그러나 이는 지나친 해석이다. 스코필드는 소크라테스의 '철학자'가 본질적으로 지상의 '실천가'가 아니라 '구경꾼(이론가)'이라는 사실을 망각하고 있다.
363) 사이코패스의 정신병리에 대한 과학적 연구는 참조: 황태연, 『도덕의 일반이론(하)』 (서울: 한국문화사, 2024), 1181-1215쪽.

여러 번 시사했듯이 치자가 피치자를 다스리는 '지배의 합리적 정당성'도 '지혜'에 있는 것으로 여긴다. 『법률』에서도 여전히 플라톤은 ① 자식에 대한 부모의 지배, ② 천한 자에 대한 고귀한 자의 지배, ③ 젊은이에 대한 연장자의 지배, ④ 노예에 대한 주인의 지배, ⑤ 약자에 대한 강자의 지배, ⑥ 무지한 자에 대한 현자의 지배, ⑦ 하늘의 가호를 받는 추첨의 행운을 받지 못한 자들에 대한 이런 행운을 받은 자의 신적 지배 등 7가지 지배형태를 열거한 다음, 여섯 번째 '현자의 지배'를 '가장 중요한' 지배형태로 논한다. "가장 중요한 법은 지혜 없는 사람이 따르고 지혜로운 자가 이끌고 다스리는 여섯 번째 법인 것처럼 보인다. 그럼에도 이것은 (…) 내 개인적으로는 자연에 반한다고 주장하고 싶지 않고 오히려 자연에 부응하는 것이라고 주장하고 싶은 것, 자발적인 피치자들에 대한 강권 없이 자연스런 법의 지배다."[364]

소크라테스·플라톤의 경우, 피치자의 자발적 추종을 가져오는 가장 자연스런 지배 정당성은 치자의 '지혜'에 있는 것이다. 반면, 공자의 경우에는 궁극적 지배 정당성은 지혜에 있는 것이 아니라 치자의 '인仁', 즉 '사람사랑'의 능력에 있다. 공자는 노나라 애공에게 말하기를, "옛날 정치는 사람사랑을 크게 여겼습니다. (군자가) 사람을 사랑할 능력이 없다면 제 자신을 보전할 수 없습니다(古之爲政 愛人爲大 不能愛人 不能有其身)"라고 한다.[365] 통치자가 사람사랑의 능력과 관심이 없다면 생명을 보전할 수 없다는 말이다. 말하자면, 공자의 경우에 지배의 정당성이 '인덕仁德'에 있는 반면, 플라톤의 경우에는 '지덕'에 있는 것이다. 공맹의 경우, 치자의 참다운 지혜는 자기의 지혜를 발휘하는 데 있는 것이 아니라 남의 지혜를 잘 빌려 쓰는 데 있다. 따라서 치자의 지혜는 만인의 지혜를 능

---

364) Platon, *Gesetze*, 690a-c.
365) 『禮記』「哀公問 第二十七」.

가하는 수준의 지혜가 아니라 순임금처럼 타인들의 말을 잘 듣고 이들의 지혜를 취해 쓸 정도의 겸손한 중도적 "대지大知"만 갖추면 되는 것이다. 공자는 말한다.

- 순임금은 대지大知했다! 순임금은 잘 묻고 속언을 잘 살피고 나쁜 것을 숨기고 좋은 것을 드러나게 하여 그 양단을 붙잡고 그것의 중도를 백성에게 적용했다. 이 때문에 순임금이라고 하는 것이다!³⁶⁶⁾

순임금이 '대지大知한(크게 지혜로운)' 소이는 스스로의 지혜를 쓰지 않고 다른 사람들에게서 지혜를 취한 때문이고 이것이 그의 지혜가 지나침(過)도 미흡함(不及)도 없었던 이유이다. 따라서 공맹의 경우에 치자의 '지혜'는 지배의 정당성 문제와 직결된 결정적 능력이 아니다. 치자의 지혜는 만인을 능가하는 수준의 플라톤·아리스토텔레스적인 지혜가 아니라 여론을 잘 살펴 타인의 지혜를 빌려 적절히 사용하는 '대지'이기 때문이다. 따라서 치자(군자)에게 진정 요구되는 필수능력은 지혜가 아니라 바로 '사람사랑', 즉 인덕인 것이다.

공자는 인덕을 세 가지로 나누었다. 안인安仁, 이인利仁, 강인强仁이 그것이다.³⁶⁷⁾ 안인자安仁者는 천하에 드물고 드문 극소수의 인물로서 인덕

---

366) 『禮記』「中庸 第三十一」(6장): "子曰 舜其大知也與 舜好問而好察邇言 隱惡而揚善 執其兩端 用其中於民 其斯以爲舜乎."
367) "인(仁)은 세 가지가 있는데, 효과는 인과 같지만 사정을 달리한다. 공효가 인과 똑같다면 아직 이 세 가지 인을 식별할 수 없다. 하지만 세 가지 인이 똑같이 실패한 뒤에는 이 인들을 식별할 수 있다. 인자는 안인(安仁)하고, 지자는 이인(利仁)하고, 죄받는 것을 두려워하는 자는 강인(强仁)한다. 인(仁)은 오른쪽이고, 도(道)는 왼쪽이다. 인은 사람답고 도는 의롭다. (…) 도에는 지도(至道), 의도(義道), 고도(考道)가 있다. 지도로써는 왕 노릇을 하고, 의도로써는 패자 노릇을 하고, 고도로써는 행하는 데 과실을 없앤다."『禮記』「표기 第三十二」. "子曰 仁有三, 與仁同功而異情. 與仁同功, 其仁未可知也. 與仁同過, 然後其仁可知也. 仁者安仁 知者利仁 畏罪者强仁. 仁者右也. 道者左也. 仁者人也 道者義也. (…) 道有至義有考. 至道以王 義道以霸 考道以爲無失."

을 베풀어야만 마음이 편안해지는 천성적 인자다. 따라서 공자는 이런 안인자가 치자가 되어야 한다고 생각했다.[368] 이런 까닭에 양민·교민의 인정仁政을 베푸는 '인간사랑'의 '정치'는 '군자'에게 자연스럽고 당연한 소망이자 의무이고 또 '낙樂(즐거움)'이다. 박시제중의 정치는 거룩한 덕행이고, 이 덕행은 덕행구복의 관점에서 군자의 행복이기 때문이다. 맹자도 군자의 본성이 정치에 있지는 않을지라도 정치를 군자의 '낙樂(즐거움)'으로 보았다. 군자의 본성에 맞는 낙은 삼락三樂은 따로 있다. "군자는 삼락이 있는데, 천하를 왕으로서 다스리는 일은 이 삼락에 끼어 있지 않다(君子有三樂 而王天下不與存焉)"고 말했다. '군자의 삼락'은 "부모가 구존하고 형제가 무고하고, 우러러 하늘에 창피하지 않고 굽어보아 땅에 부끄럽지 않는 것이고, 천하의 영재를 얻어 교육시키는 것이다(父母俱存兄弟無故 '仰不愧於天俯不怍於人 得天下英才而敎育之)".[369] 이는 정치가 '군자의 낙'이 아니라서가 아니라, "천하영유의 낙이 이 삼락보다 못하기 때문이다.(以其有天下之樂 不若此三樂矣)"[370] 전국시대의 왕 노릇은 더욱 삼락과 거리가 먼 것이었다. 군자는 "본성을 거기(정치)에 두지 않는다.(所性不存焉)" 하지만 군자는 이 삼락 다음으로 "땅을 넓히고 백성을 많게 하는 것을 하고 싶어 하고(廣土衆民 君子欲之)", 또 "천하의 중심에 자리하고 바로 서서 사해의 백성을 안정시키는 것을 낙으로 느낀다.(中天下而立 定四海之民 君子樂之)"[371]

하지만 이미 '지적 관상觀賞'의 '낙'을 누리며 사는 플라톤의 지혜로운 '철학자'는 '정치'를 아예 하찮은 것, 부담스런 것으로 여긴다. 따라서 오로지 애지愛智 덕택에 유일하게 '가장 중요한' 지배의 정당한 권리를 지

---

368) 『禮記』「表記 第三十二」: "中心憯怛 愛人之仁也. […] 中心安仁者天下一人而已矣."
369) 『孟子』「盡心上」(13-20).
370) 『孟子注疏』, 426쪽.
371) 『孟子』「盡心上」(13-21).

녔으나 애지(지혜사랑)에 빠져 애인(사람사랑)을 부담스러워 하는 플라톤의 '애지자'에게는 정치를 억지로 강제하는 것 외에 달리 정치를 하게 할 방도가 없는 것이다. 플라톤은 앞서 밝혔듯이 '인애와 평화', '인애와 자유', '인애와 행복'으로 나타나는 세 번의 각기 다른 정치적·법적 최고선(최고목적)의 정의에서 공통적으로 인애(필리아)를 국가의 최고선으로 정의했다. 그에게는 정치와 교육이철학자 개인의 신적인 4덕과 단절된 인애 활동에 속하기 때문에 플라톤의 철학자는 결코 정치를 하려 들지 않는다.

플라톤은 그가 기획한 이상국가에서도 철인들이 정치를 하는 것을 내켜 하지 않을 것이라고 실토한다. "바로 존재의 본질에 진실로 마음을 쏟고 있는 사람은 인간사를 내려다보고 인간들과의 싸움 속에서 스스로를 시기와 증오심으로 채울 여유가 없고", 다만 "질서 정연하고 영구히 동일한 질서의 존재자들을 놀라움으로 관상觀賞하면서, 이 존재자들이 잘못하거나 서로에 의해 잘못되는 것이 아니라 모두 이성이 명하는 대로 조화 속에 사는 것을 보면서 철학자는 이 존재자들을 흉내내고 가급적 그들과 유사하게 자신을 만들고 그들과 자신을 동화시키려고 애쓴다". 따라서 "철학자는 신적이고 질서정연한 것과 함께 지냄으로써, 그 자신이 인간에게 허용되는 한도까지 질서정연하고 신적이게 된다."[372] 그러므로 '선의 이데아'를 보는 이런 신적 경지에 이른 사람들은 "인간사에 마음 쓰고 싶어 하지 않고 이들의 혼은 언제나 높은 곳에서 지내기를 열망한다."[373] 따라서 이들은 "정치적 벼슬을 경멸적으로 본다." 늘 천상의 높은 곳에 살면서 "신적 관상(테이오스 테오리아, θείος θεωρία)"를 열망하는 철학자들은[374] 당연히 지하 동굴세계로 내려가 수행해야 하는 미천한 활동인

---

372) Platon, *Der Staat*, 500b.
373) Platon, *Der Staat*, 517c-d.
374) Platon, *Der Staat*, 517c-d.

'정치'를 좋아하지 않는 것이다.

이런 사정으로부터 플라톤은 『국가론』에서 대내적 화합을 위해 참으로 엉뚱한 해법을 도출한다. "한 나라에서 장차 다스리게 될 사람들이 다스리기를 가장 적게 열망하는 그런 나라가 가장 잘 그리고 제일 반목 없이 경영될 것"이다. 따라서 이상국가에서 "요구되는 것"은, "벼슬을 맡을 이들은 치국을 좋아하는 사람들이 아니어야 한다는 것이다". 그렇다면, 우리가 "훌륭한 치국의 방법인 원리들에 대해 가장 많은 현명함을 갖추고 있고" 또한 이미 천상의 즐거운 관상적(이론적) 애지활동을 통해 "정치생활보다 나은 삶과 (정치적 명예와) 다른 유형의 명예를 갖추고 있는" 이들로 하여금, 말하자면 인간세계의 권력과 벼슬을 경멸하며 정치활동을 원하지 않는 고귀한 철학자들로 하여금 "나라의 수호를 맡도록 강제해야" 한다는 것이다.[375] 물론 폴리스가 철학자를 기르고 교육한 대가로 치국을 맡기는 이 '강제'는 '정의'인 반면, 귀찮은 치국을 내켜 하지 않아 이 강제마저 거부하는 것은 큰 불의일 것이다.[376] 물론 이 철인치자는 자기수신과 교육에 앞서 '천성적'으로 지혜를 사랑하고 열심히 공부하고 '용모가 잘생긴' 자들을 유전생물학적 자질의 관점에서 1차로 엄선하고 다시 중간의 각종 교육·훈련과정에서 여러 가지 테스트와 시험을 통해 고르고 고른 수호자집단에서 다시 엄선한 천재적 최우수자들이자, 이 자들의 동침장려와 생식촉진 조치, 허약한 영아嬰兒의 인위적 도태, 열등·불구영아의

---

[375] Platon, *Der Staat*, 521b. 또 500d도 참조. 그러나 『국가론』에서 소크라테스는 "(해로운 명예를 피하려는 충심에서) 철학자는 맹세코 (정치에) 간여하려고 하지 않을 것이다. 그런데 그 자신의 나라(이상국가)에서라면 아주 몹시(말라μάλα) 간여하고 싶어 할 것이다. 하지만 천우신조가 아니라면 제 조국에서는 아마 간여하고 싶어 하지 않을 것이다"라고 답한다. Platon, *Der Staat*, 592a (괄호는 인용자). 그러나 이상국가에서는 '아주 몹시' 정치를 하고 싶다는 구절은 이상국가의 벼슬조차 '경멸한다'는 말과 상치된다. 또 '아마'라는 말 때문에 제 조국에서 정치에 참여할 요행을 바라는 것으로 읽히는 구절에는 정치의 미련과 두말하는 복잡한 심사가 담겨있다.

[376] Platon, *Der Staat*, 520a-e.

유기살해 조치 등을 통한 우생학적 품종개량과 선별양육의 산물이다.[377]

이 유전생물학적 기준에 입각한 자질 우수자의 선발과 우생학적 생식관리 및 무자비한 심신장애·허약자의 제거 조치는 어리석은 대중들에 대한 '지혜·지식의 지배'에 반드시 필요한 천재적 철인치자의 산출과 보존 논리에서 필연적으로 도출되는 것들이다. 동시에 이 '철인치자' 관념이 소크라테스·플라톤적 지성우월주의(무제약적 지성주의)의 요청인 한에서, 동정심(사랑)을 져버린 저 우생학적 조치와 장애인제거는 이 사이코패스적 지성우월주의의 당연한 귀결이다.

하늘이 알아주기를 바라며 "아래에서 배워 위로 달하고(下學而上達)"[378] 인간세계에서의 덕행으로 천상의 행복을 구하는 공자의 '군자'에게는 박시제중의 치국이 거룩하고 즐겁고 행복한 '덕행'인 반면, 천상의 신적 경지에서 아래를 내려다보는 플라톤의 '철학자'에게는 치국이 경멸적이고 내키지 않는 '강제사항'인 것이다.[379] 난세에도 박시제중의 덕을 펼 수 있는 치국의 관직을 얻으려는 공맹의 '주유천하·천하계몽'과 재야 정치 노력은, 자기가 세운 '이상국가'에서도 치국의 애지업무를 "강제"당하는 플라톤의 마지못한 철인치자와 대조적인 것이다.

말하자면 플라톤은, 필리아를 배제하고 지혜를 최고덕목으로 받드는 그의 '지성우월주의적' 덕성론으로 인해 원리적으로 그의 '동굴의 비유'에서 '천상'의 신적 영역과 '지하동굴'의 인간세계로 분리된 이론적(관상

---

377) 참조: Platon, Der Staat, 375e, 376b-c, 534a-c(천성적 자질을 가진 자), 413c-d, 413e-414d(테스트를 통한 엄선), 459d, 460b-c(우생학적 관리).
378) 司馬遷,『史記世家』「孔子世家」, 450-1;『論語』「憲問」(14-35).
379) 다른 곳에서 플라톤은 철인에게 정치를 강요하더라도 누가 되지 않을 것임을 시사하고 있다. 철학자에게 "자기 자신을 형성할 뿐만 아니라 공사 간에 인간의 성품 속에 그곳(천상)에서 본 것을 박아 넣으라는 강제가 부과되더라도 그는 정심과 정의와 일체의 민중적 덕의 보잘것없는 제작자로 전락하지 않는다". Platon, Der Staat, 500c-d. 그러나 이 말도 아직 박시제중의 정치를 '거룩한 것'으로 보는 공자의 관점과 거리가 멀다.

적) 애지활동과 실천적(정치적) 애인활동(치국·교육)을 억지로라도 연결시키기 위해 이 정치적 애인활동을 애지자에게 강제한 것이다. 그는 철인치자론을 요약하면서 이를 다시 확인한다. "나라를 맡는" 치자들은 "진리·정의·정심과 친화적이고 동조적인 자들" 가운데서 "교육과 연륜을 통해 원숙해진" 50세 이상의 애지자(철학자)들로 선발되는" 철학자들이어야 하는데,[380] 이들은 앞서 시사했듯이 "선善 자체(선의 이데아)를 보았을 때, 여생 동안 저마다 차례로 나라와 개인들 그리고 자기 자신들을 바르게 다스리는 데에 이 선 자체를 본本(파라데이그마 παραδίγμα)으로 사용해야 하는" 한편, "시간을 대부분 철학(애지) 연구에 바치다가 자기 차례가 오면 나랏일로 수고하고 저마다 나라를 위해 치자(아르콘토스 ἄρχοντος) 벼슬을 맡는다." 그러나 그들은 "이 직무를 아름다운 것이 아니라 강제적인 것(아나그카이오스 ἀναγκαίος)으로 간주한다." 그리고 이들은 죽기 전에 의무적으로 "늘 자기들과 같은 또 다른 사람들을 교육시켜서 자기들 대신 국가수호자들로 남겨야 한다."[381] 이 '치국과 교육'은 애지자(철학자)의 즐거움이나 덕목의 구현이 아니다.

따라서 철학자(애지자)가 경멸하며 '억지춘향이'처럼 수행하는 이 정치·교육활동은 '강인強仁의 실천'이다. 그렇다고 철학자가 다스는 국가가 강제로라도 '인정仁政'을 베푸는 것이 아니라, 고작 외적과 강·절도를 막아주는 최소한의 '의정義政'을 베풀 뿐이다. 플라톤은 이 '강인'의 형태를 '가장 훌륭한 수호자'인 철학자들이 '차례로' 돌아가면서 맡는 '순번제 치국'의 정부제도로 제시하고 있다. 이것은 물론 논리적 모순을 안고 있을 뿐만 아니라 이기적 타산에서 나오는 또 다른 형태의 강제인 '상황 강제'의 계기를 숨기고 있다.

---

380) Platon, *Der Staat*, 412c, 487a.
381) Platon, *Der Staat*, 540b. 이 '강제(아나그케, ἀναγκη)'에 관해서는 이전에도 여러 번 언급한다. Platon, *Der Staat*, 500d, 520a, 521b.

'강인'은 정의의 관점에서 이상국가의 철학자에게 사뭇 자가당착적인 것이다. 자기를 철학자로 기르고 가르쳐준 부모 같은 폴리스의 은혜에 보답하는 효도와 충성이 플라톤적 '정의' 개념으로 보아도 정의로운 것임에도[382] 천상에서 '선의 이데아'까지 보고 정의의 이데아를 누구보다 더 잘 아는 철인이 이 정의를 먼저 자발적으로 행하지 않고 '강제'당해야만 치국을 향해 움직인다는 설명은 뭔가 앞뒤가 맞지 않는 것이다.[383]

또한 철인치자의 치국활동에는 두려운 상황에서 벗어나려는 이기적 동기의 또 다른 강제의 계기가 숨겨져 있다. 플라톤은 아직 이상국가의 철학자를 탄생시키기 이전의 단계인 『국가론』「제1권」에서 아직 철학자가 아닌 "가장 훌륭한 사람"도 명예와 금전을 사랑하지 않고 따라서 "자진해서 치국하려고 나서는 것을 수치스런 일로 여기며" 스스로 "치국하려는 마음을 갖지 않는다"고 말한다. 그러므로 "훌륭한 사람들의 나라가 생긴다면, 이런 나라에서는 마치 오늘날 치국을 맡으려는 것이 싸움거리인 것처럼, 서로 치국을 맡지 않으려는 것이 싸움거리가 될 것이다."[384] 이것은 이는 철인치자의 관점에서도 그렇다. 앞서 인용했듯이 "한 나라에서 장차 다스리게 될 사람들이 다스리기를 가장 적게 열망하는 그런 나라가 가장 잘 그리고 제일 반목 없이 경영될 것인 반면, 이와 반대되는 자들을 치자로 갖는 나라는 역시 반대로 다스려질 것은 필연적이다."[385] 따

---

382) 참조: Platon, *Der Staat*, 520a, d-e. '나라-영혼 유추법'에 따라 나라가 정의로우면 사람들도 그 나라를 닮아 정의롭기 때문에 '맡은' 보물을 착복하거나 약탈·도둑질·친구배반·국가반역·불효·신에 대한 불경 등을 저지르지 않는 플라톤적 정의와 관련해서는 참조: 442e-443a.
383) 세들리는 이와 관련된 '정의' 문제를 세밀히 분석하고 있지만 이런 모순은 감지하지 못하고 있다. 참조: David Sedley, "Philosophy, the Forms, and the Art of Ruling", 278-280쪽. G. R. Ferrari (ed.), *The Cambridge Companion to Plato's Republic* (Cambridge: Cambridge University Press, 2007).
384) Platon, *Der Staat*, 347a-d.
385) Platon, *Der Staat*, 520d. "반대로 다스려진다"는 것은 "치자의 관직이 권력투쟁의 전리품이 될 경우"에 일어나는 "내분이 벼슬사냥꾼들 자신과 폴리스마저도 파멸시키

라서 「제1권」에서 소크라테스는 이들로 하여금 치국을 하게 하려면 치국 활동을 맡는 '가장 훌륭한 사람들'에게 "보상"을 주거나 이들이 치국을 하지 않는 것에 대해 "벌"을 과해야 한다고 말한다.[386] 그러나 그는 여기서 글라우콘의 설명 요구에도 불구하고 '보상'에 대해서는 설명하지 않지만, '강제와 벌'에 대해서는 그것이 무엇인지 자세히 설명한다. 철인치자와 관련해서는 언급된 적이 없는 이 엉뚱한 '벌' 중에서 "최대의 벌"은 자기들이 다스리는 것을 거절하면 "자기보다 못한 사람들한테 다스림을 당하게 되는 것"이다. "훌륭한 사람들이 정작 치국을 맡게 되면 이는 이런 벌을 두려워해서 맡는다"는 것이다.[387] 따라서 철인들은 '훌륭한 자들'이 못난 자들에게 지배당하는 '최대의 벌'에 대한 두려움을 피하려는 '이기적' 이유에서 하릴없이 치국을 맡는다. 못난 자들에게 지배당할 것에 대한 '훌륭한 자들'의 이 두려움은 철인치자의 마음속에 숨겨져 있는 또 하나의 '이기적 심리기제'다.[388] 이것은 위의 '제도적 강제'와 다른 '두려움의 강제'다. 이 두 개의 강제는 그 거리가 좁혀질 수는 있어도 결코 대체될 수 없다. 그런데 한 명의 철학자가 아니라 동급의 철학자들이 복수로 존재하는 경우에는 자기보다 열등한 자들의 지배를 받는 것이 아니라 다른 동급의 동료 철학자들의 지배를 받을 여지가 있으므로 어떤 철학자는 제도적 강제 없이 두려움의 강제만 존재한다면 치국을 맡지 않고 철학적 삶을 즐기는 '무임승차자'의 삶을 살 수 있을 것이다. 이런 까닭에 제도적 강제가 추가로 필요하고 이것은 두려움의 강제로 대체될 수 없는 것이다.[389]

는" 것(521a)을 뜻한다.
386) Platon, *Der Staat*, 347a-b.
387) Platon, *Der Staat*, 347c.
388) 참조: Roslyn Weiss, "Wise Guys and Smart Alecks in Republic I and II", 109-112쪽. G. R. F. Ferrari (ed.), *The Cambridge Companion to Plato's Republic* (Cambridge: Cambridge University Press, 2007). 세들리도 이를 '이기적인 것'으로 보았다. Sedley, "Philosophy, the Forms, and the Art of Ruling", 273쪽.
389) '두려움의 강제'를 중시하는 세들리도 이 점을 수긍하고 있다. Sedley, "Philosophy,

또한 짐짓 치자의 관직이 철인치자에게도 커다란 '명예'임을 지워버리려는 플라톤의 기도도 그의 다른 서술과 어긋난다. 수호자들이 철학적 '지자'라는 사실을 감안하고 플라톤이 수호자계급의 '명예'에 관해 자주 언급하는 한에서 이 명예욕에서 슬그머니 이상국가의 최고벼슬을 맡는 것으로 본다면, 그것은 외죄자畏罪者의 '강인'을 넘어서는 지자의 표리부동한 '이인利仁' 행위로 이해할 수 있을 것이다. 플라톤은 여기저기서 스스로 수호자와 철인치자의 명예와, 이들을 명예롭게 하는 조치들에 대해 말하고 있다. 플라톤은 스스로, 수호자들이 서른을 넘어서면 다시 선발된 자들에게 "훨씬 더 큰 명예를 누리게 해" 주고,[390] 전쟁과 기타 분야에서 탁월성을 보인 젊은 수호자들에게 '명예'와 '상'을 주고 특히 여성 수호자들과 "훨씬 잦은 성교의 기회"를 주어 "이들로 하여금 가급적 많은 자녀를 낳도록 해야" 한다고 말한다.[391] 나아가 철인치자가 죽으면 "이들을 위해 기념물을 만들고 공적 행사로 재물齋物을 올리는 의식을 행할 것이며 만약에 피티아가 동의하는 답을 내린다면 이들을 수호신으로 모시고 만일 답이 없으면 복된 신 같은 분들로서 모시도록 해야한다"고 말한다.[392] 이것은 철인치자가 받고 즐길 정당한 명예라는 것이다. 철인치자는 "최고권력자가 되어 현재의 명예들을 속되고 무가치한 것으로 여기고 경멸하는" 반면, "옳은 것과 이것에서 나온 명예들을 숭상해야" 하기 때문이다. 또한 철인은 "자신을 더 나은 사람으로 만들어 줄 것으로 생각되는 명예에는 기쁘게 참여해 이를 즐긴다."[393]

철인치자는 이와 같이 속된 권력욕과 명예욕으로부터 자유로운 반면, '옳은 명예'에는 눈이 매우 밝다. 따라서 플라톤이 말을 삼키고 있지만 철

the Forms, and the Art of Ruling", 280-1.
390) Platon, *Der Staat*, 537d.
391) Platon, *Der Staat*, 460b.
392) Platon, *Der Staat*, 460b.
393) Platon, *Der Staat*, 540d-e, 592a.

인수호자가 이상국가의 치자 벼슬(최고집정관직)을 맡는 것은 강제만이 아니라 명리名利 때문에 맡는 측면도 있는 것이다. 그런데 하늘 아래 이상국가의 가장 명예로운 최고벼슬을 '옳은 것에서 나온 명예'로 여기는 이 자세는 천상에서 '선의 이데아'를 보는 철학적 자기도취 속에서 이 벼슬을 경멸하는 자세와 정면으로 상호 모순되는 것이다. 철인이 이상국가의 국민을 '박시제중'할 수 있는 최고공직을 경멸하는 것은, 이 공직을 '옳은 것에서 나온 명예'로 보지 않고 또 '박시제중'을 '거룩한 것'으로 보지 않는다는 것이기 때문에 이상국가의 이상성理想性과 상충된다.[394] 또한 "최고권력자가 되어 옳은 것과 이것에서 나온 명예들을 숭상하는" 한편, 정의를 가장 위대하고 필수 불가결한 것으로 보고 이를 섬기고 촉진시켜 제 나라를 질서 잡아야 하는 플라톤의 '이상국가 건설전략' 및, "자신을 더 나은 사람으로 만들어 줄 것으로 생각되는 명예에는 기쁘게 참여해 이를 즐긴다"는 자신의 명예관과도 모순되는 것이다.

나아가 『국가론』7권의 철인치자가 치국을 맡게 되는 데에는 이러한 옳은 '명리名利' 외에도 '플라톤의 소크라테스'가 제1권에서 설명하지 않고 놓아둔, 그리고 서양의 모든 플라톤 전문가들이 지나친 치국에 대한 '보상'도 숨겨져 있다. 소크라테스는 글라우콘에게 "너는 가장 고귀한 사람들이 관직을 쥐고 다스리기로 동의를 하고 그렇게 하는 대가로 가장 훌륭한 사람들이 받는 보상을 모르고 있다"고 지적한다.[395] 그러나 그는 이 '보상'을 설명 없이 건너뛰었다. 그러나 그는 제7권에서 이를 넌지시 언급하고 있다. '보상'이란 다름 아닌 '훌륭한 삶'이다. "만약 네가 너의 미래의 치자를 위해 치국의 일보다 더 훌륭한 삶을 발견한다면, 훌륭하게

---

394) 웨이스와 세들리는 그들의 치밀한 분석에도 불구하고 이 '명예'의 숨겨진 계기와 이 논리적 모순을 시야에서 완전히 놓치고 있다. 참조: Weiss, "Wise Guys and Smart Alecks in Republic I and II", 109-112쪽; Sedley, "Philosophy, the Forms, and the Art of Ruling", 272-281쪽.
395) Platon, *Der Staat*, 347a-b.

다스려지는 나라는 하나의 가능태可能態가 된다. '황금의 부富'가 아니라 '훌륭하고 현명한 삶'이라는 '행복의 부'가 진정으로 넘치는 사람들은 오직 이런 나라에서만 다스리고자 할 것이다."[396] 철인치자들은 치국의 '보상'으로 '행복의 부', '훌륭하고 현명한 삶'을 보장받는다. 이 '훌륭하고 현명한 삶'은 다름 아닌 "여생의 시간을 대부분 철학에 바치는" 삶을 말한다.[397] 이것은 보상으로 의식주 걱정 없이 '행복의 부'를 즐기는 인생 말년의 유복한 생활보장을 말하고 있다.

결론을 짓자면, 플라톤의 철인치자는 제도적 강제와 두려움의 심리적 강제로 말미암은 '강인'과, 명예와 말년의 생활보장의 명리를 얻으려는 치사한 공리적 의도에서 '이인利仁'을 베푸는 불인不仁 치자로 결론지을 수 있다. 플라톤의 애지자에게 자율적 '애지'의 삶은 기쁘고 행복한 반면, 치국업무는 경멸적이고 수고롭고 내키지 않는 비자발적 '강인의 삶'이자, 말년에 보장받는 옳은 (관직)명예와 철학적 삶의 행복을 즐기기 위해 최고공직을 맡는 것은 너무 약삭빠른 '이인의 삶'이다. 이 철인치자의 활동과 감정에는 아무런 동정심도, 사랑도 개재되어 있지 않다. 따라서 플라톤의 철인치자는 아무런 동정심도, 아무런 인간사랑도 없는 사이코패스적 불인자不仁者인 것이다.

소크라테스와 플라톤의 국가철학이 사랑과 동정심을 결한 철학이라는 두 번째 증좌는 그들의 국가가 수호자와 철인치자의 생계를 완벽하게 보장하지만 백성(상공신분과 노예)의 '사회적 약자들'을 구제하는 아무런 민생복지·양민·교민제도를 결한 잔인한 군사적 '야경국가'라는 데에도 있다. 일반백성과 노예의 관점에서 플라톤의 이상국가는 무정한 사이코패스 치자가 다스리는, 사랑도 동정심도 없는 무자비한 '불인不仁 국가'에

---

396) Platon, *Der Staat*, 520e-521a.
397) Platon, *Der Staat*, 540b.

지나지 않는다.

 소크라테스와 플라톤의 철학이 사랑과 동정심을 결한 철학이라는 세 번째 증좌는 그들의 이상국가가 신체적 약자들(장애자와 심신허약자들)을 우생학적 견지에서 물리적으로 제거하는 잔학하고 살벌한 정책을 쓴다는 데 있다. 소크라테스와 플라톤은 『국가론』에서 재산·처자妻子공유제를 전개하면서 집단적으로 양육되는 아이들 중 장애자와 허약자들만이 아니라 "제일 변변치 않은" 남녀 사이에 생겨난 자식들을 동정·보호하기는커녕 무자비하게 제거할 것을 주장한다. 말하자면, 그들의 '이상국가'는 개인과 국가 차원에서 사랑을 배제할 뿐만 아니라 동정심도 배제한 무자비한 우생학적 국가인 것이다. 이 우생학적 잔학국가를 플라톤은 국방과 경찰·사법 작용으로 법과 질서를 수호하는 무자비한 군사국가로 기획했다.

 소크라테스와 플라톤은 "혈통 좋은 강아지" 또는 "개" 같은 가축을 골라 기르듯이 "젊은 보조자 또는 협력자로서의 수호자들"(퓔라케스 φύλακες)과 "연장자로서의 완전한 수호자 또는 철인치자(호 아르콘)"를[398] 선택·양육·교육시키는 우생학적 교육모델을 도입했다.[399] 그리고 수호자집단 안에 사유재산과 가족을 부정하고 군대식 공동식사(시씨티아)·공동거주·공동생활을 하는 재산·처자공유제 공산주의를 확립할 것을 주장한다.[400]

 소크라테스와 플라톤의 이상국가적 우생학 조치는 장애·허약아동와 열등한 부모의 자식들에 대해 취해진다. 담당 관리들은 수호자들의 자식들을 맡아 기르되, 품종 좋은 가축을 골라 기르듯이 "빼어난 자들의 자식

---

398) Platon, *Der Staat*, 412b-c, 414b.
399) Platon, *Der Staat*, 375a-b, 375e, 376a-b, 416a.
400) Platon, *Der Staat*, 416d-417b+458c-d(재산공유제), 450b-c+457c-d(처자공유제 공산주의).

들을 받아서 이 나라의 특정지역에 떨어져 거주하는 양육자들 곁으로, 보호구역 안으로 데리고 가는 것을 생각한다. 반면, 열등한 부모의 자식들과, 다른 부류의 사람들의 자식으로서 불구상태로 태어난 아기들의 경우에는 그렇게 하는 것이 적절하듯이 밝힐 수 없는 은밀한 곳에 은닉해 둔다." 그리고 "어떤 산모도 제 자식을 알아보지 못하도록 모든 방책을 강구한다."[401] 불구자 자식을 낳은 "다른 부류의 사람들"은 어떤 사람을 말하는지 불분명하나 "빼어난 자들"도 불구자 자식을 낳을 수 있기 때문에 이들을 가리키기도 하고 또 시야를 넓히면 불구자를 낳은 일반백성을 가리킬 수도 있다. 그리고 품종이 나쁘거나 불구로 태어난 가축은 도태시키듯이 "열등한 부모의 자식들"과, "불구상태"의 아동들을 "은밀한 곳에 은닉해 버린다"는 말은 '아동 유기遺棄(exposition)'를 뜻한다. 말하자면 플라톤 이상국가는 모든 열등한 유아·불구아동과 열등한 부모의 자식을 몰래 유기살해하는 것을 원칙으로 삼는다.

여기서 유의할 점은 소크라테스와 플라톤은 불구아동만을 제거하는 것이 아니라 "열등한 부모의 자식들", 곧 열등인 자식도 제거한다고 말하는 대목이다. "열등한 부모"는 누구인가? 그들은 이것을 곧 밝혀준다. 우생학에 따라 "최선의 남자들"에게는 "(추첨과 포상을 통해) 최선의 여자들과 가급적 자주 성관계를 가질" 기회를 주고, "제일 변변찮은 남자들"에게는 "제일 변변찮은 여자들과 그 반대로 성관계를 가질" 기회만을 제공한다. 그리고 "전자의 자식들은 길러야 하고, 후자의 자식들은 그럴 필요가 없다. (…) 이 모든 일은 치자들을 제외하고는 아무도 모르게 행해져야 한다."[402] "열등한 부모"란 바로 "제일 변변찮은 남자들"과 "제일 변변찮은 여자들"을 가리킨다. 플라톤은 살벌하게, 그리고 잔인하게도 "제일

---

401) Platon, *Der Staat*, 460c-d.
402) Platon, *Der Staat*, 459d-e. 460a-b(추첨과 포상).

변변찮은 남자들"과 "제일 변변찮은 여자들" 사이에 태어난 자식들을 장애 여부, 허약 여부에 관계없이 기르지 않고 비밀리에 무자비하게 유기遺棄하거나(내다버리거나) 살해해야 한다는 것이다. "후자의 자식들은 그럴 필요가 없다"는 것은 그런 뜻이다. "제일 변변찮을" 것으로 추정되는 이 자식들은 장애자인지 허약자인지를 따지지 않고 제거한다는 말이니 이 얼마나 잔인한 우생학적 체제인가!

소크라테스와 플라톤의 이 경악스러울 정도로 무자비한 독재적·우생학적 공산주의는 그야말로 엽기적인 국가다. 궁극적으로 여기서 그들이 사랑과 동정심을 4덕에서 끝끝내 배제한 미스터리가 밝혀지고 있다.

종합하면, 소크라테스·플라톤 도덕철학이 사랑도 동정심도 없는 불인不仁하고 잔악한 사이코패스 철학이라는 것은 동정심 없는 불인한 철인치자론과 무자비한 우생학적 약자 제거·열등인 자식 제거론에서 여실하다. 소크라테스와 플라톤의 열등자 제거론은 나치스체제에서 공산주의자와 정신질환자의 거세 프로젝트와 유대인 말살 프로젝트로 집행된다.

나아가 소크라테스와 플라톤의 이 잔악한 우생학적 약자·열등인 자제 제거정책을 적용받는 군사적 수호자계급은 생계와 교육을 보장받는다. 하지만 소크라테스와 플라톤의 이 공산주의 이상국가에서 국민의 거의 전부에 해당하는 영양계급(상공신분)과 노예신분의 사회적 약자들에 대해서는 생계복지와 교육복지가 전무한 야경국가다.

이 독재적·우생학적 카스트국가는 사회적 약자를 위한 양민·교민복지의 인정仁政을 결한 잔인한 야경국가이고, 신체적 약자와 열등한 사람들을 일체의 동정심 없이 무자비하게 우생학적으로 제거하는 불인한 안보·군사국가다. 이 나라를 다스리는 철인치자는 사이코패스다. 소크라테스와 플라톤은 이런 나라를 '이상국가'로 기획하고 제시했다. 그러나 이 이상국가의 진상은 바로 사랑도, 동정심도 없이 신체적 약자와 열등인의 자제를 제거하고 사회적 약자를 무방비로 방치하는 살벌한 범죄국가였던 것이다. 소크라테스와 플라톤의 우생학적 장애인·허약자 제거정책은 훗날 니체에 의해 수용되고, 나치스들에 의해 독일에서 전면적으로, 그리고 소련·동구 공산당국가에서도 부분적으로 실행되었다. 이런 소크라테스가 과연 서양의 성인이고, 인류의 4대 성인 중 1인이고, 플라톤이 서양의 일급 철학자란 말인가?

소크라테스와 플라톤이 트라시마코스의 강자정의론을 분쇄하고 그 대신에 설파한 카스트분업적 정의는 최우수자라는 새로운 강자를 위한 정의로 귀착되었다. 플라톤의 카스트분업적 이상국가에서 정의는 결국 최우수 강자의 이익인 것이다. 훗날 마르크스는 이것을 본떠서 정당한 권리들 간의 정의는 강권(Gewalt)이 결정한다고 선언함으로써 결국 강력한 승자의 이익이 정의라고 인용함으로써 폭력혁명을 일반적으로 승인했다.

양민과 교민의 인정仁政을 배제한 플라톤의 이 독재적·우생학적 카스트국가는 군인(수호자)계급과 소수의 철인치자를 최고로 우대하고 외적과 강·절도를 막는 것 외에 일반백성(상공신분과 노예계급)을 전혀 배려하지 않고 허약자·불구자들을 우생학적 공리주의의 타산에 따라 가차 없이 제거하는 카스트적 정의국가로서의 야경국가적 안보·군사국가다. 카스트분업적 정의국가로서의 플라톤적 이상국가의 정체正體는 바로 최강자의 이익을 정의로 추구하는 무자비한 우생학적·야경국가적 안보·군사독재국가인 것이다.

5.4. 분업적 정의론과 카스트 분업적 정의국가론

효율성(공리성)을 최고로 치는 분업적 정의론에 입각한 소크라테스와 플라톤의 국가는 어떤 국가인가? 소크라테스와 플라톤은 사덕론에서 사랑을 배제하고 효율성을 채택했다. 또 그들은 지혜·용기·절제·정의의 사덕에서 사실상 정의를 중심개념으로 만든 데 이어 '카스트 분업'을 국가 차원의 '사회적 정의'라 주장했다. 그들은 "정의는 강자의 이익"이라는 트라시마코스의 정의개념은 『국가론』의 초장에 논파·배격했다. 플라톤이 사람의 생명과 재산의 침해를 막고 회복시키는 '사법적 정의'도 언급하지 않는 것은 아니지만 이것은 그에게 비본질적·부차적이다. 따라서 플라톤의 국가는 '사랑도 동정심도 없는 카스트분업적 정의국가'로 드러난다.

소크라테스와 플라톤은 『국가론』 4권에서 '강자의 이익'으로서의 정의 대신 '만인의 이익'이라는 분업적 정의를 내세웠다. 이익을 정의의 본질로 간주하는 소크라테스와 플라톤의 이 정의 개념은 철두철미 공리주의적이다. 소크라테스와 플라톤은 4개의 덕목을 대덕으로 개인 차원에서 제시한 것이 아니라, 국가 차원에서 먼저 제시해 개인에게 적용한 것은 주지의 사실이다. 나아가 그들은 "부정의는 서로 간에 대립과 증오, 그리고 다툼을 초래하지만, 정의는 합심과 우애를 가져다준다"고 말한다.[403] 이 "합심과 우애"는 사랑(인애)의 일단이다. 따라서 그들은 오늘날의 존 롤스처럼 인애가 정의의 집행으로 만들어질 수 있는 것으로 착각하고 있다. 따라서 그들에게 사랑("합심과 우애")은 정의의 부산물로 격하되고 사덕에서 배제되었다. 또 이 '사랑의 배제'는 장애인과 허약자, 열등자의 자식들을 영아단계에서 제거하는 그들의 잔혹한 우생학적 양육 명제에 의해 불가피한 것이다.

플라톤은 나라가 이상국가, '행복한 나라'가 되려면, '완벽하게 덕스런(훌륭한) 나라'가 되어야 하고, 이런 완벽하게 덕스런 나라는 지혜·용기·절제·정의 등의 대덕을 갖추어야 한다. 소크라테스·플라톤은 지혜·용기·절

---

403) Platon, *Der Staat*, 351c-d.

제·정의를 이 순서로 열거한다.[404] 이 사덕론에서 정의는 말석에 놓였지만 실은 국가의 중심덕목으로 논의된다. 여기에서 정의제일주의 경향이 보인다.

플라톤의 국가적 정의는 국가 안에서 정해진 사회적 분업에 따라 각 개인이 타고난 재능에 맞춰 제 위치에서 제 역할을 제대로 하는 것이다. "자기 나라와 관련된 일들 중에서 자기의 천성에 가장 적합한 한 가지 일에 종사하는 것"이 절대 필수적이므로 나라와 관련해 '(남의 일에) 참견하지 않으면서 제 일을 하는 것이 올바른 것'이라는 세간의 여론을 수용하면서 "제 일을 하는 것(토 타 아위투 프라텐τό τὰ αὑτοῦ πράτειν)"을 실현하는 것이 바로 국가 차원의 "정의"라고 주장한다. 국가의 '정의'는 국가의 절제·용기·지혜를 생겨나게 하고 성장시키고 유지시키는 힘이다. 따라서 국덕國德과 관련된 정의는 치자와 피치자 간의 합의(나라의 절제), 두려운 것들과 관련해 법령에 따르는 군인들의 준법적 소신의 고수(나라의 용기), 치자들의 슬기와 정치학(나라의 지혜) 등 모든 덕성에 필적하는 덕성이다. 따라서 정의는 순서에서 가장 뒤에 위치해 있지만 실질적으로 4덕의 제일덕목이다. 국가정의는 "저마다 한 사람으로서 제 일을 하고 참견하지 않는 것, 이것이 노예와 자유민, 장인, 치자와 피치자에게서 실현되는 것"에 더해 법정에서 판결할 때 염두에 두는 원칙("각자가 남의 것을 빼앗지 않도록 하고 또한 제 것을 빼앗기지도 않게 하는 것")을 합친 것, 간단히 "제 것의 소유와 제 일을 하는 것"인 바, 이것은 '덕국德國'(정의로운 도덕국가)을 만드는 데 결정적으로 이바지하는 중요한 덕목인 것이다.[405] 그런데 "목수가 제화공의 일을, 또는 제화공이 목수의 일을 하려 들거나 이들이 서로 도구와 직분을 바꾸거나, 아니면 심지어 동일인이 이 양쪽

---

404) Platon, *Der Staat*, 427e.
405) Platon, *Der Staat*, 433a-e.

을 다 하려고 들거나 또는 그 밖의 모든 것들이 뒤바뀌어 버린다면 이것은 국가에 크게 해로운 것이다". 그러므로 "제 천성에 맞게 장인 등 돈벌이 집단이 나중에 부富나 사람의 수나 힘 또는 기타 이런 유의 것으로 우쭐해져서 전사戰士집단으로 옮기려하거나 전사들 중 어떤 자가 자격도 없으면서 의정議政하는 최고 수호자집단(치자)으로 이동하려고 든다면, 그리고 이들이 서로 도구와 직분을 맞바꾸게 된다면, 또는 동일인이 이 모든 일을 동시에 행하려" 든다면, "이 맞바꿈이나 참견은 이 나라에 파멸을 가져다 줄 것"이다. 따라서 상공집단(돈벌이집단)·전사집단(보조수호자집단)·치자집단(완벽한 수호자집단) 사이의 "상호참견이나 상호교환은 나라에 최대의 해악"이고, "그 어떤 것보다도 더한 악덕의 자행"이다. 이것이 바로 "불의(아디키아ἀδικία)"인 것이다. 그러므로 플라톤은 반대로 "돈벌이집단, 보조자집단, 수호자집단이 각각 나라에서 저마다 제 일을 할 경우의 '제 자신에게 맞는 제 일을 함'이 정의"이고 "이것이 나라를 정의롭게 한다"고 주장한다.[406] 그렇지 않으면 치자가 농민·장인 등 피치자에 의해 또는 보조자집단에 의해 살해, 타도되고 피치자가 치자 행세를 하게 되어 난세가 도래한다.[407] 나라는 난장판이 되고 만다. 소크라테스·플라톤의 이 '정의' 개념은 겉보기에 "임금은 임금답고 신하는 신하답고 아비는 아비답고 자식은 자식다워야 한다"는 공자의 의리 개념과 유사한 것 같지만, 실은 공자의 의리가 인의예지의 도덕성을 지향하는 인간의 인격적 역할과 관계된 반면, 플라톤의 국가적 정의는 효율성을 지향하는 분업적 '직분'과 관련되어 있다. 이 점에서 양자는 본질적으로 다른 것이다.

   소크라테스와 플라톤의 이 정의국가는 직능을 배정하는 공고한 신분

---

[406] Platon, *Der Staat*, 434a-d.
[407] 이런 관점에서 코스먼은 정의를 "적절한 유별(有別; appropriate difference)"로 해석한다. Kosman, "Justice and Virtue. The Republic's Inquiry into Proper Difference", 117쪽 이하.

제적 '사회분업' 국가에서 도출된 것이다. 이들에 의하면, 인간은 "각자가 서로 그다지 닮지 않았고 각기 천성 면에서 다르게 태어나서 저마다 다른 일을 하는 데 적합한" 존재다. 그래서 사람은 한 사람이 여러 가지 일에 종사하는 경우가 아니라 한 사람이 한 가지 일에 종사할 경우에 일을 더 잘하게 된다. 또 일에는 다 '때'가 있는데 한 사람이 한 가지 일을 하면 이 '때'를 맞추기에도 더 좋다. 따라서 "각각의 일이 더 많이, 더 훌륭하게, 더 쉽게 이루어지는 것은 한 사람이 한 가지 일을 천성에 따라 적시에 하고 다른 일들로부터는 한가로워지는 경우다".[408] 그러므로 나라가 부강해지려면 가령 제화공이 농부가 되거나 직조공 또는 건축가가 되는 것을 금하고 각 장인들이 제 일에 평생 종사하도록 해야 한다. 따라서 각 개인에게 알맞고 천성에 적합한 한 가지 직업만 할당하고 평생 종사하게 하고 다른 일들로부터는 한가로워짐으로써 일을 잘할 적시를 놓치지 않게 해야 한다는 것이다.[409] 이것이 바로 만인에게도 이롭고 국가도 부강하게 만드는 국가의 정의라는 것이다. 그리하여 이 국가의 분업적 정의는 트라시마코스의 강자의 정의를 대체하고 국가를 정의롭게 만드는 '정의국가'의 주춧돌 덕목이 된다.

소크라테스와 플라톤의 국가정의론은 "각자가 남의 것을 빼앗지 않도록 하고 또한 제 것을 빼앗기지도 않게 하는" 사법적 정의도 일부 포함하지만, 기본적으로 공고한 사회분업을 말하는 분업적 정의론이다. 카를 마르크스는 "국가적 정의에 대하여(페리 디카이우 폴리디코스 περὶ Δικαίου Πολίτικός)"를 부제로 달고 있는『국가론』이 "분업을 국가의 구성원리로 간주하고" 있는 "한낱 이집트 카스트제도의 고대 아테네적 이상화에 불과한 것"이라고 보았다.[410] 카스트제도를 인도로부터 차용해 확립한

---

408) Platon, *Der Staat*, 370a-c.
409) Platon, *Der Staat*, 374b-c.
410) Karl Marx, *Das Kapital* I, 388쪽. MEW Bd.23.

고대 이집트는 플라톤의 다른 동시대인들에게도, 로마시대의 그리스인들에게도 "산업적 모델국가"였기[411] 때문에 고대 그리스를 이집트 카스트식 '정의국가'로 전환시키고자 한 것이다. 소크라테스와 플라톤의 정의국가는 그 결정적 부분에서 카스트적 분업국가에 불과하다는 말이다. 플라톤이 말하는 분업이 '카스트적' 분업인 근거가 그것이 종신적인 것이고 법률로 고정되기 때문이다.

그리하여 『국가론』에서 이 사회 분업적 국가 정의는 나머지 덕목들, 즉 용기·절제·지혜를 다 삼켜버린다. 왜냐하면 용기는 이를 대표하는 수호자 계급의 (법률로 고정된) 군인 카스트 덕목이고, 절제는 치자·피치자의 이 직분적 질서를 견디는 '돈벌이 카스트'의 덕목이고, 소피아(지혜)는 이를 대변하는 '철인치자 카스트'의 직분적 덕목이기 때문이다. 이 세 카스트 덕목은 이 세 카스트를 산출하는 '분업적 정의'에 모조리 포섭된다. 이런 한에서 소크라테스·플라톤의 국가론은 공고한 종신적 사회 분업을 '정의'의 명의로 관찰시키는 카스트적 '정의국가'다. 가령 소수의 수호자집단을 '고귀한' 치자로 따로 분리해 내는 이 카스트 분업은 이 소수를 "이 나라 안에서 행복한 사람이 되게 하는 것이 아니라 온 나라를 행복하게 한다"는 말로써, 즉 "우리의 한 집단(에트노스)이 특히 행복하도록 하는 게 아니라 시민 전체가 최대한으로 행복해지도록 한다"는 논변으로[412] 정당화한다.

그러나 카스트법률로 직업선택의 자유, 행동과 활동의 자유를 말살하고 사람들을 직분에 강제로 구속하면서 '행복'을 입에 담는 것은 실로 어불성설인데, 소크라테스와 플라톤은 '이익'과 '효율성(공리성)'에 눈이 어두워 이 어불성설을 느끼지 못하는 우자愚者들이다. 또 그들은 유능한 인

---

411) Marx, *Das Kapital* I, 388쪽.
412) Platon, *Der Staat*, 420b.

간집단의 행복을 증진하기 위해 무능한 집단(장애인·허약자·열등자자식)을 모조리 제거하는 것이 인간 전체에 초래할 불행과 괴로움도 공감적으로 느끼지 못하는 사이코패스들임이 틀림없다.

『법률』에서 용기보다 정의를 더 중시함으로써 국가를 더욱 더 '정의국가'로 만드는 플라톤의 이 카스트분업적 정의국가는 국가를 부강하게 만들기 위한, 또는 "온 나라를 행복하게 만들기" 위한 부국강병의 군사안보국가이고 노예를 획득하기 위해 끊임없이 주변국가들에 대한 무단 침략을 일삼는 노예제적 정복국가다. 따라서 군사력을 좀먹는(!) 허약자와 불구자를 수호자집단 안에서 무자비하게 적대적으로 없애버리는 군국주의적·우생학적 허약자·불구자 제거 정책을 쓴다. 이것은 플라톤의 도덕철학이 사랑(동정심)을 사덕에서 배제한 것을 넘어 암암리에 사랑(연민과 동정심)을 경시·경멸하는 철학이라는 것을 알 수 있다. 이 철학은 이후 스토아학파를 거쳐 칸트와 니체에게로, 결국 히틀러에게 전해져 잔혹한 장애인 제거·정신질환자 거세·정신박약자 거세·공산주의자 거세·유대인(열등인종)말살정책 등으로 정책화되어 실제로 집행된다.

5.5. 중도와 중산층국가론

플라톤의 국가론에서 참조할 만한 부분이 있다면 그것은 중산층국가론과 간접민주정의 구상일 것이다. 우선 중산층론부터 살펴보자. 플라톤의 중산층론은 관심을 가지고 읽을 만하지만 금욕주의적 색채가 있다.

■ 플라톤의 중도론

중용은 공자에게서 핵심적 덕목인 것처럼 소크라테스·플라톤과 아리스토텔레스에게서도 핵심적 덕목이다. 그러나 중용론에서 소크라테스·

플라톤은 공자와 좀 더 가까운 편이지만, 아리스토텔레스는 공자와 여러 가지 면에서 유사하면서도 결정적인 면에서 공자의 중도 개념과 멀거나 반대되는 논리를 전개한다.

『국가론』에서 소크라테스와 플라톤은 "덕은 일종의 영혼적 건강, 아름다움, 훌륭한 상태인 반면, 악덕은 일종의 영혼적 질병이요, 추함, 허약함이다"라고 덕을 정의한다.[413] 중용도 인간의 영혼적 품성과 관련된 덕성이다. 소크라테스·플라톤은 "조화와 볼품을 결여한" 품성을 가진 자들은 "비중도非中度"로 경도되는 반면, "진리는 이 비중도성과 친화 관계에 있는 것이 아니라 바로 균형적 중도성中度性과 친화 관계에 있고", 그러므로 "적중한" 마음은 "각각의 진정한 존재자의 이데아로 손쉽게 인도된다"고 말했다.[414] 이것은 정도正道(진리)를 얻으려면 먼저 중도를 확보해야 한다는 말이다. 그러나 이 중도를 덕으로 체득하는 것은 어려운 일이다. 덕은 천성이 아니라 습관의 수신의 산물이기 때문이다. 플라톤은 "영혼의 덕들"은 – 가령 체력, 무덕武德 등 "육체적인 덕"과 근사하게 "이전에는 영혼 안에 있지 않았으나 습관(에토스)과 수신(아스케시스)에 의해 나중에야 생기는 것이다"라고 말한다.[415] 그러므로 "훌륭한 생활 습관은 덕의 획득으로 통하지만, 부끄러운 생활 습관은 악덕의 획득으로 통한다".[416] 중용도 일종의 덕목이다. 따라서 소크라테스와 플라톤의 이 말들은 중용도 훌륭한 습관을 통해서야 체득할 수 있다는 뜻으로써 공자 중용 개념의 습관적(상용적) 성격과 상통한다. 나아가 소크라테스와 플라톤은 '중도中道의 덕목'(=중용)을 인간의 삶을 '최고의 행복'으로 이끄는 근본적 덕목으로 일반화한다. 사람은 "이런 일들 안에서 중도에 위치한 삶을

---

413) Platon, *Der Staat*, 444d·e.
414) Platon, *Der Staat*, 486d·e.
415) Platon, *Der Staat*, 518d·e.
416) Platon, *Der Staat*, 444e.

어떻게 선택하고 또 존재할 수 있는 한에서의 이승과 내세來世의 두 세상에서 양면으로 지나침을 어떻게 피하는지를 알 수 있어야" 한다. 왜냐하면 "이것이 인간에게 가장 큰 행복이기 때문이다".[417]

최후의 저작 『법률』에서 플라톤은 특정한 감정에 오래 사로잡힌 생활이 덕성에 미치는 부작용에 대해서도 주목한다. "청년 시절부터 공포에 굴종한 영혼은 모두 특히 소심해지기 쉽고 모두가 확언하듯이 이는 용기를 수련하는 것이 아니라 겁심怯心을 수련하는 것이다"라고 하고, "청년 시절부터 죽 용기를 수련하는 정반대의 과정이라면 그 본질이 우리를 엄습하는 공포와 두려움의 정복에 있을 것이다"라고 한다. 이어서 "그렇다면 다양한 정서 상태들을 통한 상당히 어린 아이들의 훈련이라는 이 요인이 영혼의 덕의 일부를 발전시키는 데 크게 기여하고", 더구나 "영혼의 즐거움과 그 반대가 강심장과 소심증의 적잖은 부분을 형성해 낸다"라고 말한다.[418]

그렇다면 바람직한 자질을 신생아들에게 이식시키는 방법이나 이식해야 할 이런 자질의 정도와 양은 어떠해야 하는가? 『법률』에서 플라톤은 "우리 사이에 받아들여지는 원칙은 이것, 사치스런 생활이 젊은이들의 성질을 까다롭고 성마르고 사소한 일에 너무 쉽게 동요하게 만드는 반면, (극단적이고 잔인한 노예 상태인) 그 정반대의 생활은 그들을 천박하고 옹졸하고 인간 혐오적이고 따라서 타인과 어울리기에 부적합하게 만든다는 것이다." 또 "우리 아이들이 그 어떤 유의 슬픔, 공포, 아픔을 최소로 경험하는 상태를 모든 가용 수단을 다 써서 확보해 주려고 애쓴다고 상정하면, 우리는 이 방법으로 아이의 영혼이 보다 밝아지고 즐거워지게 된다고 생각할지 모르겠지만", 실은 우리 눈에는 "이런 조처가 아이 양육의

---

417) Platon, *Der Staat*, 619a-b.
418) Platon, *Gesetze*, 791b·c.

초기단계에 모든 경우에 걸쳐 나타나는 최악의 가능한 타락형태"인 것이다.[419] 따라서 플라톤은 중도적 해법을 제시한다.

- 내가 주장하는 것은 바로 이것, 올바른 삶은 쾌락을 추구하거나 고통을 전적으로 회피하는 것이 아니라 (…) 신 자신의 조건인 중도적 즐거움 상태로 들어가야 한다는 것이다. 그리고 나는 우리 중 누구든 신 같은 사람이 영혼의 저 중도적 즐거움 상태, 즉 마침 고통이 없지 않을 때 전적으로 쾌락에 경도되지도 않고 또 남녀노소 가리지 않고 어떤 타인이든, 특히 가급적 신생아는 이런 상황에 처해있도록 허용하지도 않는 상태를 추구해야 한다고 주장한다. 습관의 힘으로 말미암아, 전체적 성품이 가장 실질적으로 결정되는 때는 유년기이기 때문이다.[420]

플라톤은 신기하게도 중도 원칙을 극동 제국에 널리 알려진 산모의 '태교胎敎'로까지 확대한다. 산모는 그 임신기간 동안 반복적이고 "강렬한 쾌락이나 고통에 빠져들지 않도록" 보살펴져야 하고 "즐겁고 밝고 조용한 처신을 연마해야" 한다는 것이다.[421] 또한 자궁의 태아가 단순한 영양흡수로 몸집만 커지지 않도록 자궁 안에서 태아를 운동시키기 위해 산모가 움직여야 한다고 말한다.[422] 전자가 '정신적 태교'라면 이것은 '육체적 태교'다.

따라서 플라톤은, "모든 이가 순전한 고통과 쾌락의 생활을 피하고 늘 중도를 따라야 한다"는 주장은 "완전히 옳은 말"이라고 설파한다.[423]

플라톤은 이 '신적神的 중도' 이념을 신체 상태 및 재산 및 명예에도 적

---

419) Platon, *Gesetze*, 791d, 792b·c.
420) Platon, *Gesetze*, 792c-d.
421) Platon, *Gesetze*, 792e.
422) 참조: Platon, Gesetze, 788쪽 이하.
423) Platon, *Gesetze*, 793a.

용한다. "영예로운 신체는 멋진 신체도 아니고 강한 신체도, 날랜 신체도, 큰 신체도, 건강한 신체도 아니고 (…) 또 이것 중 어느 것에 반대되는 유의 신체도 아니다. 오히려 모든 이 반대 극단들 사이의 중간 위치를 점하는 신체들이 단연 가장 알맞고 안정된 신체다. 한편의 극단적 신체는 영혼을 우쭐대고 콧대 높게 만드는 반면, 다른 편의 극단적 신체는 영혼을 빈천하고 풀 죽게 만들기 때문이다." 나아가 플라톤은 중도 개념을 재산에도 대입하고,[424] 통치의 원리에도 적용한다.[425]

나아가 플라톤은 신적 중도 원리를 젊은이들의 혼인에도 적용한다. "지각 있는 사람들의 마음에 드는 결혼을 해야 하는데, 이 사람들은 빈곤한 가정과 결합하는 것을 피하거나 부유한 가정과의 결합을 열렬히 추구하는 것이 아니라, 다른 조건이 동일하다면, 적당한 재산을 가진 가정과의 결합을 선호하라고 자문할 것이다. 이런 혼인 노선은 결합한 가정과 나라에 둘 다 유익할 것이다. 덕성의 관점에서 고르게 균형 잡히고 대칭적인 것이 알맞지 않은 것보다 무한히 우월하기 때문이다. 자신이 지나치게 성급하고 자신의 행동이 폭력적임을 아는 사람은 침착한 부모에게서 난 신부를 얻어야 할 것인 반면, 반대의 천성을 가진 사람은 반대되는 유의 신부와 짝지어야 할 것이다."[426]

플라톤은 『국가론』에서 덕자가 "자신의 소유를 가지런히 하고 조화롭게 하는 것"을 언급하고 있다. 그는 덕자는 "다중의 경탄에 현혹되어 부의 규모를 무한대로 늘려나가 한없는 악폐에 말려들지" 않을 것이라고 말한다. 그는 "그 자신의 영혼의 헌정 체제를 응시하면서 영혼 안에 있는 어떤 것도 재산의 과다나 결핍으로 교란당하지 않도록 보살피고 감시할 것이고, 가급적 삶의 과정을 조종하고 부를 가감할 것이다". 명예와 관련

---

424) Platon, *Gesetze*, 728e-729b.
425) Platon, *Gesetze*, 679b-c.
426) Platon, *Gesetze*, 733a·b.

해서도 유사하게 "자신을 더 낫게 해줄 것으로 여겨지는 명예라면 기쁘게 이에 참여하여 이를 즐기지만, 공사 간의 삶에서, 그의 영혼의 확립된 습관을 전복할 수 있는 명예들은 회피할 것이다."[427)

플라톤은 이처럼 중도와 중용을 '신적 덕목'으로 강조하고 감정과 행위를 넘어 부의 사회적 분배구조, 공동체입법, 신체, 재산, 명예 등 모든 일에 이를 적용했다. 소크라테스와 플라톤은 지식에도 중용 논리를 적용하여 '인지적人智的 인식'의 내적 한계를 인정하는 '중용적 지성주의'를 수립했다. 그리고 『법률』에서 플라톤은 왕도정체·귀족정체·민주정체가 혼합된 혼합정체(간접 민주정체)를 기획하면서도 중도의 논리를 적용한다.[428)

공자는 "중화를 이루어 이것에 근거해서 하늘과 땅이 바르게 자리하고 이것에 근거해서 만물이 생육한다"고 천명하고 "천도는 가득 찬 것을 덜어 겸허한 것에 더하고, 지도地道는 가득 찬 것을 바꿔 겸허한 곳으로 흐르게 한다"고 갈파했다. 플라톤은 공자처럼 『필레보스』와 『정치가』에서 '중도'를 자연과 우주의 모든 존재자와 생명체의 창조와 유지보존의 원리 및 기술 창출의 원리로 일반화한다. 물론 플라톤의 '중도'는 수리적·지성적·미학적인 점에서 공자의 덕성주의적 중용 개념과 다른 뉘앙스를 갖고 있다. 상론했듯이 『필레보스』에서 플라톤은, 삼라만상의 존재는 한정된 '일자一者'이면서 무한한 '다자多者'인데, 이 한정된 '일자'와 무한한 '다자' 사이에는 '몇몇' 또는 '수적 일정함'이 있다고 말한다. 이 '몇몇' 또는 '수적 일정함'은 한정된 '일자'과 무한한 다자의 '혼합'이다. 그리하여 이 세계의 존재자는 ① '무한자(무제한자)', ② '유한자(제한자)', ③ '무한자와 유한자의 혼합에 의해 생성된 존재', ④ '혼합의 원인(혼합을 만드는

---

427) Platon, *Der Staat*, 591d-592a.
428) Platon, *Gesetze*, 693e-694a.

자)'. 등 네 가지다.[429] 한도는 온도·속도·습도·양·크기·강도 등과 관련해서는 더 뜨거움과 차가움, 더 빠름과 느림, 더 건조함과 습함, 더 많음과 적음, 더 큼과 작음, 더 셈과 약함 등 위아래로 무한히 진행될 수 있다. 이 무한한 '더함과 덜함'은 무한정자(다자)의 성질을 나타내는 특징이다. 여기에 한정을 가해 일정한 '한도'를 주면, 즉 이것들에 대해 일정한 정도·수량·비율을 부여해 이것들을 한정하면, 더한 쪽이나 덜한 쪽으로의 무한 진행은 멈추게 된다. "수를 개입시킴으로써 이것들을 비로소 균형과 조화를 이룬 것들로 만들어 주는 것이다". 무한와 유한의 '혼합'을 통해 "게네시스(γένεσις, 생성)들이 있게 된다". 무한과 유한의 "바른 결합"은 가령 몸의 경우에 "건강한 상태를 만들어 준다".[430] 이처럼 무한자에 대해 수적 한도를 부여함으로써 지나침과 무한함을 없애고 "중용과 균형을 실현하는 것이다. 가령 자연 질서로서의 '사계절'도 "무한자와 유한자가 혼합됨으로써 생긴다".[431] 건강, 아름다움, 사계절, 덕과 기능적 훌륭함, 음악 등도 바로 이런 중도적·균형적 혼합의 산물이다. 자연에서 종種으로 생성되어 생존을 영위하고 있는 만물은 이런 중도적 혼합 또는 바른 결합의 소산이다. 그리하여 플라톤은 무한자와 유한자의 소산은 모두 하나로 보면 "한도와 함께 실현되는 중도에서 비롯되는 존재의 생성"이라고 말한다.[432]

그런데 『필레보스』에서 플라톤은 "이 생성되는 것은 실은 모두 어떤 원인에서 생기는 것이 필연적이다"라고 말한다. 나아가 "만드는 자의 천성은 그 이름을 제외하면 원인과 다르지 않다"는 것이다. 따라서 "만드는 쪽과 원인이 되는 것은 하나로 말해도" 된다고 결론짓는다.[433] 그런데 『

---

429) Platon, Philebos, 27b.
430) Platon, *Philebos*, 24c-25e.
431) Platon, *Philebos*, 26a-b.
432) Platon, Philebos, 26d.
433) Platon, *Philebos*, 26e.

국가론』에서 그는 인간(소우주)의 영혼으로부터 대우주에도 영혼이 있다고 유추해서 우주의 이 영혼(지성·지혜)은 생성과 창조에서 '선善의 이데아'를 본받는다고 말한다. 상론했듯이 생성과 존재의 궁극적 원인은 실은 이 '선의 이데아'인 것이다.[434] 그리고 『고르기아스』에서 플라톤은 "모든 행위의 목적은 선이고 이 선을 위해 다른 모든 것들이 행해지는 것이다"고 말한다.[435] '선의 이데아'는 우주 창조에서부터 무릇 자연적 생성과 예술적 창작·기술적 제작 및 실천 행위에 이르기까지 궁극적 원리로서 역할을 한다. 이 '선의 이데아'를 따르지 않는 존재는 인위적인 것이든 자연적인 것이든 결국 소멸하게 된다. 따라서 이 '선의 이데아'에 대한 배움이 '가장 큰 배움(메기스톤 마테마 μέγιστον μαθήμα)', 즉 '대학大學'인 것이다.[436] 그러나 상론했듯이 '선'은 한 가지 모습으로 나타나지 않고 적어도 '아름다움·균형·진리' 등 '세 가지'로 나타난다. 여기서 플라톤의 선善개념은 도덕성을 상실하고 있다. 이 '세 가지'이면서도 '일자一者'로 보이는 '선'은 모든 혼합의 원인이다. "제일가는 선은 중도中道(메트론 μετρον)·도中度(토 메트리온 το μετρον)·적시適時(=시중時中, 토 카이리온 το καίριον)이고", 버금가는 선은 "균형·아름다움·완전성·충족성"이다. 세 번째 선은 "지성(정신)과 현덕"이다. 네 번째 선은 "학식(에피스테메)·기술·옳은 의견"이다.[437] 아무튼 도度·양量·시時의 문제에서 '선의 이데아'는 중도(토 메손το μεσον)인 것이다.

---

434) Platon, Der Staat, 509b.
435) Platon, *Gorgias*, 499e-500a.
436) Platon, *Der Staat*, 505a. 폴 쇼레이(Paul Shorey)는 "메기스톤 마테마(μέγιστον μα θήμα)"를 "the greatest studies"와 "the greatest thing to learn"으로 영역하고 있다. Plato, *The Republic*, Vol. II with an English Translation by Paul Shorey. Leob Classical Library(Cambridge, MA·London: Harvard University Press, 1946), Book VI, 505a. 『대학』의 '지어지선'과 플라톤의 '선의 이데아'로서의 '가장 큰 배움'의 유사성에 대해서는 다음도 참조: 박종현, 『헬라스 사상의 심층』(서울: 서광사, 2001), 46쪽 각주.
437) Platon, *Philebos*, 66a-b.

상론했듯이, 그러므로 "일체의 혼합(쉰크라시스)은 무슨 혼합이든, 어떻게 이루어진 혼합이든, 중도와 균형에 맞지 않으면, 혼합을 이루고 있는 것들과 함께 무엇보다도 그 혼합물 자체를 필연적으로 파멸시킨다. 이것은 화합(크라시스)이 아니라, 화합하지 못한 채 한데 모인 것으로서, 그 파멸과 같은 불행은 실제로 그때마다 일어나기 때문이다." 중도와 균형에 맞는 혼합은 파멸할 '혼합'이 아니라 영속할 '화합'이다. 화합은 아름다운 것이다. 이처럼 "선의 특성"은 곧장 "아름다움으로 달아나 버린다". 왜냐하면 "중도와 균형은 모든 경우에 아름다움과 훌륭함(덕)이 될 것이 틀림없기 때문이다". 그리고 여기에 바로 "진리가 섞여 있는 것이다".[438] 이런 이유에서 플라톤은 상술했듯이 '선의 이데아'를 '아름다움·균형·진리' 등 '세 가지'로 파악했던 것이다.

나아가 '기술'도 자연에서의 생성을 흉내 내는 것이기 때문에 중도의 원리를 따른다. 플라톤은 『정치가』에서 기술의 생명은 '중도의 창출'에 있다고 말한다. 모든 기술은 중도에 그 존립 기반을 두고 있다는 뜻이다. 중도가 견지될 때, 기술이 탄생하고 존립한다. 이 중도를 측정하는 기술 자체가 '측정술'이다. 참된 기술은 '상대적 측정'과 함께 '중도의 측정'을 실현할 때만 성립한다. 수량·길이·넓이·속도를 '반대되는 상태'에 관해 측정하는 상대적 측정술은 "서로에 대한 크고 작음의 상호 관계에 관련된 것"인 반면, 중도·적중·적시·적절, 그리고 '극단을 피하고 중간을 향하는 모든 것'에 관해 측정하는 중도의 측정술은 "생성의 불가결한 성립에 관련된 것"이다.[439] 따라서 기술도 중도를 잃으면 소멸한다. 측정술에 의한 '중도의 창출'은 기술의 본령으로서, '선善의 실현'이다. 선이 사물이 제대로 이루어지기 위해 따르지 않을 수 없는 궁극적 원리라는 것은 이처럼

---

438) Platon, *Philebos*, 64d-e.
439) Platon, *Der Staatsmann*, 283e-284e.

기술의 경우에도 그대로 적용된다. 자연에 있는 모든 사물이 중도나 균형의 형태로 제 나름의 선을 자연적으로 실현하고 있고 또 그러지 않고서는 소멸할 수밖에 없듯이 인위적 실천이나 기술도 그러지 않을 수 없기 때문이다.[440]

상술했듯이, 소크라테스와 플라톤은 자기의 지식에 대한 지식과 자기의 무지에 대한 지식을 '자기 자신을 아는 것(정심)'으로 말하고 인간을 '지자'가 아니라 무지와 신적 전지全知 사이의 중간적 위치에 있는 '애지자'로 규정했다. 또한 소크라테스는 배우고 탐구하면 인지人智로 알 수 있는 것을 신에게 묻거나 인지로 알 수 없고 오로지 신지神智로만 알 수 있는 것을 감히 아는 체하면서 신에게 묻지 않는 것을 둘 다 불경하다고 천명했다. 또한 하늘과 신에 대해서는 알 수 없고 따라서 이 분야에 대해서는 인지人智로는 기껏해야 '그럴싸한 이야기'를 꾸며낼 수 있을 뿐, 에피스테메(학)를 추구할 수 없다는 불가지론을 피력했다. 소크라테스와 플라톤은 인간의 지적 능력의 관점에서 지혜와 지식, 그리고 그 지적 자부심과 욕망은 중도적일 수밖에 없고 또 중도적이어야 한다고 생각했다. 따라서 플라톤은 "지성과 지식보다 더 중도적인 것은 어떤 것도 찾을 수 없다"고 말한 것이다.[441]

물론 플라톤의 중도론은 다분히 지성적이고 미학적인 것이다. 물론 플라톤은 '균형'과 '화합'을 거론한다. 하지만 중도 개념에 기초한 그의 선 개념은 이성적·수학적·기술적 진리(수리적 균형·이성적 학식·현명·기술·의견)와 미가 양적으로 압도하는 일종의 진리·지식론이자, 일종의 미학이다. 이 점은 공자의 순수한 덕성주의적 중용개념과 배치된다.

---

440) 박종현, 『필레보스』 해제」, 29쪽. 『국가론』에서 『필레보스』에 이르는 중용시상의 전개에 대한 요약적 해설은 참조: 박종현, 「희랍 철학에서 본 중용 사상」. 인문과학연구소 편, 『동서사상의 대비적 조명』 (서울: 성균관대학교출판부, 1994), 105-115.
441) Platon, *Philebos*, 65d.

■ 중산층국가론

플라톤의 중산층국가론은 중도 이념에 기초한 공자의 인구 구성상의 계층 균형 관점과 상통하고, 오늘날의 '중산층론'과 흡사하다. 그러나 플라톤의 중산층론은 공자의 균제론과 달리 부의 욕망을 줄이려는 금욕주의적 색조가 짙다. 플라톤은 상론했듯이 그의 '신적 중도' 이념을 재산 관계에도 적용하여 금욕적 중산층론을 전개한다. 그는 이미 『국가론』에서 부와 빈곤의 양극이 둘 다 인간을 나쁘게 만든다고 말했다. 따라서 부와 빈곤은 "모르는 사이에 결코 나라 안으로 숨어드는 일이 없도록 모든 방법으로 감시해야 할 것"으로 규정하고 부를 "사치·게으름·체제 변동을 초래하는 것"으로, 빈곤을 "체제 변동에 더해 노예근성과 기량 악화를 초래하는 것"으로 비판한다.[442] 그는 이 입장을 『법률』에서도 견지한다. 앞서 시사했듯이 플라톤은 단언한다.

- 이와 동일한 것(중도의 원리)은 재산에도 그대로 적용되어, 이 재산들도 유사한 (중도의) 저울로 평가되어야 한다. 재산은 과도할 경우마다 국가에서든 사적으로든 적개심과 불화를 산출하는 반면, 모자라면 보통 예종 상태를 산출한다. (…) 어떤 아첨도 끌어들이지도 않지만 필요한 것이 결하지도 않은 정도의 재산이 젊은이들에게 모든 재산 중에서 가장 조화롭고 최고로 좋은 재산이다. 이 재산은 우리와 조화되고 합치되며, 그리고 우리 삶을 모든 면에서 고통 없이 만들어 주기 때문이다.[443]

플라톤은 이 개인 차원의 중산층 원리를 통치에도 적용하여 "어떤 시

---

442) Platon, *Der Staat*, 422a.
443) Platon, *Gesetze*, 728e-729b.

민도 고통스런 빈곤 상황이나 부의 상황에 살지 않도록 하여야" 한다고 말한다. 따라서 "입법자가 이 두 상황 조건의 상한선과 하한선을 선언해서라도" 지나친 빈곤과 부를 허용치 않는 공동체를 만들어야 할 것이다.[444] "빈곤이나 부와 친하지 않은 공동체는 일반적으로 가장 고귀한 품성이 형성되는 공동체이기" 때문이다. "이런 공동체 안에는 오만과 불의, 적수 관계와 위화감이 성장할 자리가 없기 때문이다. 그러므로 이 공동체 사람들은 이런 이유에서도 그리고 이른바 소박성 때문에도 선량할 것이다."[445]

재산의 심한 불평등도, 이 불평등을 조정하려는 '균제' 개혁도 다 처절한 내란과 동족상잔의 원인이 된다. 플라톤에 의하면, "재산의 평등을 확립하려는 노력"은 "누군가 이 조치가 없으면 평등이 결코 완전히 확보될 수 없다고 생각하여 토지점유 상태를 어지럽히거나 채무 탕감을 제안하려고 할 때면 통상 다른 유형의 법률을 가진 국가 안에서 일어나는 최악의 비난에서 자유롭지" 못하기 때문이다. "이런 경우에 입법자가 이 현 상태의 어떤 측면이든 어지럽히려고 기도한다면 모든 사람은 '손 떼라'라는 외침으로 이 입법자와 맞설 것이고, 모든 사람의 무력화로 귀결될 토지 재분배와 채무 탕감을 도입하려고 한다고 그를 저주할 것이다."[446] 따라서 플라톤은 중산층국가를 신의 은총으로 제로베이스에서 시작하는 이상적 신국新國의 꿈으로 기획한다.

- 어떤 국가가 법률로 이러한 내분을 해결해야 할 책무를 짊어졌을 때 기득권을 바꾸지 않고 그대로 둘 수도 없고 이것을 어떤 식으로든 바꿀 수도 없다. 결국, '경건한 소망'과 장기간에 걸친 조금씩 조금씩의

---

444) Platon, *Gesetze*, 744d.
445) Platon, *Gesetze*, 679b-c.
446) Platon, *Gesetze*, 684d-e.

조심스런 변화라 불리는 것 외에 다른 길이 남지 않는다. 이 길은 다음과 같은 것이다. 이 변화를 추진할 일정한 머릿수의 사람들이 이미 있어야 한다. 이들은 각각의 경우에 풍부한 토지와 그들의 신세를 진 많은 사람들을 보유하고 있어야 하고, 일종의 중용(메트리오테스 μετριότητος) 수칙을 세우고 또 빈곤이란 물자의 감소에 있는 것이 아니라 탐욕의 증가에 있다고 믿으면서, 부분적으로 채무 탕감에 의해, 부분적으로 분배에 의해 궁핍한 사람들에게 이 토지 등의 몫을 주려고 할 정도로 충분히 친절한 사람들이어야 한다. 이 길이 국가안보의 주요 기초인데, 굳건한 배의 용골 같은 이 기초 위에는 상술된 제도들에 적합한 어떤 종류의 시민조직이든 뒤이어서 건설될 수 있기 때문이다. 그러나 기초가 썩는다면 뒤이은 정치적 건설 작업은 어떤 국가에게든 결코 쉬운 일이 아님이 입증될 것이다.[447]

이 어려움을 우리는 피해야 한다. 그러나 우리가 이를 피하지 못했다면 회피 방도를 찾을 수 있는 방법이라도 해명해야 한다.

- 그 방법은 정의의 도움으로 탐욕을 단념하는 데 있고, 이 방법 외에 넓든 좁든 회피의 방도가 없다는 사실이 해명되어야 한다. 그리하여 이 자세를 국가의 주춧돌로 지금 우리에게 확고하게 만들어야 한다. 시민들의 재산은 어떻게든 내분으로부터 자유로운 토대 위에 확립되어야 한다. 그렇지 않으면 서로서로 오래된 분규를 안고 있는 사람들은 조금이라도 지성이 있다면 자유의사로 국가 건설의 일을 더 이상 밀고 나가지 못할 것이다. 그러나 신이 우리처럼 새로운 국가를 건설하여 내적 불화로부터 자유롭게 살도록 허락한 사람들이 땅과 집의 분배 때

---

447) Platon, *Gesetze*, 736d-e

문에 서로에게 적대감의 유인을 만든다면, 이것은 어떤 인간도 저지를 수 없는, 극단적 악덕과 결부된 어리석음일 것이다.[448]

플라톤이 생각하는 방도는 "대칭적 불평등의 원칙"에 따라 "재산의 크기에 의해 등급화된 네 계급"을 허용하고 "어떤 시민도 고통스런 빈곤이나 부의 조건에 처하지 않도록" 하며, "빈곤의 한계"를 설정하고 이 설정된 하한선에 해당하는 재산 액수의 "두 배, 또는 세 배, 또는 네 배까지 보유하는 것을 허용하고" 이보다 많은 잉여재산은 국가나 사원에 넘기되, 자기의 잉여재산을 공공용으로 넘긴 이 사람은 "영예를 받고 형벌로부터 자유롭게 해주어야 한다". 그러나 "누군가 이 법률에 불복하면 아무나 원하는 사람이 이를 고발하여 잉여재산의 절반을 얻고 고발당한 사람은 그 재산과 동일한 양을 내고 그 절반은 신에게 보내야 한다".[449] 이처럼 '중용 수칙'에 따른 재산의 균제로 빈곤과 내분이 없는 플라톤의 중산층국가론은 '탐욕의 단념' 원칙과 '신의 허락'에 기초한 신국건설의 순수한 소망과 강력한 법률적 강제를 담은 금욕주의 색조의 이상국가로 그려지고 있다. 이 법강제적 중산층국가론은 공자의 조세 정책적 균제론과 반대로 틀림없이 시민의 생활 수준 향상 의욕과 국가 경제의 성장을 해칠 것이다.

---

448) Platon, *Gesetze*, 737a-b.
449) Platon, *Gesetze*, 744c-745a.

제6절

후기 철학에서
권력 분립적 간접민주주의 기획

플라톤은 79세에 쓴 최후의 저작 『법률』에서 철인치국론을 다소 다듬고 수정해서 '야간국무회의' 체제로 변형시켜 제시하고, 직접민주주의에 대한 적대 의식을 뒤로하고 권력분립적 간접민주주의를 기획한다. 1인 철인치자의 독임제獨任制(monocratic system)를 뛰어넘어 여러 철인치자가 동참하는 야간국무회의의 집체적 결정제(collegial system)는 근대에도 내각제의 개선 방향에서 참조할 만한 가치가 있는 것이고, 권력을 나눌 수 없다는 통념을 극복한 '권력분립적 간접민주주의'는 권력분립이나 대의제민주주의의 근대적 생성과 발달에서 나름의 영향을 미쳤다. 소크라테스와 플라톤이 중기 대화편에서 쏟아놓은 합리론적 정치철학과 국가론은 인류에 큰 정치적 해악을 끼쳤으나, 후기 대화편의 이 두 이론은 거의 유일하게 서양의 정치적 근대화에 도움을 주었다고 할 수 있다.

6.1. 철인치자의 최종 유형으로서의 '야간국무회의'

소크라테스와 플라톤은 『국가론』에서 광장집회식 직접민주주의를 비판하고 그 대신 철인치자론을 주장했다. 소크라테스와 플라톤은 거기에서 철인치자를 "교육과 연륜을 통해 원숙해진 50세 이상의 철학자들" 가운데서 "선발된 사람들"로 규정했었다.[450] 그들은 "시간을 대부분 철학연구에 바치다가 자기 차례가 오면 나랏일로 수고하고 저마다 나라를 위해 치자(아르콘토스) 벼슬을 맡는다."[451] 그들은 "선善 자체(선의 이데아)를 보았을 때, 여생 동안 저마다 차례로 나라와 개인들 그리고 자기 자신들을 바르게 다스리는 데에 이 선善 자체를 본本(파라데이그마 $παραδίγμα$)으로 사용해야 한다"고 말했다.[452] 그리고 소크라테스와 플라톤은 "참된 철학자들이 1인이든 여러 사람이든 한 나라에서 최고 권력자가 된다"고 규정함으로써 치국을 담당할 치자의 수를 1명 또는 여러 명으로 제시했었다.[453]

플라톤은 『국가론』에서 1인 철인치자와 여러 철인치자 중 어느 쪽으로도 선호를 표하지 않았다. 그러나 참주를 철학자로 만들려고 했던 그의 실천적 기도를 보면 1인 철인치자를 우선적으로 선택한 것으로 보인다. 그러나 『법률』에서는 철인치자의 최종 형태로서 명시적으로 여러 철인치자들의 집체적 통치를 기획한다. '야간국무회의'가 그것이다.

『법률』에서 플라톤은 일반론적으로 지배를 일곱 가지로, ① 자식에 대한 부모의 지배, ② 미천한 자에 대한 고귀한 자의 지배, ③ 젊은이에 대한 연장자의 지배, ④ 노예에 대한 주인의 지배, ⑤ 약자에 대한 강자의 지배,

---

450) Platon, *Der Staat*, 412c, 487a.
451) Platon, Der Staat, 540b.
452) Platon, *Der Staat*, 540b.
453) Platon, *Der Staat*, 540d-e.

⑥ 무지한 자에 대한 현자의 지배, ⑦ 하늘의 가호를 받는 추첨의 행운이 있는 자의 신적 지배로 나눈다. 피치자 민중에 대한 민선民選 치자의 지배, 곧 동의와 약속에 기초한 '민중의 직간접적 자치'는 여기서 빠져 있다. 아무튼 플라톤은 '현자의 지배'를 '가장 중요한' 지배 형태로 묘사한다.

- 가장 중요한 권리는 지혜 없는 사람이 따르고 지혜로운 자가 이끌고 다스리는 여섯 번째 권리인 것처럼 보인다. 그럼에도 이것은 (…) 나 개인으로는 자연에 반한다고 주장하고 싶지 않고 오히려 자연에 부응하는 것이라고 주장하고 싶은 것, 자발적 피치자들에 대한 강권 없이 자연스런 법의 지배다.[454]

플라톤은 학술적(이론적) '지혜'와 경험적 '현명', 소피아와 프로네시스를 구별하지 못하고 동일시하기 때문에 '현자의 지배'는 '지자의 지배'와 동의어다. 플라톤은 소크라테스처럼 피치자의 자발적 추종을 가져오는 가장 자연스런 지배 정당성이 치자의 '지혜'에 있다고 주장한다. 반면, 공자의 경우에는 궁극적 지배 정당성은 지혜에 있는 것이 아니라 민심에 있고, 치자의 자격은 '지혜'에 있는 것이 아니라 치자의 '인仁', 즉 '사람사랑'의 덕목에 있다.[455] 말하자면, 공자의 경우에 지배의 정당성이 아니라 치자의 자격이 '인덕仁德'에 있지만, 플라톤의 경우에는 지배의 정당성과 치자의 자격이 동시에 '지덕'에 있는 것이다. 공맹의 경우, 치자는 자기의 지혜보다 타인들의 지혜를 빌려 쓰고, 자기의 마음을 비우고 민심을 자기의 마음으로 삼는다. 따라서 치자의 지혜는 만인의 지혜를 능가하는 수준

---

454) Platon, *Gesetze*, 690a-c.
455) 『禮記』「哀公問 第二十七」. 공자는 노나라 애공에게 말한다: "옛날 정치는 사람사랑을 크게 여겼습니다. (군자가) 사람을 사랑할 능력이 없다면 제 자신을 보전할 수도 없습니다.(古之爲政 愛人爲大 不能愛人 不能有其身)"

의 지혜가 아니라 타인들의 말을 잘 듣고 이들의 지혜를 취해 쓸 정도의 겸손하고 중용적인 '큰 지혜'만 갖추면 되는 것이다. 공자는 말한다. "순임금은 크게 지혜로웠다! 순임금은 잘 묻고 속언을 잘 살피고 악한 것을 감춰주고 선한 것을 드러나게 하여 그 양단을 붙잡고 그것의 중도를 백성에게 적용했다. 이 때문에 순임금이라고 하는 것이다!"[456] 따라서 공맹의 경우에 치자의 '지혜'는 지배의 정당성 문제와 관련된 결정적 능력이 아니다. 치자의 지혜는 만인을 능가하는 수준의 플라톤·아리스토텔레스적인 지혜가 아니라 여론을 잘 살펴 타인의 지혜를 빌려 쓸 정도의 '대지大知', 곧 '큰 지혜'만 갖추면 되기 때문이다. 치자(군자)에게 진정 요구되는 자격으로서의 필수능력은 바로 '사람사랑', 즉 인덕인 것이다.

그러나 플라톤의 후기 대화편 『정치가』에서는 테크노크라트적 지배자를 정치가의 모델로 생각한다. 철인수호자·철인치자론은 '무제약적 지성주의' 또는 '지성우월주의' 때문에 이인자利仁者·강인자強仁者에 지나지 않을 뿐만 아니라, 일말의 정치적 정통성도 없는 '에피스테모크라티즘(epistemocratism, 에피스테모크라티아[ἐπιστήμοκρατία]; 지혜를 가진 자들의 지식지배체제)'에 빠져든 데 더해 우생학적 잔학 정치를 주장하고 있다. 또한 플라톤의 천성적·우생학적 '철인치자·보조적 수호자집단'은 기실 현실 속에 발 디딜 수 없는 유토피아적 초월자인 반면,[457] 공자의 '군자'는 수신을 통해 스스로 자기를 도덕적으로 구성하여 현실 속에 존재하며 나라를 다스리고 치국의 기회가 없더라도 학문과 교육활동을 전개하

---

456) 『禮記』「中庸 第三十一」(6章). 이를 주희는 순임금이 크게 지혜로운 소이는 "스스로의 지혜를 쓰지 않고 다른 사람들에게서 지혜를 취한 때문"이고 이것이 그의 지혜가 "지나침(過)도 미흡함(不及)도 없었던 이유이다"라고 풀이했다. 朱熹, 『大學·中庸集註』, 89-90쪽.
457) 물론 플라톤은 철인치자의 과거적 실존, 현재적 존재, 미래적 출현가능성을 부정하지 않지만(Platon, Der Staat, 499c-d), 그의 '철학자'가 우생학적 선발·양육·교육을 거쳐야 하고 정치에 거의 쓸모없는 철학적 '지식'의 지배와 목적합리적 정당성만을 주장하는 한, 철인치자는 가망이 없는 헛된 꿈이다.

는 현실적 덕치자다.

플라톤은 이 때문인지 불확실하지만 『정치가』에서 다분히 테크노크라트적인 치자(정치가)를 제시한다. 여기에도 '정치가'에 '선의 이데아'에 대한 지식으로서의 '신적 끈'으로 대립적인 덕목들(가령 용기와 절제)을 결합시키는 임무가 여전히 주어지지만 '선의 이데아'를 구경하는 철학적 지식보다 '건축가·항해사·의사·직조공'처럼 인간사를 다루는 실무적 테크노크라트 지식과 노하우가 중시된다.[458] 지식은 지배와 관계에서 여전히 목적합리성을 갖되, 이제 이 목적합리성은 전문지식적·테크노크라트적 색채를 취한다. "군자는 그릇이 아니다(君子不器)"고 갈파한 공자의 말로 표현하면, 『정치가』의 '정치가'는 일종의 '그릇'에 더 가깝다. 전쟁술·외교술·재판술 등을 갖춘 장군·외교관·재판관 등을 배치하고 지휘하는 '정치가'도 건축술·항해술·의술·직조술 같은 '치술' 또는 왕도술의 경영 지식으로 사람들을 다스리기 때문에 경영자적 테크노크라티즘을 탈피하지 못한다.[459] 인정仁政(養民·敎民)과 갈등의 타협적 해소 기능으로서의 '정치'를 공리적 관점에서 축소시킨다면 테크노크라시는 불가피하다.

훗날 공리주의자 제임스 S. 밀은 목적합리성을 최고로 치는 근대정신을 대변하듯이 『정치가』의 '과학적 치자(a Scientific Governor)'에 대한 근대적 수요를 인정했다.[460] 백성을 하늘같이 섬기는 것이 아니라 정반대로 백성을 미성년자로 만드는 이 지식우월주의적 목적합리성(공리성)의

---

458) Platon, *Der Staatsmann*, 259d-261d, 297e-298d, 308d-311c. 이에 관한 상론은 참조: Schofield, *Plato: Political Philosophy*, 144-155, 164-173쪽.
459) 앨런은 『정치가』에서 제시된 '정치가'의 "진정한 약점"을, "입법은 기술적 노하우일 수 없고 또 법률은 목적에 이바지하는 노하우의 수칙이 아니다"는 사실에서 찾는다. D. J. Allen, *The Philosophy of Aristotle* (London·Oxford·New York: Oxford University Press, 1970), 145쪽.
460) John Stuart Mill, "Grote's Plato", 439쪽. John Stuart Mill, *Collected Works of John Stuart Mill*, Vol. XI: *Essays on Philosophy and the Classics* (Toronto·Buffalo·London: University of Toronto Press·Routledge & Kegan Paul, 1978).

테크노크라트 지배체제는 19세기에서 20세기로의 세기전환기에 프리데릭 테일러의 『과학적 경영의 원리』(1904)에 의해 완성된다. 테일러는 『정치가』의 테크노크라트적 '정치가'처럼, "과학적 경영은 고용주와 피고용인 쌍방에게 (…) 다툼과 불화의 모든 원인의 제거를 뜻하기" 때문에 "하루 성과가 얼마나 되어야 하는 문제는 다툼의 대상이 아니라 과학적 조사의 문제일" 뿐이라고 주장했다.[461] 『정치가』의 '정치가'도 테일러의 '과학적 경영자'처럼 '지식과 과학의 정치적 기적'을 믿는 '전문바보(Fachidiot; expert idiot)'처럼 보인다.

물론 『정치가』의 '정치가'는 테크노크라트적 공리성功利性만이 아니라 나름의 정통성을 주장하고 '법치'를 견지한다. 법 없이도 나라를 다스릴 수 있는 이상적 치술을 가진 '왕자王者' 같은 '정치가'가 존재할 수 없다면, '차선책'은 '법치'밖에 없다. "임의의 일에 대해 법률과 명문 규정을 제정하는 사람들한테는 1인이든 다중이든 아무리 작은 일이라도 법과 명문 규정을 어기고 하는 것을 허용치 않는 것이 차선의 방도다".[462] 따라서 『정치가』의 '정치가'는 법치를 가장 중요한 것으로 간주하는 한에서 단순히 '그릇'처럼 전문 지식에만 의거하여 치자가 되려는 '순수한' 테크노크라트가 아니다. 그러나 일찍이 제임스 S. 밀은 『정치가』의 '정치가' 개념을 "그렇게 임명된 치자의 불가오류성 또는 이것에 가까운 어떤 것"과 "자기 정부 내에서 어떤 목소리를 내거나 그들의 과학적 치자들에게 책임을 추궁할 어떤 권력을 행사하는 것도 부적합하게 만들 만큼 깊은 상대적 저능성을 나머지 인류에게 전가한다"고 비판했다.[463]

하지만 『정치가』에서 플라톤은 '정치가'가 과두적 민회 또는 민주적 민

---

461) Frederic Winslow Taylor, *Die Grundsätze wissenschaftlicher Betriebsführung* (Weinheim·Basel: 1977), 154쪽.
462) Platon, *Der Staatsmann*, 300c.
463) Mill, "Grote's Plato"(1866), 436쪽.

회에서 선출되고 또 이렇게 선출된 '정치가'는 민회에서 제정된 법률에 따라 나라를 다스리고 그 결과를 민회에 보고하고 이에 대한 책임을 지도록 하고 있다. 나라가 잘못 다스려서 백성들이 고통스럽게 되었을 때, "우리가 이런 의견으로 이에 대해 토의한다면, 우리는 이 (잘못된) 치술들 가운데 어느 것도 무제한적으로 노예든 자유인이든 그들을 다스리도록 허용하지 않고 여기에서 사안에 대해 전혀 모르는 사람들과 다른 종류의 노동자들에게 항해의 질병에 대한 자신들의 의견을 같이 말할 자유가 주어지는, 우리 자신들로 구성된, 민중 전체로든 또는 부유층만으로든 구성된 민회民會를 소집할 것이다." 그리고 "의사·항해사든 비전문가든 토의에 참가하면 이 일에 관해 대다수 사람에게 좋게 생각되는 것을 우리는 목판이나 기둥에 써서 성문화하거나, 그렇지 않으면 이것을 잘 전승된 불문율적 관습법으로 확정한다." 또한 "대중을 다스리는 치자는 부유층이나 민중 전체 가운데서 추첨으로 뽑힌 이들로 매년 임명되고, 뽑힌 치자들은 이 성문법에 따라 다스린다." 그리고 "치자의 임기가 끝나면, 특히 부유층이나 민중 전체에서 선출된 사람들로 감사위원회를 설치하고 이 선출된 사람들은 정부에 있던 자들을 출두시켜 보고하게 해야 한다. 나아가 원하는 사람은 누구든 이 해의 훈령과 선조의 관습에 따라 배를 조종하지 않았다고 고발할 수 있다. 환자를 치료한 의사에게도 마찬가지의 조치가 취해질 수 있다. 유죄로 판정된 자들에게는 가해져야 할 벌이나 내야 할 벌금을 판정한다."[464] 이렇듯 '정치가'는 '철인치자'나 단순한 테크노크라트 치자와 달리 명백히 민주적으로 선출되고 민주적으로 제정된 성문법과 관습법을 지키도록 의무가 지워지고 또 민주적 통제에 처해 있기 때문에 제임스 S. 밀의 비판은 과할 뿐만 아니라 그릇된 것이다.

『정치가』에서 치자의 유형론은 이와 같이 테크노크라트 치자론으로 기

---

464) Platon, *Der Staatsmann*, 298a-299a.

울었다가 민선 치자로 나아갔다. 그리고 이에 이어서 '선의 이데아'에 대한 지식으로서의 '신적 끈'으로 대립적 덕목들(가령 용기와 절제)을 결합시키는 임무가 여전히 주어지고 '선의 이데아'를 구경하는 철학적 지식도 다시 중시된다.

『정치가』에서처럼 『법률』도 끄트머리 부분에서 실무적 테크노크라시에 대해 철학을 복권시키고 '덕과 지식의 동일성' 테제를 복원한다. 플라톤은 서로 다른 이름으로 불리고 그 본성도 상이한 덕목들의 통일성과 전체성을 확보하기 위한 철학과 이 철학을 구현할 국가의 특별 정치기구를 기획한다. 국가 건설의 논의를 "덕으로 시작하고 덕이 입법자의 목표라고 말하는 것은 올바른 방식이다."[465] 왜냐하면 "모든 법률은 항상 '덕'이라는 하나의 단일 대상을 겨냥해야" 하기 때문이다.[466] 그리고 "덕의 어떤 한 부분이나 가장 자잘한 부분이 아니라 덕 전체를 보는 눈으로 법률을 집행해야 한다."[467] 그런데 물론 이 네 가지 덕목 가운데 지성이 나머지 세 가지 덕목과 그 밖의 모든 것이 지향해야 하는 주덕主德이지만, 문제는 그 덕이 상이한 이름으로 불리는 네 가지 덕목이라는 데, 즉 덕이 '일一'이면서도 '다多'라는 데에 있다. 이와 관련하여 '아테네에서 온 손님'은 즐겨 쓰는 '나라와 영혼 유추법'의 변형태(나라와 영혼·머리·눈 유추법)와 항해사·의사·장군의 사례를 들어 이 문제에 접근한다. "우리는 모든 대상과 관련하여 그 대상들의 각 동작에서 무엇이 적절한 구원자 노릇을 하는지를 관찰해야 한다. 가령 동물의 경우, 영혼과 머리가 천성상 그 구원자다." 따라서 모든 동물에게 구원을 주는 이 기능은 동물의 두 기관, 즉 영혼과 머리의 "덕행"이라고 말해야 한다. "영혼 속에 다른 모든 자질에 더해 지성이 존재함으로써, 그리고 머릿속에 다른 모든 자질에 더해 시각

---

465) Platon, *Gesetze*, 631a.
466) Platon, *Gesetze*, 963a.
467) Platon, *Gesetze*, 630e.

과 청각이 존재함으로써 구원을 준다. 요약하면, 극히 정당하게 각 동물의 구원으로 불릴 것은 지성과 극히 민감한 감각들의 결합, 즉 이것들의 통합이다."[468]

이어서 논의를 전문가의 지배로 돌린다. "그런데 폭풍우 치는 날씨와 평온한 날씨에 다른 감각들과 함께 배에 구원을 줄 것은 어떤 종류의 지성인가? 선상에서는 감각들을 항해사(선장)의 지성과 결합함으로써 자신들과 모든 승선자에게 구원을 확보해 줄 이들은 항해사와 선원들이 아닌가? (…) 구원을 겨냥한다면, 가령 군대의 경우, 장군이 쏘아 맞추기 위해 세우는 바른 표적은 무엇인가? 또는 인간 신체의 경우에 의료업의 표적은? 전자는 승리를 표적으로 삼고 적에 대한 제압을 하는 것인 반면, 의사와 그 조수들의 표적은 신체에 건강을 주는 것이 아닌가?" 그러나 "우리가 '건강'이라 부르는 신체 상황을 의사가 모르거나 장군이 승리에 대해 모르거나 우리가 언급한 다른 일들의 그 누구든 모른다면", 이 일에 대한 "지성"을 보유하고 있다고 생각할 수 없을 것이다.[469]

이 지점에서 '아테네인'은 비유를 멈추고 막바로 '국가'로 방향을 돌린다. "국가에 대해서는 어떻게 말해야 할까? 어떤 사람이 겨냥해야 할 정치적 표적에 대해 영 무지하다면", 그는 "첫째, 치자의 타이틀을 받을 자격이 없고, 둘째, 그가 전혀 아무것도 모르는 목표와 관련된 그 대상의 구원을 확보할" 수 없을 것이다. 따라서 국가에는 "첫째, 우리가 말하는 정치적 목표가 진정 무엇인지를 알고, 둘째, 일단 어떤 방식으로 이 목표를 이룰 수 있을지, 그리고 어떤 법률, 어떤 사람을 쓸지에 관해 좋든 나쁘든 평의評議(토의·의결)를 해줄 어떤 구성요소가 있어야 한다." 만약 이러한 구성요소가 없다면, "지성과 감각의 결여로 모든 행동에서 항상 되는 대

---

468) Platon, *Gesetze*, 961d-962c.
469) Platon, *Gesetze*, 961d-962c.

로 행동하더라도 전혀 놀랄 일이 아닐 것이다."470) 이 평의기구는 국가의 '안전장치'인 셈이다.

'아테네인'은 어떤 철학적 원칙에 따라 국가 각 부문의 다양한 덕목들을 '하나'로 통합해 줄 국가의 '지성' 요소로서의 "야간국무회의(뉙테리논 쉴로곤 νυκτερινόν συλλογον)"를 시사하고 있다.

- 이 회의체는 모든 덕목을 보유해야 한다. 이 회의체의 제일가는 덕목은 많은 대상 가운데 그 목표를 계속 움직이는 것이 아니라 시선을 하나의 특별한 표적에, 즉 모든 화살을 계속 쏠 하나의 표적에 집중하는 것이다. (…) 그래서 지금 우리는 국가의 법적 관습들이 각국 법전의 상이한 부분들을 참조하면서 다른 방향으로 계속 변해도 결코 놀랄 일이 아니라는 것을 이해해야 한다. 그리고 일반적으로, 어떤 정치가의 경우에는 정의의 목표가 어떤 부류의 사람들에게 (이들이 우월하든 열등하든) 치국할 수 있게 해주는 것인 반면, 다른 사람들의 경우에는 (이들이 누구의 노예든 아니든) 목표가 어떻게 부를 얻는가 하는 것이고, 또 다른 사람들은 자유인의 삶을 얻는 것에 자신의 노력을 경주한다는 사실은 놀랄 일이 아니다. 하지만 다른 사람들은 가령 자기 자신들을 위한 자유의 획득과 타국의 지배라는 두 가지 목표를 동시에 그들의 입법의 결합 목표로 삼는 반면, 제 딴에 가장 지혜롭다는 자들은 한 목표를 겨냥하는 것이 아니라 이 목표들과 기타 대상들의 총합을 겨냥한다. 그들은 다른 모든 것이 향하기를 바라는 가장 탁월한 가치를 가진 하나의 대상을 분간해 낼 능력이 없기 때문이다.471)

---

470) Platon, *Gesetze*, 961d-962c.
471) Platon, *Gesetze*, 962d-963a.

그러나 모든 법률의 '가장 탁월한 가치를 가진 하나의 대상은 덕성인데, 문제는 이것이 '다多'의 형태를 취한다는 것이다.

이 때문에 '아테네인'은 스파르타 출신 메길로스와 크레타 출신 클레이니아스에게 다음과 같이 문제를 제기한다.

- 항해사·의사·장군의 경우에 지성은 (…) 각 경우에 적당한 하나의 단일한 목표 대상을 향한다. 지금 우리는 정치가의 경우에 지성을 시험하고 이것을 한 사람으로 호칭할 시점에 와 있다. 우리는 이 지성에게 다음과 같이 물을 것이다. "오! 지성 각하, 당신의 목표는 무엇입니까? 의술적 지성은 그것이 겨냥하는 단일한 목표 대상을 명시적으로 진술할 수 있습니다. 그러나 당신은 당신의 단일한 목표를 진술할 수 없습니다. 아마 당신이 주장하듯이 모든 현자들(엠프로논 ἐμφρονων)보다 우월하시지만 당신은 할 수 없습니다." 메길리로스와 클레이니아스, 너희 두 사람이 저 '지성 각하'를 대신해 그 단일한 목표 대상을 정의하고 그것이 무엇인지를, 내가 방금 다른 것들을 대신해서 그들의 목표 대상을 너희들에게 정의해준 것처럼 내게 말해 달라.[472]

'아테네인'은 "전체로서의 대상 자체와 – 이것이 취하는 – (다양한) 형태들을 둘 다 분간하는 열의가 필요하다"고 자답한다.

- 우리가 분명히 네 가지의 덕이 있기 때문에 네 가지 형태의 덕이 존재한다고 말했다면, 우리는 각각의 덕의 형태가 분리된 단위라고 주장하지 않을 수 없다. (…) 하지만 우리는 이들 모두를 하나의 명칭으로 부른다. 우리는 이것들이 진짜 복수複數가 아니라 하나의 '덕성'인 것처

---

472) Platon, *Gesetze*, 963b-c.

럼 용기가 덕이고 현명이 덕이고 다른 두 개의 것(정심과 정의)도 마찬가지로 덕이라고 주장한다. (…) 지금 용기와 현명, 이 둘(과 나머지 덕목들)이 어떤 점에서 서로 다른지, 그리고 어떻게 두 개의 명칭을 얻었는지를 설명하는 것은 어렵지 않으나, 이 둘(과 나머지)에게 다 왜 '덕'이라는 명칭을 부여하는지를 설명하는 것은 쉬운 일이 아니다.[473]

둘을 다 '덕'이라는 단수 명칭으로 부르면서 다시 이것들을 둘로, 즉 용기와 현명이라고 말하는가? 그 까닭은 "둘 중 하나는 짐승들도 공유하기도 하고 어린이들의 성품이기도 한 공포와, 즉 용기와 관련된 것"이기 때문이다. "용기 있는 영혼은 자연적으로 그리고 이성 능력 없이도 생겨나지만, 분명히 다른 유형인 현명한 지성적 영혼은 이성 능력이 없다면 결코 생겨나지도 않았고 존재하지 않을 것이고 앞으로도 존재하지 않을 것이다."[474] 이 점이 용기와 현명이 다른 점이고 달리 불리는 이유다. 그런데 왜 이들이 "하나이면서 동일한 것"으로 간주되는가? 네 개이면서도 또 어찌 하나인가? 이름과 개념을 지닌 모든 일을 완전한 지식을 지닌 사람이라면 이름만 알고 개념을 모르거나 탁월한 미와 중요성을 가진 일과 관련하여 이름도 개념도 모르는 것은 수치스런 일이다. "입법자와 법 수호자(노모필라키 νομοφύλαλι)"와 "스스로 덕에서 모든 사람들을 능가한다고 생각하는 사람과 바로 이러한 자질로 인해 상을 탄 사람들"에게는 "용기·절제·정의·현명보다 중요한 것"이 없다. "신탁해석관·교사·입법자는 나머지 수호자들처럼 (…) 악덕과 미덕의 자질로 사람을 훈계하는 기술과 이것을 완전히 드러내는 기술에서 모든 다른 사람을 능가해야 한다." 나라 안에 "언행에서 유능하고 덕에 대한 완전한 지식을 보유한 수

---

473) Platon, *Gesetze*, 963c-964d.
474) Platon, *Gesetze*, 963c-964d.

호자들이 없다면", 이런 나라는 "전혀 수호되지 않음으로써 오늘날 존재하는 많은 나라들이 겪는 것과 같은 운명을 겪더라도 놀랄 일"이 아니다. "우리는 어떻게 하면 수호자들이 언행에서 대부분의 사람들보다 더 정확한 '덕' 개념을 가질지를 강구해야 한다." 왜냐하면 "이런 방식이 아니면 머리가 자신 안에 유사한 종류의 '수호학'을 보유하고 있다는 것을 근거로 나라가 현자의 머리와 감각들을 닮을 수" 없기 때문이다.[475]

그런데 이 닮음은 무엇이고 그 본질은 어디에 있는가? "우리는 분명 국가 자체를 두개골에 비교하는 중이다. 수호자들 가운데서, 영혼의 모든 부분에서 극히 머리 좋고 민첩한 젊은 수호자들은 눈이 머리 꼭대기에 있는 것처럼 배치되어 국가를 전반적으로 두루 조사한다. 눈은 자기들이 관찰한 대로 자신들의 탐지 내용을 두뇌 기관의 기억에 넘긴다. 즉, 그들은 국가 안에서 벌어지는 모든 사항을 노인 수호자들에게 보고한다. 반면, 이 노인들은 중요한 많은 일에서의 이들의 탁월한 현명 때문에 이성에 비교되는데, 평의원으로 활동하고 있는 젊은이들을 그들의 평의회 안에서 보조자와 지원자로 활용한다. 그리하여 이 두 부류는 그들 간의 협력을 통해 국가 전체의 구원을 진정으로 이룬다." 따라서 국가는 "보다 고도로 훈련되고 교육된 약간의 사람들을 갖지 않고 모든 구성원을 평등하게 대할" 수 없는 것이다. 따라서 일반백성을 위한 일반교육보다 "더 높은 유형의 교육을 상론해야 한다."[476]

이것은 『국가론』의 철인치자('완벽한 수호자')와 보조적 수호자집단을 수적 규모를 줄이고 '야간국무회의'의 '위원회' 형태로 변형시켜 설치하는 방안이다. 그리고 여기서 말하는 유형의 고등교육은 '선(덕)의 이데아'를 관상觀賞하는 철학교육을 뜻한다. 여기서 플라톤은 '아테네인'의 입을

---

475) Platon, *Gesetze*, 963c-964d.
476) Platon, *Gesetze*, 964d-965b.

통해『국가론』의 해당구절을 상기시키는 의미심장한 말을 주고받는다.

- 아테네인: 일급 전문가나 수호자는 어떤 분야에서든 '다多'에 대해 주목해야 할 뿐만 아니라 식별할 수 있을 만큼 '일자一者'에 대해서도 육박해 들어가야 하고 이 '일자'를 식별하자마자 이 '일자'를 보는 단일한 눈으로 나머지 모든 것들을 조사해 조직해야 한다고 말하지 않았더냐?
  클레이니아스: 아주 맞는 말씀입니다.
  아테네인: 어떤 사람이든 '일자'의 통합적 형태와 유사하지 않은 '다多'의 형태들로부터 볼 수 있는 능력에 의해서보다 더 잘 어떤 대상의 정확한 관상과 관측을 얻을 수 있을까?
  클레이니아스: 아마 할 수 없을 것입니다.
  아테네인: 이 친구야, 아무도 이보다 더 분명한 방법을 가질 수 없다는 것은 '아마'라기보다 확실한 것이다.[477]

플라톤은『국가론』에서 '변증론'을 정신이 '많은' 개별태들로부터 '일자'의 보편적 개념 또는 이데아로 상승하는 일종의 귀납법(쉬나고게 συναγωγή)으로 묘사하고 있다. '전체'의 '포괄조망(쉬높시스)'은 변증론자의 특징이다.[478] 플라톤은『법률』의 '야간국무회의'의 구성원들을 교육시키는 것과 관련하여 이데아를 관상하는 데 이르는『국가론』의 변증론철학을 반복하고 있는 것이다. 아테네인은 이와 관련하여 덕의 '다多'와 '일一'에 대한 강제적 변증법 교육의 필요성을 역설한다.

---

477) Platon, *Gesetze*, 964d-965b.
478) 참고: Platon, *Der Staat*, 537b 이하.

- 당연히 우리는 이 신적 헌정 체제의 수호자들을 강제하여, 무엇보다 먼저 네 개의 덕들을 모두 삼투하는 그 동일한 요소, 우리가 주장하듯이, 용기·정심·정의·현명 속에 단일한 '일자'로 존재하기 때문에 '덕'이라는 단일한 명칭으로 정당하게 불리어도 되는 그 동일한 요소가 무엇인지를 정확히 관상觀賞하도록 해야 한다. (…) 우리는 원하면 지금 이 요소를 아주 꽉 쥐고, 목표한 대상의 본질적 본성을, 즉 그것이 본성상 '단일한 일자'로 존재하는지, 아니면 '전체'로서 존재하는지, 아니면 이 양자兩者로서 존재하는지, 아니면 어떤 다른 방식으로 존재하는지를 정확하게 해명할 때까지 놓아주지 않아야 한다. 그렇지 않고 이것이 우리를 피해 빠져나간다면, 우리가 그것이 '다' 또는 네 가지인지 아니면 '일'인지를 진술할 수 없을 때에 덕의 본성을 정확히 파악하고 있다고 생각할 수 있겠는가? 그러므로 우리는 우리 자신의 자문을 따른다면 어떤 방법으로든, 무슨 짓을 해서라도 이 지식이 우리의 폴리스 안에 존재할 수 있도록 강구해야 한다.[479]

그러나 아테네인은 이것을 강구하는 방법을 말하기는 아직 이르다고 말하면서 '덕'만이 아니라 "아름다운 것과 선한 것"에 대해서도 "동일한 견해"를 적용해야 함을 강조한다. 수호자는 이것들도 왜 각기 '다'이면서 '일'인지를 알아야 한다. 우리는 "선덕의 모든 형태에 대해 같은 견해를 가져야" 하듯이, "진정한 법 수호자이어야 하는 사람들은 법률의 참된 본성을 진정으로 알아야 하고 말로 이 본성을 설명하고 행동으로 이 본성에 순응하고 아름답고 나쁜 행위들에 대한 판단을 이 행위들의 본성에 따라 내릴 수 있어야 한다는 견해를 가져야" 한다.[480] 이것은 『국가론』에서 수

---

479) Platon, *Gesetze*, 965c-e.
480) Platon, *Gesetze*, 966a-b.

호자와 관련해 전개된 철학교육 및 치자의 자격조건과 대동소이한 것이다. 미·선(덕)·정의의 이데아를 본 수호자만이 현실 속의 관련 대상을 누구보다 잘 본다. 따라서 나라를 어렴풋한 꿈속에서 보고 운영하는 것이 아니라 새벽처럼 해맑게 깬 눈으로 나라를 보고 '선의 이데아'에 가장 근접한 형태로 인식하고 제대로 나라를 운영할 수 있다.

『국가론』에서 플라톤은 이 점을 강조했었다. "한번 습관화되면 너는 몽롱한 대상들을 거기에 사는 자들보다 무한히 더 잘 식별하고 각각의 아이돌(象象)이 무엇인지 그리고 그것이 무엇을 닮은 것인지를 알게 된다. 왜냐하면 네가 미·정의·선의 진상眞相을 이미 보았기 때문이다. 그리하여 우리의 폴리스는 깨어있는 정신상태로 다스려질 것이고, 그림자를 보고 서로 싸우고 벼슬을 위해 이것이 마치 '선善'인 양 씨름을 하는 사람들에 의해 꿈속에서처럼 캄캄한 상태에서 운영되는 지금의 대부분의 폴리스들처럼 다스려지지는 않을 것이다".[481] 『법률』에서 수호자들이 일찍 깨어 이른 새벽에 매일 여는 '야간국무회의'는 실은, 참된 '선의 이데아'를 이미 본 상태에서 나라를 더 잘 인식하고 맑게 깬 정신상태에서 나라를 운영하는 『국가론』의 철인치자의 인적 정황을 '조직기구'의 형상으로 재현한 것이다.

그런데 '아테네인'은 갑자기 방향을 바꿔 신의 존재와 권능을 모르는 자는 수호자 관직에서 배제해야 한다고 말한다.[482] 그에 의하면, 신에 대한 믿음으로 통하는 '두 가지 주의 주장'이 있는데, 이 가운데 하나는 "영혼은 모든 것 중에서 가장 오래되고 가장 신적인 것이고 이것의 운동은 '생성'으로 발전하면 '존재'의 영원히 샘솟는 원천을 제공한다는 신에 대한 우리의 도그마이고, 다른 하나는 이성의 지배를 받아 전 우주의 '코스

---

481) 참고: Platon, *Der Staat*, 52c-d.
482) 참조: Platon, *Gesetze*, 966c-d.

모스'를 이루는 별들과 기타 천체들의 운동 질서에 관한 우리의 도그마다." 만물이 "필연적 힘"에 의해 생성된다고 생각하는 자는 무신론자다. 반면, "선의 완수를 목표하는 의지의 지적 에너지"에 의해 생성된다고 생각하는 자는 유신론자다. 여기서 분명해지는 것은 '선(덕)의 이데아'에 대한 철학적 인식이 '선의 완수를 목표하는 의지의 지적 에너지'에 근거한 신의 존재와 우주·천체·삼라만상의 생성과 연결된다는 것이다.

그러나 아낙사고라스와 무신론적 자연철학자들은 "천체에서 운동하는 만물"을 "전 우주의 원인을 시여하는 돌멩이, 흙, 그리고 기타 수많은 영혼 없는 물체들로 가득 찬 것"으로 본다. 따라서 시인들은 이런 무신론의 자극을 받고 "철학자들을 '달 보고 짖는 개들'로 비유한다." 그러나 움직일 수 없는 "두 개의 진리"는 "영혼이 생성에 참여하는 만물 가운데 가장 오래되고 불멸하며 모든 물체를 지배한다는 것"과 "이성이 별들 사이에 존재하는 것을 다스린다"는 것이다. 신을 두려워하는 숙명적 인간은 이 '두 개의 진리'를 알아야 하고 또 "이 앎과 무사 여신(철학)의 연관을 관찰하고 이를 조화롭게 윤리의 제도와 규칙에 적용해야 한다." 인간은 "합리적 설명을 용인하는 만물의 합리적 설명을 줄 수" 있어야 한다. 여기서야 비로소 신에 대한 믿음을 왜 치자의 자격조건으로 삼아야 하는지가 드러난다. 선한 신의 존재와 영혼의 영원성에 대한 믿음과 바른 지식이 바로 '선덕의 이데아'에 대한 철학적 지식과 직결되어 있기 때문이다. 따라서 "민중적 덕목들(데모시아이스 아레타이스 δημοσίαις ἀρεταῖς)에 더해 이런 지식을 통달할 수 없는 인간은 결코 국가 전체의 능란한 치자가 될 수 없고 한낱 다른 치자의 보조자가 될 수 있을 뿐이다." 반대로 '민중적 덕목들에 더해 이런 지식을 통달할 수 있는 인간'은 '국가 전체의 능란한 치자' 될 수 있다는 말이다. 이런 자격조건을 충족한 이들이 '야간국무회의'의 구성원이 되어야 한다. "법제적으로 치자들의 야간국무회의가 설치되어야 한다". 또 이 야간회의체는 "우리가 기술한 교육에 참여하고 국가를 파수把守·수호하고 그 구원을 확보해야 한다."[483] 『법률』의 이런 교설은 여러 명의 철인치자가 '야간국무회의'로 구체화되었을 뿐이고 '덕성과 지식의 동일성' 테제 및 『국가론』의 철학적 '지식의 지배'를 반복하고 있다.

'야간국무회의'가 '철인치자'의 재현이라는 해석은 일반적이다. 아리스토텔레스도 일찍이 『정치학』에서 이를 시사하고 있다. "『법률』의 대부분은 단지 법률들을 포함하고 헌정 체제에 대해서는 오직 조금만 얘기하고 있다. 소크라테스(플라톤을 가리킨다 - 인용자)는 이 헌정 체제를 기존 국가에 가까이 적응시키려고 할지라도 단계적으로 처음의 헌정 체제(『국가론』의 국가)로 다시 돌아가고 있다. (…) 그는 치자들에게 (철인치자와) 똑같은 교육을 부여하고 (…) 있다."[484] 오늘날 학자들도 대개 유사한 해석을 내놓는다.[485]

완성된 마그네시아 폴리스는 몽땅 이 야간회의체에 위탁되어야 한다. 플라톤은 『국가론』의 철인치자처럼 이 야간회의체도 신적 기구로 묘사하면서 국가운영과 관련된 최고 권력을 이 기구로 넘긴다. "이 신적인 회

---

483) Platon, *Gesetze*, 966d-968b.
484) Aristoteles, *Politik*, 1265a1-8.
485) 가령 참조: W. K. C. Guthrie, *A History of Greek Philosophy*, Vol. 5: *The Later Plato and the Academy* (Cambridge: Cambridge University Press, 1978), 369쪽; Sheldon S. Wolin, *Politics and Vision* (Boston: Little, Brown and Co., 1960), 67쪽; Thomas L. Pangle, *The Laws of Plato*. Translated with Notes and an Interpretative Essay (Chicago: The Chicago University Press, 1980), 493쪽. 그러나 클로소코는 '야간국무회의'가 '철인치자'의 재현이라서 『법률』의 흐름으로부터의 "이탈", "근본적 단절"로 해석한다. 가령 참조: George Klosko, *The Development of Plato's Political Theory* (New York: Methuen, 1986), 235쪽. 그러나 사마라스는 '야간국무회의'는 처음부터 이미 시사되고(632c) 또한 도처에서 많은 시사가 있다는 사실을 들어 '이탈·단절'을 부정할 뿐만 아니라, '철인치자의 재현'도 부정한다. Thanassis Samaras, *Plato on Democracy* (New York: Peter Lang, 2002), 285-301쪽.

의체가 실제로 생기게 되면 (…) 우리는 국가를 이 회의체에 넘겨야 한다".[486] 이 '야간국무회의'는 모든 법률의 목표인 '덕'의 '이데아'를 철학적으로 인식하고 이런 자격으로 국가 최고 권력이 넘겨받는 등 중대한 철학적·정치적 기구다. 따라서 이 기구의 임무와 운영 및 구성인원과 조직을 더 살펴볼 필요가 있다.

이 야간회의는 일단 "법률을 감독한다." 그리고 이 회의체는 "청년과 노인들의 혼성기구"로서 "이른 여명과 일출 사이에 만난다." 이 시간은 공사公私의 일로부터 가장 자유로운 시간대이기 때문이다. 그 구성원은 60세 이상의 사람으로서 훈포장을 받은 성직자, 10인의 원로 법 수호자, 전임 교육부 장관 등이다. 이들은 각자가 천성이 탁월하고 훈육이 잘 된 청년 중에서 선출한 30-40세 사이의 젊은 보조자를 대동해야 한다. 이 회의는 법률 사안과 국사, 이것들과 관련된 모든 중요사안, 다른 곳에서 배운 중요한 일들, 법률문제 해결에 도움이 되는 지식 분야 등을 취급한다. 젊은 보조자는 노인 평회원들이 승인한 사안들을 무엇이든 열심히 배워야 한다.[487] 이 회의체의 구성원은 다 연령·지능·성품·습관이 수호자 관직에 적합한 사람들이고, 신중하게 선출한 후 가르침과 훈련 과정을 거친 사람들이다. 이들은 훈육된 후에도 나라의 아크로폴리스에서 숙영한 다음, '수호자'로 최종 받아들여진다.[488] '야간회의'의 거의 모든 내용적인 측면이 『국가론』의 수호자계급과 철인치자의 선발 및 훈육·임용 과정과 닮았다.

이런 의미에서 야간국무회의는 수호자계급과 철인치자의 등가물이고, 민중적 덕목에 더해 이 덕목의 본질을 철학적으로 인식하는 야간회의 소

---

486) Platon, *Gesetze*, 969b.
487) Platon, *Gesetze*, 951d-952a, 961a-b.
488) Platon, *Gesetze*, 968d-e, 969c.

속 수호자의 '지식의 지배'와 '덕성과 지식의 동일성' 체제는 재현된다.[489] 결론적으로 플라톤은 전기 대화편으로부터 『법률』에 이르기까지 갈수록 민중적 덕목을 자연 본능으로 보는 관점을 강화하는 한편, '덕성과 지식의 동일성' 테제는 변함없이 고수한 것이다. 이 측면에서 플라톤이 도덕론에서 '지성우월주의'를 죽을 때까지 견지했다고 평가할 수 있다. 따라서 선을 진리에 굴복시킨 '덕과 지식의 동일성' 테제에 근거한 '지성우월주의'는 플라톤의 본질적 측면 중의 하나다.

플라톤의 이 '지성우월주의'의 근거는 주지하다시피 '지식의 덕성 주도' 테제다. 플라톤의 4덕론은, 상술했듯이, 가치 서열에서 공자의 4덕론과 반대되는 순서를 취하고 있다. 플라톤의 4덕론이 지혜를 제1순위에 놓고 있는 점에서 공자의 4덕론과 가치론적으로 정반대로 뒤집힌 서열을 취하고 있는 것이다. 뿐만 아니라, 다시 확인하자면 플라톤의 4덕에는 공자의 인仁(필리아)이 배제되어 있고 바로 이 자리에 지혜를 놓고 있다. 이것들을 아울러 고려하면, 플라톤의 4덕론은 가치 서열이 뒤집힌 것으로 그치는 것이 아니라 아예 공자와 다른 세계관을 보여주고 있다. 이것이 서유럽과 동아시아 철학의 분기점인 셈이다. 소크라테스와 플라톤에서 지혜·지성은 절제·정의·용기의 3덕이 추종해야 하는 최고 덕목이다. 『국가론』에서 '철인치자', 『정치가』에서 "지혜를 갖춘", 따라서 법률을 필요로 하지 않는 신적인 '왕자王耆(바실리코스 βασιλικός)'[490] 및 '신적 끈'을 알고 쓰는 철학적 베일의 테크노크라트적 '정치가' 또는 『법률』의 – 인간들을 다스리는 – '고상한 신령들의 종족'과[491] '야간국무회의'의 수호자

---

489) 참고: Schofield, *Plato. Political Philosophy*, 180-181, 185쪽.
490) Platon, *Der Staatsmann*, 294a-c. 플라톤은 여기에서 "지혜를 갖춘 王耆가 권력을 쥔 체제는 단순히 법이 권력을 쥔 체제보다 더 좋은 체제", 이상적인 의미에서 "최선의 체제"라고 말한다.
491) Platon, *Gesetze*, 713d. 『법률』에서 플라톤은 '법치'를 '고상한 신령'의 치세(治世)에 버금가는 '차선책'으로 거론하는 맥락에서 이 신령을 닮은 신적 '지성' 자체가 아니

집단 등 비현실적·유토피아적·초월적 정치가의 신화 설정과 철학적·이상적 치자 개념의 고수로 증폭되고 면면히 이어지는 – 다른 실천적 덕목들과의 관계에서 중용을 상실한 채 지성을 제일로 높이고 최고로 추구함으로써 이 덕목들을 지배하고 결국 흡수해 버리는 – 이 무제약적(우월적·지배적) 지성주의의 염원은 비윤리적 지성의 관상적 '덕행'을 '최고의 신적 행복'이라고 역설하는 아리스토텔레스의 기이한 윤리학에서 정점에 도달한다. 아리스토텔레스는 중덕으로부터 완전히 해방된 비윤리적 '지성'으로 하여금 모든 '윤리적 덕목들'을 능가하게 할 뿐 아니라 지성(지혜) 자체를 탈脫윤리화하고 이를 기타 윤리적 덕목을 능가하는 신적 최고 덕목으로 격상시킨 '무제약적일 뿐만 아니라 무제한적인 지성주의'를 정초한다.

플라톤이 '필리아'를 국가와 입법의 최고선으로 규정할 정도로 정치적으로 중시했으면서도 신적 4덕에 포함시키지 않은 것은 그의 정치철학의 심각한 구조적 문제였다. 국가의 최고선(필리아)이 개인 차원에서의 최고 덕목(지성)과 원리적으로 단절되어 이것과 무관한 것이 되고 말기 때문이다. 이로 인해 플라톤의 철학자(애지자)에게는 필리아나 이 필리아를 베푸는 정치 행위가 개인의 덕성과 무관할 뿐만 아니라, 개인의 관점에서

라 이 '지성'의 '처방전'을 '법률'로 일컫는다. "크로노스 신(神)은 인류에 대한 사랑으로 그 당시 우리 위에 그들 자신과 우리에게 아주 편한 형태로 우리를 책임지고 아낌없이 우리에게 평화와 정숙함과 질서 바름과 정의를 제공하는 보다 고상한 신령들의 종족을 올려놓았고, 이럼으로써 인간 종족들을 불화로부터 자유롭게 하여 행복하게 만들었다. (…) 이 이야기는 모든 방법을 다해서 우리가 전설이 그리는 크로노스 시대의 삶을 모방하고, 우리의 가정과 나라를 우리 안의 불멸의 요소(지성)에 대한 순종 속으로 붙들어 넣어 질서 잡아야 하고 지성의 이 질서 잡는 처방전에 '법률'이라는 이름을 부여해야 한다고 생각한다." Platon, *Gesetze*, 713d-714a. 왜냐하면 "어떤 법률이나 명령도 지식(에피스테메)보다 더 위력적이지도 않고, 또 지성(누스)이 제 이름에 걸맞게 진짜로 참되고 내적 본성에서 자유롭다면 어떤 것에 대해 노복이거나 종속 상태에 있는 것은 옳지 않고 만물의 주인인 것이 옳은 것이기" 때문이다. Platon, *Gesetze*, 875c-d.

비윤리적 '지성'과 지성적 '애지'보다 가치론적으로 보잘것없는 사소한 행위로 추락한다. 말하자면, 국가의 최고선인 필리아와 이를 위한 정치는 – 지성적 애지 활동을 본업으로 삼는 – 철학자들의 성향도, 본분도 아니다. 철학자의 본분은 사람을 사랑하는 것('愛人')이 아니라 '애지愛知'이기 때문이다. 소크라테스와 플라톤의 '지혜를 좋아하는 사람(철학자)'은 소인배들이 보기에 세상일에 관심이 없는 "천체관측자"나 자꾸 뭔가를 따지고 지껄여대는 "말쟁이(아돌레스케스 ἀδολέσχης)" 같은 쓸모없는 괴짜들인 데다가,[492] 소크라테스와 플라톤의 정의에 따르더라도 "진리를 구경하기를 좋아하는 사람들(알레테이아스 필로테아모나스 ἀληθείας φιλοθεάμονας)"이기[493] 때문이다. 소크라테스와 플라톤의 '철학자'는 '진리를 실천하기를 좋아하는 사람(필로프락티쿠스 ἀλθείας φιλοπρακτικούς)'이 아니라, 다만 "모든 지혜를 욕구하고" 한없이 진리 구경을 좋아하여 배우는 일에 "만족할 줄 모르고" 진리를 관상觀賞하기(theoria)만 하는 '이론가들(theorists)'일 뿐이라는 말이다.[494] 그러므로 지성을 최고 덕목으로 삼고 지성적 애지활동의 행복을 즐기는 철학자들은 다른 사람들을 위한 필리아의 정치적 실천(정치적 '위인爲仁')을 그들의 행복과 무관한, 힘들고 귀찮고 하찮은 일로 깔볼 수밖에 없다.

따라서 플라톤의 철학자들에게 치국의 정치를 맡기려면 법으로 강제하는 수밖에 없다. 실은 '진리구경꾼'인 철인과 '진리실천가'인 치자를 결

---

492) Platon, *Der Staat*, 488e.
493) Platon, *Der Staat*, 475e.
494) 만족할 줄 모르고 모든 지식을 무한히 추구하는 '철학자'의 개념은: Platon, *Der Staat*, 455b-c. 한편, 스코필드는 "의지·성격·지성의 이 결합은 '네가 선 자체를 참으로 안다면 이것이 너로 하여금 네가 하는 모든 일에서 그것을 실행하도록 하기에 충분할 것이다'라는 소크라테스의 핵심 이념에 대한 플라톤의 최종 해명이다"라고 풀이한다. Schofield, *Plato. Political Philosophy*, 160-161쪽. 그러나 이는 지나친 해석이다. 스코필드는 소크라테스의 '철학자'가 본질적으로 지상의 '실천가'가 아니라 천상의 '구경꾼'이라는 사실을 망각하고 있다.

합시킨 '철인치자'란 가령 '관망하는 참여자'라는 이상한 표현과 같은 형용모순의 개념인 셈이다. 그리하여 플라톤은 천상과 지하동굴의 거리만큼 벌어진 대립적 두 요소, 하늘 위의 '철인'의 이론적(관상적) '애지愛知'와 동굴 땅속 '정치가'의 실천적 '애인愛人', '지혜사랑'과 '인간사랑'을 유토피아적 이상국가에서도 '강압'으로 연결시켜야 하는 기이한 '강인强仁'의 정치철학을 주조하기에 이르렀던 것이다.

더구나 궁극적으로 『법률』에서도 나라(마그네시아 폴리스)의 건국을 위한 입법이 끝나고 나면 나라는 통째로 철학적 지식을 갖춘 신적 수호자들의 '야간국무회의' 기구에 넘겨지기 때문에 『국가론』에서 논의된 철인치자의 '지식의 지배'로 되돌아가는 식으로 '지식의 지배'가 추구된다. 따라서 민중을 "고통과 쾌락의 큰 덩어리"로 경멸하는 철학적 '에피스테모크라시(epistemocracy)'는 철인왕의 '인격체'에서 야간국무회의의 '기구'로 진화된 형태로 다시 복원된다. 결국 『법률』의 '마그네시아 폴리스'도 『국가론』의 '칼리폴리스'만큼이나 '지식권위주의 체제'다. 공감적 민심으로 명령하는 '백성'이 주인으로서 군자들을 부리는 - '지식의 지배'와 정반대로 뒤집힌 - 주종관계를 지당한 것으로 수락한 군자들이 백성의 부름으로 치자가 되어 덕으로써 "사람들을 하늘처럼 섬기고(事人如天)" 박시제중하는 '덕치', 말하자면 『서경』의 '민유방본民有邦本'론에 근거한 맹자의 '민귀군경民貴君輕' 원리에 따라 '지식'보다 '민신民信(백성의 신임)'을 중시하는 '덕성의 지배'는 끝내 소크라테스와 플라톤의 머릿속에도, 마음속에도 없었던 것이다.

① 인간사에 관심이 없는 철학적 지식이든, ② 테크노크라트적 지식이든, ③ 무지한 감정과 백성 덩어리를 지배하는 '지혜로운' 지식이든 모두 다 지식과 지혜가 지배권을 추구하는 것이다.[495] 『국가론』, 『정치가』, 『법

---

495) 플라톤의 '지식의 지배'의 이 세 가지 형태에 대한 상세한 분석은 참조: Schofield,

률』에 걸쳐 모두 '덕'이 아니라 '지식'과 '지식의 지배'를 추구하는 플라톤의 정치엘리트론은 정치적 권력투쟁과 경쟁으로서의 '정치' 개념의 청산으로 그치는 것이 아니라, ① 하늘 같은 민심의 대의적 신임과 동의를 둘러싼 공감과 토의(deliberation) 및 이익갈등에 대한 공감적 상황 해석의 공유, ② 이에 입각한 국민적 공동행위의 공감적 합의와 그 집행을 뜻하는 진정한 '정치'의 개념을 주변화시킴으로써 '군자'와 같은 '덕치자'가 들어설 자리를 없애고, '지식'과 '지자' 아래로 백성의 지위를 격하시킨다.[496] 물론 '군자치자'도 '지智'를 중시한다. 하지만 '군자'의 '지智'는 인·의·예의 덕목들과의 균형을 고려한다는 점에서 중도적인 반면, 플라톤의 '철인치자'의 '지성주의'는 다른 덕목들(절제·정의·용기)을 지배하는 점에서 '절대적·무제약적'이다. '무제약적 지성주의'의 관점에서 관상적(이론적) '지식'과 '지식의 지배'를 중심에 놓는 플라톤의 철인치자는 테크노크라트적 '정치가' 버전이나 지혜로운 입법가('야간국무회의의 수호자집단')의 버전으로 변형되더라도 '반反민주·반공감·반소통'으로 흐를 위험을 안은 '지식권위주의자'로서, 이미 현대적 정당성을 상실했다. '철인치자'는 '중용적 지성주의'의 바탕 위에서 '덕성'과 '덕치'를 중심에 놓는 공자의 군자론에서 새로운 출구를 찾아야만, 각종 권위주의 세력을 도와줌으로써 민주주의를 위협하는 것이 아니라 위기에 처한 현대 민주주의의 치유와 재건을 지원할 수 있을 것이다. 공자의 '군자론'은 사랑(친애·범애)·정의·예법·화녕和寧·중용의 덕목을 앞세우고 내외 양면의 겸손한 '중

Plato: Political Philosophy, 136-184쪽.
496) 소공권도 유사한 견해를 피력한다. "플라톤의 철인왕은 지식을 무엇보다도 숭상하는 철인이었음에 반해, 공자의 군사(君師)는 덕을 무엇보다 숭상하는 인자였다. 군사는 덕으로써 사람을 교화시키고, 철인왕은 지식으로 나라를 다스린다. 그 사람됨과 행동양식(操術)에서 양자는 같지 않은 것이다." 蕭公權, 『中國政治思想史』(上海: 商務印書館, 1947). 蕭公權(최명 역), 『中國政治思想史』(서울: 法文社, 1994), 100-101쪽. 정확한 평가이나 여기에 군자치자와 철인치자 간의 우열에 대한 평가가 빠져있어 미흡한 평가다.

도적 지성'(4덕의 말단에 위치한 지智)과 '치자의 주체적 자기 구성'으로서의 '수신'의 철학에 기초해 있기 때문이다.

6.2. 권력 분립적 간접민주주의(혼합정체)의 구상

상론했듯이 플라톤은 중도와 중용을 '신적 덕목'으로 강조하고 감정과 행위를 넘어 부의 사회적 분배구조, 공동체입법, 신체, 재산, 명예 등 모든 일에 이를 적용했다. 소크라테스는 물론 지식에도 중용논리를 적용해서 '인지적人智的 인식'의 내적 한계를 인정하는 '중도적 지성주의'를 수립했다. 그리고 플라톤은 왕도정체·귀족정체·민주정체가 혼합된 혼합정체(간접 민주정)를 기획하면서도 중도의 논리를 적용한다.[497]

플라톤은 정치가의 치술이나 왕의 왕도술이 아닌, 치자와 피치자 간의 이 '가장 아름답고 가장 큰 화합'으로서의 '가장 큰 지혜'는 중용의 헌정 제도에 의해 증진될 수 있다고 말한다. 지배자와 피지배자 간의 '합의된 지배체제', 곧 정통적 지배 형태들은 상술했듯이 ① 부자간의 지배, ② 귀천 간의 지배, ③ 노소간의 지배, ④ 주인-노예 간의 지배, ⑤ 강자-약자 지배관계, ⑥ 현명한 자와 어리석은 자의 지배관계, ⑦ 제비뽑기의 행운에 의한 지배 등 일곱 가지다. 이 중 "가장 중요한 정통적 형태 무지한 자가 따르고 현명한 자가 이끌고 다스릴 것을 명하는 여섯 번째 지배 형태다.[498] 그런데 국가 운영의 지혜에서 중요한 것은 "때로 절반이 전부보다

---

497) Platon, *Gesetze*, 693e-694a.
498) Platon, *Gesetze*, 690a-c. 여기서 플라톤의 지성우월주의를 맹자의 덕성우월주의와 대비시켜 보는 것도 유익할 것이다. 맹자는 지배 형태를 플라톤과 판연히 다른 관점에서 제시하고 있기 때문이다. "천하에 도가 있으면 소덕(小德)이 대덕(大德)에게 부림을 받고 소현(小賢)이 대현(大賢)에게 부림을 받는 빈면, 천히에 도가 없으면 소국이 대국에게 부림을 받고 약자가 강자에게 부림을 받는다. 이 둘은 천리다. 순천자는 보존되고 역천자는 망한다.(孟子曰 天下有道 小德役大德 小賢役大賢 天下無道 小役大 弱役强. 斯二者 天也. 順天者存 逆天者亡)." 『孟子』「離婁上」(7-7).

더 크다"는 헤시오도스의 가장 참된 금언金言을 이해하는 것이다. '전부'가 과대過大하다면 이 '전부'의 '절반'은 중간이고 중간은 중용이다. 이 금언을 모르는 무식은 대중에게서보다 호화 사치가 삶의 오만을 초래하는 왕들에게서 발견되는 파멸의 원인이다. 왕들이 맨 먼저 획책하는 것은 확립된 법제를 어기고 국제공약에 대해 왈가왈부하며 국제적 갈등을 야기하는 것이다. 이 불화는 무식의 최고점이고, 그 "거슬리는 불협화음"과 "조화의 결여" 때문에 그리스세계도 멸망했다. 이 '무질서의 성장'을 미연에 방지하는 방법은 이런 비극적 역사를 겪은 마당에는 쉽게 생각해 낼 수 있다.[499] 그것은 '중용정치'의 제도화다.

"중도中度(토 메트리온τό μετριον)를 경시해 배에 돛을, 몸에 음식을, 영혼에 치국의 관직을 주는 경우에 작은 것에 너무 큰 것을 주듯이 하게 되면, 모든 것은 뒤집히고 과도함으로 인해 어떤 자는 몸에 병이 나고, 다른 사람들은 오만의 기형에 빠지고 불의에 떨어지고 만다." 어리고 무책임한 인간적 영혼의 본성은 지상에서 최고 지위에 올라앉아 있는 것을 견딜 수 없어서 이런 지위에 올라가게 되면 반드시 "최대의 무질서와 어리석음", 그리고 "최측근의 벗들에 대한 혐오"가 넘치게 된다. 이런 사태는 영혼을 순식간에 파멸시키고 영혼의 힘 전체를 말살한다. "위대한 입법자의 과업은 바로 중도를 감지하여 이런 일을 막는 것이다." 이 대목에서 플라톤은 스파르타의 정치체제를 원용하여 견제와 균형을 제도화한 중도적 혼합체제를 기획한다. 견제와 균형의 중도적 혼합체제는 왕·원로원·민회 간의 삼권분립 체제다.[500]

이 혼합정체는 스파르타의 경우를 보면 오늘날 입법·사법·행정의 분립 체제가 아니라 권력 집단 간의 분립 체제다. 왕은 군권과 행정·입법·사법

---

499) 참조: Platon, *Gesetze*, 690a-691b.
500) Platon, *Gesetze*, 690e-691b.

권을 가지고 있고, 원로원은 입법권과 사법권을 가지고 있고, 민회도 입법권과 사법권을 가지고 있고 민회에서 선출된 '통령'을 통해 집행권도 행사한다. 따라서 이 권력분립 체제는 견제가 자주 충돌로 빗나갔다. 상이한 국가권력(행정·입법·사법권력)을 그 본질적 상이성에 따라 분립시킨 것이 아니라, 제각기 3권을 행사하는 권력 주체별로 분립시켰기 때문이다.

근대의 삼권분립적 혼합정체론과 간접적·대의적 민주주의론이 아리스토텔레스의 영향을 받은 것인지, 게르만의 유제를 부활시킨 것인지는 오늘날 논란거리다. 일각의 해석에 의하면, 몽테스키외는 인식적 '이성의 지배'를 견제하여 중용으로 균형 잡을 객관적 메커니즘과 상업을 신뢰하고 이를 위한 제도장치를 법제화하는 길을 갔다. 그는 『법의 정신』(1748)에서 플라톤·아리스토텔레스·폴리비우스(Polybius, Πολύβιος) 등이 전제와 무법을 둘 다 막으려는 중용적 균형의 관점에서 모색한 '주권경합적 혼합정체론'과 영국의 입헌군주정체 경험을 종합하여 국가권력의 삼권분립 체계를 기획했다는 것이다. 그러나 몽테스키외는 당대로부터 50년 전 영국에 확립된 낡은 권력분립 현상을 분석하고 이 "훌륭한" 체제가 게르만의 "숲속에서 발견된" 것으로 잘못 알고 영국의 삼권(입법·행정·사법권)분립론을 감탄과 찬양 속에서 분석하고 이론화했다.[501] 그는 자신이 직접 본 영국인의 의회제도가 진짜 '게르만의 숲속'에서 온 것으로 믿었다. 그리고 그가 찬양한 50년 전 영국의 삼권분립적 대의민주정은 이미 사라진 낡은 제도였다. 1748년 당시 삼권의 한 축인 국왕은 이미 의회 다수당이 장악한 내각에 의해 이미 무력화되었고, 의회는 내각의 권력을 입법으로 뒷바라지하는 보조 기구로 전락해서 독립적 권부의 지위를 잃었

---

501) Montesquieu, *The Spirit of the Laws* translated and edited by Anne M. Cohler·Basia Carolyn Miller·Harold Samuel Stone (Cambridge·New York·etc.: Cambridge University Press, 2008), Book 11. ch. 6.

기 때문이다. 당시 영국은 오늘날처럼 정부와 사법부의 이권분립二權分立 상태에 있었다.

오늘날 근대적 삼권분립적 대의정치제도의 해석에는 두 편향이 있다. 하나는 삼권분립론을 그리스 정치철학, 특히 폴리비우스 이론의 재현으로 보는 마셜 로이드의 견해이고, 다른 하나는 게르만 전통의 재현으로 보는 데이비드 그레스의 견해다. 로이드는 "몽테스키외는 폴리비우스와 고대의 혼합정체 이론으로부터 과중하게 빌려왔기에 정확히 그를 그 원리(삼권분립론)의 창시자로 칠 수 없다"고 말한다.[502] 반면, 그레스는 게르만 숲속의 민주주의를 신화라는 것을 알면서 이상하게도 몽테스키외가 영국 입헌군주정을 게르만의 "숲속에서 발견된" 것으로 묘사한 것을 진짜로 인정하며 '게르만 기원설'을 내세운다.[503]

그러나 폴리비우스 이론은 플라톤처럼 '삼권분립론'이 아니라 입법권을 3자(왕·귀족원·민회) 간에 삼분하고 사법·행정권도 3자 간에 삼분하는 '삼자분립론'이다. 그리고 정작 폴리비우스는 이런 혼합정체의 최초 유형이 리쿠르고스에 의해 도입되었다고 밝힌다.[504] 입법·사법·행정 3권을 역사상 최초로 구분한 학자는 폴리비우스가 아니라 아리스토텔레스다. 그레스의 말에 따르더라도, 이런 게르만 '고대헌법'설은 훗날 데이비드 흄에 의해 실체가 없는 것으로 논파되었다. 다만 코크(Edward Coke) 등 17세기 영국인들과 휘그정치가들이 이 제도에 역사적·신화적 권위를 부여하기 위해 그런 게르만 신화를 활용했고, 몽테스키외는 이것을 믿었을 뿐

---

502) Marshall Davies Lloyd, "Polybius and the Founding Fathers: the Separation of Powers" (2006; http://mlloyd.org/mdl-index/polybius/polybius.htm), 2쪽.
503) David Gress, *From Plato to NATO: The Idea of the West and its Opponents* (New York·London·Toronto: The Free Press, 1998), 183쪽.
504) Polybius, *The Histories*. Translated by W. R. Paton in 6 Volumes. Leob Classical Library Series (Cambridge [MA]·London: Harvard University Press first published, 1923), 273쪽(Book VI §II-3 On the Forms of State).

이다. 근대적 '삼권분립론'은 17-18세기 영국 입헌군주정의 경험으로부터 자연발생적으로 발전되어 나왔다고 보는 것이 옳을 것이다.

플라톤은 상술했듯이 『법률』에서 입법이 목표로 삼는 "국가의 최고선은 우리가 탈출하기를 바라는 전쟁이나 내분이 아니라 서로서로와의 평화와 인애감정이다"라고 말한다. 그리고 "우리는 우리의 이상이 나라가 자유롭고 분별 있고 내적으로 필리아 속에 들어 있어야 하고 입법자도 이를 목표로 입법해야 한다는 것이기 때문에 거대하거나 혼합되지 않은 단일 헌정 요소를 가진 정체政體를 법으로 설립하는 짓을 큰 실책이라고 명명했다."[505] 이 큰 실책을 범하지 않으려면 비교적 작고 혼합된 헌정 체제를 설립해야 할 것이다. 따라서 플라톤의 권력분립적 혼합정체론은 이미 다른 맥락에서 복선이 깔린 내용이었다. 그래서 플라톤은 중도의 논리를 적용해서 왕도정체·귀족정체·민주정체가 혼합된 혼합정체(간접 민주정체)를 기획한 것이다.[506]

이 혼합정체론의 이론적 문제는 앞서 기획된 '야간국무회의'가 왕·원로원·민회 가운데 어디에 속하는지에 대해 언급이 없다는 것이다. 플라톤은 "청년과 노인들의 혼성기구"인 야간국무회의의 구성원을 천성이 탁월하고 훈육이 잘 된 청년 중에서 선출한 30-40세 사이의 젊은 보조자를 대동하는 60세 이상의 사람으로서 훈포장을 받은 성직자, 10인의 원로 법 수호자, 전임 교육부 장관 등이라고 하고 있다. 이것을 보면 야간국무회의는 플라톤의 머릿속에서 원로원에 속하는 것으로 기획된 것으로 보인다.

6.3. 혼합형 소유제도의 구상

---

505) Platon, *Gesetze*, 628c, 693b·c.
506) Platon, *Gesetze*, 693e-694a.

플라톤은 '친구들은 모든 것을 실제로 공유한다'는 속담의 원칙에 따라 처자공유제와 함께 수호 계급을 위한 재산공유제를 적용하는 건국 설계를 기안했다.[507] 그러나 일반시민의 소유제도는 사유제로 놓아두었다.[508]

그런데 플라톤은 『법률』에서 공유제도를 3개 소유 방안 가운데 첫 번째 최선의 체제로 견지하면서 이번에는 이 공유제도 일반시민들에게까지 확대한다. "가급적 주도면밀하게 '친구들은 모든 것을 실제로 공유한다'는 속담이 전국적으로 준수되는 국가와 헌정 체제가 첫 번째로 떠오르고 이런 나라의 법률이 최선이다. 처자와 모든 재산의 공유가 존재하고 '개인적'이라고 불리는 모든 것이 도처에서 그리고 모든 수단에 의해 우리 생활에서 뿌리뽑힌, 그리고 - 가령 눈과 귀, 그리고 손이 공동으로 보고 듣고 행동하는 것과 같이 - 자연적으로 '개인적'인 것들조차도 가급적 어떤 식으로든 공동화되도록 조처되고 만인이 듣는 칭찬과 비난에서 가급적 일치되고 동고동락하며, 그리고 모두가 국가를 가급적 통합되게 만드는 법률을 한마음으로 찬양하는 이 조건에 관해 - 어디에서인가 지금 존재하든, 아니면 언젠가 존재할 것이든 간에 - 아무도 초超탁월성의 관점에서 이 조건들보다 더 참되고 좋은 다른 정의를 내리지 못할 것이다." 그러나 플라톤은 이 철두철미한 공산주의적 공유제를 신들의 세계에 귀속시킨다. "이런 국가에서 - 이 국가 안에 사는 존재들이 신들 또는 신들의 아들들이라면 - 이들은 즐겁게 살며 이와 같은 삶을 영위할 것이다."[509]

---

507)
508) Platon, *Der Staat*, 419a. 보르데는 말한다. "단일성의 결과는 여러 가지다. 플라톤적인 폴리스의 발전을 제한하는 것은 특히 이 기준이다. 이 기준 때문에 시민들의 결합을 강화해야 하는 '공산주의'가 발생한다"라고 말한다. Jacqueline Bordes, *Poloteia. Dans la pensée grecque jusqu'a Aristote* (Paris: Société d'éditions Les Belles Lettres, 1982). 쟈클린 보르드(나정원 옮김), 『폴리테이아』(서울: 도서출판 아르케, 2000), 590쪽(이하에서도 국역본을 밝히지 않고 국역본 쪽수를 제시함). 그러나 보르데는 플라톤이 『국가론』에서부터 공산주의를 일반 시민에게도 적용한 것으로 보았는데, 보르데의 이 해석은 그릇된 것이다.
509) Platon, *Gesetze*, 739a-e.

플라톤은 공유제를 신들에게 귀속시킨 한에서 이와 동일한 헌정 체제를 인간에게 권하는 것은 무리이므로 『국가론』에서 수호자 신분에 적용된 공산주의적 공유제 기획을 완전히 삭제하고 기존의 사유재산제를 첫 번째 최선의 (신적) 헌정 체제에 최대한 접근시킨 제2의 모델, 즉 사유와 공유의 혼합으로서의 '차선의 헌정 체제'를 고안한다. "다른 곳에서 모델 헌정 체제를 찾아서는 아니 되며 이것(첫 번째 신적 공유제)을 확고히 견지하고 가급적 이와 비슷한 헌정 체제를 모든 힘을 다해 모색해야 할 것이다. 지금 우리가 착수한 헌정 체제는 실현되기만 한다면 불멸의 경지에 아주 근접할 것인데, 장점의 측면에서 차선의 두 번째 등급에 배열될 것이다. 세 번째 등급의 좋은 헌정 체제(크레타 등지에 세워질 제도)는 신이 원한다면 나중에 탐구할 것이다."[510]

그런데 과연 두 번째 최선의 소유 체제는 무엇이고, 어떻게 신적 공유제에 근접한 성격을 획득할 수 있을 것인가? "첫째, 땅과 집을 공동으로 경작하지 않도록 분배한다. 공동경작 요구는 우리가 가정하는 탄생·양육·교육을 경험한 사람들의 역량을 넘어선 것이기 때문이다. 그리고 추첨에 의한 이 땅과 집의 할당은 자기 몫을 받는 사람이 이 몫을 여전히 전체 국가의 공동소유로 여기는 마음으로 이루어져야 한다. 이 할당된 땅이 조국의 영토에 속하기 때문에, 게다가 특히 여신으로서의 이 땅이 죽을 운명의 우리들에 대한 지배자이기 때문에 할당받은 사람은 이 땅을 어머니가 자식을 보살피는 것보다 더 근면하게 보살펴야 한다. 그리고 땅을 할당받은 그 사람은 그 땅의 신들과 신령들에 대해서도 똑같은 마음을 가져야 한다."[511]

"또한 이것이 영구히 이러한 상태로 유지될 수 있도록 하기 위해 다음

---

510) Platon, *Gesetze*, 739a-e.
511) Platon, *Gesetze*, 739e-740c.

과 같은 추가 수칙이 준수되어야 한다. 지금 우리가 정한 가계의 수數는 불변적으로 유지되어야 하고 더 많거나 더 적게 변동되어서는 아니 된다. 다음 방법을 쓰면 모든 국가의 경우에 이것은 확실히 실현될 수 있다. 할당된 토지의 소유주는 늘 그가 원하는 아들을 그의 삶터의 상속자로 남겨서 지금 살아있는 조상이든 죽은 조상이든 가족과 국가의 신격화된 조상을 보살피는 계승자가 되도록 해야 한다."[512] 그리하여 원래 정한 가계의 수는 변함없이 유지되어야 한다.

땅과 집의 올바른 분배를 위해 "첫째, 우리는 올바른 시민 총수를 고정해야 한다. 그다음, 분배될 섹션의 수와 각 섹션의 크기에 대해 합의해야 한다. 이 섹션 간에 땅과 집을 가급적 균등하게 분배해야 한다. 인구의 적합한 수치는 영토와 이웃 나라에 대한 참조 없이 정할 수 없다. 우리는 절제심이 있는 주민을 부양할 수 있을 만큼 되는 넓이의 땅을 필요하고 더 이상은 필요 없다. 인구에 관한 한, 우리는 이웃 국민들로부터 오는 위해危害를 방어할 수 있고, 또 이웃이 위해를 당했을 때 이 이웃에 원조를 줄 수 있을 정도의 숫자를 필요로 한다."[513] 그러나 실사實査 없이는 이 숫자를 알아낼 수 없으므로 스케치 차원에서 "토지 소유주로 기능하고 딸린 부지를 지킬 적당한 수치로 5,040명이 있다고 가정하자. 그리고 땅과 집을 같은 수의 부분으로 나누어야 한다. 사람과 그의 할당 몫은 합쳐서 한 단위를 이룬다."[514] 5,040명은 가장의 수만을 말한 것으로 실은 5,040가구다. 플라톤의 토지 할당제는 공자와 맹자가 복원하고자 했던 주나라의 정전제井田制나 당나라의 균전제와 유사하다. 플라톤의 5,040가구는 주나라 제도에서 대략 10당黨, 즉 2주州에 해당한다.

땅과 집의 이러한 균등한 할당과 분배에도 불구하고 당사자의 초기조

---

512) Platon, *Gesetze*, 739e-740c.
513) Platon, *Gesetze*, 737c-d.
514) Platon, *Gesetze*, 737e-738a.

건(능력과 소지 자금), 노력, 상업의 작용, 자연적 유불리有不利로 인해 불가피하게 빈부의 분화가 일어날 것이다. 따라서 초기의 불평등에 대해서는 이것을 비례적으로 반영할 수 있는 분배적 정의가 수립되어야 하는 한편, 나중에 생기는 불평등에 대해서는 재산의 규모를 중도적으로 조절함으로써 대응해야 한다. 너무 가난하거나 너무 부유한 것은 시민들을 타락시키기 때문이다. "각자가 건국을 위한 식민지에 들어올 때 모든 것을 똑같이 가지고 들어왔다면 더할 나위 없이 좋을 것이다. 그러나 이런 일은 불가능할 것이기 때문에, 즉 어떤 사람은 돈을 많이, 다른 사람은 적게 지니고 당도할 것이기 때문에 관직과 세금이 각 경우의 재산평가액에 따라 배정될 수 있도록 하기 위해 불평등한 자산평가가 이루어져야 하는 것은 여러 가지 이유에서 그리고 공공 생활에서의 기회를 균등화하기 위해서 필요하다. 관직과 세금의 배정은 어떤 이의 선조나 그 자신의 도덕적 훌륭함에 비례해서도, 더구나 육체적 힘과 매력에 비례해서도 아니고 부나 빈곤에 비례해서 판이 짜이기 때문이다. 이리하면 비대칭적 불평등(비례적 분배의 정의)의 법칙에 의해 시민들은 가능한 한 평등하게 관직과 명예를 받을 수 있다. 그러면 아무런 다툼이 없을 것이다. 이런 이유에서 우리는 재산의 규모에 의해 차등화된 네 계급을 만들어야 한다. 이것은 개인들이 같은 계급에 그대로 있을 때든, 빈곤에서 부로 또는 부에서 빈곤으로 변동함으로써 그들이 속할 계급으로 넘어가든 제1, 제2, 제3, 제4계급(또는 어떤 다른 이름으로 불러도 상관없다)이라 부르는 계급들이다."[515] 이것은 주나라의 균제정책과 유사하나 주나라가 조세정책으로 균제를 시행했는데, 플라톤은 상론했듯이 이것을 일정선 이상으로 부유한 자의 재산을 강제로 **빼앗음**으로써 관철시킨다고 말한다.

  그런데 계급 간의 빈부격차가 극심해지는 것을 막기 위해서는 분배적

---

515) Platon, *Gesetze*, 744b-c.

정의에 입각한 불평등한 재산평가 외에 다른 추가 조치가 필요하다. "입법자는 이 조건들(고통스런 빈곤과 부의 조건)에 상·하한선을 선언해야 한다. 빈곤의 하한선은 할당재산의 가액價額이어야 한다. 이것은 그대로 고정되어야 한다. 어떤 주무장관도, 선善을 바라는 어떤 시민도 그 어떤 특별한 사례에 있어서든 이 가액의 감소를 간과하지 말아야 한다. 그리고 이것을 하한선으로 확립하고 입법자는 이 가액의 2배, 또는 3배, 또는 4배 보유하는 것을 허용한다."[516] 여기에는 5배 이상 보유한 자의 재산은 초과분을 강탈한다는 뜻이 들어있다. 그리고 빈익빈부익부 추이를 저지하는 데 도움을 주는 입법 조치로 플라톤이 『법률』의 어느 대목에선가 주장한, 상류계층의 위법 시 "벌금"을 재산에 비례해서 하층의 그것보다 2배, 3배, 4배 더 많은 액수로 물려야 한다는 주장도 추가될 수 있을 것이다.

할당 재산의 하한선이 의미가 있으려면 할당 토지와 택지의 토질이 균등해야 한다. 따라서 『주례』에서 규정하고 있듯이 할당할 토지를 먼저 '균제均齊'할 필요가 있다. 『주례』에서는 전국 토지를 5개 지목地目으로 나누고 그 토질을 9등급으로 변별한 뒤, 가구의 식구 수가 많은 가구에 최상의 토지, 식구 수가 적은 가구에 덜 좋은 토지를 분배했다. 플라톤이 기획한 새 나라에서 "입법자는 제일 먼저 나라의 중심에 가급적 가까운 곳에서 도시가 요구하고 또 느끼고 열거하기 쉬운 모든 편의성을 가진 장소를 골라 도시를 설치해야 한다. 그다음, '아크로폴리스'라는 이름을 부여하고 둥그런 담장으로 두를 헤스티아·제우스·아테나 신들을 위한 성역聖域을 먼저 별개로 떼어놓은 뒤에 나머지 토지를 12개 분할지로 나눈다. 이것으로부터 출발하여 그는 도시와 농촌을 둘 다 12개의 분할지로 나눈다. 이 12개의 분할지는 좋은 땅으로 된 부분을 작게, 열등한 땅으로

---

516) Platon, *Gesetze*, 744d-e.

된 부분을 크게 만듦으로써 균제(균등화) 되어야 한다. 그는 5,040개의 할당 토지를 마크하고 각 할당 토지를 두 조각으로 나눈 다음, 도시에 가까운 조각과 먼 조각을 포함하는 두 조각을 다시 합쳐 별개의 할당지를 만든다. 도시에서 가장 가까운 조각을 가장 멀리 떨어진 조각과 합치고 두 번째 가장 가까운 조각을 두 번째 가장 멀리 떨어진 조각과 합치는 방식이다. (…) 그리고 그는 시민도 12개 부분으로 나누고, 전체적으로 센서스를 실시한 후에 모든 12개 부분을 재산 측면에서 가급적 균등하게 만든다. 이런 다음, 그는 12개의 할당 주민을 12신神에 지정하고 각 신에 할당된 부분을 이름 짓고 축성祝聖하고 '부족'의 이름을 부여해야 한다. 그리고 그는 도시의 12개 섹션도 나머지 농촌을 나눈 것과 같은 방식으로 나누어야 한다. 각 시민은 두 개의 택지를 몫으로 받는데, 하나는 나라의 중심에 가까운 곳이고, 다른 하나는 교외에 가까운 것이다."[517] 이처럼 플라톤은 식민지에 건설하는 새 나라의 토지의 지목을 셋 이상(도시, 아크로폴리스, 농토 등)으로 설정하고 토지의 토질·성격·위치를 여러 등급으로 분류하며, 전체 주민(5,040가구)을 12개 부족으로 나눠(즉, 한 부족을 420가구로 묶어) 시민을 조직화하고 있다.

수당대隋唐代 중국의 균전제와 유사한 플라톤의 이 토지소유제도는 전체적으로 '공유친화적 개인소유'로 규정될 수 있다. 5,040가구 모두에게 공유토지에서 떼어낸 최소한의 개인적 할당 토지를 분배하고 누구도 이 하한선의 네 배 이상 재산을 가질 수 없도록 부의 축적에 상한선을 설정하여 국민 화합을 추구하는 점은 '첫 번째 최선의 신적 공유제'와 친화적인 측면이다. 반면, 이 할당된 토지와 주택이 개인에게 주어져 상속된다는 점, 그리고 네 계급 빈부 차이가 인정된다는 점은 개인소유의 측면이다. 따라서 플라톤의 독특한 '공유친화적 개인소유'는 주공周公의 정

---

517) Platon, *Gesetze*, 745b-e.

전제가 변형된 수당시대의 범인적汎仁的·인화적 개인소유와 본질적으로 상통하는 것이다. 그러나 이 토지제도는 중국에서 오대五代 시대에 인구 증가로 말미암은 토지 부족 때문에, 그리고 상공업의 발달로 말미암은 토지의 상품화와 겸병 때문에 이미 해체되었다. 따라서 플라톤의 이 혼합형 토지균전제(공유친화적 개인소유제)도 소멸할 운명의 제도였다.

소유제도에 대한 플라톤의 구상을 최종적으로 종합하면, 이것은 『국가론』의 이중적 소유제도(수호자계급의 처자·재산공유제와 일반시민의 사유제도의 병존)에서 『법률』의 '공유친화적 개인소유'로 변화·발전한 것이다. 이것은 공자의 대동적 개인소유 개념과도 상통하는 것이지만 아리스토텔레스의 이상적 소유제도와도 부합되는 것이다.

그러나 아리스토텔레스는 플라톤의 재산공유제에 대한 비판으로부터 시작하여 그의 이상적 소유제도를 도출하고 정당화한다. 그가 논의를 플라톤 공유제에 대한 비판으로부터 시작한 것은 논의를 위한 전술인지, 아니면 『법률』에서 플라톤의 입장이 변한 것을 몰랐던 것인지 분명치 않다. 아무튼 그는 재산공유제의 문제점과 기존 사유재산제의 개선 필요성을 동시에 직시하며 양자를 다 비판한다. "일반적으로 공동생활과 모든 인간사에서의 공유共有(코이노네인 κοινωνείν)는 어렵고 특히 이와 같은 일들을 같이 하는 것은 어렵다. 이것은 가령 여행 집단이 증명해 준다. 대부분의 여행 집단은 일상사와 사소한 일로 서로 싸운다. 또한 우리는 우리가 가장 흔히 일상사의 처리에 쓰는 하인들에게 가장 많이 화를 낸다. 따라서 재산 공유는 이와 같은 어려움이 있다. 이에 반해 현재의 제도는 훌륭한 도덕률과 올바른 입법의 규제로 개선하면 적잖은 장점을 제공할 것이다. 이러면 그것은 양자로부터 좋은 면을 가질 것인데, 나는 지금 재산의 공동적(코이나스 κοινάς) 소유와 개인적(이디아스 ἰδίας) 소유의 원칙을 뜻하고 있다. 재산은 어떤 의미에서 공동적이어야 하는 반면, 일반적으로 말해서는 개인적이어야 한다. 각자가 자기 것을 보살핀다면 어떤 불만도 제기되지 않을 것이고, 각자가 자기 것에 노동을 하기 때문에 더 많이 진보할 것이다. 사람들의 덕성은 다시 '벗들 간에는 모든 것이 공동이다'는 속담에 따라 그 재산의 사용을 규제할 것이다. 이미 일부 국가에서는 지금 이런 방향으로 기획되어 있고 그러므로 이 일은 불가능한 일이 아니다." 아리스토텔레스는 특히 좋은 제도를 갖춘 나라에서는 많은 것이 이미 실현되었다는 경험적 사례를 들어 그 이상의 것도 많이 실현될 수 있을 것이라고 생각한다. 그 핵심적 원리는 각인이 재산을 개인적으로 소유하되, 이 재산의 상당 부분을 벗들이 쓰도록 내주는 한편, 그 자신이 역으로 다른 친구들의 재산을 공동으로 쓰는 것이다. 가령 스파르타에서는 사람들이 남의 노예·말·개 등을 실제로 제 것처럼 쓰고, 여행하다가 경비가 필요한 경우에도 전국 어디에서든 들녘의 농작물을 제 것처럼 취한다는 것이다. 그러므로 아리스토텔레스는 "재산은 개인적으로 소유하되, 사용 측면에서 공동적으로 만드는 것이 더 좋은 것임이 명백하다"고 결론짓는다.[518]

문제의 핵심은 신적 공유제와 인간적 사유제를 결합한 혼합형 소유제의 구상이다. 플라톤은 이것을 수·당나라의 균전제와 유사한 혼합형 소유제(공유친화적 개인소유제)로 기획했다. 이와 대조적으로 아리스토텔레스는 연대적(인애적·우애적) '공동사용'과 결합된 '개인소유제'를 기안한 것이다. 그러나 플라톤의 공유친화적 개인소유제도나 아리스토텔레스의 우의적 공동사용의 개인소유제든 둘 다 공유제와 사유제를 결합한 혼합형 소유제도에 속한다.

하지만 공자의 대동적 개인소유제와 이를 닮은 아리스토텔레스의 연대적 공동사용과 결합된 개인소유 제도만이 역사적 생존력이 있다고 하

---

518) Aristoteles, *Politik*, 1263a15-42.

겠다. 이 두 제도는 개인들의 생활수준향상 의지와 국가적 경제성장을 촉진하기 때문이다. 그러나 플라톤의 강제적 혼합형 소유제도는 개인의 근면 의지·경제활동·이익 추구와 국가의 경제성장을 장기적으로 크게 저해하거나 이 흐름과의 충돌 속에서 결국 주나라의 정전제나 수·당나라의 균전제처럼 해체되고 말 것이다.

제7절

놀이와 예술의 철학

 플라톤은 철학사에 유희(놀이)와 예술, 재미와 아름다움을 구분할 최초의 철학자였다. 플라톤은 내기·걸기·게임·도박 등 기타 유희 유형들을 모두 시야에서 놓치고 유희의 본질 규명에서 중화中和 개념도 놓침으로써 '재미의 본질'에까지 이르지는 못했지만, '난장판놀이(*roughhousing play*)'·날뛰기놀이(rough-and-tumble play)와 '미메시스(*μίμησις*)'를 '유희'로 파악하고, 유희의 핵심가치로서 '재미' 개념을 포착했다. 그는 '재미'를 '기쁨'이나 '미美'와 구분했는데, 이것은 철학적 쾌거였다. 그리고 미메시스(흉내, 모방, 모의模擬, 재현)를 예술이 아니라 올바로 유희로 규정했다. 나아가 유희의 교육효과 또는 교육적 활용에도 주목했다.
 나아가 플라톤이 재미와 미美를 엄격히 구분하고 미메시스(흉내·모방·모사·묘사)를 정확히 '재미'를 주는 '유희적 행위'로 규정한 것은 실로 탁견이었다. 그는 미메시스를 너무 많이 섞은 예술을 새미는 있으나 그다지 아름답지는 않은 '통속예술'로 비판했다. 그러나 그의 미학이론은 미美의 설명에서 중화를 미흡하게 또는 부정확하게 적용하거나 불순물을 섞었다. 중기 대화편에서 소크라테스와 플라톤은 아름다움을 '유용성'과 혼동했다. 그리고 후기에 그는 미美를 중화(적중·중도·균형·적시)의 적용으로 설명하는 것이 아니라, "제일가는 선"(적중·중도·적시)에 대해 "버금가는 선은 균형, 미, 완전성, 충족성이다"는 식으로 '미'를 '중화'와 동일시했다. 물론 이것도 회화와 문예의 경우에 중화 이념을 배제하고 미메시스를 '미의 본질'로 오판한 아리스토텔레스에 비하면 탁월한 식견이었다.

7.1. 놀이의 예비적 고찰

공리적 행위와 이에 조응하는 생존도덕(소덕)은 생존을 좌우하므로 '심각한(serious)' 사회적 행위다. 따라서 소유를 늘리는 공리적 행위로서의 직업 활동을 공자는 "대업大業"이라 하고,[519] 서양인들은 '천명(calling, Beruf)'이라 하고 '심각하게' 수행한다. 인간의 도덕적 행위와 인의예지의 정체성 도덕(대덕)도 '심각한' 범주다. 여기에 인간으로서의 인간의 생사를 결판 짓는 인간의 정체성이 걸려있기 때문이다. 그러나 유희적 행위와 예술적 행위는 '심각하게' 수행하지는 않는다. 하지만 유희적 행위는 그것이 비록 장기나 바둑, 게임이나 도박이라 하더라도 아주 '진지하게' 수행한다. 예술적 행위도 마찬가지다. 행위의 성패가 걸려 있기 때문이다. 여기서 생사가 걸린 '심각성(seriousness)'과 성패가 걸린 '진지성(earnest)'을 개념적으로 구별할 필요가 있는 것이다.

가령 유희적 공연이나 예술적 공연은 웬만한 부상이나 재물손괴가 나

---

519) "성덕과 대업은 지극할 따름이다. 소유를 풍부하게 하는 것을 대업이라 하고, 날로 새로워지는 것을 성덕이라 한다.(盛德大業至矣哉. 富有之謂大業 日新之謂盛德)" 『易經』「繫辭上傳」(5).

오더라도 그대로 '진지하게' 속행하지만, 사상자와 중상이 나오는 '심각한' 사태가 발생하면 공연은 중단되고, 이후에도 사망자와 중상자가 속출하면 공연의 종목 자체가 아예 폐지되거나(아마추어 스포츠에서 격투기) 법적으로 금지된다(판돈이 큰 도박). 유희와 예술은 재미와 미를 위한 행위일 뿐이고, 인간과 생존이 걸리고 도덕적 정체성이 걸린 '심각한' 행위가 아니기 때문이다. 반면, 가령 농사를 짓거나 건물을 짓거나 전쟁을 수행하는 공리적 행위는 사람이 크게 다치거나 죽어도 속행되고, 박시제중하거나 선덕을 행하고 지키거나 독립운동을 하거나 국가 수호의 전쟁을 하는 도덕적 행위는 목숨 건 '살신殺身'을 통해서도 수행된다.

한마디로, 공리적 행위와 도덕적 행위는 '심각한' 행위인 반면, 유희적 행위와 예술적 행위는 '진지한' 행위다. 따라서 재미와 유희적 행위에 대한 본격적 논의를 시작하기 전에, '심각함(*Seriosität, seriousness*)'과 '진지함(*Ernst, earnes*)'의 구별을 개념적으로 명확히 해둘 필요가 있다. 인간은 인간의 생사가 걸린, 또는 생사를 거는 공리적 행위나 인간적 정체성이 걸린 또는 이런 정체성을 거는 도덕적 행위와 같은 심각한 행위라면 목숨을 걸고서라도 수행하는 반면, 진지한 행위는 반드시 안전한 생존과 온전한 인간적 정체성의 보전保全을 전제로 해서 단지 '재미'와 '아름다움'만을 추구할 뿐이다.

■ 놀이(유희): 생명력과 능력의 자유로운 표출

유희, 또는 놀이란 무엇인가? 또 '재미'란 무엇인가? '재미'의 본질을 알기 위해서는 '유희적 행위(ludicrous action)' 또는 '놀이(play, Spiel)'를 알아야 한다. '재미'는 '유희적 행위'로부터만 나오기 때문이다. 요한 하위징아(Johan Huizinga)도 '재미'를 "유희의 재미"로 한정하고, "유희의 '재미'는 일체의 분석과 논리적 해석에 저항한다"고 지적하면서 "하나의 개념으로서 재미는 어떤 심적 범주로도 환원될 수 없다"고 말한다.[520] '유희적 한정' 없는 재미의 정의는 부당전제와 동어반복에 빠진다.[521] '유희적 행위'(놀이)의 전형적 종류들은 난장판놀이, 날뛰기놀이 또는 싸움놀이(play-fighting), 놀리기(놀려먹기), 흉내(미메시스), 내기, 유머와 위트, 술래잡기·숨바꼭질·땅따먹기·오징어게임·보물찾기·전쟁놀이·칼싸움놀이에서 올림픽·월드컵·컴퓨터게임에 이르는 각종 게임(=경기·시합), 마술(눈속임 기술능력의 발휘), 묘기 공연, 도박 등이다. 어린이들에게 가장 하고 싶은 것이 무엇인지를 물으면, 가장 흔한 대답은 "놀이"다.[522] 다양한 행동을 포괄하는 이 '놀이', 즉 '유희적 행위'란 무엇인가?

거두절미 유희의 예비 개념을 먼저 정의하면, 유희는 생명력과 심신 능력의 자유로운 표출이다.[523] 유희의 초기적·원시적 형태들이 진화론적 관찰자들의 눈에 여러 가지 분명한 진화적 적응성의 의미(생존이익)를 내포하고 있는 것으로 비칠지라도, 적어도 유희 행위자에게 '유희' 또는 '놀이'는 물적 쾌락이나 이익 또는 미적 가치나 도덕성의 추구로부터 자유로운 순수한 시간·공간 속에서 생명력과 심신 능력의 자유로운 발휘를 맛보는 행위다. 따라서 유희의 정의에 속하는 본질적 요소는 다음 두 가지로 요약된다.

---

520) Johan Huizinga, *Homo Ludens: A Study of the Play Element in Culture* (Boston: The Beacon Press, 1950·1955), 3쪽.
521) 가령 김선진은 '재미'를 "재미주체와 재미객체 간의 지속적인 신체적·인지적·정서적 상호작용의 결과로 주어지는 긍정적 심리 반응이자 유쾌한 정서적 변화로서, 재미주체가 목적의식 없이 자유로운 의식 상태에서 자발적으로 재미활동 자체와 재미객체가 제공하는 다양한 재미요소들을 즐기는 것"으로 정의한다. 김선진, 『재미의 본질』(부산: 경성대학교 출판부, 2013), 112쪽. 여기서 '재미주체', '재미객체', '재미활동', '재미요소' 등은 '재미'를 정의해야 할 마당에 부당전제로 끼어든 동어반복이다.
522) Jaak Panksepp, *Affective Neuroscience: The Foundations of Human and Animal Emotions* (Oxford: oxford University Press, 1998), 280쪽.
523) 황태연, 『놀이하는 인간』(서울: 지식산업사: 2023), 97쪽 이하.

1) 순수한 자유: 재미 자체를 제외한 모든 이익·의미·가치·목적으로부터의 자유
2) 생명력과 심신 능력의 발휘: 생득적 생명력과 특정한 생득적·획득적 심신 능력들의 자유분방한 표출과 발휘

공리적 행위의 가장 기본적인 종류인 '노동'도 생명력과 심신 능력의 발휘다. 하지만 노동은 제작된 제품의 이익(사용 가치와 교환가치)에 구속된 행위로서 '자유분방한' 행위가 아니다. 놀이는 그 자체가 목적(자기 목적)이지만, 노동은 그 목적이 외부(이익)에 있다. 이 점에서 유희는 노동과 구별된다. 또한 유희는 창작한 작품의 미의 외적 목적에 묶인 예술 행위와도 다르다. 물론 어떤 노동하는 엔지니어는 자기가 제작하는 물건의 이익(유용성)을 일시 도외시한 채, 또는 뒤로한 채 자기의 기술 능력을 자유롭게 발휘해 '기술적 완전성'만을 순수하게 추구하는 창작활동으로서 물건 제작의 노동을 수행할 수 있다. 이 경우의 노동은 예술미가 아니라 순수한 '기술적 완전성'을 추구하므로 유희의 본질 정의에 따라 '예술적 행위'보다 '유희적 행위'에 근접한다고 할 수 있을 것이다. 이 경우에 엔지니어는 일시적으로 노동도 유희처럼 재미있게 수행할 수 있을 것이다. 그러나 일시적으로 그럴 뿐이다. 노동에서 외적 가치들로부터 해방된 자유분방성은 노동과정의 일정한 단계에만 한시적으로 허용될 수밖에 없기 때문이다. 노동의 전 과정은 공리성功利性으로부터 자유로울 수 없는 것이다.

'외적 목적과 외적 가치로부터 자유로운 능력 발휘'로 정의된 유희의 저 본질 개념에 따르면, 사람만이 아니라 모든 동물도 놀이를 한다. 유희적 행위는 목적 지향적(목적-수단적) 행위가 아니라, 행위 목적을 자기 안에 보유한 예술 행위나 도덕 행위처럼 '자기 목적적(selbstzwecklich, *self-purposive*)' 자율 행위다.

요한 하위징아도 "모든 놀이는 무엇보다도 자발적 행위"라서 "명령에 따른 놀이는 더 이상 놀이가 아니고", 이것은 "잘해야 놀이의 강제적 모방에 지나지 않을 수 있다"라고 함으로써 '자발성' 또는 '자유(자유분방성)'를 놀이의 일차적 특징으로 강조한다. "자유의 이 특성만으로도 놀이는 자연 과정과 분리되는 특징을 보인다. 놀이는 자연 과정에 더해진 어떤 것이고, 개화開花·장식·의관처럼 이 자연 과정을 넘어 펼쳐진다. 명백히 자유는 여기서 결정론의 철학적 문제를 건드리지 않은 채 놓아두는 더 넓은 의미에서 이해되어야 한다. 동물과 어린이는 이런 자유가 없다고 반론이 제기될 수 있다. 그들은 그들의 본능이 그들을 자유로 내몰기 때문에, 그리고 그들의 육체적 능력과 선택력을 전개하는 데 기여하기 때문에 놀 '수밖에 없다'. 하지만 '본능'이라는 술어는 미지의 양량을 꺼내는 것이다. 초장부터 놀이의 공리성을 전제하는 것은 부당전제의 오류를 저지르는 것이다. 어린이와 동물은 노는 것을 즐기기 때문에 노는데, 정확히 여기에 그들의 자유가 있다."[524] 로제 카이와(Roger Caillois)도 놀이를 생활의 나머지로부터 고립되고 보호되는 순수공간 안에서 벌어지는 "자유로운 자발적 활동"으로 정의함으로써 자유의 계기를 강조한다.[525]

유희는 그 '자체'로서 재미있고, 따라서 가치 있는 것이다. 인간에게 가치는 공리적 행위의 '기쁨(쾌락)·이익·지식', 유희적 행위의 '재미', 예술적 행위의 '미', 도덕적 행위의 '선', 교제적 행위의 '우호' 등 5종이다.

---

524) Huizinga, *Homo Ludens*, 7-8쪽.
525) Roger Caillois, *Les jeux er les hommes* (Paris: Librairie Gallimard, 1958). 영역판: *Man, Play and Games* (Urbana·Chicago: University of Illinois Press, 1961·Reprint 2001), 6쪽. 김선진도 재미 개념에서 '목적의식 없는 자유로운 의식상태'를 강조하고, 성영신·고동우·정준호 등도 여가 등의 재미에서 '자유감'을 강조한다. 김선진, 「여가 본질의 심리적 본질」, 『소비자학연구』 (1996). 김선진, 『재미의 본질』, 133쪽에서 인용.

반면, 공리적 행위 아래로 포섭되는 모든 목적-수단 관계의 목적 지향적 행위는 이 행위로 결말에 가서 얻으려고 의도된 목적(기쁨, 이익, 지식, 성과, 성취, 승리, 명예 등 결과)을 이 행위의 외부(종결 부분)에 설정하고 일정한 수단(도구)으로 달성하는 행위다. 목적 지향성의 공리적 행위는 노동·학습·공부·연구(=자기의 두뇌와 신체를 가공하는 노동)·사업·경쟁·(방위)전쟁 등으로 대표된다. 그러나 유희는 외부의 어떤 목적을 지향하지 않고 '자체' 안에 목적(재미)을 가진다. 유희적 행위 자체가 바로 '목적', 여기서는 '재미'를 자기 안에 가진다. 이것을 '자기목적'이라 부른다. 공리적 행위 자체는 이롭지 않고 오히려 비용이 들고 결말에 가서야 이익을 얻고 그 과정은 기쁨을 주기는커녕 오히려 노고와 어려움을 주고 결말에 가서야 성공의 기쁨을 얻거나 욕망을 충족시키는 기쁨을 줄 수 있을 뿐이다. 반면, 유희적 행위는 과정이 재미있고, 따라서 과정이 목적이다.

어린것들과 젊은것들은 사람이든 동물이든 늘 생명력이 넘쳐나고 언제나 힘이 치솟는다. 아이들과 젊은이들은 이 넘치는 생명력과 치솟는 심신 능력을 자연 본성적으로 자유분방하게 표현·발휘하고, 이 자연 본성적 표현과 발휘에서 재미를 맛보고 누린다. 여기서 발휘하고 표현하는 것은 자기 자신도 아니고 자기의 생각이나 감정도 아니고, 오직 타고난 '생명력'이나 선천적·후천적 '심신 능력'이다. '자기 자신', 자기의 '생각'이나 '감정'을 표현하고 발휘한다면, 이것은 유희가 아니라, 소통적 감정전달, 단순한 언표, 연구발표, 경우에 따라 도덕 행위나 예술 행위일 것이다. 유희적 행위는 본능적 유희심에 내몰릴 수 있지만, 유희로 표출되는 것은 이 유희심이 아니라 생명력과 심신 능력이다.

유희가 자유분방한 능력의 발휘 또는 표출인 한에서 유희는 혼자서 자기의 손발이나 몸만 가지고도 놀 수 있다. 난장판놀이, 달리기·높이뛰기놀이, 공중제비돌기 등이 그것이다. 그러나 장난감 같은 물건을 가지고 놀면 더 재미있고, 다른 사람과 함께 놀면 더욱더 재미있다. 하지만 장난 감과 다른 사람은 유희의 필수요건이 아니다. 사람과 동물은 홀로 높이 뛰고 내달리고 공중제비를 넘으면서 혼자 아무것도 없이 놀 수 있는 것이 다. 신경과학적으로 놀이의 재미는 기본적으로 뇌와 몸놀림 간의 본성적 관계에서 비롯되기 때문이다. 여기서 '몸놀림'은 장기·바둑·화투· 트럼프· 퀴즈풀이·수수께끼 놀이처럼 정신 능력을 발휘하는 놀이의 경우라면 '뇌 놀림'도 포함한다.

■ 재미: 유희적 행위의 중화성에 대한 느낌

재미란 무엇인가? 단도직입적으로 재미는 놀이(유희적 행위)의 중화성을 느끼는 것이다.[526] 내감에 속하는 변별 감각으로서의 '재미 감각'은 각종 유희적 행위의 재미 유무를 직감한다. '재미'의 사전적辭典的 의미는 유희의 여러 요소들이 '구성지고 아기자기해서' 느껴지는 좋은 기분이다. '구성지고 아기자기하다'는 것은 여러 가지 요소들이 정교하고 세밀하게 어울려서 기분 좋게 느껴지는 것을 뜻한다. 여러 가지 요소들이 정교하고 세밀하게 어울린다는 것은 여러 요소들이 균형 있고 조화롭다는 말이다. 균형과 조화는 곧 '중화中和'를 말한다. 따라서 '재미'의 본질은 유희적 행위의 짜임새와 변동을 '중화적으로', 즉 '균형 있고 조화롭게' 느끼는 감정, 말하자면 '구성지게' 느끼는 감정이다. 내감의 재미감각은 유희적 행위가 중화적일 때 이 유희적 행위의 짜임새와 변동의 '중화성中和性'을 '재미'로 감지하는 것이다.

생명력과 심신 능력을 표출하는 유희 행위가 재미있는지 여부는 ① 생명력과 능력의 자유분방한 표출의 중화 여부와 ② 유희적 노력의 양적 중도中度 여부에 달려있다. 생명력과 능력들을 발휘하는 유희적 행위가 중

---

526) 황태연,『놀이하는 인간』, 102쪽 이하.

화적이면, 즉 유희적 행위의 내외적 구성에서 균형과 조화가 있으면('아기자기하고 구성지면') 재미 감각은 즉각 '재미있다'고 느끼고, 균형과 조화가 없으면 즉각 '재미없다'고 느낀다. 여러 육체적·정신적 능력들의 표출과 발산을 요구하는 게임이나 스포츠사냥 같은 '복잡다단한' 유희는 더 힘들더라도 중화적이고 중도적이면 두말할 것 없이 단순한 활쏘기나 사격 같은 간단한 유희보다 더 재미있고, 여럿이 하는 유희는 혼자 노는 유희보다 훨씬 더 재미있다.

상론했듯이 유희는 본질적으로 생명력과 심신 능력의 자유로운 표출을 요한다. 따라서 유희에서는 '중화성'만이 아니라, 생명력과 능력 표출에 쏟는 노력勞力의 양적 '중도中度'도 재미를 좌우한다. 힘의 분출을 너무 적게 요구하는 유희는 시시하게 느껴지지만, 힘의 분출을 양적으로 지나치게 많이, 그리고 시간적으로 지나치게 오래 요구하는 유희는 너무 힘들게 느껴져 재미가 없다. 지나치게 힘들면 유희에 대해 공리적 타산이 비집고 나오고, 공리적 타산이 나오자마자 상황은 곧 심각해지고, 유희는 무산되기 때문이다. 따라서 아이들의 경우에 잘 놀다가도 누군가 다쳐서 울거나 다쳐서 싸우게 되면 놀이는 즉각 파탄에 봉착하고 만다. 또 아무리 기상천외한 마술이라도 하루 종일 관람하면 재미없는 법이다. 인간의 '재미 감각'은 바로 유희 활동의 이러한 질적 중화中和와 양적 중도中度를 즉각적으로 판단하는 내감적 직관감각인 것이다.

시사했듯이 유희는 무엇보다도 자신의 생명력과 능력을 자유롭게 표현·발휘하는 '자기 목적적 행위'다. 이런 한에서 유희의 공간은 이익·미선·즐거움으로부터 분리된 절대공간이지만, 우리는 이 명제를 왜곡시켜 유희의 주체가 마치 '유희 행위자'에서 '유희' 자체로 바뀌는 것으로까지 유희 '자체'를 절대화하고 신비화해서는 아니 될 것이다. 유희의 주체는 여전히 유희 자체가 아니라 유희 행위자 자신이다. 유희적 '재미'라는 주관적 '감정'은 오직 유희 행위자만이 느끼고 유희 행위자에 의해서만 평가되는 것이다. 따라서 유희 자체는 재미가 있어서 시작되고, '재미있다'는 유희 행위자의 느낌에 따라 진행되고, '재미없다'는 이 유희행위자의 느낌에 따라 그친다. 유희가 아무리 순수하게 자기목적적인 행위일지라도 유희적 '재미'라는 가치(의미)는 오직 유희 행위자 자신과 공감적 관찰자(관객·시청자)에 의해서만 느껴지고, 유희 행위자와 공감적 관객에 의해서만 평가되는 것이다.

모든 목적으로부터 '자유롭게' 자기 능력(생명력과 능력)의 발휘에서 나오는 재미를 느끼고 맛보고 누리는 '유희'는 – '아무것도 아니다', '사소하다'는 의미에서가 아니라 – 물적 욕구 충족(기쁨·쾌락)이나 이익, 예술미나 도덕 가치, 교제의 즐거움을 추구하지 않는다는 의미에서 '장난'이다. 아니, 그것은 공리적 행위와 차별된다는 의미에서 '유흥遊興(entertaining)'이다. 나아가 유희는 비용을 들여 '심각한' 공리적 이익을 추구하거나 예술적·도덕적·교제적 자기목적을 추구하지 않는다는 의미에서 '오락', '도락道樂'이다. 공리적 관점에서 보면 유희는 낭비이나 손해이고, 예술적 관점에서 보면 유희는 통속적이고, 도덕적 관점에서 보면 유희는 헛짓거리이거나 무례한 장난이다.

그러나 유희는 삶의 관점에서 자기 목적적 행위다. 하지만 진화적 관점에서는 종종 유희의 학습 효과가 지목된다. 모든 유희는 노동·사업·경쟁·공격·방어·예술·예절 등 다양한 공리적·예술적·도덕적 행동과 지식을 학습하게 해준다. 그러나 유희적 행위가 주는 이 학습효과의 대단히 큰 이익은 유희 자체의 관점에서 전혀 중요하지도 않고, 진화의 관점에서도 유희로부터 늘 기대하는 효과라고 말하기도 어렵다. 왜냐하면 두뇌나 육체가 완전히 발달한 동물 성체와 인간 성인들의 유희는 어떤 종류의 학습이나 배움도 의식적 목적으로 삼지 않지만, 그래도 학습이 필요 없는 성체와 성인, 심지어 노인들도 유희를 어린이들처럼 즐기기 때문이다. 그리고 다른 진화론자와 동물행태론자들이 중시하는 유희의 학습 효과는 유희 행위자와 공감적 관객의 관점에서가 아니라, 진화론적·과학적 관점에서만 포착되는 것이다. 따라서 여기서는 유희의 학습효과에 대한 고찰은 옆으로 제쳐둔다. (뒤에 '유희의 신경과학'에서 재론한다.)

그러나 유희는 재미 이외의 모든 의미와 가치로부터 자유로운 나름의 자기 목적적 '순수성'을 갖는 점에서 동시에 나름대로 '진지하다(earnest; ernstlich)'. 따라서 '유희'는 난장판놀이, 날뛰기놀이, 내달리기, 장난걸기와 놀려먹기, 공중제비돌기, 줄타기 등 각종 서커스 묘기 및 기타 공연, 각종 흉내(소꿉장난, 경찰관놀이, 은행놀이, 장사놀이 등), 유흥오락, 관광과 유람(풍경구경과 세상구경), 각종 생명(동식물) 관람, 소풍·피크닉 등 각종 야유회와 캠핑, 잔치와 축제, 농담·재담(유머·위트)·만담, 수다, 해학, 개그, 물놀이·뱃놀이·봄놀이·단풍놀이·달맞이, 불놀이와 불꽃놀이, 낚시와 사냥, 장기·바둑·체스 등 각종 잡기, 윷놀이, 운동경기·격투기·당구·컴퓨터 게임 등 각종 게임, 경마·경륜·경정, 각종 내기·화투놀이·트럼프놀이, 마술, 각종 도박(놀음), 그리고 이런 것들에 대한 공감적 관람과 구경 등 수많은 생명력과 육체적·정신적 기능·기량의 발휘를 느끼며 누리는 것으로 이루어진다. 인간은 이런 능력 발현을 통해 '재미'를 '진지하게, 적어도 예술미를 추구할 때처럼 '진지하게' 추구한다.

한국어에서 '재미'의 사전적 풀이는 '아기자기하게 즐거운 느낌', '어떤 일이나 생활의 형편'("자네는 요즘 재미가 어떤가?"), '좋은 성과나 보람'("장사 재미가 쏠쏠했다") 등 마치 무관한 듯한 세 가지 의미를 열거한다. 따라서 이 세 가지 의미를 따라다니다가는 재미 개념이 무한대의 활동유형 속으로 흩어져버릴 것이다. 그런데 '재미'의 이 용례들에서 의미론적 우선순위에 따르면, 저 '재미'의 세 가지 의미 중 첫 번째 의미가 근본적이고, 재미의 나머지 의미는 유희적 요소가 일, 생활, 장사 등에 섞여 있어서 부분적으로 느껴지는 재미일 따름이다. 첫 번째 의미에서 '아기자기하다'는 요소는 재미의 느낌이 어떤 실리적·미학적 목적이나 도덕적 목적으로부터 자유롭게 '구성지게 놀고 있는 것'의 이미지를 강하게 풍기고 있다.

따라서 일단 첫 번째 의미를 중시하면 '재미(fun)'의 개념은 '장난', '놀이', '흉내', '내기', '게임' 등 유희적 행위로부터 얻는 '비공감적(단순한) 재미와 공감적 재미로 한정된다. 이 재미는 유희 행위의 중화성, 즉 균형과 조화(아기자기함, 또는 구성짐)에 대한 느낌이다. 따라서 유희는 중화적일수록, 즉 아기자기하고 구성질수록 '재미있다'. 그러나 모든 유희적 행위는 중화성이 없거나 중화성을 잃으면 즉각 '재미없어진다'.

재미가 다른 행위들에서도 널리 느껴지는 것은 인간의 거의 모든 사회적 행위에 유희의 기술적 요소를 광범하게 전용하는 현상에 기인한 것일 뿐이다. 유희의 기술적 요소의 이렇게 광범한 사회적 활용은 거꾸로 재미 본질의 폭넓은 의미에 기인한 것으로 보이지 않는다. 이렇게 보면 재미 개념을 '유희'에 한정함으로써만 본래적 '재미'를 포착할 수 있다. 재미는 오로지 '유희적 행위'로부터만 나온다는 말이다. 따라서 필자는 '재미'를 간단히 '유희로부터 느끼는 중화성(균형 있고 조화로움, 아기자기하고 구성짐)'으로 정의한다. 따라서 '재미'는 공리적 행위에서 느껴지는 기쁨 속에 섞일 수가 있으나 '기쁨'과 본질적으로 다르고, 예술적 행위의 아름다움 속에 섞일 수 있으나 '아름다움'과 본질적으로 다른 것이다.

아무튼 재미가 '심각하지 않지만' 나름의 '진지한' 가치인 만큼, 재미를 만드는 모든 유희도 '진지한' 활동이다. 그러나 모든 유희는 '진지하되 심각하지 않은' 활동인 한에서 공리적·도덕적 행위와 같은 '심각한' 행위들이 개입하거나 개시되면 어느 때든 즉각 중단된다.

그럼에도 만약 즉각 그치지 않는다면? 그치지 않으면 유희 행위자가 병리적 상태에 처해 있는 것이다. 도박중독, 게임중독 등의 '유희 중독'이 그 사례다. 그러나 이 '유희 중독'은 유희의 본질에 속하는 것이 아니라, 최근 게놈프로젝트의 결론에 의해 확인된 바에 의하면 극소수의 사람들이 지닌 '사행성射倖性 유전자'(도박 유전자)에 의해 야기되는 것인바, 어디까지나 병리적 난치병 현상으로 봐야 할 것이다.

7.2. 플라톤의 놀이와 재미의 개념

놀이와 재미의 이런 예비 논의를 전제로 플라톤의 유희 철학을 살펴보자. 플라톤은 "거의 예외 없이 모든 어린이는 그 몸이나 그 혀를 가만히 놓아두지 못하고 언제나 움직이고 소리 지르려고 기를 쓰고, 날뛰고, 건너뛰고, 춤과 게임을 즐기고, 또한 온갖 소음을 내며 조잘댄다"고 말한다.

- 모든 어린것들은 성향이 불같아서 육체적 측면에서나 혀의 측면에서나 조용하게 있기가 불가능해 언제나 무질서하게 소리를 질러대며 뛰어논다.[527]

'어린것들'은 동물이건 인간이건 거리낄 것 없이 자기의 육체적·정신적 생명력과 능력의 자유분방한 분출과 발휘를 즐기는 것이다. 그러나 이것은 어린것들에게만 한정된 것이 아니다. 노인도 살아있는 한 아무런 이해타산 없이 이런 생명력과 능력의 자유로운 표출을 즐긴다. 이것은 늙은 동물도 마찬가지다.

따라서 플라톤은 놀이의 기원을 인간을 포함한 모든 동물의 '날뛰기'

---

527) Platon, *Gesetze*, 653d·-e, 664e.

습성으로 일반화한다.

- 놀이의 기원은 날뛰고 싶은 모든 동물의 습성적 경향에 있다.[528]

여기서 플라톤은 어린것들의 날뛰기 장난을 '습성'으로 보고 있다. 그러나 이것은 오류다. 그것은 '본성'이지, 후천적 '버릇'이 아니기 때문이다. 아마 플라톤을 날뛰고 싶은 '본성'을 말하고 싶었을 것이다. 따라서 이 '습성'을 '본성' 또는 '본능'으로 수정하면, 날뛰기 장난을 어린것들의 본능으로 보고 이 그칠 줄 모르는 날뛰기 장난을 유희의 원천으로 본 플라톤의 이 고대적 동물유희론은 현대 신경과학과 동물행태학을 선취한 것으로 느껴진다.

플라톤은 '유희'가 인간세계에서만이 아니라, 자유와 생명력을 가진 모든 동물들에게서도 광범하게 발견된다는 것, 따라서 '재미'도 인간과 동물이 어느 정도로 공히 느낀다는 것을 알고 있다. 개나 원숭이와 놀아본 사람들은 동물들이 놀이를 얼마나 좋아하는지를 잘 알 것이다. 따라서 하위징아는 유희와 재미를 '합리적'으로 정의하는 것을 '미친 짓'으로 간주했다.[529]

플라톤은 놀이의 '재미(헤도네 ἡδονή)'가 이익·유용성·진리·미·도덕성 등 모든 목적들로부터 자유롭다는 것도 파악했다. (하지만 재미가 반드시 이 목적들에 대해 해로운 것도 아니다. 재미는 이익과도 종종 결합될 수 있다.) 아무튼 유희는 오직 재미로만 평가되고, 재미는 오직 유희를 평가하는 기준이다. 이런 이유에서 플라톤은 이렇게 갈파한다.

---

528) Platon, *Gesetze*, 673c·-d.
529) Huizinga, *Homo Ludens*, 3쪽.

- 재미의 평가 기준에 의해 우리는 그 결과에서 유용성도, 진리도, 유사성도 산출하지 않지만 해악도 산출하지 않는, 오로지 매력의 부수적 요소를 위해서만 존재하는 대상만을 올바로 판단해야 한다. 이 매력의 부수 요소가 언급된 다른 특성 중 어떤 것도 수반하지 않을 때면 이것을 늘 '재미'라고 부르는 것은 가장 잘하는 것이다.[530]

재미는 유용성도, 진리도, 이것들과의 유사성도 없지만 "해롭지 않다". 그리고 그는 "이 행동이 일으키는 손해나 이익이 무시해도 될 정도일 때 이 행동을 놀이(파이디아 $\pi\alpha\iota\delta\iota\acute{\alpha}$)라고 말한다"고 덧붙인다.[531] 물론 유희에서 '무시해도 될 정도의 손해'의 관념에는 다른 행위에서 일어난다면 지나친 것으로 느껴질 정도의 손해, 출혈, 부상, 고통까지도 포함한다. 놀이에서 이런 정도의 피해는 가볍게 무시된다는 말이다. 이 말을 뒤집으면, 이것은 유희가 심각하지 않은 상당한 손해도 무시할 만큼 '진지한' 행위라는 말이 된다. 손익·미추·선악·진위의 관념으로부터 '자유로운' 행동과 동작을 통해 순수하게 생명력과 능력 발휘의 재미를 즐기는 것이 바로 '유희'이기 때문이다.

플라톤에 의하면 인간의 어린것들은 동물의 새끼와 달리 끊임없는 몸놀림과 날뜀에 리듬을 집어넣는다고 말한다. 몸놀림에 일정한 리듬이 투입되면 이 몸놀림은 '춤'으로, '무용'으로 발전해 예술 행위로 바뀐다. 그러나 플라톤은 재미를 미와 엄격히 구별하고 유희를 예술과 엄격히 구별하는 입장을 고수한다. 따라서 유희의 한 종류인 흉내, 즉 미메시스를 예술로부터 추방코자 했다.

이런 까닭에 플라톤은 미메시스가 생존이 걸린 공리성(이익)나 정체성

---

530) Platon, *Gesetze*, 667d·-e.
531) Platon, *Gesetze*, 667d·-e.

이 걸린 도덕성과 같은 '심각한' 요소가 아니라 '유희'일 뿐이라고 갈파한다.

- 미메시스(모방)는 일종의 유희($παιδιά$)이고, 심각하게 받아들여질 것이 못 된다.[532]

물론 이것은 유희적 모방에는 '진지성'이 없다는 것이 아니라, (공리적·도덕적) '심각성'이 없다는 말이다. 플라톤은 다른 곳에서도 미메시스를 예술이 아니라 정확히 유희에 귀속시키고 - 독창적 예술혼이 담긴 회화나 무용이 아니라 - 예술혼 없이, 심미안 없이 모방만 하는 회화나 무용도 재미·흥미 위주의 유희 작품으로 규정한다. 플라톤은 『에피노미스』에서 이렇게 말한다. "놀이($παιδιά$)는 그 대부분이 모방기술이지, 어떤 식으로든 심각한 것이 아니다. 모방함은 많은 도구들을 쓰기도 하지만, 몸 전체의 썩 우아하지 않은 모방적 몸짓에 의해서도 모방을 행한다. 또 말로도 모방하고 온갖 음악으로도 모방을 행한다. 또한 모방에는 물감을 이용하거나 물감을 이용하지 않는 것, 많은 종류의 온갖 다양한 형태로 이루어지는 것들, 이 수많은 것들의 어머니 노릇을 하는 회화도 있다. 이런 모방술들은 제아무리 열성을 쏟더라도 그 어떤 점에서도 어떤 사람도 지혜롭게 만들어주지 않는다."[533]

플라톤은 가령 인물흉내, 여장 남자, 성대모사 등이 아이들의 경찰놀이나 성인 개그에 쓰이면 아주 효과적이라고 생각했다. 하지만 가령 예술적 연극에서 인물 연출에 이런 인물 흉내와 성대모사의 미메시스 요소를 많

---

532) Platon, *Der Staat*·, 602b.
533) Plato, *Epinomis*, 975d. Plato, vol.12 in twelve volumes (Cambridge, Massachusetts: Harvard University Press, 1975). 플라톤, 『에피노미스』, 플라톤(박종현 역주), 『법률』의 부록 (파주: 서광사, 2009).

이 쓰게 된다면, 연극과 극중인물이 더 재미있어질지는 몰라도 곧장 미감이 줄어들어 추하게 희화화되고, 작품은 흥미 위주의 '통속극'으로 전락한다고 비판했다. 원작자, 연출자, 연기자가 합작해 만들어내야 할 예술적 '창조물'로서의 연극 작품과 극중인물은 '재미'가 아니라 어디까지나 '아름다움'을 추구하는 것이어야 하기 때문이다. 이와 같이 플라톤은 재미와 아름다움, 유희와 예술을 정확히 구별하고, 나아가 역사상 최초로 '순수예술'과 '통속예술'을 구별했다. (이에 대해서는 뒤에 상론한다.)

플라톤은 학습이 유희의 본질이 아니지만 유희에서 가능한 학습효과도 포착했다. 아이들은 처음에 유희를 통해 세상과 만물만사를 배운다. 따라서 어린이의 세계에서 유희의 혁신으로 어린이들은 새로운 인간으로 자라난다. 어린이들과 젊은이들에게 유희는 교육과 성격 형성에 매우 중대한 영향을 미친다. 플라톤은 말한다.

- 유희의 프로그램이 규정으로 정해져 같은 어린이들이 언제나 같은 유희를 하고 같은 방식으로, 그리고 같은 조건에서 같은 장난감에 재미있어 할 때, 이 유희 프로그램은 심각한 실제적 법률을 교란 없이 남아 있게 한다. 하지만 이 유희들이 변하고 혁신을 겪을 때는 다른 항상적 변동의 와중에 어린이들이 언제나 이 유희에서 저 유희로 상상을 바꾸어서, 그들 자신의 몸짓의 관점에서도, 그들의 용품用品의 관점에서도 적절성과 부적절성의 정해진, 승인된 기준이 없게 된다. 어린이들이 특히 존경하는 사람은 언제나 혁신하거나 형태나 색깔이나 기타의 것에서 어떤 새로운 방법을 들여오는 사람이다. 그러나 국가가 이런 유형의 사람보다 더 나쁜 역병을 갖지 못할 것이라고 말하는 것은 완전히 참일 것이다. 왜냐하면 이런 사람은 부지불식간에 어린이와 젊은이들의 성품을 바꾸고 옛것을 경시하고 새것을 중시하게 만들기 때문이

다.[534]

플라톤은 어린이들에 대한 유희의 큰 교육적 영향을 인정하고 어린이들이 혼란을 겪을까 봐 유희의 혁신에 대해 반대하고 유희 혁신자를 적대하고 있다.

그러나 플라톤은 사람들이 어린이와 젊은이들의 유희가 발휘하는 학습적·교육적 효과를 무시한다고 지적한다.

- 어린이들의 유희의 변화를 모든 입법자는 단순한 유희의 일로 여기지도 않고, 심각한 해악의 원인으로 여기지도 않는다. 그래서 그들은 이런 변화를 금하는 것이 아니라, 변화에 무릎을 꿇고 이를 받아들인다. 이들은 유희에서 혁신하는 저 어린이들과 젊은이들이 그들의 아버지와 다른 사람으로 성장할 것이라는 점을 성찰하지 못한다. 그리하여 그들 자신이 다르므로 그들은 다른 생활양식을 찾고 이것을 찾았으면 다른 제도와 다른 법률을 바라게 된다.[535]

따라서 플라톤은 유희를 중시하고 평소에 미메시스 유희를 통해 젊은이들을 일정한 학습적 유용성의 견지에 의해 교육시킬 것을 주장한다.

- 가무단이 활용하기에 적합한 미메시스 무용을 빠뜨려서는 아니 된다. 가령 여기 크레타의 쿠레테스의 검무와 스파르타의 디오스코리의 검무가 있다. 아테네에서도 무용 놀이에 기뻐하는 우리의 처녀신은 검무를 외견상 빈손으로 노는 것이 아니라 완전히 갖춰 입은 표준척도를

---

534) Platon, *Gesetze*, 797b·-c.
535) Platon, *Gesetze*, 798b·-c.

밟아가는 것으로 생각했다. 소년 소녀들은 이런 사례들을 모방하고 전시복무와 축제에서의 활용을 위해 여신의 호의를 함양하는 것이 좋을 것이다. (…) 경연도, 일차적으로 시합도 가급적 얘기된 목적을 내다보며 실연되어야 한다. 이 목적들은 평시나 전시나, 국가를 위해서나 가정을 위해서나 유용하기 때문이다.[536)]

플라톤은 고대에 이미 이렇듯 유희의 교육적 효과를 잘 알고 보수적·방어적으로 활용코자 하고 있다. 또한 인간들은 학습 또는 사회화 과정의 어려움과 지루함을 완화하기 위해 일찍이 각종 유희에 의식적으로 학습의 계기들을 몰래 집어넣으려 했다.

그러나 상론했듯이 학습은 공리적 행위이지, 유희의 본질이 아니다. 어린이들의 경우에만 유희에서 학습효과를 볼 수 있다. 학습은 유희의 본질에서 보면 아주 부차적인 것이다. 유희의 목적은 어디까지나 재미이기 때문이다. 이런 까닭에 학습이 더 이상 필요 없는 성인과 노인들도 죽을 때까지 유희를 계속하는 것이다. 예술가나 학자, 국가 지도자가 아닌 일반대중은 "인생 뭐 있어? 그저 한바탕 잘 놀다 가는 거지!"라는 유희적 행복철학을 가지고 이승을 뜰 때까지 놀이를 즐긴다. 대중이 그 이상의 것 또는 그 외의 것을 추구한다면 사이비·신비주의 종교에 빠지거나 사기도박, 또는 마약에 빠질 것이다.

플라톤의 미메시스 개념의 문제점은 '모든' 미메시스를 유희로 본 점이다. 산수를 그린 산수화(풍경화)나 화분을 그린 정물화, 얼굴 영상을 그린 인물화는 그 주요 측면이 미메시스이지만 이 미메시스는 유희가 아니라 회화 예술의 한 계기일 뿐이다. 모든 미메시스가 유희라면 '표절'도, '산업스파이 행위'도 다 유희가 되고 말 것이다. 플라톤은 미메시스를 모두

---

536) Platon, *Gesetze*, 796c-d.

유희로 본 까닭에 예술에서 미메시스를 쓸어내려고 했고, 회화를 예술에서 추방해 버리고 말았다. 이런 문제점 때문에 '유희로서의 미메시스'는 "다른 사람과 동물의 '고유한' 겉모습이나 고유한 행동, 고유한 음성 등 '외감적 양태'를 의식적으로 모방하는 것"으로 한정해 이해야 하는 것이다. 플라톤의 유희적 미메시스 개념에 대한 필자의 이 비판은 물론 미메시스를 아름다움의 본질이라고 우기는 아리스토텔레스의 예술론을 승인하는 것은 아니다.

7.3. 소크라테스와 플라톤의 미학

미(아름다움)의 본질은 무엇인가? 그것은 대상의 중화적 구성·배열·움직임에 대한 호감이다. 미는 주체가 미감으로 느끼는 측면의 주관성과 미가 대상성을 지닌 객체로 표현되어야 한다는 객관성, 이 양면성이 있다.

■ 아름다움과 귀여움의 미학적 본질과 차이

미의 객관성이란 유형적 객체성을 말한다. 따라서 인간의 신체적 동작이나 차량, 비품 등은 아름다울 수 있지만, 객체성이 없는 정신이나 사회적 행위, 법인, 관념, 개념 등은 아름다울 수 없다. 미의 주관성이란 아름답게 느끼는 주체적 미감을 말한다. 미감을 타고나지 않은 사람은 아무리 아름다운 예술 작품일지라도 아름다움을 감상할 수 없고, 심미안을 타고나지 않은 사람은 아름다움을 깊이 느끼거나 정교하게 평가할 수 없고, 절대음감을 타고나지 않은 사람은 악보를 보고 바로 재현하거나 노래와 음악을 정확하게 분별·평가할 수 없다.[537]

대상의 중화적 구성·배열·움직임에 대한 호감으로서의 아름다움

---

537) 참조: 황태연, 『예술과 자연의 미학』 (서울: 지식산업사, 2025), 3.1. 미의 본질.

의 정의에 대해 '예외'에 속하는 미감은 '귀여움(cuteness)' 또는 '예쁨(prettiness)'이다. 귀여움의 본질은 중화에 있는 것이 아니라 '작으면서도 갖출 것은 다 갖추고 있는 것'에 있다. 우리는 실물을 축소한 장난감 자동차에서 '귀여움'이 아니라 '재미'를 느끼는 반면, 종種 가운데서 가장 작지만 갖출 것을 다 갖춘 아기와 동물 새끼들에게서는 '재미'가 아니라, 앙증맞게 또는 끔찍하게 예쁜 '귀여움의 미'를 느낀다. 이 '귀여움의 미'는 그야말로 '아름다움의 중화 법칙'에 완전히 어긋난 '예외적 아름다움'이다.

'귀엽다', '앙증맞다', '끔찍하게 예쁘다'는 말을 우리는 '작은' 어린 새끼들에게만 쓴다. '끔찍하다', '앙증맞다'는 말도 "작으면서도 갖출 것은 다 갖추어 아주 예쁜" 아기와 동물 새끼에게만 사용하는 단어다. '귀엽다'는 말 자체는 (여자들이 마음에 드는 남자에게 오용하는 표현이 아니라면) 성인이나 성체에게 쓸 수 없는 말이다.

그런데 새끼와 성체의 관계에서 보면, 귀여움, 또는 앙증맞은 예쁨의 미美는 모든 새끼들의 생사가 걸린 미적 감정이다. 성인과 동물 성체는 자기들의 생존이 위협받는 상황이나 기진맥진할 정도로 피로할 때는 새끼를 소홀히 하거나 유기遺棄할 수 있고, 어미의 폐사로 버려질 수 있다. 따라서 새끼들은 어미나 아비의 어떤 상태에서도 버림을 당하지 않기 위해 귀여운 방향으로 진화를 거듭했다. 갖출 것은 다 갖춘 끔찍한 새끼들의 귀여움, 또는 앙증맞은 예쁨의 미학은 작은 새끼에 대한 성인과 성체의 미감을 자극해 아비와 어미의 본능적 자애심慈愛心을 일깨우고 어떤 위험한 경우에도 새끼를 포기하지 않고 목숨을 바쳐 보살피게 만드는 요인이기 때문이다.[538]

---

538) 참조: 황태연, 『예술과 자연의 미학』, 제1절 1.1. 중화中和의 이론, ■중화법칙의 예외로서 귀여움의 미학.

이 '귀여움의 미학'은 종種의 경계를 뛰어넘는다. 어미 개가 고양이 새끼들을 젖 먹여 키우고, 거꾸로 어미 고양이가 강아지들을 젖 먹여 키우는 사례는 비일비재하다. 이것은 모성애의 발로만이 아니다. 작은 새끼들의 귀여움이 이 어미들에게서 종을 뛰어넘는 보편적 자애심을 유발한 것이다. 아장거리는 귀여운 아기가 작은 손으로 황소나 수말 또는 수사자의 입언저리를 만질 때 이를 용납하는 이 마소와 수사자의 자애로운 태도나, 우연히 잡힌 새끼 임팔라를 먹어 치우지 않고 데리고 놀아주는 덩치 큰 수사자의 자애로운 모습은 이것이 모성애의 발로가 아니라 '귀여움의 미학'이 불러일으킨 보편적 자애심이라는 것을 보여준다. 어미 낙타가 제 어미를 잃은 다른 새끼 낙타가 젖 먹으러 접근할 때 발길질로 사정없이 차버리는 것을 보면 모성애는 종의 경계만이 아니라 동종 개체의 경계도 뛰어넘지 못하는 반면, '귀여움의 미학'은 종과 개체의 경계를 뛰어넘어 무조건 아무 새끼나 사랑스러워하는 자애심을 불러일으킨다.[539)]

■ 플라톤의 미학과 '미메시스 문예예술' 비판

흥미만을 좇아 재미 위주의 미메시스(모방)를 남발하는 대중예술이 미의 세계를 지배하면, 순수예술은 점점 쇠퇴하기 마련이다. 지배적 통속시가와 통속예술은 사회의 말초신경적 유흥문화와 소피스트적 영혼을 지나치게 부추기는 경향이 있다. 이런 추세가 판을 뒤흔들면 사회 기강은 서서히 무너지고 국가도 자연히 위태로워진다. 필자의 해석에 의하면, 플라톤은 철학사상 최초로 미메시스 예술의 이러한 통속성 문제를 통찰하

---

539) 낙타도 다른 새끼를 귀엽게 여기면 이 새끼에게 젖을 준다. 이 낙타가 다른 새끼에게 젖을 물리게 하기 위해서는 다른 새끼낙타를 무작정 어미낙타의 젖무덤에 접근하게 해서는 아니 된다. 몽골인들은 먼저 몽골의 전통 현악기로 슬픈 곡조를 연주해 어미낙타의 동정심을 유발한다. 그러면 이 어미낙타는 이 연주되는 슬픈 곡조를 듣고 눈물을 철철 흘린다. 이때 그 귀여운 새끼낙타를 이 어미낙타에게 데려가 젖을 물리면 이 어미낙타가 자기 새끼가 있음에도 이 다른 새끼를 귀엽게 여겨 받아들인다.

고 탈脫미메시스적 '순수예술'을 격상시키려고 고투한 최초의 철학자다. 이런 까닭에 그는 '미메시스 문예물들'을 흥미 위주, 재미 위주의 '통속적 문예물들'로 거듭 비판하고 있다. 그는 『국가론』에서 모방예술을 두 번이나 통렬하게 탄핵하는데, 『법률』에서도 다시 비판한다.

『국가론』에서 '세 가지 침상寢牀'을 화두로 '미메시스 미학'을 비판하는 대목부터 살펴보자. 세 가지 침상 중 하나는 '본성적 침상'이고 이것은 신이 만드는 것이다. 즉, '침상의 이데아'다. 다른 하나는 목수가 이 이데아를 본떠 만드는 침상이다. 세 번째 침상은 화가가 목수의 침상을 모방해 그린 것이다. 여기서 '미메시스', '모방'은 본래적 의미에서의 '묘사描寫', 즉 '베껴 그리고 본뜨는 것'이라는 말과 같다. 화가는 대표적인 '모방자'다. "본질로부터 세 번째인 산물의 제작자"다.[540] 이 화가의 모방적 그림이 예술이라면, 플라톤은 '거울'을 가지고 이 화가의 모방물보다 더 정확한 모방물을 얼마든지 만들 수 있다고 주장한다. "만약 네가 거울을 들고 아무 데나 돌아다니기만 한다면 아마 가장 신속하게 너는 그것을 만들어낼 수 있다. 곧바로 해와 천상의 것들을 만들어내고 곧바로 땅과 너 자신, 여느 동물들과 도구들, 초목들, 그리고 그밖에 모든 것을 만들어낼 것이다." 그러나 이렇게 만들어낸 것들은 "존재하는 것들"이 아니라, "현상들"일 뿐이다.[541] 플라톤은 19세기 사진기가 모방예술의 미학적 무의미성을 증명했듯이 사진기 대신 '거울'을 가지고 이미 고대에 동일한 증명을 하고 있다. 플라톤은 화가만이 아니라, 비극 작가도, 시인도 통속적 모방 예술가들(대중예술가)로 간주한다. 그러나 여기서 플라톤은 거울에 비친 침상의 영상이 목수가 만든 실물 침상과 다르고, 화가가 그린 침상과도 다르다는 사실, 즉 좌우가 뒤집혀 나타난다는 사실을 슬쩍 빼놓음으로

---

540) Platon, *Der Staat*·, 597b-e.
541) Platon, *Der Staat*·, 596d-e.

써 감추고 있다.

　모방은 참된 것과 거리가 먼 일종의 마술 같은 속임수라는 것이다. "모방술은 참된 것으로부터 어쩌면 멀리 떨어져 있어서 이 때문에 모든 것을 만들어내게 되는 것 같다. 모방술은 각각의 작은 부분을 건드릴 뿐인 데다 이것마저도 모상模像이기 때문이다. 우리는 화가가 제화공과 목수 그리고 다른 장인들을 우리에게 그려주지만, 이 기술들 가운데 어느 것에도 정통하지 못하다고 말한다. 하지만 그럼에도 그 화가는 훌륭한 것 같으면 목수를 그린 다음 멀리서 보여주어 진짜 목수인 것처럼 여기게 함으로써 아이들과 생각 없는 사람들이 속아 넘어가게 한다." 이런 사람들은 "그 자신이 지식과 무지한 모방을 가릴 수 없게 된" 자들이다. 호메로스와 같은 시인도 "훌륭한 시인"이라면, 그리고 자신이 지을 시와 관련해 정녕 "훌륭하게" 시작詩作을 하게 되려면 "알고서" 시작을 해야 한다. 알고 하지 못할 것 같으면 시작을 하지 말아야 한다. 그러나 통속 시인들이 모든 기술과 인간사의 선덕과 악덕, 그리고 신들의 일까지 다 안다고 생각하는 사람들이 이 모방자들에게 "속아 넘어가서" 이들의 작품들이 "실재에서 세 단계나 떨어져 있는 것들이라는 것"을 깨닫지 못한다.[542] 그렇다면 "호메로스를 비롯한 모든 시인은 덕성의 모상들의 모방자들이고 그들이 관련지어 짓고 있는 그 밖의 다른 것들의 모방자들이지, 진리를 포착하는 것은 아니다". 화가처럼 "시인도 각 기술의 몇 가지 색깔을 낱말들과 구절을 이용해 채색하는" 셈이다. 그러나 시인이 한 말을 갖고 판단하는 사람들은 시인이 제화製靴에 관해서 운율과 리듬, 그리고 화성법에 맞춰 말할 경우에 아주 잘 말한 것으로 여긴다. 이것은 군사전략이나 그 밖의 것에 관해 말할 경우에도 마찬가지다. 이 말들은 본성적으로 이처럼 일종의 큰 마력을 갖고 있다." 시인들의 이 작품들이 그 "음악적 색깔들"을 빼앗

---

542) Platon, *Der Staat*·, 598b-599a.

기고 나서 그것들 자체로만 표현되었을 때 그것들은 "한창나이인 젊은이들의 얼굴이 꽃다움을 잃었을 때 보이는 그 모습 같을" 것이다.[543]

결국 "모방자", 즉 통속문학가·통속예술가들은 "자기가 만든 모방물들의 아름다움과 나쁨에 관해 알지도 못하고 옳게 판단하지도 못한다". 그러나 "그들이 모방하려고 하는 것은 무식한 대중들에게 아름다운 것으로 보이는 것일 것이다".[544] 여기서 플라톤이 의미하는 모방자의 개념이 통속시가, 통속소설, 통속드라마, 통속회화 등을 만드는 '통속적 대중예술가'라는 것이 분명히 드러나고 있다. '모방자가 모방하려고 하는 것'과 '무식한 대중들에게 아름다운 것으로 보이는 것'이 일치한다면, 이 모방자는 대중적 통속작가이기 때문이다. 여기에 플라톤은 결정적 논변을 하나 달아두고 있다. "모방자는 그가 모방하는 것들에 관해 언급할 가치가 있는 것을 아무것도 모른다. 모방은 일종의 유희나 장난($παιδιά$)이고, 심각하게 받아들여질 것이 못 된다". 그리고 "비극 시가를 시도하는 사람들"은 "모두가 모방자들이다".[545] 비극 작가들은 "모두가 모방자들이다"는 말은 그들이 모두 다 통속작가들이라는 뜻이다.

필자가 다른 곳에서 지적했듯이 플라톤의 미메시스 예술비판의 오류는 모든 미메시스를 유희로 본 점에 있다.[546] 모든 미메시스(모방·흉내)가 유희인 것이 아니기 때문이다. '모든' 미메시스가 유희라면 '표절'도, '산업스파이 행위'도 범죄가 아니라 유희일 것이다. 미메시스는 그렇다고 미학적 요소도 아니다. 그러나 자연과 사회현실의 미메시스는 회화 예술이나 시문·소설 등에서 보듯이 하나의 기법으로 활용될 수 있고 활용되고 있다. 물론 미메시스를 예술의 이런 기법으로 활용하는 것을 넘어 게임

---

543) Platon, *Der Staat*·, 600e-601b.
544) Platon, *Der Staat*·, 602b.
545) Platon, *Der Staat*, 602b.
546) 참조: 황태연, 『놀이하는 인간』, 154-161쪽.

같은 유희적 요소들(긴장, 서스펜스, 스릴, 불확실성, 운, 우연 등)을 너무 많이 사용하는 것은 예술을 통속화시키는 것이 사실이다. 그러나 '모든' 미메시스가 유희가 아니기 때문에 미메시스를 예술에서 하나의 형상적 표현 기법으로 투입한다고 해서 이 예술 작품이 유희, 또는 유희적 통속예술로 전락하는 것은 아니다. 이런 까닭에 앞서 시사했듯이 유희로서의 미메시스(흉내)는 "다른 사람과 동물의 '고유한' 겉모습이나 고유한 행동, 고유한 음성 등 '외감적 양태'를 의식적으로 모방하는 것"으로 한정해서 이해되어야 하는 것이다.[547]

따라서 모든 예술 작품에서 모든 미메시스를 추방하려고 한 플라톤의 시도에도 무리와 오류가 있는 것이다. 고대 그리스에서 '비극'은 영웅적 인물을 묘사적으로 모방하는 시가를 뜻했던 반면, '희극'은 자기보다 못한 사람들을 모방하는 시가를 뜻했다. 플라톤은 특히 자기보다 못한 사람들의 모방, 즉 희극적 모방의 경우에 '중도적 인간'의 정신은 "이런 것(자기보다 못한 인물들의 모방)을 놀이나 장난이 아니라면 경멸한다"고 말한다.[548] 즉, 모든 모방은 놀이나 장난이지만, 특히 자기보다 못한 인물들을 모방하는 희극적 문예 예술은 더욱 놀이나 장난의 개그 기술이라는 말이다. 플라톤은 『에피노미스』에서 유희의 대부분을 미메시스로 보았다.[549] 미메시스를 예술이 아니라 정확히 생계형 돈벌이와 정치의 관점에서 볼 때 심각하지 않은 '놀이'에 귀속시키고 미학적 예술혼 없이 모방만 해대는 작품들을 일종의 유희 작품으로 규정하는 플라톤의 논변은 정확한 말이다.

모방(흉내)은 재미있는 것이지만, 아름다운 것은 아니라는 것이 플라톤 주장의 핵심 요지다. 정치철학 교수가 어느 날 여장을 하고 강의실에 나

---

547) 참조: 황태연, 『놀이하는 인간』, 108-116쪽.
548) Platon, *Der Staat*·, 396e.
549) Plato, *Epinomis*, 975d.

타나면 학생들이 얼마나 재미있게 웃어대겠는가? 그러나 이 '장난스런' 정치철학 교수의 '재미있는' 여장 변신은 '아름답기'는커녕 오히려 교수의 품위를 추락시킬 만큼 아주 '속되고 추하다'. 그래서 플라톤은 시가 안에 유희의 한 종류인 이 '모방'을 너무 많이 쓰는 당대의 희·비극 작가들을 모두 '통속작가'로 본 것이다. "모방술은 강요된 행위 또는 자발적 행위를 하는 인간들을 모방하고, 이들이 이 행위를 통해 자신들이 훌륭하게 행했다거나 잘못했다고 생각하고 이 모든 것에서 괴로워하거나 기뻐하는 것을 모방한다".550) 우리 영혼의 "조바심치는 부분"은 "많은 다양한 모방 기회들을 제공하는" 반면, "지성적이고 정심적正心的인 성향은 언제나 거의 동일한 것으로 남아 있어서 흉내 내기에 쉽지도 않고, 흉내 낼 때 이해하기도 쉽지 않은데, 극장에 모인 특징 없는 사람들에 의해서는 특히 이해하기 쉽지 않다". 왜냐하면 "모방이 그들에게 생소한 이질적 유형을 대하기" 때문이다. "모방적 시인詩人", 즉 통속작가는 "군중의 인기를 얻어야 한다면 그의 본성이 영혼의 더 나은 부분과 관계하고 그의 지혜가 이 부분을 만족시키도록 틀지어져 있는 것이 아니라, 조바심치고 복잡한 성격 유형이 흉내 내기에 쉽기에 이 성격 유형에 바쳐져 있는 것이 확실하다". 따라서 모방적 시인도 모방적 화가와 같이 취급해도 상관없다. 모방적 시인도 "그의 창조물이 실재성의 관점에서 열등한 점에서 화가를 닮았다". 그리고 "그의 관심이 그가 영혼 중 최선의 부분이 아니라 열등한 부분을 향하고 있다는 사실은 또 다른 닮은 점이다".551)

따라서 플라톤은 "모방적 시인이 잘 질서 잡힌 나라로 입국하는 것을 허용하지 않아야" 할 것이라고 주장한다. 왜냐하면 그가 "어떤 상태에서 누군가가 나쁜 사람을 권좌에 앉히고 나라를 그들에게 넘겨 보다 선한 종

---

550) Platon, *Der Staat*·, 603c.
551) Platon, *Der Staat*·, 606c-d.

자들을 파멸시킬 때처럼 영혼 속에서 열등한 요소를 자극하고 키워 이것을 강화함으로써 이성적 부분을 파괴하는 경향을 보이기" 때문이다.[552] 모방 시가의 최대 문제점은 그것이 "선량한 사람들까지도", 가령 영웅까지도 슬픔에 잠겨 있거나 비탄 속에 긴 사설을 늘어놓는 장면 같은 좋지 않은 점들을 골라서 모방적으로 묘사함으로써 능히 "수치스럽게" 만들 수 있다는 점이다. 모방은 "괴로운 것과 즐거운 것들을 말려야 하는 데도 이것들에 물을 주어 키운다". 이것은 "희극적 모방"도 마찬가지다.[553]

이런 까닭에 "철학과 시가 사이에는 옛날부터 불화가 있는 것"이다.[554] 그럼 그가 모든 시가를 적대했나? 아니다! 플라톤은 모방적 시가, 즉 통속문예물과 대립되는 비非모방적 순수문예 작품으로 "시인 자신의 설명"을 주로 "쓰는 종류의 시가와 이야기",[555] 즉 "신들의 찬송가들과 선인善人들의 찬가"를 들고 이 시가들만을 이상국가에 받아들여야 한다고[556] 주장한다. 하지만 여기에 더해 플라톤은 모방적 대중문예물 중에서도 이상국가에 받아들일 이유가 있는 '아주 매력적이고 감미로운 대중문예물들'은 입국을 허용한다. "감미로운 모방적 시가가 잘 질서 잡힌 나라 안에 존재할 어떤 이유를 보여준다면, 우리는 기쁘게 이 시가를 받아들일 것이다." 왜냐하면 "우리 자신이 이런 시가의 매력을 아주 자각하기" 때문이다. "그래도 우리가 진리라고 믿는 것을 배신하는 것은 불경할 것이다". 하지만 우리 자신은 "이 시가의 매력을 느낀다". 특히 "호메로스가 시가의 해석자일 때"는 이 매력을 느낀다. 따라서 그 밖의 모든 모방적 시가, 즉 통속시가들은 이상국가에서 받아들이지 않고 퇴출시켜야 한다고 주

---

552) Platon, *Der Staat*·, 604e-605b.
553) Platon, *Der Staat*·, 606c-d.
554) Platon, *Der Staat*·, 607b.
555) Platon, *Der Staat*, 394c.
556) Platon, *Der Staat*·, 607a.

장한다.[557)]

플라톤이 초장에 "시가들 가운데서 모방적 시가는 어떤 식으로든 받아들이지 않는다"고 말하는 것으로 보면[558)] 그가 '모든' 모방적 시가를 '통속문예', '대중문예'로 간주하고 있음이 분명해진다. (물론 이것은 앞서 지적했듯이 오류이고 무리다.) 그리고 플라톤이 "전적으로 모방을 통해 작업하는 종류의 시가들과 이야기들, 즉 비극과 희극이 있고", 또 디티람보스와 같이 "시인 자신의 해설을 쓰는 종류의 시가와 이야기"가 있고, "서사적 시가에서, 그리고 많은 다른 곳에서 둘 다를 쓰는 또 다른 종류의 시가와 이야기가 있다"고 말하는 것을 보면,[559)] 고대 그리스의 비극과 희극은 거의 다 모방적 시가, 즉 통속문예물이었던 것이 틀림없다. 플라톤은 '시인 자신의 설명을 쓰는 종류의 시가와 이야기'를 순수문예로 분류·대우하고 '둘 다(시인 자신의 해설과 모방)를 쓰는 시가'를 용인할 만한 종류로 인정하고 이것들을 "참으로 선하고 참된 사람들이 그가 말해야 했던 어떤 것이든 들려줄 설명과 이야기의 형태"로 제시한다.

- 중도적(μέτριος) 인간은 그의 이야기 과정 속에서 어떤 말이나 행동에 이르게 될 때 이것을 보고하면서 타인을 기꺼이 가장假裝할 것이고, 이런 종류의 흉내에 대해 어떤 수치심도 느끼지 않을 것이다. 선한 사람이 꿋꿋하게 그리고 지각 있게 행동할 때 좋아서 그를 모방하고, 그가 질병이나 사랑 또는 주취酒醉나 어떤 다른 작은 불행에 의해 뒤집어져 있을 때는 덜 모방하고 더 거리끼며 모방할 것이다. 반면, 자기보다 못한 어떤 사람에 이를 때 그는 그가 선한 일을 하고 있는 소수의 경우를 빼면 열등한 사람을 진심으로 닮기를 원하는 것이 아니라, 이러

---

557) Platon, *Der Staat*·, 607b-d.
558) Platon, *Der Staat*·, 595a.
559) Platon, *Der Staat*·, 394b-c.

한 인물들의 모방에 익숙지 않기 때문에, 또한 더 천박한 것들의 유형들에 맞춰 자신을 꼴 짓는 것을 혐오감 속에서 꺼리기 때문에 당황스러워할 것이다. 그의 정신은 이런 모방을 놀이나 장난이 아니라면 경멸한다.[560]

플라톤은 취사 선택적 모방을 말하고 있다. '중도적 인간'은 선한 사람의 꿋꿋하고 지각 있는 언행을 기꺼이 모방한다. 플라톤이 '참으로 선하고 참된 사람들'의 선행의 모방을 강조하는 것은 이 모방이 엄청난 교화 효과를 갖기 때문이다. 여기서 플라톤은 부지불식간에 유희가 아닌 미메시스를 인정하고 있다. 또 "놀이나 장난"인 미메시스는 인정하고 있다.

일찍이 맹자는 "그대가 요임금의 옷을 입고 요임금의 말을 외고 요임금의 행위를 행하면 이것이 요임금일 따름이고, 그대가 걸의 옷을 입고 걸의 말을 외고 걸의 행위를 행하면 이것이 걸일 따름이다"라고 말했다.[561] 하지만 선인이라도 그가 질병·열애·주취·불행에 빠진 상태에서 하는 행위는 전혀 모방하지 않거나 가급적 적게 모방(묘사)한다. 자기보다 못한 인물들의 익살스런 행위는 모방하기는커녕 경멸한다. 이것이 "중도적 인간", 즉 '보통 사람'의 취사 선택적 '이야기'다.

이 취사 선택적 이야기는 실은 '중도적' 이야기다. 이 '중도적' 이야기를 통해 플라톤은 아름다움의 본질을 '중도' 또는 '중화'로 암시하고 있다. "가장 훌륭한 시가를 찾는 사람들은 재미있는 것을 찾는 것이 아니라 바른 것을 찾아야 한다. 모방의 바름은 실물 자체의 적절한 양과 질 측면에서의 실물의 모방에 있다."[562] 이것을 보면 플라톤은 시가의 '아름다움'이

---

560) Platon, *Der Staat*·, 396c-e. 다음도 보라: Platon, *Gesetze*, 669b-d. 플라톤(박종현 역주),『법률』(파주: 서광사, 2009).
561) 『孟子』「告子下」(12-2): "子服堯之服 誦堯之言 行堯之行 是堯而已矣, 子服桀之服 誦桀之言 行桀之行 是桀而已矣."
562) Platon, *Gesetze*, 668b.

'작가 자신의 비모방적 해설'과 '실물 자체의 질적·양적으로 적절한 모방' 간의 중화(균형과 조화)에 있다고 생각한 것으로 짐작된다. 극중 인물이나 이야기 속의 인물은 '중도적 작가'가 조화로운 취사 선택적 모방을 통한 묘사와 비모방적·직설적 서술에 의해 만들어내야 할 예술적 '창조물'이다. 취사선택 없는 일률적 모방, 특히 자기보다 못한 인물의 충실한 모방적 묘사는 예술이 아니라 어디까지나 성대모사와 같은 개그 유희에 불과한 것이다. 그것이 예술이기를 주장한다면 그것은 '통속예술'이다.

이어서 플라톤은 호머의 시가를 시인 자신의 비모방적 해설화법과 모방화법이 혼용되는 것으로 분석한다.[563] 중용적 인간이 채택할 화법은 "우리가 방금 호메로스의 시구들로 예시한 종류일 것"이다. "그의 이야기는 양자, 즉 모방과 단순 해설을 둘 다 공유할 것이지만, 긴 서술 속에서 모방은 적은 양일 것이다". 반면, 중도적이지 않은 인간은 천박하면 천박할수록 이야기 속에 온갖 것을 다 모방(묘사)하고 자기보다 못한 것은 아무것도 없다고 생각해 천둥소리, 바람이나 우박 소리, 차축이나 도르래 등의 소음, 나팔이나 목관악기, 피리, 기타 온갖 악기들의 소리, 개·고양이·새 등이 울고 짖는 소리 등 갖가지 것들을 '진지하게', 그것도 '군중의 면전에서' 모방할 것이다. 이 사람의 화법은 거의 다 갖가지 소리와 몸짓의 모방으로 이루어지고 작가 자신의 해설적 이야기 분량은 조금 뿐이다.[564] 상술했듯이 이 두 유형 외에 일체의 모방을 쓰지 않는 순수예술적 시가와 이야기 종류도 있다.

플라톤은 이 중 너무 모방적 작가는 "우리나라에 그런 사람이 없기도 하지만 그런 사람이 생기는 것이 합당치 않다"고 말해주고서 다른 나라로 보내버리는 반면, 이 비모방적 순수문예와 중도적 인간의 혼합화법의

---

563) 참조 Platon, *Der Staat·*, 392d-393d.
564) Platon, *Der Staat·*, 396e-397b.

문예만을 이상국가에 인정하고자 한다. "우리 자신은 우리 영혼의 이로움을 위해서, 선인의 이야기를 모방하고 우리가 우리의 군인들을 교육시키려고 할 때 처음에 규정한 방식으로 그의 이야기를 들려주는 더 꾸밈없고 덜 재미있는 시인과 이야기 작가를 계속 채용할 것이다."[565] 따라서 앞뒤를 종합하자면 플라톤의 이상국가에서 허용되는 문예물은 다음 세 가지다.

1) 비모방적 순수문예물: "시인 자신의 설명"을 주로 "쓰는 종류의 시가와 이야기", 가령 "신들의 찬송가들과 선인善人들의 찬가"(디티람보스와 같이 "시인 자신의 해설을 쓰는 종류의 시가와 이야기")
2) 중도적 인간의 혼합화법의 문예물
3) 이상국가 안에 존재할 이유를 보여줄 만큼 "감미로운 모방적 시가들".

이 마지막 범주의 '감미로운' 대중문예물은 그야말로 '아주 매력적인 재미' 때문에 허용되는 오락물이다. 결론적으로, 플라톤의 이상국가에서는 그리 큰 재미도 없으면서 모방과 흉내를 남발하는 '저질 통속문예물들'만이 추방되거나 입국이 금지되는 것이다.

재미는 모방이 증가할수록 증가하고 모방이 줄어들수록 줄어든다. "선인의 비혼합형 모방자"의 시가와 이야기는 선인을 모방하더라도 그가 좋지 않을 처지에 있을 때를 빼고 좋은 처지에 있을 때만 모방하고, 또 악인과 보통 사람을 전혀 모방하지 않기 때문에 모방이 가장 적고, 따라서 가장 재미없지만, 가장 아름답다. 선인에 대한 직설적 해설로만 된 '순수시가'는 재미없지만 교화적이고 아름답다. (반대로 모방이 많을수록 재미있

---

565) Platon, *Der Staat*·, 397e-398b.

지만 통속적이고 천박하고 추하다.) 선인에 대한 직설적 해설에 선인의 모방도 조금씩 섞는 혼합형 모방자는 "재미있으면서(헤뒤스 ἡδύς)" 아름답다. 그리고 모든 것을 가리지 않고 모방하는 작가의 문예물은 "소년들과 이들의 가정교사, 그리고 거대한 우중愚衆에게 단연 가장 재미있다(헤디스토스 ἥδιστος)".[566] 하지만 명작들에서 문예의 아름다움은 대개 재미와 반비례할 것이다. 가장 재미없는 비혼합형 순수시가가 가장 아름답고, 혼합형 시가가 중간 정도로 재미있고 또 중간 정도로 아름다울 것이고, 무차별적으로 모방하는 시가는 가장 재미있지만 동시에 가장 추할 것이다. 따라서 플라톤은 『법률』에서 누군가를 향해서 이렇게 외친다.

- 재미가 시가의 평가 기준이라고 누군가가 진술할 때, 그때마다 우리는 이런 진술을 단호하게 기각해야 할 것이다. 그리고 우리는 이러한 (모방적) 시가를 (진정 모든 시가가 중요하다면) 모든 시가 중 가장 중요치 않은 시가로 간주하고, 아름다운 것의 모방적 묘사에서는 은유를 포함한 시가를 선호해야 할 것이다.[567]

"은유를 포함한 시가"란 "눈으로 전해 오는 진주(눈물방울)", "사랑은 눈물의 씨앗(원인)"과 같은 암유적 표현(작사자 남국인)을 담은 시가를 말한다. 가령 "그는 물 찬 제비 같은 사람"이라는 표현은 미메시스적 직유법인 반면, "그는 물 찬 제비다"라는 표현이 비非미메시스적 은유법이다. '세월이 쏜살같이 지나갔다'는 표현은 미메시스적 직유법인 반면, '세월이 쏜살같다'는 표현은 은유법이다. 그리고 여기서 "재미"를 "시가의 평가 기준"으로 기술하는 "누군가"가 일반인을 가리키는지, 아니면 자기의

---

566) Platon, *Der Staat*·, 397d.
567) Platon, *Gesetze*, 668a-b.

제자 아리스토텔레스를 가리키는지 분명치 않지만, 의미 맥락에서는 미메시스(모방과 흉내)를 재미있는 유희의 한 종류가 아니라 아름다움의 본질로 우기는 아리스토텔레스 같은 철학자를 가리키는 것이 분명하다.

플라톤은 철학의 격상을 위해 문예를 격하시키거나 탄압하고 있는 것이 아니라, 모방을 '미의 요소'가 아닌 '놀이의 요소', '재미의 요소'로 규명하고 위인偉人 모방의 교화 효과를 인정함으로써 모방적 예술을 '대중적 통속예술'로 분리시키고 모방의 중도적 축소와 한정을 통해 예술을 가급적 모방으로부터 순화하고 모방이 없거나 모방이 적은 예술, 즉 순수예술을 고유한 예술적 기법에 의해 아름답게 만들 것을 촉구하고 있다. 따라서 여기에서는 미메시스 미학, 아니 '지나친' 미메시스 미학만이 추방되는 것이다. 미메시스는 아름다움을 만드는 예술 기법이 아니라 재미를 만드는 유희 기법이나 위인 모방을 통해 대중을 교화하는 기법일 뿐이고, 예술에 속하는 것이 아니기 때문이다. 미메시스, 즉 흉내와 모방은 내기나 게임과 함께 놀이의 한 종류이거나[568] 교화의 한 기법이라는 말이다.

플라톤은 재미와 본질적으로 다른 '아름다움'의 고유한 '근거'를 별도로 제시하고 있다. 그는 『필레보스』에서 아름다움의 근거를 중화로 밝혔다. '아름다움'은 '균형, 완전성, 충족성'과 더불어 두 번째 선이고,[569] 또 "중도와 균형"은 "모든 경우에 아름다움"이 된다.[570] '중화'가 아름다움의 원인이라는 말이다. 종합하면, 플라톤은 미메시스를 재미의 원인으로 본 반면, 중화는 아름다움의 원인으로 본 것이다.

물론 플라톤의 이런 명쾌한 구분 속에도 개념 혼동과 오류가 잔존하는 것은 사실이다. 첫째, 플라톤은 중화의 여러 종류를 정교하게 구별하지 않기 때문에 재미도 일종의 중화에 기초해 있다는 사실을 몰각하고 있다.

---

568) 참조: 황태연, 『놀이하는 인간』, 108-113쪽.
569) Platon, *Philebos*, 66a-b.
570) Platon, *Philebos*, 64d-e.

다만 양자의 중화에는 단지 형태 차이, 종류 차이가 있을 뿐이다. 아름다움은 "유형적 대상의 구성·배열·색상·소리·움직임(동세)의 객관적 중화"에서 느껴지는 반면, 재미는 상술했듯이 "인간의 '무형적' 유희 행위의 중화"에서 느껴지는 것이다. 유희적 행위의 무형성無形性은 언어적 유희(농담·재담·해학·외설담·풍자)와 두뇌 놀이(바둑·장기·체스)에서 극화된다. 재미는 모방과 같은 유희적 요소가 증가할수록 증가하는 경향이 있지만, 그렇다고 증가된 모방과 유희적 요소가 언제나 무조건적으로 재미를 낳는 것이 아니다. 모방과 유희도 균형과 조화, 그리고 중도中度를 잃으면 재미를 감소시킬 수 있다. 둘째, 플라톤은 위에서 순수문예물과 관련해 "우리 영혼의 이로움"을 운위하는 것에서 알 수 있듯이 이로움(利)과 아름다움(美)을 혼동하고 있다.

또한 플라톤은 아름다움의 미감과 본질적으로 다른 '귀여움(cuteness)' 또는 '예쁨(prettiness)'의 미감을 논하지 않고 있다. 이 때문에 오늘날까지도 서양 미학에서 '귀여움'이 모조리 배제되어 있다. 성체의 축소형에서 느껴지는 아기나 새끼들의 '귀여움' 또는 '예쁨'을 모르면 독어·불어 등에 흔한 축소형 명사 Mädchen, Fräulein, Vögellein, Brüderlein, demoiselle, mademoiselle, madeleinette, trotinette, maisonnette 등에서 귀여움 또는 예쁨의 미감도 못 느낄 것이다. 그리고 실물을 본떠 작게 만든 장난감 기차, 장난감 자동차, 장난감 탱크, 인형, 장난감 말·소·닭 등 각종 축소형 장난감의 멋지고 귀여운 모양새를 모를 것이다.

분석 결과를 종합하자면, 플라톤은 모방예술에 대한 비판으로써 그간 '미학적 요소'로 오해되어 온 미메시스를 '유희 기술적 요소'로 해명하고, 동시에 오늘날의 용어로 표현하면 흥미·재미 위주의 모방을 오용·남용·악용하는 대중예술로서의 '통속예술'을 비모방적인 '순수예술'과 구별하고, 이 '순수예술'을 진정한 예술로 자리매김한 것이다. 물론 그는 모든 미메시스를 유희로 봄으로써 예술에서 미메시스를 추방하고 심지어 대표적 미메시스 예술인 회화까지도 예술세계에서 추방하는 오류를 범했다. 미메시스가 유희로 쓰일 경우는 "다른 사람과 동물의 '고유한' 겉모습이나 고유한 행동, 고유한 음성 등 '외감적 양태'를 의식적으로 모방하는" 케이스뿐이다. 이런 까닭에 미메시스는 산업에서 하나의 기술로 쓰이고 예술에서는 하나의 표현 기법으로 쓰여 온 것이다. 그렇다고 해서 이 플라톤 비판은 아리스토텔레스처럼 미메시스를 아름다움의 본질로 보는 것은 아니다.

플라톤의 미메시스 비판적 예술론에 이런 오류가 있는 것은 사실이다. 그러나 플라톤이 그의 이상국가에서 예술을 추방하거나 탄압하려고 했다는 그 흔한 비난은 더 큰 오류에 속한다. 그간 서양 철학자들은 소크라테스와 플라톤의 미메시스 예술·문예 비판을 '예술 탄압'으로 오독해왔다. 가령 니체는 플라톤이 "천재적 예술가들을 그의 국가로부터 모조리 배제한 것, 이것은 플라톤이 자신과의 투쟁 속에서 자기 것으로 만들었던, 예술에 대한 소크라테스적 판단의 경직된 귀결이었다"고 소크라테스와 플라톤을 비판했다.[571] 하위징아는 플라톤의 모방예술 비판의 참뜻을 끝내 이해하지 못한 채 아예 "명확하게 밝힐 수 없는 것"으로 제쳐놓음으로써 미메시스 비판에 대한 이해를 포기했다. 하위징아는 말한다. "우리는 (플라톤에 의한) 창조 작업의 이 다소 깔보는 정의가 무엇을 의미하는지에 대한 물음을 제쳐두어야 한다. 이 정의는 완전히 명확한 것이 아니다."[572] 또 가다머는 플라톤을 "철학사가 아는, 예술의 존재 지위의 가장 과격한 비판자"로 낙인찍었다.[573] 심지어 오트만(Henning Ottmann)

---

571) Friedrich Nietzsche, "Der griechischer Staat", 270-271쪽. *Nietzsche Werke*, III2, hrg. v. G. Colli u. M. Montinari (Berlin/New York: Walter de Gruyter & Co, 1974).
572) Huizinga, *Homo Ludens*, 162쪽.
573) Hans-Georg Gadamer,*Wahrheit und Methode, Grundzüge einer philosophischen Hermeneutik*. Gadamer, *Gesammelte Werke*, Bd.1,

도 니체를 추종해 플라톤이 예술가를 이상국가에서 추방하려고 한 것으로 오해한다.[574] 또한 한국의 서양 철학자도 플라톤이 철학의 지위를 높이기 위해 예술 '일반'을 평가절하한 것으로 오해했다. 가령 박종현은 "이런 언급은 그동안 헬라스인들의 교육과 관련해 시가 누려온 독점적 지위를 차츰 철학이 빼앗아 가게 되는 데 따른 두 분야 사이의 갈등에 대한 철학 쪽의 해명인 셈이다"라고 말한다.[575] 그러나 미메시스 예술에 대한 플라톤의 비판을 예술 탄압으로 보는 눈길은 2000년대에도 변함없이 이어지고 있다. 데니스 더튼(Denis Dutton)은 플라톤이 "최악의 형태의 예술"을 "영혼의 가장 상스러운 요소들을 사로잡고 보상하기" 때문에 "영혼에 나쁜" 것으로 탄압하려고 했다고 해석한다.[576] 소크라테스와 플라톤이 예술을 탄압하거나 멸시했다는 니체·하위징아·가다머·오트만·박종현·더튼의 해석은 모조리 다 쓰레기만큼 허접하고 그릇된 해석들이다. 플라톤의 미메시스 시가 비판에 아랑곳없이 미메시스 미학을 설파한 아리스토텔레스도 아마 저런 유형의 오류에 빠져들었을 것으로 보인다. 그렇지 않았다면 그가 미메시스 미학을 그렇게 본격적으로 옹호하지는 않았을 것이다.

  Hermeneutik I (Tübingen: J. C. B. Mohr, 1960·1986), 117쪽.
574) Henning Ottmann, *Philosophie und Politik bei Nietzsche* (Berlin: Walter de Gruyter, 1987), 45쪽.
575) 플라톤 지음, 박종현 역주, 『국가』(파주: 서광사, 1997·2007), 609쪽 주해.
576) Denis Dutton, *The Art Instinct: Beauty, Pleasure, and Human Evolution* (New York: Bloomsbury Press, 2009·2010), 31-32쪽.

제8절

소크라테스와 플라톤의 교육철학

8.1. 교육단계론

플라톤은 아동 발달에 대한 분석과 불평등교육론을 남겼다. 아동 발달은 영혼의 3단계 구조에 따라 기계적으로 욕망, 정신, 신성으로 구분했다. 그리고 교육론은 철저히 우생학적으로 수재·천재교육론으로 치우쳐 보통교육으로서의 국민교육(공자의 '敎民')을 제쳐놓았다. 소크라테스와 플라톤은 수호자계급과 철학자에 들지 않는 제3신분(농민·상공인·노예)의 교육에 대해서 일언반구도 언급하지 않았다고 얘기된다.[577] 그러나 모든 자제들이 일하는 제3신분이 되도록 운명지어진 자들이 교육을 끝내는 연령인 18세까지 동일하게 교육받는 것으로 해석하는 관점도 있고, 19세까

---

577) 참조: George F. Hourani, "The Education of the Third Class in Plato's Republic", *The Classical Quarterly* 1, Vol.43, No.1/2 (Jan. - Apr., 1949), 58-60쪽.

지 그러한 것으로 해석하는 관점도[578] 있다.

■ 아동발달·양육이론과 남녀육세부동석론

『국가론』에서 플라톤은 인간 발달을 세 국면으로 구분한다. 그것은 욕망, 정신, 신성神性이다. 가장 낮은 수준의 영혼인 욕망은 주로 육체적 욕구와 관련되어 있다. 그다음 수준인 정신은 용기, 믿음(확신), 절제, 인내, 담대함과 같은 것들이고, 최고의 수준인 신성은 초자연적이고 영원하며 우주의 본질로 통한다. 이 신성은 진정한 의미의 '정신(영혼)'으로서 '이성'으로 기술된다. 플라톤은 인간이 성장함에 따라 낮은 수준의 영혼이 높은 수준으로 대체되는 과정을 '발달'로 포착했다.

『국가론』에서 플라톤은 3세까지 유아는 공포·고통·슬픔의 감정을 경험해서는 안 된다고 말한다. 여기서 유아는 수호자들이 낳은 아기들이다. "유아기는 그 어느 시기보다도 습관에 의해 성격이 뿌리를 내리게 된다"면서 유아에게 쾌락을 제공하는 것은 아이를 망치는 일이라고 언명한다. 플라톤은 이처럼 성격 형성에 있어서 초기경험의 중요성을 강조했지만, 살아가면서 여러 가지 경험에 의해 인간의 성격과 자질이 수정될 수 있다는 점도 또한 인정했다.

바람직한 자질을 신생아들에게 이식시키는 방법이나 이식해야 할 이런 자질의 정도와 양은 어떠해야 하는가?『법률』에서 플라톤은 "우리 사이에 받아들여지는 원칙은 이것, 사치스런 생활이 젊은이들의 성질을 까다롭고 성마르고 사소한 일에 너무 쉽게 동요하게 만드는 반면, (극단적이고 잔인한 노예 상태인) 그 정반대의 생활은 그들을 천박하고 옹졸하고 인간 혐오적이고 따라서 타인과 어울리기에 부적합하게 만든다는 것이다."

---

578) 참조: Puja Mendal, "Plato's Theory of Education".
https://www.yourarticlelibrary.com/education/platos-theory-of-education/40135 (최종검색일: 2024. 5. 27.)

또 "우리 아이들이 그 어떤 유의 슬픔, 공포, 아픔을 최소로 경험하는 상태를 모든 가용 수단을 다 써서 확보해 주려고 애쓴다고 상정하면, 우리는 이 방법으로 아이의 영혼이 보다 밝아지고 즐거워지게 된다고 생각할지 모르겠지만", 실은 우리 눈에는 "이런 조처가 아이 양육의 초기 단계에 모든 경우에 걸쳐 나타나는 최악의 가능한 타락 형태"인 것이다.[579] 따라서 플라톤은 아동 양육에서도 중도적 해법을 제시했다. "내가 주장하는 것은 바로 이것. 올바른 삶은 쾌락을 추구하거나 고통을 전적으로 회피하는 것이 아니라 (…) 신 자신의 조건인 중도적 즐거움 상태로 들어가야 한다는 것이다. 그리고 나는 우리 중 누구든 신 같은 사람이 영혼의 저 중도적 즐거움 상태, 즉 마침 고통이 없지 않을 때 전적으로 쾌락에 경도되지도 않고 또 남녀노소 가리지 않고 어떤 타인이든, 특히 가급적 신생아는 이런 상황에 처해있도록 허용하지도 않는 상태를 추구해야 한다고 주장한다. 습관의 힘으로 말미암아, 전체적 성품이 가장 실질적으로 결정되는 때는 유년기이기 때문이다."[580]

또한 『법률』에서 플라톤은 상론했듯이 극동 제국에 널리 알려진 산모의 '태교胎敎'까지 언급한다. "나아가 나는 (…) 특히 아이를 가진 여성은 그 임신기간 동안, 누구든 그 전 기간 동안 즐겁고 밝고 조용한 처신을 연마하는 한편 반복적이고 강렬한 쾌락이나 고통에 빠져들지 않도록 보살펴져야 한다고 단언한다."[581] 따라서 플라톤은, "모든 이가 순전한 고통과 쾌락의 생활을 피하고 늘 중도를 따라야 한다"는 주장은 "완전히 옳은 말"이라고 설파한다.[582]

아동기에는 아직 이성이 성숙하지 않았기 때문에 아동교육은 주로 음

---

579) Platon, *Gesetze*, 791d, 792b·c.
580) Platon, *Gesetze*, 792c-d.
581) Platon, *Gesetze*, 792e.
582) Platon, *Gesetze*, 793a.

악이나 스포츠 등에 중점을 두고 같은 또래와 어울림으로써 사회성 발달이 이루어져야 한다고 한다. 플라톤은 아동이 만 6세가 되면 "남자아이들은 남자끼리 어울리게 하고, 여자아이들은 여자끼리 어울리게 하는 "양성의 분리"를 주장하고, '군사국가'답게 사내아이들에게 승마, 궁술, 투창과 투석 등 전쟁 기술을 가르치고, 계집아이들에게도 이 전쟁 기술이나 찌르는 창과 방패를 쓰는 전투기술을 가르쳐야 한다고 주장한다.[583]

플라톤이 말하는 6세는 극동의 연령 계산법에 따르면 7세다. 따라서 이것은 공자가 『예기』에서 말한 "7세가 되면 남녀가 자리를 같이하지 않고 밥을 같이 먹지 않는다(七年 男女不同席不共食)"는[584] '남녀칠세부동석男女七歲不同席'·남녀유별(부부유별)론과 같은 것이다. 플라톤의 '남녀육세유별론'에서도 유교적 냄새가 물씬 느껴진다.

그러나 『법률』에서 말하는 남녀육세부동석 원칙은 절대적인 것이 아니라서 예외적으로 사내와 계집아이들의 나체 혼합무용을 허용할 정도로 좀 완화될 수 있다. "소년·소녀 아동들은 함께 춤을 출 그럴싸한 이유가 있는 연령이 되면 서로를 적당히 봐두기 위해 같이 춤을 추어야 하고, 그것도 관련자들이 충분한 정숙과 절제를 갖췄다면 나체로 춤을 추어야 한다."[585] 그러나 플라톤은 소년·소녀 아동들에게 이 서로 어울려 추어야 하는 나체 무용이 허용되는 나이가 정확히 몇 살인지는 끝내 밝히지 않고 있다.

플라톤의 아동발달·양육론은 공자표절로 보일 정도로 공자의 '내칙內則'을 닮았다. 『예기』「내칙」에서 공자는 설파한다. "자식들은 밥을 먹을 줄 알면 오른손을 써서 먹는 것을 가르친다. 말할 줄 알면 사내아이는 빨리 '예'하고 계집아이는 나직이 '예'하게 가르치고, 사내아이는 가죽 띠를

---

583) Platon, *Gesetze*, 794c-d.
584) 『禮記』「內則 第十二」(51).
585) Platon, *Gesetze*, 771e-772a.

두르고 계집아이는 실띠를 두르게 한다. 여섯 살이 되면 수와 방향과 이름을 가르치고, 일곱 살이 되면 사내와 계집아이가 자리를 같이하지 않고 밥을 같이 먹지 않도록 가르친다. 여덟 살이 되면 문호를 드나들고 자리를 잡고 먹고 마실 때 반드시 어른 뒤에 앉게 하는데 이것은 그들에게 비로소 사양을 가르치는 것이다.(子能食食 教以右手. 能言 男唯女俞 男鞶革 女鞶絲. 六年 教之數與方名. 七年 男女不同席 不共食. 八年 出入門戶 及卽席飮食 必後長者 始敎之讓.)"[586] 플라톤의 아동발달·양육론은 공자의 내칙을 모방한 것 같지만 이보다 미흡하다.

■ 플라톤의 6단계 교육론

플라톤은 주지하다시피 국가를 개인의 확대판으로 생각하는 생물학적 국가관을 설파했는데, 개인에 있어서의 정욕의 부분은 농업·상공업 신분이며, 기개의 부분은 군인·관리 신분, 이성의 부분은 치자 신분이라고 했다. 이성은 당연히 선의 이데아를 인식하여야 하므로 "철학자가 왕이 되거나, 왕이 철학을 해야 한다"고 하는 철인정치론을 전개했다. 이러한 천재적 치자의 교육방법에서 그의 교육철학이 드러난다.

플라톤은 아동·청년·장년의 교육을 여섯 단계로 나누었다. 제1단계는 출생부터 6세까지다. 플라톤은 교육이 이른 연령인 7세부터 개시되어야 한다고 생각했지만, 7세 이전에는 아동은 도덕교육을 위해 어머니와 함께 지내야 한다고 생각했다. 어린이는 밝고 건강한 환경에서 양육되어야 하고 분위기가 진리와 선의 이데아를 심어주어야 한다고 주장했다.

소크라테스와 플라톤은 『국가론』에서 아이들에 대한 이야기의 강력한 영향을 논하고 이에 대한 규제 필요성을 말한다. "그렇다면 와봐라, 그리고 이야기해 주는 것에 대해 여유 시간을 보내자. 우리의 이야기는 우리

---

[586] 『禮記』「內則 第十二」(51).

영웅들의 교육이 될 것이다. (…) 그들의 교육은 어떠해야 할까? 전통적 유형의 교육보다 더 나은 교육을 찾을 수 있을까? 이것은 두 분과인데 신체를 위한 체육과 영혼을 위한 음악이다. (…) 자네는 음악을 말할 때 문예를 포함시키는가, 포함시키지 않는가? ("포함시킵니다.") 문예는 참이거나 거짓일 수 있나? ("그럴 수 있습니다.") 그런데 어린 것들이 두 종류로 훈련되어야 하는데 거짓 문예로부터 시작해야 하는가? (…) 자네는 어린이들에게 진리가 전혀 없지 않을지라도 주로 가공적인 이야기들을 들려줌으로써 시작한다는 것을 알고 있다. 이 이야기들은 체육을 배울 나이가 아직 아닐 때 그들에게 들려준다. (…) 자네도 어떤 일이든 시작이 특히 어리고 유약한 것들의 경우에 가장 중요한 부분이라는 것을 안다. 그때가 성격이 형성되고 바라는 인상이 보다 쉽사리 각인되는 때이기 때문이다. (…) 그렇다면 어린이들에게 우연적 인물이 지어내는 어떤 우연적 이야기든 듣고 우리가 그들이 어른이 되었을 때 간직하는 것이 바람직하다고 여기는 의견과 대부분 반대되는 의견들을 그들의 정신으로 받아들이는 것을 꼭 아무 생각 없이 허용해야 하나? ("우리는 그럴 수 없습니다.") 우리는 결코 그것을 허용하지 않을 것이다. 그렇다면 우리가 제일 먼저 해야 할 일은 가공적 이야기 작가들에 대한 검열제도를 설치하는 것이고 검열관들이 좋은 가공적 이야기는 받아들이고 나쁜 것은 기각시키게 할 것이다. 그리고 우리는 유모들과 엄마들에게 허가받은 이야기들만을 어린이들에게 말해주기를 바랄 것이다. 그들로 하여금 이러한 이야기로 정신을 그들의 손으로 신체를 주조하는 것보다 훨씬 더 다정다감하게 주조하게 하라. 그러나 지금 쓰이고 있는 이야기들은 대부분 폐기될 것이다. (…) 어린것들은 어떤 것이 비유이고 어떤 것이 그대의 것인지를 판단할 수 없지만 그 나이에 정신으로 받아들인 어떤 의견이든 지워지지도 바뀌지도 않는 것으로 입증되곤 한다. 이런 이유에서 우리는 아마 어린 것들이 듣는 첫 이야기들이 가장 아름다운 덕성 교훈을 그들의 귀에 들려주도록 구성되도록 최선을 다해야 할 것이다."[587] 소크라테스와 플라톤은 아이들이 태어나 처음 듣는 동화童話의 교육적 중요성과 검열 필요성을 구구절절 논하고 있다.

한편, 상술했듯이 수호자계급의 후보의 경우에는 이 제1단계의 유아상태에서 우생학적 선별조치를 내린다. 선별 결과 (1) 장애아, (2) 허약아, (3) 열등한 수호자의 자식들은 골라내서 비밀리에 유기살해한다.

그러나 수호자계급의 별도 교육을 언급하지 않는 『법률』에서는 유아양육을 가정 위주로 언급한다. 여기서 아테네인은 이렇게 말한다.

- 이제 우리가 아들과 딸을 낳았기 때문에 대화의 적절한 진로는 자연히 그들의 양육과 교육을 다루는 것일 것이다. 이 주제는 도저히 침묵으로 지나치듯 넘어갈 수 없지만, 우리는 법 제정의 외양이라기보다 훈육과 훈계의 외양을 써야 할 것이다. 가정생활의 프라이버시는 입법자의 권고로 따라잡을 수 없고 안 어울리는 잡다한 덩어리를 우리 시민의 품성 속으로 집어넣는 경향이 있는 어린이의 아픔, 기쁨과 정열로 너무 쉽게 일어나는 수많은 작은 사건들을 일반적 관찰로부터 가려준다. 이제 이것은 공중 전체에 대해 악일 것이다. 왜냐하면 이러한 잘못들의 빈도와 사소함이 법률로 그것들을 처벌하는 것을 부적절하고 품위 없이 만드는 한편, 위법의 습관을 이 작은 비행非行들의 반복으로부터 배우는 까닭에 그 잘못들은 우리가 부과하는 법률에 대해 진짜 위험이기 때문이다. 그러므로 우리가 이러한 항목에 관해 입법하다가 당혹할지라도 이 항목들에 대한 침묵도 불가능하다. 그러나 나는 내가 예시라 부를 수 있는 것의 제시로 내 뜻을 밝히려고 애쓰지 않을 수 없

---

587) Platon, *Der Staat*, 376d-378.

다.[588]

아테네인은 유아 양육과 교육에 관한 최소한의 법률 제정도 필요하다는 취지를 피력하고 있다. 이어서 그는 이렇게 입법 방향을 개진한다. "자, 이제 우리가 이것을 참으로 얘기된 대로 중시해도 된다고 나는 상정한다. 양육의 바른 체계는 신체와 영혼의 최고의 가능한 완벽성과 탁월성을 낳는 것으로 입증될 수 있는 체계이어야 한다." 양육 제도는 유아들의 심신心身의 완벽화를 위한 법제이어야 한다는 말이다. 그다음 플라톤은 신체와 영혼의 완벽화를 나누고 신체의 완벽화부터 설명한다. "아동들의 신체의 완벽화는 – 가장 간단히 말면 – 아동들이 그들의 가장 이른 날짜부터 죽 성장해야 한다는 것을 뜻한다. (…) 그리고 나아가 모든 생물에서 성장이 최초 움틈에서 가장 현저하고 신속하다는 것, 그리고 많은 사람들이 첫 5년 동안 인간이 도달한 신장이 다음 20년 동안 자라는 것으로 두 배가 되지 않는다고 주장해 왔을 정도로 그것은 정말 그렇다는 것은 관찰의 사실이 아닌가? (…) 자, 그렇다면 신체가 이에 맞서는 적절한 형태의 풍부한 운동 없이 몸집의 굉장한 증가에 처할 때 결과는 온갖 방향에서 재앙적이다. 이것은 기지의 사실이라고 난 생각한다. (…) 그래서 신체가 주요 생장生長을 영양공급으로부터 받아들이는 기간은 최대의 운동을 요구하는 시기이기도 하다는 것이다. (…) 정확히 그것(유아와 신생아에게 최대의 운동을 부과하는 것)이 아니다. 우리는 아이가 엄마의 자궁 안에서 크는 훨씬 이른 단계에서부터 운동을 부과해야 한다."[589] 플라톤은 자궁 단계에서부터 태교를 통한 '신체운동'을 처방하고 있다. 산모가 가만히 앉아 있거나 누워 있으면 아니 되고 가급적 움직여 태아를 운동시켜야 한

---

588) Platon, *Gesetze*, 788쪽 이하.
589) Platon, Gesetze, 788쪽 이하.

다는 말이다.

이어서 플라톤은 아동들이 3살부터 6살까지 여러 가지 '놀이'를 마련해 주고 가벼운 중도적 처벌과 한 장소에서의 집단적 탁아가 필요하다고 역설한다.

- 그다음 아들이나 딸이 3살이 될 때까지는 바르게 부과되는 훈육에 대한 꼼꼼한, 그리고 실질적인 복종이 우리의 유아 돌봄에 제일 이로운 것이다. 3살이 되는 단계에, 그리고 4살, 5살, 6살 이후에 놀이는 필수적일 것이고, 우리는 응석받이로 키우는 것을 완화하고, - 멍들게 하는 벌이 아닐지라도 - 벌을 주어야 한다. 노예의 경우에 우리가 죄수를 화나게 하지도 않고 노예를 교도하지 않은 채 놓아둠으로써 노예를 망치지도 말아야 한다고 말해 온 것처럼, 우리는 자유인으로 태어난 유아들에 대해서도 동일한 과정을 채택해야 한다. 그리고 그들의 놀이에 관한 한 본성 자체가 그 나에 제시해 주는 게임들이 있다. 아이들은 서로 어울리도록 놓아둘 때 자신들이 스스로 그 게임들을 쉽사리 고안해 낸다. 3살에서 6살까지 세분된 나이의 모든 아이는 먼저 지역 성소에 모아야 한다. 그리고 각 마을의 모든 아이를 이런 식으로 같은 장소에 집결시킨다. 나아가 유모들은 아이들의 행동이 예의 바르거나 버릇없는 것에 대해 알아야 한다. 유모들 자신과 전체 그룹의 행동에 관한 한, 그들의 행동은 각각의 경우에 (…) 법률의 후견인들이 부여할 우두머리 유모들 가운데 한 사람의 통제에 그 연도 동안 따라야 한다. 이 우두머리 유모들은 결혼 감독을 맡은 부인들이 각 부족마다 한 명씩 선출하고, 결혼 감독 부인들과 동갑이어야 한다. 성소를 매일 방문하고 어떤 위반자든 매질로 벌하는 것이 그렇게 임명된 사람의 공식 임무일 것이다. 양성의 노예나 외국인이라면 모종의 공적 하녀의 손으로 벌하

고. 교정의 정의를 논란하는 시민이라면 그녀는 그를 도시 위임관의 법정으로 데리고 가야 할 것이다. 그러나 논란이 없는 경우라면 그녀는 시민이라도 자기의 권위로 처벌해야 한다.[590]

플라톤은 탁아소에 대한 아무런 시설 규정도 없이 아이들을 모아 집단적으로 놀게 하며 집단적으로 양육하는 탁아소를 구상하며 성소聖所를 임시탁아소로 제시하고 있다.

그리고 이어서 플라톤은 앞서 시사했듯이 남녀육세부동석의 원칙을 도입하고, 마그네시아 폴리스도 전쟁을 위한 군사국가이기 때문에 이에 걸맞게 6세의 양성 아동들에게 전쟁 기술을 가르치라고 말하고 다만 계집아이들에게는 승마·궁술·투창·투석보다 찌르는 창과 방패 사용법을 가르치라고 말한다.

- 양성 아이들이 6살이 되었을 때 이에 따라 양성의 분리가 있어야 한다. 이제 사내아이들은 사내아이들과 어울리도록 만들고 계집아이들은 계집아이들과 어울리도록 만든다. 그리고 그것은 양성이 각자의 학습에 착수할 때가 되어야 한다. 사내아이들은 승마, 궁술, 투창과 투석기의 운용을 가르치는 교관에게 보내지고, 계집아이들은 원하면 이 훈련을 함께 나눠 해도 되지만 무엇보다도 찌르는 창과 방패의 사용을 함께 나눠 해도 된다.[591]

6살부터 남·녀를 분리하고 각각 전쟁 기술을 조금 달리 연마시킨다는 말이다.

---

590) Platon, *Gesetze*, 793e-794b.
591) Platon, *Gesetze*, 794c-d.

그리고 플라톤은 학교 설치에 대한 설명도 없이 사내아이들을 매일 학교에 보내고 시중꾼과 법률 후견인에 의해 날뛰고 장난치고 싶어 죽는 사내아이들을 통제해야 한다고 말한다.

- 날이 바뀌고 동이 트면 사내아이들은 학교에 가야 한다. 양이나 어떤 다른 동물들도 목자牧者 없이 살도록 놓아두지 않듯이 사내아이들은 시중드는 자들의 돌봄 없이 두어서도 아니 되고 노예들이 주인의 보살핌 없이 두어서도 아니 된다. 모든 길들지 않은 것들 가운데 사내아이는 다루기 가장 어렵다. 어떤 다른 것들보다 사내아이는 아직 맑아지지 않은 지성의 샘을 자기 안에 가지고 있기 때문에 짐승들 가운데 가장 교활하고 가장 장난스럽고 가장 제멋대로 군다. 그래서 이 동물은 말하자면 하나 이상의 고삐로 제어해 두어야 하는데, 제일 먼저 언젠가 사내아이가 엄마와 유모의 손에서 벗어날 때 시중드는 자들은 그의 난감할 정도로 유치한 행태를 보살피고, 그다음은 그에게 뭐든 가르치는 모든 선생이 보살피고, 자유인으로 태어난 인간에게 걸맞게 그가 얻는 가르침이 보살핀다. 그러나 어떤 자유인이든 사내아이가 그의 면전에서 이 어떤 잘못이든 저지르면 노예에게나 걸맞은 더한 꾸짖음을 그 사내아이에게, 그리고 시중꾼과 교사에게도 가해야 한다. 이런 사람이 마땅한 교도를 과하는 것을 해태한다면 그는 제일 먼저 가장 깊이 모욕당한 것으로 느껴야 할 것이다. 또한 사내아이의 제어를 위해 임명된 법률 후견인은 필요한 교도를 과하지 않은 채 우리가 다루고 있는 유형의 위반을 당한 쪽 사람을 인정해야 할 것이다. 이 관리는 사내아이의 훈육을 감독하는 자기의 일에 철저히 헌신하는 예리한 관찰 능력을 가진 사람이어야 할 것이다. 그는 사내아이의 천성적 자질을 바른길로 안내하여 언제나 아이들을 선하고 합법적인 것으로 향하

게 할 것이다.[592]

플라톤은 날뛰는 사내아이들의 비행과 위반에 대한 통제까지도 법률 후견인에게 맡기는 식으로 모든 것을 법으로 다스리려는 법만능주의 경향을 보인다. 한편, 플라톤은 『국가론』과 달리 『법률』에서는 평화애호 자세를 취하고 평화와 놀이의 관계를 논하는데 이 평화 조건에서 놀면서도 전투력을 높이는 결과를 중시한다.

- 심각한 일은 유희를 위해 해야 한다는 것이 요새 생각이다. 그래서 전쟁은 평화를 위해 잘 수행되어야 할 심각한 일이다. 그러나 사실은 우리가 전쟁 안에서는 이름 값어치가 있는 그 어떤 진짜 유희든 그 어떤 진짜 교육이든 발견하지 못하고 있거나 발견하지 못할 것이라는 것인데, 유희와 교육, 이것들은 내가 우리들 자신과 같은 피조물에 최고로 심각한 것으로 여기는 것이다. 그리하여 우리 각자가 대부분의 삶을 보내고 또 삶을 가장 잘 보내고 있는 상황은 평화다. 그다음 우리의 올바른 행로는 무엇인가? 우리는 하늘의 은총을 얻고 우리가 적과 싸워야 할 때 적을 물리치고 이기는 결과를 가져오는 게임들을 하면서 우리 삶을 보낸다. 그것은 제사·가요·무용과 같은 일정한 게임들이다. 어떤 종류의 가요와 무용이 이 두 가지 결과를 가져올지는 부분적으로 개략적으로 개진되었다.[593]

플라톤은 유희와 교육을 심각한 것으로 중시하면서 아동을 위한 특정한 종류의 가요와 무용이 하늘의 은총과 전투 능력을 증진시킬 것이라고

---

592) Platon, *Gesetze*, 808d.
593) Platon, *Gesetze*, 803.

말한다.

그리고 플라톤은 아동들의 게임 놀이가 법률 준수에 결정적으로 중요하다고 주장한다.

- 아이들의 게임들의 일에 관해 내가 왜 우리 공동체들이 보편적 무시 속에 침몰해 있다고 주장하는가? 이 게임들이 일단 제정된 법률의 준수와 비준수에 결정적 영향을 미친다는 것을 보지 못하고 있다. 이 점에 관한 법 규정이 있는 경우에, 같은 아이들이 언제나 같은 게임을 한 가지 동일일 한 방식으로 플레이하고 같은 장난감으로부터 그들의 기쁨을 얻는 것이 확실히 된 경우에, 보다 심각한 일에서도 법 규정들은 자유로워서 흐트러지지 않게 유지되지만, 전자에서 변화와 혁신이 존재하는 경우에는 아이들의 미감美感에 온갖 부단한 변화와 항구적 변동이 있다. 게임이 그들 자신의 태도와 움직임에서, 또는 장난감의 패턴에서 무엇이 예쁜지 또는 그 반대인지에 관한 고정·확정된 기준이 없는 경우에는, 패턴·컬러 등에서의 혁신의 고안자와 도입자가 언제나 특별한 존중을 받는 경우에 우리는 사회가 이보다 더 나쁜 역병을 겪을 수 없다고 얼마나 진실하게 말할 수 있을까? 이러한 사람은 당신의 배후에서 아이 무리의 성격을 항상적으로 바꾸고 있다. 그는 아이들에게 구식을 경멸하고 새로운 것을 숭배하도록 가르친다. 나는 다시 한 번 말하는바, 이러한 언어와 이러한 생각보다 더 중대한 위험이 있을 수 없다.[594]

플라톤은 기존의 모든 것을 뒤엎는 신국新國 '마그네시아 폴리스'를 설계하면서 모순되게도 아동 게임의 모든 혁신을 부정하고 강렬한 보수적

---

594) Platon, *Gesetze*, 797a-e

전통주의를 표명하고 있다.

그리고 플라톤은 '변화' 일반에 대한 자기의 부정적 관념과 절대불변의 보수적 세계관을 어린이에게 주입하려고 한다.

- 변화가 나쁜 것으로부터의 변화인 때를 빼고 우리는 언제나 고도로 위험하다는 것을 깨달아야 한다. 그것이 계절의 변화든, 지배적 바람의 변화든, 신체적 체제의 변화든, 정신적 습관의 변화든, 한마디로 내가 방금 언급한 나쁜 것으로부터의 변화의 경우를 빼고 예외 없이 어떤 것의 변화든. 그리하여 우리가 우리의 신체와 이 신체가 어떤 종류의 먹을 것이나 마실 것, 또는 힘든 작업에 익숙해질 수 있는 방법을 고려한다면 – 이 음식과 힘든 작업이 처음에 신체를 뒤집어놓을지라도 때가 되면 그것들의 씀씀이가 어떻게 그것들과 친근한 살을 형성하게 되고 그리하여 신체는 신체의 체제 도식에 화합하고 그것에 친숙해지고 편안히 느끼게 되고, 기쁨과 건강의 삶을 즐기게 드는가, 신체가 다시 어떤 승인된 체제에 맞춰 변화하도록 강제된다면 어떻게 인간은 처음에 무질서에 의해 뒤집어지고 오직 다시 그의 섭생에 친숙해짐에 따라 천천히 회복되는가? – 우리는 왜 동일한 것이 인간의 지성과 영혼에도 일어난다고 가정하지 않을까. 인간들이 어떤 법률 체계 아래서 길러지고 이 법률 체계가 어떤 행복한 섭리에 의해 변함없이 오랜 시대 동안 지속되고 그리하여 어떤 한 사람도 사물들이 현재와 다르게 존재한 시기를 기억하지 못하거나 그 시기에 대해 들은 적이 없을 때, 영혼 전체는 존경으로 가득 차고 일단 확립된 것에 대해 어떤 혁신을 하는 것도 두려워할 것이다. 그렇다면 입법자는 이 이점을 공동체에 확보하기 위해 이러저러한 방안을 강구해야 하고, 여기에 발견을 향한 나 자신의 제언이 있다. 그들 모두는 우리가 말하고 있는 바대로 혁신이 실은

가장 심각하고 중대한 해악의 원천인 만큼 아동의 놀이를 혁신하는 것 그 자체가 놀이의 한 부분이고 그 이상 아무것도 아니라고 상정한다. 그러므로 그들은 변화를 피하려고 시도하는 것이 아니라 변화를 받아들인다. 자기들의 게임에 혁신을 도입하는 이 아이들이 불가피하게 더 이른 시기의 아이들과 다른 유형의 인간으로 성장하지 않을 수 없다는 것, 그들 자신에서의 변화가 다른 생활 방식에 대한 추구로 이끌어지고 이것이 다른 제도와 법률에 대할 갈망으로 이끌어진다는 것을 결코 성찰하지 않고, 이래서 그들 가운데 아무도 우리가 방금 공동체에 대한 최악의 불행으로 언급한 목전의 귀결을 감지하지 못한다. 다른 항목들에서의, 가령 단순한 외부 형태에서의 변화는 물론 덜 해악일 것이지만 도덕적 승인·불승인의 잦은 수정은 모든 변화 중에서 가장 중대한 변화이고 가장 초조하게 방어될 필요가 있다. (…) 자, 그러면, 우리가 리듬과 음악이 일반적으로 더 나은 인간과 더 나쁜 인간의 무드를 표현하는 재현물이라고 말할 때 우리가 여전히 이전과 동일한 마음 상태일까, 아니까? (클리니아스: "완전히 사실입니다.") 그렇다면 우리는 우리 어린이들을 무용이나 가요에서 다른 모델을 재생산하고 싶은 욕망으로부터 지키기 위해, 그리고 가능한 유혹자가 아이들에게 다양한 희열의 유인을 제공하는 것을 막기 위해 갖은 수단을 다 써야 한다고 말해야 할 것이다.[595]

플라톤은 '문화보수'의 모범국가로 당대의 이집트를 꼽고 있다. 여기에 플라톤의 합리론 철학의 온갖 악폐, 보수적 억압, 모순, 오류가 바로 여기에 집결되어 있다. 이 대목에서 그는 자기 자신이 기존의 그리스 사회를 부정하고 뒤집어엎는 새로운 폴리스 건설을 꾀하면서 모순되게도 마

---

595) Platon, *Gesetze*, 797a-798e.

치 아무것도 변하지 않는 불교적 절대불변·절대보수·절대부동의 정적靜 寂 사회를 꿈꾸며 아이들에게서 창의적·혁신적 사고의 싹이 자라라는 것을 원천 삼제芟除, 원천 봉쇄하려고 벼르고 있다. 그리고 "도덕적 승인·불승인의 잦은 수정은 모든 변화 중에서 가장 중대한 변화이고 가장 초조하게 방어될 필요가 있다"는 대목은 도덕이 합리적 사고로 제정되는 것이고 따라서 또 다른 사고에 의해 변하거나 수정될 수 있다는 합리론적 패러다임을 깔고 있다. 플라톤은 소크라테스처럼 고등동물들도 부분적으로 인간과 공유하는 '본능적' 도덕감정과 도덕감각(도덕적 승인·불승인)을 알지 못한 채 그릇되게도 "도덕적 승인·불승인의 잦은 수정"을 입에 담고 있다.[596]

제2단계는 7세부터 17세까지다. 이 시기의 초기교육은 문예가 영혼의 진수를 발양시키는 만큼 문예와 관련되어야 한다고 주장했다. 처음에는 이야기에서 시작해서 시문으로 나아간다. 그다음은 음악과 예술 교육의 주 과목이 되어야 한다.

이 시기는 기초 단계로서 문예·음악·조형미술 등 비교적 수준이 낮은 지적 도야 및 학예와 체육교육의 시기인 것이다. 첫 10년 동안은 체육이 중요하다. 이를 위해 모든 학교는 체육관과 운동장을 갖춰야 하고 신체와 건강을 단련하여 어떤 병마에도 견딜 수 있게 되어야 한다. 체육은 단지 육체의 단련만을 위한 것이 아니고 그 이상의 정신적 도야를 위한 것이었다. 이들 과목은 유희적 방법으로 가르치고, 이런 자유로운 학습활동을 하는 가운데 각자의 개성을 발견한다. 플라톤은 품성과 너그러운 영혼의 교육을 위해 특히 음악을 권장했다. 또한 그는 음악·산술·역사·과학 과목

---

[596] 한심하게도 남아프리카의 도만스키는 "확립된 문화형태들의 혁신과 변화"에 대한 플라톤의 "경고"와 이집트 모델 제시가 오늘날 우리시대에도 "교훈"이 된다고 생각한다. Andrew Domanski, "Principles of Early Education in Plato's Law". *Acta Classica* (2007) [65-80].

도 강조하고 플라톤은 도덕교육도 강조했다.

『국가론』에서 신체적 운동은 강제가 있어도 상관없지만 학과목의 학습은 강제로 시켜서는 아니 된다고 주장한다.

- 이제 셈법과 기하학, 그리고 변증론에 불가피한 준비인 예비적 과목의 모든 학습은 젊은이들에게 제공하되, 강제적 훈육 형식으로 제공해서는 아니 된다. (…) 왜냐하면 (…) 강제로 수행되는 육체노동은 신체를 해치지 않는 반면, 강제로 배우는 어떤 것도 정신에 머물지 않는 까닭에 자유로운 영혼은 노예적으로 어떤 학습이든 추구해선 아니 되기 때문이다. (…) 그렇다면 강제를 사용하지 말라. 초기 교육은 일종의 재미있는 유희이어야 한다. 그러면 우리는 천성적 능력을 더 잘 발견할 수 있을 것이다.[597]

그러면서 플라톤은 아름다운 군사국가 '칼리폴리스'에 걸맞게 어린이들을 심지어 전쟁터로 데리고 나가는 종군從軍을 주장한다.

- (…) 우리가 어린이들을 말에 태워 전장으로 이끌고 가서 구경꾼이 되게 하고 위험하지 않은 곳에서는 어디서든 그들을 일선으로 데리고 가고 우리가 어린 사냥개처럼 그들에게 주어진 혈통을 맛보게 해야 한다고 우리는 천명하기도 했다. (…) 시간이 흐르면서 이 모든 노고와 학습과 위험 속에서 가장 능숙함을 보여주는 사람들은 선발 명단에 등록되어야 한다. (몇 살에?) 그들이 규정된 체육을 끝마친 나이에는 기간이 2년이든 3년이든 다른 일과 활동을 하지 못하게 한다. 운동으로 인한 큰 피로와 많은 잠은 학습의 적이기 때문이다. 처음에 체육 운동에 처해

---

[597] Platon, *Der Staat*, 536e-537a.

있던 자의 시험은 우리의 청년이 치르는 가장 중요한 테스트 가운데 하나다.[598]

이후에는 변증법을 배우는 18-20세의 제3단계로 넘어가기 위해 테스트가 실시된다. 이와 동시에 합창 형태의 음악교육이 중시된다.

플라톤은 『법률』에서 세 가지로 고정된 합창과 음악교육을 신과 관련시켜 모든 연령대가 참여하는 행사에 소년들을 참여시킨다.

- 나는 우리가 지금까지 열거한 또는 지금부터 열거할 모든 고상한 독트린을 상세히 논함으로써 세 개로 되어 있는 우리의 모든 합창이 아직 어리고 유약한 때 우리 아이들의 영혼을 매혹시켜야 한다고 주장한다. 그 독트린의 요약과 실질적 내용은 이와 같은 말이다. 우리가 가장 기쁘고 가장 훌륭한 삶을 동일한 하나로 평가한다고 말한다면, 우리의 진술은 완전히 참임과 동시에, 우리가 어떤 다른 톤으로 말한 경우보다 우리가 설득해야 하는 사람들에게 더 설득력 있을 것이다. (…) 그렇다면 첫째, 뮤즈 여신에게 신성할 소년 아이들의 합창이 도입부를 이루고 먼저 폴리스 전체 앞에 힘껏 이런 뜻으로 노래를 공개적으로 가창해야 할 것이다. 30세 미만 사람들의 합창은 다음으로 모습을 드러내 얘기된 독트린의 진리를 목도하도록 '치료의 신'(아폴론)을 초혼招魂하고 어린것들에게 그 신의 은총을 확신시켜 주기 위해 그 신에게 그 신의 은총을 기원한다. 물론 30세와 60세 사이의 연령대인 사람들로부터 제3의 노래가 있어야 한다. 자연적으로 더 이상 노래를 부르는 것을 감당할 수 없는 그 이상의 연령대의 사람들은 고조된 악센트로 동일한 유형의 인물에 관한 이야기를 말하게 놓아둘 것이다. (…) 모든

---

598) Platon, *Der Staat*, 537a-b.

어린 피조물들은 본성적으로 불로 가득 차고 그들의 사지도 목소리도 고요하게 유지할 수 없다. 그들은 항구적으로 무질서한 외침과 점프를 터뜨리지만, 어떤 다른 동물도 이 종류와 저 종류의 질서 감각을 발전시키지 않는 반면, 인간은 단독적 예외다. 움직임에서의 질서는 리듬이라 부르고, 음조에서의 질서 - 날카로운 음조와 무거운 음조의 혼합 - 는 가락이라 부르고, 둘의 결합을 부르는 이름은 합창 예술이다.[599]

플라톤은 전 세대가 참여해 부르는, '치료의 신' 아폴론을 찬양하는 합창에서 어린이들의 합창을 앞세워 어린이들을 어른들의 세계에 들여놓고 있다.

이러한 모든 청소년의 학과목 교육은 노래와 시문을 통해 강제 없이 부드럽게 교육되어야 한다. 강제로 주입된 지식은 정신 속에 남지 않기 때문이다. 교사들이 어린이 정신의 자연적 성향을 이해하여 교육은 일종의 재미있는 놀이로 만들어져야 한다. 이 때문에 플라톤은 교육을 놀이와 결부시키기도 했다.

그리고 『법률』에서 플라톤은 18세 미만의 소년들에게 금주령을 내려야 한다고 말한다. "첫째 우리는 18세 미만의 소년들에게 술 시음을 절대적으로 금지해야 한다. 우리는 그들이 젊음의 정열적 기질에 너무 많은 관심을 가져 삶의 노고에 전념하기 전에 육체나 영혼의 불에 불의 더 이상의 흐름을 공급하지 않도록 해야 한다고 그들에게 말해 주어야 한다."[600]

플라톤은 인간은 신적 수준으로 고양될 가능성을 가졌지만 동시에 동물 이하의 극악한 존재로 타락할 위험도 아울러 가졌다고 말한다. 그리고

---

599) Platon, *Gesetze*, 664-665e.
600) Platon, *Gesetze*, 666a.

이 위험으로부터 인간을 건져내기 위해 특히 아동교육의 중요성을 강조한다.

- 모든 성장하는 생물들 - 나무, 짐승 또는 야만인, 인간 - 에게서 하나같이 첫 자손과 새싹은 아름답지 않더라도 지극히 강력해서 종류에 따른 훌륭함의 행복한 완성을 기한다. 지금 우리는 인간을 점잖은 피조물이라 부르지만, 실은 인간이 바른 생득적 품성과 바른 교육을 받으면 어떤 존재보다 더 신적이고 더 점잖은 것으로 입증되겠지만 인간을 불충분하게 또는 엉망으로 훈련받게 놓아두면 인간은 지상의 무엇보다도 더 야만적인 것으로 드러날 것이다. 그러므로 입법자는 아동의 훈육을 부차적이거나 하급적인 과업으로 취급해서는 아니 되는 것이다. 아동의 관리자가 잘 선발되는 것은 첫 번째 일차적 필요이기 때문에, 그는 모든 시민 가운데 모든 점에서 가장 훌륭한 그에게 아동 관리의 책임을 맡기면서 그에게 주어진 권한 안에 들어있는 모든 것을 다 해야 한다. 따라서 모든 관리는 위원회와 위원들을 빼고 아폴론 신전을 자주 다니면서 그곳에서 각자가 교육을 통어하기에 가장 적격이라고 판단하는 법률 후견인들 가운데 하나에게 비밀로 찬표를 던져야 할 것이다.[601]

플라톤은 아동 훈육의 중요성을 강조하면서 불량한 아동교육이 낳을 인간의 바닥 모를 타락 위험을 경고하고 훌륭한 아동 관리자의 선발과 바른 관리 임무 수행의 일차적 중요성을 강조하고 있다.

그런데 『국가론』에서 수호자 후보들을 선발하는 방법은 무엇일까? 이에 대해 소크라테스·플라톤은 10세 이상 주민들을 전장으로 파견한 뒤

---

[601] Platon, *Gesetze*, 765e.

남는 9세 이하의 어린이들을 취하는 조치를 실시하는 것을 말한다. "그들은 10세 이상의 모든 주민을 전장으로 내보낸 다음 어린이들을 넘겨받아 부모들의 예의범절과 습관을 제거하고 상론한 바와 같은 자기들의 관습과 법률에 따라 그들을 기를 것이다. 이것은 우리가 묘사한 그러한 폴리스와 헌정 체제가 확립되어 번영하고 이 번영이 일어날 백성들에게 가장 많은 혜택을 가져다줄 수 있을 가장 신속하고 가장 손쉬운 방식이다."[602] 이것은 9세 이하의 어린이들 가운데 0-6세 아이들은 제1단계 교육에 배치하고 7-9세 아동은 제2단계 교육과정에 나눠 배정하는 것을 함의할 것이다.

제3단계는 18세부터 20세까지다. 이 시기 교육의 기초는 신체·군사훈련이다. 이 시기는 어떤 곤경에도 참아낼 수 있는 강인한 심신을 기르기 위해 체육과 군사훈련만을 전수한다. 이 과정에서 성적불량자는 수호자 집단에서 생산자 계급으로 퇴출된다.

소크라테스와 플라톤은 '중도中道의 덕목'(=중용)을 인간의 삶을 '최고의 행복'으로 이끄는 근본적 덕목으로 일반화하고 청소년의 감정에도 적용한다. 최후의 저작 『법률』에서 플라톤은 상론했듯이 특정한 감정에 오래 사로잡힌 생활이 덕성에 미치는 부작용에 대해서 주목한다. "청년 시절부터 공포에 굴종한 영혼은 모두 특히 소심해지기 쉽고 모두가 확언하듯이 이는 용기를 수련하는 것이 아니라 겁심怯心을 수련하는 것이다"라고 비판한다. 그리고 이어서 "청년시절이 그때부터 죽 용기를 수련하는 정반대의 과정이라면 그 본질이 우리를 엄습하는 공포와 두려움의 정복에 있을 것이다"라고 말한다. 그렇다면 "다양한 정서 상태들을 통한 상당히 어린 애들의 훈련이라는 이 요인이 영혼의 덕의 일부를 발전시키는 데 크게 기여하고", 더구나 "영혼의 즐거움과 그 반대가 강심장과 소심증의

---

602) Platon, *Der Staat*, 541a.

적잖은 부분을 형성해 낸다"라고 말한다.[603]

플라톤은 학생들을 변증론의 본격적 학습 단계인 제4단계로 승급시키기 위해 20세 학습 단계에서 포괄적 이해를 전제하는 변증론을 학습할 만큼 우수한 청년들을 선발하는 것에 대해 논한다.

- (…) 이 기간 후에 20세 학습 단계로부터 선발된 사람들은 다른 사람보다 더 큰 영예를 받을 것이고, 그들의 이른 교육에서 어떤 순서도 없이 배운 학문은 이제 하나로 종합될 것이다. 그들은 이 학문 간의 상호 관계와 참 존재와의 관계를 볼 수 있을 것이다. (…) 이런 지식을 감당할 능력은 변증론적 재능을 판단하는 큰 기준이다. 포괄적 정신은 언제나 변증론적이다. (…) 이것들은 우리가 고려해야 하는 항목들이다. 이 포괄적 이해를 가장 많이 득하고 학습과 군사적 책무와 다른 지명된 책무에서 가장 견인불발한 사람들은 30세가 되었을 때 우수 학급으로부터 선발되어 더 높은 영예로 올려져야 할 것이다. 그것들 가운데 어느 것이 시각과 기타 감각들의 사용을 포기할 수 있는지를 배우고 진리와 더불어 절대적 존재에 도달하기 위해 그것들을 변증론의 도움으로 입증해야 할 것이다.[604]

청년들은 이 테스트를 통과함으로써 제3단계를 떠나 법증론을 본격적으로 학습하는 제4단계로 올라간다.

제4단계는 21세에서 30세까지다. 이 시기에는 철학의 예비 교과로서 수학·기하·천문·음악 이론을 체계적으로 배우고 포괄적 이해력을 요하는 변증론을 학습한다. 20세 시험에 낙방한 자들은 상공업·서기·노동자·농

---

603) Platon, *Gesetze*, 791b·c.

604) Platon, *Der Staat*, 536e-537a.

부 등과 같은 공동체 내의 활동으로 배치된다. 합격자는 10년간 추가 교육을 받는데 이때 학과목은 고등수학·천문학·기하학(변증론예비학)이다. 발탁 대상은 확실한 자들, 대담한 자들, 멋있는 자들, 고등교육을 잘 받을 천부적 재능을 갖춘 자들이다.

제5단계는 31세에서 35세까지다. 이 단계를 시작하기 전 30세에는 이전의 시험보다 더 어려운 시험을 치르게 한다.[605] 낙방자들은 행정 보조원과 수호자가 된다. 합격자는 35세까지 5년 동안 실재의 궁극적 원리에 관한 고등 변증론을 더 학습한다. 이 시기에는 감성적인 것을 떠나 순수하게 관념적인 사물의 본질을 다룬다는 것이다.

제6단계는 36세에서 50세까지다. 36세부터는 15년 동안 더 변증론의 실천적 응용을 학습한다. 이 시기를 플라톤은 '동굴에 들어가는 시기'로 비유된다. 이때가 되면 인간은 속세에 나와 군사와 정치를 실습·연구하고, 철학자와 치자로서 풍부한 경험과 견문을 준비한다. 그리고 전쟁 지휘나 그에게 알맞은 국가 관직을 맡는 등 실무를 수행한다. 교육단계는 이 6단계로 끝난다.

상론했듯이 플라톤의 수호자와 철인치자는 최초의 선발 과정에서 타고난 '지능'과 천성이 중시된다. '수호자'로 선발될 사람은 "천성적으로 지혜를 사랑하는 사람", 즉 "천성적 철학자"이어야 한다.[606] 따라서 수호자와 철인치자의 재생산은 완전히 우생학적 관리를 받는다. 일반 수호자는 유아기 때 천성과 지능을 기준으로 한 선발시험을 거쳐 선발되고 양육된다. 아이들에게 "자기 신념을 가장 잘 잊어버리게 되거나 가장 잘 속게 될 그런 일들을 하도록 배정하고 어릴 적부터 줄곧 이들을 지켜보아야 한다. 그리하여 좀처럼 속지 않는 사람을 뽑되, 그렇지 못한 사람들은 가려

---

605) 참조: Puja Mendal, "Plato's Theory of Education", 'Higher Education'.
606) Platon, *Der Staat*, 375e.

내어 제외시켜야 한다." 그런 뒤에도 연령대별로 각종 시험을 부과하여 선발과 선발을 거듭해야 한다. "아이 중에서나 청년 중에서나 그리고 어른 중에서 늘 그런 시험들을 거쳐 더럽혀지지 않은 것으로 판명된 사람들을 치자와 수호자로 임명해야 한다."[607] 이들은 일단 "가장 견실하고 가장 용감한 천성을 가진 자들", "가급적 가장 잘생긴(에우에이데스타투스 εὐειδεστάτους) 타고난 외모를 가진 자들"이고, "가장 고귀하고 강건한 천성을 지닌 자들일 뿐만 아니라 교육에 적합한 천성을 지닌 자들", "학문에 대한 예리함이 있어 힘들이지 않고 배우는" 자들, "기억력이 좋고 견인 분발하며 특별히 열심인 자들",[608] 이와 같이 수호자집단과 철인치자들은 백성이 뽑거나 또는 백성이 뽑은 임금이 선택한 치자들이 아니라 천성을 기준으로 치열한 시험의 경쟁을 뚫고 선발된 '우수품종들'이다. 특히 일반 수호자집단에서 치자로 승급될 "훌륭하고 선량한 수호자"는 "천성상 지혜를 애호하고 배움을 좋아하는 사람", 아니 "의당 천성상 지혜를 애호해야 하고 또 기개 있고 용감하며 굳센" 사람이어야 한다.[609] 그리고 "치자들은 (수호자집단의) 연장자이어야 하겠지만", 이들 중에서도 "가장 훌륭한 사람들(호이 아리스토이 οἱ ἄριστοι)", "나라를 가장 잘 지키는 사람들"이어야만 한다.[610] 이들이 이른바 "완벽한 수호자들" 또는 "가장 훌륭한 수호자들"이다.[611] 젊은 수호자들은 "치자들의 결정들(도그마타 δόγματα)"의 이행을 위해 지시를 받고 움직이는 "보조자(에피쿠로이 ἐπίκουροι)와 지원자들(보에토이 βοηθοί)"이다.[612] 수호자들이 "50세가 되었을 때,

---

607) Platon, *Der Staat*, 413c-d, 413e-414a.
608) Platon, *Der Staat*, 534a-c.
609) Platon, *Der Staat*, 376b-c.
610) Platon, *Der Staat*, 412c.
611) Platon, *Der Staat*, 414b, 416c.
612) Platon, *Der Staat*, 414b. 로우는 '도그마타(δόγματα)'를 '확신·신념(convictions)'이 아니라 '결정(decisions)'으로 옮겨야 한다고 강조한다. Christopher J. Rowe, "The Place of the Republic in Plato's Political Thought", 45쪽 각주. G. R. Ferrari

이들 중에서 시험을 무사히 치르고 실무나 학식 등 모든 면에서 두루 가장 훌륭한 이들은 최종 목표로 인도되어 고개를 젖히고 영혼의 눈으로 모든 존재에 빛을 비추는 바로 그것" – 선善 자체(선의 이데아) – 을 "바라보게 해 준다". 그리하여 "선 자체를 보고 이것을 파라데이그마(본본)으로 삼고서 저마다 여생 동안 번갈아 가면서 나라와 개개인 그리고 자기 자신들을 다스리게 하는 것"이다. 이들은 "여생을 대부분 철학으로 소일하지만, 차례가 오면 나랏일로 수고를 하고 저마다 나라를 위해 치자가 된다."[613] 치자들은 그야말로 선 자체에 대한 관상觀賞의 철학적 기쁨과 합당한 영예 외에 아무것도 바라지 않는 안빈낙도의 검소한 생활을 해야 한다.

50세 이후는 교육단계가 아니라 연구 단계다. 이제 철인으로서 종신토록 변증론의 초보적 대상인 '선善의 이데아'를 연구한다. 그리고 철인치자로서 교대로 정치를 맡고 틈틈이 후진을 교육한다. 플라톤이 아카데미아에서 실행한 교육 방법은 소크라테스적 산파술이었다. 그것은 소피스트들의 논쟁술·궤변술에 빠지는 대화법이 아닌, 자기 성찰과 진리 탐구를 위한 방법이며, 문자에 의한 무생명의 교육이 아닌, 살아 있는 말을 중시하는 산파술적 대화법이다.

8.2. 이성적 지식 이론과 천재교육론의 연관

소크라테스와 플라톤의 지식관과 교육관은 공자의 그것들과 본질적으로 달랐다. 소크라테스의 지식은 본유지식으로 모든 것의 본질에 대한 절대적 확실성을 얻으려는 '사이불학思而不學'의 합리적 변증론(논증)으로

(ed.), *The Cambridge Companion to Plato's Republic* (Cambridge·New York: Cambridge University Press, 1998).
613) Platon, *Der Staat*, 412c, 414b, 540a-b.

얻어지지만, 공자의 '근도近道'로서의 지식은 '다문다견多聞多見'의 경험으로 배우고 '궐의궐태闕疑闕殆'하는 '온고지신溫故知新'의 '학이사지學而思之'로 얻어진다. 모든 덕성은 이런 경험적 배움을 얼마간 요구할 뿐 아니라, 소크라테스의 애지자에 버금가는 이 '호지자好知者'도 경험적 배움이 없으면 사람들을 호려 세상을 흐리게 된다.

공자는 경험적 배움이 없으면 어떤 덕성이든 다 각기 폐단으로 전락한다고 생각했으나 소크라테스는 반대로 생각했다. 인간적 덕성을 이루는데 '학식'은 충분한 것이지만, '경험'과 '현명'은 반드시 필수적인 것이기 때문이다. 따라서 공자는 경험에서 배우지 않을 때 생기는 '육폐六蔽'를 지적한 바 있다.[614] 이와 같이 덕행에는 '경험'과 경험적 '현명'이 필수적인 것이고, '주학이종사主學而從思', 곧 '학이사지'로 얻은 '학식'은 금상첨화다. 경험으로 확충되는 '현명'과, 경험지식을 사유로 가공해 얻어지는 '학식'은 둘 다 다문다견의 박학심문을 출발점으로 삼는다.

또한, 앞서 여러 차례 시사했지만, 소크라테스와 플라톤은 4덕 중 비윤리적인 인식적 '지혜'를 최고로 치고 '지자의 지배', 즉 '철인치국'를 주장한다. 반면, 공자는 '지덕智德'을 4덕 중 말석에 놓고 '지덕'에 지배의 정통성을 부여하지 않고 '군자(인자)치국'을 주장했다. 그러나 지금까지 소크라테스와 플라톤의 영향을 받은 합리주의적 서양 철학자들이 소크라테스·플라톤 식의 '철인치국론'에 매료되어 공자의 '군자치국론'을 '철인치국론'으로 오해해 왔으나, 기실 두 치국론은 내용상 정반대다. 소크라테스·플라톤의 수재·천재교육론은 이 이성적 지식론과 이에 기초한 철인치국론과 긴밀하게 연관되어 있다.

소크라테스는 이성적(합리적) 지식 개념에 따라 지적 능력의 개인차에

---

614) 『論語』「陽貨」(17-7), "好仁不好學 其蔽也愚. 好知不好學 其蔽也蕩. 好信不好學 其蔽也賊. 好直不好學 其蔽也絞. 好勇不好學 其蔽也亂. 好剛不好學 其蔽也狂."

대해 공자와 달리 대응한다. 소크라테스는 인간들을 지적으로 차별하고 인간들 가운데 천성적으로 지능이 우수한 천재를 선발해 교육하는 관점을 취한다. 공자는 지적 능력에 차등이 있음을 인정하지만, 일정 범위의 차등은 "성실(誠之者)"로 평준화시킬 수 있다고 생각하고 천재적 지성에 관심을 두지 않고 수신과 교육의 보편적 필요성을 강조한다. 베이컨도 천재적 지성에 관심을 두지 않고 보통 사람들에 의한 주유천하의 박물지적 경험 지식을 더 중시했다.

   수신과 교육을 통해 지식을 쌓는 데는 천부적 두뇌 차이로 인해 큰 편차가 나타난다. 인간의 타고난 지적 능력은 데카르트나 홉스의 지능적 평등 주장에도 불구하고 결코 평등하지 않다. 보다 더 정밀한 지능측정법이 개발된 오늘날 이것을 부정하는 사람은 없을 것이다. 그래서 공자도 "오로지 천재(上知)와 천치(下愚)만은 (학습·연습)에 의해서도 변하지 않는다"고 말했다.[615] 따라서 "중등 이상인 자에게는 상등의 것을 말해 줄 수 있으나 중등 이하인 자에게는 상등의 것을 말해 줄 수 없는 것이다."[616] 공자는 경험으로 배우지 않고 '생이지지生而知之'하는 신적 성인이 상등이라면, 경험에서 배워서 아는 학자는 중등中等이고, 먹고살기가 곤란해서 경험으로 배운 전문 기술자는 그다음의 중등이고, 먹고살기가 곤란해도 경험에서 배우려고 하지 않는 자는 하등으로서 바로 일반백성이라고 말하기도 했다.[617] 국가적 문제는 하등의 '곤이불학자困而不學者'들이다.[618]

---

615) 『論語』「陽貨」(17-2), "子曰 唯上知與下愚不移."
616) 『論語』「雍也」(6-21), "子曰 中人以上 可以語上也. 中人以下 不可以語上也."
617) 『論語』「季氏」(16-9), "孔子曰 生而知之者 上也. 學而知之者 次也. 困而學之 又其次也. 困而不學 民斯爲下矣."『斯: 이 사』.
618) 지적 능력의 차이에 따른 공자의 사람 분류는 놀랍게도 아리스토텔레스와 매우 흡사하다. 아리스토텔레스는 어떤 일을 탐구해 알아낼 때는 우리에게 이미 알려신 것으로부터 출발해 본성적 제1원리(아르케)의 앎으로 나아가야 한다고 생각한다. 이런 까닭에 고귀함과 정의, 그리고 정치학 일반에 관해 제대로 듣고자 하는 사람은 훌륭하

오늘날도 유능한 사람들만이 열심히 면학해 스스로 깨닫고 위인을 따라 배워 철학을 말하고 이해할 수 있다. '곤란해도 경험에서 배우지 않는 자들'은 철학을 등진 일반 백성이다. 이런 까닭에 공자는 또 "백성은 따르게 할 수는 있어도 알게 할 수는 없다"고 말했던 것이다.[619] 따라서 치자 입장에서 의무적 국민교육을 마친 백성에게는 '알게' 하는 것이 아니라 서로 '믿게' 하고 덕과 예를 보급해서 예법을 행할 수 있게 하는 것이 중요하다. 백성이 믿으면 '하게' 할 수 있기 때문이다. "백성의 믿음(民信)"은 국가의 '최후 보루'다.[620] 대중의 지력에 대한 공자의 이 평가는 오늘날에도 본질적으로 변함이 없는 '대중'의 수준에 적합한 말이다. 대중이 군자나 중등인들과 같이 학식을 갖출 수 있다면, 국가에 법과 정형政刑이 필요 없을 것이다. 그러나 군자와 중등인들도 떼로 모여 있으면 '대중'이 되고 이들도 곤란해도 경험에서 배우는 것을 꺼리는 대중의 수준으로 추락한다. 따라서 국법과 정형이 불필요한 나라는 영원히 없을 것이다.

플라톤도 유사한 견해를 피력한다. 나라에는 남녀를 가리지 않고 '가장 훌륭한 사람들'과 '더 못한 사람들'이 있고 이 '가장 훌륭한 사람들'에게는 그들을 수호자들과 치자들로 육성하기 위한 최상의 교육이 베풀어진다. 이들은 이런 교육을 감당할 지능을 가지고 있다. 그러나 '더 못한 사람

게 살아야 한다. 제1원리는 사실이다. 따라서 이것이 충분히 분명해졌다면 더 이상 이유를 밝힐 필요가 없다. 이렇게 살아온 사람은 제1원리를 이미 체득하고 있거나 나중에라도 쉽게 이해할 것이다. 이도 저도 아닌 사람은 헤시오도스(Ἡσίοδος)의 다음 시구를 명심해야 할 것이다. "모든 것을 스스로 깨달은 사람은 최상이고, 훌륭한 말씀을 하는 사람을 따라 배우는 사람도 우수한 사람이라네. 하지만 스스로 깨닫지도 못하고 다른 사람으로부터 들은 것을 마음속에 새겨 넣지도 않는 사람은 아무 쓸모 없는 사람이라네." Aristoteles, *Die Nikomachische Ethik*, übersetzt v. Olof Gigon (München: Deutscher Taschenbuch Verlag, 1951·1986), 1095b5-14.

619) 『論語』「泰伯」(8-9), "子曰 民可使由之 不可使知之." 『由: 따를 유』.
620) 『論語』「顔淵」(12-7): "子貢問政. 子曰 足食 足兵 民信之矣. 子貢曰 必不得已而去 於斯三者何先? 曰 去兵. 子貢曰 必不得已而去 於斯二者何先? 曰 去食. 自古皆有死 民無信不立."

들'인 대중은 이럴 지적 능력이 없다. 따라서 플라톤은 일반백성을 고등교육으로부터 방출한다. 플라톤은 지적 능력이 부족한 사람들에 대한 교육의 효과를 부정하기 때문이다. 그는 기억력이 없어서 "배우기 힘들고" 잘 잊어버려 "머릿속이 망각으로 가득 찬" 사람들은 "아주 많은 수고를 하고도 성취하는 것이 적어" "배움을 싫어하게 되고" 애지愛知할 수 없다고 말한다. 따라서 "대중이 애지하는 것(철학 하는 것)은 불가능한 일인 것"이다.[621]

소크라테스와 플라톤은 지능의 차이를 성실로도 극복할 수 없다고 생각했다. 따라서 대중교육기관으로서의 기초학교를 설립하는 것에 대해 거의 논하지 않았고, 철학자를 기르는 '아카데미아' 하나만을 달랑 개교해 수재와 천재만을 가르쳤다. 아리스토텔레스도 '리케이온' 하나를 달랑 개교하고 수재와 천재만을 선발해 가르쳤던 것이다.

그러나 공자는 사람들 간의 지적 능력 차이를 인정할지라도 저런 정도의 지적 능력의 차이는 성실로도 극복할 수 없다고 주장했다.

---

[621] Platon, *Der Staat*, 456d; 486c·d; 494a. 아리스토텔레스도 대중의 지적 능력에 대해 유사한 견해를 피력한다. "이성적인 말로는 대중에게 진정 고결한 것을 사랑할 고상한 품성을 가르칠 수 없다. 대중은 천성적으로 경외감이 아니라 불안감에 복종하고 수치심 때문이 아니라 벌 때문에만 나쁜 짓을 삼가기 때문이다. 그들은 감정에 살고 자신들에게 맞는 기쁨과, 기쁨이 자신들에게 마련해 주는 것을 좇고 그에 대응하는 고통으로부터 도망친다. 그러나 고결함과 진정한 기쁨에 대해서는 개념조차 없다. 그들은 이것들을 맛본 적이 없기 때문이다." 또 "일반적으로 감정은 이성적인 말에 복종하는 것이 아니라 힘에 복종한다." 따라서 "다중은 이성적인 말에 복종하기보다 강제력에 복종하고 고결한 것에 복종하기보다 처벌에 복종한다." 그러므로 대중들을 강제해 고결한 것을 습득하도록 하고 할 일을 하도록 할 법률이 필요하다. "특정한 현명(현덕)과 지성에서 나오는 이성적인 말로서 법률은 강제력을 가지고 있기" 때문이다. Aristoteles, *Die Nikomachische Ethik*, 1179b11-16; 29-30; 1180a4-5. 대중은 순수한 이성적 말로 가르칠 수 없고 강제력을 갖춘 말로만 억지로 주입할 수 있다는 말이다. 아리스토텔레스의 강제적 '법률'은 공자의 예법과 정형政刑에 해당한다. 그러나 만민평등교육을 말하는 공자와 달리 아리스토텔레스는 철학을 할 수 있는 사람들을 여가(스콜레 σχολή)를 가진 유한계급으로 한정했다.

- 남이 한 번에 할 수 있으면 나는 백 번을 하고, 남이 열 번에 하면 나는 천 번을 해야 한다. 과연 이 도에 능하면 비록 어리석어도 꼭 밝아지고 비록 유약해도 굳세어진다.[622]

 또 공자는 어떻게든 지식을 이루기만 하면 이런 선천적 능력 차이가 큰 의미가 없다고 말한다. "혹은 나면서부터 알든(生而知之), 혹은 경험에서 배워 알든, 혹은 곤궁해서 할 수 없이 알든, 뭔가를 안다는 것에서는 매일 반이다. 혹은 천성에 편안해서 행하든, 혹은 이로워서 행하든, 혹은 힘써 억지로 행하든, 그 성공에서는 매일반이다."[623] 공자 자신도 결코 "나면서 아는 자(生而知之者)가 아니라 지난 경험을 중시해 힘써 이를 탐구한 사람"일 뿐이다.[624]

 물론 천치가 천재를 노력으로 따라잡을 수는 없을 것이다. 그러나 앞서 공자가 중등 이상인 자에게 상등의 지혜를 말해 줄 수 있다고 했듯이, 수재(중등 이상인 자)와 천재 간의 지적 차이는 성실한 노력으로 극복될 수 있다. 공자 자신이 '생이지지자'가 아니라 독실한 노력으로 성덕聖德을 이룬 대표적 인물이다. 그렇다면 중등 이하인 자, 즉 둔재(하등의 어리석은 자)도 범재(중등의 능력을 가진 자)와의 차이를 독실한 노력으로 극복할 수 있고, 같은 이치로 범재는 노력으로 수재를 따라잡을 수 있을 것이다. 이런 한에서 교육의 기회는 만인에게 평등하게 열려 있어야 할 것이다.

 "천자에서 서인에 이르기까지 하나같이 다 수신을 근본으로 삼는다(自天子以至於庶人 壹是皆以修身爲本)"는 『대학』 수장首章의 보편적 수신

---

622) 『禮記』「中庸」제20장, "人一能之 己百之 人十能之 己千之. 果能此道矣 雖愚必明 雖柔必强."
623) 『禮記』「中庸」제20장, "或生而知之 或學而知之 或困而知之 及其知之一也. 或安而行之 或利而行之 或勉强 而行之 及其成功一也."
624) 『論語』「述而」(7-20), "子曰, 我非生而知之者 好古敏以求之者也."

원칙은 바로 이 만민평등교육을 말하는 것이다.[625] 개인의 능력이 천차만별이라도 배우려고 하는 사람이라면 누구에게든 배움과 교육을 차별 없이 베풀어야 한다. 그러므로 공자는 "가르침에는 차별이 없다(有敎無類)"고[626] 천명했던 것이다. 교육에는 인종·지위·신분·능력·지역 등의 차이에 근거한 어떤 사람 차별도 없다는 말이다. 천자에서 일반 서민에 이르기까지 다 수신을 근본으로 삼아야 하기 때문이다. 말하자면, 수신 교육에는 왕도王道도 없지만 차별도 없다. 가령 더불어 말 섞기가 어려운 돼먹지 못한 사람들이 사는 악명 높은 '호향互鄕' 지방에서 온 한 동자가 공자를 알현하자 제자들이 이를 보고 의아하게 생각했다. 이에 공자는 "나는 사람이 진보하는 것을 지지하고 퇴보하는 것을 지지하지 않는데 어찌 유독 그에게 심하게 대하느냐? 그의 왕년을 (옳았다고) 감싸 주지는 않지만, 사람이 자기를 깨끗이 하고 진보하면 나는 그 깨끗함을 지지하노라"라고 말했다.[627] 그러므로 공자는 "속수束脩의 예를 행하는 사람(평민과 천민) 이상의 사람들을 내가 가르치지 않은 적이 없다"고 말했다.[628] 이처럼 공자는 귀족과 양반 자제의 특권으로서의 교육을 물리치고 만민평등교육을 일관되게 주장한 것이다.

또한 만민평등교육 또는 보통교육은 하·은·주 삼대의 전통이기도 했다. 삼대가 융성했을 때는 나라에서 교校, 서序, 상庠, 학學을 설치하여 사람들을 가르쳤다. 맹자에 의하면, 하나라는 '교校'를, 은나라는 '서序'를, 주

---

625) 『禮記』「大學」, 首章.
626) 『論語』「衛靈公」(15-39).
627) 『論語』「述而」(7-29): "互鄕難與言 童子見 門人惑 子曰 與其進也 不與其退也 唯何甚? 人潔己以進 與其潔也 不保其往."
628) 『論語』「述而」(7-7): "子曰 自行束脩以上 吾未嘗無誨焉." '속수(束脩)의 예'는 '최소한의 예'를 말한다. '속수'는 육포묶음이다. 고대에는 사람들이 처음 만날 때 예물을 주고받았는데, 신분에 따라 제후는 옥, 경(卿)은 염소, 대부는 기러기, 사(士)는 꿩 등을 예물로 주었고, 평민 이하는 육포묶음(속수)을 주고받았다. 따라서 '속수의 예를 행하는 사람 이상'이란 평민과 천민 이상의 모든 사람들을 가리킨다. 참조: 『論語注疏』, 96쪽; 류종목, 『논어의 문법적 이해』(서울: 문학과지성사), 222쪽.

나라는 '상庠'을 설치했고, '학學'은 삼대가 공히 수도에 설치했다.[629] 주나라 중기 이후의 교육제도를 반영하는 『예기』에 의하면, 나라에서 행정단위의 등급에 따라 숙塾, 상, 서, 학의 교육기관을 설치해 온 백성을 가르쳤다. 25가구가 사는 마을에는 '숙'을, 500가구가 사는 큰 마을('黨')에는 '상'을, 1만 5,000가구가 사는 군현('術')에는 '서'를, 국도에는 '학'을 설치해 가르쳤다.[630] 여기서 '숙'은 초등과정이고, '상'과 '서'는 둘 다 중등과정인데 행정 단위의 크기에 따라 달리 부른 것으로 보인다. 국도의 '학'은 흔히 '대학大學' 또는 '태학太學'으로 불린 당대의 최고 교육기관이다. 주희에 의하면, '숙'에서 '서'에 이르는 교육기관을 합해 '소학'이라 하는데 여기에는 왕공으로부터 서민의 자제에 이르기까지 8세가 되면 모두 입학했다. 국도의 '대학'에는 천자의 원자와 차자 이하 왕자로부터 공경대부와 원사元士의 적자嫡子와 일반인의 우수한 자에 이르기까지 15세가 되면 모두 입학했다.[631] 신분 차별 없는 만민평등교육은 고대 동아시아의 오랜 전통이었고, 이 전통의 확대·계승이 공자의 지론이었던 것이다. 주나라 중기의 '숙, 상, 서, 학'의 단계별 교육체계는 큰 변형 없이 청나라 시대까지도 계승되었다. 한반도의 삼국시대에서 조선시대까지의 교육제도도 이와 대동소이했다.

조선을 돌아보면, 우선 동네 단위에는 보통 7-8세에서 15-16세 사이의 어린이와 소년들이 다니는 '서당書堂'이 있었다. '학당學堂'이라고도 불린 '서당'은 사설私設이었고 시설·자격·인원에 국가의 규제가 없었기 때문에 전국 어디에서 누구나 자유롭게 설치할 수 있었고, 따라서 셀 수 없이 많았다. 수업료도 공짜(가난한 서민의 우수한 자제)에서 엄청난 고액

---

629) 『孟子』「滕文公上」(5-3) 참조.
630) 『禮記(中)』「學記」, 195쪽, "古之敎者 家有塾 黨有庠 術有序 國有學."
631) 朱熹, 『大學·中庸集註』, 15쪽. 주희의 해석에 대한 논란이 없지 않으나(가령 정약용의 비판), 우리 맥락에서는 중요하지 않다.

(멍청한 양반 자제)에 이르기까지 천차만별이었고, 학생 수도 서너 명부터 100명 가까이에 이르기까지 들쑥날쑥했다. 공부를 원하는 만민의 자제는 이 서당에서 반상 차별 없이 초등교육을 받았다. 18세기 중후반과 19세기 전반에 걸쳐 조선의 서당 수는 8만 개소(＝7만 8,318개소), 훈장은 8-10만 명, 학동은 64-80만 명에 달했을 것으로 추산된다.[632]

서당을 마친 학생들은 일정한 입학시험을 통해 서울의 '사학四學'이나 이와 동급인 지방의 '향교鄕校'라는 전액 국비의 공립학교에 입학했다. '사학'과 '향교'에는 중앙에서 '교수敎授(종6품)'와 '훈도訓導(정9품)'가 파견되었다. 학생들은 향교와 사학에 반상 차별 없이 입학할 수 있었다. 양반의 자제는 '동재同齋', 서민의 자제는 '서재西齋'에서 배웠는데, 동재와 서재 간에는 수업 내용에 차별이 없었고, 다만 내외양사內外兩舍 학생들 간의 차별은 있었다. 지방 '향교'와 서울 '사학'에는 16세 이상이면 누구나 입학해 청강할 수 있었는데, 이들은 '증광생增廣生'이라고 불렸고 '외사外舍'에서 배웠다. '내사內舍'에는 시험을 통해 뽑힌 학생들이 배웠는데, 이들은 '내사생'이라고 불렸다. 전국에 걸쳐 333개에 달하는 향교(향교 329개교 +사학四學 4개교)가 설치·운영되었다.[633] 오늘날 우리가 쓰는 '학교'라는 말은 서울의 '사학'과 지방의 '향교'를 합해 '학교'라고 부른 데서 유래했다. '학교'를 마치고 '소과小科' 시험을 통과한 진사와 생원들은 입학시험을 통해 전액 국비의 국립 기숙학교인 '성균관'에 입학했다. 성균관의 정원은 세종 이래 200명으로 고정되었는데 진사·생원 외에 결원을 보충하는 '승보升補'라는 입학시험에 합격한 자와 '음서蔭敍'로 입학이 허가된 자로 이루어진 특별입학생들이 있었다. 생원·진사는 '상재생上齋生', 특별입학생은 '하재생下齋生'이라 불렀다. 출석 점수가 높은 성

---

632) 참조: 황태연, 『책의 나라 조선의 출판혁명』(서울: 한국문화사, 2023), 366쪽.
633) 참조: 황태연, 『책의 나라 조선의 출판혁명』, 380쪽.

균관 유생들에게는 대과大科 초시(초시·복시·전시 중 1차 시험)의 응시 자격이 주어졌다.

17-18세기 유럽인들은 동아시아 나라들의 이 단계별 교육제도와 신분차별 없는 만민평등교육에 경탄했다. 예컨대, 크리스티안 볼프는 중국의 교육제도를 이상화하고 있다.[634] 뒤알드도 『중국통사』(1735)에서 "중국에서 귀족은 세습적이지 않다"고 갈파하고 중국의 만민평등교육제도와 과거시험·학위제도를 상세히 설명하면서 중국의 교육제도를 이렇게 소개한다. "중국의 선비 관리들이 그토록 수많은 시대에 걸쳐 학문을 직업으로 삼아 왔고 학문이 다른 모든 편익보다 선호되는 나라에서 그들이 그토록 수고롭게 청소년들을 교육시키는 것은 놀랄 일이 아니다. 중국에는 청소년들에게 과학을 가르치는 학교 교사들이 없는 도시도, 읍면도, 거의 어떤 작은 마을도 없다"고 말하고 있다.[635] 케네도 "중국에는 세습귀족이 없다"고 확인하고 중국의 만민평등교육과 과거제도를 상세히 소개한다.[636] 유스티도 중국 헌정 체제는 "세습 귀족을 알지 못한다"라고 평하고, 볼프나 케네처럼 중국의 만민평등교육에 놀라 독일과 유럽의 열악한 청소년 교육을 개탄하면서, 특히 천민·빈민·귀족을 가리지 않는 만민평등교육을 주장했다.[637] 유럽인들은 동아시아의 이 교육제도를 앞다투어

---

634) 참조: Christian Wolff, *Oratio de Sinarum philosophia practica* (1721·1726) - Rede über die praktische Philosophie der Chinesen (Hamburg: Felix Meiner Verlag, 1985), 37-43쪽.
635) P. Du Halde, *The General History of China* [Paris: 1835], 4 Volumes (London: Printed by and for John Watts, 1736), Volume II, 99쪽; Volume III, 5쪽.
636) 참조: François Quesnay, Despotism in China [1767], 172쪽, 193-203쪽. Lewis A. Maverick, *China - A Model for Europe*, Vol. II (San Antonio in Texas: Paul Anderson Company, 1946).
637) Johann H. G. Justi, *Vergleichungen der Europäischen mit den Asiatischen und anderen, vermeintlichen Barbarischen Regierungen* (Berlin/Stetten/Leipzig: Johann Heunrich Rüdiger Verlag, 1762), 466쪽; Johann H. G. Justi, *Abhandlung von den Mittel, die Erkenntnis in den Oeconimischen und Cameral-Wissenschten dem gemweinen Wesen recht nützlich zu machen* (Göttungen:

받아들였고, 18세기 말 또는 19세기에는 혁명적 방법으로 교육혁명을 관철시켰다.[638] 오늘날 일반화된 초등학교, 중·고등학교, 대학교의 3-4단계 근대교육제도는 사실 동아시아의 오랜 국민교육 제도인 '숙·상·서·학'의 단계별 교육체계에서 유래한 것이다. 동아시아 국가들은 20세기 초 서양식 교과목과 근대식 교사校舍를 갖추었을 뿐인 이 유럽의 3-4단계 교육제도를 새로운 제도로 생각하고 앞다투어 도입했다. 아무튼 중요한 것은 오늘날 세계적으로 구현된 만민평등교육과 3-4단계 교육제도가 소크라테스·플라톤의 '아카데미아'로부터 유래하는 것이 아니라 동아시아의 오랜 전통과 공자철학의 산물이라는 점이다. 엘리트 천재교육을 주창한 소크라테스와 플라톤, 그리고 유한계급의 여가 철학을 주창한 아리스토텔레스의 교육 이념은 오히려 서방세계에서 오랜 세월 만민평등교육의 걸림돌로 작용했다.

8.3. 수호자집단의 남녀평등과 남녀평등교육

소크라테스와 플라톤은 스파르타를 모방해서 남녀평등과 양성평등 교육을 주창한다. 그러나 그들의 이론 전반을 잘 잘 뜯어보면, 그들은 농민·

Verlag nicht angezeigt, 1755), 16쪽.
638) 참조: Lewis A. Maverick, *China - A Model for Europe*, Vol. II (San Antonio in Texas: Paul Anderson Company, 1946), 24쪽; John J. Clarke, *Oriental Enlightenment* (London·New York: Routledge, 1997; 1998), 49쪽. 알브레히트는 중국의 신분차별 없는 평등교육 제도와 超신분제적 능력주의가 유럽의 교육혁명만이 아니라 유럽 귀족제도의 폐지에도 기여했다고 평가한다. "1789년 혁명의 프랑스에서 '교육학적 세기'는 귀족의 칭호와 특권을 폐지했다. 18세기가 중국을 주목하지 않은 경우에도 이것이 일어났을지 모른다. 하지만 중국의 영향을 잊는다면, 17·18세기의 유럽 정신사는 충분히 기술되지 못할 것이다." Michael Albrecht, "Einleitung", LXXXVIII-LXXXXIX. Christian Wolff, *Oratio de Sinarum philosophia practica* (1721·1726) - *Rede über die praktische Philosophie der Chinesen*, übersetzt u. eingeleitet v. Michael Albrecht (Hamburg: Felix Meiner Verlag, 1985).

상공 신분이나 노예 신분의 남녀평등과 여성평등 교육을 논외로 치고, 다만 수호자계급의 여성들에게만 교육을, 그것도 군사교육을 시키는 것을 주장한다.

소크라테스는 『메논』에서 '남자나 여자나 덕은 동일한 것'이라는 양성평등의 일반명제를 제시한다. "덕목이 많고 여러 가지일지라도 몽땅 모종의 동일한 형태를 취한다는 것이 덕에 대해서도 적용된다." 따라서 남자의 건강과 여성의 건강이 별개가 아니듯이 "남성의 덕과 여성의 덕"도 "별개로 있는 것"이 아니다. 소크라테스는 이를 "남녀노소라는 사실이 덕의 경우에 덕스러움에서 차이를 야기하지" 않는다는 것으로 일반화하고, 이어서 "여성과 남성이 둘 다 훌륭해야 한다면 둘 다 똑같은 정의와 정심을 필요로 한다"고 논증하면서 이런 일반론을 도출한다. "동일한 것을 자기 자신에게 지니면 훌륭해지기 때문에 모든 인간은 동일한 방식으로 훌륭하다."[639]

소크라테스와 플라톤은 『국가론』에서도 이 양성평등론을 견지하지만 이것을 수호자집단에 국한시키고 이 수호자집단의 경우에만 남성과 여성의 평등 교육을 주장한다. 그들은 남녀 구별 없이 양성이 모두 국가경영을 포함한 모든 일을 공동으로 해야만 하고 이를 위해 여자도 남자와 똑같은 교육을 받아야 한다고 역설한다. 여성이 체력 등의 측면에서 남성보다 열세이기 때문에 체육·군사교육·전쟁 등의 육체적 활동 분야에서는 남성보다 강도가 덜한 역할을 맡더라도 기본적으로 동일한 활동과 임무를 수행해야 하고 교육도 똑같이 받아야 한다는 것이다. 플라톤의 양성평등론은 공자의 관점으로 번안하면 남존여비男尊女卑의 소강小康 시대에

---

[639] Platon, *Menon*, 72c-73c. 크세노폰도 소크라테스의 이 윤리적 남녀평등론을 전하고 있다. 참조: Xenophon, *Symposium*, 2.9. *Xenophon*, Vol.VI in seven volumes (Cambridge, MA·London: Harvard University Press·William Heinemann LTD, 1968). 그러나 아리스토텔레스는 소크라테스의 이 남녀평등론을 명시적으로 부정한다. 참조: Aristoteles, *Politik*, 1260a20-24.

서 여존남비女尊男卑의 대동大同 시대로 가는 과도기의 양성평등론에 해당한다.

소크라테스와 플라톤은 남녀가 능력과 교육에서 평등할 수 있는 근거를, 암수 구별 없이 양육하고 임무를 맡기는 개 등과 같은 동물사회에서 찾는다. 그러나 그도 남녀가 "서로 최대로 구별되는 성향을 가지고 있는데도 같은 일을 해야 한다고 주장하는 것"이기 때문에 남녀평등의 정당화가 "정말 쉽지 않다"는 점을 인정한다.[640] 하지만 "남자 의사나 여자 의사나 영혼 면에서는 같은 성향을 가지고 있다"는 것이다. 그러므로 남녀가 "바로 여성이 아이를 낳고 남성은 아이를 생기게 한다는 점에서만 달라 보일 뿐"이고 영혼 면에서는 똑같다면, "우리의 남성 수호자들과 그 아내들은 같은 업무에 종사해야 한다고 생각한다."[641] 여성은 남성과 영혼의 성향이 같고, 다만 힘이 상대적으로 약한 여성은 상대적으로 힘센 남성과 '힘'에 있어서만 다를 뿐이다.[642] 따라서 여자는 남자와 본질적으로 같은 일을 할 수 있다. 그러므로 남녀를 같은 목적에 투입하고 활용해야 한다.

이처럼 "우리가 여자들을 남자들과 같은 목적에 쓰려고 한다면 여자들에게도 같은 것을 가르쳐야 한다." 여자들에게도 남자들과 마찬가지로 시가, (도장道場에서 나체로 하는) 체육, 전쟁술(군사훈련)을 가르쳐야 하는 것이다.[643] 인간의 일에서 남자들이 대체로 여성보다 낫지만, 여성들이 어떤 일들에서는 남성보다 더 나을 수 있기 때문이다. 물론 거꾸로 남성들이 여러 가지 일에서 여성보다 나을 수도 있다. 그러나 "나라를 경영하는 사람들의 일로서 여자가 여자이기 때문에 여자의 일인 것은 없고 남

---

640) Platon, *Der Staat*, 453c-d.
641) Platon, *Der Staat*, 454d-e.
642) Platon, *Der Staat*, 451d-e, 455e, 456a.
643) Platon, *Der Staat*, 451e-452d, 456b.

자가 남자이기 때문에 남자의 일인 것은 없다. 오히려 여러 가지 성향이 양성의 생물들에게 비슷하게 흩어져 있어서 모든 일에 여자도 천성에 따라서 관여하게 되고 남자도 모든 일에 마찬가지로 관여하게 된다. 하지만 이 모든 경우에서 여자가 남자보다 힘이 약할 뿐이다."[644]

결론적으로 "남자든 여자든 국가 수호와 관련해서는 그 성향이 같다." 그러므로 "수호자의 자질"을 갖춘 "부류의 여자들은 그런 부류의 남자들과 함께 살며 함께 나라를 수호하도록 선발되어야 한다. 이런 여자들은 능히 그럴 수 있고 천성에서도 남자들과 동류이기 때문이다." 동일 천성들에 대해서는 동일 업무가 배정되어야 한다. "수호자들의 아내들은 옷 대신 덕목을 걸칠 것이므로 옷을 걸치지 말고 발가벗어야 한다. 아내들도 전쟁 및 기타 국가 수호 업무에 종사해야 한다. 다른 일을 해서는 아니 된다. 다만, 여성이 연약하기 때문에 이런 일들 가운데 가벼운 일은 남자보다 여자에게 주어야 한다. 그런데 최고선을 위해 나체로 체육훈련을 하고 있는 여성들을 비웃은 사람은 '설익은 웃음의 열매를 따고 있는 것이니' 자기가 뭘 비웃고 있는지도, 자신이 뭘 하고 있는지도 모르는 자다. 이로운 것은 아름답지만 해로운 것은 추하다고 하는 말은 지극히 훌륭한 말이고, 앞으로도 훌륭한 말로 남을 것이다."[645] 플라톤은 자신의 이 교육과 직업 활동에서의 남녀 평등 주장이 몰고 올 당대의 반발과 저항이 얼마나 거셀지를 알고 있었기 때문에 이를 '파도'로 비유한다. 하지만 그는 "이 파도에 완전히 휩쓸려 가지 않을 만큼" 자기주장의 타당성을 자신한다. "오히려 그것이 가능하고 유익한 것이라는 주장이 어느 면에서 그 자체로서 일관성을 갖고 있기" 때문이다.[646]

---

644) Platon, *Der Staat*, 455d-e.
645) Platon, *Der Staat*, 457a-b, c. '설익은 웃음의 열매를 따고 있는 것이니'라는 구절은 핀다로스의 토막 글 '설익은 지혜의 열매를 따고 있는 것이니"라는 구절의 패러디다.
646) Platon, *Der Staat*, 457a-b, c.

플라톤은 성별분업을 완화하려는 이 남녀등권·평등대우론을 그의 80세 노령의 저작인 『법률』에서도 일관되게 견지한다. 『법률』에서 그는 『국가론』에서 명시적으로 말하지 못한 내용을 먼저 언명한다. 시민들의 공동 식사를 남성에게만 국한하지 말고 여성에게도 확대해야 한다는 것이다. 규방 같은 곳으로 "인퇴引退한 사생활에 익숙해진 여성들"은 이처럼 "공개 장소에서 먹고 마시는 것에 갖은 수단으로 저항할지" 모르겠지만,[647] 여성에게도 공동 식사 제도가 허용되면 여성의 가사 노동이 결정적으로 경감될 것이다. "당신네들(스파르타)의 경우에 (…) 남성들을 위한 공동 식사 제도가 신적 필요성에 의해 올바로 그리고 감탄할 정도로 확립되어 있지만, 여성들에게는 이 제도가 상당히 그릇되게, 법에 의해 관리되지도 않은 채 방치되어 있고 여성들을 위한 공동 식사 제도는 공론장의 빛도 보지 못하고 있다. 빛을 보기는커녕 여성, 즉 그 유약성 때문에 다른 면에서 매우 비밀스럽고 매력적인 인류의 바로 이 부류는 입법자의 도착된 비굴함에 의해 무질서한 상황에 방기되어 있다."[648] 이처럼 양성에 공통된 병영 공산주의를 주장하는 플라톤은 이런 입법상의 태만 때문에 생겨난 나쁜 후유증들이 만만치 않다고 주장한다. 그것은 "우리 과업의 2분의 1에 악영향을 미치는 일"일 뿐만 아니라, "여성이 강인함에서 남성보다 열등한 만큼 우리 과업의 절반 이상에 악영향을 미친다." 이런 까닭에 플라톤은 기존의 공동 식사 관련 법률을 개정할 것을 제안한다. "이 제도를 수정하고 개혁하여 모든 제도를 남녀공용으로 관리하는 것이 국가의 복지를 위해 더 나을 것"이기 때문이다.[649]

플라톤은 특히 남녀 평등의 '의무교육'을 강조하고 당대의 남녀 차별 관행을 강도 높게 탄핵한다.

---

647) Platon, *Gesetze*, 781c.
648) Platon, *Gesetze*, 780e-781b.
649) Platon, *Gesetze*, 780e-781b.

- 모든 교육훈련 기관에는 전쟁과 음악에 관련된 모든 사항을 학생들에게 가르치기 위해 해외로부터 돈을 주고 모셔 온 몇몇 개별과목 전담 교사들이 상주해야 한다. 어떤 아비도 그의 입맛대로 학생인 아들을 훈련학교에 보내거나 못 가게 하거나 할 수 없고 (속담이 말하듯이) '누구나 모두' 가급적 교육받도록 강제되어야 한다. 학생들은 부모의 자식이기 전에 국가의 자식이기 때문이다. 여성들에게도 나의 법률은 남성과 똑같은 규정과 동일한 유형의 훈련을 명문화할 것이다. 지체 없이 나는 남성에게 적합한 승마와 체육도 여성에게 부적합하지 않다고 확인하는 바다. 나는 폰토스(Πόντος) 지역에 남성과 똑같이 활과 기타 무기 및 말을 다루는 책무를 부과받고 이 책무를 똑같이 수행하는 '사우로마티다스(Σαυρομάτιδας)'라 불리는 무수한 여성들이 있다는, 내가 듣기도 했고 내가 관찰로 알고 있기도 하는 오래된 이야기를 믿는다. (…) 나는 현재 우리 지역에서 통용되고 있는 관행이 가장 불합리한 관행이라는 것, 즉 남녀가 모두 일치하여 모든 힘으로 동일한 목표 추구를 하지 않고 있다는 것을 확인한다. 이래서 거의 모든 사례에서 같은 세금, 같은 고생으로 온전한 국가가 아니라 반토막 국가가 생겨나 존립하게 되기 때문이다. 하지만 이것은 입법자가 범하는 경악스런 대실책일 것이다.[650]

하지만 플라톤이 여기서 주장하는 모든 요구는 당대의 보통 정치와 정면으로 충돌하는 것들이었다. 그래서 대화상대자 클레이니아스(Κλεινιας)는 "하지만 지금 언급한 말들은 대다수가 진정으로 우리의 통상적 정치와 충돌한다"라고 대꾸한다.[651]

---

650) Platon, *Gesetze*, 804d-805a. '폰토스'는 흑해 남안 지역으로서 지금은 터키 땅이다. '사위로마티다스'는 '도마뱀 족'이라는 뜻이다.
651) Platon, *Gesetze*, 805b.

그러나 플라톤은 멈추지 않고 수호자집단의 남녀는 모든 정치·사회생활을 같이해야 한다고 주장한다. "우리는 교육과 그 밖의 일에서 여성이 남성과 가급적 최대한 함께 해야 한다는 것을 독트린으로 계속 주창할 것이다. 왜냐하면 진실로 우리는 사안을 이런 관점에서 조명해야 하기 때문이다."[652] 여성들이 남성과 모든 생활양식을 같이 하지 않는다면 여성은 아마 남성과 다른 생활 체계로 살지 않을 수 없을 것이다. 이와 관련하여 그는 당시 여러 나라 여성의 생활상과 사회적 지위를 소개한다.

- 기존의 제도들 가운데, 우리가 지금 여성들에게 부과하는 연대 관계보다 우선하여 우리가 선호해야 하는 어떤 제도가 있단 말인가? 꼭 노예처럼 땅을 갈고 소와 양을 돌보고 땀 흘리는 데 여성을 쓰는 트라키아인(트라케스 Θράκεσ)과 다른 종족들의 제도이어야 하는가? 아니면 우리와 우리 지역의 여러 인민에게 통용되는 제도이어야 하는가? 현재 우리 지역에서 여성들을 취급하는 방식은 속담대로 네 담장 안에 모든 재화를 긁어모아서 이것의 처분을 재산 관리 및 베 짜기 일과 함께 여성에게 떠넘기는 것이다. 아니면 다시 그 중간적 제도인 스파르타 제도를 여성들에게 처방해야 하는가? 말하자면 처녀들은 체력 단련과 음악에 참여하면서 사는 반면, 부인들은 베를 짜는 일로부터 해방되기는 했으나 전혀 사소하거나 쓸모없지 않은 활동적 인생을 스스로 짜나가듯이 알아서 살아야 하는가? 군사훈련에 참가하지 않으면서 가정의 부양과 관리 및 육아 등을 중간 정도만 한다면, 어쩌다 여성들이 국가와 자식들의 방어를 위해 싸워야 할 필요가 생길지라도 그들은 (아마조네스『Ἀμαζονες』들처럼) 능란하게 활이나 기타 쏘는 무기를 다루지 못하고, (전사로서의 아테네) 여신의 방식으로 창과 방패를 잡고 자기

---

652) Platon, *Gesetze*, 805c-d.

모국의 땅을 유린하는 짓에 당당하게 대항하고, 하다 못하면 전투대형으로 정렬한 자기들의 모습을 보여 주는 것만으로도 적에게 두려움을 주입시킬 수 있는데 이것도 못하고 말 것인가? 스파르타 여성들은 이런 식으로 산다면, 사위로마티다스 여인의 방식을 감히 채택하지 못할 것이 분명하다. 사위로마티다스 여인들은 스파르타 여인 옆에 서면 아마 남자처럼 보일 것이다. (…) 이 일에 관한 한, 누구든 원하는 사람이면 당신들의 스파르타 입법자들을 칭찬하라고 해라. 내 견해에 의하면, 그 제도는 지금 그대로 있어야 한다. 하지만 입법자란 어정쩡해서는 아니 되고 온전한 마음을 써야 하는 법이다. 여성들을 사치와 낭비와 무질서한 생활양식에 아예 푹 빠지게 하라. 그러면 그 입법자는 완전히 행복한 삶의 전부가 아니라 그 반절만 국가에 유증하게 될 것이다.[653]

플라톤은 "네 담장 안에 모든 재화를 긁어모아서 이것의 처분을 재산관리 및 베 짜기 일과 함께 떠맡는" 아테네 여성의 사회 상태를 조롱 조로 풍자하고 있다. 그리고 스파르타 여성들이 가사에서 반쯤 해방되었지만 국방 등 공적 활동으로부터 배제된 상태에서 어정쩡한 사치에 방기 된 삶을 살고 있다고 생각하여 스파르타 입법자들에게 반어적 야유를 보내고 불만족을 토로하고 있다.

논지는 여성을 뺀 국민의 반절만 행복한 스파르타식의 남녀 간의 반半평등 관계를 넘어 크레타섬에 세워질 것으로 계획된 '마그네시아' 폴리스의 여성을 완전히 해방하는 것이다. 여성해방을 향한 플라톤의 주장은 이처럼 집요하고 철저했다. 그러나 고대 그리스 전쟁·군사국가는 소크라테

---

653) Platon, *Gesetze*, 805d-806c. '트라키아'는 그리스의 북동부 지역으로서 지금의 불가리아 근방이다.

스와 플라톤이 비판해 마지않은 고대 아테네의 남녀불평등사회를 낳았다. 그런데 소크라테스와 플라톤은 남녀불평등을 극화시키는 정의로운 군사국가를 '칼리폴리스'로 추구하고 남성 수호자들이 여성 수호자들을 공동으로 소유하는 처자공유·여성노예제도를 꾀하면서 이와 모순되게 급진적 남녀평등의 도입을 주장했다. 이런 모순 때문에 그들의 남녀평등론은 불가피하게 남자와 동일한 여성군사훈련·전쟁교육과 남녀평등 병역의무를 강조하면서도 수호자계급의 부녀공유제를 법제화함으로써 여성들이 엄혹한 군사훈련 속에서도 남자들에게 성적으로 착취당하는 이중 학대 제도를 수립한 것이다. 그렇기 때문에 플라톤은 여성을 어린이·노예·어중이떠중이와 동급으로 놓으며 여성을 계속 멸시하는 여성비하를 그치지 않았던 것이다. "잡다한 욕망과 쾌락과 고통을 우리는 주로 어린이와 여성과 노예에게서, 그리고 명의만 자유인인 미천한 어중이떠중이들에게서 발견할 것이다. (…) 그러나 이성과 바른 의견의 도움으로 숙고에 의해 안내받는 단순하고 온건한 욕망은 가장 훌륭한 가문 출신이면서 최선의 교육을 받은 소수에게서나 발견할 것이다."[654]

   소크라테스와 플라톤의 남녀유별·남녀육세부동석론을 공자의 남녀유별·부부유별·남녀칠세부동석론과 비교하는 논의는 앞서 수행했다. 이제는 소크라테스와 플라톤의 이 남녀평등론과 여성평등 교육을 공자의 여존남비론女尊男卑論·여성교육론과 비교해 보자. 공자는 남녀관계를 성리학적 왜곡대로 '남존여비'로 규정하지 않고 기본적으로 "남녀는 높고 낮음이 같다"는 남녀동존비론男女同尊卑論을 바탕으로 여존남비론을 지향했다. 경전을 정밀하게 해석해 보면 분명해지겠지만, 거두절미하고 미리 핵심을 짚어 말하자면, 공자는 남녀·부부관계를 '분별'과 '선후관계'로만 규정했다. 공자는 남녀 또는 부부간에 분별이 있음을 인정했으나 그

---

654) Platon, *Der Staat*, 431c.

어떤 상하(존비)관계나 지배관계도 부정하고 일정한 행동 수행 시의 단순한 '선후관계'만을 인정했다.

공자는 기본적으로 남녀는 높낮이가 같다고 규정한다. "(혼례에서 남녀가) 잔치 고기를 같이 먹는 것은 존비尊卑를 같이 하기 때문이다. 그러므로 부인은 작위가 없어도 남편의 작위를 따르고, (향음주례의 자리에) 앉을 때는 남편의 연령을 따르는 것이다."[655] 남편과 아내 사이에는 존비가 없고 남녀는 정치·사회적 지위와 연령에서 동위·동급이다. 이것은 공자의 남녀·부부예법의 전제로서 출발점이다.

그런데 공자는 부부예법을 모든 예법의 단초로 보았다. "군자의 도는 부부에게서 단초를 만들고 지극함에 이르러서 천지에 밝게 드러난다.(君子之道 造端乎夫婦 及其至也 察乎天地.)"[656] 그리고 이 부부예법의 목적을 '화애和愛'로 보고 부부유별을 주장했다. 이 남녀·부부예법의 목적은 무엇인가? 공자는 "예의로써 기강을 세우고 (…) 부부를 화합하게 한다"고 갈파한다.[657] 공자는 남녀·부부예법의 궁극목적을 '화합'으로 규정한 것이다.

그렇다면 남녀·부부예법은 무엇인가? 그것은 먼저 남녀유별, 부부유별이다. 공자에 의하면, 먼저 남녀예법은 남녀를 내외內外, 선후, 좌우로 '유별有別'하게 하는 것이다. 『예기』「혼의」에서 "남녀의 변별을 이룸으로써 부부의 예의가 선다(所以成男女之別 而立夫婦之義也)"고 말한다. 혼례에서도 "폐백을 잡고 상견해 변별을 받들어 밝히니 남녀 간에 변별이 있게 된다(執摯以相見 敬章別也 男女有別)".[658] 이 '남녀유별'은 폐백의 예법에서만이 아니라 도로를 걸을 때나 어떤 행동을 할 때도 적용된다. 가령 "도

---

655) 『禮記』「郊特生」(11-25): "共牢而食 同尊卑也. 故婦人無爵 從夫之爵 坐以夫之齒."
656) 『中庸』(十二章).
657) 『禮記』「禮運」(9-1): "禮義以爲紀 (…) 以和夫婦." 공자는 「禮運」(9-35)에서도 "父子篤 兄弟睦 夫婦和 家之肥也"를 말한다.
658) 『禮記』「郊特生」(11-25).

로에서 남자는 오른쪽을 따라가고 부인은 왼쪽을 따라간다.(道路 男子由 右 婦人由左)"[659] 또는 "임금은 동계東階에 있고 부인은 방에 있고, 해(大 明)는 동에서 뜨고 달은 서에서 뜨니, 이것은 음양의 구분이며 부부의 위 치다."[660] 또 공자는 제사 지낼 때 "부부가 물건을 주고받을 시에 같은 곳 을 이어 손을 잡지 않고 술잔을 돌릴 때는 반드시 잔을 바꾸는 것은 부부 의 유별을 밝히는 것이다."[661]

그리고 공자는 앞서 잠시 소개했듯이 남자와 여자를 가르는 이 '남녀유 별·부부유별' 원칙을 일찍이 유아기부터 적용한다. "자식이 말할 수 있게 되면 남아는 곧은 발음 '유唯'로 '예'라고 대답하게 하고 여아는 완곡한 발 음 '유兪'로 '예'라고 대답하게 한다. 남자는 혁대를 차고 여자는 비단 띠 를 맨다. 6세이면 숫자와 방향의 명칭을 가르친다. 7세면 남녀가 동석하 지 않고 밥을 같이 먹지 않는다."[662]

그리고 공자는 '남녀유별·부부유별' 원칙을 가정생활 전반에 걸쳐 적용 할 것을 권장한다.

- 예법은 부부가 삼가는 것에서 시작한다. 궁실을 지을 때는 안팎을 구 분하고, 남자는 바깥에 거주하고 여자는 안에 거주한다. 안책(깊은 집) 은 문을 단단히 잠그고 문지기가 그것을 지킨다. 남자는 들어가지 않 고, 남자는 나오지 않는다. 남녀는 횃대를 같이 쓰지 않고 지아비의 옷 걸이에 감히 (부인의 옷을) 걸지 않고 지아비의 옷장에 부인의 옷을 보 관하지 않고 남녀가 욕실을 공용해서 목욕하지 않는다. 지아비가 있지

---

659) 『禮記』「王制」(5-53).
660) 『禮記』「禮器」(10-29): "君在阼 夫人在房, 大明生於東 月生於西, 此陰陽之分 夫婦之 位也."
661) 『禮記』「祭統」(25-17): "夫婦相授受不相襲處 酢必易爵 明夫婦之別也."
662) 『禮記』「內則」(20-51): "能言 男唯 女兪. 男鞶革 女鞶絲. 六年 敎之數與方名. 七年 男 女不同席 不共食."

않으면 베개를 거둬 넣고 대자리와 속옷과 그릇을 보이지 않게 보관한다. 젊은이가 윗사람에 봉사하고 천인이 귀인에게 봉사하는 것도 다 이와 같다.663)

이런 '부부유별'의 가정생활이 가능하려면 상당히 부유한 집이어야 할 것으로 보인다. 따라서 재부가 이 수준에 이르지 않으면 '부부유별' 규칙은 부분적으로 생략될 수 있다. 아무튼 남녀유별·부부유별의 규칙은 실로 세밀하다. "남녀는 섞여 앉지 않고, 옷걸이를 같이 쓰지 않고 수건과 빗을 같이 쓰지 않고 물건을 직접 주고받지 않는다. 형수와 남편의 형제들은 묻고 답하지 않고 (…) 바깥말이 문지방을 넘어 들어오지 않고 안의 말이 문지방을 넘어 나가지 않게 하며, 남녀는 중매자를 쓰지 않으면 통성명하지 않고 예물을 받지 않고 친교 하지 않는다."664) 또 "남자는 안의 일을 말하지 않고 여자는 바깥일을 말하지 않는다. 남녀는 제례나 상례가 아니면 그릇을 서로 주고받지 않는다. 남녀가 그릇을 서로 주면 광주리로 받는다. 광주리가 없으면 둘 다 앉아서 하나가 그릇을 바닥에 놓은 뒤에 취한다. 남녀는 우물을 같이 쓰지 않고, 욕실을 같이 쓰지 않고, 잠자리를 통용하지 않고, 물건을 통용해 빌리지 않는다. 남녀는 의상을 통용하지 않는다. 안의 말이 나가지 않고 밖의 말이 들어오지 않는다. 남자는 안에 들어오면 휘파람을 불지 않고 손가락질을 하지 않고, 밤에 다닐 때는 등불을 쓰고 등불이 없으면 다니지 않는다. 여자는 문밖을 나가면 반드시 얼굴을 가리고 밤에 다닐 때는 등불을 쓰고 등불이 없으면 다니지 않는다. 도로

---

663) 『禮記』「內則」(12-40): "禮始於謹夫婦. 爲宮室 辨外內. 男子居外, 女子居內. 深宮固門 閽寺守之. 男不入 女不出. 男女不同椸枷, 不敢縣於夫之楎椸, 不敢藏於夫之篋笥 不敢共湢浴. 夫不在 斂枕篋 簟席襡器而藏之. 少事長 賤事貴 咸如之."
664) 『禮記』「曲禮上」(1-24): "男女不雜坐 不同椸枷 不同巾櫛 不親授. 嫂叔不通問 (…. 外言不入於梱, 內言不出於梱. (…) 男女非有行媒 不相知名 非受幣不交不親."

는 남자 오른쪽을 따르고 여자는 왼쪽을 따른다."[665] 정태적 농업사회의 가정·친족공동체와 향촌공동체에서 근친상간과 난잡한 남녀 접촉의 위험을 피하기 위해 발생한 '남녀유별'과 '부부유별'의 엄격한 격리 예절은 오늘날 고도로 역동적인 상업 사회에서 도저히 지킬 수 없는 정도로 너무 세세하고 폐쇄적이다. 그런데 공자는 이 남녀·부부유별을 심지어 국가의 3대 정치윤리 중의 첫 번째 항목으로 제시하기까지 한다. '정치가 무엇인가?'라는 물음에 대해 공자는 "부부의 변별, 부자의 친애, 군신의 엄정, 이 삼자가 바르면 만백성이 이를 따를 것이다"라고[666] 답한다. "변별이 없고 도의가 없으면 금수의 도이기"[667] 때문이다.

남녀의 양육과 교육은 남녀가 유사하되 동시에 유별有別하다. 공자는 우선 남자의 교육과 인생행로에 관해서 말한다.

- 남자 10세는 나가서 바깥의 스승에게 취학해 바깥에 자면서 육서와 역사를 배우고 비단 저고리와 바지를 입지 않는다. 예절은 처음(처음에 가르친 것)을 따르고 조석으로 어린이의 예절을 배우고 스승에게 청해 죽간의 진실을 익힌다. 13세는 음악과 송시誦詩와 무용舞踊을 배운다. 성동成童(15세 이상)이면 주송周頌 무편武篇의 시에 붙여 춤을 추고 활쏘기를 배운다. 20세에는 관을 쓰고 예법을 배우기 시작하고 갓옷과 비단옷을 입어도 되고 대하大夏의 시에 붙여 춤을 추어도 된다. 효제를 도탑게 행하고 박학하나 가르치지 않고 안에 두고 밖에 드러내지 않는다. 30세에는 아내를 얻고 비로소 남자의 일을 관리한다. 정해

---

665) 『禮記』「內則」(20-12): "男不言內 女不言外. 非祭非喪 不相授器. 其相授 則女受以篚. 其無篚則皆坐 奠之而后取之. 外內不共井 不共湢浴 不通寢席 不通乞假 男女不通衣裳. 內言不出, 外言不入. 男子入內 不嘯不指, 夜行以燭 無燭則止. 女子出門 必擁蔽其面 夜行以燭 無燭則止. 道路男子由右, 女子由左."
666) 『禮記』「哀公問」(27-2): "夫婦別 父子親 君臣嚴, 三者正則庶物從之矣."
667) 『禮記』「郊特牲」(11-25): "無別無義 禽獸之道也."

진 방향 없이 널리 배우고 벗에게 겸손하나 뜻을 본다. 40세는 비로소 출사하고 정사에 대해 안출해 생각을 발표해서 도가 합하면 임금에게 복종하고 불가하면 떠난다. 50세는 대부의 명을 받아 관정官政에 복무한다. 70세에 치사한다.[668]

남자는 30세에 아내를 얻어 가정을 꾸리고 40세에 비로소 출사한다고 말하고 있다. 남자는 아주 늦게야 비로소 성인이 되는 셈이다.

공자는 여자의 양육과 인생행로에 대해서 비교적 짧고 소략하게 기술하면서 여성이 남자보다 10년 먼저 성인이 되는 것으로 말한다.

- 여자는 10세가 되면 밖에 나가지 않는다. 여자 교사(姆)가 온순하고 정숙함과 청종을 가르치고 길쌈을 가르치고 누에고치에서 실 뽑는 것, 명주를 짜는 것을 가르친다. 여자 일을 배워 의복을 공급한다. 제사를 살펴보고 술과 장을 따르고 콩과 채소절임과 젓갈을 그릇에 담고, 제례를 차리는 것을 돕는다. 15세는 비녀를 꽂고, 20세는 시집을 간다. 일이 있으면 23세에 시집간다.[669]

여자는 남자보다 7-10년 먼저 결혼한다. 그리고 여자는 10세에 집안 출입이 금지되고 교육 내용이 거의 가사 노동 교육이다. 반면, 남자는 거의 다 정치적 출사를 위한 정치학 교육이거나 군사교육이다. 공자는 남녀

---

668) 『禮記』「內則」(12-52): "十年 出就外傅 居宿於外 學書記 衣不帛襦袴. 禮帥初 朝夕學幼儀 請肄簡諒. 十有三年 學樂 誦詩 舞勺. 成童 舞象 學射御. 二十而冠 始學禮 可以衣裘帛 舞大夏. 惇行孝弟 博學不敎 內而不出. 三十而有室 始理男事. 博學無方 孫友視志. 四十始仕 方物出謀發慮 道合則服從 不可則去 五十命爲大夫 服官政. 七十致事."

669) 『禮記』「內則」(12-54): "女子十年不出. 姆敎婉娩聽從 執麻枲 治絲繭 織紝組紃. 學女事 以共衣服. 觀於祭祀 納酒漿籩豆菹醢 禮相助奠. 十有五年而笄, 二十而嫁. 有故二十三年而嫁."

를 공히 교육시켜야 한다고 생각했으나 교육 내용을 이렇게 유별有別하게 규정한 것이다.

그러나 남녀·부부유별이 한없이 종신토록 계속 연장되는 것은 아니다. 노인이 되면 이런 부부유별의 차단장치는 제거된다. "부부예법은 오직 70세에 이르러 물건을 같이 보관하고 분간을 없앤다.(夫婦之禮 唯及七十 同藏無間)"[670] 그러나 남녀가 70세가 되어서야 비로소 남녀유별의 차단막이 허물어진다.

남녀·부부유별은 남녀·부부간에 선후로도 나타난다. ('선후관계'는 '상하관계', 나아가 '지배관계'와 엄격히 구별되어야 한다. 여기서 남자는 "*primus inter pares* [동등한 자들 가운데 제1인자]"일 뿐이다.[671]) 양성 간 선후관계는 안팎의 일에 따라 교호적이다. 바깥 또는 바깥일과 관계된 행위에서는 남자가 여자를 앞서고 선도先導하는 반면, 집안 또는 집안일과 관계되는 일에서는 여자가 주관하는 것이다. 가령 "(문밖에 나와) 남자가 여자를 친히 맞아들일 때에는 남자가 여자에 앞서는데, 이것은 강유剛柔의 도의다.(男子親迎 男先於女 剛柔之義也)" 그리고 "대문을 나서면 남자가 앞서서 여자를 이끌고 여자는 남자를 따르는데, 이것은 부부도의의 시작이다(出乎大門而先男帥女 女從男 夫婦之義由此始也)"라고[672] 언명한다. 그런데『예기』「교특생郊特生」에서는 '선남후녀先男後女'의 선후관계를 여성의 일생에도 적용해 '여필종부女必從夫', '삼종지도三從之道', 과부에 대한 '재가再嫁금지'의 도의를 도출한다.

- 믿음은 사람을 섬기는 것이다. 믿음은 부덕婦德이다. 한번 그와 더불

---

670) 『禮記』「內則」(20-40).
671) '선후관계', '상하관계', '지배관계'의 정밀한 구별에 관해서는 참조: 황태연, 『공자의 자유·평등철학과 사상초유의 민주궁화국』(서울: 공감의 힘, 2021), 285-289쪽.
672) 『禮記』「郊特生」(11-25).

어 같이하고 종신토록 바뀌지 않으므로 남편이 죽어도 시집가지 않는다. (…) 부인은 남을 따르는 자다. 어려서는 부형(아버지나 오빠)을 따르고, 시집가서는 지아비 사내를 따르고, 지아비가 죽으면 아들을 따른다. 사내는 사내다워야 한다. 사내라는 것은 지혜로써 남을 이끄는 자여야 한다.[673]

이것은 '여필종부女必從夫'·'삼종지도三從之道' 사상이다. 공자는 이 '여필종부'에 맞춰 부부관계의 "인의人義"를 "지아비는 의롭고 지어미는 청종한다(夫義婦聽)"고 정리한다.[674]

맹자도 이에 동조한다. 여자가 시집감에 어머니가 가르쳐 주는데, 문에서 딸을 전송하며 훈계하기를 "네 집에 가거들랑 반드시 존경하고 반드시 경계하고 남편을 어기지 말라"고 한다. "순종을 정도正道로 삼는 것이 부녀의 도다"라고 한다.[675]

그런데 '여필종부'·'삼종지도' 원칙은 변조의 흔적이 느껴진다. 일단『예기』「교특생郊特生」에서 뽑은 위 구절들은 공자의 어록이 아님을 감안해야 하고 또『예기』가 여러 손을 거쳐 한나라 때 편찬된 까닭에 순수하게 공자의 사상으로 볼 수 없는 저작이고, 특히「교특생」은 "그 설명이 일치하지 않은 것이 적지 않다"는 점을[676] 감안해야 할 것이다. 따라서 이것은 공자가 '주장하는' 대동의 윤리가 아니라 소강小康 시대의 남존여비의 예법을 기록한 것으로 읽어야 할 것이다.

---

673) 『禮記』「郊特生」(11-25): "信 事人也. 信 婦德也. 壹與之齊 終身不改 故夫死不嫁. […] (婦人 從人者也. 幼從父兄 嫁從夫 夫死從子. 夫也者 夫也. 夫也者 以知帥人者 也."
674) 『禮記』「禮運」(9-23).
675) 『孟子』「滕文公下」(6-2): "女子之嫁也 母命之 往送之門 戒之曰 往之女家 必敬必戒 無違夫子 以順爲正者 妾婦之道也."
676) 李相玉 편저(신완역),『禮記(中)』(서울: 명문당, 2003), 9쪽.

그런데 '재가금지'에 관한 구절은 공자 이전 또는 당시의 주나라 풍습과 반하는 내용이기까지 하다. 이것은 한대漢代의 위작일 가능성이 크다. 공자의 동시대 또는 그 직후에 쓰인 것으로 보이는 『춘추좌씨전』에는 과부가 재가한 사례에 관한 기록들이 무수히 나오기 때문이다.

또 '삼종지도'를 말하는 구절은 소강 시대의 전형적 남녀 차별 예법을 보여준다. 물론 여성의 이 상명하복적 예종의 예는 딸에 대한 부형의 자애, 아내에 대한 남편의 경애, 자친에 대한 아들의 효도 등 친애(사소事小)의 예에 의해 어느 정도 완화·보완된다. 이것을 공자는 『역경易經』「가인·단전家人彖傳」에서 다음과 같이 정리하고 있다. "여자가 바르게 안에 자리하고 남자가 바르게 바깥에 자리하여 남녀가 바른 것이 천지의 대의다. 가인家人에는 엄군이 있으니 부모를 이른다. 아비가 아비답고 어미가 어미답고 형이 형답고 아우가 아우답고 남편이 남편답고 부인이 부인다우면 가도家道가 바른 것이다. 가정을 바르게 하면 천하가 바로 선다(女正位乎內 男正位乎外 男女正 天地之大義也. 家人有嚴君焉 父母之謂也. 父父 子子 兄兄 弟弟 夫夫 婦婦 而家道正 正家而天下定矣)."[677] 이 구절은 여성의 역할을 집안에 국한하고 바깥 활동을 남성에게 전담시키는 남녀의 안팎분업을 전제로 남편은 남편답고 부인은 부인다워야 한다는 성별분업의 예禮를 '정의'로 보는 소강 시대 가정 질서의 진수를 포착하고 있다. 이 소강의 남녀 질서는 어디까지나 남녀(소아小我)의 지혜로운 개인적 생존을 위한 '남존여비'의 작은 도가 주도적이다. 이런 까닭에 공자는 사대事大와 사소事小의 주종主從 관계가 역전되는 대동 시대의 '여존남비'의 도를 꿈꾸지 않을 수 없었던 것이다. 이 관점에서 소강에서 대동으로 가는 미래 역사를 상상해 본다면, 소강 시대와 대동 시대 사이에 양성간 사대·사소의 비중이 점차 역전되어 가는, 상당히 장구한 역사적 이행기가

---

677) 『易經』, '家人'괘 「彖傳」.

끼어 있을 것이다. 이 이행기는 사대·사소의 비중이 다소간에 거의 동일하고 따라서 남녀의 지위가 거의 동등한 남녀 평등의 과도기일 것이다.

그런데 소강 시대에 대응하는 동양적 여성의 지위와 관련하여 특기할 만한 것은 근대 이전에 유교 질서 아래 동아시아 여성들이 동시대의 서구 여성들보다 상대적으로 더 높은 지위를 누렸다는 점이다.[678] 또 20세기 초 근대화 이전 중국에서 생산활동에 참여하는 하층계급 여성들의 경우에는 그 위세가 심지어 남성보다 더 드센 면이 있었다. 모택동은 1927년 작성한 「호남농민시찰보고」에서 다음과 같이 보고하고 있다. "남편의 권한은 예전부터 빈농들 사이에서 비교적 약했다. 왜냐하면 경제적 이유에서 빈농의 부인들은 유복한 계급의 부인들보다 더 많이 노동에 참가할 수밖에 없었고, 따라서 집안일에 대한 발언권이나 결정권도 비교적 컸기 때문이다. 성적 측면에서도 비교적 자유로워서 남녀의 삼각관계 또는 다각관계는 빈농계급에서 거의 보편적인 현상이었다."[679] 따라서 혁명 또는 근대화 이전의 동아시아 여성의 지위를 시민혁명 또는 근대화 이후 서구 여성의 지위에 비교함으로써 동아시아 여성의 지위를 열등한 것으로 평가하는 것은 그릇된 것이다. 대체로 이런 그릇된 대비법에서 동아시아의 전통적 여성관을 서구에 비해 억압적인 것으로 간주하고 다시 이것을 공자에게서 비롯되는 것으로 추리하는 저 흔한 열등 의식적 유행 사조가 생겨났던 것이다. 그러나 유교 질서 하에서 '부부유별'의 예법으로 보호받은 전근대 동아시아 여성들은 무방비 상태에 놓였던 전근대 서구 여성들보다 더 나은 처지에 있었다. '인'보다 '예'가 지배하는 소강 시대의 남녀 예법이 무방비 상태보다는 훨씬 나은 것이었기 때문이다.

춘추시대에 남녀·부부유별의 내외·선후관계는 거의 '상하관계'로 악화

---

678) 참조: 천성림, 「공자와 여성」, 88쪽. 전인갑, 『공자 - 현대 중국을 가로지르다』 (서울: 새물결, 2006).
679) 毛澤東, 「湖南農民視察報告」. 천성림, 「'공자'와 여성」, 88-89쪽에서 재인용.

될 지경에 이른 것으로 보인다. 따라서 남녀·부부의 선후 서열은 형제 또는 남매(오뉘)간의 선후 서열을 닮은 것처럼 보인다. 공자는 말한다. "(길을 갈 때) 아버지의 연배는 아들이 뒤따라가고, 형의 연배는 아우가 기러기 날아가듯이 비스듬히 따르고, 붕우는 서로 앞서나가지 않는다."[680] 또 "형은 선량하고 아우는 순종하고, 지아비는 의롭고 부인은 청종하는 것(兄良 弟弟 夫義 婦聽)"을 "인의人義"의 두 항목으로 제시한다.[681] 여기서 "형이 선량하고 아우가 순종하는 것"은 "지아비가 의롭고 부인이 청종하는 것"과 비슷한 말이고, "형의 연배는 아우가 기러기 날아가듯이 비스듬히 따르는 것"은 남녀·부부의 비스듬한 선후관계에 대한 규정을 거의 그대로 닮았다. 하지만 부부의 서열 관계는 형제 관계보다 더 엄한 면이 있다. 아우는 집안에 갇히지 않지만, 부녀는 집안에 갇혀 바깥의 사회·정치 활동과 차단되기 때문이다.

공자가 말하는 남녀·부부간의 유별·선후관계는 고대적 농경사회에서의 "요조숙녀·군자호구窈窕淑女·君子好逑"의 『시경』「주남·관저」의 남녀간 사랑, 그리고 '가족 간 근친상간 방지'와 '가족의 보존과 화목'을 최고의 이상으로 삼고 남녀·부부를 내외로 나눈 뒤 여성을 요조숙녀로 규방 안에 가두고 부부·남녀를 선후로 서열화한 뒤 종신토록 여성으로 하여금 남성을 청종케 하는 것을 골자로 한다. 따라서 이 남녀유별·선후관계는 중국의 전통적 상공업사회와 19-20세기 산업사회 및 오늘날의 지식정보사회에 전혀 적용 가능성 없다. 자본주의적 산업사회는 19세기부터 이미 여성들에게 바깥 활동과 생업 활동을 보편적으로 요구했고, 오늘날과 미래의 지식정보사회는 부드럽고 세밀·정교하고 민첩한 여성 노동을 남성 노동보다 더 선호하기 때문이다.

---

680) 『禮記』「王制」(5-53): "父之齒隨行 兄之齒鴈行 朋友不相踰."
681) 『禮記』「禮運」(9-23).

그러나 공맹이 설파하는 남녀·부부유별과 선후관계는 두 가지 사실에 의해 완화되거나 제한된다. 첫째, 공자는 "남자는 안에 들어오면 휘파람을 불지 않고 손가락질을 하지 않는다"고 규정함으로써 간접적으로 집안을 '여자세상'으로 규정한 논변으로부터 집안에서 선先은 남자가 아니라 여자라는 것을 도출할 수 있다. 그리하여 극동 제국의 전통에서 곳간 관리, 제사 관리, 가솔 관리 등은 부인이 주관한다. 고래로 집안에서는 선녀후남先女後男 관계가 관례였다. 이것은 부부의 선후관계와 여필종부를 부분적으로 완화시키는 요소로 작용했다.

그런데 역사상 남녀의 선후관계가 여필종부의 상하관계(남존여비), 심지어 가부장제적 지배-피지배 관계로까지 악화·전락하는 데 결정적 요인이 된 것은 증가하는 노예에 대한 남성 가장의 지배권력의 증대였다. 노예제사회에서 노비의 수가 증가하면서 노비를 소유한 남성 가장의 권력도 증대되고 이에 따라 처자식도 싸잡아 가장의 지배권력 아래 거의 노비의 지위로 격하되어 포섭되었다. 그러나 극동은 노예가 없지 않았음에도 노예가 주력생산자로 올라선 '노예제사회'가 존재한 적이 없었다. 적어도 공자시대는 노예제사회가 아니었고 공자는 귀족제만이 아니라 노예제도 인정치 않았다. 공맹 경전은 남녀동존비를 뛰어넘는 여존남비를 말하고 귀족제와 노예제를 인정치 않는 유일한 고대 경전이다.

공맹 경전에는 은나라 말엽에 "기자箕子를 노예로 삼았다(箕子爲之奴)",[682] 또는 "바른 선비를 노예로 가두었다(囚奴正士)"는 기록이[683] 있는데, 여기서 '노奴'자는 노예가 아니라 죄수를 뜻한다. 동양에서 노예는 발생론적으로 범죄죄수와 전쟁죄수(포로)로부터 생겨났는데 동양 고대의 '노奴' 자는 이 '죄수'를 가리켰다. 따라서 기록들은 "기자를 죄수로 삼았

---

[682] 『論語』「微子」(18-1)』.
[683] 『書經』「周書·泰誓(下)」.

다", 또는 "바른 선비를 죄수로 가두었다"고 옮겨야 할 것이다. 따라서 태고대적 폭군 주紂의 악행을 규탄하는 맥락 외에 어디에서도 오늘날 '노예'라는 의미의 단어가 나오지 않는다.

따라서 중국에서 노비가 있는 청대 이전 시대에도 노골적 노비는 '대개' 극소수의 솔거노비로 그쳤고, 부인의 집안일 가운데서 노비 관리는 작은 비중을 차지했다. 그리고 일반백성은 노비를 가질 수 없었고, 명대부터는 요호부민의 집도 노비 소유가 금지되었다. 청대에는 유사노비까지도 인정치 않았다. 따라서 극동에서 노예는 여성의 지위를 떨어뜨리는 요인으로 작용할 수가 없었다.

둘째, 공자가 논하는 남녀·부부의 선후관계는 비록 여필종부로까지 악화되더라도 지배관계와 거리가 멀 뿐만 아니라, 아직 상하관계(남존여비)로까지 전락하지는 않는다. 공자가 '남존여비'를 앞서 논의 전제로서 밝혔듯이 "남녀동존이야男女同尊卑也의 명제로써 정언적으로 부정하기 때문이다. 남편과 아내 사이에는 존비가 없고 남녀는 정치·사회적 지위와 연령에서 동위·동급이다. "남녀는 존비(상하)가 같다(同尊卑也)"는 남녀의 이 "동존비同尊卑" 원칙에 따라서 아내가 남편보다 나이가 적고 남편의 동생, 후배, 제자, 부하들이 아내보다 나이가 더 많더라도 아내는 이들로부터 남편과 동급으로 대접받는다. 여기서 공자는 부부간에 "존비尊卑가 동등하다"고 정언적으로 천명함으로써 공자의 남녀유별·선후관계(여필종부) 사상을 '남존여비男尊女卑' 사상으로 변조한 성리학적 논변을 미리 정면으로 분쇄하고 있다. 당시 전 세계적으로 여성을 남자에게 남존여비의 상명하복에 구속시키는 것을 넘어 남성 가장의 지배권력 아래 복종케 한 가부장제가 지배하고 있을 때, 공자는 이렇게 남존여비, 즉 남녀의 상하관계마저 부정하고 있는 것이다. 부부관계에는 상하(존비)가 없는 점에서 공자의 여성론은 당대의 이론으로서 유일무이한 선진적·근대적 이론인 셈이다.

그렇다면 성리학적 남존여비 사상은 어디서 나왔는가? 성리학자들은 『역경』「계사전」의 한 구절을 왜곡·변조해 남자를 '하늘'로 높이고 여자를 '땅'으로 낮춰 남존여비 사상을 가작假作해 냈다.

- 하늘은 높고(尊) 땅은 낮으니(卑) 건乾괘와 곤坤괘가 정해진다. 낮음과 높음(卑高)이 펼쳐져 귀천이 정위定位한다. 동動과 정靜은 상도가 있고 강剛과 유柔는 단절이 있는 것이다. 사방은 유별類別로 모이고 사물은 무리 지어 나뉘니 길흉이 생기는 것이다. 하늘에서는 심상을 만들고, 땅에서는 물형物形을 만드니, 변화가 나타난다. 그러므로 강과 유가 서로 마찰해 팔괘가 서로 씻는다. 우레 천둥소리를 치고 풍우로 윤내고 일월이 운행하니 한 추위면 한더위가 오간다. 건괘의 도는 남자를 이루고 곤괘의 도는 여자를 이룬다. 건괘는 큰 시작을 알리고 곤괘는 만물을 만들어낸다.[684]

성리학자들은 "건괘는 큰 시작을 알리고 곤괘는 만물을 만들어낸다"는 명제를 빼버리고 "건도성남乾道成男 곤도성녀坤道成女" 명제만을 취해 이 명제로부터 여러 문장을 거슬러 올라가 서두의 "천존지비天尊地卑"를 "건도성남 곤도성녀"에 갖다 붙여 "천존지비"를 '남존여비'로 변조해 냈다.

그러나 자연적 하늘과 땅은 높고 낮으나, 건괘와 곤괘의 상징들은 그렇지 않다. 건괘의 도道는 하늘과 남자만을 상징하는 것이 아니라, 강건·전

---

684) 『易經』「繫辭上傳」: "天尊地卑 乾坤定矣. 卑高以陳 貴賤位矣. 動靜有常 剛柔斷矣. 方以類聚 物以羣分 吉凶生矣. 在天成象 在地成形 變化見矣. 是故剛柔相摩 八卦相盪. 鼓之以雷霆 潤之以風雨 日月運行 一寒一暑. 乾道成男 坤道成女. 乾知大始 坤作成物."

쟁·아버지·임금·말·옥·쇠·얼음·과실·초겨울 등도 상징한다. 곤괘의 도도 땅과 여자만을 상징하는 것이 아니라 순응·보장保藏·어머니·소·글월·가마솥·큰 수레·초가을도 상징한다. "건도성남 곤도성녀"를 '남존여비'로 변조하는 성리학적 논법을 따를 때, 말은 소보다 높고, 옥과 쇠, 얼음과 과실은 글월(文)과 가마솥 또는 큰 수레보다 높고, 초겨울은 초가을보다 높아야 하지만, 우리의 상식은 이런 사물·현상의 존비·상하관계를 전혀 알지 못한다. 이와 유사한 상식적 이유에서 "건도성남 곤도성녀"를 '남존여비'로 풀이하는 성리학적 논법도 인용認容할 수 없고, 오히려 이 해석에다 무식하고 천박한 '경전변조'라는 낙인을 찍지 않을 수 없는 것이다. 왜냐하면 뒤에 상론하겠지만 『주역』은 유柔가 강剛을 다스리고, 아래가 위를 다스린다는 개벽開闢 원리에 기초해 있기 때문이다. 그래서 『주역』의 64괘 중에서 남자를 상징하는 괘가 위에 있고 여자를 상징하는 괘가 아래에 있는 괘는 거의 다 흉괘凶卦인 반면, 그 반대의 괘는 거의 다 길괘吉卦이기 때문이다. 이것은 '남존여비'라는 성리학적 경전 변조를 여지없이 쳐부수는 것이다. 그래서 공맹 경전의 어디에도 '남존여비'라는 말은 존재하지 않고 오히려 이 말을 정면으로 부정하는 저 "남녀동존비" 구절만이 있는 것이다.

그럼에도 공자어록에는 여성비하로 들릴 수 있는 말이 한 구절 - 비록 딱 한 구절일지라도 - 들어 있다.

- 오직 여자와 소인만은 수양修養하기 어려운 것으로 여겨진다. 가까이 하면 불손하게 굴고, 멀리하면 원망한다.(子曰 唯女子與小人爲難養也 近之則不孫, 遠之則怨)[685]

---

685) 『論語』「陽貨」(17-23).

공자의 '소인'은 오늘날 대중을 말하고, '군자'는 엘리트, 즉 '사회지도층 인사'를 말한다. 군자와 소인은 정치적 신분이 아니라, 사람들이 스스로 선택하는 대중의 길과 엘리트의 길 사이의 가변적 차이를 함의한다. 소인은 소인의 덕, 즉 '소덕小德'을 추구한다. '소덕'은 근면, 검소, 검약, 인내심, 견인불발(생명력·생활력), 이利에 밝고 민완함, 무기탄無忌憚(기탄없는 생각과 행동), 청결, 상호주의 등으로 이루어진다. 이 소덕을 달성한 정점의 인물군은 요호부민饒戶富民, 소봉소봉(사마천의 상공업 대자본가), 오늘날의 자본왕, 금융 귀족, 재벌 등이다. 공자의 학도불권學道不倦·회인불염誨人不厭·발분망식發憤忘食 및 군자의 "구처약구處約"(검약한 생활에 오래 견딤)과[686] 유사한 근면·검약·인내심·견인불발 등의 소덕은 군자에게도 수덕修德·수도修道의 전제로서 요구된다. 그러나 군자는 무엇보다도 '대덕大德·대도大道'를 추구한다. '대덕'은 인의예지仁義禮智의 큰 덕이고, '대도'는 인도仁道와 의도義道를 통합한 '지도至道'를 말한다.

"유여자여소인위난양야唯女子與小人爲難養也"의 '양養'은 '기르다'는 뜻이 아니다. 여기서 '양'은 '수양修養하다'는 말이다. '수양'은 심신 단련으로 품성·지식·도덕을 갈고닦는 '수신修身'을 뜻한다. 따라서 "여자와 소인은 수양하기 어려운 것으로 여겨진다"는 구절은 "여자와 소인은 수덕·수도하기 어려운 것으로 여겨진다"는 말이다. 여기서 거론된 이 '소인'은 여자를 제외한 남자 대중이다. 따라서 이 구절은 '여자만' 비하한 것이 아니라 '남성 대중'도 같이 비하한 것이다. 그러나 '여자 일반'을 싸잡아 '소인'과 동급으로 놓고 있으므로 여자를 더 많이 비하한 구석이 없지 않다.

그럼에도 이 '여성비하'를 보다 현실적 관점에서 재고再考할 필요가 있다. 먼저 유의할 사실은 많은 여성 무당은 나왔지만 단 한 명의 여자도 끈질긴 수신을 통해 부처·공자·예수, 또는 강감찬, 세종 임금, 이순신 장군

---

686) 『論語』「里仁」(4-2).

급의 거룩한 위인偉人이 된 경우가 드물다는 것이다. 부처·공자·예수와 같은 인류의 3대 성인은 제쳐놓고라도 수많은 군소 성인과 위인들 중에 잔 다르크나 테레사 수녀와 같은 여성이 아주 소수라는 것, 그리고 그들이 아주 인간 차별적인 인물이었다는 것은 공자의 저 말이 그렇게까지 여성 비하적인 말이 아니라는 것을 입증해 주는 것이 아닐까? 물론 여성이 자식 양육을 도맡아온 전래의 풍습이나, 세계적으로 오랜 세월 계속된 가부장제적 사회, 그리고 극동의 성리학적 남존여비 사회를 탓할 수 있을 것이다.

그러나 1940년대를 전후해서 서구 제국諸國으로부터 여성 고학력자와 비혼非婚독신 여성이 급증하고, 결혼하더라도 아기를 낳지 않는 여성들이 급증해 왔음에도 지난 100년래 중소 성인聖人은커녕 위인도 줄지어 나오지 않고 있다. 전후에 가장 많은 학문업적을 낸 것으로 얘기되는 여성 철학자 한나 아렌트(Hannah Arendt, 1906-1975)는 오히려 여성문제에 무심한 채 합리주의적 남자 철학자 흉내를 냈다. 그리고 그녀의 사상은 전후 사회복지국가를 '순수한 정치국가의 타락'으로 비난할 정도로 보수 반동적이었다. 그리고 사이코패스에 대해 완전히 무지했던 한나 아렌트는 이 사이코패스적 '악의 기만적 평범성'을 진짜로 믿고 '악의 평범성'을 이론화했다. 그리하여 그녀는 유대인들 말살계획("최종적 해결")의 회계를 담당했던 나치스 일급 전범 아이히만의 사무적·회계사적 진술을 듣고 그의 회계서기적 행위와 진술 행태를 "악의 평범성"이라 불렀다. 언론에 보도된 그녀의 이 표현은 유대인 단체를 비롯한 수많은 미국·유럽인들을 분노케 했다. 또 그녀는 인간의 '공감' 능력을 모르고 칸트를 따라 만인의 역지사지를 되뇌는 바보 같은 허언들이었다. 여자는 많이 배우고 잘 살수록 반동화되는가? 그리고 여성은 도를 닦으면 신기神氣에 취한 무당 같아지는가? 모를 일이다.

혹자는 잔 다르크를 '위인'으로 들이대고 싶을지도 모른다. 그러나 잔 다르크는 무당 같은 광신도적 품세로 인해 우리 모두로부터 동조를 얻기는 어려울 것이다. 또한 혹자는 테레사 수녀를 '성녀'로 제시할 것이다. 그러나 노벨상 수상 전후에 2차로 알려진, 인간 차별적 언동을 일삼은 테레사 수녀의 진상은 그녀의 선행에 대한 우리의 도취 정서를 확 깨게 만든다.

그러나 "먼 미래에도 여성들이 수신·수도하지 못할 것이다", 아니, "미래에도 '목숨 바쳐 나라 지킨 이등병들' 정도의 '여성 위인'도 나오지 않을 것"이라고 일반화하는 것은 남녀의 "동존비男女同尊卑"를 말한 공자 명제에 따라 올바른 판단이 아닐 것이다. 한국의 투사 중에는 '목숨 바쳐 나라 지킨 이등병들'만큼 큰 덕을 이룬 6·25 참전 여성 해병들, 여성 독립투사들과 여성 민주투사들이 소수이나마 이미 나왔기 때문이다.

후천개벽後天開闢 시대에는 수신·수도에 성공해 위대한 군자다운 '여성 위인'이 나오지 말라는 법이 없다. 그러나 우리가 살고 있는 선천先天시대 또는 과도기에는 "오직 여자와 소인만은 수양하기 어려운 것으로 여겨지고, 여자와 소인은 가까이하면 불손하고 멀리하면 원망한다"는 공자의 테제는 아직 완전히 무력화되지 않았다. 군자는 자기 가족을 제외하고 여자와 소인에 대해 '불가근불가원不可近不可遠'의 관계를 맺어야 할 것이다. 그러나 이것은 여성 위인들의 관점에서는 그 역도 성립할 것이다. 군자 같은 여성들은 남자와 소인들에 대해 '불가근불가원' 관계를 가져야 한다는 말이다. 그렇지 않아도 많은 부녀는 자기 남자를 정확히 "수양하기 어려운" 존재, 곧 고치기 어려운 골치 아픈 존재로 여기고, '이 인간아', '저 인간아'라 부른다.[687]

---

[687] "오직 여자와 소인만은 수양하기 어려운 것으로 여겨진다. 가까이하면 불손하게 굴고, 멀리하면 원망한다"는 명제는 이와 같이 간단히 여성에 대한 '남성적' 불평으로 처리할 수도 있다. 곧 이 명제를 역으로 여자들이 그대로 남자들에게 내뱉는 불평불만

한편, "가까이하면 불손하고 멀리하면 원망하는 것"은 분명 남녀를 가리지 않는 이성異性과 소인의 전형적 행태에 속한다. 군자는 이성이나 소인과 가까이 지내다가 무례한 짓을 당하기 일쑤다. 군자의 풍모는 이것과 정반대다. "군자는 삼변三變하니, 멀리서 바라보면 의젓하고, 가까이 다가가면 온유하고, 그 말을 들으면 맑고 높다."[688]

그러나 공자의 남녀유별·동존비론은 이것으로 그치지 않고 변증법적 변화·발전을 향해 열려있다. 일단 공자는 상론했듯이 "사람 사랑(愛人)"을 뜻하는 '인仁'의 기원적 감정을 '자애慈愛', 즉 '모성애'로 규정함으로써 양민養民·교민敎民의 인정仁政이 완전히 확립될 이상사회를 '모성애적 사회'로 그렸다. 그는 대동大同 사회를 소강小康 사회에 대비되는 이상사회로 제시하고 소강을 예의와 의용義勇이 우선하는 선천 시대의 남성적 사회처럼 묘사하고, 소강시대를 뒤이은 대동 사회를 '대도大道'가 행해져 '인仁'이 '의義'에 우선하고 화목과 화평이 지배하는 후천개벽 시대의 모성적 사회로 그리기 때문이다. '대도'는 '지도至道'를 말하고, '지도'는 '인仁'이 '의義'를 이끄는 식으로 인·의仁義를 겸행해 지극에 달한 도다.

정의보다 앞서 사랑(仁)이 지배하는 사회가 모성적 사회인 것은 공자가 말하는 '인'이 모성적 기원을 갖기 때문이다. 여자, 특히 어머니는 남자보다 더 공감적이고 동정적이기에 자식에 대해 자애심이 넘친다. 정상적 여성은 오히려 자애심을 얼마간 자제해야 할 정도다. 따라서 공자는 단 한 번도 어머니가 자애로워야 한다고 말한 적이 없다. 대신, 공자는 '아비는 반드시 자애로워야 한다'고 강조한다. 공자는 『대학』에서 "남의 아비가

으로 뒤집을 수도 있다는 말이다. 가령 '남자들은 이기적이다', '남자들은 다 아이 같다', '남자들은 더럽다', '남자들은 귀찮게 한다'는 말들은 여성들이 남자들에 대해 흔히 표출하는 불평불만이다. 이 말까지도 '남성비하직' 인사로 여길 수는 없을 것이다.
688) 『論語』「子張」(19-9): "君子有三變 望之儼然 卽之也溫 聽其言也厲."

되어서는 자애에 살아야 한다(爲人父 止於慈)"고 규정한다.[689] 또한『예기』「예운」에서도 "인의人義"의 한 항목을 "사람의 도의는 무엇인가? 아버지가 자애하는 것이다(何謂人義? 父慈)"로 제시한다.[690] 아버지가 모성애를 발휘해야 하는 것이다! 이 명제들은 아버지가 어머니의 자애심, 즉 모성애를 배움으로써 스스로 본성적으로 보유한 '비교적 적은' 자애심을 '확충'해야 한다는 말이다. 그리고 이 아비의 자애심을 임금의 인애와 대응시킨다. "군자는 집에서 나가지 않고도 나라에 대한 가르침을 이룬다. (…) 자애는 대중을 부리는 방도다."[691] 이 명제는 '자애'가 '인仁'과 같다는 말이 아니라, 자식을 사랑하는 '자애'가 백성을 부리는 정치적 덕성인 '인'이 유래하는 시원이라는 말이다. 한 개인의 인애심은 자애심에서 자라나는 것, 또는 자애심을 확충한 것이기 때문이다. "남의 임금이 되어서는 인에 산다(爲人君 止於仁)"는『대학』의 명제는 바로 "남의 아비가 되어서는 자애에 산다(爲人父 止於慈)"는 명제와[692] 완전한 대구를 이룬다. 맹자가 "인민仁民"을 "친애親愛"와 명확하게 구분했듯이[693] '인仁' 개념 자체는 자애(모성애)와 다르다. 하지만 '인'의 본질이 모성애에서 기원한다는 것이다.

이런 까닭에 공자는 치자의 비유적 모델을 '아비'에게서 구하지 않고 '부모'에서 구했다. "『시경』은 '즐거운 군자여, 백성의 부모로다!'라고 노래한다. 백성이 좋아하는 것을 좋아하고, 백성이 싫어하는 것을 싫어하는 것을 일러 백성의 부모라고 하는 것이다"[694] 라고 공자는 '자애子愛'와

---

689) 『大學』(傳3章).
690) 『禮記』「禮運 第九」(9-23).
691) 『大學』(傳9章): "君子不出家而成教於國. 孝者 所以事君也, 弟者 所以事長也, 慈者 所以使衆也."
692) 『大學』(傳3章).
693) 『孟子』「盡心上」(13-45): "孟子曰 君子之於物也 愛之而弗仁. 於民也 仁之而弗親. 親親而仁民 仁民而愛物"
694) 『大學』(傳10章): "詩云 '樂只君子 民之父母'. 民之所好 好之 民之所惡 惡之 此之謂

'참달지심慘怛之心(측은지심)의 사랑'을 강조한다.[695] 따라서 공자는 임금이라면 모름지기 "백성을 부모처럼 자애하고 참달의 사랑을 지녀야" 하기 때문에 '치자다운 치자'는 "백성의 부모(民之父母)"이어야[696] 한다고 말한다. 여기서 우리는 공자가 '백성의 아비'를 말하지 않는 것에 유의해야 한다. 그러면 선천先天 시대의 선후 질서에 따라 부모의 대표로 '남의 아비'라고 말하는 경우에도 여기에 어미도 포함되어 있다고 풀이해야 하는 것이다. 말하자면, 공자는 아비 중심의 상하 위계 또는 지배 위계로 짜인 가부장제를 이상사회의 요소로 간주하지 않은 것이다. "백성의 부모"로서의 치자 개념도 부성애가 아니라 모성애를 인정仁政의 기본 정서로 담고 있는 것이다.

따라서 오랜 세월 '공자말씀' 행세를 해온 성리학적 '엄부자모嚴父慈母' 개념은 공자의 인仁철학의 대표적인 '성리학적 변조'에 속하는 것이다. '엄부자모'는 공맹 경전에 털끝만큼도 근거가 없다. 전체 공자 경전 중『효경』에서 딱 두 번 등장하는 '엄부嚴父'는 '아버지를 존엄하게 모신다'는 뜻으로서 '엄嚴'자가 동사로 쓰였고,[697]『예기』에 나오는 '자모慈母'는 자기를 양육해 준 은혜로운 '아비의 첩'을 가리킬 뿐이기 때문이다.[698] 성리학적 '엄부자모' 명제는 공자의 철두철미 모성애적인 '인仁' 개념에 대한 극악무도한 '반역'일 것이다. 좀 엄해야 한다면 선천적으로 '너무! 자애로운' 어머니가 좀 엄해야 한다. 따라서 '자부엄모慈父嚴母'가 '인' 개

民之父母."
[695] 『禮記』「表記 第三十二」(32-25): "우제(虞帝) 순임금은 (…) 천하에 임금 노릇을 하면서 살아생전에 사심(私心)이 없었고, 죽어서도 자기의 아들을 후하게 하지 않았고, 백성을 부모처럼 자애했고, 참달의 사랑을 지녔었다.(虞帝 […] 君天下 生無私 死不厚其子 子民如父母 有憯怛之愛.)"
[696] 『大學』(傳10章).
[697] 『孝經』「聖治 第九」: "효는 아버지를 존엄하게 모시는 것보다 큰 것이 없고, 아버지를 존엄하게 모시는 것은 하늘에 짝하게 하는 것보다 큰 것이 없으니, 주공이 바로 그런 사람이었다(孝莫大於嚴父 嚴父莫大於配天 則周公其人也)."
[698] 『禮記』「曾子問 第七」.

념의 모델을 모성애적 자애에 두는 공자 인애철학의 핵이다.

이안 서티(Ian D. Suttie), 윌리엄 맥두걸(William McDougal), 조지 미드(George H.t Mead) 등의 모성애적 사랑 개념과[699] 옥시토신·바소프레신에 근거한 생리학적 사랑 개념은 '자애'(모성애)에 본질을 두는 공자의 모정주의적 '인' 개념을 심리학적·사회학적·생리학적으로 뒷받침해주는 것이다. 이런 모정주의적 관점에서 서티는 '모권제' 또는 '모계제(matriarchy)'를 언급한다. 그러나 그는 이 술어를 "진짜 모권사회(truly matriarchal society)"로 정의하는 것이 아니라, "아이들에 관한 한, 여성이 가계의 유력한 수장이고, 결과적으로 모계적 가족 조직이 성인들의 성격과 성숙에만 영향을 미치는 것으로 그치지 않고 어느 정도까지 (…) 사회의 구조 형태에도 영향을 미치는 사회상태"로 정의한다.[700] 이런 의미의 모계제라면, 이해의 편의를 위해 좀 더 정확하게 이를 '모정주의(maternalism)'라 부르는 것이 나을 것이다. 이로써 공동체의 사회적 성격 규정에 있어 '모정주의'는 개인의 자유로운 개성을 억누르는 가부장적·부권적 '온정주의(paternalism)'와 구별하고, 또 가부장주의와 대결해온 엘리트주의적 '여권주의(feminism)'와도 구별하고자 한다. 아버지의 '온정주의'는 결국 온정의 대가로 권력을 요구하고 끝내는 가부장주의로 흘러간다. 페미니즘도 소수의 엘리트 여성이 가부장주의에 대한 투쟁의 대가로 권력분점을 요구하는 운동에 불과하다. 반면, 모정주의는 권력분

---

699) 아기의 '부모애(parenthood)' 배아에 관해서는 참조: Ian Dishart Suttie, *The Origins of Love and Hate* (Oxford·New York: Routledge, 1935; 1999·2001 reprinted; Digital Printing 2007), 6, 58쪽; 부모본능에 관해서는 참조: William McDougall, *An Introduction to Social Psychology* (London: Methuen & Co. Ltd., 14th Edition. 1919; Republished, Ontario: Batoche Books, 2001), 190쪽. 미드는 맥두걸의 논의를 계승한다. George Herbert Mead, "The Self and the Process of Reflection" – "Supplementary Essays" [366-367쪽]. George Herbert Mead, *Mind, Self & Society* (Chicago·London: The University of Chicago, 1934).

700) Suttie, *The Origins of Love and Hate*, 120쪽.

점을 포함한 어떤 대가도 요구하지 않은 채 순수하게 사랑을 베풀어 권력 격차나 권력투쟁만이 아니라 권력 관념 자체를 해소하고, 이 무無권력의 자발적 추종과 화합 상태에서 행복을 추구하고 누린다.

만약 전쟁의 항구화로 인해 진화론적으로 '가장 부적합한' 전쟁·폭력 기술자들, 즉 무사들이 득세해 장기간에 걸쳐 사회를 근본적으로 왜곡시킨다면, 사회는 무사적武士的 가부장제, 즉 '강한' 가부장제 사회로 이행할 것이다. 이 경우에 '모정주의'는 역사 속에서 완전히 뿌리가 뽑힐 것이다. 이런 전쟁·군사국가에서는 소크라테스와 플라톤이 비판해 마지않은 고대 아테네의 남녀불평등사회를 낳을 것이다. 소크라테스와 플라톤은 정의로운 군사국가를 '칼리폴리스'로 추구하면서 이와 모순되게도 급진적 남녀 평등을 꾀하려고 한 까닭에 남녀 평등이 자꾸만 남자와 동일한 여성 군사교육과 남녀 평등 국방의무 쪽으로 흘러가고 말았다.[701]

그러나 사회는 무사 세력의 항구적인 권력 득세 없이 단순히 농경 기반 위에서 문사적文士的 가부장제, 즉 '약한' 가부장제로 순탄하게 이행할 수도 있다. 농경을 기반으로 탄생한 이런 '약한 가부장제'로 이행할 경우에는 새로운 권력자로 등장한 가부장이 '모정주의'를 계속 제가·치국의 원리로 활용해 '자애'와 '인애' 중심의 사회제도를 수립·발전시킬 수도 있을 것이다.

동아시아 유교 문명 사회는 정확히 바로 이런 '모정주의적 가부장제 사회'의 전형이다. 동아시아 사회들은 4000년 이상 농경 기반 위에서 무력적 정치 지배와 항구적 전쟁상태로부터 면해짐으로써 평화 상태가 지속되어 무엇보다도 모정주의적 전통이 최대로 "사회적 구조의 적응 가능성

---

[701] 플라톤이 주장한 이 남녀평등과 여성의 체육군사훈련이 여성을 여성공유 군사국가의 전쟁에 동원하기 위한 것임을 보지 못하는 단순한 찬양조의 글은 다음을 보라: Heathet Reid, "Plato on Women in Sport", *Journal of the Philosophy of Sport*, Vol.47, No.3 (2020) [344-361].

에 대한 최소한의 편견과 함께 보존된"[702] 모정주의적 가부장제 사회 또는 '약한 가부장제사회'라고 할 수 있을 것이다. 그렇지 않다면 2500년 전에 공맹이 아비의 자애와 임금의 인애를 제1덕목으로 주창하고 "자애"를 "대중을 다스리는 방법"으로[703] 제시하고, 이 농경사회가 이러한 공맹철학을 2500여 년 동안 국학國學으로 받들었겠는가?

공자의 대동 사회는 "홀아비·홀어머니·고아·독거노인과 병자가 부양받고 남자가 직분이 있고 여성이 시집갈 데가 있고 재화가 땅에 버려지는 것을 싫어하지만 반드시 자기에게만 감춰져 있지 않고 힘이 몸에서 나가는 것을 싫어하지만 반드시 자기만을 위해 쓰이지 않는다."[704] 재화와 힘을 사장私藏시키지 않고 남을 위해서도 씀으로써 사회복지와 보건복지를 완비한 이 대동 사회는 곧 '인'이 지배하는 사회다. "여성이 시집갈 데가 있다"는 말은 여성들이 호구好逑하는 '상上남자들'이 전쟁터에 끌려가 죽지 않아서 아주 많다는 말이고 따라서 항구 평화 상태를 함의한다. 이런 한에서 대동 사회는 모성적 사회, 모성애적 인정仁政국가인 것이다.

그리고 공자가 죽는 날까지 열정을 갖고 연구하고 주석한 경전『주역』은 후천개벽 시대에 선천 시대의 남존여비 관계가 '여존남비' 관계로 전복될 것을 지향한다. 어머니를 상징하는 곤坤괘나 태兌(막내딸, 택澤)·리離(중녀, 화火)·손巽(장녀, 풍風)괘가 아버지를 상징하는 건乾괘와 진震(장남, 뇌雷)·감坎(중남, 수水)·간艮(막내아들, 산)괘 위에 있는 16개 괘는 대부분 길괘이고, 반대는 대부분 흉괘다. 가령 곤괘(땅)가 건괘(하늘) 위에 있는 지천태地天泰괘는 천하태평을 상징하는 길괘인 반면, 이것이 뒤집힌 천지비天地否괘는 소인들이 판쳐 천하의 형통한 변화가 막히는 흉괘다.

---

702) Suttie, *The Origins of Love and Hate*, 121쪽.
703) 『大學』(傳9章).
704) 『禮記』「禮運」(9-1): "鰥寡孤獨廢疾者皆有所養, 男有分 女有歸, 貨惡其弃於地也不必藏於己 力惡其不出於身也 不必爲己."

그리고 마찬가지로 지산겸地山謙괘는 겸덕의 괘이나 이것이 뒤집힌 산지박山地剝괘는 풍비박산과 박살의 괘다. 택천쾌澤天夬괘는 결단하고 내달리는 상쾌한 괘이나 그 반대의 천택리天澤履괘는 그저 밟아 나아가고 이행하는 괘다. 택뢰수澤雷隨괘는 수행隨行을 뜻하는 괘이나, 그 반대의 뇌택귀매雷澤歸妹괘는 특이한 또는 이상한 혼인을 뜻하는 괘다. 택산함澤山咸괘는 남녀 간의 공감·교감·감응의 길괘이나, 그 반대의 산택손山澤損괘는 손해 보는 괘다. 풍천소축風天小畜괘는 조금씩 쌓고 모으고 기르는 괘이나, 그 반대의 천풍구天風姤괘는 뜻밖의 재수 없는 만남의 흉괘다. 풍뢰익風雷益괘는 이익을 보는 괘이나, 그 반대의 뇌풍항雷風恒괘는 구태의연함의 괘다. 풍산점風山漸괘는 천천히 날아 올라가는 점진의 괘이나, 그 반대의 산풍고山風蠱괘는 해충·부패·문란·현혹의 괘다. 화수미제火水未濟괘는 미완이나 미래가 열려 있는 것을 상징하는 괘이지만, 그 반대의 수화기제水火旣濟괘는 완결을 뜻하나 초길종란初吉終亂으로 귀결되는 괘다.

그 밖의 3괘는 여성이 바깥에 있든 안에 있든 다 좋은 괘들이다. 가령 곤(어머니)괘가 밖에 있는 지수사地水師괘는 군대·장수·지도자를 뜻하는 길괘이고, 그 반대의 수지비水地比괘도 친밀·친애를 뜻하는 길괘다. 지뢰복地雷復괘는 회복·복귀를 뜻하는 길괘이고, 그 반대의 뇌지예雷地豫괘도 화락·즐거움을 뜻하는 길괘다. 화천대유火天大有괘는 대풍년의 길괘이고, 그 반대의 천화동인天火同人괘도 대의로 뭇사람을 모으는 것을 뜻하는 길괘다.

여자가 위에 있는 괘 중 나머지 2개의 괘만이 흉괘이고, 그 반대의 괘가 오히려 상대적으로 나쁘지 않은 괘다. 젊은 여자가 젊은 남자 위에 있는 택수곤澤水困괘는 꼼짝할 수 없는 곤란을 상징하는 흉괘인 반면, 그 반대의 수택절水澤節괘는 절개의 괘다. 풍수환風水渙괘는 흩트림, 이산, 해산의 괘이나, 그 반대의 수풍정水風井괘는 만인을 먹여도 변하지 않는 우물의 괘다.

마지막 2개의 괘는 여자가 위에 있든 아래에 있든 좋지 않은 괘다. 화뢰서합火雷噬嗑괘는 깨물고 씹거나 법을 집행하는 괘이나, 그 반대의 뇌화풍雷火豊괘는 대명大明이 어두워지는 괘다. 화산여火山旅괘는 나그네의 괘이고, 그 반대의 산화비山火賁괘는 내적으로 문명함에도 이를 펴기에 부족한 괘다. 이 비賁괘와 여旅괘는 둘 다 공자가 평생 운세로 얻었던 괘들이다.

종합하면, 여성이 위에 있는 16개의 괘 중 12개의 괘는 길괘이고 나머지 4개만이 흉괘이거나 좋지 않은 괘다. 반대로 남자가 여자 위에 있는 16개의 괘 중 11개의 괘는 흉괘이거나 좋지 않은 괘이고, 5개(비比·예豫·동인同人·절節·정井괘)만이 길괘다. 이 5개 괘가 길괘인 이유는 이 괘들이 양성兩性 상징을 제쳐 두고 수(물)·지(땅)·풍(바람)등의 자연적 상징이나 임금·우두머리·대중·천명闡明 등의 사회적 지위나 행동의 상징을 중시한 경우다. 양성兩性을 교합시켜 구성된 32개 괘 중 양성 상징을 일차적으로 중시한 괘는 모두 22개 괘다. 이 중 여성이 위에 있는 11개 괘들은 모조리 길괘인 반면, 남성이 위에 있는 11개는 모조리 흉괘다. 따라서 우리는 남녀관계에 관한 『주역』의 메시지는 대부분의 사회 영역에서의 '여존남비' 사회를 행복한 사회로 예고하고 있는 것으로 결론지을 수 있다.

아예 택산함澤山咸괘에 공자가 붙인 단사彖辭는 이것을 명시적으로 언명한다.[705] "남자가 여자에게 몸을 낮추니 이로 인해 형통하다"는 공자의 주석은 남녀의 만남과 혼인이 오직 '여존남비女尊男卑'로만 성사되고 유

---

705) 『周易』「澤山咸·彖辭」: "유(柔)가 위에 있고 강(剛)이 아래에 있으니, 두 기(氣)가 감응해서 서로 어울리고 멈춰 서서 기뻐한다. 남자가 여자에게 몸을 낮추니 이로 인해 형통하고, 바르니 이롭고, 여자를 취하니 길하다.(彖曰 咸 感也. 柔上而剛下 二氣感應以 相與 止而說. 男下女 是以亨 利貞 取女吉也.)"

지된다는 말이다. 따라서 우리는 공자가 양성관계를 선천 시대의 '남존여비'로부터 후천 시대에 '여존남비'로 개벽되는 것으로 관념했고, 선천의 남녀관계도 남존여비의 상하관계나 가부장제적 지배관계로 전락시키지 않았다고 결론지을 수 있다. 선천 시대에도 공자는 여자에게 남자를 상사로 '존경'하거나 지엄한 치자로서 '공경'하라고 요구하기는커녕 반대로 남녀는 상하·존비 '동등하다'고 갈파했던 것이다.

결론적으로, 공자는 '남녀동존비'(남여평등)의 이념으로 소강 단계의 남존여비 사회를 비판하고 대동의 여존남비 사회로 나아가는 역사적 양성관계 발전을 추구했다. 이 여존남비의 비전은 역사적으로 소크라테스와 플라톤의 과도기적 남녀 평등 사회를 넘어 태평 상태에 도달한 양성 공동사회를 함의하고 있다. 남녀 평등사회는 양성 간에 선후가 없어서 억압도 없지만 평화도 없다. 가정과 사회 도처에서 남녀 간에 다툼·경쟁·갈등이 많을 수밖에 없기 때문이다. 하지만 여존남비 사회는 가정과 사회 도처에서 남자보다 더 동정심 많고 더 자애롭고 공감 능력이 더 뛰어난 부녀들이 향도嚮導처럼 언행의 방향과 강도強度를 선도先導하기 때문에 다툼이 적어서 비교적 태평하다.

백세시대를 위한 서양철학사 시리즈 · 4

아리스토텔레스의 전지적 자유지식과 형이상학

제1절/
이성적 직관과 논증

제2절/
무제한적 자유지식과 전지적 '지식의 지배'

제3절/
중용적 도덕철학과 인의국가론

제4절/
아리스토텔레스의 이성신학과 신탁 경시

제5절/
미메시스 미학과 예술론의 파탄

제6절/
아리스토텔레스의 가부장제적 여가교육론

제2장
아리스토텔레스의 전지적 자유지식과 형이상학

　아리스토텔레스(Ἀριστοτέλης, 기원전 384-322)는 플라톤의 제자이자 마케도니아 알렉산더 대왕의 스승으로서 플라톤을 비판적으로 계승한 고대 그리스 철학자다. 그는 논리와 과학, 도덕과 미학, 정치와 형이상학을 포괄하는 서양철학 체계를 처음으로 창출했다.

　아리스토텔레스의 인생에 대해서는 근소한 것만이 알려져 있다. 그는 그리스 북부 할키디키 반도에 위치한 트라키아 지방의 스타기라(Stagira)에서 태어났다. 부친 니코마코스는 마케도니아 왕 아민타스 2세의 시의侍醫였고, 모친인 파이스티스는 칼키스의 이민 출신이다. 아비 니코마코스는 아리스토텔레스가 어렸을 때 세상을 떠났다. 그러자 어느 궁궐 호위병이 아리스토텔레스를 궁궐로 데려갔고, 그는 왕자 필립(필리포스) 2세의 소꿉동무로 궁정에서 자랐다. 17세 때(기원전 367년) 플라톤의 학당 '아카데미아'에 입문했다. 플라톤이 사망할 때(기원전 347년경) 아리스토텔레스의 나이는 37세였다. 그는 그때까지 20년 동안 아카데미아에서 연구에 정진하고 학생 지도도 담당했다.

아리스토텔레스는 플라톤 사망 직후 아테네를 떠나 마케도니아 필립 2세의 요청으로 기원전 343년부터 왕사로서 그의 아들 알렉산더를 가르쳤다. 그리고 마케도니아 한림원장에 임명되었다.

아리스토텔레스는 이오니아 문화를 배경으로 의가醫家의 실사구시 정신 아래 성장했다. 플라톤의 이데아 철학은 그런 그에게 큰 영향을 주었다. 충실한 플라톤주의자로서 출발한 아리스토텔레스는 이데아론을 맹렬하게 비판하면서도 소크라테스와 플라톤의 합리주의에서 벗어나지 않고 오히려 그들의 합리주의 철학을 더욱 철저히 교조화시켜 인간을 신처럼 전지전능한 이성적 지자智者로 만들었다.

아리스토텔레스의 연구·교육·저술 활동은 3기로 나뉜다. 제1기는 아카데미아 학업 시기인데 그는 이때 벌써 저서를 냈다. 저술 활동은 기원전 360년경부터 시작되었다. 먼저 플라톤의 대화편을 본뜬 『그릴러스』, 『유디머스』, 『프로트렙티커스(철학에의 권유)』, 『향연』, 『소피스트』, 『정치가』, 『메닉시너스』 등 많은 대화편과 기타 글이 간행되었다. 동시에 자연학을 비롯하여 그 밖의 연구도 시작되어 『자연학』, 『천체론』 제1권, 『정치학』(제2권의 일부 잔존), 『영혼론(데 아니마)』 제3권, 『논리학』(『토피카』 등 일부 잔존), 『형이상학』(제12권) 등을 썼다.

제2기는 편력기다. 플라톤 사망 직전 아리스토텔레스는 참주 헤르미아스의 초청으로 아타르뉴스로 갔다. 아카데미아 학교장에 취임한 스페우시포스의 수학주의數學主義(피타고라스주의)에 만족하지 못한 데다 마케도니아가 올린토스를 점령한 뒤 아테네에 반反마케도니아 운동이 일어나서 아테네에 더 머물 수 없기 때문이었다. 페르시아에 대항할 만한 강대한 군대를 보유한 헤르미아스 참주의 보호 아래 왕의 입양녀 피티아스

(Πυθιάς)와 결혼하여 그곳과 가까운 아리스에 살면서 3년간 강의와 연구를 했다. 여기에서『철학에 대하여』를 썼고 이데아와 이데아 수數에 대한 비판이 시작되었다. 또 여기서『형이상학』제1·2·4·5권,『에우데모스 윤리학』,『자연학』제3-6권, 현재 형태의『천체론』,『생성소멸론』등을 썼을 것이다. 또한 플라톤의 수제자 중 한 사람으로 레스보스 태생인 테오프라스토스의 알선으로 미치레네로 옮겼는데 이곳에서는 특히 생물학을 연구했다. 헤르미아스 왕이 사망한 뒤 그는 테오프라스토스와 함께 레스보스섬을 여행했다. 그곳에서 그들은 그 섬과 숨은 석호의 식물학과 동물학을 연구했다.

 아리스토텔레스는 마케도니아로 불려 가서 알렉산더에게 호메로스를 가르쳤고『호메로스 문제』를 썼다. 또『군주정치론』,『식민정책론』도 저술하고, 그리스 국가 제도를 수집하거나 기록했다. 그 일부는 1891년에 재발견된『아테네인의 국제國制』다. 아리스토텔레스는 헬라스의 통일, 즉 그리스의 폴리스들과 마케도니아 왕국의 통일을 열정적으로 주장하는 마케도니아 애국자였다. 이것은 필리포스 2세의 야심과 합치되었다. 그러나 그는 알렉산더 대왕의 동서 융합 정책과 동방 원정에 반대했다. 그래도 두 사람의 우정은 변하지 않았다. 알렉산더는 동정東征 중에 생물학적 표본을 비롯한 기타 물건들을 아리스토텔레스에게 선물로 보냈다고 전해진다. 기원전 340년 알렉산더는 섭정攝政이 되었을 때 아리스토텔레스는 스타기라로 물러가 연구 생활을 계속했다. 기원전 338년 그리스 연합군이 카이로네이아에서 마케도니아 군대에 패배한 지 2년 뒤(기원전 336년) 필립 왕이 암살당했다. 섭정 알렉산더가 왕좌에 올랐다. 이듬해인 기원전 335년에 아리스토텔레스는 그리스연합군을 제압하고 아테네를 점령한 마케도니아 군대의 영향력을 배경으로 다시 아테네로 돌아올 수 있었다.

제3기는 리케이온(Λύχειον) 학당 시기다. 아리스토텔레스는 마케도니아의 아테네 총독 안티파트로스의 원조로 아테네 동쪽 교외인 아폴론 리케이오스(리케이온) 성역 중 일반에게 공개하는 김나시온을 빌려 기존의 '리케이온' 학당을 확대·개교했다. 이곳에서 그는 12년간 강의와 연구로 세월을 보냈다. 오전에는 상급반 연구자를 위해 논리학과 제1차 철학을 강의했고, 오후에는 수사학·정치학·윤리학을 공개 강의했다. 현존하는 저작의 대부분은 이 리케이온 훈장 시절의 강의 초고다.

그런데 기원전 323년 알렉산더 대왕이 죽자 아테네에서는 반反 마케도니아 운동이 거세게 일어나 총독부가 무너지고 아테네인들의 정권이 들어섰다. 마케도니아 사람으로서 총독부의 특혜를 누리고 살던 아리스토텔레스는 소크라테스와 같은 죄목인 '독신죄瀆神罪'로 기소되었다. 그러나 그는 소크라테스의 전철을 밟지 않고 모친의 고향인 에우보이아(Εὔβοια)의 칼키스(Χαλκίς) 섬으로 도망쳤다. 이 도서 지역에는 그의 외가 쪽 장원이 있었다. 거기서 그는 스트레스로 위장병을 앓다가 이듬해(기원전 332년) 63세 나이로 생을 마쳤다.

아리스토텔레스는 소크라테스·플라톤의 불가지론적 '신神 이야기'('신의 미토스 μύθος)를 가지론적 신학으로 만들고, 이론적 관심을 신탁점에서 인간들의 집단적 결정으로 전환했다. 그러나 그는 그의 합리주의적 허풍과 달리 영혼의 윤리적 덕행에 입각한 일반적 행복뿐만 아니라 관상적 觀賞的(이론적) 삶의 지성적 행복조차도 끝내 불가측적 운명의 개입으로부터 해방시키지 못한다. 이것은 칼키스에서의 그의 객사客死로도 방증된다.

아리스토텔레스가 신탁점을 경시했지만, 여러 가지 시대적 정황과 기록에 따르면, 소크라테스처럼 그도 당대의 신탁, 즉 '만테온(크레스모스)'에 의거해 자기와 타인, 그리고 공동체의 운명을 미리 점치고 신의 권고에 입각해 행동하기도 했다. 그는 자신의 아비가 죽은 뒤 플라톤의 친구로 추정되는 그의 후견인이자 매형이었던 프록세우스가 17세의 아리스토텔레스의 운명 내지는 그의 철학자로서의 진로에 대해 델피신전의 아폴론 신에게 물어 신탁을 받았던 것으로 전해진다.[706] 그러나 그는 신탁에 경건한 자세를 보이지는 않았다.

아리스토텔레스는 자신의 학문 속에서 거의 전적으로 델피신탁을 무시했다. 그러나 그도 자신이 인간의 지혜로 알 수 없는 흉한 운명을 피할 수 없었다. 알렉산더가 죽고 아테네에서 반反 마케도니아 정변이 일어난 뒤 그는 모든 명예를 박탈당하고 독신죄로 몰려 처형당할 위기에 처했고, "아테네인들이 철학에 두 번째 범죄를 저지르지 않도록 한다"는 구실 아래 처형을 피해 칼키스 섬으로 도망쳐 벗과 제자도 없이 10개월 동안 불안과 스트레스 속에서 외롭게 살다가 63세의 이른 나이에 급성 위장 질환으로 급서하고 만 것이다.[707] 그야말로 비명횡사였다.

아리스토텔레스가 자라고 배우던 청년기에 아테네 민주주의는 전성기(기원전 5-4세기)에 있었고, 델피신전의 신탁도 전성기에 있었다.[708] 그러므로 그도 페르시아인들의 고문으로 죽은 자신의 친구 헤르미아스에 대한 기념비를 델피신전 경내에 세우고, 델피신전이 주최하는 피티아 체육대회의 우승자들에 대한 작품을 쓴 적도 있으며, 알렉산더대왕의 지원으로 '리케오스 아폴론(Λύχειος Απολλον)' 사당 옆의 리케이온 운동장에 자신의 학당을 세우는 등 델피신전이나 아폴론 신과 여러 가지로 연관을 맺고 있었다.

그럼에도 불구하고 아리스토텔레스는 공자와 소크라테스·플라톤처럼

---

706) http://www.progressiveliving.org/aristotle_biography.htm(검색일: 2008. 10). 그리고 참조: Bowden, *Classical Athens and the Delphic Oracle*, 86쪽.
707) Jonathan Barnes, "Life and Work", 6쪽. Jonathan Barnes (ed.), *The Cambridge Companion to Aristotle* (Cambridge: Cambridge University Press, 1995).
708) Bowden, *Classical Athens and the Delphic Oracle*, 14쪽.

운명을 예지하고 그 악영향을 최소화하는 데 활용될 수 있는 '지천'의 수단이었던 당대의 델피신탁을 탐구하지 않았다. 알다시피 공자는 『역』을 이해시키기 위해 「십익十翼」을 썼지만, 하늘과 신에 대해서는 소크라테스·플라톤의 불가지론적 '신 이야기'에서처럼 더듬거리고 알 수 없다는 말만 되뇐다. 반면, 아리스토텔레스는 지성 우월주의의 형이상학적·사변적·가지론적 '신학神學'(테올로기케; Θεολογική)'을 썼다. 이 형이상학적 '신학'은 인간이 신과 얼마간 공유하는 이성(지성) 자체와 신을 동일시하는 가지론적 이신론理神論의 양상을 띠고 있다.

아리스토텔레스가 훈장으로서 가르친 리케이온(Λύκειον) 학당의 '리케이온'이란 이름은 수호신 아폴론 리케이오스(Ἀπόλλων Λύκειος)를 기리기 위해 붙여진 것이다. 리케이온은 아리스토텔레스가 이 학당에서 가르친 관계로 널리 알려져 있으나, 그가 기원전 334년(335년?) 그곳에 소요학파를 세우기 오래전에 이미 세워져 있었다. 리케이온 학당은 기원전 323년 아리스토텔레스가 아테네로부터 칼리스로 도망친 뒤에도 존속했으나, 기원전 86년 로마 장군 술라가 아테네를 약탈할 때 폐교되었다.

아리스토텔레스는 알렉산더 대왕의 지원으로 리케이온에 도서관을 세우고 많은 자료를 수집했고, 세계 최초의 동물원도 창설했다. 자연과학에 대한 아리스토텔레스의 견해는 중세의 '전근대적·비과학적 자연과학'에 큰 영향을 끼쳤고, 베이컨의 경험과학 이전까지 영향을 끼쳤다. 동물학 연구에서는 그의 관찰이 19세기 다윈의 진화론 이전까지 잔영을 남겼다. 그의 글은 가장 이른 시기에 이루어진 논리에 대한 형식 연구를 담고 있고, 이것은 19세기 후반에 '형식논리학'으로 구체화되었다. 형이상학에서 아리스토텔레스주의는 800-1400년까지의 중세 시대 유대·이슬람 철학과 신학 사상에 영향을 미쳤고, 아우구스티누스의 신플라톤주의적 교부철학을 넘어 토마스 아퀴나스의 신新아리스토텔레스적 토미즘 신학과 스콜라철학을 낳았다. 아리스토텔레스의 윤리학과 정치학은 오늘날도 여전히 영향력이 있다. 현대에는 '덕성 윤리학(virtue ethics)'의 출현과 더불어 새롭게 관심을 받고 있다.

　플라톤의 이데아 개념에 대한 아리스토텔레스의 비판은 탁월하다. 그러나 플라톤의 중화中和 미학을 위배한 그의 '미메시스 미학'은 천박하다. 그가 쓴 글은 대부분 사라진 것으로 보인다. 지금 남아 있는 것은 그가 원래 쓴 글의 3분의 1분량이다.

제1절

이성적 직관과 논증

1.1. 유사 경험론과 논란

아리스토텔레스가 쓴 여러 글을 언뜻 보면 그는 마치 신비적 합리론자 소크라테스·플라톤과 대비되는 경험론자인 것처럼 보인다. 이에 대해서는 철학자들 간에 논쟁이 계속되어 왔다. 그는 『형이상학』의 첫머리에서 흡사 경험론자처럼 이렇게 천명하고 있다.

- 모든 인간은 본성적으로 앎을 바란다. 이것은 감각을 즐긴다는 데서 드러난다. 우리는 쓸모를 떠나 감각 그 자체를 즐기는데, 다른 어떤 감각보다도 특히 '두 눈을 통한 감각'을 즐긴다. 뭔가를 행하려고 할 뿐만 아니라 아무것도 안 하려고 할지라도, 우리는 말하자면 다른 모든 감각보다도 보는 것을 더 좋아한다. 우리는 감각 중 시각을 통해 가장

많이 감지하고 여러 가지 차이들이 드러나기 때문이다. 동물들은 본성적으로 감각을 타고난다. 그리고 이 감각을 바탕으로 일부 동물들 안에서는 기억이 생기지만, 다른 일부 동물들 안에서는 기억이 생기지 않는다. 그렇기 때문에 전자의 동물들이 기억력이 없는 동물들보다 더 영리하고, 더 잘 배운다. 벌이나 개미 등의 동물처럼 기억력이 있지만 소리를 듣지 못하는 동물들은 영리하다. 기억력과 더불어 이 듣는 감각까지 갖춘 동물들은 들어서 배울 줄도 안다. 그런데 다른 동물들은 머릿속에 각인된 인상(판타지아 φατασία)들과 기억들을 통해 살아가고 경험은 조금밖에 갖지 못한다. 그러나 인류는 생산적 학예와 숙고(로기스모스 λογισμός)를 통해 살아가기도 한다. 인간에게는 기억(므네메 μνήμη)을 바탕으로 경험(엠페이리아 ἐμπειρία)이 생겨난다. 동일한 것들에 대한 반복적 기억은 마침내 하나의 단일한 경험의 가능성을 이루어낸다. 그리고 경험은 학적 지식 및 생산적 학예와 아주 비슷한 것처럼 보인다. 하지만 학적 지식과 학예는 경험을 거쳐서야 비로소 인간에게 생겨난다. (…) 경험을 통해 얻은 여러 이미지에서 한 가지 보편적 개념이 비슷한 것들에 대해 생겨날 때, 생산적 학예가 성립된다.[709]

    게다가 아리스토텔레스는, 행위(실천)에 관한 한, 경험은 기술과 조금도 달라 보이지 않고, 오히려 "경험이 있는 사람이 이론만 가진 사람보다 더 많은 성공을 거둔다"고 말한다. 행위(실천)와 생산(제작)은 모두 구체적 '개체와 관련되어 있기 때문이라는 것이다. 그래서 그는 경험은 "개별적인 것에 대한 인식"인 반면, 생산적 학예는 "보편적인 것에 대한 인식"이

---

709) Aristotle, Metaphysics, 980a21-981a7. *Aristotle*, vol.17 (Cambridge, MA: Harvard University Press, 1935·1981).

라고 정의한다.[710]

 그러나 바로 이 대목에서 아리스토텔레스는 '원인에 대한 지식'의 유무有無를 근거로 논리를 정반대 방향으로 뒤집는다.

- 그럼에도 우리는 앎과 이해가 경험보다 생산적·전문적 학예에 더 들어 있다고 생각한다. 그리고 앎의 수준에 맞춰 지혜가 모든 사람에게 더 따르기 때문에 전문적 학예인學藝人이 경험 있는 사람보다 더 지혜롭다고 믿는다. 전자는 원인을 알지만, 후자는 그렇지 못하기 때문이다. 다시 말해 경험 있는 사람들은 '어떤 것이 그렇다는 것'을 알지만, '그것이 왜 그런지'는 모른다. 그러나 학예인들은 '왜 그런지'와 원인을 안다. 그렇기 때문에 건축기사가 여러모로 건설노동자보다 더 훌륭하고 더 많이 알고 더 지혜롭다고 생각한다. 그들은 자신들이 만들어 내는 것의 원인을 알기 때문이다. 그래서 우리는 건축기사의 실천 능력에 따라서가 아니라 '이론을 가짐'과 '원인을 앎'을 기준으로 삼아 그들이 더 지혜롭다고 여긴다. 일반적으로 식자와 무식자를 구분하는 기준은 가르칠 수 있는 능력이다. 그렇기 때문에 우리는 학예인이 경험보다 학적 지식에 더 가깝다고 생각한다. 학예가 있는 사람들은 남을 가르칠 수 있지만, 경험만 가진 사람은 그렇지 못하기 때문이다. 이에 더해 우리는 감각들 중 어느 것도 지혜라고 생각지 않는다. 물론 감각은 개별자들에 대해 가장 권위 있는 앎을 제공하지만, 어느 것에 대해서도 '왜', 가령 '불이 왜 뜨거운지'를 말해주지 않고 '불이 뜨겁다'는 사실만을 말해 준다. 그러므로 통상적 감각들을 넘어선 학예의 발명가가 단지 그의 발명이 어떤 쓸모가 있었기 때문에만이 아니라 그가 지혜롭고 더 뛰어난 인물이었기 때문에 처음 동포들에 의해 찬양된 것이

---

710) Aristotle, *Metaphysics*, 980a21-981a13-18.

가능한 것이다.[711]

아리스토텔레스에 의하면, '일반적인 것과 원인에 대한 이론적 지식의 유무'는 단순한 경험인과 학예인을 가르는 본질적 특징이다. 그런데 '이론적' 지식은 어떻게 얻어지나? 그는 '이론적' 지식이 경험을 통해서가 아니라 오로지 연역·귀납의 지성적·추리적 '논증'을 통해서만 얻어질 수 있다고 말한다. 그런데 '경험'에서 '이론'으로 곧장 옮겨가려는 아리스토텔레스의 발걸음은 '논증'의 출발점이 되는 기지旣知의 사실, 즉 논증되지 않는 공리적 기존지식의 출처 문제 때문에 의외로 간단치 않다. 아리스토텔레스는 『후기분석론』의 서두에서 다음과 같이 말한다.

- 이성을 쓰는(디아노에티케 διανοητική) 모든 교敎와 학學(마테시스 μάθησς)은 기존의 앎(그노시스)으로부터 생겨난다. 이것은 우리가 학의 모든 상이한 부문들을 고찰해 보면 명약관화한 것이다. 왜냐하면 수학적 지식만이 아니라 제작적·생산적 학예(과학기술 - 인용자)도 이런 방식으로 달성된다. 논증에 관해 말하자면, 연역에 의해서만 아니라 귀납에 의해 발생하는 논증들도 유사하다. 둘 다 기지의 사실들을 통해 가르침을 수립하는데, 전자(연역)는 흡사 지성적 공중公衆에 의해 허가된 것처럼 가정假定을 만드는 식으로 수립하고, 후자(귀납)는 특수한 것(개별적인 것)의 자명한 본성으로부터 일반적인 것을 증명해 내는 식으로 수립한다.[712]

아리스토텔레스는 여기서 밝히는 연역적 논증의 '가정', 즉 '제1원리(아

---

711) Aristotle, *Metaphysics*, 981a25-b17.
712) Aristotle, *Posterior Analytics*, I, 71a1-9. *Aristotle*, vol. 2 (Cambridge, MA: Harvard University Press, 1935·1981).

르케(ἀρχή)'로 쓰이는 '기존의 앎' 또는 '기지의 사실'과 관련하여, 『후기분석론』「제2권」의 말미에서 아리스토텔레스는 '기존의 앎', 말하자면 '제1원리의 앎'을 어떻게 획득하는지, 그리고 이 "앎을 지닌 내적 상태(그노리주사 헥시스γνωρίζουσα ἕξις)"가 무엇인지를 탐구하는 것을 과제로 설정한다.[713] 그는 이 과제를 다음의 복잡한 세 가지 물음을 제기하고 이에 답함으로써 수행하고자 있다.

- 우리는 직접적(무매개적)인 제1원리(아르케)들을 알지 못한다면 논증을 통해 학적 지식에 도달하는 것이 불가능하다는 것을 위에서 깨달았다. 이 직접적 제1원리의 앎과 관련하여, 다음 물음들이 제기될 수 있다. (1) 이 제1원리의 앎이 (간접적·매개적 가정의 앎과) 같은 것인지 여부, (2) 이 두 앎에 대한 학적 지식이 있는 것인지, 아니면 전자(직접적·무매개적 앎)가 다른 종류의 지식에 의해 인식되기 때문에 후자(간접적·매개적 가정의 앎)에 대한 학적 지식만 있는 것인지, (3) 그런 지적(知的) 상태(헥시스)가 우리 안에 내재하는 것(에누사이ἐν-οὖσαι)이 아니라 산출되어야 하는 것인지, 아니면 알아채지 못하게 내재하는 것인지 하는 물음이다.[714]

이 세 가지 물음에 대해 아리스토텔레스는 하나씩 역순으로 자답한다. 그는 일단 저 제1원리적 '기존의 앎'의 상태가 한때 망각되어 있을지언정 이미 우리의 영혼 속에 내재한다는 플라톤의 이데아 상기설을 부정한다. "우리가 이 지적 상태를 이미 지녔다는 것은 부조리한 것으로 보인다. 그렇다면 우리가 논증보다 더 정확한 앎을 스스로 알아채지 못한 채 지니고

---

713) Aristotle, *Posterior Analytics*, II, 99b18-19.
714) Aristotle, *Posterior Analytics*, II, 99b20-26.

있다는 말이 되기 때문이다."[715] 아리스토텔레스는 또한 '그런 지적 상태가 우리 안에 내재하는 것이 아니라' 비로소 '산출되어야 하는' 것이라는 생각도 불가능하다고 말한다. "다른 한편 우리가 이 앎을 앞서 지니지 않고 이것을 획득해야 하는 것이면, 우리가 기존의 앎이 없이 어떻게 앎을 얻고 배울 수 있단 말인가? 우리가 말했듯이 논증의 경우에 이것은 불가능이다." 그렇다면 "우리가 저 앎을 이미 지녔을 수 없다는 것도, 우리가 완전히 무지하고 아무 지적 상태도 우리 안에 내재하지 않는다면 저 앎이 산출될 수 없다는 것도 둘 다 명백하다." 이 기존의 앎이 우리에게 내재하는 것도 아니고, 무無로부터 비로소 산출되는 것도 아니라면, 남는 제3의 것은 이 앎을 산출할 내재적 '능력(뒤나미스δύναμις)'일 것이다. "그렇다면, 우리는 물론 정확성의 측면에서 위에서 말한 것들(논증과 학적 지식)보다 더 우월한 능력은 아니지만 그 어떤 능력(뒤나미스)을 지녔음이 틀림없다."[716]

아리스토텔레스는 상기설적 본유'관념', 즉 본유'지식'을 부정하고 그 대신 인간의 본유'능력'을 말하고 있다. 이 '어떤 능력'과 관련하여 그는 『형이상학』에서 "경험을 통해 얻은 여러 이미지들에서 한 가지 보편개념이 비슷한 것들에 대해 생겨날 때"라고 말한 논의 단초와 상통하는 '경험의 분석'을 시도한다. 이 '본유능력'은 바로 '감각적 지각(아이스테시스 αἴσθησις)'과 '경험(엠페이리아 ἐμπειρία) 능력'이다.

---

715) Aristotle, *Posterior Analytics*, I, 99b26-28. 로크는 '본유적 진리(본유관념)'를 부정할 때 이와 유사한 논리를 구사한다. "영혼이 지각하거나 인식하지 못하는, 영혼에 각인된 진리가 잇다고 말하는 것은 내게 모순에 가까운 것으로 보인다. 각인이 어떤 것을 나타내는 것이라면 어떤 진리들을 지각되도록 만드는 것 외에 다른 것이 아니기 때문이다." John Locke, *An Essay concerning Human Understanding* [1689] (New York: Prometheus Books, 1995), Book I, Ch.2, 5. 아리스토텔레스와 로크의 이 논변은 그리 정확한 비판이 아니다. 영혼 속에는 한때 지각되지 않은 채 기억 속에 깊이 숨겨진 정보와 지식들이 무수한 정보들이 있다는 사실에 반박될 수 있기 때문이다.

716) Aristotle, *Posterior Analytics*, II, 99b30-34.

- 이것은 분명 모든 동물의 속성이다. 동물들은 우리가 '감각'이라고 부르는 본유적(쉼퓌톤 σύμφυτον) 판단 능력을 보유한다. 모든 동물이 감각을 지니지만, 어떤 동물은 감각이 지속되고, 다른 동물은 지속되지 않는다. 감각이 지속되지 않는 동물에게는 감각 작용을 벗어나면 앎이 전무하거나, 지속되지 않는 감각이 겨냥했던 대상에 대한 앎이 전무하다. 감각 작용이 끝난 뒤에 감각이 지속된다면, 감각하는 동물은 영혼 속에서 감각을 간직할 수 있다. 이것이 반복적으로 발생하면, 감각의 지속으로부터 일관된 인상을 도출하는 동물과 이를 하지 못하는 동물 간에는 즉각 구별이 일어난다. 감각은 우리가 간직하는 기억(므네메 μνήμη)을 산출하고, 동일한 것에 대한 반복적 기억들은 경험을 산출한다. 왜냐하면 이런 기억들은 수적으로 많을지라도 하나의 단일한 경험을 구성하기 때문이다. 하나의 전일자全一者(다자多者에 대응하는 일자一者, 즉 이 다자 속에서 동일하게 현존하는 통일자統一者)로 영혼 속에서 굳어지면 보편자를 구성하는 경험은 제작적 학예(테크네)와 학적 지식(에피스테메)의 시발점(아르케)을 산출한다. 학예는 생성에 대한 것이고, 학적 지식은 존재에 대한 것이다. 그러므로 저 지적 상태('기존의 앎')는 확정적이고 완전히 발전된 형태로 본유本有하는 것도 아니고, 더 고차적인 지식의 평원에 위치하는 다른 지적 상태(가령 이데아의 세계 - 인용자)로부터 유래하는 것도 아니다. 저 지적 생태는 감각에서 기원한다. 이것은 마치 전투에서 후퇴가 일어나는 마당에 한 사람이 멈춘다면 다른 사람이 멈추고 그 다음 또 다른 사람이 멈추게 되어 원래의 지위가 회복되기에 이르는 것과 같은 이치다. 영혼의 만듦새는 능히 이것을 생성시킬 수 있다.[717]

---

717) Aristotle, *Posterior Analytics*, II, 99b34-100a14.

아리스토텔레스에 의하면, 동물들이나 유아에서 성인으로 성장하는 인간의 감각적 지각은 1) 기억이 없는 감각 단계, 2) 기억이 있는 감각 단계, 3) 반복적 기억의 경험 단계로 발전한다. 분명히 아리스토텔레스는 경험 속에서 형성된 시원적 보편적 관념으로부터 학예와 학적 지식의 '시발점', 즉 '제1원리'가 나온다고 말하고 있다. 이것은 '학적 지식과 생산적 학예는 경험을 거쳐서야 비로소 인간에게 생겨난다'는 『형이상학』의 명제와 일맥상통하는 말이다. 이 경험적 '보편적 관념' 또는 '시발점'이 위에서 말한 '학적 논의'와 '논증'의 제1원리가 되는 이른바 '기존의 앎' 또는 '기지의 사실'이다.

따라서 아리스토텔레스는 감각적 경험 속에서 일반적 관념이 형성되는 과정을 좀 더 정밀하게 분석한다.

- 한 개별적 감각 내용이 영혼 속에서 멈춤에 이르자마자, 이것은 보편적 관념이 영혼 내에 현존하기 시작하는 첫걸음이다. (왜냐하면 우리가 감지하는 것이 특수한 것일지라도, 감각적 지각 작용은 보편적 관념을 포함하기 때문이다. 가령 '한 인간, 칼리아스'가 아니라 '인간'을 포함한다). 그다음 단계로, 다른 '멈춤 작용들'이 영혼 안에서 이 (근사치적) 보편 관념들 사이에 벌어지면, 나눌 수 없는 유類들 또는 (궁극적) 보편자들이 확립되기에 이른다. 가령 동물의 특별한 종種이 '동물'의 유類로 이끌어지는 것 등이다. 명백히 우리는 귀납(에파고게 ἐπαγωγῇ)에 의해 일차적 가정의 앎을 얻는 것이 틀림없다. 왜냐하면 이 귀납은 감각이 일반적 관념을 우리에게 전달하는 방식이기 때문이다.[718]

따라서 경험적 보편 관념(일반적 관념)은 '귀납'에 의해 얻는 학예와 학

---

718) Aristotle, *Posterior Analytics*, II, 100a15-100b4.

적 지식의 제1원리(일차적 가정)의 앎이다.

그러나 아리스토텔레스는 이 경험론적 보편 관념의 인식을 격하·부정한다. 학적 논증의 '제1원리'의 정확한 진리성은 어떻게 보장받나? '의견(독사)'이나 '계산'처럼 거짓을 허용하는 경험이나 경험적 귀납은 제1원리의 이 궁극적·절대적 진리성과 그 인식을 보장할 수 없다는 것이다. 지금까지 논의에서 이 문제도, 이에 대한 답도 제시되지 않았다는 것이다.

그럼에도 적잖은 사람들은 『형이상학』과 『후기분석론』의 이 두 곳에서 전개된 논의를 근거로 아리스토텔레스를 '경험론자'로 해석해 왔다.[719] 그러나 이러한 해석들은 다 순수한 '원조 합리론자' 플라톤에 대한 그의 비판에 현혹된 원전 오독의 산물이거나, 근대 경험론을 정확히 알지 못해서 빚어진 오류로 보인다.[720] 이러한 비판적 단정은 세 가지 사실에 기초한다. 첫째, 아리스토텔레스는 『형이상학』의 인용문에서 '원인에 대한 지식'의 유무有無를 근거로 경험과 학적 지식·학예를 차별하고 있다. 학적 지식은 원인을 알지만, 경험은 원인을 모른다. 『후기분석론』의 핵심주제는 아주 특별한 유형의 지식, 아리스토텔레스가 바로 그 최고 형태의 지식이라고 부르는 지식, 즉 그가 '가장 단순한 지식(절대지식)'이라고 부르는 지식이다. 『후기분석론』 전체에 걸쳐 확립된 그의 견해는, 우리는 참

---

719) 칸트는 "순수한 이성적 인식의 원천"('경험'이냐, '이성'이냐)에 대한 관점에 따라 아리스토텔레스를 "경험론자들의 두목"으로, 플라톤을 "이성론자들의 두목(Haupt der Noologisten)"으로 보았다. Immanuel Kant, *Kritik der reinen Vernunft* [1781·1787], zweiter Teil, B882, A854쪽. *Kant Werke*, Bd.4 (Darmstadt: Wissenschaftliche Buchgesellschaft, 1983). 그리고 최근 아리스토텔레스에 대한 이러한 경험론적 해석으로 가장 큰 영향을 끼친 논자는 참조: James Lesher, "The Meaning of NOUS in the Posterior Analytics," *Phronesis* 18 (1973), 44-68쪽. 더 강한 경험론적 해석은 참조: Jonathan Barnes, *Aristotle: "Posterior Analytics"* (Oxford: Clarendon Press, 1994).

720) 경험론적 해석에 대한 최근의 정밀한 비판은 참조: Michael Ferejohn, "Empiricism and the First Principles of Aristotelian Science", 66-80쪽. Georgios Anagostolpoulos, *A Companion to Aristotle* (Malden, MA·Oxford: Blackwell Publishing Ltd, 2009).

이라는 것을 알 뿐만 아니라 왜 참인지도 알아야 하는데 이를 알지 못한다면 주어진 진리를 가장 완전한 의미에서 '참'으로 이해하지 못한다는 것이다. 따라서 어떤 것이 왜 참인가를 안다는 것은 문제의 명제를 확립하는 적절한 연역적 논증을 구성했다는 것을 뜻한다. 이런 의미에서 아리스토텔레스는 '가장 단순한 지식(절대지식)'을 '논증된 지식'과 등치시켰다.[721] 따라서 아리스토텔레스는 경험적 보편 관념(유類관념)이 논증의 제1원리로 쓰일지라도 이에 만족하지 않고 경험이나 논증이 아닌 제3의 인식능력으로 이 경험적 제1원리의 원인을 '알려고' 한다.

둘째, 아리스토텔레스는 경험적 앎(그노시스)의 객관성을 부정한다. 따라서 그는 이 경험을 학적 지식(에피스테메)보다 열등한 것으로 차별한다.

셋째, 아리스토텔레스에 따르면, 경험적 앎은 귀납의 출발점이지만, 최고의 학적 지식을 산출하는 연역적 논증의 출발점은 아니다. 연역적 논증은 경험을 격하시켜 제쳐두고 가령 원인·보편 관념·실체·형상 등의 인식을 근거로 학적 지식을 최고지식으로 격상시킨다. 아리스토텔레스의 개념 중에서 원인·원리(아르케)·(본질적) 보편 관념(=보편자=일반자)·본질·형상·실체는 다 같은 말이다. 어떤 것의 진리의 '원인'을 안다는 것은 그것의 원리(아르케)·(본질적) 보편자·본질·실체를 안다는 것과 같은 말이다. 따라서 아리스토텔레스의 지식철학은 근대적 의미의 경험론과는 거리가 먼 것이다. 근대 경험론은 이 '원인' 개념의 객관성을 부정하고[722] 인과성

---

721) 참조: Ferejohn, "Empiricism and the First Principles of Aristotelian Science", 66쪽.
722) 흄은 원인과 결과의 관계, 또는 인과관계 개념을 이성적인 것이 아니라 경험적 '믿음'에 지나지 않는 것으로 보았다. 누군가 바람이 불면 나뭇잎이 떨어지는 것을 네 번 관찰했다면 이 사람은 다섯 번째로 바람이 또 불면 나뭇잎이 또 떨어질 것이라고 습관적으로 믿고 이 다섯 번째 바람이 원인으로서 야기한 결과로서 다섯 번째 낙엽을 예고한다. 아리스토텔레스가 '과학'의 금과옥조로 여기는 원인과 결과의 이 인과관계의 기저에는 무슨 위대하거나 신비스런 객관적 이성의 사실이 있는 것이 아니라 실은 달랑이 '믿음'이라는 주관적 감정밖에 없는 것이다.

을 반복적 기억과 경험에서 생긴 정신적 관성으로 보고 '보편자'를 단순히 '유사한 것'으로, '실체'를 사변적 사유의 편의적 산물로 보기 때문이다. 원인·보편자·실체 등 대상 세계에 실존하지 않는 것들을 '객관적으로 실존하는 것'으로 이성적 추리와 상상에 의해 '날조·작화'하는 '사이불학 思而不學'은 바로 아리스토텔레스의 합리론과 모든 합리론의 본때다.

1.2. 누스(νοῦς, 이성)의 논증적 합리론과 '이성적 직관'

아리스토텔레스의 지식철학은 경험론이 아니라 합리론이다. 이것은 어렵지 않게 입증된다. 아리스토텔레스는 『후기분석론』「제1권」에서 논증에 의해 산출되는 학적 지식(에피스테메)을 '절대지식'으로 규정하고 이것을 산출하는 논증의 출발점이 되는 전제(가정)를 정의한다. "우리의 주장은 우리가 지식을 아무튼 논증으로 얻는다는 것이다. '논증'은 학적 지식을 산출하는 일종의 연역을 뜻한다. 바꿔 말하면 우리가 이것을 파악한다는 단순한 사실에 의해 우리들로 하여금 알게 만들어주는 연역을 뜻한다. 지식이 우리가 이렇게 추단한 것과 같은 것이라면, 논증적 지식은 참되고 일차적이고 직접적이고 무엇보다도 더 (많이) 알고 무엇보다도 더 선행하고 결론에 대해 원인적인 가정으로부터 출발하지 않으면 아니 된다. 이런 조건 위에서만 제1원리(아르케)는 증명되어야 할 사실에 정확하게 적용될 수 있다. 연역은 실로 이 조건(일차적·직접적·원인적 가정으로부터 출발하는 조건) 없이도 가능할 것이지만, 논증이 아닐 것이다. 그 결과는 지식이 아닐 것이기 때문이다."[723] 여기서 말하는 '참되고 일차적이고 직접적이고 무엇보다도 더 알고 무엇보다도 선행하고 결론에 대해 원인적인 가정'은 저 경험적 일반자의 가정이 아니라, '경험보다 더 알고 경험

---

723) Aristotle, *Posterior Analytics*, I, 71b17-25.

보다 더 선행하는 모종의 비경험적 가정(제1원리)'을 가리킨다.『후기분석론』의 서두에서부터 아리스토텔레스는 이미 '비교급'의 표현을 통해 경험적 보편자를 차별하고 견제한 데 이어서 명시적으로 '가장 잘 안다'는 것을 '감각으로부터 가장 멀다'는 것과 동일시한다. 그리하여 감각으로부터 멀수록 참 존재와 가까워져 더 알게 되는 것인 반면, 감각과 가까울수록 참 존재와 더 멀어져 더 무식해지는 것이다.

- 사물들이 무엇보다도 더 선행하고 더 아는 것에는 두 가지 의미가 있다. 본성에서 더 선행한다는 것은 우리와의 관계에서 선행한다는 것과 같은 말이 아니다. 그리고 (본성적으로) 더 안다는 것은 우리에 의해 더 안다는 것과 같은 말이 아니다. 우리와의 관계에서 '더 선행한다' 또는 '더 안다'는 것은 감각에 더 가깝다는 것을 뜻하고, 절대적 의미에서 '더 선행한다' 또는 '더 안다'는 것은 감각으로부터 더 멀다는 것을 뜻한다. 가장 보편적인 개념들은 감각으로부터 가장 멀고, 특수자들은 감각과 가장 가깝고, 이 특수자들은 끼리끼리 대립한다. 일차적 가정으로부터 논변하는 것은 적절한 제1원리로부터 논변하는 것이다. 왜냐하면 '일차적 가정'과 '일차적 원리'는 같은 말이기 때문이다. 논증의 제1원리 또는 출발점(아르케)은 직접적 가정이고, 직접적 가정은 이 가정보다 더 선행하는 다른 가정이 없는 가정이다.[724]

저 '본성적으로 더 아는 것'이 『형이상학』에서는 '참 존재(실체)'와 등치되고, 감각에 의해 아는 것은 '조금 아는 것'으로 낮은 서열에 위치시킨다. 감각과 가까울수록 참 존재와 더 멀어지는 반면, 감각으로부터 멀수록 참 존재와 가까워진다. "어떤 감각적 사물들은 실체라고 동의되므로,

---

724) Aristotle, *Posterior Analytics*, I, 71b35-72a11.

우리는 이 사물들부터 탐구를 시작해야 한다. 여기로부터 '더 아는 것'으로 전진하는 것이 편리하기 때문이다. 왜냐하면 언제나 학문은 이런 식으로, 즉 본성에 의해 덜 아는 것을 뚫고 더 아는 것으로 전진함으로써 달성되는 것이기 때문이다. 그리고 행위에서 개인의 선으로부터 출발해 절대선을 개인의 선으로 만드는 것이 우리의 임무인 것과 꼭 같이, '자신에게 더 아는 것'으로부터 출발해 '본성에 의해 아는 것'을 '자신에게 아는 것'으로 만드는 것이 우리의 임무다. 개인들에게 아는 것이고 일차적인 것은 종종 조금만 아는 것이고, 참 존재(실체)를 조금만 내포하고 있다. 그럼에도 불구하고 불완전하게 알지만 자신에게 아는 것으로부터 출발해 우리는 절대적으로 아는 것을 이해하려고 애써야 한다. 우리가 말한 것처럼 우리에게 아는 바로 이 사물들을 써서 전진하는 것이다."[725] 이 말은 경험적 지식으로부터 출발하되, 목표는 '절대적으로 아는 것'이고, '절대적으로 아는 것'만이 실체(실재=참 존재)를 완전하게 다 포착하는 것이라는 말이다. 논증적 지식은 절대적 지식인 반면, 경험 지식은 불완전한 상대적 지식이라는 것이다. 『베이컨에서 홉스까지: 서양 경험론과 정치철학』에서 상론했듯이, 훗날 홉스는 물론 역으로 논증적 지식을 '상대적·조건적 지식'으로, 경험 지식을 '절대적 지식'으로 전도시킨다.[726] 소박경험론자로서 홉스는 이 명제로 아리스토텔레스의 면상을 후려친 것이다.

'참 존재'에 대한 이 '절대지식'은 오로지 귀납이 아니라, 감각에서 가장 멀리 떨어져 있는 학적 지식의 연역, 즉 '논증'에 의해서만 달성될 수 있다. 그런데 논증의 제1원리는 귀납의 제1원리와 다르다. 귀납(에파고게)의 제1원리(제1가정)는 경험적 보편자이지만, 연역적 논증의 제1원리는 바로 '누스(νοῦς)', 곧 이성적=지성적=이성적 직관이다. 감각은 '정확성

---

[725] Aristotle, *Metaphysics*, 1029b2-12.
[726] 황태연, 『베이컨에서 홉스까지: 서양 경험론과 정치철학』(서울: 생각굽기, 2024), 제3장 2.2. "절대지식(사실지식)과 조건부 지식(추리지식)".

의 측면'에서 논증과 학적 지식보다 '더 우월한 능력이 아니기' 때문이다. 이것은 사물을 마주하고 지각하는 공자의 "격물치지格物致知"와 정반대되는, 생각을 마주하고 생각으로부터 지식을 끌어내는 '격사치지格思致知'를 말한다. 그러나 공자는 '격사치지'란 귀신이나 할 수 있는 사색으로 생각했다.[727] 이성적 직관이란 존재하지 않다. 그것은 단지 논리의 유희일 뿐이다. 미리 말해두는 것이지만, 19세기 중반 쇼펜하우어는 "직접적으로, 그리고 절대적으로 인식한다는, 직관하거나 지각한다는 이성"을 "철학 교수들이 아주 영리하게 지어내고 그들에게 필수 불가결하게 된 동화童話"로 규탄했다.[728]

아무튼 아리스토텔레스는 위에서 남겨놓은 문제, 즉 '제1원리의 궁극적·절대적 진리성과 그 인식을 보장하는 지적 자질이 무엇인가'하는 물음에 마침내 답한다. 그는 『후기분석론』의 최후 단락에서 경험적 '귀납'에 의해 보장되지 않는 연역적 '논증'의 '제1원리'의 절대적 진리성과 그 '인식(진리성의 원인, 즉 그것이 왜 참인지에 대한 앎)'이 연역의 소산인 학적

---

727) "無曰不顯 莫予云覯. 神之格思 不可度思 矧可射思(드러나지 않으면 아무도 나를 만나지 못한다고 말하지 말라. 신이 생각을 마주하면 그 생각을 헤아릴 수 없는데 하물며 생각을 맞힐 수 있겠는가!)"『詩經』「大雅·抑」. 공자는 이 시구를 신덕(神德)을 찬양하는 구절에 이어 "무릇 미미함이 드러나고 성실함이 가려질 수 없음이 이와 같도다(夫微之顯 誠之不可揜 如此夫)"라는 말 앞에 인용했다.『中庸』(十六章). 여기서 '思'를 어조사로. '射'를 '싫어할 역'자로 보고 "神之格思 不可度思 矧可射思"를 "신이 납시는 것을 헤아릴 수 없는데 하물며 싫어할 수 있겠는가!"로 풀이한 주희의 해석을 물리친다. 이 풀이는 의미 맥락이나 문맥에 맞지 않기 때문이다. "신이 납시는 것을 헤아릴 수 없는" 마당에 신을 "싫어하지 못한다(=좋아한다)"는 말이 왜 나온단 말인가? "신이 납시는 것을 헤아릴 수 없다"면 의미 맥락상으로 신을 "두려워한다"고 말해야 할 것이다. 그러나 '射'자는 '맞히다'는 뜻도 있음에 유의할 필요가 있다. 그리고 '格思'의 '思'는 어조사가 아니라 체언이고, '格思'는 '格物'(사물을 마주하다)의 반대말(생각을 마주하다)이다. 따라서 "神之格思"는 '신이 납시는 것'이 아니라 '신이 생각을 마주하는 것'이고, "不可度思"는 '생각을 헤아릴 수 없는 것'이고, "矧可射思"는 '어찌 생각을 맞힐 수 없다'로 번역된다.
728) Arthur Schopenhauer, *Die Welt als Wille und Vorstellung* I [1818·1859]. "Vorrede" zur 2. Auflage(1844), 24쪽. Arthur Schopenhauer, Sämtliche Werke, Band I (Frankfurt am Main: Suhrkamp, 1986).

지식에 의해서도 보장되지 않는다고 말하는 한편, 이것은 정확성(불가류성) 측면에서 '학적 지식'을 능가하고 진리성의 원인을 아는 '이성', 즉 '이성적 직관(누스)'에 의해서만 보장된다고 천명한다. 이로써 그는 경험과 결별한다.

- 우리가 진리의 추구에서 사용하는 지적 상태(자질)들 중에서 어떤 것은 언제나 참인 반면, 다른 것은 '의견(독사 δοξα)'이나 '계산(로기스모스 λογισμος)'처럼 거짓을 허용한다. 이에 반해 '학적 지식(에피스테메)'과 '이성적 직관(누스)'은 언제나 참이다. '이성적 직관'을 빼놓으면 어떤 종류의 지식도 '학적 지식'보다 더 정확하지 않다. 또한 제1원리는 논증보다 '더 아는 것'이고, '학적 지식'은 추리 논변(로고스)을 포함한다. 따라서 '제1원리'의 '학적 지식'은 있을 수 없다는 결론이 나온다. 그리고 '이성적 직관'을 제외하면 '학적 지식'보다 더 참된 것은 아무것도 없기 때문에, 제1원리를 인식하는 것은 '이성적 직관'이어야 한다. 이것은 상술한 고찰로부터 명백할 뿐만 아니라, '논증'의 출발점(아르케) 자체가 '논증'일 수 없고 '학적 지식'의 출발점 자체가 '학적 지식'일 수 없기 때문에도 명백하다. 그러므로 우리가 '학적 지식' 외에 다른 참된 종류의 지적 자질을 전혀 지니고 있지 못하다면, '이성적 직관'이 저 '학적 지식'의 출발점이어야 하는 것이다. 따라서 '이성적 직관'은 '학적 지식'의 제1원리(아르케)다. 한편으로 전자(이성적 직관)는 제1원리로서 제1원리를 지향하고, 다른 한편으로 후자(학적 지식)는 전체적으로 유사하게 전체적 사실 세계와 관계한다.[729]

귀납을 통해 산출되는 경험적 일반자는 학예(네그네)와 학적 지식(에피

---

729) Aristotle, *Posterior Analytics*, II, 100b5-17.

스테메)의 '아르케'이지만, 경험은 이 일반자가 '언제나 참된' 것이 아니고 또 참되다고 하더라도 그 원인을 알지 못한다는 것이다. 그러나 '이성적 직관'은 이 아르케의 진리성과 함께 그 원인까지도 안다. 이런 의미에서 'A는 A다'라는 불변적 동일성 명제 또는 'A는 A이면서 비非 A일 수 없다'는 불변적 모순 명제 등의 '이성적 직관'이 '논증'과 '학적 인식'의 진정한 아르케인 것이다. 결과적으로 아리스토텔레스는 플라톤의 상기설적 본유관념을 '이성' 또는 '이성적 직관'의 연역 관념으로 대체한 것이다.

그러나 앞서 공자의 '격물치지'와 관련하여 논했듯이 또한 나중에 아우구스티누스와 데카르트의 '이성적(사유적) 직관' 개념과 관련하여 상론하듯이, 무릇 '직관'은 본래 '감각'의 기능에 속하고 이성은 '추리(연역)' 능력이기 때문에, '이성적 직관'이란 정확히 말하면 '둥근 네모'와 같은 허구다. 눈앞의 사물들을 직접 보거나 직접 비교하는 또는 생생한 기억 속의 두 관념의 이동異同과 대소大小 등을 직접 비교하는 '감성적 직관'은 가능하지만, '이성적 직관'은 불가능하다는 말이다. 'A는 A다'는 동어반복적 동일성 테제도 자세히 분석해 보면 이성적으로 직관될 수 있는 것이 아니라 논증되어야 하고, 논증이 완료된 순간, 그 진리성을 잃고 반대의 명제('A는 비非A다')로 뒤집히고 만다. 만물의 유전流轉을 전제하면, A와 똑같은 동일자는 없거나 A의 자기동일성이 불가능하기 때문에 가령 'A는 A다'는 불변적 자기동일성 명제는 애당초 불가능하고 또 그 진리성이 이성적 사유에 의해 즉시 인식될 수 없다. 이 'A는 A다'는 동어반복 명제가 진리이려면, 먼저 ① 만물의 유전성을 부정하고 ② A와 나란히 A와 동일한 것을 가정하는 고도의 추상을 발휘해야 한다. '주어 A'에 대해 동일한 것으로 반복되는 '술어 A'는 그 자체가 이와 같이 부정과 가정을 행하는 고도의 추상의 산물인 것이다. 따라서 엄밀히 말하자면, 'A는 A다'의 진리성은 이 고도의 추상에 막히거나 가려서 결코 '직관'될 수 없다. 직관할 수 없는 이 진리성을 어떤 식으로든 확보하려면 논증하는 수밖에 없다. 'A는 A다'는 동어반복 명제의 진리성에 대한 의미 있는 논증은 유일하게 'A는 비A가 아니다(A는 비A가 아니므로, A는 A이어야 한다)'는 반증논리뿐이다. 따라서 이렇게 '논증된' 명제로서 'A는 A다'는 명제는 이제 논증의 '제1원리'가 될 수 없는 것이다. 지금의 이 단계에서 A는 단지 비A를 매개로 해서만 정의될 수 있다. 이것은 A의 진리성이 전적으로 비A에 달려 있다는 말이다. 즉, 비A가 A의 본질(가능성)이다. A는 매순간 비A를 향한다. 환원하면, A는 비A로 흘러가고, A는 매 순간 비A가 된다. 이렇게 하여 방법상 정문으로 추방된 '만물의 유전' 명제가 후문으로 다시 도입되고 만다.

  자기와 달라지지 않는 것은 아무것도 없다는 '만물의 유전'의 실재 명제가 논리적 필연성에 의해 재도입되면, 'A는 A다'는 명제를 말하는 찰나에도 기존의 A는 미세 변화로 매 순간 '비A'가 된다. 따라서 'A는 A다'는 명제는 거짓이고, 'A는 비A다'는 명제가 참이다. 즉, 'A와 A의 동일성'이 아니라 'A와 비A의 동일성'이라는 운동·생성·변화의 비非 동어반복적 명제가 참이다.

  'A'와 '비A'를 '유有'와 '무無'로 대체해도 마찬가지다. '유는 유다'는 동어반복적 명제가 성립하려면, '만물의 유전'을 부정하고 주어 '유'와 나란히 술어 '유'를 가정해야 한다. '유는 유다'는 불변적 동일성 명제의 진리성은 부정과 가정의 추상성에 가려 직관되지 않는다. '유는 유다'는 명제의 진리성은 '유는 비유非有, 즉 무가 아니다'라는 모순·반증명제에 의해서만 논증되고, '무는 무다'의 진리성도 '무는 유가 아니다'는 반증명제에 의해서만 논증될 수 있기 때문이다. '유'와 '무'가 이러한 상호 부정을 통해 서로의 진리성을 반증해 준다면, '유'와 '무'는 본실석으로 상호 의존해 있고 서로의 본질(가능성)이다. '유'는 '유'이려는 순간 '무'에 영향받아

'무'를 향하고, 이것은 '무'도 마찬가지다. '유'가 '무'로 순간이동을 하고, '무'가 '유'로 순간이동을 하는 것이다. 이렇게 되면, 방법상 추방된 '만물의 유전' 명제가 논리적 필연성에 의해 다시 복권된다.

그리하여 '유와 유의 동일성' 또는 '무와 무의 동일성'은 거짓이고, 진정 '유와 무의 동일성'만이 참이다. '유(Sein)와 무(Nichts)의 동일성', 곧 '있음과 없음의 동일성' 테제는 헤겔에 의하면 '생성(Werden)'의 별칭이다. 따라서 동어반복적 '동일성' 명제와 자기 부정적 '모순' 명제의 – 형식논리상 – 불변적인 진리성은 이성적으로 직관될 수 없다. 따라서 '이성적 직관'이란 없는 것이다. 아니면, 간단한 이성적 추리 또는 논증을 그 간단함 때문에 '이성적 직관'으로 착각하는 것이다.

오직 중지와 검지를 나란히 대보고 한눈에 중지가 검지보다 길다고 판단하는 '감각적 직관'만이 있을 따름이다. '이성적 직관'은 실은 있을 수 없는 것이다. 그러나 '감각적 직관'도 만능일 수 없다. 너무 작은 차이(가령 0.01mm, 20nm)나 너무 큰 것들 간의 차이(지구와 토성의 차이, 10만 광년과 100만 광년 간의 차이)는 한눈에 직관할 수 없다.

공자에 의하면, 모든 지식의 원소(제1원리)인 '심상心象'(인상)은 오로지 '격물치지格物致知(=대물치지對物致知)'의 감각적 직관을 통해서만 얻을 수 있다. 가장 확실한 지식은 이 '격물치지'의 감성적 직관의 인상 내용을 대물적對物的 사유작용(입상진의立象盡意와 성의誠意)에 의해 '의념意念(관념)'으로 가공하고 '본말本末'과 '시종始終'의 '지소선후知所先後'와 '온고지신溫故知新'을 통해 '근도'의 '지식'으로 엮는 '주학이종사主學而從思·선학이후사先學而後思·박학이신사博學而愼思' 과정을[730] 통해서만 얻어진다. 이 확실한 지식을 다시 '격사치지格思致知'로 가공하여 지식을

---

[730] '주학이종사(主學而從思)'는 '경험을 주로 삼고 생각을 종으로 삼는다', '선학이후사(先學而後思)'는 경험을 우선시하고 생각을 뒤로한다', '박학이신사(博學而愼思)'는 '경험을 널리 하고 생각을 신중히 한다'이다.

넓힐 수 있으나, 이 '격사치지'는 반드시 '격물치지'의 감성적 직관을 앞서거나 대체할 수 없다. '격물치지'를 대체하는 '순수한' 격사치지로부터는 무익한 사변적 작화(confabulation)만이 나올 뿐이다. 다시 말하지만 '직관'은 언제나 '감성적 직관'이다. '이성적 직관'이란 존재하지 않는 것이다. 따라서 이 '격물치지'로부터 '격사치지'에 의해 얻은 '의미'(관념)로부터 다시 '격사치지'에 의해 도출하는 제2차, 제3차의 관념적 지식은 간접적 지식에 지나지 않는다. 이 간접적 지식들의 확실성은 '격물치지'의 감성적 직관에 기초한 '주학이종사·선학이후사·박학이신사' 과정으로 얻는 지식의 직접적 확실성에 미치지 못한다. 그러므로 앞서 시사했듯이 훗날 홉스가 감각과 기억을 통해 얻는 '사실지식'을 모든 지식의 아르케인 '절대지식'이라고 부른 반면, '격사치지'를 통해서 얻는 '추리지식'은 '조건적' 지식이라고 불렀던 것이다.[731] 그에 의하면, 직관적·직접적 확실성의 '절대지식'은 결코 격사치지의 '논리적 사유 과정'에 의해 얻을 수 없는 지식이다. 거듭 말하지만, 아리스토텔레스의 '이성적 직관(누스)'은 존재하지 않는 것이고, 따라서 결단코 철학의 제1원리일 수 없다.

아무튼 『니코마코스 윤리학』에서도 아리스토텔레스는 학적 지성에 의한 논증의 출발점이 되는 제1원리는 경험적 귀납이 제공하지만, 이 원리를 참으로 아는 것은 지성도, 귀납도 아니고, 오로지 '이성'이라고 다시 확인한다.[732] 결국 '이성적 직관'이 학적 인식능력(논증적 지성)과 함께 감각·경험·경험적 귀납을 제압하는 것이다. 이렇게 볼 때, 베이컨의 비유를 쓰자면 플라톤은 너른 바깥세상으로 나가서 먹이를 구하지 않고 자기가 짠 거미줄 한가운데에 웅크리고 있다가 거미줄에 걸린 먹이를 잡아먹는

---

731) 홉스의 '절대지식'이라는 소바경험론적 명칭의 문제점에 대한 비판적 지적은 참조: 황태연,『베이컨에서 홉스까지: 서양 경험론과 정치철학』, 제3장 2.2. "절대지식(사실지식)과 조건부 지식(추리지식)".

732) Aristoteles, *Die Nikomachische Ethik*, 1139b25-32, 1140b30-1141a8 (제6권 3·6장).

'순수한 거미(합리론자)'이고, 아리스토텔레스는 '개미(소박 경험론자)를 잡아먹은 거미'인 셈이다. (칸트도 아리스토텔레스처럼 '개미를 잡아먹은 거미'다.) 이런 의미에서 결국 아리스토텔레스는 감각적 경험의 인식론적 타당성을 배척하고 그 대신 확실성과 필연성의 논리적 기준을 진리의 시금석으로 택한 엘레아학파와 동일한 견해를 피력하고 있는 것이다.[733] 여기로부터 '다문다견多聞多見'의 '박학·심문'을 위한 지성至誠의 노력 없이 연역적 논증에만 의존하는 '사이불학思而不學'과 '부지이작不知而作'의 아리스토텔레스적 형이상학이 전개된다.

---

733) 참조: Ferejohn, "Empiricism and the First Principles of Aristotelian Science", 68쪽.

제2절

무제한적 자유지식과
전지적 '지식의 지배'

2.1. '지식을 위한 지식'과 전지주의

아리스토텔레스의 철학에서는 '쓸모를 위한 지식'이 아니라 한가와 여가의 활용으로 산출되는 '지식을 위한 지식'이 전면에 등장한다. 상술했듯이 아리스토텔레스는 통상적 감각들을 넘어선 학예의 발명가가 처음 동포들에 의해 찬미 된 것은 단지 그의 발명이 어떤 쓸모가 있었기 때문에만이 아니라 그가 지혜롭고 더 뛰어난 인물이었기 때문에 그랬다고 말한다. 점점 더 많은 학예가 발견됨에 따라 "필요와 관련된 학예"와 "삶의 심심풀이와 관련된 학예" 중에서 이 심심풀이와 관련된 학예의 발명가들은 필요와 관련된 학예의 발명가들보다 더 지혜로운 것으로 생각되었다는 것이다. 그 이유는 "심심풀이와 관련된 학예의 발명가들의 학적 지식 분야가 쓸모를 겨냥하지 않았기 때문"이다. 이런 종류의 모든 발견이 완전히 발전되었을 때, 쾌락과도 관련되지 않고 생활필수품들과도 관련되지 않는 '학적 지식(에피스테메)'이 발명되었는데, 그것도 "사람들이 여가를 가진 곳들"에서 발명되었다. 그리하여 수학적 지식이 이집트에서 기원했다. 이집트 성직자들은 여가가 허용되었기 때문이다.[734]

아리스토텔레스는 '학예'와 '학적 지식' 및 '이성적 직관'을 면밀히 구별한다. '지혜(소피아)'는 '제1원인(프로타 아이티아 $\pi\rho\tilde{\omega}\tau\alpha\ \alpha\tilde{\iota}\tau\iota\alpha$)'과 '제1원리(아르케)'를 다룬다. 경험자는 감각능력의 단순한 보유자보다 더 지혜롭고, 학예자는 경험자보다 더 지혜롭고, 건축가는 장인匠人보다 더 지혜롭다. 같은 이유에서 "이론학(테오레티케 $\theta\varepsilon\omega\rho\eta\tau\iota\kappa\acute{\eta}$)이 생산학(포이에티케 $\pi o\iota\eta\tau\iota\kappa\acute{\eta}$)보다 더 지혜롭다." 그러므로 '지혜'는 "일정한 제1원리와 원인에 대한 지식"이라는 것이다.[735]

그런데 아리스토텔레스적 '지혜'의 본질적 성격은 무엇이고, 어떤 종류의 원리와 원인에 대한 지식이 지혜인가? 아리스토텔레스적 '지혜'는 거의 전지적全知的으로 오만하고 초인적으로 탁월하고, 도처에서 권력적·권위적이고, 신의 영역을 침범할 만큼 신적이다.

첫째, 지혜는 "낱낱의 것을 개별적으로 다 알지 못하더라도 가급적 모든 것을 다 안다(판타 에피스타스타이 $\pi\alpha\nu\tau\alpha\ \dot{\varepsilon}\pi\acute{\iota}\sigma\tau\alpha\sigma\theta\alpha\iota$)." 지혜는 전지적全知的이다.

둘째, 지혜는 "어려운 것들과, 사람들이 알기 쉽지 않은 것들을 알아낼 수 있는" 능력이다. 감각적 지각은 모두에게 공통된 것이고 따라서 쉬운 것이어서 '지혜'와 아무런 관계가 없다.

셋째, 지혜는 "보다 더 정확하고, 원인들을 더 잘 해명할 수 있는" 지식이다.

---

734) Aristotle, *Metaphysics*, 981a13-982a3.
735) Aristotle, *Metaphysics*, 981a13-982a3.

넷째, 지식의 결과를 목적으로 요구할 수 있는 지식이 아니라 "그 자체로서 욕구할 수 있는 앎(에이데나니 εἰδέναι)을 위한 학적 지식(에피스테메)"이다.

다섯째, 지혜는 종속적 지식이 아니라, "지배적 지식"이다. 지자智者는 명령을 받는 것이 아니라 명령을 준다. 또한 지자는 누구에게 복종하지 않고, 덜 지혜로운 자가 지자에게 복종해야 한다. 여기에서 플라톤의 철인치자의 요구와 같은 지자의 권력 요구, 즉 '지식의 지배' 요구가 마각을 드러내고 있다.

지혜의 이런 특징 중에서 특히 "모든 것을 다 안다(판타 에피스타스타이)"는 전지주의全知主義는 "보편자에 대한 학적 지식을 최고 수준으로 지닌 사람"에게 고유한 것이다. 이런 사람은 "보편자가 포괄하고 있는 모든 특수자들을 어떤 의미에서 다 알고 있기" 때문이다. 이 "가장 보편적인 것"은 "감각으로부터 가장 멀리 떨어져 있기 때문에 인간이 파악하기에 가장 힘든 것"이다. 그리고 "가장 정확한 지식"은 "제1원리(아르케)를 다루는 지식"이다. "더 적은 아르케에 기초한 지식들"이 부가적인 아르케들을 포함하는 지식들보다 "더 정확하다". 가령 산학算學은 기하학보다 더 정확하다. 나아가 "원인들을 탐구하는 이론학"은 그러지 않는 지식보다 더 많은 가르침을 준다. 가르치는 자는 특수태의 원인을 말해주는 자들이기 때문이다. "그 자체를 위해 욕구할 수 있는 앎과 학적 지식", 즉 '지식을 위한 지식'은 "최고로 아는 것"에 대한 "학적 지식"을 "최고로 많이 획득할 수 있는 것"이다. "지식을 위해 지식을 욕구하는 사람"은 "가장 완벽한 지식"을 "가장 많이" 바랄 것이고, 이 '가장 완벽한 지식'은 "최고로 아는 것에 대한 지식"이고, "최고로 아는 것들"은 "제1원리와 원인"이다.[736] 다른 사물들은 이 제1원리와 제1원인들에 의해 그리고 이것들로

---

736) Aristotle, *Metaphysics*, 982a6-982b2.

부터 알려진다. 역으로 이 원리와 원인들에 포괄되는 특수태들을 통해 이 원리와 원인들이 알려지는 것이 아니다. 이 학적 지식은 종속적 지식들보다 우월한 "지배 권력적" 지식이라서 어떤 목적을 위해 각각의 실천이 행해져야 하는지를 안다. 이 목적은 "각각의 특별한 경우에서의 선"이고, 일반적으로 말하면 "전 자연에서의 최고선"이다. 종합하면, 지혜는 제1 원리와 원인을 다루는 '이론학'이어야 한다. 선은 목적이고, 목적은 원인 중의 하나(목적인)이기 때문이다. 이것이 생산학(학예, 현대어로 공학工學)이 아니라는 것은 최초의 철학자들이 분명히 보여준다. 사람들이 지금 철학적 사유를 시작하고 원래 시작했던 것은 "경이驚異" 때문이었다. 무지에서 벗어나려고 철학을 하는 것은 쓸모를 위해서가 아니라 알기 위해 학적 지식을 추구하는 것이다. 철학적 종류의 앎은 모든 생필품이 다 충족되었을 때 레크리에이션과 심심풀이를 위해 시작되었다. 분명 우리는 이러한 종류의 앎을 외적 이익을 위해 추구하지 않는다. 이 '앎을 위한 앎', '지식을 위한 지식'만이 유일한 "자유지식", 곧 생계와 목적으로부터 자유로운 지식이다.[737]

이런 까닭에 아리스토텔레스는 '자유지식'으로서의 이 '지식을 위한 지식'을 얻는 것을 "인간 능력을 벗어난" 초인적인 일로 생각하기도 하며, 이 생각을 정당하다고 여긴다. 많은 점에서 인간 본성은 비루하기 때문이다. 시인 시모니데스(Σιμωνίδης)는 "신만이 홀로 이 특권을 가질 수 있다"고 노래했다. 인간은 그의 능력 안에 있는 지식만을 추구해야 한다고 경고한 것이다. 그러나 이 시인들의 말이 옳고 신이 본래 질투심이 있다면, 인간이 저 '초인적인 지식'을 추구하는 경우에 특히 질투심이 클 것이고, 지식에서 뛰어난 모든 사람은 불행할 것이다. 그러나 아리스토텔레스는 시인들의 경고를 무시하고 시인들을 거짓말쟁이로 몰아붙이고 신이

---

737) Aristotle, *Metaphysics*, 982b3-27.

질투하는 것은 신의 본성상 불가능하다고 주장한다. 어떤 다른 지식이 이 지식보다 더 값지다고 생각해서도 아니 된다고 말한다. "가장 신적인 것이 가장 값진 것이기도 하기" 때문이다. 신적일 수 있는 길은 두 가지뿐이다. 학적 지식은 "그것이 특히 신의 소유인 경우"와 "신적인 일을 다루는 경우"에 신적이다.[738]

아리스토텔레스의 철학은 신의 소유인 신적 지식을 훔치는 사이불학 即思而不學則殆 성격의 위험한 오만이자, 신적인 일들에 대해 아는 체하는 독신적瀆神的 '신학'이다. 그는 공자와 영국 경험론자들처럼, 또는 소크라테스와 플라톤처럼 신적 지식을 불가지의 영역으로 여겨 '궐의궐태闕疑闕殆'하지(의심스러운 것을 비워두고 위태로운 것을 비워두지)[739] 않고 신의 영역을 침범하는 불경한 무제한적 지식주의의 바벨탑을 쌓아 올릴 것을 촉구한다. 아리스토텔레스의 형이상학만이 위의 두 조건을 충족시킨다. "신은 원인들 중의 하나이고 일종의 제1원리"이고, "신은 저 신적 유형의 지식에 대한 유일한 주主소유자"이기 때문이다. 다른 지식들이 저 신적 지식보다 삶에 더 필요한 것이라고 하더라도 어떤 지식도 이 신적 지식보다 더 탁월할 수 없다.[740]

'다문다견'의 경험과 실험('博學·審問')을 경시하고 순전히 사색과 사변(경험에 의하지 않고 순수한 논리적 사고만으로 현실 또는 사물을 인식하려고 꾀하는 것)에만 의존하는 '사이불학思而不學'(생각하기만 하고 경험에서 배우지 않는 것)과 '부지이작不知而作'(알지 못하면서도 작화하는 것)의 아리스토텔레스적 지식철학은 자연과 세계를 '개인적 성향'에 따라 작화하

---

738) Aristotle, *Metaphysics*, 982b30-983a12.
739) "공자는 많이 듣되 위태로운 것을 비워두고 그 나머지를 신중하게 말하면 과오가 적고 많이 보되 위태로운 것을 비워두고 그 나머지를 행하면 후회가 적다.(子曰 多聞闕疑 愼言其餘 則寡尤 多見闕殆 愼行其餘 則寡悔)" 『論語』「爲政」(2-18).
740) Aristotle, *Metaphysics*, 982b30-983a12.

는 사변적·논리적 범주의 세계로 변질시키는 '동굴의 우상'에[741] 빠질 수밖에 없다. 이런 까닭에 훗날 베이컨은 아리스토텔레스를 "자연철학을 논리학에 극단적으로 예속시켜" 결국 "무용지물로 만든", '동굴의 우상'의 "가장 현저한" 대표자로 비판한 바 있다.[742]

나아가 이런 '동굴의 우상'에 묶인 철학은 궁극적·필연적으로 세계에 대해 다문다견하지 않고 멋대로 시나리오를 쓰고 공연하는 이론의 우상, 즉 '극장의 우상'에 전락한다. 이에 베이컨은 '극장의 우상' 또는 이론적 시나리오에 사로잡힌 일반 철학은 "많은 것을 경시하거나 적은 것을 중시하여" 논리를 "지나치게 협소한 경험과 자연박물지의 기초 위에 수립한다". 그리하여 일반 철학의 진술들은 "적절한" 수의 사례에 '미달한' 수준, 즉 다문다견·박학심문하지 않은 소수의 사례에 기초한다. 특히 합리론자들은 "경험으로부터 관심을 딴 데로 돌리고" 박학·심문하지 않아 생긴 공백을 단순한 신사·명변의 "반성과 지성작용"으로 채우고 시나리오를 쓴다. 더욱 최악의 합리론자는 아리스토텔레스처럼 경험을 중시하는 체하다가 다시 이성을 지나치게 절대시하는 합리론자다. 이들은 "소수의 실험에 주의 깊게, 성실하게 노력을 쏟아붓고 이 적은 실험으로부터 철학을 지분거려 수립하는 만용"을 부린다. 이들은 경험이 부족하고 미흡하여 밝혀지지 않고 남아 있는 "나머지를 그 패턴에 맞게 놀라운 방식으로 직조해 낸다".[743]

베이컨은 "오류와 그릇된 철학의 뿌리"를 "소피스트적·경험적·미신적 뿌리" 등 이 세 가지로 든다.[744] 베이컨에 의하면, '합리적·소피스트적 유

---

741) '동굴의 우상'은 "각 인간의 정신과 육체의 개인적 천성에, 그리고 각 인간이 겪는 교육·생활방식·우연적 사건 등에 그 기원을 두는" 개인적 편견의 우상이다. Bacon, *The New Organon*, Book I, §LIII(53쪽).
742) Bacon, *The New Organon*. Book I, §LIV(54).
743) Bacon, *The New Organon*. Book I, §LXII(62).
744) Bacon, *The New Organon*. Book I, §LXII(62).

형의 우상'을 가장 많이 산출한 "가장 확실한" 대표자는 아리스토텔레스다. 가령 아리스토텔레스의 자연학은 일종의 형이상학적 변증론이다. "그의 저작 『동물론』과 『제諸문제』 및 기타 저서들에 실험의 논의가 있지만", 그는 경험 이전에 "미리 자신의 마음을 결정하고", 경험을 결정과 공리의 기초로서 적절히 논하지 않는다. 그리하여 그는 "자의적으로 결정을 내린 뒤, 그는 그의 의견에 맞게 왜곡된 경험들, 포로로 잡힌 경험들을 주변에 도열시킨다". 따라서 이런 까닭에도 아리스토텔레스는 "경험을 완전히 포기한 현대 추종자들(스콜라 철학자들)보다 더 죄가 많다"는 것이다.[745]

2.2. 전지적 '지식의 지배': 지혜(이성)의 권력 요구

아리스토텔레스가 일체의 '쓸모'로부터 자유로운 지식으로 정의한 '자유지식'은 실은 암암리에 '두 가지' 쓸모와 유용성에 종속되어 있다.

첫째, 아리스토텔레스의 철인은 일차적으로 '지식을 위한 지식'의 신적·비윤리적(비인간적) 기쁨과 행복을 추구하는 것을 우선시한다. 이 행복이 윤리적 덕행의 행복을 능가하는 최고의 신적 행복이기 때문이다. 말하자면 모든 쓸모로부터 해방된 아리스토텔레스의 자유로운 지혜 또는 '자유지식'은 그 자체로서의 '최고의 기쁨'이라는 '쓸모'에 매여 있다. 지적 관상觀賞(세계와 우주에 대한 이론적 진리구경)으로부터 나오는 '지락至樂'은 정의·정심·우정·현덕 등을 포함한 온갖 인간 윤리적 덕목들의 실천으로 나오는 모든 기쁨과 행복을 능가한다. 바로 이 '지적 지락'이 자유지식(지혜)의 근본 목적이고, 지혜의 일차적 쓸모다. 이런 까닭에 훗날 데카르트는 진정한 진리 추구를 위해 이 지적 희열조차도 포기해야 한다고 말하

---

745) Bacon, *The New Organon*. Book I, §LXIII(63).

게 된다.

둘째, 아리스토텔레스의 지혜, 곧 자유지식의 또 다른 '쓸모'는 지배권력의 보장이다. 상술된 지혜의 특징 규정에서도 드러나듯이 플라톤의 지혜와 마찬가지로 아리스토텔레스의 지혜도 '지식의 지배'에 대한 욕망을 드러낸다. 그러나 이 지혜가 무제한적이고 전지적인 만큼, 이 '지혜의 지배'도 무제한적이고 전지적이다. 말하자면 플라톤의 '지혜의 지배'는 '천재적'인 반면, 아리스토텔레스의 '지혜(지식)의 지배'는 한낱 천재적이 아니라 '전지적'이고 '무제한적'이다. 다만 아리스토텔레스는 '지혜' 개념으로써 일단 국가 차원의 '정치적 지배'가 아니라 노예주 성인 남성의 '사회적 지배', 즉 가부장제적 제가齊家를 추구했다. 아리스토텔레스에게서 국가를 다스리는 정치적 '통치'는 플라톤의 '철인왕'의 개념에서 보이는 '철인'의 귀찮은 '의무'가 아니라, 개인적 '선택사항'이다.

아리스토텔레스는 『정치학』에서 플라톤의 '철인치자론'을 고집하지 않고 철학자의 정치활동을 자유로운 논쟁 사안으로 방치하고 있다. 아리스토텔레스는 자유인들을 다스리는 정치적 지배를 일단 '활동'이라는 점에서, 그리고 노예에 대한 지배가 '아니라'는 점에서 높이 평가한다.

- 여기서 우리는 덕스런 삶이 가장 바랄만한 삶이라는 데에 의견일치를 보기는 하지만 이것의 실현에 대해서는 달리 판단하는 사람들, 두 부류의 사람들을 취급해야 한다. 말하자면, 한 부류의 사람들은 정치적 치국治國을 비난하면서 자유인의 삶은 정치가의 삶과 다르고 모든 삶 가운데 가장 바랄만한 삶이라고 생각한다. 하지만 다른 부류의 사람들은 저 정치가의 삶을 선호한다. 왜냐하면 아무것도 행하지 않는 사람은 잘사는 것이 불가능하고, 잘 삶과 행복은 같은 것이기 때문이다. 그런데 두 부류는 부분적으로 옳고 부분적으로 옳지 않다. 한 부류의 주

장은 자유인의 삶이 전제정專制政에서의 삶보다 더 좋다는 점에 있다. 이것은 옳은 말이다. (…) 그러나 모든 종류의 지배가 다 전제정이라고 생각하는 것은 옳지 않다. 왜냐하면 본성상 자유로운 자들 자체가 본성상 노예적인 자들과 다르듯이, 자유인들에 대한 지배는 노예들에 대한 지배와 다르기 때문이다. (…) 그런데 '비활동'을 '활동'보다 더 높이 칭찬하는 것도 옳지 않다. 왜냐하면 행복은 활동이고, 정의로운 자와 정심 있는 자들의 활동은 아름다운 많은 것을 목표로 포함하고 있기 때문이다.[746]

아리스토텔레스는 '전제정'과 '참주정'을 구분하기도 하고 모호하게 뒤섞기도 하는데, 여기서는 전제정을 참주정의 뜻으로 쓰고 있다.

아리스토텔레스는 『니코마코스 윤리학』에서 군주정($μοναρχια$, monocracy)을 왕도정($βασιλεῖαι$, kingship)과 참주정($τύραννε$, tyranny)으로 구분하고 왕도정을 다시 '왕정'과 '전제정'으로 구분했다. 그리고 그는 참주정을 군주의 이익을 위해 통치하고 피치자(신민)를 노예로 대하는 정체政體로 정의하고, 왕도정을 백성의 이익을 위해 통치하고 피치자를 시민으로 대하는 정체로 정의했다. 신민을 노예로 대하는 참주정은 참주가 법 위에 군림하는 비법적非法的 헌정체제다. '전제정'은 왕도정의 아시아 유형으로서 시민을 시민으로 대하는 법치적 헌정체제이고, '왕정'은 왕도정의 그리스 유형으로서 아시아적 전제정과 다름없이 법치적 헌정체제다.

그러나 때로 아리스토텔레스는 참주정의 특징을 전제정과 뒤섞어 사용함으로써 두 개념의 구분을 모호하게 만든다. '전제주의' 또는 '전제정(*despotism*)'의 어근인 '*despot*'는 그리스어 '데스포테스($δεσποτες$)'에

---

746) Aristoteles, *Poltik*, 1324a16-34.

서 왔다. 이 '데스포테스'는 원래 가정에서 부인과 자식들을 다스리는 '가장'을 뜻하고, 정치 영역에서는 '주군主君'을 뜻했다. 『정치학』에서 아리스토텔레스는 '데스포테스'를 이 두 가지 의미로 사용한다.[747] 그리고 그는 '전제적 지배(δεσποτικὴν ἀρχὴν)'를 '보다 순종적인' 아시아인들의 특유한 군주정으로 기술했다. 국가 차원의 '전제정(δεσποτικὴν ἀρχὴν)'은 제가齊家의 '가장의 지배(ἀρχὴ δεσποτική)'와 다르다. 아리스토텔레스는 이 논의에서 순종적 소아시아인들의 '전제적 지배'가 참주정과 유사하다는 말도 한다. 그러나 이것은 권력의 강도强度를 두고 하는 말이다. 따라서 "법은 욕망 없는 이성이다"라고 생각하는 법치주의자 아리스토텔레스는[748] 소아시아의 전제적 지배가 법치적 지배체제로서 '군주정'에 속한다고 언명했다.

종합하면 아리스토텔레스는 왕도정의 두 형태(그리스적 왕정과 아시아적 전제정)가 인민을 '시민'으로 대하는 반면, 참주정은 인민을 '노예'로 대한다. 이 논의에서 그는 전제정 치하의 '자발적 신민'을 참주정 치하의 '비자발적·노예적 신민'과 구별해서 '시민'이라고 부른다.

그런데 아리스토텔레스는 전제정을 왕도정의 한 유형으로 보고 참주정과 구별하여 설명했다가도 전제정과 참주정을 구분하기도 하고 뒤섞기도 한다.

---

747) 다음 문장의 '데스포테스'는 '가장'을 뜻한다: "하나의 지배 형태로는 가장의 지배(ἀρχὴ δεσποτική)가 있다. 이것은 가정의 필요한 노동과 관련된 지배력의 행사를 뜻한다. 가장은 이 노동을 어떻게 수행하는지가 아니라 실제로 어떻게 사용하는지를 알 필요가 있다. 이 손노동 임무에 실제로 봉사할 능력을 말하는 다른 역량은 정말로 노예의 자질이다." Aristotle, Politics, 1277a. Aristotle, XXI. The Leob Classical Library (Cambridge, MA·London: Harvard University Press·William Heinemann LTD, 1981). 그러나 기곤(O. Gigon)의 독역은 '가장의 지배'를 '전제적 지배(despotische Herrschaft)'로 오역하고 있다. Aristoteles, *Politik* (Mnchen: Deutsche Taschenbuch Verlag, 1973), 1285a (109쪽). 그래서 영역본을 인용했다.
748) Aristoteles, Politik, 1287a1-1287b23.

- 그것(종신적 군사 수령 형태의 왕정) 옆에 또 다른 종류의 군주정($\mu o \nu \alpha \rho \chi \iota \alpha$, 일인 지배체제)이 있는데, 그 예는 일부 야만인들 사이에 존재하는 왕정들($\beta \alpha \sigma \iota \lambda \varepsilon \hat{\iota} \alpha \iota$)이다. 이들은 모두 참주와 유사한 권력을 보유하지만, 법률에 근거하고 세습적이다. 왜냐하면 야만인들은 그리스인들보다 더 순종적 성격을 가졌고 아시아인들이 유럽인들보다 더 순종적인 성격을 가졌기에 어떤 분노도 없이 전제적 지배($\delta \varepsilon \sigma \pi o \tau \iota \kappa \grave{\eta} \nu \, \overset{.}{\alpha} \rho \chi \grave{\eta} \nu$)를 견디기 때문이다. 그러므로 이 왕정은 참주적이지만 안정적이다. 왜냐하면 이 왕정은 세습적이고 법치적이기 때문이다. 이런 까닭에 이 왕정의 경호대도 왕도적(königlich) 유형이지, 참주적 유형이 아니다. 왜냐하면 여기서는 시민들이 왕을 자기들의 무기로 경호하는 반면, 참주의 경우에는 경호대는 용병이다. 왜냐하면 전자는 법률에 의해, 그리고 자발적으로 다스려지는 반면, 후자는 비자발적이기 때문이다. 이로 인해 전자는 시민들이 경호를 맡고, 후자는 용병들이 시민들에 대해 경호를 맡는다. 그러므로 이것들이 군주정($\mu o \nu \alpha \rho \chi \iota \alpha$)의 두 종류다.[749]

여기서 야만인들의 왕정들이 "모두 참주와 유사한 권력을 보유한다", 아시아적 왕정(=전제정)은 "참주적이지만 안정적이다"는 등의 설명은 참주정과 전제정을 뒤섞는 말이다. 그리고 "이것들이 군주정($\mu o \nu \alpha \rho \chi \iota \alpha$)의 두 종류다"라는 마지막 문장에서 군주정의 두 종류는 참주정과 왕도정을 말한다. 그는 왕도정을 그리스식의 왕정과 아시아적 전제정으로 구분했었다.

위 인용문에서 아리스토텔레스는 순종적 시민들에게 조응하는 법치적 전제성을 권력의 강노 변에서 그리스에 출몰한 '참주정'과 유사한 것으

---

749) Aristoteles, *Politik*, 1285a16-19.

로 여겼음에도 이 전제정이 어디까지나 법치적이고 따라서 나라가 안정적인 면에서 참주정(폭정)과 본질적으로 다른 '왕도정의 아시아적 이형異形'으로 규정한 것이다. 결론적으로, 아리스토텔레스는 백성의 삶을 안전하게 유지시키는 법치적 '전제정'을 백성의 삶을 시시각각 위협하는 무법적無法的 '참주정'과 본질적으로 다른 것으로 파악한 것이다. 그러나 위 인용문에서 '전제정'을 "노예에 대한 지배"라고 함으로써 참주정과 동일한 뜻으로 쓰고 있다. 따라서 위 인용문의 '전제정'은 다 '참주정'으로 바꿔 읽어야 한다.

본론으로 돌아오면, '노예에 대한 참주적 지배'나 정치적 '비활동'과 달리 자유인들에 대한 정치적 지배는 '활동'으로서 행복하고 아름답다는 것이다. 『정치학』의 이 구절에서는 아리스토텔레스가 철학의 손이 아니라, 정치의 손을 들어주는 것처럼 보인다. 왜냐하면 이 논의 직전에 그는 스스로 '철학'을 "일체의 외부적인 것으로부터 이격되어" 진리를 구경하는 "관상적觀賞的 삶"으로, 즉 비활동적 삶처럼 묘사하고 있기 때문이다.[750]

그러나 만약 지혜에 의한 관상觀賞(테오리아)도 일종의 '활동'으로 본다면, 정치적 활동과 철학적 관상은 우열을 판단하기 어려워진다. 왜냐하면 아리스토텔레스는 플라톤과 달리 철학적 '지혜(소피아)'와 정치적 '현명(프로네시스)'을 구분하고 있기 때문이다. '지혜'는 불변자(제1원리·제1원인)를 대상으로 삼는 반면, '현명'은 가변자('이렇게도 있을 수 있고 저렇게도 있을 수 있는 것들)을 대상으로 삼는다.[751] 지혜는 이성적·연역적이고, 현명은 경험적·귀납적이다. 그런데 플라톤이 정치를 (이데아를 인식하는) 지혜의 활동으로 본 반면, 아리스토텔레스는 『니코마코스 윤리학』에서 '정치'를 지혜의 일이 아니라 현명의 일로 규정한다.

---

750) Aristoteles, *Poltik*, 1324a27-29.
751) Aristoteles, *Die Nikomachische Ethik*, 1139a5-14, 1140b28, 1141a36.

- 현명은 실천적이다. 따라서 현명은 일반자와 개별자를 둘 다 포괄하지만, 두 번째 것을 훨씬 더 많이 포괄한다. 현명에는 물론 '지도력'도 속할 것이다. 정치학과 현명은 활동 형태로서 동일한 것이다. 하지만 이것들의 개념이 같은 것은 아니다. 폴리스에 관한 현명(정치적 현명) 중에서 지도적 현명은 입법이다. 개별자를 취급하는 저 지도적 현명은 정치학이라는 공통 명칭을 갖고 있다. 이 현명은 실천적이면서 동시에 토의적(심의적)이다. 왜냐하면 표결은 최종적인 것이고 또 '행위(실천·활동)'이기 때문이다. 그러므로 사람들도 이 현명을 행하는 자들을 정치가라고 부른다. 왜냐하면 이들만이 수공업자처럼 행위(실천)하기 때문이다. 현명은 무엇보다도 개별적인 것들과 자기의 인신人身에 관여하는 것으로 보인다. 이 현명의 여타 유형 중에서 하나는 (자기의 인신에 관계된 - 인용자) 제가齊家이고, 다른 하나는 입법이고, 그다음 것은 국가 통치다. 이 중 일부는 토의적 국정 기술이고, 다른 부분은 사법적 국정 기술이다.[752]

이처럼 '자유인들에 대한 지배'로서의 아리스토텔레스의 '정치'가 지도력으로서의 현명의 실천적 발휘이기 때문에 위에서 시사했듯이 '지혜'를 발휘하는 철학 활동과 비교하기 난감하다. 그래서 『정치학』에서 아리스토텔레스는 경험에 의존하는 '현명한' 정치와, 이성에 의한 '아르케'의 참된 인식에 종사하고 동시에 "명령을 받지 않고 명령을 내리는"[753] '지혜'의 철학 중 어느 것이 더 행복한 것인지를 두고 결론을 내리지 못하고 망설인다.

---

752) Aristoteles, *Die Nikomachische Ethik*, 114121-35.
753) Aristotle, *Metaphysics*, 982a16-18.

- 최선의 헌정 체제가 아무나 가장 훌륭하게 행동하고 행복하게 사는 저 질서에 본질을 두고 있다는 것은 분명하다. 그러나 가장 훌륭한 삶이 덕행의 삶이라는 데에 합의를 보는 사람들 사이에서도 정치적 실천의 삶을 소망해야 하는지, 또는 차라리 일체의 외부적인 것으로부터 이격된 삶, 가령 어떤 사람들이 유일하게 철학적인 것으로 간주하는 관상적觀賞的(이론적) 삶을 소망해야 하는지를 두고 논쟁한다. 왜냐하면 이 두 가지 삶의 형태는 가장 열심히 덕을 위해 노력하는 저 사람들이 선호하는 것들이기 때문이다. 나는 '정치적 삶'과 '철학적 삶'을 말하는 것이다. 그러나 여기서 진리가 어느 편에 있는지에 대해서는 조금도 차이가 드러나지 않는다. 잘 숙고하는 사람들은 개인과 국가 헌정 전반에서 더 나은 목표를 지향하기 때문이다. 한편의 사람들은 자신의 이웃들을 지배하는 것이 전제적으로 벌어지면 최대의 불의의 하나이고, 합헌적으로 벌어지면 불의가 아니긴 하지만 자기의 행복한 삶을 방해한다고 생각한다. 이들에 대해, 실천적이고 정치적인 삶이 남성에게 유일한 삶이라는 의견을 가진 사람들이 맞서 있다. 왜냐하면 어떤 개별적 덕에서든 사인에게는 공동체 안에서 활동하며 정치를 하는 사람들보다 더 많은 활동이 없기 때문이다.[754]

앞서 정치의 손을 들어주는 것처럼 보였던 아리스토텔레스는 여기서 분명한 답을 내리지 않고 논란거리로 남겨두고 있다. 다만 그는 현명과 지혜의 구분, 그리고 세간의 논란에 의거하여 '정치'를 철인의 의무로 간주하는 플라톤의 철인치자론을 거부한다는 것만을 분명히 하고 있다.

그러나 『형이상학』에서 언급한 명령적·지배권력적 지혜 개념을 연장해 『정치학』에서 다시 지성주의적 지배론으로 돌아와 '지성적 덕성, 곧

---

754) Aristoteles, *Poltik*, 1324a23-42.

지덕智德(디아노에티케스 아레테 διανοητικής αρετή)'을 지배권력의 정당한 근거로 보고, 이 지덕의 다소多少를 기준으로 '천성적' 치자와 피치자를 차별한다. 그는 플라톤처럼 영혼의 기능적 부분을 '본성상 지배하는 부분과 지배받는 부분'으로 구분하고 여기에 제각기 '이성적 것의 덕성'과 '비이성적 덕성'을 나눠 대입하고 있다. 그러나 그는 플라톤의 '철인치자론'과 구별되는 이형異形의 지성주의적 치자론을 전개한다.

- 노예는 숙고능력을 전혀 지니지 않았고, 여성은 이것을 지녔으나 결정능력이 없고(아퀴론 ἄκυρον), 어린이는 이것을 미개발 상태로 지녔다. 따라서 지배자는 지덕(디아노에티케스 아레테)을 완벽하게 지녔음에 틀림없다. (왜냐하면 어떤 일이든, 절대적으로 이해하면, 건축가『아르키텍토노스 ἀρχιτέκτονος』의 지휘에 들어있는 것인바, 로고스『λόγος』, 즉 이성은 일종의 건축가이기 때문이다). 반면, 기타 부류의 인간들은 각자에게 알맞은 정도로 이 덕성을 지녔음에 틀림없다.[755]

물론 홉스는 아리스토텔레스의 바로 이 지성주의적 치자론을 집어내서 '이성과 경험에 반하는 것'으로 정면 비판한 바 있다.[756] 하지만 여기서 주목해야 하는 측면은 노예·여성·어린이에 대한 '제가적 지배'만을 거론하고 자유인들에 대한 '국가적 지배'를 논하지 않고 있다는 것이다.

아리스토텔레스는 위에서 '노예들에 대한 지배' 활동은 전혀 '위대한 것'을 내포하고 있지 않다고 말하고 있다. 따라서 아리스토텔레스는 지혜와 이성(지성)의 덕성이 이 제가적 지배에 대해 정당성을 보증하지만, 이

---

755) Aristoteles, *Politik*, 1260a4-17. 위 인용문은 Gigon의 독역본에 결정적 오역이 많아 그리스어 원본과 Rackham의 영역본(1977)을 참조해 대폭 수정한 것이다.
756) Thomas Hobbes, *Leviathan*, 140-141쪽 (ch.15). *The Collected Works of Thomas Hobbes*, Vol.III. Part I and II, Collected and Edited by Sir William Molesworth (London: Routledge/Thoemmes Press, 1992).

정당한 '노예 지배'라는 하찮은 참주적 제가활동으로부터 벗어나고자 한다. 따라서 아리스토텔레스는 일단 '프락시스(πραξις, 실천·행위·활동), 즉 정치활동·철학·문예활동 등을 할 여가(스콜레 σχολή)를 확보할 수 있도록 주인을 귀찮은 노예 지배의 업무로부터 해방시킬 재력과 스콜레의 관점에서 고대 그리스의 '제가(오이코노미아 οίκονομια)'를 고찰한다. 따라서 제가의 성공의 기준은 노예의 숫자를 늘리고 노예 관리 업무를 대리인에게 위임할 수 있는 경제적 여유의 확보 여부다.

- 주인의 학學은 노예들을 활용할 줄 아는 학이다. 주인이 주인인 것은 노예의 획득에서가 아니라 노예의 활용에서 나타나기 때문이다. 하지만 이 학은 위대하거나 고상한 것이 전혀 없다. 이 학은 단지 노예가 수행할 수 있어야 하는 것을 시킬 수 있는 것에 있을 뿐이다. 그러므로 이런 일로 스스로를 귀찮게 하지 않을 정도로 풍족해진 사람들은 모두 대리인에게 이 일을 맡기고 정치를 하거나 철학을 한다.[757]

여기서 이 '대리인'은 노예 가운데서 뽑은 유능한 노예다. 따라서 주인은 이 대리인에 대한 관리 외에 기타의 모든 노예 관리로부터 해방되어 여가를 즐기며 정치와 철학을 할 수 있다. 여기서도 '철학'과 '정치'는 나란히 프락시스(행위)로 언급되고 있다.

그런데 아리스토텔레스는 철인에게 국가 통치의 '의무'를 부여하지도 않았지만, 철인이 국가 통치를 담당하는 것을 반대하지도 않았다. 동시에 『니코마코스 윤리학』에서 그는 – 정치의 손을 들어 준 것 같았던 저 제스처와 모순되게도 – 모든 외부 활동으로부터 인퇴引退한 철학자의 관상적 지덕이 모든 인간적 덕행을 능가하는 최상의 '신적 기쁨과 행복'을 준다

---

757) Aristoteles, *Politik*, 1255b30-38.

고 말한다. 일단 아리스토텔레스는 덕을 둘로 구분한다.

- 덕성에는 두 종류가 있다. 하나는 지적인 것(디아노에티케스 διανοητικής)이고, 다른 하나는 윤리적(성품적)인 것(에티케스 ἠθικής)이다. 지적 덕성은 가르침에 의해 산출되어 증가하고 이러므로 경험과 시간을 요한다. 반면, 윤리적(성품적) 덕성은 습관(에토스 ἔθος)의 산물이다.[758]

"지적 덕성", 곧 지덕은 윤리적 덕성과 무관한 '비윤리적 덕성'인 것이다. 인간의 "모든 덕행" 중에서 이 비윤리적 "지혜(소피아)에 입각한 활동"이 "명백히 가장 즐거운 것"이다. 실로 "지혜를 사랑하는 철학"은 "경이로운 순수성과 항구성의 기쁨을 제공한다."[759] 영혼의 이 비윤리적 지덕은 초인간적인 것, 신적인 것이다. 공자에게 박시제중의 인덕仁德이 신적으로 '거룩한' 것인 것과 정반대로, 아리스토텔레스에게는 '소피아'가 우리를 불멸의 것으로 만들어 줄 수 있는, 우리 영혼 속의 '거룩한' 신적 요소이기 때문이다. "인간 안에 신적인 요소가 존재하는 까닭에만" 지성적으로 관상할 수 있는 것이다. 따라서 관상적 활동의 삶이란 "인간적 경지보다 더 높은 경지"에 있다. 따라서 우리는 "할 수 있는 한 최고의 것에 따라 우리가 불사불멸의 존재가 되도록, 또 우리 안에 있는 최고의 것에 따라 살도록 모든 노력을 경주해야 한다".[760] 아리토텔레스는 지덕을 인간적(윤리적) 덕성을 초월하는 최고의 덕성으로 보고 이 지덕의 추구로 "불사불멸의 존재"를 꾀하고 있다. "불사불멸의 존재"는 죽지 않는 영원한 존재가 아니라 영원히 잊히지 않는 영세불망永世不忘의 존재를 뜻할

---

758) Aristoteles, *Die Nikomachische Ethik*, 1103a14-17 (제2권-1).
759) Aristoteles, *Die Nikomachische Ethik*, 1177a25-28.
760) Aristoteles, *Die Nikomachische Ethik*, 1177b2-35.

것이다. 따라서 아리스토텔레스는 공자처럼 윤리적 '(도)덕성'의 수덕으로가 아니라 지혜로운 이론적(관상적) '지식'의 축적으로 영원히 잊히지 않는 신적 존재가 되고자 한 것이다. 하지만 그는 자신의 '어리석은 지식'의 형이상학으로 '어리석은' 서양 철학자들 사이에 오늘날까지 그 이름이 남아있을 뿐이다.

비윤리적·초인간적·신적 지덕은 가장 행복한 삶을 보증하는 한에서 인간에게 최고의 덕이고, '완성된 덕'이다.

- 행복이 덕성에 합당한 활동이라면, 행복(최고의 행복 – 인용자)은 당연히 가장 우월한 덕성에 따른 것이어야 한다. 그리고 이것이 다시 우리 안에서 최선의 것의 덕성이다. 이 최선의 것이 영혼이거나 또는 영혼의 본성에 따라 지배하고 지도하는 것으로 등장해 아름다운 것과 신적인 것을 인식할 수 있는 어떤 다른 것이라면, 영혼의 특유한 덕성에 따른 활동은 완성된 행복일 것이다.[761]

'영혼의 특유한 덕성에 따른 활동'이란 우주의 진리, 즉 세계의 참모습을 구경하는 다름 아닌 "관상적觀賞的 활동"이다. 왜냐하면 이 관상적 활동이 일단 우리 안에서 "가장 훌륭한 활동"이기 때문이다. 영혼의 활동은 행동을 필요로 하지 않는 한에서 가장 항구적이다. "영혼은 우리 안에서 가장 훌륭한 것이고 영혼의 대상들은 인식의 전 영역 안에서 최선의 것들이다. 그렇다면 이것들은 가장 항구적인 것이다. 우리는 항구적으로 어떤 다른 것을 '하는' 것보다 더 용이하게 항구적으로 '생각할' 수 있다."[762]

아리스토텔레스는 비윤리적 지덕과 윤리적 덕목들을 구분한 뒤 영혼

---

761) Aristoteles, *Die Nikomachische Ethik*, 1177a11-17.
762) Aristoteles, *Die Nikomachische Ethik*, 1177a18-23.

의 지덕을 신적인 것으로 격상시킨 반면, 나머지 윤리적 덕들을 '2등급'의 '인간적 덕목'='윤리적 덕목'으로 격하한다. 따라서 윤리적 덕과 밀접한 '현명' 또는 '현덕'도 같이 격하된다. 그는 『니코마코스 윤리학』에서 말한다.

- 어떤 존재자에게 본성상 특유한 것은 이 존재자에게 가장 좋고 가장 만족스런 것이기도 하다. 인간에게 이 특유한 것은 영혼에 따른 삶이다. 왜냐하면 인간이 바로 이런 삶이 가장 많기 때문이다. 그러므로 이 삶이 가장 행복한 삶이다. 기타 덕목에 합당한 저 삶은 2순위로 행복하다. 이 기타 덕목들에 조응하는 삶은 인간적 유형이다. 정의·용기 등 기타 덕목들을, 우리는 업무적 거래 속에서, 궁경 속에서, 온갖 행위와 감정 속에서 이 모든 것에게 합당한 만큼 부여함으로써 행사한다. 그러나 이 모든 것은 순수하게 인간적인 것들이다. 이 중 어떤 것은 육체에서도 유래하는 것으로 보이고, 윤리적 덕은 많은 점에서 감정들에 가깝다.[763]

여기서 아리스토텔레스는 분명히 윤리적·인간적 덕목에 따른 행복은 비윤리적·신적 지덕의 행복에 비하여 '2등급' 행복에 불과하다고 말하고 있다. 비非윤리적(=초超윤리적) 지덕을 모든 인간적·윤리적 덕목을 초월하는 최상의 신적 덕목으로 신격화하는 그의 이 '비윤리적 윤리학'은 지덕을 사덕의 말석에 두는 공맹의 도덕론과 정확히 반대다.

그런데 아리스토텔레스에 의하면, 정치적 덕목을 관장하는 '현명'은 저 인간적·윤리적 덕과 밀접하게 관련되어 있고, 따라서 현명이 '현덕'으로 발전한다고 하더라도 그 현덕의 실천은 2등급의 인간적 행복만을 보증할

---

763) Aristoteles, *Die Nikomachische Ethik*, 1178a9-16.

뿐이다.

- 현명도 윤리적 덕성과 결합되어 있고, 거꾸로도 마찬가지다. 왜냐하면 현명의 원리는 윤리적 덕성을 지향하고, 이 윤리적 덕성은 다시 저 현명에 의해 체계화되기 때문이다. 윤리적 덕성과 현명이 둘 다 감정과도 관련이 있기 때문에, 이것들은 의심할 바 없이 영육靈肉으로 구성된 전체와 관계한다. 그러나 영육이 합성된 이 전체의 덕성은 인간적 덕목들이다. 따라서 이 덕목들에 따른 삶도 인간적이고, 이 삶이 보증하는 행복도 인간적이다.[764]

이런 덕성과 행복은 다 인간적·윤리적인 것이고, 신적인 것이 아니다. 따라서 신적 지덕은 이 인간 윤리적 덕목들과 결별해야 한다. 그러므로 "정신의 행복은 이 행복과 분리되어 있는 것이다."[765]

"가장 행복하고 가장 지락至樂하는 존재"인 신들은[766] 이런 인간적 행동도, 인간적 덕행도 하지 않는 초超윤리적 존재다. 신은 용기·절제·정의 등과 같은 인간 윤리적 덕목들에 입각한 '행위'도 하지 않고, 신격神格에 어울리지 않는 경제활동도 하지 않고 오로지 '관상(테오리아)'을 할 뿐이다. 신은 극복해야 할 두려움이 없어서 용기의 덕도 필요하지 않고, 빗나간 욕망이 없기 때문에 절제해야 할 이유도 없고, 불의를 모르기 때문에 정의의 덕목도 필요 없는 한편, 신이 경제활동을 통해 행복을 추구한다는 것은 어불성설이기 때문이다. 윤리적 덕목의 도덕 행위들과 경제활동을 빼면 신의 활동은 오로지 '관상'만 남을 뿐이다.[767] 신은 아무 하는 일 없

---

764) Aristoteles, *Die Nikomachische Ethik*, 1178a16-23.
765) Aristoteles, *Die Nikomachische Ethik*, 1178b8-10.
766) Aristoteles, *Die Nikomachische Ethik*, 1178b9-10.
767) 참조: Aristoteles, *Die Nikomachische Ethik*, 1178b11-22.

이 관상(진리구경)만 하기 때문에 지락至樂하는 것이다. 그래서 "지락 면에서 모든 존재를 능가하는 신의 활동은 관상 활동이지 않을 수 없다"고 말할 수 있다.[768]

그렇다면 인간적 지성의 관상 활동은 "인간 활동 중에서도 이 신의 활동과 가장 많이 닮은 활동"이고 관상이 지락至樂을 주는 만큼 인간의 지성적 관상도 그만큼 "지락의 활동이다". 따라서 신들의 "삶 전체"가 지락하다면, 인간은 "신의 활동과 닮은 만큼" 지락할 수 있다. 또한 "관상이 지속되는 만큼 행복도 지속되고 더 많이 관상하는 사람에게 행복도 더 많이 돌아간다".[769] 그러므로 신처럼 모든 경제행위와 인간적·윤리적 덕행을 털어 버리고 신적 지성으로 관상하며 지혜를 애호하는 지자는 신을 가장 많이 닮았고, 그러므로 신을 가장 많이 흉내내며 살 수 있다. 이 때문에도 지자는 인간들 가운데 "가장 행복한 사람"이다.[770] 따라서 결론적으로 '철학적 지자'가 '정치적 현자'보다 더 우월한 것이다. 철학자는 신적 등급에 속하는 최고 등급인 반면, 정치가는 인간적 등급에 속하는 2등급이기 때문이다.

결국, 정치의 손을 들어 준 것 같았던 아리스토텔레스는 모든 외부 활동으로부터 인퇴한 철학자의 관상적 지덕에다 온갖 인간적 덕행과 정치적 현명을 능가하는 지상至上의 '신적 기쁨과 행복'을 귀속시킨 것이다. 아리스토텔레스가 『윤리학』과 『정치학』 사이에서 잠시 '양다리를 걸치는' 모습을 보인 것은 그가 개인적으로 이 신적 기쁨과 정치권력을 둘 다 지향하는 야심, 즉 철학적 '지혜의 지배'와 정치적 '현명의 지배'를 향한 이중적 권력욕의 야심 때문이었을 것이다. 아리스토텔레스는 스스로가 스콜레(여가·한가)를 즐기는 노예주 철학자이면서 동시에 알렉산더 대왕

---

768) Aristoteles, *Die Nikomachische Ethik*, 1178b22-23.
769) Aristoteles, *Die Nikomachische Ethik*, 1178b6-33.
770) Aristoteles, *Die Nikomachische Ethik*, 1179a23-33.

을 등에 업은 당대 최고의 정치세도가였기 때문이다. 그는 지혜로써 정치적 지배권력과 최상의 신적 행복을 둘 다 추구한 것이다.

2.3. 치자로서의 스푸다이오스(현덕자)

아리스토텔레스의 '현덕자', 즉 '스푸다이오스(σπουδαίος)' 또는 현자(프로니모스 φρόνιμος) 개념은[771] '기술자'가 아니라 '덕행의 주체'라는 면에서 공자의 '군자' 개념과 흡사한 점이 있다. 그러나 '군자'가 인·의·예의 대도를 실천하는 '현자'이면서 시비지심을 확충한 이론적 지자이기도 하다. 따라서 아리스토텔레스의 '현자'는 이론적 지자가 아닌 점에서 '군자'와 다르다. 아리스토텔레스는 한편으로 '생산(제작)과 행위(실천), 즉 '포이에시스(ποιεσις)'와 '프락시스(πραξις)'를 구분하고, 다른 한편으로는 이 구분에 조응하여 '테크네(τέχνη)'와 '프로네시스(Φρόνησις)', 즉 '기술'과 '현명(노하우, 현덕)'을 구분한다. '생산'은 생산활동의 목적과 의미가 이 생산활동 밖에 있는활동인 반면, '행위'는 활동의 목적이 자기 자신 안에 있는 활동이다. '기술'은 '생산'의 기량인 반면, '현명'은 '행위'의 실천적 노하우다. 아리스토텔레스는 말한다.

- 순수한 생각만으로는 아무것도 움직이지 못한다. 오로지 어떤 목적을 지향하는 실천적 사유만이 뭔가를 움직인다. 이 실천적 사유는 생산적 사유의 원천이기도 하다. 모든 생산자는 일정한 목적을 위해 이 생산적 사유를 하기 때문이다. 생산자의 작품은 목적 자체가 아니라 어떤

---

771) 참조: Aristoteles, *Die Nikomachische Ethik*, '스푸다이오스': 1143b29-30(제6권-12), 1156b6-7, 1158a33-34(제8권-3·6), 1169a19, 31, 35, 1169b10-15, 35, 1170a8-15, 1170b6, 15, 29(제9권-8~10), 1176a16, 1176b25-30(제10권-5·6). '프로니모스': 1140a23-32.

것을 위한 수단이고 그 어떤 것에 속한 수단이다. 이에 반해 '행위'는 목적 그 자체다. '잘 행동하는 것(에우프락시아 εύπραξία)'은 그 자체가 바로 목적이고 의욕은 이 목적을 향한다.[772]

'생산'은 어떤 목적을 위한 '수단적 활동'이고, '행위(실천)'는 '자기목적적 활동'이라는 말이다. 그러므로 "행위와 생산은 서로 다른 것이다". 따라서 "이성을 갖춘 행위 습성(습관화된 이성)도 이성을 갖춘 생산 습성(노하우, 경륜)과 다르다. 이런 까닭에 이 둘은 서로 타자의 어떤 것도 내포하지 않는다. 행위는 생산이 아니고 생산은 행위가 아니기 때문이다. 가령 건축술은 기술이고 본질적으로 이성을 갖춘 생산 습성이다. 그리고 이성적 생산 습성이 아닌 기술도 없고 기술이 아닌 이성적 생산 습성도 없기 때문에 기술과 이성을 갖춘 생산 습성은 동일한 것이다. 어떤 기술이든 무엇인가를 생성시키는 것을 취급한다. 그리고 기술이란 존재하거나 존재하지 않을 수 있는 물건들의 영역 안에서 정해진 어떤 것, 특히 그 기원이 생산된 물건에 있는 것이 아니라 생산자에게 있는 그 무엇을 생성시킬 수 있는 방법에 대한 궁구와 고안이다. 필연적으로 존재하거나 생성되는 사물에도, 자연에 의해 형성되는 사물에도 기술이 없기 때문이다. 그런데 행위와 생산은 다르기 때문에 기술은 행위에 속하는 것이 아니라 생산에 속한다."[773]

반면, 아리스토텔레스는 '현명' 또는 '현덕'을 '행위'에 귀속시킨다.

- 분별 있는 자(프로니모스 φρόνιμος)는 자신에게 좋고 이로운 것을, 그것도 가령 건강이나 체력과 같은 개별적인 좋은 일이 아니라 잘 삶 전

---

772) Aristoteles, *Die Nikomachische Ethik*, 1139a34-1239b5 (제6권-2).
773) Aristoteles, *Die Nikomachische Ethik*, 1140a2-8 (제6권-3).

체와[774] 관련 일을 올바로 숙고할 줄 아는 것으로 보인다. 그 증거를 들자면, 우리도 또한 어떤 개별적인 일들과 관련된 경우에도 기술적인 것을 뛰어넘는 진지한 목표의 관점에서 그 헤아림이 훌륭한 사람들을 분별 있다고 일컫는다는 사실이 입증된다. 분별 있는 자는 일반적으로 잘 숙고하는 자일 게다. 아무도 기존의 양태와 달리 양태를 바꾸는 것이 불가능한 일들이나 그 자신이 행위할 수 없는 일들을 숙고하지 않는다. 이에 반해 학學은 증명에 기초한다. 그런데 원리에서 이렇게 저렇게 달리 변할 수 있는 일들은 증명할 수 없다. (모든 일이 달리도 존재할 수 있기 때문이다.) 그리고 필연적으로 존재하는 것들은 숙고할 수 없다. 그러므로 '현명(현덕)'은 '지식(에피스테메)'도, '기술'도 아닌 것이다. 행위의 대상은 양태가 달리 바뀔 수 있기 때문에 현명은 에피스테메가 아니고, 행위와 생산은 부류가 다르기 때문에 현명은 기술이 아니다. 그렇다면 남는 것은 다만 현덕이란 인간에게 좋고 나쁜 일과 관련된, 바른 이성을 갖춘 행위 습성(노하우, 경륜)이라는 사실이다. 생산은 자기 자신 밖에 목표를 갖고 행위는 그렇지 않다. '좋은 행위(잘 행동하는 것)'는 그 자체가 목표이기 때문이다. 그래서 우리는 페리클레스와 같은 사람이나 유사한 사람들도 현명하다고 여긴다. 그들은 자기 자신과 사람들에게 좋은 것을 식별해 낼 수 있기 때문이다. 가정 경영과 국가 경영에서 실력을 입증하는 사람들도 이러한 것으로 보인다. 이런 까닭에 '절제심'을 우리가 프로네시스(Φρόνησις 현덕)를 소조(σώζω)하는(안전하게 지키는) '소프로쉬네(σοφροσυνέ)'라는 명칭으로 부르는 것이다.[775]

---

774) 우리말 '잘 삶'은 행복한 삶이고, '잘삶'은 경제적으로 부유하게 사는 것이다.
775) Aristoteles, *Die Nikomachische Ethik*, 1140a25-1140b12 (제6권-5).

아리스토텔레스의 실천적 '현덕'과 '절제력'은 인간의 덕행(좋은 행위)과 이 덕행을 통한 행복을 목표로 하고 사물과 수리數理에 대한 지식(에피스테메)과 이론적 '지혜(소피아)'보다 '현명'과 '경륜'을 중시한다.

필연적으로 실천적 '현명(현덕)'은 인간적 선善과 관련된, '바른 이성을 갖춘 행위 습성'이고, "덕성의 일종"이다.[776] 인간의 "행위는 현덕(현명)과 윤리적 덕성에 의해 성립한다. 덕성은 행위 목표를 바르게 되도록 만들고 현덕은 그 목표에 이른 길을 바르게 되도록 만들기 때문이다".[777] 나아가 자기 목적적 행위와 관련된 실천적 현덕은 순수지(이론적 지)와 달리 인간을 행복하게 하는 일을 행하고 "인간에게 정의로운 일, 고결한 일, 선한 일과 관계한다". 이 인간적으로 정의롭고 고결하고 선한 일을 "자연스럽게 행하는" 자, 아니 하지 않을 수 없는 자가 바로 "덕자"다. 현명은 덕성을 '알기' 위해 필요한 것이 아니라 '덕자가 되기' 위해 필요한 것이다.[778] 역으로 '덕자'가 아니면 '현덕을 지닌 사람(프로니모스)'이 될 수 없다. 본래적인 윤리적 덕성은 현명 없이 가능하지 않다. 이러한 사실로부터 "분별지가 없다면 덕자일 수 없고, 덕성이 없다면 현덕을 지닌 사람이 될 수 없다"는 결론이 도출된다.[779]

그런데 "현명(현덕)은 일반적인 일과 관계하지만 개별적인 일도 알아야 한다. 현덕은 행위적인 것이고 행위는 개별적인 것과 접촉하기 때문이다. 그러므로 학식이 없어도 다양한 일에서 전지적 만물박사 같은 '지자知者'보다 실천적 행위에 더 적합한 사람들, 즉 경륜자들이 있는 것이다." 아리스토텔레스의 이 말은 '군자란 기능적인 일을 제대로 잘할 수 있는 분야가 없고 또 기술적으로 다재다능하지도 않고 지식도 없다'는 공자의 말과

---

776) 참고: Aristoteles, *Die Nikomachische Ethik*, 1140b20-1, 24-5 (제6권-5).
777) Aristoteles, *Die Nikomachische Ethik*, 1144a8-9 (제6권-13).
778) 참고: Aristoteles, *Die Nikomachische Ethik*, 1143b20-29 (제6권-13).
779) Aristoteles, *Die Nikomachische Ethik*, 1144b15-17, 31-33 (제6권-13).

그대도 통한다. 현덕은 '행위적·실천적인 것'과 관련되기 때문에 "일반적인 일과 개별적인 일을 둘 다 포괄하는데 이 개별적인 일과 훨씬 더 많이 관계한다. 물론 이 중에는 (일반적인 일과 관련된) 최고의 지도적 역량이 있다. 정치 능력과 현덕은 '습성'으로서 동일하나 그 범주가 다르다. 국가에 관한 현덕 가운데 최고의 지도적 부분은 일반적인 일을 규제하는 입법이다. 개별적인 일을 취급하는 현덕들은 '정치'라는 공통된 이름을 달고 있다. 이 정치는 행위 및 토의와 관련된 것이다. 표결은 토의의 최종적 단계이고 하나의 행위이기 때문이다. 이것은 개별적인 일을 하는 사람들만이 정치에 참여하는 사람들이라고 불리어지는 이유인 것이다. 현덕은 주로 자기 자신, 개인과 관련된다. 그런데 이것도 '현덕'이라는 공통된 이름으로 불린다. 아리스토텔레스는 이것과 다른 종류의 현덕으로서 '제가齊家(오이코노미아 οἰκονομια)', '입법', '정치'를 나열하고 '정치'를 다시 '토의' 부분과 '사법司法' 부분으로 구분한다.[780]

또한 아리스토텔레스는 현덕에 기초한 덕성과 행복을 알아야 하는 정치가로서의 스푸다이오스(현덕자)의 국가적 과제를 논한다. '현명(프로네시스)'은 '지혜(소피아)'와 다르다. 전자는 실천적이고 오랜 경험을 통해 터득하는 것인 반면, 지혜는 이론적인 것이고 이론적 학습을 통해 쌓는 것이기 때문이다. '현명'의 최고 형태는 '정치적 현명'이다.[781] 아리스토텔레스는 '스푸다이오스'로서의 "참된 정치가"를 백성을 행복하게 만들기 위해 "덕성에 대한 특별한 탐구를 하는 사람인 것으로 보인다"고 말한다. 왜냐하면 "참된 정치가의 목표는 시민들을 덕스럽고 준법적인 사람으로 만드는 것이기 때문이다". 그리고 "이에 대한 모범은 크레타와 스파르타의 입법자들과 기타 사례들이다." 덕성의 탐구는 정치학에 속한다. "인간

---

780) 참조: Aristoteles, *Die Nikomachische Ethik*, 1141b14-35 (제6권-8).
781) Aristoteles, *Die Nikomachische Ethik*, 1141b23-33 (제6권-8). 참조: Roberts, Aristotle and the Politics, 82쪽.

적 덕성은 육체의 덕성이 아니라 영혼의 덕성이다. 그리고 행복은 영혼의 활동이다. 사정이 이렇다면, 눈을 치료하는 자가 사람의 몸 전체를 알아야 하는 것처럼, 정치가는 사람의 영혼을 상당히 알아야 할 것이다. 또한 정치가 의술보다 더 영예롭고 또 더 훌륭하면 할수록 그만큼 더 많이 알아야 한다. 그러므로 정치가는 저 문제의 관점에서 그리고 저 문제에 필요한 정도만큼 영혼에 대해 탐색해야 한다."[782] 이는 나라의 백성들을 복되게 만들 줄 아는 덕자의 도의요 영예다. 이것은 백성을 복되게 하여 사방 이웃나라의 백성들이 자식을 업고 몰려들도록 만들 줄 아는 중요하고 영예로운 치국의 정치를 하는 지도자라는 공자의 군자 개념과 흡사하다. 나아가 공자의 군자 개념은 아리스토텔레스의 덕자 개념과의 비교를 통해 좀 더 분석적으로 명료하게 이해된다. 공자의 '군자'가 그릇 같은 기능인이 아니라 형이상학적 '도'를 행하는 제가·치국의 정치적 덕행주체라면, 아리스토텔레스의 '스푸다이오스(현덕자)'는 생산적 기술과 범주적으로 구별되는 현덕을 갖고 사람들의 행복을 증진하는 자기목적적인 '행위'인 일반적·개별적 제가·치국의 덕행을 잘 수행할 줄 아는 존재이기 때문이다.

그러나 아리스토텔레스는 실천적 '현덕'을 지닌 현덕자 '스푸다이오스'를 이론적 '지혜'의 지덕을 가진 철학자보다 한 단계 아래로 본다. 왜냐하면 이론적 "지식(에피스테메)과 지성(누스 νους)"을 결합한 이론적 "지혜(소피아)"는 "가장 영예로운 것을 대상으로 삼는 이론적 지식의 정점이기"[783] 때문이다. 따라서 사람들은 종종 이론적 지혜를 가진 철학적 '지자들'이 "지혜롭지만(소푸스 σοφοὺς), 현명한 것(프로니무스 προνίμους)은 아니다"고 생각한다. 사람들이 보기에, 이들은 "비범하고 경이로운 것,

---

782) Aristoteles, *Die Nokomaschische Ethik*, 1102a5-24. (제1권-13).
783) Aristoteles, *Die Nikomachische Ethik*, 1141a18-19

어렵고 신적인 것에 대한 지식을 지니고 있지만 이들이 인간적 선善을 알려고 하지 않는 까닭에 그 지식이 쓸모없기" 때문이다.[784] "실천적 현명(프로네시스)"이 "인간을 행복하게 만드는 어떤 것들"을 "탐구 대상으로 삼는 반면, "이론적 지혜"는 이런 것들을 "고찰하지 않는다.".[785] 그럼에도 "(이론적) 지혜는 행복을 산출한다. 왜냐하면 지혜는 덕 전체의 한 부분이므로 이 지적 덕의 소유 또는 발휘에 의해 사람을 행복하게 만든다."[786] 이 지혜의 소유와 발휘를 통해 얻는 행복은 '신적神的 행복'이다. 이 지혜의 신적 관상 활동으로 얻는 신적 행복을 즐기는 애지자(철학자)는 현덕에 의해 수반되는 인간적·윤리적 덕목의 실천으로 얻는 인간적 행복(2등급 행복)을 누리는 현덕자를 능가한다.

플라톤이 윤리적 덕성을 경시하는 다양한 유형의 지식 우월주의자들을 치자로 삼은 반면, 아리스토텔레스는 지식인집단을 현덕자(스푸다이오스)와 애지자(철학자)로 구분하고 애지자보다 열등한 현덕자를 치자로 삼은 것이다. 따라서 아리스토텔레스의 '스푸다이오스'도, 인·의·예의 실천적 중덕中德들을 호지자적好知者的(철학자적) 지덕보다 앞세우되 실천적 덕목과 호지자적 지덕을 한 몸에 통합한 공자의 '군자'의 완전성에 미칠 수 없는 존재다.

2.4. 실체론과 이데아론에 대한 비판

아리스토텔레스에 의하면, 신적 지식을 얻기 위해서는 "제1원리의 원인들(아르케의 아이티아)"에 대한 학적 지식을 얻어야 한다. 우리는 이 '제

---

784) Aristoteles, *Die Nikomachische Ethik*, 1141a18-19
785) Aristoteles, *Die Nikomachische Ethik*, 1143b18-20.
786) Aristoteles, *Die Nikomachische Ethik*, 1144a4-6. 앨런은 '소피아(지혜)'와 '프로네시스(현명)'를 각각 'theoretical wisdom(이론적 지혜)'과 'practical wisdom(실천적 지혜)'으로 파악한다. Allen, *The Philosophy of Aristotle*, 126쪽.

1원리의 원인들'을 안다고 생각할 때, 우리는 각각의 특수한 사물을 인식한다고 주장하기 때문이라는 것이다.

아리스토텔레스가 파악한 '원인'은 모두 다음의 네 가지다.

첫째, 사물의 형상(실체)이다. 사물의 '왜'는 궁극적으로 그것의 공리로 환원되고, 궁극적인 '왜'는 원인과 제1원리이기 때문이다. 이 원인은 **'형상인'**이라 한다. 가령 누에는 알로부터 애벌레를 거쳐 번데기로 변태하고 번데기가 나방으로 부화한다. 아리스토텔레스는 누에라는 '형상'이 이 단계적 변태 과정을 규제한다고 생각했다. 형상은 가령 백장미·흑장미·빨간장미, 토종흑돼지·백돼지·햄프셔·멧돼지, 삽살개·진돗개·세퍼드·불도그·포인터·시베리언허스키와 같은 동식물의 '종種'과, 장미·돼지·개와 같은 유類를 가리킨다.

둘째, 질료(휠레 ὕλη) 또는 사물의 기초가 되는 기체基體다. 이 원인은 **'질료인'**이라 한다. 가령 질그릇과 기와의 질료는 진흙이고, 시멘트의 질료는 구운 석회와 모래이고, 바다의 질료는 물·소금 등이다.

셋째, 운동의 제1원리(시원)다. 이 원인은 **'운동인**(인과적 원인)'이라 한다. 운동인은 인과관계에서 원인을 가리킨다. 이 운동인만이 근대과학에서 중시하는 원인이다.

넷째, 이 운동의 시원(제1원리), 즉 '운동인'의 맞은편에 있는 원인, 즉 목적 또는 선이다. 왜냐하면 이것은 '목적' 또는 '선'은 생성 또는 운동의 목적이기 때문이다.[787] 이 원인은 **'목적인'**이라 한다. 이 목적인은 형상인·질료인과 마찬가지로 오늘날 원인으로 보지 않는다. 특히 '목적인'은 자연 세계 또는 우주를 하나의 궁극적 목적 아래 단계적으로 조직된 생명체 또는 인간적·사회적 인조물로 여기는 유사類似의도적·의인법적擬人法的 사고의 소산으로 오늘날 전적으로 부정된다. 이런 유사의도적·의인

---

787) Aristotle, *Metaphysics*, 983a24-32.

적 소산으로서 목적인은 원인(cause, Ursache)이 아니라 이유(reason, Grund)다.

아리스토텔레스는 여기서 '원인'과 '이유'를 뒤섞어놓고 객관적으로 실재하는 것으로 착각하고 있다. '원인'은 귀납적 논증의 기초가 되는 경험적·관성적 믿음에서 형성된다. '이유'는 인간·동물의 행동 동기가 되는 의식·무의식(본능·습관) 차원의 단순감정적·도덕감정적 의도다.

그저 '기체'일 뿐이고 원인도, 이유도 아닌 질료를 제외시키면, 실체는 객체적 실재성이 없는 관성적 관념의 산물을 제외시키면, 남는 '운동인'은 인간의 행동인 경우에도 행동의 원인과 행동의 이유(동기)로 갈리고, '목적인'은 전형적인 인간적 '이유'에 해당한다. 속성과 속성관계에 집중된 '원인'은 경험적 귀납법으로 인식할 수 있는 반면, 행동의 의미(동기)인 '이유'는 오직 해석학으로만 알(이해·해석할) 수 있다. 플라톤·아리스토텔레스 이래 데카르트·홉스·로크·흄·칸트·헤겔·마르크스·쇼펜하우어·니체·화이트헤드·비트겐슈타인·로티·롤스에 이르는 근현대 서양 철학자들은 경험론과 합리론을 가리지 않고 오랜 세월 '원인'과 '이유'의 차이를 몰랐고. 따라서 인식론과 해석학의 구별도 몰랐다. 이 차이에 대해 감을 잡고 해석학을 시도한 서양 철학자와 인간학자(인문·사회과학자)들로는 비코·헤르더·슐라이어마허·딜타이·짐멜·베버·쿨리·가다머·아펠·하버마스 등을 들 수 있다.

아리스토텔레스는 『형이상학』(제7권)에서 첫 번째 원인인 '실체'의 개념을 천착한다. 그러나 아리스토텔레스의 실체 개념은 심각한 자가당착에 빠진다. 그에 의하면, 질료형상론적(hylomorphic) 합성물의 실체는 하나의 종種에 대응하는 하나의 실체적 형상이다. 하나의 실체적 형상은 한 정의의 정의 요소들에 의해 의미 되는 것을 말하는 본질이다. 오로지 보편자들만이 정의할 수 있기 때문에 실체적 형상들은 동종同種에 속하는 상이한 견본들에 의해서도 공유되는 보편자(類)들이다. 가령 소크라테스와 칼리아스는 다른 실체이지만, 이들은 실체에서가 아니라 질료에서만 다를 뿐이다. 그러나 아리스토텔레스는 보편자는 실체가 아니라고 주장함으로써 이런 해석을 완전히 절단낸다. "어떤 것이든 하나의 실체로 보편적으로 서술하는 것은 불가능한 것처럼 보인다". 아니, "어떤 보편적 속성도 실체가 아니라는 것은 명백하다".[788] 이것은 아리스토텔레스 실체 개념 속의 긴장이다.

(1) '실체는 형상이다', (2) '형상은 보편자다', (3) '어떤 보편자도 실체가 아니다', 이 세 명제는 상호 모순이다. 혹자는 보편자의 개념을 '본질적 보편자'(가령 빨강의 많은 음영과 개별 조각들)와 '우연적 보편자'(빨간색을 띤 많은 사물에 적용될 수 있는 빨강)로 구분하여 이 모순을 제거하고자 한다. (2)는 형상이 '우연적 보편자'라고 주장하는 것이고, (3)은 실체가 '본질적 보편자'라는 것을 부인하는 것이라고 해석하는 방법이다.[789] 이런 편법으로 '실체' 개념을 구제하더라도 여기서는 로크와 흄이 어떤 '실체' 개념이든 가차 없이 해체시킨 것을 상기하는 것으로 족할 것이다. 로크와 흄에 의하면, 소위 '실체'라는 것은 경험적 개별자들로부터 공통적인 것을 결합시킨 편의적 관념에 불과하기 때문이다. 로크와 흄은 이렇게 '실체'를 해체시켜 '무無'로 선언한 것이다.

그럼에도 불구하고 아리스토텔레스는 이 실체 개념에 의거하여 플라톤의 이데아론을 비판한다. 이 비판 중 몇 가지만 간추리자. 이데아를 원인으로 설정하는 플라톤은 첫째, 감각세계의 사물의 원인(이데아)을 찾는 시도로서 동수同數의 다른 실재들을 끌어들였다. 형상(에이도스)들의 수는 플라톤이 탐구하는 사물들의 원인들과 같은 수이거나 이보다 적지 않

---

[788] Aristotle, *Metaphysics*, 1038b9-35.
[789] 참조: S. Marc Cohen, "Substances", 209-210쪽. Georgios Anagostolpoulos, A *Companion to Aristotle* (Malden, MA·Oxford: Blackwell Publishing Ltd, 2009).

다. 각 사물에 대응해서 동명同名의 실재들이 실체들과 "따로 떨어져" 존재하고, 비非실체적인 사물들의 경우에는 '다多에 공통된 일一'이 존재하기 때문이다. 문제는 이런 이원적 관념을 가변적인 감각 대상들의 세계에도 적용하고 해·달·별들과 같은 영원한 불변적 실체들의 영역에도 적용한다는 것이다.[790]

둘째, 이원론에 대한 비판이다. 형상, 즉 이데아들은 해·달·별 같은 영원한 감각 대상에 대해서든, 생성 소멸하는 감각 대상에 대해서든 아무런 영향을 미치지 못한다. 이데아는 운동이나 변화의 원인이 아니기 때문이다. 또한 이데아는 수학적 대상들의 학적 지식에도 아무런 도움이 되지 못한다. 왜냐하면 이데아는 사물들 '안에' 존재하는 실체가 아니라 사물들과 별도로 분리되어 사물들 '바깥'에 존재하는 것이기 때문이다. 따라서 이 대상들의 존재에도 도움이 되지 못한다. 이데아는 '이데아에 참여하는' 또는 '이데아를 나눠 갖는' 사물들 '안에' 존재하지 않기 때문이다.

셋째, 사물들은 어떤 의미에서도 형상으로부터 유래하는 것이 아니다. 형상은 '패러다임(본)'이고 사물들은 이 패러다임에 '참여한다'고 말하는 것은 빈말이고 시적 비유를 쓰는 것이다. 왜냐하면 이데아의 모델에 맞춰 사물들을 형태화하는 주체는 없기 때문이다. 플라톤은 이데아를 조물주가 만들었다고 했으나, 누가 이데아의 본本에 따라 실재적·경험적 사물들을 만들었는지에 대해서는 일언반구도 없다는 말이다.

넷째, 한 가지 사물에 대해 여러 본들, 따라서 여러 이데아들이 있게 될 것이다. 가령 '동물'과 '두 발 달림'도 철수의 이데아이고, 동시에 '사람'도 철수의 '이데아'다. 또한 종種들(호남인, 영남인, 충청인, 강원인)의 유類(한국인)라는 의미에서의 '유'처럼 형상(한국인)은 감각되는 것(서울 사람)의 본임과 동시에 자기 자신(한국인)의 본이다. 그래서 동일한 것(한국인)이

---

790) Aristotle, *Metaphysics*, 990b1-11.

'본'(형상으로서의 한국인)이기도 하고 '본뜬 것'(자기 자신으로서의 한국인) 이기도 하다.

다섯째, 실체와 이에 상응하는 사물이 분리되어 실존하는 것은 불가능하다. 이데아가 사물들의 실체라면 어떻게 사물들과 분리되어 존재할 수 있겠는가? 형상이 현실적 존재와 생성의 원인이라고 말하지만, 형상이 존재한다고 가정하더라도, 이 형상에 참여하는 사물들은, 운동을 부여할 어떤 것이 존재하지 않는다면, 생성될 수 없다. 반면, 인간이 기분대로 만들 수 있기 때문에 어떤 형상도 존재하지 않는다고 생각하는 많은 다른 사물(가령 집, 반지 등)은 생성된다. 따라서 저것은 이데아가 있어도 운동의 결여로 산출되지 못하고, 이것은 이데아 없이도 산출된다는 해괴한 결론을 피할 수 없다.[791]

아리스토텔레스의 이 이데아론 비판은 논리적으로 유력하다. 그러나 이 비판은 실체 개념에 기초해 있다. 이런 한에서 그의 이데아 비판은 전체적으로 '실체' 개념만큼 허망한 비판인 셈이다.

플라톤의 이원론에 대한 아리스토텔레스의 이러한 비판은 신과 인간의 분계선을 없애서 인간이 신처럼 '모든 것을 알고' 이 지성주의적 충족의 기쁨을 만끽하고자 하는 무제한적 전지주의와 무제한적 지식욕의 발로로 보인다. 그는 인간의 삶 자체를 무제한적 지식 활동으로 보려는 경향을 도처에서 노정한다. 이로 인해 그는 감각의 미학적 기쁨도 '앎'으로 환원하고 개인적·사회적 삶 전체를 지식으로 환원할 뿐만 아니라 이러한 무제한적 지혜 활동을 신적 행위로서의 최고 행복으로 규정한다.

『형이상학』의 첫 구절에서부터 아리스토텔레스는 감각의 미학적 향유 자체를 무리하게 지식욕의 지표로 해석하면서, 플라톤처럼 시각적 향유를 특화한다. "모든 인간은 본성적으로 앎을 바라고" 이것의 지표는 인간

---

791) Aristotle, *Metaphysics*, 991a9-b9.

이 "감각을 즐긴다는 데서 드러난다"는 것이다. 인간은 "쓸모를 떠나 감각 그 자체를 즐기는데", 그것도 "다른 어떤 감각보다도 특히 '두 눈을 통한 감각'을 즐긴다". 인간은 "다른 모든 감각보다도 보는 것을 더 좋아한다"는 것이다. 인간은 "감각 중 시각을 통해 가장 많이 감지하고 여러 가지 차이들이 드러나기 때문이다". 감각은 지적 기능도 수행하지만, 본질적으로 앎과 무관한 욕망 충족과 미학적 향유 기능도 수행한다. 그럼에도 '광적狂的 지식욕'에 사로잡힌 아리스토텔레스는 감각의 욕망 충족과 미학적 향유조차도 '앎'의 기능으로 착각하고 있다.

여기서 멈추지 않고 아리스토텔레스는 『에우데모스 윤리학』에서 아예 '삶'을 곧 '앎'으로 천명한다.

- 삶이 감각적 지각과 앎이라는 것, 그리고 결과적으로 사회적 삶이 공동의 감각적 지각과 앎이라는 것은 명백하다. 그러나 감각적 지각과 앎 그 자체는 각 개인이 최고로 바라는 것이다. 그리고 이 때문에 생명욕이 본성에 의해 만인에게 심어져 있는 것이다. 왜냐하면 산다는 것은 앎의 양식인 것으로 생각되어야 하기 때문이다.[792]

삶을 앎과 등치시키는 이 명제보다 더 극적인 지성주의의 표현은 아마 없을 것이다. 아리스토텔레스는 인간의 기본적 욕망(식욕·성욕·수면욕 등)의 충족과 그 쾌락, 관습적·습관적 행위, 외감의 오각五覺과 내감의 미감 판단을 통한 미학적 향유와 예술 활동, 감정적 행동과 공감, 도덕적 행위(덕행), 감각적으로 숙련된 제작 활동과 단순노동, 체육, 스포츠, 싸움, 폭력행위, 전투 등 지식과 거의 무관한 온갖 인간 활동들을 몽땅 소멸시키

---

792) Aristotle, *Eudemian Ethics*, 1244b26-29. Aristotle, Vol.XX in twenty-three volumes. With an English translation by H. Rackham (Cambridge [MA]·London: Harvard University Press·William Heinemann LTD, 1969).

고 '삶'을 '앎'과 등치시키는 단순무식한 마술을 부리고 있다. 따라서 아리스토텔레스에게 '생명욕'과 동일시된 이 광적 지식욕의 – 어떤 회의도, 어떤 중도도 모르는 – 무제한적 충족으로서의 지적·관상적觀賞的(이론적) 철학 행위는 신의 관상 행위를 흉내 내는 '최고의 행복'이요, 인간적·윤리적 덕행의 행복을 능가하는 '완전한 행복', '신적 행복'이다.[793]

2.5. 인간 영혼의 구조

아리스토텔레스의 지식철학을 종합하는 관점에서 마지막으로 그가 이해한 인간의 영혼(프쉬케 Ψύχή)의 구조를 논해야 할 것이다. 그는 『니코마코스 윤리학』「제2권」에서 영혼의 전체 구조를 '능력(뒤나미스 δόναμις)·감정(파토스 πάθος)·자질(헥시스 ἕξις)' 등 세 가지로 나눈다.[794] 그런데 『후기분석학』에서는 영혼의 이 '능력(뒤나미스)'을 감각(아이스테시스)·기억(므네메)·경험(엠페이리아)·이성(이성적 직관, 누스) 등 네 가지로 나누었다.[795] 일단 이것을 종합하여 도식으로 옮기면 다음과 같다.

영혼(프쉬케)의 구조

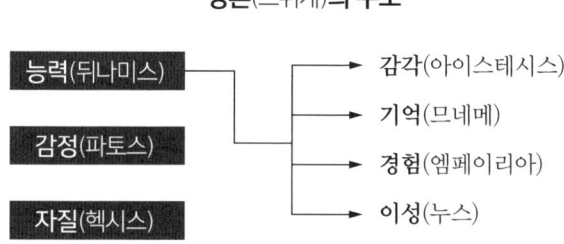

---

793) 참조: Aristoteles, *Die Nikomachische Ethik*; Aristotle, The Nicomachean Ethics, with an english translation by H. Rackham, Aristotle, vol.XIX (Cambridge:·Massachusetts·London: Harvard University Press·William Heinemann LTD, 1968), 1177a12-1179a33 (제10권 제7·8장).
794) 참조: Aristoteles, *Die Nikomachische Ethik*, 1105b19-1106a12 (제2권 제5장).
795) Aristotle, *Posterior Analytics*, II, 99b35-100b17.

이에 더하여 아리스토텔레스는 『니코마코스 윤리학』「제1권」과 「제6권」에서 영혼을 '이성적(로곤λόγον) 부분'과 '비이성적(알로곤αλόγον) 부분'으로 나누고 있어 그의 영혼 분류법이 좀 혼란스럽다. 「제1권」에서는 '비이성적 부분'을 다시 이성에 전혀 참여하지 않는 '식물적 부분'(자율신경계)과, 이성에 어느 정도 참여하는 '욕구적(에피튀메티콘 ἐπθυμητικον)·의욕적(오렉티콘 ὀρεκτικον) 부분'으로 나누고, '이성적인 부분'도 '이성을 자체 안에 가지고 있는 부분'과 '이성을 따를 수 있는 부분'으로 나눈다.[796] '비이성적 부분' 중의 '욕구적·의욕적 부분'은 '파토스'에 속하는 것으로 보인다. 따라서 아리스토텔레스는 「제6권」에서 '행위'와 '진리'를 지배하는 영혼의 세 요소로 열거되는 감각(아이스테스)·이성(누스)·의욕(오렉시스 ὄρεξις) 가운데[797] 이 '오렉시스'도 '파토스'에 속하는 것으로 해석해야 할 것이다.

아리스토텔레스는 「제6권」에서 '이성적 부분'을 다시 "그 원리가 변할 수 없는 존재자들을 이론적으로 관상하는 부분"과 "변화를 허용하는 존재자들을 관상하는 부분"으로 나눈다. 전자는 '인식 기능(에피스테모니콘 ἐπιστημονικον)'이고 후자는 '숙고 기능(로기스티콘 λογιστικον)'이다. '숙고'는 '심의(블레위에타이 βουλεύεται)'다. '원리가 변할 수 없는 존재자들'은 '인식'하고, '원리의 변화를 허용하는 존재자들'은 '심의'한다.[798] 이것은 이상하고 무의미하고 (속성의) 경험적 '인식'과 (의미의) 해석학적 '이해'의 구분과 실로 무관하다.

이어서 아리스토텔레스는 영혼이 긍정하거나 부정함으로써 진리를 얻는 부류를 학예(테크네)·지성(=학적 지식; 에피스테메)·현명(프로네시스 φρόνησις)·이성(누스) 등 다섯으로 나눈다. 첫째, 지성(학적 인식·지식)은 '변

---

796) 참조: Aristoteles, *Die Nikomachische Ethik*, 1102a27-1103a4 (제1권 제13장).
797) 참조: Aristoteles, *Die Nikomachische Ethik*, 1139a18-19 (제6권 제2장).
798) 참조: Aristoteles, *Die Nikomachische Ethik*, 1139a4-14 (제6권 제1장).

할 수 없는 것들'을 인식한다. '변할 수 있는 사물'이 '관찰'의 범위를 벗어나 있으면 인간은 그것이 존재하는지 여부를 알지 못하지만, '변할 수 없는 대상'은 관찰을 벗어나더라도 지성(학적 인식)의 연역적 논증을 통해 인식해 낸다. 그러므로 지성의 대상은 필연적으로 존재하는 것이고, 따라서 이것은 영원하다. 절대적 필연성으로 존재하는 모든 것은 영원하기 때문이다. 영원한 것은 생성과 소멸에 들어가지 않는다. 자질로서 보면 '지성(학적 지식)'은 '논증적 자질'이다.[799] 『후기분석론』에서도 논증은 '연역'이고, 지성은 연역을 통해 제1원리로부터 출발해서 결론을 얻는다. 그러나 지성은 결론을 알지만, 출발점이 되는 제1원리를 알지 못한다. 제1원리는 귀납에서 얻기 때문이다. 하지만 귀납도 제1원리를 참으로 아는 것(제1원리의 '원인'을 아는 것)은 아니다. 이 제1원리를 아는 것은 '이성(이성적 직관)'이다.[800] 이 이성적 직관은 논증적 추리(로고스)에 의해 논증되지 않는 '정의定義(호로스 ὅρως)'를 인식한다.[801] 한편, '지혜(소피아)'는 특수한 분야나 특정한 관점에서 슬기로운 것이 아니라 전체적으로 슬기로운 영혼 능력이다. 따라서 지식 중 가장 정확한 것은 '지혜'다. "지자"는 "제1원리들로부터 도출되는 것들(학적 지식)을 알아야 할 뿐 아니라 제1원리도 참으로 알아야" 한다. 따라서 '지혜'는 '이성(이성적 직관)'과 '지성(학적 인식)'을 포괄하는 '최정점의 지식(인식)'이다.[802] 훗날 칸트는 아리스토텔레스의 지성을 "Verstand"로 옮기고, 이성은 "Vernunft"로 옮겼다.

한편, 변화를 허용하는 것들에는 생산(제작)의 영역과 행위의 영역이 대응한다. 목적(각종 행위)에 봉사하는 수단적 '생산'과 자기 목적적인 '행위'는 다르다. 모든 '학예(테그네)'는 '생산'과 관계한다. 그런데 학예의 제

---

799) 참조: Aristoteles, *Die Nikomachische Ethik*, 1139b15-35 (제6권 제3장).
800) 참조: Aristoteles, *Die Nikomachische Ethik*, 1140b30-1141a7 (제6권 제6장).
801) 참조: Aristoteles, *Die Nikomachische Ethik*, 1142a27-28 (제6권 제8장).
802) Aristoteles, *Die Nikomachische Ethik*, 1141a12-19 (제6권 제7장).

1원리는 기술적으로 궁구하는 생산자에게 있고, 생산되는 것에는 없다. 반면, 자연적인 것들은 자신 안에 원리를 가지고 있다.[803]

'현명(프로네시스)'은 현자(프로니무스 φρονίμους)의 특징이다. 현자는 자신에게 일반적으로 좋은 삶을 위한 수단으로서 무엇이 이로운지를 잘 숙고할 수 있는 사람이다. 숙고가 필요한 것은 대상이 불변적 원리가 아니라 변화를 허용하는 원리를 가진 것들이기 때문이다. '행위'의 대상은 변화를 허용하는 것들이다. 따라서 변화를 허용하는 '행위'의 대상을 숙고하는 '현명'은 변화를 허용하는 '생산'의 대상을 숙고하는 '학예(=기예)'와 다르다. '현명'은 '의견을 형성하는 기능(독사스티콘 σοξατισκον)'의 탁월성이다. 현명도, 의견도 둘 다 변화를 허용하는 것들을 다루기 때문이다.[804] 현명은 보편자도 알아야 하지만 개별자를 더 많이 알아야 한다.

개별자에 대한 앎은 '경험'에 의해서만 가능하다. 따라서 젊은 기하학자나 수학자 등 젊은 '지자'는 있으나, 젊은 '현자'는 없는 법이다. 현명은 이처럼 보편자·개별자와 동시에 관계하기 때문에 두 형태의 행위(개별적 행위와 일반적 행위)의 수행을 다 요구한다. 현명은 개별적 행위와 더 많이 관련되기 때문에 개별 사실들의 지식을 더 필요로 하지만, '일반적 원리들의 지식'에 기초한 약간의 총괄 기획적 '건축학(아르키텍토니케 άρχιτεκτονική)'도 필요하다. 현명은 정치학을 포함한다. 국가에 관한 현명의 한 유형은 '건축학적'인 '입법학'이다. 다른 한 유형은 개별적 사건들을 다루는 정치학이다. 정치학은 정치적 '활동'과 논의적 '심의'를 포괄한다. 현명은 특히 '자기 자신', 즉 '개인'과 관련된 것으로서 의미를 가진다. 다른 측면에서 '현명'은 제가齊家·입법·정치다. '정치'는 다시 의정적·의결 집행적 '심의'와 '사법司法'으로 나뉜다.[805] '현명'은 논증(학적 인식)에 의해

---

803) Aristoteles, *Die Nikomachische Ethik*, 1140a1-16 (제6권 제4장).
804) 참조: Aristoteles, *Die Nikomachische Ethik*, 1140a24-1141b29 (제6권 제5장).
805) 참조: Aristoteles, *Die Nikomachische Ethik*, 1141b15-34 (제6권 제7·8장). '젊은 지

인식될 수 없고 오로지 감각적 지각에 의해서만 파악되는 '궁극적 개별자', 즉 경험적 일반자를 다룬다. "이런 유형의 감각적 지각은 개별적 감각들의 지각이 아니라, '수학에서의 궁극적 도형은 삼각형이다'는 것을 감각적으로 지각하는 종류의 직관이다".[806] 눈으로 지각할 수 있는 감각적 삼각형은 직선으로 된 변邊의 수를 더 이상 줄일 수 없는 최후의 도형이자, 직선의 변과 각으로 이루진 모든 도형의 기초적 공통 요소다. 가령 사각형은 적어도 두 개의 삼각형으로 이루어져 있고, 오·육·칠·팔·구각형, 아니 천각형, 만각형도 삼각형의 중첩으로 이루어져 있기 때문이다. 삼각형은 곧 모든 직선 도형의 감각적 '보편자(일반자)'다. 따라서 "개별적 감각은 현명이라기보다 그냥 단순한 감각이라면, '현명의 감각'은 이런 삼각형에 대한 감각과 같이 '다른 유형의 감각'이다. '현명의 감각'은 『후기분석론』에서 설명된 것처럼 '경험적 일반자'를 산출하는 – 많은 감각들의 반복적 기억에 바탕을 둔 – 귀납적 경험을 가리킨다. 결론적으로 말하자면, 따라서 '학적 지식(지성)'이 연역적 논증인 반면, '현명'은 삶과 일의 전반적 분야에서든 개별적 특수분야에서든 경험적 일반자를 얻는 귀납적 경륜이나 노하우다. 저 영혼의 이성적 부분으로서의 이성적 직관에 대한 지금까지 논의를 바탕으로 간략하게 도식화하면 다음과 같다. (496쪽)

아리스토텔레스의 영혼 설명 전반은 아주 혼란스럽지만, 그런대로 가닥을 잡아 정리하자면 위와 같다. 현명의 산물로 볼 수 있는 덕과 덕행은 '자질(헥시스)'에 속한다. 그러나 윤리적 덕성의 배아가 될 수 있는 가령 맹자의 양지·양능(사단지심) 같은 '심성'은 어디에 속하는지 알 수 없다. 플라톤과 마찬가지로 '사이불학思而不學·부지이작不知而作'한 아리스토텔레스의 형이상학이 '광적 지식욕'에 치우친 결과, 이성부분과 인식능력

자'는 있어도 '젊은 현자'는 없다는 구절은 참조: 1142a12-14 (제8장).
[806] Aristoteles, *Die Nikomachische Ethik*, 1142a29-32 (제6권 제8장).

이성과 현명

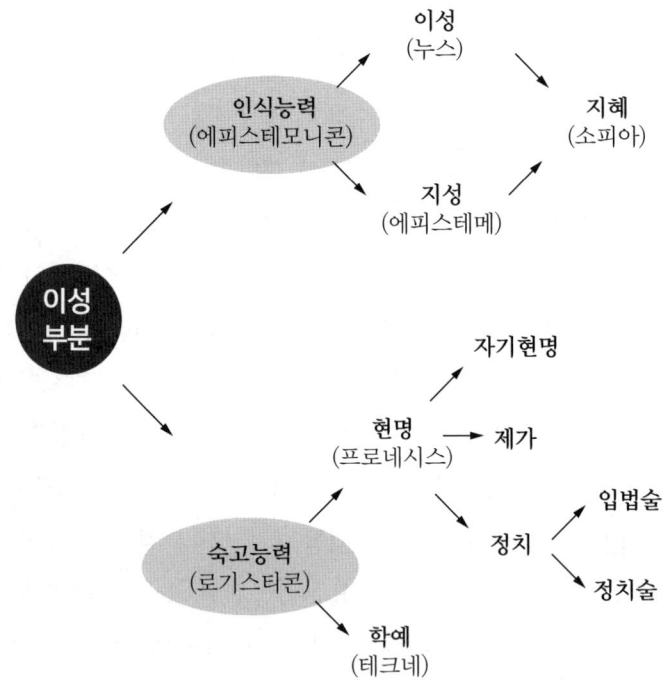

만 너무 크게 강조되고 있을 뿐이기 때문이다.

  이러한 분류법 자체도 사변적 작화에 지나지 않는 것이다. 가령 이 분류법은 '변할 수 없는 것들'(자연과 천체의 법칙적 질서, 실체, 2+2=4, 형식논리학과 변증법적 논리학의 연역적 법칙성 등)과 '변화를 허용하는 것들'(현상, 국가, 사회, 인조물 등과 같이)의 '절대적' 구분에 근거한 것인데, 아리스토텔레스가 플라톤으로부터 이어받은 바로 이런 구분법부터가 사변의 산물이다. 로크와 흄에 의해 해체된 실체 개념을 제쳐놓더라도 자연과 천체의 법칙적 질서, 2+2=4, 논리학의 연역적 법칙성 등은 결코 '변할 수 없는 것들'이 아니기 때문이다. 가령 '물은 아래로 흐른다'는 자연법칙은 자연 속에서든 사회 속에서든 얼마든지 뒤집힐 수 있다(위로 치솟는 샘, 옐로우스톤 공원의 오랜 세월 치솟고 있는 간헐천, 매일 쉴 새 없이 하늘로 오르는 수증기, 힘찬 분수 등). 북두칠성의 성좌도 5000년 뒤 해체된다고 한다. 또한 뉴턴이 걱정했듯이 우주는 불변의 질서를 가진 '코스모스'가 아니라 끊임없는 변화를 허용하는 불안정 상태의 '카오스'다. 오늘날은 빅뱅설과 우주팽창론이 대세다. 10진법 때의 2+2=4는 영구불변적인 것이 아니라, 2진법으로 표현하면 10+10=100이고, 3진법으로 표현하면 2+2=11이다. (따라서 2+2=4는 사과 4개를 눈앞에 놓고 감각적으로 직관하는 것보다 덜 확실한 것이다.) 논리학의 규칙들도 가령 '모순'을 부정하는 형식논리학과 '모순'을 인정하는 변증법적 논리학이 오랜 세월 다투어 온 것에서 알 수 있듯이 불변적인 것이 아니다. 이런 이유에서 근세 초에 개혁 사상가들은 자유사상에 대해 사변적 코르셋 노릇을 해오던 토미즘 신학과 스콜라철학의 거부와 함께 토미즘 신학과 스콜라철학의 골조인 아리스토텔레스의 형이상학적 구조물을 분쇄할 수밖에 없었던 것이다.

제3절

중용적 도덕철학과
인의국가론

진정한 사랑은 공감적 일체감으로서 상대가 약하거나 곤란에 처할 때도 발휘되는 연민(=동정심·측은지심)의 형태를 띠기도 하고, 그렇지 않은 경우에도 쉽사리 연민으로 전화되고, 역으로 연민은 대등한 사랑으로 전화되기도 한다. 이런 까닭에 아리스토텔레스는 사랑(필리아, φιλία)) 자체를 하나의 덕목, 또는 덕성을 포함하는 것으로 간주했다. 그리고 부자간의 사랑, 부부간의 사랑, 형제간의 사랑 등 필리아의 형태에 따라 국가유형을 구분했다. 따라서 그는 덕목으로서의 필리아를 뒷받침하기 위해 먼저 중도적 도덕철학, 곧 '중도윤리학'을 전개했다. 그러나 아리스토텔레스의 도덕철학은 공리주의적이다. 먼저 그의 도덕철학의 이 공리주의 경향을 분석적으로 규명한 뒤 그의 중도윤리학을 살펴보고 그 문제점을 지적한다.

3.1. 아리스토텔레스의 원시적 공리주의

소크라테스와 플라톤의 도덕론은 생존 도덕에 경사된 원시적 공리주의였다. 아리스토텔레스의 도덕철학도 못지않게 생존 도덕을 지향하는 원시적 공리주의를 노정한다. 그는 『니코마코스 윤리학』에서 행복을 "덕성"과 동일시하거나 영혼의 "일종의 덕행"과 등치시킴으로써[807] 쾌락적 행복과 구별되는 '도덕적 행복'의 위상을 설정하는 것처럼 보인다. 그는 도덕적 즐거움의 독자적 의미를 이렇게 올바로 갈파한다.

- 올림픽경기에서 가장 아름답고 가장 강한 사람들이 아니라 투쟁자들이 (이들 중에 승자가 있기 때문에) 월계관을 쓰듯이, 바르게 실천하는 사람들이 생의 아름답고 좋은 일들을 얻는다. 이러한 생은 그 자체로서도 즐겁다. 왜냐하면 즐김은 영혼적인 일에 속하고, 각자가 끌리는 것을 느끼는 것이 그에게 즐겁고, 말은 말 애호가에게, 연극은 연극 애호가에게 즐겁고, 마찬가지로 정의로운 것은 정의의 벗에게, 덕스런 것은 덕의 벗에게 즐겁기 때문이다. 그러나 대중들이 자신들의 본성을 즐기지 않기 때문에 서로 모순되는 것들에서 쾌락을 취하는 반면, 고상한 것의 애호자들에게는 본성상 즐거운 것이 즐겁다. 덕행이 언제나 그런 것이다. 그래서 덕행은 고상한 것의 애호자들에게 즐거운 것이고, 그 자체에서도 즐거운 것이다. 그러므로 그들의 생은 치장적 부가물의 쾌락을 추가적으로 필요로 하지 않고, 즐거움을 그 자체 안에 품고 있다. (…) 따라서 그것이 그렇다면 덕행은 좋이 그 자체로서 즐거운 것이다. 그러나 이 행위들은 선하기도 하고 아름답기도 하다. 이것은

---

807) Aristoteles, *Die Nikomachische Ethik*, 1098b30-33; 1099b26-27.

특히 선인이 이에 관해 잘 판단할 수 있을 때 완전히 그렇다.⁸⁰⁸⁾

하지만 아리스토텔레스는 뒤에 보듯이 지혜(소피아)라는 신적·초超윤리적·비도덕적 덕목을 최고의 덕목으로 규정함으로써 "영혼의 덕행" 중 인간적·윤리적 덕목을 2순위 덕목으로 격하시켰다.

아리스토텔레스는 지적 호기심을 충족시키는 지적 활동을 인간적·윤리적 덕행을 초월하는 최고의 덕행, 신적 덕행이라고 부르고 이것을 진정으로 행복한 삶으로 규정하는 역리逆理를 밀어붙인다. 그는 일단 노동하지 않는 노예소유주의 여가와 쾌락과 행복의 상호 연관성을 강조한다.

- 여가는 그 쾌락과 행복과 복된 삶을 자기 안에 내포하는 것으로 보인다. 이것은 노동하는 자에게 속하는 것이 아니라, 여가를 가진 자들에게 속한다. 왜냐하면 노동하는 자는 아직 도달하지 않은 목표를 위해 노동하기 때문이다. 그러나 행복은 목표이고, 일반적 견해에 의하면 고통과 결합된 것이 아니라, 쾌락과 결합되어 있다. 물론 모두가 이 쾌락을 동일한 방식으로 파악하는 것이 아니라, 각자가 제각기 자신의 방식으로 파악한다. 가장 훌륭한 자는 가장 훌륭한 쾌락과 가장 아름다운 것으로부터 생겨나는 쾌락을 고른다. 삶을 위해 여가 속에서 일정한 것들을 배우고 소화해야 하는 것과, 이 교육 대상과 교양 대상들이 자기목적적인 반면, 노동과 관계하는 저 대상들은 필수적 욕구와 낯선 목적에 이바지한다는 것은 명백하다.⁸⁰⁹⁾

아리스토텔레스는 앞서 행복을 '즐거움'에서 구하고 여기서는 '쾌

---

808) Aristoteles, *Die Nikomachische Ethik*, 1099a3-22.
809) Aristoteles, *Politik*, 1338a1-12.

락'(기쁨)에서 구함으로써 플라톤처럼 '즐거움'과 '기쁨'을 뒤섞고 혼동하고 있다. 한편, 위 인용문에서 "노동하는 자들"은 노예이고, "여가를 가진 자들"은 주인이다. 아리스토텔레스는 위 인용문에서 "행복이 목표이고 (…) 쾌락과 결합되어 있다"고 언명하면서도 노동하는 자들의 쾌락을 행복이 아닌 것으로 부정하고 있다. 그는 이렇게 더욱 분명하게 주인의 지적 호기심(지식욕·진리욕)의 충족에 따르는 쾌락과 본질적으로 동일한 노예의 쾌락을 행복이 아니라고 부정한다. "또한 감각적 쾌락은 아무나 즐길 수 있고, 노예도 가장 우수한 사람에 못지않게 즐길 수 있다. 그러나 아무도 행복을 노예에게 인정하지 않는다. 그 밖에도 노예의 생활형태는 이에 상응해야 할 것이다. 왜냐하면 행복이 이러한 즐김에 있는 것이 아니라, (…) 덕스런 활동에 있기 때문이다."[810] 이 덕스런 활동은 궁극적으로 지적 이론 활동을 가리킨다.

아리스토텔레스는 노예주들의 지적 호기심 충족의 쾌락을 최고의 행복으로 치고 이 지적 활동을 덕행으로 본 것이다. 저 "가장 훌륭한 사람들"이 선택하는 저 "가장 훌륭한 쾌락"은 학문의 기쁨, 즉 지적 호기심의 충족에 따르는 쾌락을 말한다. (그는 플라톤처럼 기쁨[쾌락]과 즐거움의 차이를 모른다.[811]) 그가 '지적 호기심의 충족에 따르는 쾌락'을 "가장 훌륭한 쾌락"으로 여긴다는 사실은 다음의 논변에서 분명해진다.

---

810) Aristoteles, *Die Nikomachische Ethik*, 1177a7-10.
811) 다시 말하지만 '기쁨(쾌락)'은 각종 욕망(육체적 욕망과 호기심·진리욕·학습욕 등 정신적 욕망)의 충족에서 일어나는 흡족한 감정인 반면, '즐거움(행복감)'은 다른 사람과의 공감에서 일어나는 흡족한 감정이다. 공자는 『中庸』(1章)에서 "희로애락喜怒哀樂"을 구별해 말하듯이 기쁨(喜)과 즐거움(樂)을 확실히 구분했다. 또 『논어』의 첫 구절에서도 '기쁨'과 '즐거움'을 엄격히 구별해 사용하고 있다. "경험하고 때맞춰 그것을 반복해 익히니 기쁘지 아니한가! 나를 알아주는 지지자가 있어 원방으로부터 찾아오니 즐겁지 아니한가!(子曰 學而時習之 不亦說乎! 有朋自遠方來 不亦樂乎!)"『論語』「學而」(1-1). 공자는 학습욕(진리욕)을 충족시키는 첫 구절에서 '기쁨'을 말한 반면, 멀리서 찾아온 지지자와 반가움을 공감하는 두 번째 구절에서는 '즐거움'을 말하고 있다.

- 그러나 행복이 덕성에 합당한 활동이라면, 행복은 이성적 방식으로 가장 탁월한 덕성에 합당해야 한다. 이 덕성은 다시 우리 안의 가장 훌륭한 부분의 덕성이다. 이 부분이 정신이거나, 정신의 본성에 따라 지배하고 지도하는 것으로서 등장하고 아름다운 것과 신적인 것을 인식하게 할 수 있는 다른 어떤 것일 수 있다면 - 그것 자체가 신적이든 우리 안에서 가장 신적인 것이든 - 이것의 특유한 덕성에 합당한 활동은 언제나 완성된 행복일 것이다. 이 활동이 관상 활동(이론 활동 - 인용자)이라고 우리는 이미 말했다. (…) 그다음 이 활동은 가장 훌륭한 활동이다. 정신은 말하자면 우리 안에서 가장 훌륭한 것이고, 정신의 대상들은 다시 전 인식 영역에서 가장 훌륭한 것이다. 그렇다면 이것들은 가장 지속적인 것들이다. 우리는 그 어떤 다른 것을 지속적으로 하는 것보다 더 쉽사리 지속적으로 사유할 수 있다. 나아가 우리는 행복에 쾌락이 부여되어야 한다고 믿는다. 그러나 모든 덕행 중에서 지혜에 바치는 활동은 고백하건대 가장 즐거운 활동이다. 그리고 실은 철학이 기적적인 순수성과 항구성의 즐거움을 제공한다.[812]

여기서 즐거움과 쾌락을 뒤섞는 아리스토텔레스의 도덕은 이론적 지식욕의 충족에 따르는 쾌락을 행복으로 봄으로써 궁극적으로 지적 쾌락의 괴이한 초超윤리적 공리주의로 추락한다.

동시에 아리스토텔레스는 플라톤처럼 도덕적 행복(도덕적 즐거움 + 동심적同心的 즐거움)을 쾌락적·공리적 불행 앞에 무력해지는 것으로 파악함으로써 인의를 위해 가령 형틀이나 차륜에 묶이는 쾌락론적 불행을 감내해야 하는 '살신성인'의 과정에도 따를 수 있는 도덕적 행복(즐거움)의 독자적 위치가位置價를 말소시킨다. 그는 이렇게 말한다.

---

812) Aristoteles, *Die Nikomachische Ethik*, 1177a11-26.

- 만인은 행복한 삶이 기분 좋다고 생각하기도 하여 쾌락을 행복과 결부시키는데, 이것은 아주 납득할 만하다. 왜냐하면 어떤 활동도 저해당한다면 완벽하지 않고, 행복은 완벽한 것에 속하기 때문이다. 이런 까닭에 행복한 자는 완벽한 것이 저해당하지 않도록 육체적 자산 및 외적 재화 그리고 행운을 필요로 한다. 그러나 형틀의 차륜에 묶여 커다란 불행에 처한 사람이 그가 덕스럽다면 그래도 행복하다고 주장하는 사람들은 의도적이든 비의도적이든 무의미한 말을 주장하는 것이다.[813]

아리스토텔레스도 플라톤처럼 여기서 분명히 행복을 쾌락, 각종 공리적 자산, 재화, 행운과 결합시키고 덕자의 도덕적 행복이 차륜 밑의 고통이나 불운에 소멸한다는 데 동조하고 있다. 그러나 가령 예수도 공자의 '살신성인'의 논변처럼 주지하다시피 "정의로움을 위해 박해 받는 자는 복이 있나니 천국이 그들의 것임이라"고 가르쳤다.(마태복음 5장 10절) 천국이 그들의 것이라는 말은 인의를 수호하기 위해 형틀에 묶이거나 차륜에 채워진 덕자들은 이런 고통스런 조건에서도 불요불굴의 진정한 도덕적 즐거움을 맛볼 것이라는 말이다. 섀프츠베리는 어떤 재앙과 불운에도 무효화 되지 않는 도덕적 즐거움의 불요불굴성을 갈파했고, 애덤 스미스도 "극히 가혹한 고문 아래서 그로부터 어떤 약한 기미도 새 나가는 것을 허용치 않고 어떤 신음소리도 터트리지 않는 사람"은 "최고의 감탄을 일으킨다"라고 말했다.[814] 심지어 에피쿠로스도 "지자는 고문대 위에서도 행복하다"고 천명했다.[815] 아리스토텔레스는 즐거움(공감감정)과 기쁨(단

---

813) Aristoteles, *Die Nikomachische Ethik*, 1153b14-24.
814) Adam Smith, *The Theory of Moral Sentiments* [1759, Revision: 1761, Major Revision: 1790], edited by Knud Haakonssen (Cambridge/New York: Cambridge University Press, 2002·2009[5. printing]), I. ii. i. §12.
815) Laertius, *Lives of the Eminent Philosophers*, "Book Ⅹ Epicurus", §117-119.

순감정)을 구별하지 못하고 덕자의 도덕적 '즐거움'을 감각적 기쁨(쾌락)과, 괴로움을 아픔(고통)과 혼동하고 뒤섞음으로써 육체적 아픔 속에서도 공감적 즐거움이 있다는 것, 곧 고문대와 형틀에 매인 덕자가 느끼는 '도덕적 행복', 즉 인간의 가장 고귀한 행복을 알지 못한 것으로 보인다.

그런데 아리스토텔레스는 『니코마코스 윤리학』의 서두에서 델피신전의 경구와 반대로 이미 도덕적 즐거움 속에 건강·아름다움 등 공리적(쾌락적)·미학적 즐거움을 뒤섞고 도덕적 행복의 조건에 재부·혈통·권력·외모·행운 등 외적 복지 조건의 필요성을 슬그머니 끼워 넣음으로써 원시적 공리주의의 행복 관념의 잔재를 마음 한쪽에 품고 있었다.

- 행복은 가장 좋은 것이고, 가장 아름다운 것이고, 가장 즐거운 것이다. 델피의 경구가 "가장 아름다운 것은 정의이고, 가장 좋은 것은 건강이고, 가장 즐거운 것은 사람들이 하고 싶은 것을 달성하는 것이다"라고 분리시키듯이 우리는 이것들을 분리시킬 수 없다. 왜냐하면 가장 선한 활동은 이 모든 것을 서로 합쳐서 가지고 있기 때문이다. 그리고 이 가장 선한 활동이나 이 중 하나의 가장 선한 활동을 우리는 행복이라고 부른다. 그럼에도 불구하고 행복은 외적 자산 또는 재화를 필요로 한다. 마음대로 쓸 수 있는 수단이 없다면 고상한 일을 하는 것은 불가능하거나 쉽지 않다. 왜냐하면 사람들은 이른바 도구로 쓰일 친구, 재부, 정치권력을 통해 많은 것은 수행해야 하기 때문이다. 다른 한편, 일정한 외적인 것들, 가령 좋은 혈통, 만족스런 자식, 아름다운 외모를 결했다면, 행복은 사그라진다. 왜냐하면 자신의 외모 면에서 지나치게 못생기거나 빈천한 출신이거나 자식 없이 고독한 사람을 완벽하게 행복하다고 부를 수 없고, 잘못된 자식을 두거나 훌륭한 친구와 사별한 사람들은 아마 훨씬 더 그럴 것이다. 따라서 우리가 말한 것처럼 사람

들은 이러한 안녕 복지도 필요로 한다. 이런 까닭에 어떤 사람들은 좋은 운을 만나는 것을 행복과 등치시키고, 다른 사람들은 덕성과 등치시키는 것이다.[816]

여기서 자식, 친구와의 사랑은 도덕적 행복에 속하므로 문제 삼지 않더라도 아리스토텔레스의 도덕적 행복 개념은 행복을 기분 좋음(=쾌락)과 등치시키는 공리주의의 틀에 의해 틀지어져 있다.

결론적으로, 아리스토텔레스의 도덕철학은 소크라테스·플라톤의 도덕철학과 마찬가지로 도덕적 행복을 최고의 행복으로 확실히 자각했을지라도 부처·공맹·예수의 도덕철학처럼 행복 도덕의 완전한 주도권 확립을 보여주지 못하고 있다. 이런 한에서 아리스토텔레스의 도덕철학은 큰 틀에서 보면 소크라테스·플라톤의 도덕철학과 마찬가지로 '원시적 공리주의'라고 말할 수 있다. 아리스토텔레스의 논변의 행간에서 일관성 없이 뒹굴던 이 공리주의는 에피쿠로스의 쾌락적 공리주의에서 일관된 형태로 체계화된다. 근대 공리주의의 창시자들은 이 공리주의를 근대에 다시 재활용한다. 칸트가 쾌락이나 이익과 무관한 '도덕'과 – 그가 욕구 충족(쾌락)으로 이해한 – '행복'을 결합시키려는 '최고선' 개념의 완성을 위해 신의 존재를 '요청'하고 '도덕'을 사후에라도 욕구 충족적 '행복'과 다시 결합시키려고 한 것은 바로 플라톤과 아리스토텔레스의 공리주의적 도덕론과 쾌락적(공리적) 행복론을 재탕한 것이다.

3.2. 수량적 중도론과 중도윤리학

아리스토텔레스는 '중도中道' 원리를 윤리적 감정과 행위, 그리고 비윤

---

816) Aristoteles, *Die Nikomachische Ethik*, 1099a23-1099b8.

리적 인간 활동과 인간관계(체육, 예술, 계급관계, 헌정 체제 등), 음악 등에 한정해 적용한다. 이것은 그의 중도론이 공자와 플라톤의 중화론과 크게 다른 점이다. 공자와 플라톤은 중도 개념을 지식(지혜), 만물의 존재와 생성 및 우주 세계 일반에도 적용했다. 하지만 그는 공자처럼 윤리적 행동의 도덕성을 '습관적 자질'로 봄으로써 감정과 행동에 적용된 중도를 '중용中庸'으로 고양시킨다. 이 '중용' 개념은 플라톤에게서 결여된 것이다. 그러나 아리스토텔레스의 '중도' 개념은 정적靜的 균형(中)과 동적動的 조화(和)를 배제한 '수량적 중도'만을 중도로 이해한다. 이 수량적 정의는 직선상의 양극단에서의 중간치와 가령 10과 90 사이에서의 중간치 50을 포괄한다.

아리스토텔레스는 '토 메손(τό μέσον 중간적인 것)'과 '메소테스(μεσότης 중도)'를 윤리적 덕행의 중핵으로 파악한다. 공자의 중용론은 만물에 적용되는 중화론中和論과 달리 인간의 감정과 행위의 중화中和를 습관화(체득)하고 이를 상행화常行化하여 '중용中庸'으로 만드는 수신修身·수덕修德의 패러다임이다. 마찬가지로 아리스토텔레스도 윤리적 덕성이 천성으로 주어지지 않았음에도 사람이 수신하면 중도로서의 선善(아가톤 άγαθων)을 체득할 수 있도록 해주는 가능성(잠재 능력)이 천성으로 주어져 있으므로 이 가능성을 바탕으로 특정 행위를 습관화하여 습성으로 체득하여 덕을 완성하는 것으로 본다. 이런 한에서 아리스토텔레스의 윤리적 중용론은 공자의 윤리적 수신·수덕 패러다임과 흡사하다.

■ **중도와 덕성의 관계**

아리스토텔레스는 "윤리학"을 "정치학의 일부"로 이해하고[817] 자신의 윤리학을 요약하기를, "행복한 삶은 방해받지 않고 자신의 덕성을 행하

---

817) Aristoteles, *Die Nikomachische Ethik*, 1094b11 (제1권1).

는 삶이고, 덕성은 중도(메소테스)다"라고 한다.[818] 아리스토텔레스가 이처럼 덕성 일반과 등치시키는 중도(메소테스)는 '지나침(휘페르볼레 ύπερβολή)'과 '모자람(엘레잎시스 έλλειψις)'의 양단, 곧 넌더리와 안달의 양극단에 치우치지 않는 중도中度(메손)의 덕목이다. 반면, 상술했듯이 아리스토텔레스의 '지혜'는 많으면 많을수록 좋은 다다익선의 덕목이다. 따라서 아리스토텔레스에게 지혜는 과다와 과소의 중간을 추구하는 중용 원칙의 적용을 받지 않는 초超윤리적·신적 덕목으로 특화된다.

따라서 아리스토텔레스는 애당초 덕성(아레테 άρετή)을 둘로 나눈다. "덕성에는 두 종류가 있다. 하나는 지적 덕성, 지적(디아노에티케스 아레테 διανοητικής άρετή)이고, 다른 하나는 성품적(윤리적) 덕성(에-티케스 아레테 ήθικής άρετή)이다. 지적 덕성(지덕)은 가르침에 의해 산출되어 증가하고 이러므로 경험과 시간을 요한다. 반면, 윤리적·성품적 덕성은 습관(에토스 έθος)의 산물이다. 따라서 이 성품적·윤리적 덕성도 이 '에토스(έθος, 습관)'라는 단어를 약간 바꿔 여기에서 '에-토스(ήθος 성품)'라는 그 이름을 끌어왔다."[819] 요는 '지덕'은 '가르침'의 소산인 반면, '윤리적 덕'은 '습관'의 소산이라는 말이다.

아리스토텔레스는 덕성이 천성이 아니라 천성적 잠재 능력의 개발·습득·습관화의 소산임을 분명히 한다.

- 어떤 덕성이든 분명 우리 안에서 천성으로부터 저절로 생겨나는 것이 아니다. 어떤 자연적 천성도 습관에 의해 바뀔 수는 없다. 가령 아래로 낙하하는 것이 돌멩이의 속성인데, 아무리 수백 번 돌멩이를 공중으

---

818) Aristoteles, *Politik*, 1295a36-37 (제4권11).
819) Aristoteles, *Die Nikomachische Ethik*, 1103a14-17 (제2권1). '에-티케(ήθική, 윤리학)'라는 단어는 '에-토스(ήθος, 성품)'라는 말에서 나왔다. 이 '에-토스'는 '에토스(έθος, 습관)'와 발음이 비슷하다.

로 던져 올려 위로 올라가도록 연습시키더라도 올라가는 것을 길들일 수는 없다. 더구나 불도 아래로 가도록 길들일 수 없고, 천성상 일정한 방식으로 움직이는 그 밖의 어떤 것도 연습을 시켜 이 천성과 다른 방식으로 움직이는 습관을 들일 수 없다. 그러므로 덕목들은 천성에 의해 저절로 우리 안에 생기는 것도 아니지만 천성에 반해서 생기는 것도 아니다. 오히려 천성은 우리에게 이 덕들을 받아들일 역량(잠재 능력)을 주는 것이고, 이 역량이 습관화에 의해 덕목들로 숙달되는 것이다."820)

이 점에서 아리스토텔레스의 덕성론은 중화의 습관적·통상적 실행으로서의 '중용'의 개념과 흡사하다.

아리스토텔레스에 의하면, 성품적 덕성은 좋은 습관으로 생기기 때문에 사람마다 습관화된 자질에 따라 아주 다르다. 공자가 "본성은 서로 가까우나 습성이 서로 멀게 한다"고 말했듯이 아리스토텔레스도 습성이 사람들을 천양지차로 다르게 만든다고 말한다.

- 한마디로 말해서 습관화된 헥시스(자질)는 상응하는 활동으로 형성된다. 그러므로 우리는 우리의 활동을 특정한 방식으로 형성해야 한다. 습관·습성은 우리 활동의 특수성에 좌우되기 때문이다. 따라서 어린 시절부터 죽 이렇게 습관을 들였는지 또는 저렇게 습관을 들였는지는 적잖이 중요하다. 그것은 대단히 중요하다, 아니 전적으로 중요하다.821)

---

820) Aristoteles, *Die Nikomachische Ethik*, 1103a18-25 (제2권1).
821) Aristoteles, *Die Nikomachische Ethik*, 1103b20-25 (제2권1).

이렇게 덕스런 품성의 형성은 습관화를 통해 이루어진다. 공자는 습관화가 반복적 연습(익힘)의 소산이고 이 반복적 연습의 양태와 정도에 따라 사람들 사이에 덕성의 수준 차이가 크게 벌어진다는 의미에서 "본성은 서로 근사하지만 연습이 서로 멀어지게 한다(性相近也 習相遠也)"고 말했다.[822] 그리고 "덕은 몸으로 얻는다(德也者 得於身也)"고 말했다.[823] 공자는 습성적 품성의 형성 과정에서 연습과 몸(身)의 역할을 중시하고 이성의 역할에 대해서는 일언반구도 말하지 않았다. 그러나 아리스토텔레스는 습관화조차도 올바른 이성의 역할을 필요로 한다고 말한다.

- 방금 말했듯이 품성이 상응하게 생성되는 것은 행위들에 의해 결정적으로 좌우된다. (좋은 품성을 형성하려면) 올바른 이성에 따라 행동해야 한다는 것은 일반적인 원칙이고 여기서 전제된다.[824]

아리스토텔레스의 전지적 합리론은 벌써 여기서부터 공자의 서술적 경험론과 결별한다.

메소테스의 덕성은 인간의 천성이 아니지만, 태어나면서부터 배움과 습관화의 능력으로 주어져 있는 천성적 능력과, 이것을 배우고 익힘으로 이를 숙달케 하는 본성적 소질이 주어져 있고 이성에 따라 조절된 이러한 '익힘'과 '습관화'를 통해 습성으로 완성된다. 이 '습관, 습성'이라는 대목이 공자의 '중용'과 상통한다. 이 점에서 아리스토텔레스의 메소테스는 경우에 따라 그대로 '중용'으로 번역해도 무방하다.

여기까지의 논의에서 아리스토텔레스의 윤리학에서 이상한 것은 인간의 어떠한 행위든 습관하면 윤리 또는 윤리적 덕성(에-티케스 아레테 $\eta\theta$

---

822) 『論語』「陽貨」(17-2).
823) 『禮記』「鄕飮酒義 第四十五·3」.
824) Aristoteles, *Die Nikomachische Ethik*, 1103b30-33.

ικής άρετή)이 된다는 점이다. 따라서 사업적·무술적·군사적·정치적·기술적·예술적·유희적 습관화도 윤리적 덕성이고, 선행善行의 습관화도 윤리적 덕성이 되고 만다. 아리스토텔레스가 '윤리적'을 '성품적'이라는 말과 일치시킴으로써 사업적·무술적·군사적·정치적·기술적·예술적·유희적 습관화까지 윤리적 덕성으로 보는 것을 금하는 것처럼 보이지만, 인간의 '성품'을 이루는 '성정性情'이 도덕감정만 있는 것이 아니라 비도덕적 공감·교감감정(사랑·즐거움·괴로움·시기심·거부감)과 단순감정(희노애구애오욕)도 있기 때문에 이 공감감정과 단순감정의 중도적 습관화도 윤리적 덕목으로 간주해야 할 것이다. 그러나 이것은 오류다. 아리스토텔레스 윤리학의 근본적 오류 가운데 하나인 이 오류는 윤리도덕이 무엇을 말하는지, 도덕성의 경계가 어디인지를 모호하게 만든다. 이 오류는 그에게 애당초 도덕적 성정(천성적 도덕감정과 도덕감각)의 경험론적 개념들이 결여되어 있기 때문에 초래된 것이다.

이런 까닭에 아리스토텔레스는 건강·신중·용기 등도 도덕성으로 본다. 그리고 여느 감정에든, 여느 행동에든 중도 개념을 적용해서 도덕성으로 만든다. 그리하여 아리스토텔레스의 윤리학에서 윤리적 덕목과 중도는 본질적 관계에 있게 된다.

- 이러한 행위들이 부족함이나 과도함 때문에 망쳐지곤 한다는 점이 제일 먼저 인식되어야 한다. (…) 가령 체력과 건강의 경우에 우리는 이런 경우를 본다. 과도한 운동은 체력을 파괴하고 너무 적은 운동도 마찬가지다. 유사하게 너무 많거나 너무 적은 음식은 건강을 훼손하고 이에 반해 적절한 것은 건강을 만들고 건강을 증진하고 유지시켜준다. 신중함, 용기, 그리고 기타의 덕목에서도 사정은 똑같다. (…) 그러므로 신중과 용기가 과도함과 부족함에 의해서는 망가지지만, 중도를 통

해서는 보존된다.[825]

그러나 우리는 신중한 사람을 도덕적 사람으로, 경솔한 사람이나 우유부단한 사람을 부도덕한 사람으로 보지 않는다. 신중한 사람은 현명한 사람에 불과하고, 경솔하거나 우유부단한 사람은 불초자(못난이)일 뿐이다. 그리고 용자勇者도 전투와 과감한 행동이 필요할 때 유용한 사람이지만 도덕적인 사람이 아니고, 비겁자도 그런 상황에서 무용한 사람이지만 부도덕한 사람은 아니다. 그럼에도 아리스토텔레스는 거두절미하고 아무 감정에나 중도 개념을 적용해서 과도하고 부족한 행위가 행위의 덕성을 망치고 나쁜 품성을 만드는 반면, 중도적 행위는 행위의 덕성을 보존하고 좋은 품성을 만든다고 말하고 있다.

아리스토텔레스에 의하면, 덕성은 영혼의 세 가지 속성인 감정(파토스 πάθος), 능력(뒤나미스 δύναμις), 자질(헥시스 ἕξις) 가운데 '자질'에 속하는 것이다.[826] 그렇다면 덕성은 구체적으로 어떤 종류의 자질인가? 덕성의 정의는 감정과 행위에서 중도中度(메손)을 겨냥하는 중도中道(메소테스)다.

- 그 어떤 분할 가능한 연속체에서든 더 많은 것과 더 적은 것, 그리고 균등한 것(토 이손 τὸ ἴσον)이 있는데, 이것은 그 자체로서 이런 것이 있고 우리와의 관계에도 이런 것이 있다. 균등한 것은 과도함과 부족함 사이의 일종의 메손, 즉 중도다. 나는 어떤 사물의 이 중도를 양극단으로부터 동일한 간격을 가진 것으로 부른다. 이것은 만인에게 똑같다. 우리와 관계된 중도는 더 많은 것도 더 적은 것도 보여주지 않는 것이

---

825) Aristoteles, *Die Nikomachische Ethik*, 1104a12-26.
826) Aristoteles, *Die Nikomachische Ethik*, 1105b19-22, 1106a11-12. '헥시스'는 '생활양식', '심적 상태(성향)', '습성적 자질' 등 여러 가지 뜻이 있다.

다. 가령 10은 많고 2는 적은데 그렇다면 사리에 따라 6은 중도로 취해진다. 두 극단 사이의 간격이 똑같기 때문이다. 이것이 수리적 의미의 중도다. 그러나 우리와 관계된 중도는 그렇게 취할 수 없다. 모든 사람에게 10므나(431g)의 음식물은 많고 2므나는 적더라도 체육 교사가 간단히 6므나의 음식물을 처방하지 않을 것이기 때문이다. 이것이 관계자들에게는 여전히 많거나 적을 수 있는 것이다. (…) 따라서 전문가는 과도와 부족을 피하고 중도를 찾아 선택할 것이지만, 이는 사물에 따른 중도가 아니라 우리와 관계된 중도다. 어떤 지식체계든 중도를 주목하고 일을 이 중도에 맞춰 이끎으로써 어떤 일을 이런 식으로 잘 끝마치게 한다면 (…) 따라서 훌륭한 예술가들이 (…) 중도에 맞춰 작업한다면, 그러나 덕성이 본성상 어떤 예술보다 훨씬 더 정밀하고 더 좋은 것이라면 덕성은 물론 중도를 겨냥하는 것이다. 나는 윤리적(성품적) 덕성을 말하고 있다. 이 윤리적 덕성은 감정과 행위에 관계하고 이 감정과 행위에는 과도함, 부족함 그리고 중도中度가 있기 때문이다. 그러므로 많건 적건 불안이나 용기, 욕망, 노여움, 동정, 기쁨과 고통을 느낄 수 있는데, 많고 적음의 이 양자로써 이런 감정들을 느끼는 것은 부적합한 것이다. 이에 반해 느껴야 할 때, 느껴야 하는 대상에서, 느껴주어야 하는 상대에게 그리고 느껴야 하는 목적 및 느껴야 하는 방식으로 그런 감정들을 느끼는 것은 중도이고 최선이다. 이것은 덕성을 특징짓는다. 마찬가지로 행위에도 과도, 부족, 중간이 있다. 덕성은 과도함이 오류이고 부족이 비난받을 것이고 중도가 올바른 것이고 칭송받는 바의 감정과 행위에 관련된 것이다. 감정과 행위의 이 두 사실(과·불급과 중도)이 덕성을 특징짓는다. 그러므로 덕성은 중도中度(메손)를 겨냥하는 한에서 중도中道(메소테스)이다.[827]

---

827) Aristoteles, *Die Nikomachische Ethik*, 1106b8-29.

앞서 아리스토텔레스는 덕성은 감정이나 능력에 속하는 것이 아니라, 자질에 속한다고 말해 놓고 이와 모순되게 "감정과 행위의 이 두 사실(과·불급과 중도)이 덕성을 특징짓는다"고 말하고 있다. 그는 자기도 모르게 덕성 논의에서 자질에서 감정으로 이동하고 있다. 아무튼 아리스토텔레스의 '윤리적 덕성'이란 바로 감정과 사회적·정치적 행위에서의 습관화된 중도인 것이다. 따라서 '윤리적 덕성'이란 '습관화'와 수량적 '중도'가 신적 지덕을 제외한, 아리스토텔레스의 '인간적' 윤리학의 전부다. 물론 도덕적 행위와 (도덕성과 무관한) 기타 사회적 행위 간의 경계도, 감정에서의 도덕성과 비도덕성 간의 경계도 그대로 모호하게 남아 있어, 도덕성과 무관한 사회적 행위까지도 중도적이라면 도덕적 행위로, 용기·신중함·즐거움(행복)·도덕적 감정도 도덕감정으로 둔갑한다.

■ '한가운데 점'으로서의 수량적·측정술적 중도개념

아리스토텔레스의 중도 개념은 플라톤의 균형과 조화 개념도 찾아볼 수 없는, 플라톤보다 더한 수량적·측정술적 개념이다. 이 때문에 아리스토텔레스의 중도는 공자의 중화와 달리 지극히 협소해 심지어 '한 가지 외길'로 나타난다. 따라서 중도를 추구하는 아리스토텔레스의 덕성은 이 '외길'의 중도에서 벗어나 잘못을 범하기 아주 쉽다. "오류는 여러 가지로 범할 수 있는 반면, 바르게 성공하는 것은 한 가지 방식으로만 가능하다". 나쁜 것은 무한히 많은 반면, 좋은 것은 제한적이기 때문이다. "이것이 바로 한편은 쉽고 다른 편은 어려운 이유다. 가령 과녁을 빗나가기는 쉽지만 맞히기는 어려운 것이다." 따라서 바르게 행동하는 것은 오직 한 가지 방식으로만 할 수 있다. 그러므로 나쁜 행동은 하기 쉽고 이 좋은 행동은 하기 어렵다. 따라서 "이런 까닭에도 과·불급過·不及은 악惡에 속하지만 중도는 선善에 속하는 것이다." 그러므로 덕성은 이성과 감정의 결합으로서의 '의지'에 따른 습성이고 우리와 관계된 의미에서의 중도에 근거한다. 중용은 현덕을 지닌 지자가 규정할 그런 방식에 따라 규정된 품성이다. 감정과 행위에서의 악덕은 마땅히 해야 하는 수준에 미치지 못하거나 이를 넘어가는 반면, 덕성은 중도를 찾아 선택하는 데 있다. "이런 까닭에 덕성은 그 본질과 그 본질적 존재의 관점에서 중도지만, 덕성과 완벽함의 측면에서 보면 가장 한가운데 점인 것이다."[828]

그러나 아리스토텔레스가 '한가운데 점'으로 정의한 이 수량적·수리적·계산적 중도 개념은 적절치 않다. 그도 인정하듯이 중도가 "사물에 따른 중도가 아니라 우리와 관계된 중도"라면, 중도는 계산적·이성적(수리적·측정술적)으로 결정되는 것이라기보다 무엇보다도 먼저 가령 안달과 넌더리 사이의 쾌감의 감정으로 결정되고, 아리스토텔레스가 여기서 잊고 있는 중화(균형과 조화)는 일시적인 불균형과 부조화를 기피하거나 해소하려는 시비지심(도덕감각)으로 결정되기 때문이다. 따라서 이런 감정적 중간이나 중도는 "가장 한가운데 점"이 아니라, 안달과 넌더리 사이에 존재하는 '광폭'의 도덕적 흡족함을 나타내는 것이다. 또 불균형과 부조화는 언제나 일시적 상태다. 반면, 균형과 조화는 항구적 상태다. 중도로부터 이탈하는 불균형·부조화는 항구적 균형·조화보다 비할 바 없이 시간적으로 짧은 상태라는 말이다. 그러므로 중도 또는 중간은 바늘 끝 같은 '날카로운 뾰쪽 점'이나 '찰나'의 상태가 아니라 상당한 광폭의 '중간범위'나 '중간지대'다.

아무튼 아리스토텔레스의 주요 논리를 요약하면 윤리적 덕성은 중도의 '습관화'로서의 중용이고 덕성은 과도함의 악덕과 부족함의 악덕 사이의 중도를 습득한 자질(헥시스)이다. 그리고 덕성이 이러한 것은 '감정'과 '행위'에서 중中을 겨냥하는 기량(테크네)이기 때문이다.

---

828) Aristoteles, *Die Nikomachische Ethik*, 1106b29-1107a8.

그런데 아리스토텔레스는 중도의 한가운데 점으로부터 덕행의 어려움을 도출하여 이를 거듭 강조한다.

- 중도를 적중시키기가 도처에서 힘들기 때문에 덕스러움도 힘들다. 가령 아무나가 아니라 전문가만이 원圓의 중심을 적중시킨다. 마찬가지로 누구든 쉽사리 분노에 빠지고 돈을 허비하고 낭비할 수 있다. 그러나 '누구에게, 얼마만큼, 언제, 무슨 목적으로, 어떻게'를 정하는 것은 아무나 하는 일이 아니고 쉽지 않다. 그러므로 바른 것은 드물고 칭송할 만하고 아름다운 것이다.[829]

그러므로 한가운데 점 또는 원의 중심을 적중시켜야 하는 아리스토텔레스의 이 '맞추기 힘든' 전문가적·수리적 중용사상은 델피신전에 새겨진 그리스 7현의 세 경구 가운데 하나인 '메덴 아간(μηδέν ἄγαν 어떤 일이든 지나치지 말라)'이라는 모토의[830] 대중성과 정면으로 반하는 것으로 보인다.

위에서 아리스토텔레스는 덕성을 '지적 덕성(지덕)'과 '윤리적(성품적) 덕성'으로 양분하고 "지덕은 가르침에 의해 산출되어 증가하고 이러므로 경험과 시간을 요한다. 반면, 윤리적 덕성은 습관의 산물이다"라고 갈파했다. 말하자면 지덕은 윤리적 덕성과 무관한 '초윤리적(초超성품적, 비습관적)' 덕성인 것이다. 그는 중도 논리를 이 윤리적 덕성에만 적용하고 윤리적 덕성을 감정과 행위에서의 중용과 동일한 것으로 파악한다. 우리는 여기서 아리스토텔레스가 "본성상 어떤 예술보다 훨씬 더 정밀하고 더

---

829) Aristoteles, *Die Nikomachische Ethik*, 1109a20-29.
830) 앞서 시사했듯이 나머지 두 경구는 "그노티 세아우톤(Υνοθι σεαυτόν 너 자신을 알라)"과 "에귀에 파라 다테(Εγγύη πάρα δ'άτη 보증서는 자는 멸망이 가깝도다)"다. Platon, *Charmides*, 164d-165a.

좋은" 윤리적 덕성은 "성정과 행위에 관계하고 이 성정과 행위에는 과도, 부족, 중도가 있기" 때문에 "중도를 겨냥하는 것"이라고 말한 대목을 상기할 필요가 있다. 나아가 그는 신적 지성으로써 추구하는 '지덕'을 인간의 윤리적 덕성과 상반된 '신적 덕성'으로 보고 이 '신적 지덕'의 덕행인 '관상觀賞'을 인간의 능력 중에서 신과 가장 닮은 것이라는 이유에서 "완전한 행복", "최고의 행복"으로 규정한다. 반면, 중도 논리에 사로잡힌 인간의 '윤리적 덕성'에 따른 행위(인간적·윤리적 덕행)의 행복은 '인간적 행복'으로서, 지적 관상의 '완전한 행복'보다 못한 '2등급 행복'이다. 물론 인간은 신적 지자가 아니라 애지자(철학자)다. 따라서 "이미 아는 자"인 신이 "비로소 앎을 추구하는 자"인 인간보다 그 관상觀賞활동에서 "훨씬 더 즐거운 삶을 영위할 것"이지만, 인간의 "모든 덕행" 중에서 "지혜(소피아)에 입각한 활동"이 "명백히 가장 즐거운 것"이다. 실로 "지혜사랑(철학)"은 "경이로운 순수성과 항구성의 즐거움을 제공한다."[831]

아리스토텔레스에 의하면, 우리의 지성은 중도로부터만이 아니라 외적 조건으로부터 자유롭기 때문에 인간적 능력이 아니라 신적 능력이다. 그러므로 인간은 지덕의 분야에서 중도의 '굴레'로부터 완전히 벗어날 수 있기 때문에 무제한적·무제약적으로 관상적 지식 활동을 전개하고 이를 통해 신을 닮아서 신을 흉내 낼 뿐만 아니라 인간 자신이 실제로 신과 동일한 '불사불멸의 존재'가 되는 삶을 살아야 한다는 것이다. 아리스토텔레스의 지성은 중도논리를 모른다는 의미에서 '무제한적'이고 인간적 덕성과 인간적 가치의 그 어떤 제약도 고려치 않는 점에서 '무제약적'이고, 그래서 '독신적瀆神的'이다. 말하자면 아리스토텔레스는 오만한 '무제한적·무제약적 지성주의'로써 인간다운 삶을 부정·지양止揚·초월하고 신에게 무한히 접근하여 인간과 신의 경계를 넘어 신을 범접犯接함으로써 신

---

831) Aristoteles, *Die Nikomachische Ethik*, 1177a25-28.

의 영역을 침략하는 독신瀆神의 불경한 삶을 철학자들에게 권고하고 있다. 이를 입증하기 위해서는 다음 글귀를 인용하는 것으로 족하다.

- 지성이 인간과 비교해 신적인 것이라면, 지성에 따른 삶도 인간다운 삶과 비교해 신적이지 않을 수 없다. 그러므로 "인간으로서 인간적인 것만 생각하라, 숙명적으로 죽어야 하는 자로서 숙명적으로 죽어야 하는 것만을 생각하라"고 우리에게 가르치는 저 의견을 들어서는 아니되고, 가급적 우리는 우리 안에 들어 있는 최선의 것에 따라 살기 위해 불사불멸하고 만사를 행하려고 노력해야 한다.[832]

이론적 지혜의 관상적 삶을 향한 아리스토텔레스의 이 분명한 독신瀆神 행위의 선택은 그의 정치학의 근본 명제와 정면으로 충돌하는 것이다. 아리스토텔레스는 소크라테스·플라톤과 달리 이론적 '지혜'와 실천적 '현명'을 구분했다. 현명의 활동(삶) 가운데 최고의 활동은 '정치적 활동'이다.[833] 인간은 사실 순수하게 지성적인 존재로서 살 수 있는 것이 아니라, 온갖 역량과 ‒ 이 본성과 함께 생겨나는 ‒ 욕망을 가진, 본질적으로 정치적인 존재로서 살 수 있다.[834] 또 아리스토텔레스는 『정치학』 제1책에서 "폴리스는 자연적 형성물에 속하고, 인간은 본성상 정치적 동물이다"라고 천명하고 있다.[835] 이 명제를 어떻게 이해하든, 이에 따르면 아무

---

832) Aristoteles, *Die Nikomachische Ethik*, 1177b26-32.
833) 참조: Aristoteles, *Die Nikomachische Ethik*, 1141b14-35 (제6권8).
834) Jean Roberts, *Aristotle and the Politics* (New York: Routledge, 2009), 113쪽.
835) Aristoteles, *Politik*, 1253a1-3; 또 Aristoteles, *Die Nikomachische Ethik*, 1097b10-11. 로버츠는 이 구절을, 홉스가 오해하듯이, "인간들이 본능에 의해 또는 생각 없이 불가피하게 폴리스를 형성한다"는 것을 뜻하는 것도 아니고, 아리스토텔레스가 "폴리스를 자기보존적·자기운동적 실체로 만드는 것"을 의미했던 것도 아닌 것으로 해석한다. 국가에 도달하지 못한 원시종족도 많이 있고, 자기운동적 자족성은 자연사물에도 있기 때문이다. 그는 이 구절의 "핵심적 주장"을 "폴리스가 자연적 실체라는 주장"이 아니라, "폴리스가 인간들에게 자연스런(본성적인) 것이다, 인간들이 폴리스 안에

튼 인간은 나라에 대해 정치로 봉사할 의무를 걸머지고 있다. (이것은 철인에게 치자의 임무를 강제한 플라톤의 견해이기도 하다.) 따라서 아리스토텔레스가 주장하는 '순수한' 지성적 삶이 어떻게 가능한 것인지도 의문이지만, '정치적 동물'로서 인간이 정치를 방기하고 순수하게 관상적 삶만을 살아도 도덕적으로 허용되는 것인지 하는 의구심이 드는 것이다. 또한 인간이 "본성상 정치적 동물"이라면, 아리스토텔레스가 위에서 철학적 삶을 최고의 신적 행복으로 권하는 것과 반대로 '현덕'의 정치활동이 '지덕'의 철학 활동보다 인간의 행복에서 더 본질적인 활동이라고 말해야 할 것이다. 신적 지덕을 무제한적으로 추구하는 철학적 삶은 정치활동과 달리 우리의 본성이 아니기 때문이다.

아리스토텔레스는 『정치학』에서 이 갈등과 모순을 스스로 다루고 있다.

- 가장 훌륭한 삶이란 덕 속에서의 삶이라는 데에 의견의 일치를 보는 사람들도 정치적·실천적 삶이 바랄만한 것인지, 아니면 차라리 모든 외적인 것으로부터 벗어난 삶, 즉 일부 사람들에 의해 유일하게 철학적인 삶으로 간주되는 관상적 삶이 바랄만한 것인지를 두고 다툰다. 삶의 이 두 형태는 대개 이전 시기에도 현재도 열심히 수덕하는 사람들이 선호하는 것이다. 나는 정치적 삶과 철학적 삶을 뜻하고 있다. 그러나 진리가 이 중 어느 쪽인지는 결코 작은 차이가 아니다. 잘 숙려하는 자는 개인이든 국가 헌정 체제든 보다 나은 목표를 지향해야 하기 때문이다. 한편은 자기의 이웃들을 지배하는 것이 전제적으로 벌어진다면 최대의 불의의 하나이지만, 헌법대로 벌어진다면 이것이 불의는

사는 것은 자연스런 것이다는 주장"으로 풀이한다. Jean Roberts, *Aristotle and the Politics* (New York: Routledge, 2009), 33-34쪽.

아니지만 자기의 행복한 삶을 방해한다고 생각한다. 다른 편은 실천적·정치적 삶이 사나이에게 유일한 삶이라는 의견으로 그들에 대해 정면으로 맞선다. 어떤 개별적 덕목에서든 사인私人은 공동체 안에서 활동하며 정치를 하는 사람보다 더 많은 활동을 하지 않기 때문이다. 한쪽은 이 의견이고, 다른 쪽은 전제적(참주적) 헌정 형태를 유일하게 행복한 형태로 여긴다. 일부 사람들은 법률과 교육의 규범을 바로 이웃을 지배할 수 있는 헌정형태로 본다.[836]

아리스토텔레스는 결정을 내리지 못하고 양비양시론兩非兩是論을 펴면서 답을 유보한다.[837] 아리스토텔레스의 '자유인의 삶'은 철학적 삶이다. 철학은 '한가에 필요한' 지덕이기 때문이다.[838] 따라서 그의 양비양시론은 해결보다 더 많은 문제를 야기한다. 아리스토텔레스는 우선 『윤리

---

836) Aristoteles, *Politik*, 1324a25-b3.
837) Aristoteles, *Politik*, 1324a16-34. "여기서 우리는 덕스런 삶이 가장 바랄만한 삶이라는 데에 의견이 일치하기는 하지만 이것의 실현에 대해서는 달리 판단하는 사람들, 두 부류의 사람들을 취급해야 한다. 말하자면, 한 부류의 사람들은 정치적 치국을 비난하면서 자유인의 삶은 정치가의 삶과 다르고 모든 삶 가운데 가장 바랄만한 삶이라고 생각한다. 하지만 다른 부류의 사람들은 저 정치가의 삶을 선호한다. 왜냐하면 아무것도 행하지 않는 사람은 잘 사는 것이 불가능하고, 잘 삶과 행복은 같은 것이기 때문이다. 그런데 두 부류는 부분적으로 옳고 부분적으로 옳지 않다. 한 부류의 주장은 자유인의 삶이 전제(專制)의 삶보다 더 좋다는 점에 있다. 이것은 옳은 말이다. (…) 그러나 모든 종류의 지배가 다 전제라고 생각하는 것은 옳지 않다. (…) 그런데 비활동을 활동보다 더 높이 칭찬하는 것도 옳지 않다. 행복은 활동이고, 정의로운 자와 정심 있는 자들의 활동은 아름다운 많은 것을 목표로 포함하고 있기 때문이다."
838) 아리스토텔레스는 다른 구절에서 '철학'을 자유로운 여가적 삶의 활동에 요구되는 것으로 분류하고 있다. "한가와 이 한가의 활용에 유용한 덕목들은 한가한 동안에 작용하는 덕목일 뿐만 아니라, 일 안에서 작용하는 덕목들이기도 하다. 왜냐하면 한가롭게 살기 위해서는 많은 필수품들이 이미 있어야 하기 때문이다. 그러므로 국가는 절제심과 용기가 있고 지구력 있어야 한다. 속담이 말하듯이, 노예는 한가가 없지만, 위험에 용감하게 맞설 수 없는 사람들도 침략자의 노예가 된다. 따라서 용기와 인내심은 일에 필요하고, 철학은 한가에 필요하고, 절제심과 정의는 일과 한가의 두 시기에 다 필요한데, 특히 사람들이 평화롭고 한가로울 때에 필요하다." Aristoteles, *Politik*, 1334a16-25.

학』에서와 반대로『정치학』에서 자유인의 '철학적 삶(지적 덕행)'을 '비활동'으로 보는 데 동조하기 때문이고, 이것으로서 철학적(관상적) 삶의 신적 행복을 부정하기 때문이다. 무엇보다도 그는 위 인용문에서 양비양시론으로 스스로 제기한 문제를 애매하게 마치 '개인의 선택 문제'로 방치해버리고 있는 듯하다. 이럼으로써 그는 철학적 삶이 최고의 신적 행복을 보장하는 최고의 삶이라는『윤리학』의 테제를 부분적으로 무력화시키는 반면, 역으로 정치적 삶 및 기타 정의롭고 정심 있는 삶을『윤리학』에서의 '윤리적 덕행(2등급 행복)'의 삶보다 더 격상시키고 있다. 이런 점에서 아리스토텔레스의 최종적 태도는 애매모호하다.

■ 아리스토텔레스 중도론의 문제점

아리스토텔레스는『정치학』에서 이렇듯이 중산층국가론과 혼합정체론에도 중도 개념을 두루 적용하고 음악에도 적용한다.[839] 그럼에도 불구하고 아리스토텔레스는 기이하게도 유독 지식과 지혜에만은 중용 논리를 적용하지 않고 무제한적·무제약적 다다익선의 논리로 해방한 것이다. 이것은 그간 서구의 근대문명을 비약적으로 발전시킨 동력이었으나 그 본질적으로 불경한 독신 성격으로 말미암아 그 발전의 정점(자연 파괴, 핵무기, 유전자 변형, 인간 복제 등)에서 자기모순의 내재적 한계에 봉착할 수밖에 없는 것이었다. 되돌아보면 '좀 느리더라도 안전하고 균형 있고 조화로운 중화적 발전'이 원칙적으로 더 나은 것이다.『니코마코스 윤리학』에서의 - 중도도 모르고 인간적·윤리적 덕목과의 조화도 모르는 - 저 불경한 '지성주의'는 소크라테스·플라톤의 중도적 지혜론을 넘어서는 '무제약적'이면서도 동시에 '무제한적'인 광적 지성주의다. 이것은 칸트의

---

839) 참조: Aristoteles, *Politik*, 1294b15-20(혼합정체론), 1295a35-40(중산층국가론), 1241b12-35(음악).

'연역적 지성범주(Verstandeskategoien)에 의해 규정되는' 인식론과 과학주의로 계승되어 오늘날 서구 문명의 반反인간적·환경 파괴적 자가당착의 궁극적 원인으로 작용해 왔다.

아리스토텔레스 중도론에는 지식을 중도 개념에서 해방한 이러한 문제 외에도 그가 근본적으로 중도를 – 공자, 소크라테스, 플라톤처럼 – 생성·창조·삶·생존의 일반 논리로 이해하지 않는 문제도 있다. 플라톤에 의하면, 모든 사물이 저마다 제 기능을 제대로 수행하며 존속하기 위해서는 그것들이 처한 조건 아래에서 최대한 '훌륭한 상태'를 이루고 유지해야 한다. 이 '훌륭한 상태'는 그것들의 구조와 기능에서 '중도와 균형' 상태를 구현·유지하지 않으면 안 된다. 하나의 종 또는 형상(에이도스)의 '탄생과 존속 및 소멸'은 그 나름의 '중도의 창출'과 이 중도의 보존 여부에 따라 좌우되겠기 때문이다. 자연적 사물이든 인위적 사물이든 또는 인간의 행위든, 모두가 이를 어기고서는 종국엔 더 이상 존속 또는 유지할 수 없기에 그 모두가 결과적으로는 그런 중화 원리의 지배를 받는다고 말할 수 있을 것이다. 이렇게 볼 때, 플라톤의 자연관은 진화론적일 수 있는 반면, 아리스토텔레스의 자연관은 반反진화론적이다. 플라톤의 '종(형상)'은 늘 '중도'와 관련되어 있는 반면, 아리스토텔레스의 종(형상)은 '확정적인 것'이고, 따라서 중도와 무관한 것이다. 아리스토텔레스가 말하는 '자연적 존재자'를 대표하는 '생물'은 그 본성대로 종에 따른 운동, 다시 말해 가능태에서 현실태 또는 활동태로 진행하는 고정적 방식의 운동 내지 변화를 하는 것일 뿐이기 때문이다. 그러므로 아리스토텔레스의 '존재론'에서는 생성·소멸·화육의 사상을 찾아볼 수 없다.[840] 이에 반해 플라톤

---

840) 참조: Larry Arnhart, *Darwinian Natural Right: the Biological Ethics of Human Nature* (Albany, NY: State University of New York Press, 1998), 234-235쪽. 박종현, 『필레보스』해제」, 30-31쪽. 다음도 참조: 박종현, 「헬라스 사상의 심층」, 45-58쪽. 아리스토텔레스의 중용론에 대한 일목요연한 약술은 참조: 박종현, 「희랍 철학에서 본 중용사상」, 115-123쪽.

이 '중도'를 '생성과 창조'의 이념으로 규정한 것처럼, 공자가 주지하다시피 '중화'의 원리를 천하의 대본과 달도만이 아니라 천지 만물의 정위正位와 생육의 원리로 천명한 것은 더 말할 것이 없겠다.

아리스토텔레스 중도론의 문제점은 도덕론에서도 두드러진다. 그에게는 플라톤과 마찬가지로 도덕감정과 시비지심의 개념이 없기 때문에 윤리적 덕목과 윤리적 행위의 개념적 범위가 애매하다. 아리스토텔레스에 의하면 '윤리적 덕목'을 결정하는 것은 '습관'과 '중도'뿐이다. 따라서 아리스토텔레스는 가령 '현명(프로네시스)'도 '습성'을 근거로 인간의 '윤리적 덕성'으로 인정한다. '현명'은 실천·행위(프락시스)를 대상으로 '잘 숙고하는' 자질(헥시스 ἕξις)과 관련해서 전체적으로 무엇이 좋고 무엇이 유익한지를 숙고한다는 의미에서 자신에게 좋고 유익한 것을 잘 숙고할 수 있는 습성화된 자질이다. 따라서 아리스토텔레스는 '현명'을 '아는 덕성(소피아)'이 아니라 '헤아리는 덕성'으로 규정한다. '현명'은 다르게 있을 수 있는 것과 관계하는 '의견(독사 δοξα)'을 형성하는 덕성이다.[841] 그러나 공자와 맹자는 현명을 윤리적 덕성으로 보지 않았다. 현명은 도덕감정이나 도덕감각(시비지심)에 기인한 것이 아니기 때문이다. 현명의 윤리적 덕성 여부에 대해 서양 철학자들은 오늘날까지도 이견을 보인다. 가령 흄과 스미스는 현명을 윤리적 덕성으로 보았다.[842] 그러나 칸트 등은 현명을 도덕의 범주에 넣지 않는다.

또한 아리스토텔레스에 의하면, 어떤 감정이든 그 표출의 양이 과소와 과다 사이에서 양적으로 중간적이라면 원칙적으로 다 도덕감정이고 이

---

841) 참고: Aristoteles, *Die Nikomachische Ethik*, 1138b19-1140b29 (제6권 1-5).
842) David Hume, *A Treatise of Human Nature* [1739-1740], Book 3: *Of Morals*, edited by David Fate Norton and Mary J. Norton, with Editor's Introduction by David Fate Norton (Oxford·New York·Melbourne etc.: Oxford University Press, 2001·2007), 375쪽; Smith, *The Theory of Moral Sentiments*, III. vi. §9; VI. i. §§15; VI. iii. §1; VI. iii. Conclusion of the Sixth Part §1.

중간적 감정의 실천은 도덕 행위가 된다. 가령 비겁과 만용의 중간은 '용기'의 덕목이다. 그러나 흄은 용기 자체를 '인위적 관행'에서 생긴 덕목으로 인정하기는 했지만,[843] "용기와 야심은 인애심(benevolence)에 의해 조절되지 않으면 독재자나 공적公的 강도强盜를 만드는 데만 적합한 것이다"라고 하여 용기 자체의 도덕적 가치를 깎아내렸고,[844] 공자도 북방의 무용을 덕목으로 인정치 않았다. 공자는 수오지심의 일환으로서 치욕을 알고 '살신성인'도 불사하는 남방의 인자仁者의 '강함'을 진정한 용기로 인정하고, 예에 적중하지 않는 용기를 심지어 '난亂'과 '역逆'으로 배격했고,[845] "인이라는 것은 반드시 용기가 있지만, 용기라는 것이 반드시 인이 있는 것은 아니다(仁者必有勇 勇者不必有仁)"라고 하여[846] '용기'에 대해 독립적 도덕 가치를 부인했다. 용기 또는 용맹을 정체성 도덕이 아니라 전쟁상태에서의 생존 도덕에 속하는 것으로 보았기 때문이다.

결론적으로, 아리스토텔레스의 중도론의 문제는 인간의 감각 및 감정과 무관한 중도 개념의 수리적 성격과 협소성, 균형과 조화 이념을 몰각한 '수량적' 중도 개념의 유일시, 존재론과 지식에서의 중도논리의 배제, 도덕과 무관한 인간 행위들과 윤리적 도덕 행위 간의 모호한 경계, 초윤리적 지덕의 특대와 윤리적 덕성의 격하 등으로 요약된다. 마지막에 거론한 이 '격하'는 윤리적 덕성이 중도 논리의 적용을 받지 않는 다다익선의 초윤리적 신덕(소피아) 아래의 '2등급 덕목'으로 낮춰진 것을 말한다. 말하자면 아리스토텔레스의 윤리학은 철학자의 초윤리적 신덕이 보통 사람들의 인간적·윤리적 덕목들을 능멸하는 기이한 '초윤리적 윤리학'인 셈

---

843) Hume, *A Treatise of Human Nature*, Book 3. Of Morals, 366쪽.
844) Hume, *A Treatise of Human Nature*, Book 3. Of Morals, 385쪽.
845) 『中庸』(20章). "知恥 近乎勇";『論語』「泰伯」(8-2). "勇而無禮則亂";「陽貨」(17-21 또는 23). "子曰 君子義以爲上 君子有勇而無義爲亂, 小人有勇而無義爲盜";『禮記』「仲尼燕居 第二十八」. "勇而不中禮謂之逆."
846) 『論語』「憲問」(14-4).

이다. 『니코마코스 윤리학』은 궁극적 정점에서 '니코마코스 초超윤리학'으로 둔갑했다.[847]

3.3. 필리아의 다양한 형태와 이에 따른 국가의 분류

아리스토텔레스의 '필리아(φιλία)' 개념은 여러 유대 형태를 포괄한다. '필리아'는 일반적으로 '사랑'으로 번역되지만, 이것은 부부간의 '사랑', 부모와 자식 간의 '자애'와 '효경', 형제간의 '우애', 친구들 간의 '우정', 백성에 대한 군주의 '인애仁愛', 시민들 간의 '연대', 국가들 간의 '우의' 등을 다 싸잡는 개념이다. 주지하다시피 플라톤은 국가의 4덕을 지혜·용기·절제·정의(『국가론』) 또는 지혜·절제·정의·용기(『법률』)로 규정하고 '필리아'를 국가의 필수덕목에서 배제했다. 그러나 아리스토텔레스는 『니코마코스 윤리학』의 제8·9책에서 "필리아" 자체를 "덕성"으로, 또는 "덕성을 포함하는 것"으로[848] 규정하고 상론한다. 왜냐하면 그는 "인은 사람 자체"다는 공맹의 말대로 "사랑은 삶에서 가장 필수 불가결한 것에 속하는"데다, "아무도 다른 모든 좋은 것들을 소유하더라도 사랑 없이 살고 싶어 하지 않을 것이고", 또 사랑은 국가의 기초이기[849] 때문이다. 사람들 간에 믿고 사랑하고 돕고 베푸는 최소한의 인정人情으로서의 '사랑'은 풍족한 의식주나 이것에 대한 위해危害를 막거나 자기와 타인의 정당한 몫에 대한 침해(손실)를 구제하고 회복시켜 주는 '정의'보다 더 근본적인 것이다. 아리스토텔레스는 국가도 사랑에 기초한 것으로 보았다.

---

847) Aristoteles, *Die Nikomachische Ethik*, 1177a25–1177b35.
848) Aristoteles, *Die Nilomachische Ethik*, 1155a4-5.
849) Aristoteles, *Die Nilomachische Ethik*, 1155a5-7.

■ **정의에 우선하는 사랑**(필리아)

아리스토텔레스는 최고의 정의도 사랑하는 사람들 사이에서만 존재한다고 말함으로써 사랑을 정의보다 앞세운다.

- 새끼에 대한 부모의 애정과 부모에 대한 새끼의 애정은 인간에게서만이 아니라 조류와 대부분의 동물에게서도 자연적 본능인 것으로 보인다. 이것은 또한 동종의 개체들 간의 사랑과 유사하다. 그리고 이것은 특히 인류에게서 강하다. 이런 이유에서 우리는 동류 인간들을 사랑하는 사람들을 칭찬한다. (⋯) 더구나 사랑은 국가의 결속력(유대 *bond*)인 것으로 보이기도 하다. 그리고 입법자들은 정의보다 사랑을 위해 더 노력하는 것으로 보인다. 왜냐하면 사랑과 친해 보이는 국민 화합을 증진하는 것은 입법자들의 주요 목표인 한편, 적의敵意인 당파심은 그들이 가장 추방하려고 부심하는 것이다. 그리고 인간들이 서로 친구들이라면 인간들 간에는 정의도 불필요하지만, 단순한 정의는 충분치 않고 사랑을 필요로 한다. 그리고 정의로운 것에서 가장 정의로운 것은 친구들 간에 정의로운 것이다. (또는 그리고 정의로운 것은 그 최고 단계에서 사랑을 보유하는 것으로 생각된다.)[850]

아리스토텔레스는 여기서 정의를 그 자체로서 "충분한" 독자적 덕목("단순한 정의")으로 본 것이 아니라, 그 기초가 사랑에 있는 까닭에 정의 자체가 사랑을 필요로 한다고 말하고 있다. 그리고 사랑을 "국가의 결속력(유대)"로 본다. 정치가들은 정의보다 사랑을 위해 더 노력하고, 사랑과 친해 보이는 국민 화합을 증진하는 것을 주요 목표로 삼고 당파심을 추방

---

850) Aristoteles, *Die Nilomachische Ethik*, 1155a23-28. 괄호의 대안적 번역문 H. Rackham의 영역본을 따른 것이다. Aristotle, Nicomachean Ehthics, 452쪽 각주b.

하려고 가장 애쓴다고 말하고 있다. 그리고 '최고의 정의'도 오로지 서로 사랑하는 인간들 사이에서만 존재한다고 덧붙인다.

여기서 사랑하는 사람들 사이에서 수립되는 정의가 '최고의 정의'라고 말하는 이유는 '비례적 평등'보다 '양적 평등'을 중시하기 때문이다. "사랑에서의 평등은 정의의 경우에서의 평등과 같은 것으로 보이지 않는다. 정의의 영역에서는 '평등함'(공정함)이 일차적으로 공적功績에 비례함을 의미하고 '양적 평등'은 단지 이차적 의미에 불과하다. 반면, 사랑에서는 '양적으로 평등함'이 일차적 의미이고 '공적에 비례함'은 단지 이차적 의미에 불과하다."[851]

따라서 동포애적 연대 의식이 강한 국가는 공적(능력·공로·성적·업적·장점·덕성)에 따라 재화·영예·권력을 분배하는 '비례적 평등(분배적 평등)'을 경시하지 않으면서도 모든 필요한 사람들에게 필요의 양에 따라 양적으로 균등하게 분배하는 '양적 평등'을 '비례적 평등'보다 더 중시한다. 이 '양적 평등'은 오늘날 동포애·인간애에 기초한 국가공동체 안에서 재정이 허용하는 정도에 따라 기본소득을 보장해야 한다는 요구와 직결된다. 사랑하는 사람들 간에 덕성·재산·영예·권력의 격차가 지나칠 때 사랑은 약화·소멸한다. 서로 사랑한다면 '양적 평등'을 더 중시해야 한다는 명제의 진리성은 이런 현상에서 거꾸로도 입증된다. 아리스토텔레스는 말한다.

- 이것(사랑하는 사람들 간에 덕성·재산·영예·권력의 격차가 지나칠 때 사랑은 약화·소멸한다)은 두 친구 간에 덕성이나 악덕의 관점에서 또는 부나 그 밖의 다른 속성의 관점에서 광폭의 격차가 발생할 때 명백하게 드러난다. 이 경우에 친구들은 친구로 남지도 못하고, 친구로 남기를 기대하지도 못하기 때문이다. (…) 그것은 군주들의 경우에도 드러

---

851) Aristoteles, *Die Nilomachische Ethik*, 1155a29-33:

난다. 군주들의 경우에 신분상 그들보다 아주 아래에 있는 사람들도 군주의 친구이기를 기대하지 않고, 특별한 값어치가 없는 사람들도 특출나게 훌륭한 사람이나 특출난 지자들의 친구이기를 기대하지 않는다. 우리가 이런 경우에 두 사람이 여전히 친구일 수 있는 정확한 한계를 못 박을 수 없다는 것은 사실이다. 격차가 계속 벌어져도 우정이 남아 있기 때문이다. 그러나 신이 인간으로부터 먼 만큼이나 이 사람이 저 사람으로부터 아주 멀어질 때 우정은 더 이상 가능하지 않다.[852]

따라서 사랑의 관계에서 사랑과 화합을 유지하기 위해 사랑하는 사람들 간의 능력·재산·권력 격차를 줄이는 양적 평등의 추구가 비례적 평등보다 더 중요하다. 경제적 양극화를 심화시켜 '비례적 불평등'을 야기하여 오히려 갈등을 일으키는 '비례적 평등'으로서의 정의가 아니라 사랑과 화합의 유지에 이바지하는 '양적 평등'으로서의 정의가 '최고의 정의'이기 때문이다. 따라서 '최고의 정의'는 사랑 속에서만, 또는 강한 동포애와 국민 화합 속에서만 이룩될 수 있는 것이다.

공맹의 유명한 '인의仁義'라는 표현은 인애(사랑)를 정의에 앞세우고 양자를 결합해 나타내는 복합개념이다. 맹자는 '인의'를 '도덕'과 동의어로 썼다.[853] 공자처럼 아리스토텔레스도 인애와 정의의 선후관계를 논하는 논변을 보면 결론적으로 인애를 정의에 앞세우는 '인의윤리학'을 설파한 것이다. 말하자면, 그는 '군사적 정의국가'를 '이상국가'로 기획한 플라톤의 정의 지상주의 또는 정의 제일주의를 배격하고, 사랑과 정의를 동시에 추구하되 사랑을 정의보다 중시하는 '인의仁義국가론'을 전개한 것이다.

---

852) Aristoteles, *Die Nilomachische Ethik*, 1158a33-1159a5.
853) 『孟子』「梁惠王上」(1-1); 「公孫丑下」(4-2); 「滕文公下」(6-4); 「離婁下」(8-19); 「告子上」 등.

■ 사랑의 형태에 따른 국가유형의 구별

『니코마코스 윤리학』에서 아리스토텔레스는 "모든 공동체는 국가공동체의 일부로 보이고, 이 각각의 공동체에는 제각기 특정한 형태의 필리아가 조응한다"고 말한다.[854] 가정공동체(오이코스)와 국가 간에는 필리아의 유사성이 있다는 것이다. 특별히 오이코스 내의 여러 관계들(부자관계, 부부관계, 형제관계, 주인-노예 관계)만은 그 자체로서 국가형태의 '근본적 모델'을 포함하고 있다고 보기 때문이다. 따라서 그는 "여러 헌정형태들의 비슷한 유형, 이른바 모형들을 가족관계에서 찾을 수 있다"고 말한다.[855] "아비와 자식들의 관계는 유형 측면에서 왕도적王道的이다. 아비의 관심사는 자식들을 보살피는 것이기 때문이다

아리스토텔레스는 거듭 주장한 바에 따르면,[856] 사랑이 국가의 결속력이기에 국가의 존립은 사랑에 기초한다. 먼저 아리스토텔레스는 국가의 세 가지 정상적 형태가 이에 대응하는 동수同數의 타락형, 또는 도착된 형태가 있다.

- 국가는 세 가지의 형태가 있고, 이 형태의 그만큼 많은 타락유형, 소위 도착된 유형이 있다. 그 형태들은 왕도정(kingship), 귀족정(aristocracy), 세 번째 형태로 재산평가에 기초한 티모크라시(timocracy)라고 불러야 적합한 형태다. 그러나 이 마지막 것을 대부분의 사람은 폴리테이아(Der Staat; polity)라고 부르곤 한다. 이 가운데 최선의 국가 형태는 왕도정이고, 최악의 형태는 티모크라시다. 왕도정의 타락유형은 참주정(tyranny)이다, 양자는 둘 다 말하자면 단독

---
[854] Aristoteles, *Die Nikomachische Ethik*, 1160a25-30; Aristotle, *Nicomachean Ethics*, VIII. ix. 6.
[855] Aristoteles, *Die Nikomachische Ethik*, 1160b20-30; *Nicomachean Ethics*, VIII. x. 4-5.
[856] Aristoteles, *Die Nilomachische Ethik*, 1160a28-30, 1161a10-11.

지배체제(군주제)이지만, 양자 사이에는 가장 큰 차이가 있다. 왜냐하면 참주는 자기의 이익을 꾀하고, 왕은 신민들의 이익을 꾀하기 때문이다. 왕은 독립적이고 재산의 소유에서 만인을 능가하는 사람이다. 이러한 사람은 더 이상의 것이 필요 없다. 따라서 그는 자기의 이익을 꾀하는 것이 아니라, 신민의 이익을 꾀한다. 이 조건이 충족되지 않으면 그는 추첨으로 선출된 이름뿐인 왕일 것이다. 참주정은 왕정과 반대다. 참주정은 자기 자신의 복리를 추구한다. 그것이 최악의 타락 형태라는 것은 참주정에서 특히 뚜렷하다. 왜냐하면 최선의 것의 반대는 최악의 것이기 때문이다. 왕도정은 참주정으로 이행한다. 왜냐하면 참주정은 군주제(단독 지배체제)의 나쁜 형태이고, 나쁜 왕은 참주가 되기 때문이다. 귀족정은 평등에 반해서 전 국가의 것 또는 대부분의 좋은 재물을 그들 자신에 분배하고 관직도 언제나 자기들에게만 분배하고 부富만을 가장 중시하는 치자의 악행에 의해 과두정(oligarchy)으로 이행한다. 그리하여 치자들은 소수이고 가장 유덕한 사람들이 아니라 악인들이다. 티모크라시는 민주정으로 이행한다. 이 티모크라시와 민주정은 경계가 겹친다. 다수의 지배가 되는 것이 티모크라시의 이상이기도 하기 때문이고, 재산평가에서 자격이 있는 모든 사람이 동등하게 쳐지기 때문이다. 민주정은 도착된 타락 형태들 가운데 가장 적게 나쁜 것이다. 왜냐하면 민주정의 경우에 국가형태가 경미하게밖에 도착되지 않았기 때문이다. 그래서 민주정에서 티모크라시로의 이러한 이행은 국가가 가장 흔히 겪는 변동이다. 왜냐하면 이 변동은 가장 적은, 그리고 가장 일어나기 쉬운 전이轉移이기 때문이다.[857]

그리고 왕도정·귀족정·민주정을 유지시키는 사랑의 유대를 각각 가족

---

857) Aristotle(Aristoteles), *Die Nichomache Ethik*, 1160a31-1160b12.

적 친애의 세 가지 유형에 빗대 설명한다. 왕도정은 부자간의 사랑에 조응하고, 귀족정은 부부간의 사랑에 조응하고, 민주정은 형제간의 사랑에 조응한다는 것이다. 이런 유형의 사랑이 망가질 때 세 가지 참주정·과두정·민주정으로 타락한다.

- 우리는 국가들, 말하자면 국가 유형들의 닮은꼴을 가장에게도 발견할 수 있다. 아버지와 아들의 연합은 왕도정의 형태를 띠고 있는 것이다. 아버지는 그의 자식들을 보살피기 때문이다. 그리고 이것은 호메로스가 제우스를 '아버지'라고 부른 이유다. 아버지다운 온정주의적 지배는 왕도정의 이상이다. 페르시아 사람들 사이에서는 아버지의 가정 지배가 참주정적이다. 그들은 아들들을 노예처럼 쓰기 때문이다. 또한 노예에 대한 주인의 지배도 참주정적이다. 이 지배 안에서 산출되는 것은 주인의 이익이기 때문이다. 지금 이것은 올바른 통치 형태인 것처럼 보이지만 페스시아 유형은 도착되었다. 상이한 관계에 알맞은 지배 양식은 다양하기 때문이다. 남편과 아내의 연합은 귀족정적인 것으로 보인다. 남편은 그의 가치에 부합되게, 그리고 남편이 지배해야 하는 그런 일들에서 지배하지만, 여성에게 맞는 일들은 여성에게 위임하기 때문이다. 남편이 모든 일에서 지배한다면 관계는 과두정으로 넘어간다. 이렇게 하면 그는 각자의 가치에 부합되게 행동하지 않고, 또 자신의 우위에 의해 지배하지 않는 것이기 때문이다. 그러나 때로 여성이 지배하기도 한다. 왜냐하면 그녀들이 상속자들이기 때문이다. 그렇다면 그녀들의 지배는 덕성 덕택이 아니라 과두정에서처럼 부와 권력 덕택이다. 형제들의 연합은 티모크라시와 유사한 것이다. 왜냐하면 그들은 나이가 차이진 것을 빼고 평등하기 때문이다. 그리하여 그들 간에 나이 차이가 크면 필리아는 더 이상 형제애적 유형이 아니다. 민주

정은 주로 노예주 없는 거주지들에서(여기서는 모두가 평등하기 때문이다), 그리고 치자가 취약하고 모두가 자기가 원하는 대로 행동할 수 있는 지역들에서 발견되기 때문이다.[858]

아리스토텔레스는 공자처럼 국가를 세 가지 유형별로 결속시키는 사랑(필리아)의 형태를 가정의 친애 관계로부터 도출하고 있다. 혹자가 공자에게 "선생은 왜 정치를 하지 않습니까?" 묻자, 공자는 "『서경』에 '효성스럽도다! 효성스러워야만 형제에게 우애롭고 이것을 정사에 베푸는 것이다'라고 하니 이것도 역시 정치인데 무엇이 정치란 말이오?"라고 되물었다.(或謂孔子曰 子奚不爲政 子曰 書云 '孝乎! 惟孝 友于兄弟 施於有政' 是亦爲政 奚其爲爲政?)[859] 또한 공자는 『대학』에서 "나라를 다스리면 반드시 먼저 가정을 다스려야 한다고 말하는 것은 자기 가정을 가르칠 수 없으면서 남들을 잘 가르치는 경우가 없다는 것이다. 그러므로 군자는 가정에서 나가지 않고도 나라에 관해 가르침을 이루나니 효는 임금을 섬기는 방도이고, 우애는 어른을 섬기는 방도요, 자애는 대중을 부리는 방도다."[860] 또한 사랑의 종류를 구분했다. "남들의 임금이 되어서는 백성에 대한 인애仁愛에 살고 남의 신하가 되어서는 임금에 대한 경애에 살고, 남의 자식이 되어서는 부모에 대한 효애에 살고, 남의 아비가 되어서는 자식에 대한 자애에 살고, 나라 사람들과 교제하는 것은 사람들에 대한 믿음에 산다(爲人君 止於仁 爲人臣 止於敬 爲人子 止於孝, 爲人父 止於慈, 與國人交 止於信)." 여기서 인애·경애·효성·자애·믿음은 모두 다 사랑

---

858) Aristotle(Aristoteles), *Die Nichomache Ethik*, 1160b26-30; Aristotle, *Nicomachean Ethics*, Book X §10. 국역의 정확성을 위해 영역도 참조했다.
859) 『論語』「爲政」(2-21).
860) 『大學』(傳9章): "所謂治國 必先齊其家者 其家不可教 而能教人者無之 故君子 不出家而成教於國 孝者 所以事君也 弟者 所以事長也 慈者 所以使衆也. 康誥曰 如保赤子 心誠求之 雖不中 不遠矣 未有學養子而后 嫁者也."

의 상이한 형태들인데, 인애와 경애는 공적 사랑이고, 효애와 자애는 사적 친애다. 여기서 믿음은 형제간 사적 우애의 외적 표현이다. 그런데 공자의 제자 유자有子는 효애를 인애의 근본으로 규정한다. 공자가 공적 사랑과 사적 사랑을 비유적 조응 관계에 있는 것으로 파악한 것은 아리스토텔레스가 가정의 친애 형태로부터 공적 필리아의 형태를 도출한 것과 유사하다.

그런데 국가의 연대적 화합을 가정적 사랑의 여러 형태에 비유적으로 조응시킨 공자의 논의는 아리스토텔레스의 논의와 유사성만이 아니라 차이성도 있다. 아리스토텔레스는 부자지간, 부부지간, 형제지간의 상이한 친애에 각각 상이한 국가형태를 대응시켰으나 공자의 논의에는 이것이 결여되어 있다. 그러나 공자는 가정적 친애의 증진이 군신 관계의 돈독함과 국가의 애민 정신을 강화하는 측면을 부각시키면서 비유를 넘어 가정의 사적 친애가 국가적·공적 인민仁民의 단초라고 설파한다. 공자의 1세대 제자 유자有子는 말한다. "그 사람됨이 효경스럽고 우애로우면서 임금을 범하는 자는 드물다. 임금을 범하는 것을 좋아하지 않으면서 난을 일으키는 것을 좋아하는 자는 아직 없었다. 군자가 근본에 힘쓰면, 근본이 서고 도가 산다. 효경과 우애, 그것은 인애의 근본일진저!"(有子曰 其爲人也孝弟 而好犯上者 鮮矣. 不好犯上 而好作亂者 未之有也. 君子務本 本立而道生. 孝弟也者 其爲仁之本與)[861] 또 공자는 "일가가 인애하면 일국이 인애를 일으킨다(一家仁 一國興仁)"고 말한다.[862] 공적 인민仁民·충성·국민화합의 근본은 사적 친애(자애·효경·우애)에 있고, 사적 친애는 공적 인민仁民·충성·국민 화합의 단초라는 말이다. 공자가 강조하는, 사적 사랑이 공적 사랑을 흥기·증진시키는 이 (비유를 뛰어넘는) 본질적 관계의 측

---

861) 『論語』「學而」(1-2).
862) 『大學』(傳9章).

면이 아리스토텔레스의 논의에는 빠져 있다.

아무튼 사랑의 상이한 유형에 따라 국가유형을 설명하는 아리스토텔레스의 논의는 지나가는 일시적 논변이 아니다. 그는 이 논변을 계속 더 부연·확장하여 국가의 정의를 논한다. "각 국가는 정의를 수반하는 꼭 그만큼 필리아(사랑)를 포함하는 것으로 보일 수 있다. 왕과 신민 간의 필리아는 베풀어지는 혜택의 초과분(비대칭성 - 인용자)에 달려 있다. 왕은 그가 선한 사람이어서 목자牧者가 양 떼를 돌보듯이 신민의 행복을 위해 신민을 돌본다면 그의 신민들에게 혜택을 베풀기 때문이다. (그래서 호메로스는 아가멤논을 '백성들의 목자'라 불렀다.) 아버지의 필리아도 이 필리아가 베풀어지는 혜택의 크기에서 다른 이들의 필리아를 초과할지라도 이와 같다. 왜냐하면 아버지는 가장 큰 복리인 자식들의 생존을 책임지고 자식들의 양육을 책임지기 때문이다."[863] 아버지의 부성애(필리아), 즉 "인간에게서만이 아니라 조류와 대부분의 동물에게서도" 공통적이고 일반적인 "새끼에 대한 부모의 애정과 부모에 대한 새끼의 애정"을 아리스토텔레스는 "자연적 본능"으로 여긴다. 그리고 자식으로부터 돌려받는 혜택보다 자식에게 더 많은 은택을 베푸는 아버지의 자식 사랑이 자식의 아버지 사랑보다 더 많은 이 사랑의 비대칭적 초과가 부모와 자식 간의 '정의'라는 것이다.

아리스토텔레스는 이 사랑과 정의가 조상과 후손의 관계, 왕과 신민의 관계, 부부 관계, 형제 관계에도 그대로 적용된다고 말한다. 나아가 "본성상 아버지는 자식들을, 조상은 후손들을, 왕은 그의 신민들을 지배하는 경향이 있다. 이 필리아들은 다른 편에 대한 한편의 우위를 함의하고, 이것이 조상이 공경받는 이유다. 그러므로 이와 관계된 사람들 간에 존재하는 정의는 양편에서 동일한 정의가 아니라 모든 개별적 경우에 공적에 비

---

863) Aristotle, *Nicomachean Ethics*, Book X §11.

례한다. 왜냐하면 정의는 필리아에도 적용되기 때문이다. 남편과 아내의 필리아도 다시 귀족정에서 발견된 필리아와 동일한 것이다. 더 나은 편이 좋은 것을 더 많이 얻고 각자가 그에게 맞는 것을 얻는 것은 공덕에 합치되기 때문이다. 그리고 이 관계에서 정의도 그렇다. 형제간의 필리아는 동료들 간의 필리아와 유사하다. 왜냐하면 그들은 평등하고 비슷한 연령이고, 이러한 사람들이 대부분 느낌과 성격에서도 최대로 유사하기 때문이다. 티모크라시 정부에 적합한 필리아도 이것과 유사하다. 이런 나라에서 이상은 시민들이 평등하고 공정한 것이기 때문이다. 그러므로 지배권이 동등한 조건에서 번갈아 바뀌는 것이다. 여기에 적합한 필리아는 이에 상응한다."[864]

그러나 "타락형들에서는 정의가 거의 없는 만큼 필리아도 거의 없다(in the deviation-forms, as justice hardly exists, so too does friendship)." 왕도정·귀족정·티모크라시의 타락형인 참주정·과두정·민주정을 두고 하는 말이다. "필리아는 가장 나쁜 정부형태에서는 가장 적게 존재하지 않는다. 참주정에서는 필리아가 거의 없거나 전혀 없다. 왜냐하면 치자와 피치자들에게 공통된 것이 전무한 곳에서는, 가령 장인匠人과 도구, 영혼과 육체, 주인과 노예 사이에는 정의가 없으므로 필리아도 없기 때문이다. 각각의 경우에 후자가 그것을 쓰는 쪽에 의해 혜택을 받지만, 생명 없는 것들을 향해서는 사랑도 정의도 없다. 말이나 도끼를 향해서는 필리아가 없고, 노예로서의 노예를 향해서도 필리아가 없다. 왜냐하면 양쪽에 공통된 것이 없기 때문이다. 노예는 살아있는 도구이고, 도구는 생명 없는 노예다. 노예로서는 친구일 수 없다. 그러나 인간으로서는 친구일 수 있다. 왜냐하면 법률 체계에 참여하거나 협약의 당사자일 수 있는 어떤 인간과 어떤 인간 사이에는 얼마간의 정의가 존재하는 것처럼 보이기 때

---

864) Aristotle, *Nicomachean Ethics*, Book X §11.

문이다. 그러므로 그가 인간인 한에서 그와 필리아도 있을 수 있다. 따라서 참주정에서는 필리아와 정의가 거의 없는 반면, 민주정에서는 필리아와 정의가 온전하게 존재한다. 시민들이 평등한 곳에서는 시민들은 공통된 것을 많이 가지고 있기 때문이다."[865] 지금까지 아리스토텔레스의 논의가 대체로 상식적이라고 느껴진다. 하지만 그가 노예를 "살아있는 도구"로, 역으로 도구를 "생명 없는 도구"로 정의하는 것은 노예제 이데올로기에 찌든 편견의 익살스러운 표현에 불과한 인식이다. 그리고 제11권의 이 논의에서 아리스토텔레스는 사랑을 정의에 앞서는 것으로 논한 제8권의 선행논의와 반대로 정의를 사랑에 앞세우는 듯이 표현하고 있어 찜찜하다. "각 국가는 정의를 수반하는 꼭 그만큼 필리아(사랑)를 포함하는 것으로 보일 수 있다"라거나 "타락형들에서는 정의가 거의 없는 만큼 필리아도 거의 없다"는 표현들이 그렇다. 이 명제들은 둘 다 제8권의 선행 논의에 따르면 '각 국가는 필리아를 수반하는 꼭 그만큼 정의를 포함하는 것으로 보인다'와 '타락형들에서는 필리아가 거의 없는 만큼 정의도 거의 없다'로 수정되어야 할 것이다. 또한 "타락형들에서는 정의가 거의 없는 만큼 필리아도 거의 없다"는 명제는 참주정과 귀족정에만 타당하고 민주정에는 전혀 맞지 않기 때문에 이런 식의 일반명제라면 그릇된 것이다. 스스로 "민주정에서는 필리아와 정의가 온전하게 존재한다"고 말하고 있기 때문이다.

    아리스토텔레스는 '연합'을 당연히 포함하는 부자, 부부, 형제간의 필

---

865) Aristotle, *Nicomachean Ethics*, Book X §11. 독역본은 좀 달리 옮겼다. ""타락형들에서 우애는 정의만큼 축소되고, 최악의 통치 형태에서 가장 적게 발견된다. 왜냐하면 참주정에서는 우애가 거의 또는 전혀 없기 때문이다. 치자와 피치자 간에 공동성이 없는 곳에서는 어떤 우애도, 어떤 정의도 없다. 그런 곳에서는 치자와 피치자든 오히려 수공업자가 도구를 취급하듯이, 영혼이 육체를, 주인이 노예를 취급하듯이 관계한다. (…) 노예는 영혼 있는 도구이고 도구는 영혼 없는 노예다. 피치자가 노예인 한에서 그와는 어떤 우애도 없고, 그런 한에서만 그는 인간이다." Aristotle(Aristoteles), *Die Nichomache Ethik*, 1161a30-1161b6.

리아(사랑)와 다른 필리아, 곧 역으로 '연합'에서 생겨나는 필리아도 논한다. "상론한 것처럼 모든 형태의 필리아는 연합을 포함한다. 그러나 우리는 친족의 필리아와 동료들의 필리아를 둘 다 나머지 필리아로부터 구분할 수 있다. 시민들, 부족, 길동무 등의 필리아는 단순히 연합의 필리아와 더 닮았다. 왜냐하면 일종의 계약에 기초한 것처럼 보이기 때문이다. 우리는 주인과 손님의 필리아도 그런 범주에 넣을 수 있다. 친족의 필리아 그 자체는 여러 가지 필리아로 나타나는 모든 케이스에 부모 간 사랑(필리아)에 의거한 것으로 보인다. 왜냐하면 부모는 자식들을 그들 자신의 일부인 것으로 사랑하고 자식들은 부모를 그들이 유래한 어떤 존재로 사랑하기 때문이다. 지금 (1) 부모는 자식들이 자기들이 부모의 자식이라는 것을 아는 것보다 더 그들의 새끼들을 알고, (2) 자식 생산자는 새끼가 자신의 생산자를 자기 자신인 것으로 느끼는 것보다 더 많이 자기 새끼를 그 자신인 것으로 느낀다. 생산물은 생산자에게 속하지만(가령 이빨이나 머리카락 등은 그것을 소유한 사람에 속한다), 생산자는 생산물에 속하지 않거나 더 적은 정도로 생산물에 속하기 때문이다. 그리고 (3) 시간적 길이도 동일한 결과를 낳는다. 부모는 자식이 태어나자마자 자식을 사랑하지만, 자식들은 세월이 흘러 그들이 지성이나 감각들에 의한 분별력을 획득한 뒤에만 부모를 사랑한다. 이런 고찰로부터 어머니가 아버지보다 더 사랑하는지도 분명해진다. 부모는 자식을 자기 자신처럼 사랑하는 반면(그들의 새끼가 그들의 분리된 실존 자체로서 일종의 다른 자아이기 때문이다), 자식들은 부모를 그들로부터 태어난 것으로서 사랑하고, 형제들은 같은 부모로부터 태어난 것으로서 서로 사랑한다. (형제들의 부모가 같다는 동일성은 형제들을 서로 동일하게 만들어준다. 그것은 사람들이 '같은 핏줄', '같은 벌통' 등을 말하는 이유다.) 그러므로 형제들은 분리된 개체들이

더라도 어떤 의미에서 동일한 존재다."⁸⁶⁶⁾

아리스토텔레스는 이런 분석 끝에 필리아의 주요인으로 공동교육(양육)과 연령대의 유사성을 든다. "필리아에 크게 기여하는 두 가지 것은 공동교육과 연령의 유사성이다. '동갑인 두 사람은 서로 순응하고', 함께 양육된 사람들은 동료가 되는 경향이 있기 때문이다. 그러므로 형제간의 필리아(우애)는 동료들의 필리아와 유사하다. 그리고 사촌과 기타 친족들은 형제들로부터 파생되어, 즉 같은 부모로부터 파생되어 함께 교육된다. 그들은 기원적 조상의 원근에 따라 서로 더 가깝거나 더 멀어지게 된다."⁸⁶⁷⁾ 필리아의 주요인으로 공동교육(양육)과 연령대의 유사성을 드는 이 논의는 동기동창과 동갑내기들 간에 더 치열한 경쟁과 다툼을 빼먹은 것 같아 순탄치 않다.

아리스토텔레스는 공동양육과 공동의 삶에서 형성되는 필리아를 논한다.

- 부모에 대한 자식들의 필리아와 신에 대한 인간의 필리아는 선하고 높은 존재로서의 부모와 신과의 관계다. 왜냐하면 그들은 자식과 신도들의 존재와 양육, 그리고 탄생부터의 교육의 원인자이므로 최대의 혜택을 주었기 때문이다. 그리고 이런 종류의 필리아는 그들이 삶을 더 공동으로 살기 때문에 쾌락과 유익(pleasantness and utility)도 낯선 사람들의 필리아보다 더 많이 보유한다. 형제간의 필리아(우애)는 동료들 간에 발견되는 (특히 이들이 좋은 사람들일 때 발견되는) 것과 같은 특색이 있고, 일반적으로 서로 유사한 사람들이 더 서로에게 속하고 바로 탄생부터 서로에 대한 사랑으로 출발하므로, 그리고 같은 부모로

---

866) Aristotle, *Nicomachean Ethics*, Book X §12.
867) Aristotle, *Nicomachean Ethics*, Book X §12.

부터 태어나고 함께 길러지고 유사하게 교육받은 사람들이 성격에서도 더 유사하므로 서로 유사한 사람들 사이에서도 필리아는 동료들의 필리아와 유사하다. 그리고 시간의 테스트는 이들의 경우에 극히 완전하게 그리고 설득력 있게 실시되어 왔다. 그리고 기타 친족들 간에는 필리아 관계가 촌수에 비례해서 적절하게(in due proportion) 형성된다.[868]

아리스토텔레스는 이어서 부부애(남편과 아내 간의 필리아)를 다시 논한다. "남편과 아내 사이에는 필리아가 본성상 존재하는 것처럼 보인다. 인간은 가정이 나라보다 더 먼저이고 더 필수적이며, 재생산이 인간과 동물에게 더 공통적이므로 본성상 나라를 만드는 것보다 짝을 만들고 싶은 훨씬 더 많은 경향이 있기 때문이다. 그런데 기타 동물들의 경우에는 연합이 이 지점까지만 뻗치지만, 인간들은 재생산을 위해서만이 아니라 다양한 생활 목적을 위해서도 함께 생활한다. 왜냐하면 출발부터 기능들이 분화되어 있고 남편과 아내의 기능들은 다르기 때문이다. 그리하여 그들은 자기들의 특별한 재능들을 공동 자산 속에 던져 넣음으로써 서로 돕는다. 이런 이유에서 유익과 쾌락은 둘 다 이런 종류의 필리아에서 발견되는 것으로 보인다. 그러나 이 필리아는 쌍방이 선하다면 덕성에도 기초할 수 있다. 왜냐하면 각자는 자기의 덕성이 있고 그들은 그 사실에 매우 기뻐하기 때문이다. 그리고 자식들은 연합의 끈이다. (이것은 자식 없는 사람들이 보다 쉽사리 헤어지는 이유다.) 왜냐하면 자식들은 부부에게 공동 자산이고 공동의 것은 부부를 결속시켜 주기 때문이다."[869] 부부관계나 친구들 간의 관계도 인간적 행동의 덕성과 의무의 종류에 의해 규제되어야

---

868) Aristotle, *Nicomachean Ethics*, Book X §12.
869) Aristotle, *Nicomachean Ethics*, Book X §12.

하므로 아리스토텔레스는 "남편과 아내, 일반적으로 친구와 친구가 어떻게 자연스럽게 처신해야 하는지는 그들이 어떻게 처신하는 것이 정당한지를 묻는 물음과 동일한 문제인 것으로 보인다"고 말한다. 왜냐하면 "한 인간이 친구에 대해, 낯선 사람에 대해, 동료에 대해, 그리고 학교 동창에 대해 동일한 의무를 가진 것으로 보이지 않기 때문"이라는 것이다.[870]

나아가 아리스토텔레스는 상하 간의 필리아와 대등한 필리아를 더 상론한다.

- 세 종류의 필리아가 (…) 존재하고, 각 필리아의 관점에서 일부는 대등한 친구들이고, 다른 일부는 우위성으로 인한 친구들이다. (왜냐하면 대등하게 좋은 사람들만이 친구가 될 수 있는 것이 아니라, 더 좋은 사람이 더 나쁜 사람과 친구가 될 수 있고, 유사하게 쾌락이나 유익의 필리아에서도 친구들은 그들이 주는 혜택에서 동등하거나 부등할 수 있기 때문이다.) 이것이 그렇기 때문에 대등한 자들은 사랑(필리아)과 기타 모든 점에서의 대등성의 기초 위에서 필요한 동등화를 실행해야 하는 반면, 부등한 자들은 우위와 열위에 비례하는 것을 만들어야 한다.[871]

그런데 친구들 간에도 불평불만과 질책이 있을 수 있는데, 그것은 유익성의 필리아 관계에서 전형적이다.

- 불평과 질책은 오직 또는 주로 유익의 필리아에서 일어나고, 이것은 좋이 예상될 만하다. 왜냐하면 덕성 때문에 친구가 된 사람들은 서로에 대해 잘 행동하려고 애를 쓰고(이것이 덕성과 필리아의 마크이기 때

---

870) Aristotle, *Nicomachean Ethics*, Book X §12.
871) Aristotle, *Nicomachean Ethics*, Book X §13.

문이다), 이 덕성에서 서로를 모방하려고 경쟁하는 사람들 간에는 불평이나 다툼이 있을 수 없다. 아무도 그를 사랑하고 그에게 잘 행동하는 사람에 의해 침해받지 않는다. 그가 기분 좋은 사람이라면 그는 타인에게 잘 행동함으로써 제 몫을 되갚음을 한다. 그리고 서비스에서 타인을 능가하는 사람은 그가 노리는 것을 획득하므로 그의 친구에 대해 불평하지 않을 것이다. 왜냐하면 각 인간은 좋은 것을 욕망하기 때문이다. 더욱이 쾌락의 필리아에서도 불평이 많이 일어나지 않는다. 왜냐하면 둘이 시간을 함께 보내는 것을 향유한다면 욕망하는 것을 동시에 얻기 때문이다. 그리고 심지어 자기에게 쾌락을 제공하지 않는다고 남에게 불평하는 사람은 그 남과 나날들을 함께 보내고 안 보내는 것이 그의 재량이기 때문에 우스꽝스럽게 보이기까지 할 것이다.[872]

아리스토텔레스는 불평불만이 가장 많은 필리아 관계를 유익의 관계, 곧 이익공동체(목적단체)로 본다.

- 그러나 유익의 필리아는 불평불만으로 미만하다. 그들이 서로를 자기 이익에 활용하는 만큼 흥정에서 언제나 이기고 싶어하기 때문이다. 그들이 그들의 당연한 몫보다 적게 얻었다고 생각하고 그들이 '원하고 응당 받아야 할' 모든 것을 받지 못하므로 파트너를 비난하기 때문이다. 그리고 타인을 잘 대하는 사람들도 그들의 은택을 받는 사람들이 원하는 만큼 많은 것을 그들이 도울 수 없기 때문이다.[873]

아리스토텔레스는 계약적 이익공동체를 도덕적 공동체와 법적 공동체

---

872) Aristotle, *Nicomachean Ethics*, Book X §13.
873) Aristotle, *Nicomachean Ethics*, Book X §13.

로 구분한다.

- 이제 정의가 불문법적 정의와 법적 정의, 이 두 종류인 만큼 한 종류의 유익 필리아는 도덕적이고 다른 종류의 법적인 것으로 보인다. 그리고 불평불만은 사람들이 그들이 계약한 것과 동일한 유형의 필리아의 정신에서 관계를 해소하지 않을 때 가장 많이 일어났다. 법적 유형의 유익 필리아는 확정된 조건에 선 유형이다. 이 법적 유형의 유익 필리아 가운데 순수하게 상업적 버전은 즉각 지불의 기반 위에 서 있는 반면, 보다 자유로운 버전은 시간을 허용하지만 정확한 수수授受를 규정한다. 이런 버전에서 책무는 명백하고 모호하지 않지만, 상환이 연체될 경우에 그것은 필리아의 요소를 담고 있다. 그래서 몇몇 국가는 이러한 약정으로부터 발생하는 소송을 허용하는 것이 아니라 신용의 기반에서 흥정을 한 사람들이 결과를 받아들여야 한다고 생각한다. 도덕적 유형의 유익 필리아는 확정된 조건에 서 있지 않다. 그것은 친구에게 주는 것처럼 선물을 주거나 그것이 만드는 어떤 것이든 준다. 그러나 사람들은 준 것이 아니라 빌린 만큼 또는 그 이상으로 받기를 기대한다. 그리고 어떤 사람의 형편이 계약이 체결될 때 형편보다 관계가 해소될 때 더 나빠진다면, 그는 불평할 것이다. 이것은 사람들이 모두 또는 대부분 고상한 것을 바라면서도 유리한 것을 선택하기 때문에 발생한다. 이제 상환을 바라지 않고 타인에게 잘 대해주는 것이 고상한 것이지만, 유익한 것은 혜택을 받는 것이다. 그러므로 우리가 할 수 있다면 우리는 우리가 받은 것의 등가물을 되돌려주어야 한다. (…) 진정 우리는 우리가 할 수 있다면 상환하는 데 동의할 것이다. (우리가 할 수 없다면 준 사람은 상환할 것을 기대하지 않았을 것이다.) 그러므로 가능하

면 우리는 상환해야 한다.[874]

불평과 다툼은 유익의 필리아(이익공동체)에서만이 아니라 우위·열위의 상하관계에 기초한 필리아에서도 발생할 수 있다. "이견은 우위성에 기초한 상하 간의 필리아에서도 발생한다. 왜냐하면 각자가 필리아로부터 더 많이 획득하기를 기대하기 때문이다. 그러나 이런 이견이 발생하면 필리아는 해소된다. 더 훌륭한 사람이 훌륭한 사람에게 더 많이 할당되어야 하기 때문에 더 많은 것을 얻어야 한다고 생각할 뿐만 아니라 더 유용한 사람도 유사하게 이것을 기대한다. 그들은 무용한 사람이 그들이 받아야 하는 것만큼 많이 받아서는 안 된다고 말한다. 왜냐하면 필리아의 소산이 베풀어지는 혜택의 가치에 상응하지 않다면 그것은 필리아의 행위가 아니라 공적 봉사의 행위가 될 것이기 때문이다. 그들은 상업적 동업관계에서 더 많이 투자한 사람이 더 많이 가져가는 것처럼 필리아에서도 그래야 한다고 생각하는 것이다. 그러나 궁핍하고 열등한 상태에 처해 있는 사람은 반대의 주장을 한다. 이런 사람은 곤란에 처한 사람들을 돕는 것은 좋은 친구의 의무라고 생각한다. 그들은 친구라는 사실로부터 아무 것도 얻을 수 없다면 훌륭한 사람 또는 유력한 사람의 친구라는 것이 무슨 쓸모가 있는가?라고 되묻는다."[875] 이와 같이 정당한 몫에 관한 정의의 불평과 다툼은 우위·열위의 상하관계에 기초한 필리아에서도 발생하는 것이다.

그러나 아리스토텔레스는 우위에 있는 편에서 다툼을 정리한다. "모든 경우에 양편이 각각 그 주장에서 정당하고 양편이 각기 필리아로부터 다른 편보다 더 많이 얻어야 하되 같은 것을 더 많이 얻는 것이 아니라, 우

---

874) Aristotle, *Nicomachean Ethics*, Book X §13.
875) Aristotle, *Nicomachean Ethics*, Book X §14.

위에 있는 편은 영예(공경)를 더 많이 얻고 열위에 있는 자는 이득을 더 많이 얻어야 할 것으로 보인다. 왜냐하면 영예는 덕성과 인혜의 포상인 반면, 이득은 열위에 있는 자가 필요로 하는 원조(assistance)이기 때문이다."[876] 아리스토텔레스는 위의 우자優者에게 영예를, 아래의 열자劣者에게는 이득을 보장하는 식으로 상하 간의 공정성 다툼을 해결하려고 하고 있다.

아리스토텔레스는 이 해법을 국가에도 적용한다. "이것은 국가적 조정제도에서도 그런 것으로 보인다. 공동 자산에 좋은 것을 전혀 이바지하지 않는 사람은 영예롭게 여겨지지 않는다(공경을 받지 못한다). 왜냐하면 공공의 것은 공공을 이롭게 하는 사람에게 주어지는 것인데 영예는 공공의 것이기 때문이다. 공동 자산으로부터 부富와 영예를 동시에 얻는 것은 가능하지 않다. 아무도 모든 것에서 더 적은 몫을 받는 것을 참고 견디지 않을 것이다. 그러므로 부를 잃은 사람에게는 영예를 할당하고, 지불받고 싶은 사람에게는 부를 할당한다. 공적功績(공덕)과의 비례는 양편을 평등화하고, (…) 필리아를 보전保全하기 때문이다. 이것은 우리가 열등한 사람들과 연합하는 방도이기도 하다. 부나 덕성의 은택을 받은 사람은 영예를 돌려주고 그가 할 수 있는 것을 갚아야 한다. 왜냐하면 필리아는 그 경우의 공덕(merits)에 비례하는 것이 아니라 사람이 할 수 있는 것을 하도록 요구하기 때문이다. 가령 신이나 부모에게 갚아질 영예의 경우에 갚는 것은 언제나 할 수 없는 것이다. 아무도 그가 얻는 것의 등가물을 그분들에게 보상할 수 없지만, 자기 능력의 극한까지 그분들에게 봉사하는 사람은 좋은 사람인 것으로 여겨지기 때문이다. 이것은 (아버지가 자기의 아들과 의절할지라도) 어떤 사람이 자기의 아버지와 의절하는 것이 허용되는 것으로 보이지 않는 이유다. 빚을 진 그는 되갚아야 하지만, 아들이 그

---

876) Aristotle, *Nicomachean Ethics*, Book X §14.

가 받은 것의 등가물을 되갚게 해줄 것은 전혀 없어서 그는 언제나 빚진 상태에 있다. 채권자는 빚을 면제해 줄 수 있다. 그러므로 아버지도 그렇게 할 수 있는 것이다. 동시에 사악한 짓을 아주 많이 한 사악하지 않은 아들을 아마 아무도 비난하지 않을 것으로 생각된다. 왜냐하면 아버지와 아들의 본성적 필리아와 별도로 아들의 원조를 거절하지 않는 것이 인간 본성이기 때문이다. 그러나 아들은 그가 만약 사악하다면 자기의 아버지를 돕는 것을 본성적으로 피하거나 이 도움에 열성적이지 않을 것이다. 대부분의 사람은 혜택을 바라지만 이득이 없는 일로 여겨 도움을 베푸는 것을 회피하기 때문이다."[877] 아리스토텔레스는 이것으로 필리아와 국가의 관계에 관한 논의를 마무리한다.

요약하면, 아리스토텔레스는 독임제적 'Monarch(=단독 치자=군주)를 왕과 참주 등을 다 포괄하는 지붕 개념으로 사용하고, 독임제적 단독 지배(monarchy=군주정)를 왕도정과 참주정을 포괄하는 지붕 개념으로 사용한다. 말하자면, 아리스토텔레스는 군주정(모나르키아)을 '왕도정'(그리스적 왕정과 아시아적 전제정)과 그 타락정체 '참주정'으로 나누었다. 왕도정은 치자가 백성의 아버지로서 백성을 마치 자식처럼 사랑하고 백성의 이익을 위해 다스리고 신민을 시민으로 대하는 정체다. 이 왕도정의 정의는 비대칭적이다. 이 정체에서는 치자가 신민에게 혜택을 더 많이 베풀고 신민은 치자가 베푸는 혜택보다 더 적은 것을 치자에게 받친다. 그리고 양자가 베푸는 것이 질적으로 다르다. 치자는 신민들로부터 영예와 공경을 받는 반면, 신민들은 이득을 받는다. 왕도정의 타락형 '참주정'은 치자가 군주의 이익을 위해 다스리고 신민을 노예로 대하는 국가다. 따라서 참주정에는 치자와 피치자 간의 사랑(필리아)이 거의 전무하고, 참주와 백성은 서로 불신한다. 그러므로 백성을 못 믿는 참주의 경호대는 백성들

---

877) Aristotle, *Nicomachean Ethics*, Book X §14.

로부터 선발된 군인들이 아니라 외국에서 들여온 용병들이다.[878] 귀족정은 군주도 귀족적 '대등한 자 가운데 제1인자(primus inter pares)'로 여기고 부부간의 필리아(사랑)로 뭉친 귀족 집단이 백성의 이익을 위해 다스리는 정체다. 그 타락형은 귀족 집단이 귀족의 이익을 위해 다스리는 '과두정'이다. 재산 규모에 따라 차등적으로 선거권을 부여하는 '티모크라시'는 시민들이 형제애로 연합해 자기들의 이익을 위해 자치하는 평등과 자유의 정체다. '폴리테이아'라고도 불린 티모크라시의 타락형은 직접민주주의 형태의 '민주정'이다. 재산평가에 따른 차등선거를 철폐한 민주정은 시민들이 평등하게 형제애로 연합하여 자치하는 완전한 평등과 자유의 정체다. 그런데 폴리비우스(Πολύβιος, BC 203?-120?)는 『역사』에서 민주정의 타락형을 '중우정치(mob-rule; 오클로크라티아 ὀχλοκρατία)'라 했다.[879] 이와 같이 아리스토텔레스에게 '사랑'은 국가형태를 결정지을 정도로 '정의'를 압도하는 덕목인 것이다. 이 점에서 그의 황당무계한 '신적' 덕성론(비윤리적·초인간적 지덕론)을 뺀 그의 '인간적' 윤리학은 공맹의 인의윤리학과 거의 상통한다고 말해도 완전히 틀린 말이 아니다.

아리스토텔레스는 민주정을 타락 정체들(참주정, 과두정, 민주정) 가운데에서는 제일 나은 정체로 보았다.("민주정은 도착된 타락 형태들 가운데

---

[878] "거기(아시아적 전제정)에서는 왕의 경호대도 참주적인 것이 아니라 왕도적이다. 왜냐하면 거기서는 시민들이 왕을 자기들의 무기로 경호하는 반면, 참주들의 경우에는 외국인 경호대를 두기 때문이다. 그리고 전제정에서는 법에 입각해 자발적으로 지배되는 반면, 참주정에서는 비자발적으로 지배되기 때문이다. 따라서 전자에서는 시민들이 보호를 마련해 주지만, 후자의 경우에는 용병들이 시민들에 대항해 참주를 보호한다. 그러므로 이것들은 군주정(μοναρχια)의 두 종류다." Aristoteles, *Politik*, 1285a18-30. 그러나 시몬 코우는 아리스토텔레스가 '전제적 지배' 아래의 신민들을 "시민이 아니라 노예나 하인과 등가적인" 존재로 이해했다고 말하는데, 이것은 그릇된 해석이다. Simon Kow, *China in Early Enlightenment Political Thought* (Oxford: Routledge, 2017), 146쪽.

[879] Polybius, *The Histories*. Translated by W. R. Paton in 6 Volumes. Leob Classical Library Series (Cambridge [MA]·London: Harvard University Press first published, 1923), 275쪽(Book VI Ch.II On the Forms of State, §3).

가장 적게 나쁜 것이다. 민주정의 경우에 국가형태가 경미하게밖에 도착되지 않았기 때문이다", "참주정에서는 필리아와 정의가 거의 없는 반면, 민주정에서는 필리아와 정의가 온전하게 존재한다.") 따라서 왕도정과 민주정에 대한 그의 비교평가는 오락가락한다. 당시에도 이 두 정체의 비교우위를 두고 논쟁이 있었다. 아리스토텔레스는 말한다.

- 소위 일반적 군주정에 관한 한, 그것은 왕이 만인을 자기 자신의 의지대로 통치하는 곳에서 존재한다. 어떤 사람들은 국가가 동등한 자들로 이루어져 있는 한에서 한 개인이 모든 시민에 대한 지배자인 것은 완전히 자연(본성)에 반한다고 생각한다. 왜냐하면 자연(본성)에서 동등한 사람들은 본성과 합치되게 반드시 동일한 정의 원칙과 동일한 가치를 가져야 하고, 그리하여 동일하지 않은 사람들이 동일한 양의 음식이나 의상을 가지는 것이 몸에 해로우므로 영예의 경우에도 이것이 그대로 사실이기 때문이다. 그러므로 유사하게 평등한 사람들이 불평등한 대우를 받는 것은 잘못이고, 이 때문에 어떤 사람도 다른 사람보다 더 다스리지 않거나 더 다스림을 받지 않는 것, 그러므로 모든 사람이 제각기 교대로 똑같이 다스리고 똑같이 다스림을 받는 것이 정당하다. 이것은 법이다. 왜냐하면 규정은 법이기 때문이다. 그러므로 어떤 시민이 다스리기보다 차라리 법이 다스리는 것이 더 바람직하고, 이에 따라 일정한 사람들이 통치하는 것이 더 나을지라도 그들을 법에 복종하는 법의 수호자들로 임명해야 한다. 왜냐하면 모종의 통치가 있어야 하긴 하지만, 모든 시민이 동일할 때 한 사람이 통치자인 것은 명백히 옳지 않다고 사람들이 얘기하기 때문이다. 그리고 법이 정의할 수 없는 것으로 보이는 어떤 경우든 인간도 결정할 수 없다는 반론이 있다. 그러나 법은 이 목적을 위해 먼저 특별하게 치자들을 교육한 다음, 그

들에게 그들의 최선의 판단에 따라 법이 넘겨준 사안들을 결정하고 관리하도록 위임한다.[880]

아리스토텔레스는 여기서 "만인이 평등한 곳에서 한 개인이 관직들을 다 관장하는 것은 옳지 않다고 얘기하는" 민주주의자들("어떤 사람들")의 견해에 동조하고 있다. 동시에 그가 다른 곳에서 ('군주정'이 아니라) '왕도정'을 제일로 선호하고 그다음에 귀족정을 최선의 헌정으로 규정하는 것도 사실이다. 『정치학』에서 아리스토텔레스는 "이것들(왕도정과 귀족정)은 제각기 덕성을 주장하고 덕성을 구비하고자 하기 때문에, 가장 좋은 헌정 체제에 관해 말하는 것은 이 두 체제에 관해 말하는 것과 같다"라고 말한다.[881] 그리고 『니코마코스 윤리학』에서도 "이 형태 중에서 가장 좋은 형태는 왕도정"이라고 말하지만,[882] 동시에 그는 방금 상술했듯이 각각의 본래적 헌정 체제(왕도정·귀족정·티모크라시)로부터 일탈한 헌정 체제들(참주정·과두정·민주정) 중에서 민주정을 "가장 원만한 것(*the most moderate*)"(『정치학』) 또는 "가장 나쁘지 않은 것"(『니코마코스 윤리학』)으로 평가한다. 반면, 왕정의 이탈 형태인 '참주정'을 "나쁜 군주정 형태"(『니코마코스 윤리학』), "최악의 헌정형태"(『정치학』)로 규정하기도 한다.[883]

따라서 위 위용문의 "어떤 사람"의 견해를 아리스토텔레스의 견해와 '전혀' 부합되지 않는다고 독해하는 것은 옳지 않다. "한 개인이 모든 시민에 대한 지배자"인 군주정이 자유·평등한 시민들로 이루어진 '평등한 사회'에서 "완전히 본성에 반한다", 또는 "모든 시민이 동일할 때 한 사람

---

880) Aristoteles, *Politik*, 1287a1-29.
881) Aristoteles, *Politik*,, 1289a30-33; Aristotle, *Politics*, IV.ii.1(283쪽).
882) Aristoteles, *Die Nikomachische Ethik*, 1160a35-37; Aristotle, *Nicomachean Ethics*, VIII.X.3(283쪽).
883) Aristoteles, *Politik*, 1289b2-4; *Politics*, IV. ii, 2(283쪽); Aristoteles, *Die Nikomachische Ethik*, 1160b9-11, 19-20.

이 통치자인 것은 명백히 옳지 않다"는 '어떤 사람들'의 생각에 아리스토텔레스가 동조하고 있기 때문이다. 아리스토텔레스 자신이 "모든 사람이 제각기 교대로 똑같이 다스리고 똑같이 다스림을 받는 것이 정당하고", 또 "이것은 법이다"고 말하고 있는 점에서 그도 항간의 이 평가에 동조하고 있는 듯이 보인다. 그리고 그의 이 동조는 민주정을 일탈 체제 중에서 "가장 원만한 것", 또는 "가장 나쁘지 않은 것"으로 보는 그의 다른 견해와 부합되는 면도 있기 때문이다. 게다가 아리스토텔레스는 왕도정을 자유·평등한 노예주 시민들이 사는 아테네의 정치발전 수준에 비추어 '낡은 체제', '때 지난 것'으로, 후진 이방인들이나 아직도 보존하고 있는 정치체제로 낮춰본다. "우리의 도시국가들은 왕도정 치하에 있는 부분들로 구성되어 있는데, 시초에 왕도정적 치하에 들어 있었고, 이방인 종족들은 아직도 그러고 있다."[884] 이런저런 것들을 다 고려할 때 아리스토텔레스의 입장은 왕도정과 민주정의 비교평가에서 줄곧 오락가락한 것으로 보인다.

한편, 아리스토텔레스는『니코마코스 윤리학』에서의 논조와 달리『정치학』에서는 가정과 국가, 가정 경영과 정치 과업 간의 본질적 차이를 강조했다. 그는 커다란 가문과 작은 국가 사이에 아무런 구분을 짓지 않고 통치 기술의 관점에서도 국가관리와 왕과 가정 경영자를 구분을 짓지 않은 플라톤에 대해 원칙적으로 금을 그었다. 아리스토텔레스는 국가의 지배 형태와 가정의 사적 관계 사이에 일정한 비유적 유사관계를 언급했지만 이것은 어디까지나 가정과 국가 간의 '등치'가 아니라 비유적 '상응'을 말한 것이다.[885] 아리스토텔레스는『정치학』의 첫 페이지부터 가정(오이

---

884) Aristoteles, *Politik*, 1252b9-23.
885) 참조: Peter Spahn, "Aristoteles", 408, 409쪽. Iring Fetscher und Herfried Münkler (Hg), *Pipers Handbuch der Politischen Ideen*. Bd.1: *Frühe Hochkulturen und europäische Antike* (München: R. Piper GmbH & Co. KG, 1988).

코스)과 국가(폴리스)를 서로 같은 것으로 보는 것을 오류라고 선언한다.

- 모든 국가가 일종의 공동체이고 공동체란 (만물이 자기가 좋다고 여기는 것을 위해 어떤 일이든 다하므로) 모두 다 어떤 선을 위해 존립하는 까닭에 분명한 것은 모든 공동체가 그 어떤 선을 지향하기는 하지만 모든 공동체 가운데서 가장 중요한 공동체이자 나머지 모든 공동체를 제 속에 포괄하는 저 국가공동체가 가장 많이 그리고 모든 선 가운데 가장 중요한 선을 지향한다는 사실이다. 이 공동체는 소위 국가이고, 국가공동체이다. 그러므로 정치가, 군주, 가정 경영자, 노예주가 다 똑같다고 생각하는 모든 사람은 오산하는 것이다. 이들은, 차이가 각각의 양식에 있는 것이 아니라 한낱 이들 간의 수량적 대소大小에만 있을 뿐이어서 가령 소수를 다스리는 자는 주인이고, 이보다 더 많은 자들을 다스리는 자는 가정 경영자이고, 훨씬 더 많은 자들을 다스리는 자는 정치가나 군주라는 것이다. 커다란 가정과 작은 국가 사이에는 아무런 차이가 없다는 것이다. 정치가와 군주에 관한 한, 주권적으로 다스리는 자는 군주지만, 적합한 과학의 규칙에 입각하여 행하고 다스리고 복종하는 것을 교대로 하는 자는 정치가다. 우리가 여기서 주어진 방법에 따라 구분을 지으면 저 생각이 그릇된 것이라는 점이 분명해질 것이다.[886]

그리고 아리스토텔레스는 소크라테스를 명시적으로 비판한다. "소크라테스의 오류의 원인은 그의 근본적 가정이 그릇된 것에 있었던 것으로 생각되어야 할 것이다. 어느 면에서 가정(오이코스)과 국가(폴리스)가

---

886) Aristoteles, *Politik*, 1252a1-16.

하나이어야 하는 것은 확실하지만, 모든 면에서 그래서는 아니 된다."[887] 이와 같이 오이코스와 폴리스 간의 동일성 테제를 반박하는 아리스토텔레스는 자기의 명제를 재정립하기 위해 목적론적 논증과 생물학적 논증을 결합시키는 방법을 취한다. 그는 '성장'의 관점에서 고찰하여 공동체의 단계를 도출한다. 첫째, 오이코스의 단계다. 가정은 남녀의 자연적 결속 및 부모와 자식, 주인과 노예 사이의 자연에 기초한 관계로 되어 있다. 둘째, 마을(제1차 공동체)의 단계다. 마을은 여러 가정들의 공존에서 생긴다. 셋째, 폴리스(국가)의 단계다. 여러 마을로 구성된 완전한 공동체로서의 폴리스(국가)는 "이미 완전한 자립의 궁극 목표에 도달했다". 즉, 폴리스는 "처음에는 단순한 삶을 위해 생겨났으나 그다음은 완전한 삶을 위해 존립하는 것"이다. 이런 까닭에 폴리스도 제1차 공동체(마을)들이 그러하기 때문에 "자연적 본성상(퓌세 φύσει) 존재하는 것"이다. "폴리스는 이런 제1차 공동체들의 목표이고, 이 목표는 바로 본성 상태. 자신의 발전이 완전한 단계에 도달했다면 개체가 도달한 완전한 상태를 우리는 가령 인간·말·가정 등의 자연 본성과 같은 개체의 자연 본성이라고 부르기 때문이다. 게다가 목적과 목표는 최선이다. 그러나 목표와 최선은 자족이다. 여기로부터 폴리스는 자연적 본성상 존재하는 것들에 속하고 인간은 본성상 정치적 동물, 또는 폴리스적 동물(폴리티콘 조온 πολιτικόν ζῷον)이라는 것이 밝혀진다."[888]

---

887) Aristoteles, *Politik*, 1263b30-34.
888) Aristoteles, *Politik*, 1252b26-1253a3. 신 로버츠는 이 구절을, 홉스가 오해하듯이, "인간들이 본능에 의해 또는 생각 없이 불가피하게 폴리스를 형성한다"는 것을 뜻하는 것도 아니고, 아리스토텔레스가 "폴리스를 자기보존적·자기운동적 실체로 만드는 것"을 의미했던 것도 아닌 것으로 해석한다. 국가에 도달하지 못한 원시종족도 많이 있고, 자기운동적인 자족성은 자연사물에도 있기 때문이다. 그는 이 구절의 "핵심적 주장"을 "폴리스가 자연적 실체라는 주장"이 아니라, "폴리스가 인간들에게 지연스런(본성적인) 것이다, 인간들이 폴리스 안에 사는 것은 자연스런 것이다는 주장"으로 풀이한다. Roberts, Aristotle and the Politics, 33-34쪽.

아리스토텔레스에 따르면 수많은 가정과 마을을 포괄하는 국가의 단계에서야 '정치적 동물'로서의 인간의 본성(자연적 천성)이 완전히 실현되고 그리하여 사회적 분업 체계가 완결된 자립(자족적 독립) 체제의 수준에서 완전한 삶이 구현된다는 것이다. 이런 국가는 인간의 궁극 목표의 실현이다. 그러나 가정은 사회 분업의 한 고리로서 그 자체로 떼어놓으면 물질적으로 자립할 수 없는 불완전 공동체이고 정치적 동물로서의 인간의 본성이 완전히 발현될 수 없는, 작고 부분적인 비정치적 공동체에 불과한 것이다. 전체는 부분에 우선한다. 전체가 있어야 부분이 있는 것이기 때문에 전체와 부분, 즉 국가와 가정, 또는 국가와 개인은 기원적으로 다른 것이다. "국가는 본성상 가정보다 또는 우리들 가운데 각자보다 더 근원적이다. 전체는 부분보다 더 근원적이기 때문이다. (…) 자연적 본성상 국가가 존재하는 것이고 개인보다 더 근원적인 것이라는 점은 분명하다. 개인은 자립적으로 살 수 없는 한에서 부분과 전체의 관계처럼 행동해야 한다. 그러나 공동체 속에 살 수 없거나 스스로 자립하여 공동체를 필요치 않는 존재는 국가의 일부가 아니라 야수가 아니면 신일 것이다. 따라서 모든 인간은 본성상 공동체로의 충동을 가지고 있고, 이 공동체를 최초로 건설한 사람은 최고선의 창조자다. 인간이 완전하다면 생물 가운데 최선의 생물이지만, 법과 법적 권리로부터 분리되면 모든 생물 가운데 최악의 생물이 된다. 가장 극악한 것은 무장한 불의不義다. 인간은 자연적으로 꾀와 재능을 가지고 있는데 바로 이것들을 대부분 거꾸로 사용할 수 있다. 그러므로 인간은 덕성이 없다면 모든 생물 가운데 가장 독신적瀆神的이고 가장 야수적일 생물이고 애욕과 식탐에서 가장 극악한 생물일 수 있다. 반면, 정의는 국가에 고유한 것이다. 법은 국가공동체의 질서이고, 정의는 무엇이 정의로운 것인지를 판단하기 때문이다."[889]

---

889) Aristoteles, *Politik*, 1253a19-41.

개인은 가정과 국가를 벗어난다면 죽거나 야만화 되고 다시 가정은 국가를 벗어나면 존립할 수 없는 것이다. '단순한 생존'을 넘어 '완전함 삶'을 위한 '완전한' 자족적 자립성의 측면에서 개인은 가정에 의해 능가 되고, 가정은 국가에 의해 능가된다. 따라서 원칙적으로 국가는, 구성원들의 공동체가 완전한 자립 단계에 도달할 때만 완전히 실현되는 것이다. 환원하면 국가는 완전한 공동체다. 그러므로 국가와 가정은 같은 것이 아니고 동일한 차원에서 등치될 수 있는 것이 아닌 것이다. 아리스토텔레스가 여기저기 전개한 바 있는 가정과 국가의 상응 명제는 다 비유의 차원에 속한 것이다.

3.4. 플라톤의 공산국가에 대한 비판

아리스토텔레스는 필리아(사랑과 우정) 원리의 연장선상에서 가족을 해체함으로써 부부간의 사랑과 혈족 간의 사랑을 완전히 제거한 소크라테스와 플라톤의 스파르타식 재산·처자공유의 공산주의를 비판하고, 재산공유제 대신 '우의적 개인소유'를 주장한다.

■ 가족을 없앤 플라톤의 재산·처자공유제 공산주의에 대한 비판

이런 '우의적 개인소유'에서 아리스토텔레스는 소크라테스와 플라톤의 재산공유제와 처자妻子공유제에 반대하고 철저히 비판했다. 소크라테스와 플라톤은 사적소유제에 따른 고대 아테네 도시국가의 사회적 병폐를 해결한다는 구실로 수호자계급의 경우 생산수단 및 소비수단의 공유와 처자공유제를 주장했다. 그들은 가족을 사적소유의 뿌리로 간주하고 가족을 철폐하기 위해 부녀·자식 공유제까지 주장한 것이다. 말하자면 '완전한' 공유제다. 그러나 처자공유제는 혈족적 친애질서에 기초한 원시

공산사회 단계 이전의 잡혼 단계로의 회귀나 다름없는 것이다.

아리스토텔레스는 소크라테스와 플라톤의 이 완전한 공산주의 주장을 정면으로 논박하고 다른 해결책을 제시한다. 아리스토텔레스는 먼저 공유재산의 병폐를 들어 재산공유제를 비판한다.

- 일반적으로 공동생활과 모든 인간사人間事에서의 공동은 어렵고 특히 이 인간사에서의 공동은 어렵다. 이것은 가령 여행단체들이 보여준다. 대부분의 여행단체는 일상적인 일과 사소한 일로 서로 다투고 결국 서로 맞붙어 싸우기 때문이다. 우리는 우리가 가장 빈번하게 일상적 일 처리에 사용하는 저 하인들에 대해서도 가장 많이 화를 낸다. 따라서 재산의 공유는 이런, 그리고 유사한 어려움을 안고 있다.[890]

아리스토텔레스는 이런 병폐를 지닌 공유재산제 대신 내 것, 네 것을 분명히 가르되 친구끼리는 소유물을 공동으로 사용하는 원칙으로서 '우의적 공동사용의 개인소유제'를 주장한다.

- 공유에 반해 현재의 소유제도가 도덕과 올바른 법률의 지침에 의해 개선된다면 적지 않은 이점을 제공할 것이다. 이 제도는 양자의 좋은 면을 가지는데, 이는 재산의 공동소유 원리와 개인소유 원리의 이점을 의미한다. 왜냐하면 특정한 의미에서는 재산이 공동적이어야 하되, 일반적 의미에서는 개인적이어야 하기 때문이다. 각자가 자기 것을 돌본다면, 서로서로에 대한 어떤 불평불만도 제기되지 않고, 우리는 더 많이 전진할 것이다. 왜냐하면 각자가 자기 것에 몰두하기 때문이다. 다시 덕성은 재산의 사용을 "친구들에게 모든 것은 공동이다"는 격언에

---

890) Aristoteles, *Politik*, 1262a 15-23.

따라 규제할 것이다. 이미 지금 이것은 몇몇 국가에서 이런 방식으로 스케치 되고 있어서 이 일은 불가능한 것이 아니다. 무엇보다 좋은 제도를 갖춘 국가들에서 많은 것들이 실현되어 있고, 많은 것들이 더 실현될 수 있을 것이다. 각자는 개인적 재산을 가지지만 이런저런 것들을 친구의 처분에 이용하도록 맡기고, 다른 것들은 친구가 공유재산처럼 사용한다. 가령 스파르타에서는 각자가 타인의 노예를 일정한 정도로 자기의 노예처럼 이용하고, 시공에서 여행비용을 필요로 한다면 말이나 개도 자기 것처럼 쓴다. 따라서 재산이 개인적으로 남아 있되, 사용을 통해 공동적이 되는 것이 명백히 더 나은 것이다. 하지만 시민들이 이에 따라 행동하는 것은 입법자의 특별한 과업이다.[891]

이것은 바로 '우의적 공동사용의 개인소유제'이고, 이 소유제도의 취지는 "재화는 땅에 버려지는 것을 싫어해도 꼭 자기에게만 사장私藏되어 있지 않는" 공자의 대동 시대 소유제와[892] 거의 완전히 일치한다. 아리스토텔레스는 사물을 자기가 소유하는 것에서 기쁨을 느끼는 사람들의 본성적 심리를 올바로 고려한다.

- 무언가를 자기의 소유로 규정할 수 있는 것이 어떤 기쁨을 보장하는 것인지도 형언할 수 없다. 확실히 각자는 자기 자신에 대한 사랑을 그냥 가지는 것이 아니다. 이것은 본성상 그런 것이다. 이기적 자기 사랑은 정당하게 탓할 것이지만, 자기 사랑 자체가 문제가 아니라 수전노에게서처럼 자기 자신에 대한 지나친 사랑이 문제인 것이다. 반면, 이

---

891) Aristoteles, *Politik*, 1262a 23-40.
892) "재화는 땅에 버려지는 것을 싫어해도 꼭 자기에게만 사장私藏되어 있지 않고, 힘은 몸에서 나오는 것을 싫어하지만 꼭 자기만을 위하지 않았다.(貨惡其弃『棄』於地也 不必藏於己 力惡其不出於身也 不必爲己)." 『禮記』「禮運 第九」.

른바 만인은 각자가 소유한 몫을 사랑한다.[893]

아리스토텔레스는 자기 소유의 이 기쁨만이 아니라, 남을 돕는 베풂의 큰 즐거움도 잊지 않고 짚는다.

- 그러나 친구들, 손님들, 그리고 동료들에게 친절이나 도움을 베푸는 것도 최대의 즐거움을 산출해 준다. 그런데 이 즐거움은 우리가 개인적 소유가 존재할 때만 산출된다. 소유의 기쁨이든 도움의 즐거움이든 이 모든 것은 국가를 너무 많은 통일적으로 만드는 그런 사람들이 성취하지 못한다. 게다가 그들이 두 개의 덕목, 즉 여성에 대한 자기기율(자기기율에서 남의 부인을 존경하는 것은 고상한 행동이니까)의 덕목과 재물을 잘 베푸는 덕목의 발휘를 폐절해 버릴 것이 분명하다. 왜냐하면 잘 베푸는 심정은 가시화될 수 없고, 잘 베푸는 행위는 일어날 수 없기 때문이다. 잘 베푸는 심정과 행위의 효과는 바로 개인적 소유의 사용이기 때문이다.[894]

아리스토텔레스는 베푸는 심정과 효과로서의 즐거움을 최대의 즐거움으로 거론하면서 이 즐거움을 낳는 베풂의 덕목과 여성 존중의 덕목을 폐절해 버릴 획일적 공유제 국가의 문제점을 지적하고 있다.

그리고 아리스토텔레스는 획일적 공산주의 이론과 그 가정의 근본적 오류를 파고든다.

- 저 (공유제) 입법은 위대하고 인간 친화적으로 보이고, 누가 이에 대해

---

893) Aristoteles, *Politik*, 1262a41-1263b5.
894) Aristoteles, *Politik*, 1262b 7-14.

든든지 특히 지금 국가 안에 현존하는 악폐들을 소유가 공유가 아니라는 사실 탓으로 돌린다면 (만인의 만인에 대한 경이로운 우의가 생겨날 것이라고 생각하니까) 이 입법을 기꺼이 수락하기는 한다. 악폐란 계약을 둘러싼 상호적 소송, 위증으로 인한 법정 심판, 부자들에 대한 아부 등을 말한다. 그러나 이런 일들은 재산공유제의 부재로 생겨나는 것이 아니라, 인간들의 악덕에서 생겨나는 것이다. 공유재산을 가지고 공동으로 사용하는 저 사람들이 개인적 소유의 보유자들보다 훨씬 더 많이 다투는 것도 우리는 알고 있다. 그런데도 우리는 공유재산을 두고 다투는 소수의 사람에만 주목하고 이 소수의 사람을 개인적 재산을 가진 많은 사람과 비교한다.[895]

아리스토텔레스는 공유제의 "위대한 인간 친화적" 환상을 놓치지 않고 정확히 짚고, 인간의 덕성 부재로 인한 사회적 악폐를 공유제의 부재, 즉 사유재산제로 돌리는 것은 소크라테스와 플라톤의 공산주의 테제의 근본적 오류라고 지적하고 있다. 나아가 그는 덧붙인다. "또한 재산공유제에서 사라질 많은 병폐만을 나열할 것이 아니라 공유제에서 사라질 수많은 이점을 나열하는 것이 공정할 것이다. 왜냐하면 이런 식으로 사는 것이 완전히 불가능하다는 것이 입증될 것이기 때문이다."[896]
　아리스토텔레스는 원시공산주의를 넘어선 이 고대 그리스 사회 단계에서 이미 공산주의적 생활이 불가능하다는 것을 알고 정확하게 그 불가능성을 천명하고 있다. 그는 소크라테스와 플라톤의 이 오류를 그들의 그릇된 전제前提 탓으로 돌린다.

---

895) Aristoteles, *Politik*, 1262b 15-27.
896) Aristoteles, *Politik*, 1262b 28-29.

- 소크라테스의 오류에 대한 책임은 그의 올바르지 않은 전제 탓으로 돌려야 한다. 가정과 국가는 물론 얼마간 하나이어야 하지만, 단적으로 그래서는 아니 된다. 국가 일반이 더 이상 존재하지 못하는 통일성의 정도가 있고, 국가가 거의 더 이상국가가 아닌, 아무튼 더 나쁜 국가가 되는 통일성의 정도가 있다. 이것은 심포니를 단일 음조로, 그리고 리듬을 단일 박자로 만들어 버리는 경우와 같은 것이다. 오히려 다양성의 국가를 교육에 의해 공동체와 통일체로 만들어야 한다. 교육하고 국가를 교육에 의해 유능하게 만들기를 희망하는 사람이 국가를 그러한 수단으로 정연하게 만들려고 하면서도, 가령 스파르타와 크레타에서 입법자가 공동 식사를 통해 재산 공유를 성사시킨 것처럼 습관들이기, 철학과 법률을 통해서 정연하게 만들지 않는 것은 이상하다. 우리는 그 제도가 옳다면 그것이 숨겨져 있지 않고 드러나 있을 긴 시간과 여러 해를 고려해야 한다. 왜냐하면 그렇게 어지간히 모든 것이 이미 발견되어 있었고, 다만 이런저런 것들이 수집되지 않았을 뿐이고, 다른 것들은 알려져 있었어도 적용되지 않았기 때문이다. 우리가 이러한 헌정 제도가 한번 사실상 도입된 것을 본다면 이것은 가장 명백할 것이다. 사람들은 여러 일들을 식탁공동체, 씨족공동체, 부족공동체로 나누고 분리시키지 않은 채 국가를 건설할 수 없을 것이다. 따라서 법률적 개선이 가능한 것은 단지 수호자들이 땅을 갈지 않아야 한다는 것에 불과할 뿐이다. 이것은 스파르타 사람들이 현재 도입하려고 시도하는 것과 다른 것이 아니다.[897]

국가 안에서 모든 일들은 나뉘고 분리되고 다양하고 복잡하므로 심포니와 리듬처럼 조화롭게 배치되어야 하는 까닭에 결코 획일화될 수 없다

---

897) Aristoteles, *Politik*, 1262b 30-1263a 10.

는 말이다. 공동 식사·식탁공동체를 운영하는 스파르타조차도 수호자 군인들을 농사일을 그만두고 군사 활동만 하도록 하고 군사 기능을 전문화시키도록 입법을 추진하고 있다는 것이다.

아리스토텔레스는 소크라테스와 플라톤의 공산국가 구상에 대한 비판의 강도를 더 높인다.

- 소크라테스는 또한 전체 국가의 생활 방식에서 어느 것이 공동이어야 하는지를 말하지 않았다. 말하기 쉽지도 않다. 왜냐하면 국가 안의 대중은 많은 보통 시민으로 구성되어 있기 때문이고, 또 농부들도 재산을 공유해야 하는지 여부, 그리고 여성과 자식들이 공유되어야 하는지 여부가 규정되고 있기 때문이다. 동일한 방식으로 만물이 만인에게 공유된다면 이 만인은 수호자들과 어떤 점에서 구분되는가? 또는 수호자들이 만인에게 봉사해야 한다면 그들은 만인에 대해 뭐라고 말해야 하는가? 또는 어떤 사실을 근거로 그들은 만인에게 봉사해야 하는가? 크레타 사람들과 유사한 것을 생각해 내지 않는다면, 그들은 모든 것에서 스스로를 노예와 동일한 토대 위에 놓았고, 노예들에게만 체육과 무기 소유를 금지했다. 이에 반해 이것들이 다른 나라들에서처럼 농부들에게도 제도화되어 있어야 한다면, 이것은 어떤 종류의 공동체일까? 이런 국가 안에는 불가피하게 두 국가가 존재할 것이고, 이 국가들은 서로 대립 속에 존재할 것이다. 왜냐하면 소크라테스는 수호자들을 일종의 수비대로 만들고, 농민·공인 등을 시민들로 만들기 때문이다. 그리고 고소, 소송, 그리고 그가 다른 국가들 탓으로 돌린 다른 악폐들도 모두 남아 있을 것이다. 하지만 소크라테스는 시민들이 교육 덕택에 국가경찰·시장경찰 등에 관한 법률이 많이 필요하지 않다고 말한다. 그러나 그는 교육을 수호자들에게만 보장한다. 나아가 소크라

테스는 농민들을 납세를 대가로 자기 재산의 주인으로 만든다. 그러나 이런 식이라서 농민들이 헬로텐(스파르타 토착 노예들), 페네스텐(테살로니아 노예들), 그리고 다른 곳의 기타 노예들보다 훨씬 더 다루기 힘들고 더 오만하다고 상정해야 할 것이다.[898]

아리스토텔레스는 소크라테스와 플라톤이 주장하는 재산공유제에서 수호자계급과 농민·공인계급 간의 모호한 정치적 관계를 문제 삼고 있다. 아리스토텔레스는 농민·공인 계급의 이런 제도화에 대해 아무런 규정도 말하지 않고 있는 것도 지적하고 농토의 사유제와 모순되는 부녀공유제의 제도적 부조리도 계속 비판한다.

- 따라서 이 제도가 마찬가지로 필요한지 여부에 대해서도 아무것도 말하지 않고, 또한 이 농민들의 헌정 체제, 교육, 그리고 법률과 연관된 것에 대해서도 말하지 않는다. 이것은 쉽게 생각해 낼 수 없다. 이런 것이 어떤 성격을 갖게 되든 이런 것들은 수호자공동체의 보존을 위해 아무런 작은 차이도 만들지 않는다. 가령 입법자가 여자들을 공유하게 하면서도 농토는 사적소유로 놓아둔다면, 남자들이 농토를 경작하듯이 누가 집을 관리할 것인가? 그러나 농민들의 부녀자와 재산이 공유라면 농민을 다루기는 훨씬 더 힘들어질 것이다. (여자들이 남자들과 똑같은 일을 수행해야 한다는 것을) 짐승들과 비교하는 것도 부조리할 것이다. 물론 짐승들은 전혀 가사家事를 돌보지 않기 때문이다.[899]

아리스토텔레스는 농토사유제와 부녀공유제 간의 제도적 충돌과 모순

---

898) Aristoteles, *Politik*, 1263a 11-36.
899) Aristoteles, *Politik*, 1263a 37-1263b 6.

을 지적한 데 이어 소크라테스와 플라톤이 기획한 '철인치자' 개념의 문제점도 비판한다.

- 소크라테스가 설치하는 치자의 일도 곤란하다. 왜냐하면 그는 언제나 동일한 사람들을 치자로 삼기 때문이다. 이 때문에 아무런 자존심도 없는 사람들도 반란을 일으킬 것이고, 정열적이고 호전적인 남자들은 그야말로 제대로 반란을 일으킬 것이다. 그러나 언제나 동일한 사람들을 하여금 통치하도록 강요되는 것은 명백하다. "신으로부터 생겨나는 금"은 이 영혼에 부여했다가 저 영혼에 부여했다가 하는 것이 아니라 항상 동일한 영혼에 부여하기 때문이다. 그는 물론 탄생하자마자 신이 이 영혼들에 금을 부여하고, 다른 영혼들에는 은을 부여하고, 농민과 공인이 되도록 정해진 영혼들에는 동과 철을 부여한다고 말한다. 마침내 소크라테스는 수호자들로부터 행복을 빼앗는다면 입법자가 전체 국가가 행복하게 될 것이 틀림없다고 주장한다. 모두가 행복을 가지지 못한다면, 아니 대부분이, 또는 몇몇 부분이 행복을 가지지 못한다면 국가 전체가 행복해지는 것은 불가능하다. 왜냐하면 2로 나뉘는 수가 그런 것처럼 행복은 2로 나뉠 수 없기 때문이다. 여기에서 전체는 부분들 가운데 그 어느 부분이 아니면서도 2로 나뉘는 숫자일 수 있다. 그러나 행복의 경우에는 그럴 수 없는 것이다. 하지만 수호자들이 행복하지 않다면 누가 행복해야 하는가? 아무튼 공인들과 속물 군중은 아닐 것이다. 소크라테스가 말한 헌정 체제는 이런저런 적지 않은 어려움이 있는 것이다.[900]

아리스토텔레스는 여기서 언제나 동일한 치자의 통치체제의 전복 위

---

900) Aristoteles, *Politik*, 1263b 7-23.

험성을 예리하게 지적하고, 수호자계급이 나라 '전체'의 행복을 위해 자기들의 행복을 포기하고 나라를 지키고 다스린다는 논변에 담긴 논리적 모순, 즉 나라의 '일부'인 수호자들과 치자들이 불행하므로 전체가 행복할 수 없게 되는 논리적 자가당착을 비판하고 있다.

또한 아리스토텔레스는 소크라테스와 플라톤이 주장하는 처자공유제의 부조리도 날카롭게 비판한다. 그는 "더 큰 자급자족이 더 바람직하다면 더 작은 통일성도 더 바람직하다"는 명제를 전제로 이렇게 말한다.

- 하지만 공동체가 가급적 통일적인 것이 최선일지라도 이것은 사물의 이치에 따라 모든 것이 "나의 것"이면서도 "나의 것이 아닌 것"이라고 말함으로써 달성될 수 없다. 소크라테스는 바로 이것이 국가가 완전히 하나라는 사실에 대한 표시다고 주장한다. "모두(alle)"라는 개념은 그럼에도 이중적 의미가 있다. 이 개념이 "각 개인 자체"를 뜻한다면, 소크라테스가 추구하는 것은 이미 본래적으로 실존한다. 각자는 자기의 아들을 자기의 아들로, 그리고 자기의 아내를 자기의 아내로 지칭하고, 각자는 자산과 그와 관련된 모든 것에 대해서도 그렇게 똑같이 말할 것이기 때문이다. 그러나 처자식을 공동으로 가지는 자들은 바로 그렇게 말할 수 없다. 모두는 다 합쳐서 그럴 수 있지만 각자는 개별적으로 그럴 수 없고, 마찬가지로 모두는 합쳐서 자산에 대해 그렇게 말할 수 있지만, 각자가 개별적으로 자산에 대해 그렇게 말할 수 없다. 따라서 여기에서 "모두"를 언급하는 것은 명백히 오추리인 것이다. (…) 게다가 저 학술은 더한 오류도 안고 있다. 가장 많은 사람들에게 공유되는 것은 보살핌을 가장 적게 받는다. 왜냐하면 우리는 자기의 것을 가장 많이 돌보고, 공동의 것은 더 적게, 또는 각자에게 관계되는 만큼만 돌본다. 왜냐하면 그 밖의 것을 도외시하면 사람들은 다른 사람이

돌볼 것이라 생각하기 때문에 공동의 것을 오히려 소홀히 할 것이기 때문이다. 이것은 흡사 가사 노동에서 많은 하인들이 때때로 적은 사람들보다 더 적게 일하는 것과 유사하다. 그러나 이제 각 시민이 천 명의 아들들을 받고, 이 아들들을 각 개인의 아들들로 받는 것이 아니라면 각각의 임의적 아들은 획일적으로 각 임의적 개별인의 아들이 된다. 따라서 그들은 그들 모두를 획일적으로 소홀히 할 것이다.[901]

아리스토텔레스는 제일 먼저 자식공유제의 문제점을 '모두의 자식은 아무의 자식도 아니다'는 식으로 논증한다.

- 나아가 각자는 어떤 시민에 대해, 이 시민에게 좋든 나쁘든, 아버지의 수에서 차지하는 부분이 큰 정도만큼의 관심을 갖고 "나의 아들"이라고 말할 것이다. 각자는 천 명의 아들 또는 국가가 가진 수의 아들 중 각 아들과 관련해서 "나의 아들", "X의 아들"이라고 말하되 여전히 불확실성을 안고 겨우 말한다. 왜냐하면 누가 자식을 낳는지, 그리고 누구의 자식이 살아남았는지 알려지지 않은 채이기 때문이다. 각 개인이 "나의 자식"에 관해 그렇게 언급하고 이 언급을 2천 명의 타인들, 또는 만 명의 타인들과 나누는 것이 나을까, 또는 지금 여러 나라에서 "나의 것"이 이해되듯이 나누는 것이 더 나을까? 오늘날 이 사람은 자기의 아들을, 저 사람은 자기의 형제를 "나의 것"이라는 동일한 명칭으로 부르고 제3의 인물은 사촌이나 그 어떤 친척을 직접 그 자신을 통해서나 친척을 통해서나 혈연이든 소속이든 사위·며느리든 이런 근거로 그런 명칭으로 부른다. 다른 사람은 다시 자기의 씨족·부족구성원을 그렇게 말한다. 왜냐하면 저 가짜 아들이 되기보다 진짜 사촌인 것

---

901) Aristoteles, *Politik*, 1261b 16-40.

이 더 낫기 때문이다. 몇몇 사람들이 자기들의 형제, 자식, 아버지와 어머니를 알아채는 것도 피해 갈 수 없을 것이다. 왜냐하면 자식들이 생부모와 가진 닮음에 따라 그들은 서로서로부터 이것을 받아들이지 않을 수 없기 때문이다. 우리는 이것이 실제로 발생한다는 사실을 지구의 기록에서 읽는다. 상부 리비아의 몇몇 부족들은 여성을 공유하지만, 자식들은 닮음에 따라 분배된다. 말과 소 같은 다른 생명체들의 경우에는 놀랍게도 수컷에게 닮은 새끼를 낳아주는 소질을 가진 암컷들이 있다. 파르살로스(남부 테살로니아의 도시)의 암말이 그러하는데, 정의로운 암말이라고 일컫는다.[902)]

아리스토텔레스는 그야말로 번뜩이는 논리로 소크라테스와 플라톤의 자식공유제에 대해 설득력 있는 비판을 가하고 있다. 사람들이 서로 닮은 점을 보고 자신의 형제, 자매, 자식, 부모를 알아차린다. 이것은 동물들의 경우에도 막을 수 없는 것이다. 이 때문에 자식공유제를 통해 부모·형제·자매들이 서로를 알아보지 못하게 하여 사유재산의 원천인 가족과 친족을 말살하려는 시도는 실현되기 불가능하다는 것이다. 또한 자식공유제는 "가짜 아들이 되기보다 진짜 사촌이 되는 것이 더 낫다"는 격언에서 표현되는 혈족적 애착과 유대의 본성 질서를 몰각하고 파괴하는 망상이라는 것이다.

또한 아리스토텔레스에 의하면 가족과 친족관계의 파괴가 가져올 폐해는 다음과 같이 엄청나다.

- 이러한 공유제를 세우는 사람 다음의 어려움들도, 가령 (부분적으로 자발적인, 부분적으로는 비자발적인) 살상, 싸움과 욕설도 쉽사리 피할 수

---

902) Aristoteles, *Politik*, 1262a 1-23.

없다. 이것은 아마도 먼 사람들에게 일어나는 일이지만, 아버지나 어머니, 그리고 가까운 친족들에 대해서는 일어나서는 아니 되는 일들이다. 하지만 서로를 알아보지 못한다면 이런 일들은 서로를 알아보는 경우보다 더 자주 발생할 수밖에 없다. 그리고 이런 일들이 벌어졌으면 서로 아는 사람들 간에는 통상적 사죄가 이루어질 수 있지만, 자식공유제의 경우에는 그럴 수 없다.[903]

아리스토텔레스는 자식공유제 하에서 사람들이 서로를 모르기 때문에 부모와 자식, 또는 친족도 서로 살상하고 싸움하고 욕설로 모욕하기 십상이고, 그렇지만 사죄나 화해도 있을 수 없다는 폐해를 예리하게 지적하고 있다. 곁들여 그는 두 가지 부조리를 더 들춘다. "자식들을 공유하게 하고서도 애인들이 자기의 애인 집에서 자는 것을 금지하지만 사랑 자체를 금지하지 않고, 아버지와 자식 간에, 그리고 형제끼리는 극단적으로 부적합한 기타 성교도 사랑 감정 그 자체처럼 금지하지 않는 것이 부조리하다. 성욕이 격렬하다는 이유 외에 어떤 다른 이유도 없이 동침을 금지하는 것도 마찬가지로 부조리하다. 그러나 여기서 문제는 상대가 아버지와 아들, 형제들일 수 있다는 것을 결코 알 수 없다는 점이다."[904]

이어서 처자공유제에 대한 비판을 다른 각도에서 바라보아 이 제도가 수호자계급에게보다 농민들의 분리 지배에 더 유리할 것이라고 비판한다.

- 나아가 처자공유자는 수호자들에게서보다 농민들에게 유익한 것처럼 보인다. 가령 부녀와 자식이 공유되는 곳에서 우의友誼 또는 사랑(필

---
903) Aristoteles, *Politik*, 1262a 24-33.
904) Aristoteles, *Politik*, 1262a 34-39.

리아)이 더 적게 존재할 것이고, 이것은 피치자들이 더 쉽사리 복종하고 혁신을 기도하지 않는 한에서 합목적적이다.[905]

수호자들은 형제애·전우애 등과 같은 필리아(우의와 사랑)로 단단히 단결할 필요가 있다. 그런데 부자·모자·형제·애인·친족·붕우 사이의 모든 필리아(인애仁愛; 사랑·효애·자애·형제애·친애)를 없애버리는 처자공유제는 군인들의 이 필리아도 약화시킬 것이다. 반면, 혁명과 반란을 일삼는 불복종적 대중인 농민들에게 처자공유제를 실시하면 저들끼리의 전통적 필리아나 믿음이 약화되고 치자에 대한 복종심은 더 커져서 혁신이니 혁명이니 하는 것은 줄어들 것이다. 따라서 아리스토텔레스는 처자공유제를 수호자 군대에 적용하기보다 농민대중에 적용하는 것이 정치적으로 "합목적적"일 것이라고 조롱하고 있다.

아리스토텔레스는 공자처럼 "필리아(사랑)"를 "국가의 최고선"으로 간주하는 견지에서 이 필리아 문제를 더 파고들어 처자공유제에 대해 최후의 치명적 공박을 가한다.

- 일반적으로, 이러한 법제는 필연적으로 바른 법제가 이룩해야 할 것과 정반대되는 것, 소크라테스가 처자의 관계에 대해 이런 식의 조치를 취하지 않을 수 없다고 믿었던 이유와 정반대되는 것을 이룩할 것이다. 우리는 말하자면 (내전이 거의 발발하지 않기 때문에) 필리아는 국가의 최고선이라고 생각한 반면, 소크라테스는 국가의 통일성을 최고로 찬양했는데, 이 통일성은 (그가 말하듯이, 그리고 맞는 말이기도 하듯이) 필리아의 작품이다. 왜냐하면 그렇게 우리는 사랑에 관한 대화에서 아리스토파네스가 사랑하는 사람들이 그 사랑의 격렬성 때문에 한

---

905) Aristoteles, *Politik*, 1262a 40-1262b 3.

몸처럼 결속하기를 욕망하고 둘이 하나가 되고 싶어 한다고 말하는 것을 듣기 때문이다. 그런데 이런 곳에서는 둘 다 또는 둘 중 하나가 필연적으로 몰락할 수밖에 없다. 국가 안에서는 다시 이러한 공유제의 경우에 필리아는 시들해지고, 아버지와 아들들은 서로에 대해 "나의(아버지, 자식)"라는 단어를 거의 말하지 않을 것이다. 왜냐하면 많은 양의 물에 탄 적은 양의 단 것이 이 혼합을 알 수 없게 만드는 것과 같은 일이 이러한 이름("나의 …") 아래 들어 있는 상호적 친숙성에 대해서도 발생하기 때문이다. 이러한 국가에서는 아버지가 아들을, 아들이 아버지를, 또는 형제들이 서로서로 돌보듯이 우리가 서로 돌볼 의무감을 느끼게 되는 경우가 거의 없을 것이다. 왜냐하면 자기의 것과 귀중한 것(존중하는 것)이라는 두 가지 것은 무엇보다도 인간들의 배려와 사랑을 일깨우기 때문이다. 하지만 이러한 국가의 시민들에게는 이것도 저것도 존재하지 않는다.[906]

한 마디로, 아리스토텔레스는 처자공유제 국가는 "필리아(인애)"와 인애적 상호 배려의 부재로 망할 것이라고 논박하고 있다. 아리스토텔레스의 "필리아"는 공자의 인仁처럼 백성들이 서로를 돌보고, 치자가 백성을 사랑하고 보살피게 만들고 궁극적으로는 내전을 발발하지 않게 하는 까닭에 "국가의 최고선"인 것이다. 그런데 처자공유제는 이 국가의 최고선을 고갈시켜 국가를 무너뜨리고 말 것이다. 그리고 아리스토텔레스는 신생아를 수호자집단에 넘겨주거나 수호자집단으로 방출하는 일이 사실상 시행될 수 없어서 이 자식공유제는 불가능하고 그렇게 된다면 부자간에도 때리고 살상하는 일이 벌어질 것이라고 비판한다. "그러나 농민과 공인工人의 신생아들을 수호자로 전치轉置하는 것이나 역으로 전치하는

---

906) Aristoteles, *Politik*, 1262b 4-24.

것은 커다란 혼돈을 야기한다. 이런 전치가 어떻게 일어난단 말인가? 자식들을 넘겨주거나 교환하는 사람들은 자기들이 누구에게 어떤 자식을 주는지를 반드시 알려고 들 것이다. 게다가 교환된 자식들의 경우에는 상술한 일들, 즉 살해, 치정 갈등, 살인이 훨씬 더 많이 발생하지 않을 수 없다. 왜냐하면 다른 시민들에게 넘겨준 아이들을 수호자들은 형제·자식·아버지·어머니라 부르지 않고, 역으로 수호자로 전치된 아이들은 다른 시민들을 그렇게 부르지 않기 때문이다. 그리하여 그들은 가령 저런 짓들을 하는 것으로부터 친족애로 서로를 보호할 수 없다."[907)

■ 공유제의 대안: '우의적 공동사용의 개인적 소유제도'

이렇게 아리스토텔레스는 소크라테스와 플라톤의 재산·처자공유제를 원천적으로 비판했다. 그런데 여기서 우리에게 중요한 망상적 처자공유제에 대한 비판보다 재산공유제에 대한 비판이 중요하고, 더욱 중요한 것은 그가 대안으로 제시한 '우의적(연대적) 공동사용의 개인적 소유제도'다. 그 원칙은 "재산은 일반적 의미에서 개인적 소유이되", 연대적 공동사용의 견지에서는 재산의 공유적 효과를 올리는 것이다. 각 개인은 자기 것을 애지중지하며 자기 것에 몰두하기 때문에 자기 것을 잘 돌볼 것이고 이러면 발전과 전진이 있을 것이다. 아리스토텔레스는 재산의 연대적 공동사용을 "친구들에게 모든 것은 공동이다"는 원칙에 따라 규제한다고 말한다. 한마디로 종합하면, 그의 대안적 소유제도는 재산에서 네 것과 내 것을 분명히 하는 '개인적 소유'이되, 이 개인적 소유의 우의적 공동사용을 통해 '더불어 사는' 재산공동체적 효과를 올리는 제도다. 이것은 공자의 대동 사회적 소유제도, 즉 "재화는 땅에 버려지는 것을 싫어해도 꼭 자기에게만 사장私藏되어 있지 않는" 소유제도와 일맥상통하는 것이다.

---

907) Aristoteles, *Politik*, 1262b 25-34.

동시에 공자가 말하는 대동 사회의 '연대적 사용의 개인적 소유제도'와 아리스토텔레스의 '우의적 공동사용의 개인적 소유제'는 다시 둘 다 좌우합작 노선이 된 현대의 종업원 소유제를 정당화하고 뒷받침해 주는 이론들이다. 인의仁義(=대도大道=지도至道)의 원리에 개인소유를 공동 사용하는 공자의 대동적 소유제와, 개인소유를 필리아(사랑·우정·우의)의 제1국가원칙에 따라 우의적으로 공동 사용하는 아리스토텔레스의 이상적 소유제는 '대동적·인의적 개인소유제'라고 통칭할 수 있겠다.

그러나 아리스토텔레스의 예리한 분석적 비판과 논증적 공박에도 불구하고 플라톤의 재산공유제는 플라톤 철학으로 기독교 교리를 정리한 교부철학을 거쳐 금욕적 중세기독교 교회와 수도원의 소유 원리로 정착하고 중세 후반기의 종교적·혁명적 농민운동, 공동소유제를 수호자계급에만 국한시킨 플라톤을 넘어 만인에게 확장한 토머스 모어(Thomas More, 1478-1535)의 『유토피아』(1516), 모든 재산의 공동소유, 과학자와 사제, 정치가의 기능을 한 몸에 겸한 통치자에 의해 관리되는 국가, 국가적 출산 통제 등을 주장한 톰마소 캄파넬라(Tommaso Campanella, 1568-1639)의 『태양의 나라(La città del sole)』(1602), 소비·학습 수단을 제외한 모든 생산수단의 공유제의 기초 위에서 혼인제도·교회·경찰이 없는 나라를 주장한 모렐리(Étienne-Gabriel Morelly, 1717-1778)의 『자연의 법전(Code de la nature, ou le véritable esprit de ses lois)』(1755), 또는 종교개혁기에 무수한 개신교 교파들이 벌인 종교운동의 이념으로 되살아나거나 미주 신대륙에서는 공유제에 입각한 수많은 종교공동체로 나타나기도 했다.[908]

---

[908] 당시 이것의 구체적 소유형태·운영·노동 및 생활양상에 관해서는 참조: Friedrich Engels, "Beschreibung der in neuerer Zeit enstandenen und noch bestehenden kommunistischen Ansiedlungen", 521쪽. MEW (Marx Engels Werke), Bd.2; Engels, "Zwei Reden in Elberfeld", 536쪽. MEW, Bd.2.

그리고 19세기 들어 간혹 플라톤의 가족 파괴적 여성공유제와 함께 들 끓던 에티엔 까베(Etienne Cabet), 테오도르 데자미(Théodore Dézamy), 빌헬름 바이틀링(Wilhelm Weitling) 등의 "조야한 공산주의(rohe Kommunismus)"는 산업혁명과 기계화 과정에서 일자리를 잃은 수공업적 노동자들이 조직한 음모적 혁명단체들의 지도 이념이었다. 바이틀링은 『조화와 자유의 보장책(Garantien der Harmonie und Freiheit)』(1842)에서 재산공유제에 기초한 사회관계의 평등을 유일하게 신뢰할 만한 '조화와 자유의 보장'이라고 단언했다.[909] 데자미는 그의 주저 『공동체의 법전(Code de la communauté)』(1842)에서 동일한 재산공유제를 선언한다. "재산공유제는 가장 자연스럽고 가장 단순하고 가장 완벽한 연합방식이요, 사회적 원칙의 관철을 가로막는 모든 저항을 극복하는 유일하게 솔직한 수단이다. 왜냐하면 재산공유제는 모든 욕구를 충족시켜 주고 모든 열정에 적절한 발전을 보장하기 때문이다."[910] 이 주장은 실천적으로 다음을 의미했다: "자연의 제諸법칙에 복종하고 연합의 원칙을 완벽하게 도입하기 위해서는 토지와 모든 생산물을 유일한 대규모 사회적 소유로 만드는 것으로 착수해야 한다."[911]

카를 마르크스는 근현대에 들어 개인과 개성을 말살하는 소크라테스·플라톤식의 이러한 공산주의 공유제 전통의 면면한 흐름에 강력 대항해 공자의 '대동적·연대적 공동사용의 개인적 소유제'와 유사한 아리스토텔레스의 '우의적 개인소유제' 전통을 계승·부활시키고자 했다. 아리스토텔레스는 공자보다 160여 년 뒤에 태어난 철학자다. 기원전 300년대 전후시대는 아테네와 그리스 세계에 인도·중국철학이 전파되어 유행하고

---

909) W. Seidel-Höppner und J. Höppner, *Sozialismus vor Marx. Beiträge zur Theorie und Geschichte des vormarxistischen Sozialismus* (Berlin: Akademe-Verlag, 1987), 125쪽.
910) Seidel-Höppner u. Höppner, Sozialismus vor Marx, 124쪽에서 재인용.
911) Seidel-Höppner u. Höppner, Sozialismus vor Marx, 124쪽에서 재인용.

있었다. 따라서 힌두이즘·불교사상·유학사상 등은 상론했듯이 피타고라스·소크라테스·플라톤·데모크리토스·에피쿠로스·피론 등의 철학 안에 여기저기 흩어져 반영되어 있었다. 소크라테스와 플라톤의 사덕론·윤회설·카타르시스(해탈)·상기설, 그리고 데모크리토스와 에피쿠로스의 원자론(중국 '기론氣論'의 변형태), 피론의 회의주의(용수의 '중론中論') 등이 모두 그런 동양사상적 요소나 그 편린들이다. 아리스토텔레스 철학에서도 유학적 요소가 발견되는데, 그것은 그가 플라톤의 정의국가론에 맞서 필리아(사랑과 우정)를 "국가의 최고선"으로 치는 점이다. 이것은 사덕 중 인仁을 최고 덕목으로 치고 이상국가로서의 대동 사회를 인仁이 정의에 앞서는 '인의국가'로 기술하고 동경한 공자의 정치철학과 그대로 맞닿아 있다. 그리고 아리스토텔레스의 연대적·우의적 공동사용의 개인적 소유제도 자기의 개인재산을 지극히 소중히 여기지만 자기만 쓰지 않고 우애롭게 여럿이 나눠 쓰는 공자의 대동 사회적 소유제도와 그대로 맞닿아 있는 것으로 보인다.

아리스토텔레스가 소크라테스와 플라톤의 소피아적 정의국가론에 맞서 국가의 제1도덕원리로 규정한 필리아가 공자철학이 아닌 다른 출처에서 왔다면 아마 힌두교와 불교의 '자비'철학일 것이다. 그러나 힌두교와 불교는 '자비'를 인간의 제1덕성으로 보았지만 국가의 제1원리로 보지 않았고 또 핵심 논지가 지극히 자기 영혼 중심이어서 국가론을 별도로 수립·설파하지도 않는다. 따라서 아리스토텔레스의 필리아국가론 또는 인의국가론은 인자仁者만을 정통적 치자로 인정하는 공자의 인의국가 외에 다른 출처가 있다고 추론하기 어렵다.

마르크스가 주창한 사회주의 소유제도는 주지하다시피 "대지와 생산수단의 공동점유(공동이용, 공동사용, 공동운용)에 기초한 개인적 소유(das individelle Eigentum auf Grundlage der Errungenschft der kapitalistischen Ära: der Kooperation und des Gemeinbesitzes der Erde und der [⋯] Produktionsmittel)"다.[912] 대지와 생산수단의 공동정유(공동이용)에 기초한 개인적 소유제도의 핵심 취지는 생산수단에 대한 소유권이 없다는 의미에서의 무산자들에게 생산수단에 대한 개인적 소유를 회복시켜 주고 연대적 공동이용의 제도적 틀을 통해 이 개인적 소유들에다 사회적 공동성을 부여하고 접합시키는 일종의 '대동적·인의적 개인소유제'다. 마르크스는 공자의 대동사상이나 인의적 개인소유제를 직접 접하지 않았으나 아리스토텔레스를 익히 잘 알고 심층적으로 분석했다. 마르크스는 아리스토텔레스를 통해 공자의 대동사회론과 '대동적·인의적 개인소유' 이념을 간접적으로 접한 셈이다. 그러므로 공자와 아리스토텔레스와 마르크스의 사회적·연대적·공동적 소유 이론은 모두 '대동적·인의적 개인소유제'라는 한 가지 이름으로 꿸 수 있다. 미국과 유럽에서 현재 점차 확대·시행되고 있는 종업원 주식 소유제에 대해 직간접적으로 철학적·이론적 기반이 되어준 것은 바로 마르크스의 이 소유 이론이다.[913]

3.5. 중도 이념과 중산층국가론

아리스토텔레스는 중도를 윤리적 덕행에만 적용한 것이 아니라, 위 인용들에서 보듯이 중용 논리를 체력과 건강, 전문가의 기술, 예술 등 비도덕적 사항에도 적용하고 있다. 나아가 그는 『정치학』에서 중산층국가론, 혼합정체론 등에도 중도 개념을 적용한다. 그리하여 그는 현실적으로 추

---

912) Marx, *Das Kapital* I, 791쪽.
913) 자세한 것은 참조: 황태연, 『정의국가에서 인의국가로』 (서울: 지식산업사, 2025), 제4장 4.5. 부와 경제력의 균제를 위한 경제개혁; 황태연, 『마르크스에서 쇼펜하우어까지: 서양 합리론과 정치철학』 (서울: 생각굽기, 2025).

구해야 할 정책으로 중산층국가론을 다시 제기한다. 그의 중산층론도 명시적으로 중도론과 연결되어 있고 또 매우 분석적이다.

- 윤리학에서 행복한 삶이란 자신의 덕성의 발휘에서 방해받지 않는 삶이고 덕성이란 중용이라고 말한 것이 올바르다면, 필연적으로 중용적 삶이 최선의 삶이고 누구나 도달할 수 있는 중용에 도달하는 것이다. 동일한 규정은 헌정 또는 국가의 선과 악에도 타당해야 한다. 헌정은 이른바 국가의 삶이기 때문이다.[914]

그러므로 아리스토텔레스는 중용논리로부터 중산층론으로 나아간다.

- 모든 나라에는 세 부류, 아주 부유한 자, 아주 가난한 자, 중간 수준으로 사는 자가 있다. 적당한(알맞은) 정도, 중도가 인정하다시피 최선이라면 재물과 관련해서도 중간적 재산 소유가 모든 재산 중에서 가장 좋은 재산 소유이다. 이러한 중간적 재산 상태에서 사람들은 이성에 가장 쉽게 복종한다.[915]

반면, 지나치게 아름답고 강하고 고상하거나 부유하다면 또는 역으로 지나치게 가난하고 취약하고 천하다면 이성에 복종하는 것은 어렵다. 한쪽은 지나치게 거만하고 강대한 가운데 사악하고, 다른 쪽은 악의에 차고 약소한 가운데 사악하다. 한쪽은 거만하여 부당하게 행동하고 다른 쪽은 악의 때문에 부당하게 행동한다. 나아가 이들은 대부분 국가관직으로 몰려가 이것을 최악으로 관리하는데 이 양자가 다 국가에 해롭다. 게다가

---

914) Aristoteles, *Politik*, 1295a34-40.
915) Aristoteles, *Politik*, 1295b1-5.

영향력, 부, 친구들, 기타 이와 같은 것으로 지나치게 혜택받은 자들은 복종하려고 하지 않고 복종할 줄도 모른다. 그러나 지나친 궁핍을 당하는 자는 자존심이 너무 없다. "그러므로 한쪽은 지배하기보다 노예적 방식으로 복종할 수만 있고, 다른 쪽은 남이 자기를 다스리게 하지 않고 스스로가 다스린다면 전제적으로 다스린다. 이러므로 주인과 노예의 국가가 있되, 자유인의 국가는 없다. 한쪽은 질시하고 다른 쪽은 멸시하는데, 양자가 다 인애(필리아)와 정치공동체에 가장 극단적으로 어긋난다. 정치공동체는 인애관계의 성격을 가지고 있다. 그러나 적과는 같은 길도 가려고 하지 않을 것이다. 그러므로 국가는 최대로 가능한 한 동일한 자와 동등한 자로 이루어져야 하는데, 이것은 중산층의 경우에 가장 많이 맞아떨어진다. 그리하여 우리가 확인한 것처럼 자연적 본성에 따라 건설되어야 하는 바대로 건설된 국가가 최선의 헌법을 갖게 될 것이다. 이 중산층적 시민계급이 국가 안에서 가장 안전하다. 중산계급은 남의 재산을 탐하지도 않고, 빈민이 부자들에 대해 그러는 것처럼 다른 사람들이 그들의 재산을 탐하지도 않는다. 누구도 그들 중 다른 사람보다 뒤처지지도 않고 다른 사람들이 어떤 사람보다 뒤처지지도 않기 때문에 그들은 위험 없이 산다. 그러므로 주지하다시피 이 중도에 기초한 국가공동체는 최선의 공동체이고 이러한 국가들은 중간이 튼튼하여 양극단을 능가하는, 적어도 하나의 극단을 능가하는 좋은 헌정을 가지고 있다. 중간층은 한쪽에 가담하면 강세를 주어 다른 쪽으로의 지나침을 저지하기 때문이다. 따라서 시민들이 중간층적이고 넉넉한 재산을 가지고 있다면 이는 국가에도 가장 큰 행운인 것이다. 반면, 한쪽이 아주 많이 가지고 있고 다른 쪽이 아무것도 가지고 있지 않는 곳에서는 극단적 민주정체(빈민들의 직접민주주의)이나 순수한 과두정체가 생겨나거나 또는 이 양자로부터 폭정(참주정체)이 생겨난다. 가장 과격한 민주정체와 과두정체로부터는 참주정체가 생겨나는 법이다. 하지만 중용의 헌정 체제와 중용에 가까운 헌정 체제로부터는 참주정체가 훨씬 드물게 생겨난다."[916]

그러므로 한쪽은 지배하기보다 노예적 방식으로 복종할 수만 있고, 다른 쪽은 남이 자기를 다스리게 하지 않고 다스리게 된다면 참주적으로 다스린다.

- 이러므로 주인과 노예의 국가가 있되, 자유인의 국가는 없다. 한쪽은 질시하고 다른 쪽은 멸시하는데, 양자가 다 필리아(사랑·우정)와 정치공동체에 가장 극단적으로 어긋난다. 이 정치공동체는 필리아 관계의 성격을 가지고 있다. 그러나 적과는 같은 길도 가려고 하지 않을 것이다. 그러므로 국가는 최대로 가능한 한 동일한 자와 동등한 자로 이루어져야 하는데, 이것은 중산층의 경우에 가장 많이 맞아떨어진다.[917]

그리하여 우리가 확인한 것처럼 자연적 본성에 따라 건설되어야 하는 바대로 건설된 국가가 최선의 헌법을 갖게 될 것이다. 이 중산층적 시민계급이 국가 안에서 가장 많은 안전보장을 누린다. 중산계급은 남의 재산을 탐하지도 않고, 빈민이 부자들에 대해 그러는 것처럼 다른 사람들이 그들의 재산을 탐하지도 않는다. 누구도 그들 중 다른 사람보다 뒤처지지도 않고 다른 사람들이 어떤 사람보다 뒤처지지도 않기 때문에 그들은 위험 없이 산다.

- 그러므로 주지하다시피 이 중도에 기초한 국가공동체는 최선의 공동체이고 이러한 국가들은 중간이 튼튼하여 양극단을 능가하는, 적어도

---

916) Aristoteles, Politik, 1295b1-1296a7.
917) Aristoteles, *Politik*, 1295b21-26.

하나의 극단을 능가하는 좋은 헌정을 가지고 있다. 중간층은 한쪽에 가담하면 강세를 주어 다른 쪽으로의 지나침을 저지하기 때문이다. 따라서 시민들이 중간층적이고 넉넉한 재산을 가지고 있다면 이는 국가에도 가장 큰 행운인 것이다.[918]

반면, 한쪽이 아주 많이 가지고 있고 다른 쪽이 아무것도 가지고 있지 않는 곳에서는 극단적 민주정체(빈민들의 직접민주주의)나 순수한 과두정체가 생겨나거나 또는 이 양자로부터 폭정(참주정체)이 생겨난다. 가장 과격한 민주정체와 과두정체로부터는 참주정체가 생겨나는 법이다. 하지만 중용의 헌정 체제와 중용에 가까운 헌정 체제로부터는 참주정체가 훨씬 드물게 생겨난다.[919]

이와 같이 아리스토텔레스도 공자처럼 상층, 중간층, 하층이 균형을 이룬 '중용지국'은 정치·사회적으로 안전하다고 생각했다. 동시에 공자처럼 그도 나라가 안전하면 나라가 망하는 일이 없다고 말한다.

- 중도가 최선이라는 것은 분명하다. 중도는 혁명에 말려들지 않고, 중산층이 수적으로 많은 곳에서는 시민들 안에서 봉기와 분쟁이 거의 없다. 이런 이유에서 큰 나라들도 혁명으로부터 비교적 자유롭다. 큰 나라에서도 중간층이 수적으로 많기 때문이다. 반면, 작은 나라에서는 두 집단으로의 분열이 쉽사리 일어나고 그리하여 어떤 중간층도 남아 있지 않고 모두가 가난하거나 부유하다. 마찬가지로 민주정은 과두정보다 안전하고 중산층 때문에 더 지속적이다. (민주정에서는 중산층이 과두정에서보다 수적으로 더 많고 관직에 더 높은 비율로 참여하기 때문

---

918) Aristoteles, *Politik*, 1295b35-41.
919) Aristoteles, *Politik*, 1295a1-6.

이다). 그러나 중산층이 결여되고 빈민이 압도하면 불행이 찾아들고 국가는 빠르게 멸망한다. 가장 훌륭한 입법자들도 다 중산층 시민에서 나왔다는 사실은 이에 대한 증거로 간주될 수 있다. 솔론도 중산층 출신이었고, 왕이 아니었던 리쿠르고스와 카론다스와 대부분의 기타 입법자들도 다 그랬다.[920]

중산층이 적으면 나라가 중우적衆愚的·폭민적 민주정이나 과두정으로 퇴락해 존립이 위태로워지고 끝내 멸망한다.

이것은 공자가 위정자는 "백성이 적음을 걱정하지 말고 불균형을 걱정하고, 가난을 걱정하지 말고 불안정을 걱정해야 한다(有國有家者 不患寡而患不均 不患貧而患不安)"고 말한 이유와 그대로 상통한다. 또한 "대개 나라가 균형 있으면 가난할 리가 없고, 조화로우면 백성이 적을 리가 없고, 안정되면 나라가 기울 리가 없다(蓋均無貧 和無寡 安無傾)"는 공자의 테제와도[921] 일치한다.

마지막으로 아리스토텔레스는 중산층이 많으면 나라가 오래 지속되는 결정적 이유를 제시한다.

- 중산층의 수가 양극단을 압도하거나 이 중 한쪽만이라도 압도하는 곳에서는 헌정 체제가 지속적일 수 있을 것이다. 이런 곳에는 부유층이 중산층에 맞서 빈민층과 연합할 수 있는 위험이 전혀 없기 때문이다. 부유층과 빈민층 가운데 어느 한편이 다른 편에 결코 이바지하려고 하

---

920) Aristoteles, *Politik*, 1296b8-20. 리쿠르고스(Λυκούργος, 기원전 800-730년경)는 스파르타의 전설적인 입법가다. 카론다스(Χαρώνδας)는 시켈리아(시칠리아) 지방의 카타나 폴리스의 입법가로서, 이탈리아와 시켈리아 지방에 칼키스(χαλκις)인이 세운 식민지 폴리스들에도 입법을 해주었다. 칼키스인은 아테네 북쪽 56km 지점에 위치한 에보이아 섬 중앙부 항구도시 칼키스에 살던 그리스인이다.
921) 『論語』「季氏」(16-1).

지 않을 것이고 현 헌정 체제보다 양 계층의 이익을 더 잘 고려해줄 헌정 체제를 결코 발견하지 못할 것이다. 이들은 둘 다 상호 불신으로 인해 서로 번갈아 가면서 지배하려고 하지 않을 것이기 때문이다. 그렇다면 늘 그렇듯이 중재자만이 가장 신뢰할 수 있는데 이 중재자는 바로 이 중간층에 있다.[922]

부자와 빈자의 연합 불가능성, 부자와 빈자 간 공동 이익의 부재, 중산층의 중도적 중재자 역할 등은 중산층이 우세한 나라의 헌정적 안전성과 지속성을 보장하는 요소들이다. 이상과 같이 플라톤과 아리스토텔레스의 중산층론은 공자의 중용지국, 균제국가론과 상통하는 요소가 매우 많다고 할 것이다.

아리스토텔레스의 중산층국가론을 공자의 중산층국가론과 비교하는 것은 이론적·정치적으로 의미 있다. 공자에 따르면, 백성을 잘 먹여 살리는 '은혜로운 족식'을 위해서는 첫째, 인구의 사회적 구조를 균형 잡도록 해야 한다. 재산과 소득 면에서 상하층 간 격차가 극심하면 백성의 대다수가 가난하고 나라는 불화와 불안(계층 갈등과 민란)에 빠진다. 반대로 인구 가운데 중간계층이 두터워지고 부자와 빈민이 소수집단으로 줄어드는 식의 계층 간 안정적 균형이 이루어져 인구의 사회적 배분이 조화롭다면, 백성의 가치관과 문화적 정서는 중화中和를 이루고 나라는 정치 안정과 사회적·대외적 안전을 이룩한다. 그래서 공자는 이렇게 천명한다.

- 적음을 걱정하지 말고 고르지 않음을 걱정하고, 가난을 걱정하지 말고 편안하지 않음을 걱정해야 한다. 고르게 하면 대개 가난할 리가 없고, 화합하면 사람이 적을 리가 없고, 편안하면 나라가 기우는 일이 없다.

---

922) Aristoteles, *Politik*, 1296b37-1297a5.

정치의 이치는 이와 같은 것이다. 그러므로 먼데 사는 사람들이 따르지 않으면 문덕文德을 닦아 오도록 하고, 오면 편안하게 해주면 되는 것이다(不患寡而患不均 不患貧而患不安. 蓋均無貧 和無寡 安無傾. 夫如是 故遠人不服 則修文德以來之 既來之 則安之)"[923]

여기서 '적음(寡)'는 '인구와 인력이 적음'을 말하고, '고름(均)'은 '산술적 평등'이 아니라 토지·물자와 부역·세금 등의 배분과 '부의 분포'에서 능력·필요·조건·상황의 차이를 비례적으로 반영하는 '비례적 평등', 즉 능력·필요·조건·상황의 차이에 따라 일정한 산술적 불평등을 용인容忍하는 '균제성均齊性'을 말한다. 『주례』에는 대사도大司徒가 토지균제법으로 다섯 부류의 토지(산림·천택·구릉·분연墳衍·원습原濕)와 9등급의 토질을 변별해 가구의 인력과 필요(식구 수)에 따라 이를 분배하고 이에 비례해서 천하의 토지세를 제정하고 백성의 직업을 만들며 (제후들에게) 토지 공납貢納을 명하고 재부財賦를 거두어 천하 정사를 균제한다고 되어 있다.[924] 특히 토지의 토질과 능력, 그리고 식구 수의 많고 적음을 고려하여 토지를 분배하는 토지균제(土均)는 평천하의 균제의 첫걸음이다. 『주례』는 다음과 같이 토지균제를 규정하고 있다. "(소사도小司徒는) 토지를 균제하고 그 인민을 헤아려 그 수를 두루 알아야 한다. 그리하여 상지上地는 7인 가족용인데 일에 임할 수 있는 자는 한 가구당 3인이다. 중지中地는 6인 가족용인데 일에 임할 수 있는 자는 두 가구당 5명이다. 하지下地는 5인 가족용인데 일에 임할 수 있는 자는 가구당 2명이다(乃均土地 以稽其人民 而周知其數 上地家七人 可任也者家三人 中地家六人 可任也者二家五人 下

---

923) 『論語』「季氏」(16-1).
924) 『周禮』「地官司徒·大司徒」: "以土均之法辨五物九等 制天下之地征 以作民職 以令地貢 以斂財賦 以均齊天下之政."

地家五人 可任也者家二人).")[925] 이 모든 토지균제를 처리하기 위해 상사
上士 2인과 직원 62인의 '토균土均' 직제를 설치한다.[926] 그러므로 맹자도
토지균제의 근본적 중요성을 역설했다. "인정仁政은 토지의 경계로부터
시작하는데 경계가 바르지 않으면 경지가 고르지 않고 세곡稅穀이 공평
하지 않다. (…) 경계가 바르면 경전의 배분과 세곡의 제정을 앉아서도 정
할 수 있다".[927]

또한 토지균제를 넘어 국정 전반의 균제를 기하기 위해 중사中士 2인
과 기타 54명의 직원으로 구성된 '균인均人' 직제를 설치한다. "균인은 지
정地政(=地征: 토지세)을 균제하고, 지수地守(산림세)를 균제하고, 지직地
職(農圃稅)을 균제하고 인민人民·우마牛馬·수레의 부역을 균제한다. 무릇
부역을 균제하여 해마다 올리고 내린다. 풍년이면 공사公事에 3일 고루
쓰고, 중년中年(하루 세 끼 먹는 해)이면 공사에 2일을 고루 쓰고, 무년無
年(하루 두 끼 먹는 해)이면 공사에 1일을 고루 쓴다. 흉년이거나 돌림병이
돌면 부역을 없애고 재부財賦를 없애고 지수와 지직도 걷지 않으며 지정
도 균제하지 않는다. 3년마다 크게 대비하여 크게 균제한다."[928]

또한 '부의 분포'에서의 '균제'는 부를 사회적으로 고루 분배하여 백성
의 상층·중층·하층의 계층구조의 균형과 조화를 이룩하는 것을 말한다.
백성의 사회적 구성을 고르게 한다(균제한다)는 것은 상·하층이 적고 중
산층이 많다는 뜻이다. 이와 같이 '고른' 사회적 구성은 토지·물자·부역·
세금 등의 배분과 빈부의 분포에서 소의小義의 '비례적 평등'과 대의大義
의 양적 평등을 달성하려는 의식적 '균제' 정책의 성과다. 이 균제 정책이
강력히 그리고 꾸준히 시행되지 않는다면, 빈익빈부익부와 경제적 약육

---

925) 『周禮』「地官司徒·大司徒」.
926) 『周禮』「地官司徒·大司徒」.
927) 『孟子』「滕文公上」(5-3): "孟子曰 夫仁政 必自經界始, 經界不正 井地不均 穀祿不平.
… 經界旣正 分田制祿可坐而定也."
928) 『周禮』「地官司徒·均人」.

강식(토지겸병과 부의 집중·독점)이 자연스런 귀결일 것이다. 사회적 계층구성이 이처럼 균제되면 백성의 대부분은 중산층과 상층에 속하므로 '대개 가난할 리 없는 것'이다. 또 소수의 하층과 이 중 자활 능력 없는 절대빈곤층도 별 문젯거리가 아니다. 수적으로 훨씬 더 많은 중·상층이 십시일반으로 이 빈곤층을 어렵지 않게 구휼할 수 있기 때문이다. 이처럼 인구의 사회적 구성의 균제는 전체적으로 나라를 부강하게 만들고 계층 갈등을 완화하며 정치를 안정시켜 국가안보를 강화해주고 인구의 증가(출산 증가와 이민 증가)를 가져온다. 이것은 다시 부를 증대시키고 국방력과 국가안보를 강화하는 선순환을 가능케 한다. 부를 키우기만 하고 균제하지 않아도, 부를 균제하기만 하고 키우지 않아도 나라는 빈약해진다. 부의 절대적 증대와 동시에 균제를 기해야만 나라를 부강하게 할 수 있는 것이다. 그러므로 "옛 임금 문왕과 무왕은 부富를 키우고 공평하게 했던 것이다(昔君文武丕平富)".[929] 백성은 극빈층과 초超부유층(super-riches)이 극소화되도록 재물의 균형 있는 분산으로 안팎이 안전한 나라로 모이는 반면, 재물이 편중되어 있으면 백성은 안팎으로 뿔뿔이 흩어진다. 그러므로『대학』은 "재물이 (소수에게) 모이면 백성은 흩어지고 재물이 (만인에게) 흩어지면 백성은 모이는 것이다(財聚則民散 財散則民聚)"라고 하고 있다.[930]

'가난하지 않게 하는' 소극적 양민 방법을 넘어서는 적극적인 양민 정책으로서, 백성을 '부유하게 만드는 것(富之)', 즉 '부민富民'정책이다.[931]

---

929)『書經』「康王之誥 第二十五」
930)『禮記』「大學 第四十二」(傳10章).
931)『論語』「子路」(13-9): "공자가 위나라에 갔을 때 염유가 마부를 했다. 공자가 '사람이 많구나!'라고 감탄하자, 염유가 '이미 사람이 많으면 또 여기에 무엇을 더해야 합니까?'라고 물었다. 이에 공자는 '이들을 부유하게 만드는 것이니라'라고 답했다. 그러사 염유가 '이미 부유하게 만들었으면 또 여기에 무엇을 더해야 합니까?'라고 물었다. 이에 공자는 '이들을 가르치는 것이다'라고 답해주었다.(子適衛 冉有僕. 子曰 庶矣哉! 冉有曰 旣庶矣 又何加焉? 曰 富之. 旣富矣 又何加焉? 曰 敎之.)"

사회적 균형의 전제 위에서 풍요로운 '족식'으로서의 '양민'을 이룩하려면 재물을 많이 생산해야 한다. 이 생산을 늘리는 데에는 합리적인 도道가 있다. "재財를 생산하는 데는 대도大道가 있으니 생산하는 자가 많고 이를 먹어 치우는 자는 적으며, 생산을 하는 자들이 빠르고 재를 써 없애는 자들이 느리면, 재가 항상 풍족한 것이다."[932] 이렇게 하면 생산의 절대량이 풍족해지는데 이것이 나라 경제의 목표다. 그러므로 공자의 정치사상에서 '유족裕足의 표준'은 분배의 상대적 평등에 있는 것이[933] 아니라 '생산의 절대적 수량'에 있다.

따라서 아리스토텔레스의 중산층국가론은 플라톤의 중산층국가론보다 부민富民(양민養民복지)과 생산증대를 꾀하는 공자의 조세정책적·복지정책적 중산층국가론과 더 가깝다. 아리스토텔레스의 자연스런 중산층국가는 생산과 부의 증대를 해치지 않지만, 플라톤의 인위적·강제적(부자 강탈적) 중산층국가는 부의 증대를 꾀하는 백성들의 의욕과 경제성장을 저해하기 때문이다.

---

932) 『禮記』「大學 第四十二」(傳10章).
933) 소공권은 공자의 경제사상을 부의 증대 없이 오직 분배만으로 빈부격차를 줄이는 평등주의 사상으로 오해하고 있다. 蕭公權, 『中國政治思想史』, 97쪽. 또한 李澤厚(리쩌허우)도 "원형적인 공자학은 생산수준이 매우 낮은 고대의 조건 속에서 탄생했기 때문에 생산 발전이나 생활수준을 높이려는 문제에는 주의를 기울이지 않고 있는데", 이는 "다만 어떤 평균적인 빈곤 속에 있는 것에 만족하며 정신적인 승리 또는 인격적 완성을 얻어 보존, 획득하고 일깨는 것에 만족하려는 사실과 관련된다"고 평한다. 리쩌허우(정병석 옮김), 『중국고대사상사론』, 105쪽. 이런 식으로 공자를 폄하하는 '자학사관'에 갇힌 극동학자들의 해석은 다 공자경전을 제대로 이해한 경우가 없었다.

제4절

아리스토텔레스의
이성신학과 신탁 경시

　아리스토텔레스는 소크라테스·플라톤의 불가지론적 '신神 이야기(뮈토스 μύθος)'를 가지론적 신학으로 바꾸고, 이론적 관심을 신탁점에서 인간들의 집단적 결정으로 전환시켰다. 그리하여 그는 영혼의 윤리적 덕행에 입각한 일반적 행복뿐만 아니라 관상적觀賞的 삶의 지성적 행복조차도 끝내 불가측적 운명의 개입으로부터 해방시키지 못한다. 여러 가지 시대적 정황과 기록에 의거하면, 공자처럼 그도 당대의 신탁, 즉 '만테온(크레스모스)'에 의거해 자기와 남, 그리고 공동체의 운명을 미리 점치고 신의 권고에 입각해 행동하기도 했으나, 신탁에 대한 독실하고 경건한 자세를 취하지는 않은 것으로 보인다. 그는 – 기록으로는 남아 있지는 않지만 – 자신의 부친이 사망한 후에 플라톤의 친구로 추정되는 그의 후견인이자 매형(프록세우스)이 17세의 아리스토텔레스의 운명 내지는 그의 철학자로서의 진로에 대해 델피신전의 아폴론 신에게 물어 신탁을 받았던 것

으로 전해진다.[934]

그러나 아리스토텔레스는 자신의 학문 속에서 델피신탁을 중시하지 않았고, 그 자신도 인간의 지혜로 알 수 없는 흉한 운명을 피할 수 없어 갑작스럽게 닥친 불운에 속수무책으로 비명횡사하고 말았다. 알렉산더대왕이 사망하자 아테네에서 반反마케도니아 정변이 일어나 그의 모든 명예가 박탈되고 소크라테스의 죄목과 동일한 독신죄瀆神罪로 몰려 처형당할 운명에 봉착한 것이다. 이때 그는 "아테네인들이 철학에 두 번째 범죄를 저지르지 않도록 한다"는 핑계로 자신의 외가 쪽 장원이 있는 에우보이아 도시 서역의 칼키스(Χαλκίς)로 도피했다. 그는 이 섬에 갇혀 벗과 제자도 없이 불안과 스트레스 속에서 10개월 동안 외롭게 살다가 63세의 이른 나이에 급성 위장 질환으로 급서急逝하고 말았다.[935]

4.1. 아리스토텔레스의 가지론적 이성신학

아리스토텔레스가 자라고 배우던 청년기에 아테네 민주주의는 전성기(기원전 5-4세기)에 있었고, 델피신전의 신탁도 전성기에 있었다.[936] 이런 분위기 속에서 그는 신탁을 무시하는 자신의 이론과 모순된 행동을 보였다. 그는 페르시아인들의 고문으로 죽은 자신의 친구 헤르미아스에 대한 기념비를 델피신전 경내에 세우고, 델피신전이 주최하는 피티아 체육대회의 우승자들에 대한 작품을 쓴 적도 있으며, 알렉산더대왕의 지원으로 '리케오스 아폴론(Λύχειος Απολλον)' 사당 옆의 리케온(Λύχειον) 운동장에 자신의 학당을 인수해 확장하는 등 델피신전이나 아폴론 신과 여러

---

934) 참조: Bowden, *Classical Athens and the Delphic Oracle*, 86쪽; "Aristotle's Biography". hittp://www.progressiveliving.org/aristotle_biography.htm(검색일: 2008. 10).
935) Barnes, "Life and Work", 6쪽.
936) Bowden, *Classical Athens and the Delphic Oracle*, 14쪽.

가지로 관계했던 것이다.

그럼에도 불구하고 아리스토텔레스는 공자와 소크라테스·플라톤처럼 운명을 예지하고 그 악영향을 최소화하는 데 활용될 수 있는 '지천知天'의 수단이었던 당대의 델피신탁을 탐구하지 않았다. 알다시피 공자는 『주역』을 이해시키기 위해 「십익十翼」을 썼지만, 하늘과 신에 대해서는 소크라테스·플라톤의 불가지론적 '신 이야기'에서처럼 더듬거리고 알 수 없다는 말을 되뇐다. 반면, 아리스토텔레스는 '신의 뮈토스'를 버리고 지성우월주의의 형이상학적·사변적·가지론적 '신학神學', 즉 '테올로기케(Θεολογική)'를 썼다.

이 형이상학적 '신학'은 인간이 신과 얼마간 공유하는 이성(지성) 자체와 신을 동일시하는 가지론적 이신론理神論의 양상을 띠고 있다. 또한 그는 델피신탁의 구체적 물음과 아폴론 신의 신탁에 관한 기록을 여기저기에 남기고 있지만, 그저 일상사로 무심히 대하고 있고 어떤 경우는 모호한 신탁 언어를 고의적 수사학으로 얕잡아보는 말을 남기기도 했다.

아리스토텔레스는 행복을 가로막는 미지의 큰 불운이 닥칠 경우에 이 불운한 귀모鬼謀를 단순히 '고결하고 담대한 마음으로 침착하게' 감내할 것만을 말할 뿐이고 아폴론의 신탁을 통해 미리 앞날의 흉액을 내다보고 그 처방을 따르라는 소크라테스와 플라톤의 훈계를 무시했다. 그는 자신의 글 도처에서 신에 대한 믿음("신은 가장 선하다", "신은 나쁜 욕망이 없다", "신은 삶 전체가 복되다" 등)과[937] 델피신전의 신탁에 대한 믿음을 말로는 표명했다.[938] 그리고 그가 신탁이나 신을 정면으로 배척했다는 기록도 찾아볼 수 없다. 그러나 그는 끝내 신과 신탁점에 대해 특별히 경건한 마음가짐과 태도를 보이지 않았다. 그는 소크라테스와 플라톤에 비하면

---

937) Aristoteles, *Die Nikomachische Ethik*, 1178b13-4; 25-26.
938) Bowden, *Classical Athens and the Delphic Oracle*, 86쪽.

아주 세속적·지성주의적·전지주의적이었던 것이다.

아리스토텔레스는 '테올로기케(Θεολογική: 신학)'를 설교한다. 그는 『형이상학』에서 존재자들과 분리되어 별도로 실존하는 '존재인 한에서의 존재(온토스 에 온 ὄντος ᾗ ὄν)'를 신적 존재로 정의하고 '신에 관한 에피스테메'를 '신학'으로 규정하고 이를 '사변적 학문 가운데 최고의 학'으로 분류한다.

- 분리되어 실존하는 존재인 한에서의 '존재의 학'이 있기 때문에 우리는 이 학이 자연과학과 동일한 것으로 간주되어야 하는지, 아니면 별도의 지식분과로 간주되어야 하는지를 탐구해야 한다. 물리학은 자신 안에 운동의 원천을 포함하는 사물들을 다루고, 수학은 영구적인 것들을 다루되 별도로 분리되어 실존할 수 있는 것들을 다루지 않는 사변적 과학이다. 그리하여 이 두 학과 구별된 학이 존재하는데 이 학은 별도로 분리되어 존재하는 부동의 것들을 다룬다. 즉, 이런 종류의 실체 – 나는 별도로 분리되어 실존하는 부동의 것을 의미한다 – 가 진짜로 있다면 우리는 열성을 다해 입증해야 할 것이다. 그리고 실재 세계 속에 이런 종류의 실체가 있다면 여기에 확실히 신적인 것이 있는 것이고, 이것이 제1의 원리이자 가장 근본적인 원리임이 틀림없다. 그렇다면 분명히 물리학·수학·신학의 세 가지 사변적 과학이 존재하는 것이다. 과학의 최고 부류는 사변적인 것이고 또 이 사변적 과학들 자체에서 다시 최고인 것은 마지막에 거론된 것이다. 이 신학은 실재의 가장 중요한 측면을 다루기 때문이다. 과학들은 제각기 연구 대상에 따라 높게 또는 낮게 간주된다. (…) 별도로 분리되어 실존하는 부동의 어떤 자연과 실체가 있다면 이것을 다루는 학은 물리학과 다르고 이것보다

우선해야 하며, 이 우선성 때문에 보편적인 것이다.[939]

아리스토텔레스는 이렇듯 순수 사변적인, 따라서 공허한 존재론적 추론을 바탕으로 학學 가운데서 '사변적 학'을 최고의 지위로 높이고 다시 이 '사변적 학들' 안에서 '신학'의 지위를 최고의 지위로 높임으로써 마치 형이상학 전체가 신학으로 귀착되는 듯한 논변을 전개하고 있다. 신학의 대상은 "영원한 부동의 어떤 실체"다. 실체란 제1의 실재이고 만약 이것이 소멸할 수 있다면 만물이 소멸한다. '모든 것'은 인간적 지혜로 인식할 수 있고, 따라서 '학(에피스테메)'의 대상이다. 따라서 인간의 이성적 전지전능 능력으로 '신의 미토스'가 아니라 '테올로키케(신학)'가 가능하다는 것이다. 아리스토텔레스의 이 주장은 신에 관해 "어떤 지성이나 어떤 학(에피스테메)도 가장 완전한 진리를 보유하는 것이 불가하다"는 플라톤의 논지와 정면으로 배치된다.

아리스토텔레스는 아무런 경험적·실험적 증거 또는 아무런 신탁적·계시적·신화적 증거도 없이 단순히 그럴싸한 임의적 논리만을 머릿속에서 구사하여 '실체란 산출될 수도, 파괴될 수도 없는 것'이라고 주장한다. 운동은 늘 실존하기 때문이라는 것이다. 시간도 마찬가지로 산출될 수도, 파괴될 수도 없다. 시간이 없다면 선후先後도 없기 때문이다.

- 시간이 영속적이면 운동도 역시 영속적이다. 왜냐하면 시간은 운동 또는 운동의 작용과 동일하기 때문이다. 그러나 공간적 운동을 제외하면 영속적 운동도 없고, 공간적 운동 중에는 원환 운동만이 존재한다.[940]

---

939) Aristotle, *Metaphysics*, 1064a29-1064b14.
940) Aristotle, *Metaphysics*, 1071b4-12.

그런데 부단한 원환 운동으로 영원히 운동하는 어떤 것이 존재한다. "이것은 단순히 이론에서만 아니라 사실에서도 명백하다. 그러므로 궁극적 하늘은 영원함이 틀림없는 것이다. 그렇다면 이것을 움직이는 어떤 것도 있다. 이 어떤 것이 하늘을 움직이는 동안 움직여지는 하늘은 매개적인 것이기 때문에, 스스로는 움직이지 않고 하늘을 움직이는 이 어떤 것, 실체이기도 하고 현실태이기도 한 영원자가 존재하는 것이다."[941]

나아가 아리스토텔레스에 의하면, 욕구의 대상과 사유의 대상은 스스로 움직이지 않고 타자를 움직인다. 욕구와 사유의 일차적 대상은 서로 동일한 것이다. 욕구의 대상인 것은 명백히 좋은 것(명백한 선)이고 합리적 의지의 대상인 것은 실재하는 좋은 것(선)이기 때문이다. 의지가 욕구의 결과라기보다는 욕구가 의지의 결과다. 출발점은 사유 행위다. 이제 사유는 지성적인 것, 정신적인 것에 의해 움직여지는데, 이 정신적인 것을 뒤에서 움직이고 또다시 이 정신적인 것을 뒤에서 움직이는 역추리의 계열 가운데 하나는 본질적으로 정신적인 것이다. 이 계열 속에 실체가 제일 먼저 서 있고 실체 중에서 단순하고 현실적으로 실존하는 것이 서 있다. 그 자체로서 욕구할 만한 선도 동일한 계열 속에 있다. 부류에서 첫 번째인 것은 늘 최고선이든지 최고선과 유사한 것이다. 궁극 원인은 '어떤 것을 위해 선'일 뿐만 아니라 '어떤 행위의 목적'인 선이다. 이 후자의 의미에서 '궁극 원인'은 부동의 것에 적용될 수 있다. 그것은 사랑의 대상이므로 운동을 야기하고, 이에 반해 여타 모든 것들은 스스로 운동 속에 들어 있기 때문에 또 다른 운동을 야기한다. 한 사물은 타자에 의해 움직여지면 원래의 상태와 다르게 존재할 수 있다. 그러므로 하늘의 현실태는 일차적 운동이고, 따라서 하늘이 움직여지는 한에서 적어도 그것은 다르게 존재하는 것이 가능하다. 실체성의 관점에서는 아닐지라도 가령 장소

---

941) Aristotle, *Metaphysics*, 1072a19-25.

의 관점에서는 달라지는 것이다. 그러나 스스로는 움직이지 않으면서 타자를 움직이게 하는 어떤 것 X가 있고 또 현실적으로 실존하기 때문에 X는 어떤 관점에서든 다르게 존재할 수 없다. 일차적 유형의 변화는 운동이고 운동 중에서도 원환 운동이기 때문이다. 이것이 X가 유도하는 운동이다. X는 일차적 운동을 나누어주기 때문에 어떤 종류의 운동(변동)에 말려들지 않는다는 말이다. 그러므로 X는 필연적으로 실존하고 선해야 한다. 그것이 선한 한에서 욕구의 대상이다. 그러므로 X는 '제1원리'다. 필연적인 것은 이 모든 의미를 원래 가지고 있다. 그것은 추동력과 반대이기 때문에 억지로 존재하는 것, 덕성(윤리적 덕성과 지성적 덕성)을 가능케 하는 것, 달리 존재할 수 없고 절대적으로 필연적인 것이다.[942]

감각적 우주와 자연세계가 의존하는 제1원리는 이와 같다. 그리고 그것의 삶은 우리가 일시적으로 즐기는 최고선과 같은 것이다. 제1원리는 늘 이 최고선의 상태에 있어야 한다. 제1원리의 현실태도 역시 '쾌락(헤도네 ἡσονὴ)'이기 때문이다. (그리고 이런 이유에서 각성, 감동, 사유는 가장 즐거운 것이고 희망과 추억은 그 때문에 기쁜 것이다.) 사유 그 자체는 그 자체로서 선한 것과 관계하고 최고의 의미에서의 사유는 최고의 의미에서의 최고로 선한 것과 관계한다.

사유는 사유의 대상에 참여함으로써 스스로를 생각한다. 사유는 이해와 생각의 행위에 의해 사유의 대상이 되기 때문이다. 그리하여 사유와 사유의 대상은 동일한 것이다. 사유의 대상을 수용하는 것, 즉 본질은 사유이기 때문이다. 그러므로 사유는 대상을 보유할 때 현실적으로 활동한다.

- 신이 합리적 사유를 보유하는 모양으로 생각되는 것은 잠재태라기보

---

942) Aristotle, *Metaphysics*, 1072b6-25 참조.

다 현실태이기 때문이다. 그리고 사유 중에서도 활동적 사유로서의 관상觀賞(테오리아)은 가장 기쁘고 가장 좋은 사유활동이다. 따라서 신이 늘 즐기는 행복이 우리가 가끔 즐기는 행복만큼 큰 것이라면 이것은 기적적인 일이다. 그것이 더 크다면 이는 훨씬 더 기적적인 일이다. 그럼에도 불구하고 그것은 이렇게 기적적이다. 더구나 신은 나름의 삶을 가지고 있다. 사유의 현실태는 삶이고 신은 이 사유의 현실태이기 때문이다. 그리고 신의 본질적 현실태는 가장 선하고 영원한 삶이다. 따라서 우리는 신이 살아있는 최고선의 영원한 존재라고 생각한다. 그러므로 삶과 영원한 항상적 실존은 신의 것이다. 이런 실존이 바로 신 자체이기 때문이다.[943]

말하자면, 감각적 만물과 별도로 분리되어 있는 영원한 부동의 어떤 실체가 존재한다. 그런데 이 실체는 어떤 크기로 나누어질 수도, 분할될 수도 없다. 이 실체는 무한한 시간 동안 운동을 야기하는 것이고 또 유한한 어떤 것도 무한한 잠재태를 가지고 있지 못하기 때문이다. 또 크기란 유한하거나 무한한 것인데, 실체는 유한한 크기를 가질 수 없고 무한한 크기를 가질 수도 없다. 무한한 사물은 없기 때문이다. 실체는 수동적이지 않고 변하지 않는다. 모든 다른 종류의 운동은 공간적 운동 이후의 것들이다. 왜 실체가 이러한 속성들을 가졌는지는 이와 같이 명백히 드러난다. 제1원리와 일차적 실재는 본질적으로도, 우연적으로도 부동의 것이지만, 일차적 운동 형식을 자극하는데, 이 운동 형식은 단일하고 영원하다. 움직여진 것은 다른 어떤 것에 의해 움직여져야 하기 때문에, 그래도 제1운동자는 본질적으로 부동이어야 하기 때문에, 그리고 영원한 운동은 영원한 어떤 것에 의해 자극되어야 하고 단일한 운동은 어떤 단일한 것에

---

943) Aristotle, *Metaphysics*, 1072b22-31.

의해 자극받아야 하기 때문에, 그리고 우리는 우리가 부동의 일차적 실체에 의해 자극되어진 것으로 여기는 우주의 단순한 공간적 운동 외에 영원한 다른 공간적 운동들(행성들의 운동들)이 있음을 알기 때문에, 이 공간적 운동들이 각기 "본질적 부동의 영원한 한 실체"에 의해 자극되어야 하는 것이다.[944]

아리스토텔레스는 이 "부동의 영원한 실체"를 신과 동격의 제1운동자로 본다. 동시에 그는 이것을 '단일한 하늘'로 환원한다. "오로지 단일한 하늘이 존재한다는 사실은 명백하다. 하늘이 복수로 존재한다 하더라도 각 하늘의 원리는 종류에서 하나이고 수가 다수일 뿐이다. 그러나 수가 다수인 만물은 질료를 가지고 있지만 일차적 본질은 질료를 가지고 있지 않다. 그것은 완전할 실재이기 때문이다. 그러므로 부동의 제1운동자는 형식에서도 수에서도 단일하다. 그러므로 영원히 그리고 항상 운동하는 것이 존재하는 것이다. 따라서 오직 단일한 하늘이 있을 뿐이다."[945]

존재론적·우주론적 논리로 신을 도출하고 입증하는 이 '가지론적可知論的' 신학의 형이상학적 입장에서 아리스토텔레스는 '오만하고 불경하게' 신에 관한 전승된 신화의 권위를 부정한다.

- 아주 오래 전의 고대 사상가들에 의해 후대 자손에게 전해져 온 하나의 전설은 '천체가 신이고 신적인 것이 전 자연을 포괄한다'는 취지의 신화 형태였다. 그들의 전설에 덧붙여진 나머지 설화들은 속인들을 설복할 신화적 형태로 그리고 헌법적이고 실리적인 방편으로 나중에 보태진 것들이다. 그들은 신이 인간의 모습을 지녔다거나 어떤 동물의 모습과 같다고 말하고 다른 진술들을 우리가 언급한 것들에 맞춰 일관

---

944) 참조: Aristotle, *Metaphysics*, 1073a-b1.
945) Aristotle, *Metaphysics*, 1074a31-39.

되게 그리고 이것들과 유사하게 지어내고 있다. 이 진술들을 분리해 내고 그들이 일차적 실체들을 신이라고 생각한 첫 번째 전설을 받아들인다면, 우리는 이것을 신적 격언으로 간주해야 한다. 그리고 우리는 모든 예술과 철학이 아마 거듭 최고조까지 발전했다가 다시 사라진 반면, 고대 사상가들의 이 신념은 옛 지식의 유물로 보존되었음을 반추해야 한다. 따라서 이 정도만큼만 우리 선조와 옛 사상가들의 견해가 우리에게 인식될 수 있는 것이다.[946]

여기서 "신이 인간의 모습을 지녔다거나 어떤 동물의 모습과 같다고 말하는" 것을 부정하는 아리스토텔레스의 논지는[947] 신인동형설神人同形說이나 신의 변신을 부정하는 소크라테스와 플라톤의 관점과 일치한다. 또한 플라톤은 상술했듯이 『티마이오스』에서 신을 불·구형·보석 등으로 묘사하고, 『법률』에서는 '변화의 제1원인' 또는 '스스로 운동하는 운동'으로서의 '최선의 영혼' 등으로 묘사했다. 그러나 아리스토텔레스는 『법률』에서 논증된 플라톤의 신 개념을 비판적으로 더욱 변화·발전시켜 신을 '제1원리', '부동의 제1동인', '일차적 실체', '살아있는 최고선의 영원한 존재', '단일 천체(하늘)' 등 가지적可知的 존재로 규정하는 순수 사변적 형이상학(단순한 존재론적 신학)의 관점에서 신화들을 모조리 "속인들을 설복할 신화적 형태로, 그리고 헌법적·실리적 방편으로 나중에 보태진 것들"로서 규정해 배격하고 있다. 정확히 말하자면 그는 신화와 전설 가운데 '천체가 신이고 신적인 것이 전 자연을 포괄한다'고 말한 고대 사상가들의 '신화'만을 인정하고 나머지 전설들은 다 부정한 것이다. 이것은 플라톤의 논지와 상반된 것이다. 플라톤은 여타 신성들의 유래를 말

---

946) Aristotle, *Metaphysics*, 1074b1-14.
947) 참조: Jonathan Barnes, "Metaphysics", 104쪽. Barnes (ed.), *The Cambridge Companion to Aristotle* (Cambridge: Cambridge University Press, 1995).

하거나 인식하는 것은 우리의 능력을 초월하므로 "우리는 이전에 그것에 관한 설화를 얘기한 적이 있는 사람들에게 믿음을 주어야 하고" 또 "그들의 말을 개연성의 근거 또는 꼼짝할 수 없는 증거로 뒷받침하지 못할지라도 신들의 자식들에게 믿음을 거부한다는 것은 불가능하다"라고 주장했기[948] 때문이다.

이 점에서 아리스토텔레스는 인간의 오만한 지식욕에서 인간적 지혜·이성(지성)의 인식능력을 지나치게 신뢰한 나머지 '인지人智'로 알 수 없는 불가지의 신·궁극원인·우주에서까지 지식과 학문을 추구한 사변 철학자로서 자신의 사변적 형이상학을 무기로 신화와 전설을 다 청소하고자 한 것이다. 그래서 그의 '신학'은 지적 절제를 모르는 사변적 형이상학으로서 공허할 뿐만 아니라 위태로울 수밖에 없는 것이다.

아리스토텔레스는 공자·소크라테스·플라톤의 지적 절제에 반해 신을 인간의 이성(지성)으로 '인식'할 수 있는 사변적 천문학의 형이상학적 존재로 만들어 놓았다. 따라서 공자의 관점에서 보면 그의 이성신학은 지극히 위태로운 '사이불학思而不學'이다.

그런데 신까지도 이성으로 다 인식하고 설명한다는 아리스토텔레스의 이 '이성신학'에 담긴 무제한적 합리주의(무제한적 지성주의)는 실은 플라톤의 '철학' 개념에 기원을 두고 있다. 플라톤에 의하면, '철학자'란 무엇이든 '가리지 않고' 알고 싶어 하고 '모든' 지혜를 욕구하고 '모든' 연구를 시험해 보는 데 그 어떤 염증도 느끼지 않고 배움의 일에 기꺼이 나서고 '이에 만족할 줄 모르는' 사람이기 때문이다.[949] 아리스토텔레스의 무제한적 지성주의는 바로 이 플라톤주의적 '철학' 개념 자체에서 유래하는 것이다.

---

948) Platon, *Timaios*, 40d6-e6.
949) Platon, *Der Staat*, 475b-c.

4.2. 인간 이성의 신격화와 신탁의 경시

'무제한적 지성주의자'로서 아리스토텔레스는 형이상학적 사변 논리 속의 존재로서의 신을 인간 내부의 '이성(지성)'과 본질적으로 동일한 것으로 만들어 신을 더욱 인간에, 인간을 더욱 신에 접근시킨다. 이것은 역으로 인간의 이성을 신의 이성에 접근시켜 인간 이성을 신격화하고 지혜로운 철학적 인간을 신격화하는 것이다. 이것도 "영혼은 신이고", 따라서 "모든 인간은 신이고", 또 "만물은 신들로 가득 차 있다"고 주장한 플라톤의 '신 이야기'를 가지론적·지성적으로 극화시킨 결과다.

상술했듯이 아리스토텔레스에 의하면 신은 인간처럼 행복을 느끼는 산 지성이다. 다만, 보통 인간이 '가끔' 한시적으로 행복을 느끼는 반면, 신은 영원히 '늘' 행복을 느끼는 '영원한 실존'이라는 점에서 인간과 다를 뿐이다. 그럼에도 신의 지성이든, 인간의 지성이든 지성은 초자연적 것, 신적인 것이다.

- 지성(이성)은 모든 현상 중에서 가장 초자연적인 것으로 생각된다. (…) 지성은 가장 선한 것이라면 자기 자신을 생각한다. 그리고 지성의 생각은 생각하는 것에 대해 생각함이다.[950]

"생각하는 것에 대해 생각한다"는 이 "지성의 생각"은 바로 '격사치지 格思致知'라는 말이다. 아리스토텔레스는 『니코마코스 윤리학』에서 신들은 "지극히 복되고 가장 행복한 존재"이고 신의 활동은 세계를 구경하며 즐기는 "테오리아(관상觀賞) 활동"이라고 주장했다. 그리고 인간 안에서 최고의 것으로서 지성은 신적인 것이고 지성의 활동은 관상이며, 인간

---

950) Aristotle, *Metaphysics*, 1074b15-35.

의 관상 활동이 신의 활동을 가장 많이 닮은 활동이라고 말했다. 인간과 신은 지성과 그 활동인 관상 활동의 측면에서 연속성을 갖는다. 신과 (특히) 철학적 인간은 지성 자체의 질質에서 연속적이다. 다만 양적 차이가 있을 뿐이다.[951] 이처럼 아리스토텔레스는 신을 외적 모습에서가 아니라 내적 측면(지성)에서 인간을 닮은 존재로 본다.

나아가 아리스토텔레스는 소크라테스·플라톤과 달리 신탁의 믿음을 그의 사변적 신학에 대한 자기 확신으로 대체한 것처럼 보인다. 그는 투키디데스처럼 인간 이성으로 파악 가능한 논제들에 초점을 맞추고, 오직 신과 신점神占으로만 입수할 있는 정보를 요구하는 유형의 이슈들에 대한 언급을 꺼렸다. 물론 그의 글에 그가 델피신탁과 점 일반의 역할을 명시적으로 무시하는 구절은 없다. 하지만 그는 소크라테스, 플라톤, 크세노폰과 달리 델피신탁을 전면에 부각시키지도 않았다.[952]

아리스토텔레스도 델피신탁과 점 일반에 대해 당대의 아테네인들이 보이던 믿음을 정면으로 부정하거나 배척하지는 못했을 것이지만, 신탁에 대한 그의 믿음의 독실성은 불확실하다. 분명한 것은 그가 델피신탁을 언급하는 빈도수와 분량이 플라톤에 비해 훨씬 적을뿐더러, 특별한 해설 없이, 그것도 오래된 신탁점을 밋밋하게 기술하고 있을 뿐이라는 것이다. 다만, 올림픽과 피티아 게임 우승자를 찬미하고 스파르타 헌법의 역사를 기술한 아리스토텔레스의 저작들은 오래전에 망실되었지만, 당대에 이를 읽었던 사람들은 이 저작들 속에 신탁에 관한 좀 더 많은 언급들이 있었다고 전한다.[953] 현존 저작들에서는 그것에 관한 언급들이 몇 개 남아있을 뿐이다.

가령 『아테네 헌법』에서 아리스토텔레스는 다음과 같이 기술하고 있

---

951) Aristoteles, *Die Nikomachische Ethik*, 1177a11-28; 1178b6-33 참조.
952) Bowden, *Classical Athens and the Delphic Oracle*, 86쪽.
953) 참조: Bowden, *Classical Athens and the Delphic Oracle*, 86쪽 각주.

다.

- 히피아스(Ἱππίας; 기원전 5세기 말엽의 아테네 참주)는 동생 히파르쿠스가 암살된 지 4년 뒤에 폴리스 안에서 자신의 지위가 안전하지 못하다고 느끼면서 뮈니키아에 정착할 생각으로 이곳을 요새화하는 데 착수했다. 그가 이 일에 전념하고 있는 사이, 스파르타의 클레오메네스 왕은 그를 (아테네로부터) 쫓아냈다. 신탁들이 폭정을 전복하도록 끊임없이 스파르타인들을 촉구했기 때문이다. 이 신탁들은 다음의 방식으로 얻어졌다. 알크메온 집안 일족이 이끄는 아테네 망명자들은 여러 가지 기도를 거듭했지만 다 실패하고 자력으로 자신들의 귀국을 이루지 못했다. 이 여러 가지 실패의 와중에 그들은 아티카 안의 파르네스산 위의 리쉬드리움 지역을 거점으로 확보했고 그 뒤에 폴리스로부터 온 약간의 파르티잔들을 여기에 가담시켰다. 그러나 그들은 참주들에게 포위당해 몰락하던 끝에 항복하고 말았다. (…) 그 밖의 모든 방도가 실패하자 그들은 델피신전을 재건하는 일을 위탁받아서 스파르타인들의 지원을 받는 데 쓸 수 있는 충분한 자금을 벌었다. 이 시기 내내 피티아는 신탁을 상담하러 온 스파르타인들에게 아테네를 해방시켜야 할 임무를 부과하는 말을 끊임없이 계속했고, 스파르타인들이 히피아스 집안의 페이시스트라토스(Πεισιστρατος) 일족과 돈독한 관계로 연결되어 있을지라도 마침내 스파르타인들을 그런 방향으로 몰아붙이는 데 성공했다.[954]

아리스토텔레스에 의하면 델피신전의 신탁이 아테네를 히피아스 참주로부터 해방시키고 참주지배 시기에 일문이 모두 해외로 추방당해 있던

---

954) Aristotle, *The Athenian Constitution*, XIX(19).

알크메온 가문과 이 가문에 속한 클레이스테네스, 그리고 기타 아테네 망명자들을 귀국시키는 데 결정적인 역할을 한 것이다.

돌아와 권력을 잡은 클레이스테네스가 기원전 508-507년에 추진한 개혁은 일반적으로 아테네 민주주의의 탄생을 알리는 전환점으로 간주된다. 그런데 아리스토텔레스의 기록에 의하면, 이 역사적 민주개혁에도 신탁이 개입했다. 그는 다음과 같이 적고 있다.

- 클레이스테네스는 미리 선정된 100명의 건국 영웅 명단에서 델피 무녀들이 선택한 부족들의 이름이 될 10명의 영웅을 지정했다.[955]

아리스토텔레스는 델피신전에서 신탁이 어떻게 진행되는지도 잘 알고 있었다. 그는 장엄미莊嚴美에 이르는 '열광적 모방'의 방법을 설명하는 도중에 델피신탁에 관한 자신의 지식을 보여준다.

- 많은 이들은 다른 사람의 영감에 의해 넋을 잃는다. 이는 마치 피티아 무녀가 '신적인 증기를 내뿜는 땅속의 갈라진 틈새'가 있는 – 그들이 이렇게 말한다 – 삼발이 솥에 접근하자마자 이로써 신통력을 배태하게 되고 즉시 신탁을 발설하게끔 영감을 가지게 되는 것과 같다. 그것은 마치 거룩함의 입에서 방사되는 감화력인 것처럼 저 옛 작가들의 자연적 천재성으로부터 그들의 경탄자들의 마음속으로 흘러 들어간다.[956]

---

955) Aristotle, *The Athenian Constitution*, XXI(21).
956) Aristotle, *Longinus on the Sublime*, 186v-187iv. Aristotle, *Longinus on the Sublime·Demetrius on Style* (Cambridge [MA]·London: Harvard University Press·William Heinemann LTD, 1977).

아리스토텔레스는 『우주론』에서도 델피신전의 이 신적 증기가 예언을 야기한다는 사실을 스스로 믿었음을 보여준다. "유사하게, 지표 위에 있는 많은 장소에도 열린 바람구멍들이 있는데, 이 구멍들은 이에 접근하는 사람들에게 도취적인 영감 또는 쇠약하게 하는 질병, 어떤 경우는 델피와 라베다아에 있는 구멍처럼 예언, 프뤼기아에 있는 구멍처럼 심지어 완전한 파괴를 야기하는 등 다양한 효과를 미친다."[957] 이 대목에서 그는 델피신전의 바위틈새에서 나오는 신적 증기의 예언적 신통력을 인정하고 있다.

그 밖에도 아리스토텔레스는 크세노폰이 『헬레니카』에서 자세히 전하는 스파르타의 아게시폴리스 왕의 신탁 이야기(기원전 388년)를 언급한다. 크세노폰에 의하면, 스파르타인들이 아르고스(Ἄργος: 그리스 남동부의 도시국가)의 영토를 침공하려고 위협할 때 아르고스인들은 축제 기간을 거룩한 휴전 기간으로 삼아야 한다고 강변하는 버릇이 있었다. 이것은 분명 속임수였기 때문에 스파르타 왕 아게시폴리스는 올림피아의 제우스 신에게 이 휴전 주장을 존중해야 할지를 묻는 신탁을 구해서 이 기만적 휴전 제안을 거부해도 좋다는 답을 들었다. 이것을 확인하기 위해 아게시폴리스는 델피신전의 아폴론 신에게 "휴전에 대한 당신의 견해도 당신 아버지(제우스)의 견해와 같은 것인가?"라고 질문했다. 이에 아폴론 신은 "아무렴!"이라고 답했다. 결국 아게시폴리스는 축제 기간을 무시하고 아르고스를 침공했다. 요는 아들이 아버지에게 반대하는 것이 수치스러운 일이었기 때문에 진정 아폴론 신에게는 거의 선택의 여지가 없었다는 점이다.[958] 제우스 신에게 물은 내용을 그의 아들 아폴론 신에게 또 물

---

957) Aristotle, *On the Cosmos*, 395b26-30. Aristotle, *Sophistical Refutation·Coming-to-be and Passing-away·On the Cosmos* (Cambridge [MA]·London: Harvard University Press·William Heinemann LTD, 1981).
958) 참조: Xenophon, *Hellenica*, Book IV. Ch.7 §2. *Xenophon*, Vol.I in seven volumes (Cambridge [MA]·London: Harvard University Press·William Heinemann LTD,

어 이중으로 신탁을 구한 사건을 아리스토텔레스는 "헤게시포스(스파르타 왕의 사자)가 올림피아에서 신탁을 구한 뒤에 델피의 신에게 그의 의견도 아버지의 의견과 같은 것인지를 물었는데, 이는 아버지와 모순되게 말한다면 수치스럽게 되는 것을 뜻하는 것이다"라고 요약해서 적고 있다.[959]

그러나 아리스토텔레스는 소아시아 리디아(Λυδία)의 왕 크로이소스(Κροῖσος, 기원전 595-547년?)가 받은 모호한 신탁 표현에 대해 불신을 드러내기도 한다. 헤로도토스에 의하면, 크로이소스 왕은 '페르시아에 맞서 진군해야 하는지 또는 페르시아와의 동맹을 구해야 하는지'를 신탁에 물었다. 그는 강을 건너가 페르시아를 공격하면 한 강대한 제국을 파괴할 것이라는 답을 받았고, 그리스 국가 중에서 가장 강력한 국가가 어느 나라인지를 찾아내 이 나라와 협약을 맺으라는 권고를 받았다.[960] 그리하여 크로이소스는 할뤼스(Ἅλυς)강을 건너 페르시아를 공격했는데, 그 결과 페르시아의 역공을 받고 오히려 리디아가 망하고 말았다. 파괴될 '한 강대한 제국'은 페르시아가 아니라 리디아였던 것이다.

애매한 신탁의 그릇된 해석과 관련된 이 사건을 아리스토텔레스는 다음과 같이 평하고 있다.

- 길게 둘러 표현하는 말은 청자들을 속이는 효과를 갖게 되는데, 이 청자들은 예언가에게 귀를 기울이는 대다수 사람처럼 스스로 영향받게 되는 것을 느끼게 된다. 예언가들이 모호한 말들을 발설할 때 청자들은 동의한다. 예를 들면 '크로이소스는 할뤼스강을 건넘으로써 강력한

1968).
959) Aristotle, *The Art of Rhetoric* (Cambridge [MA]·London: Harvard University Press·William Heinemann LTD, 1975), 1398b-1399a(II. xxiii, §12).
960) 참조: Herodotus, *The Histories*, Book One, 53쪽.

제국을 파멸시킬 것이다'라고 말하는 식이다. 일반적 방식으로 말하면 실책을 범할 기회가 더 적은 것처럼 예언가들은 사실의 질문에 관한 일반적 술어로 자신의 뜻을 표현한다. 홀짝놀이를 할 때 확정적 숫자를 대는 것보다는 '홀수' 또는 '짝수'라고 말하는 것이 적중할 확률이 더 크고, 이와 유사하게 '언제'라고 '짚어' 말하는 것보다는 '그럴 것이다'라고 말하는 사람이 적중할 확률이 더 크기 때문이다. 이것이 예언가들이 정확한 시간을 더 이상 자세히 정의하지 않는 까닭이다.[961]

크로이소스 왕과 관련된 신탁의 수사가 모호한 것을 적중도를 높이려는 단순한 수법으로 보는 이 평가는 신탁에 대한 아리스토텔레스의 믿음이 주역시서에 대한 공자의 믿음이나 신탁에 대한 소크라테스나 플라톤의 믿음만큼 결코 경건하지도 독실하지도 않았음을 추정할 수 있게 하는 대목이다.

공자는 덕행구복의 '인모人謀'를 중시하는 '지인知人'의 합리적 지식관에 머물러 있던 40대 후반 이전 청년기에 천명과 귀신을 멀리했다가 더 나이가 들면서 천명과 '귀모鬼謀'를 받아들이는 '지천知天'의 신적 지식으로 나아가 '지인'과 '지천', 즉 인지 차원의 '인간적 지식'과 신지 차원의 '신적 지식'의 두 가지 지혜·지식을 결합하는 양면적·통합적 지식(지혜) 개념을 가지게 되었다. 그러면서도 덕행구복德行求福을 서점筮占보다 앞세우는 선덕후점先德後占·이덕희점以德稀占의 입장을 견지했다. 그리고 공자는 천성·지천·천명을 부정하지 않되 인간적 지성으로 알아내려는 사변적 욕구를 절제하는 '중도적 지식 철학자'였다. 이는 소크라테스와 플라톤도 마찬가지였다. 그러나 아리스토텔레스는 신과 신탁의 문제를 두고 공자처럼 전기와 후기 간에 사상적 차이를 보이지 않는다. 애당초 아

---

961) Aristotle, *The Art of Rhetoric*, 1407a-b(III. v, 4-6).

리스토텔레스는 소크라테스와 플라톤에 비해 '영혼의 완벽한 덕행' 또는 '지성의 관상'으로서의 행복을 구하는 것을 최고로 격상시키고 '관상적 행복' 앞에서 천명(운명)의 문제는 미미하고 사소한 우연으로 가볍게 여겼다. 이것은 아리스토텔레스가 공자의 청년기 철학과 유사한 상태에 정체한 채 더 이상의 고뇌와 발전을 이루지 못했음을 보여준다.

아리스토텔레스는 인간 이성으로 파악할 수 있는 인간사人間事(인모人謀의 일)만이 아니라 인간 이성으로 알 수 없는 신과 우주의 일을 사변적 인간 이성으로 파악하려는 지적 오만을 견지한 것이다. 그는 공자와 소크라테스가 갈파했듯이 인간적 지혜로 알 수 없는 일이 존재한다는 사실과 신에게 물어서만 알 수 있는 신적 지식이 따로 있다는 사실을 원칙적으로 인정하는 글도, 신탁을 궁구한 별도의 저술도 남기지 않았다. 그는 델피신탁을 경시했던 것으로 보아 자신의 경신敬神 의무를 사변적·이신론적 신학으로 대체한 것으로 보인다.

결론적으로, 아폴론 신의 델피신탁에 대한 소크라테스와 플라톤의 경건한 믿음에 비하면, 그의 철학은 무제한적 지성주의(합리주의)의 인지주의적人智主義的 오만에 상대적으로 경도되었다. 그런데 이것은 소크라테스와 플라톤이 목숨 걸고 경고해 마지않았던 바로 그 오만이 아니던가?

또한 아리스토텔레스가 그의 친구 헤르미아스에 대한 기념비를 델피신전 경내에 세우고 델피신전과 가까운 성역 아폴론 리케이오스(리케이온) 가운데 일반에게 공개하는 김나시온에 있던 기존의 '리케이온' 학당을 인수해 확장·재개교했다는 것은 확인되지만, 그 자신이 아폴론 신을 경배해 자신의 신운身運에 관해 델피신탁을 구했다는 소문은 신빙성 있는 증거로 확인되지 않는다. 또한 델피신탁에 관한 그의 기록들이 보여주는 것처럼 그는 당대의 아테네인들과 마찬가지로 델피신탁의 상담 과정과 절차를 잘 알고 있었지만, 이에 대한 경배심을 별반 보이지 않고 밋밋하게 기술하고 있다. 이것은 소크라테스·플라톤과도 다르고, 젊은 날 먼저 인간사의 탐구와 덕행구복에 주력했지만 노년 시기에 『주역』을 궁구해 『주역』의 천·지·인 삼도三道와 귀모가 서로 얽히는 역리易理를 밝힌 「십익」을 써 신에 대한 (불가지론적·제한적) 변辯으로 삼고 직접 시서著筮했던 공자와도 크게 다른 것이다.

아리스토텔레스가 『주역』을 궁구한 공자처럼 신적 지혜와 관련된 신탁을 별도로 깊이 연구하지 못한 까닭을 억측해 본다면, 그 첫째 이유는 신탁에 깊은 관심을 가질 연령대인 50대에 그는 마케도니아 왕가의 2대에 걸친 후원으로 누구도 감히 따를 수 없는 최고의 유복한 생활과 정치적 영향력을 누린 '억세게 운 좋은' 행운아였다는 것이다. 이런 삶 속에서는 평생 근심을 안고 살았던 문왕과 공자처럼 근심을 가질 까닭이 없었다. 따라서 신탁 연구에 매달릴 개인적 필요도, 동기도 없었을 것이다.

둘째 이유는 아리스토텔레스가 한때 그렇게 운 좋은 행운아였지만 알렉산더 대왕의 급서로 생사의 위협에 처하면서 63세 초로의 나이에 비명횡사했다는 사실이다. 아리스토텔레스의 죽음은 70세까지 살았던 소크라테스, 73세까지 살았던 공자, 82세까지 산 플라톤에 비하면 참으로 때 이른 죽음이었다. 공자는 만년의 순천順天과 낙천樂天의 경지에서 '위편삼절韋編三絶'의 지극한 열정으로 주역신탁을 궁구했고, 소크라테스는 '신들린 철학자'로서 델피에 대해 경건하고 신탁을 신중히 여기고 스스로 무당이었다. 플라톤은 스승의 신탁과 관련된 가르침에 충직했다. 그러나 아리스토텔레스는 순천과 낙천의 경지를 맛볼 수 있는 60-70대의 나이를 살지 못했기에 델피신탁을 깊이 연구할 기회를 가질 수 없었다.

이런 까닭에 자신의 미래 운명을 알지 못했던 아리스토텔레스는 마케도니아 왕가와 긴밀한 사적 관계를 맺고 있다는 것이 장차 그의 인생에 어떤 비극을 초래할지를 알지 못했다. 또한 다음에 심층적으로 논할 자신의 행복론의 논리대로라면, 지성의 철학적 관상만으로도 신적 행복을 누릴 수 있다는 – 신을 잘못 흉내 낸 – 어설픈 지적·사변적 오만 때문에 아마 그는 미처 그것을 알 필요도 느끼지 못했을 것이다. 따라서 공자나 소크라테스·플라톤처럼 서점과 신탁점으로 신의 뜻을 알아 정치적 몰락·비명횡사와 같은 대흉을 예지하고 피할 수 없었다. 자신의 덕행구복의 논리대로라면 '고결하고 담대한 마음으로 침착하게' 운명을 의연히 감내했어야 할 아리스토텔레스는 체포되어 처형될지도 모른다는 극도의 불안감과 스트레스 속에서 허무하게도 초로에 '도피 중 비명횡사'로 생을 마감했던 것이다. 따라서 그는 공자·소크라테스·플라톤보다 지극히 더 불행한 철학자였다. 그의 운명적 비극과 불행을 지성주의적 오만으로 미만한 그의 윤리철학의 근본적 오류를 실천적으로 입증해 주는 것으로 해석하더라도 그리 지나친 과장은 아닐 것이다.

정치적으로 아리스토텔레스는 평생 동안 마케도니아 편에 서 있었다. 마케도니아는 늘 아테네를 적대하다가 결국 아테네를 정복한 북방국가였다. 이런 까닭에 그는 알렉산더 대왕을 정치적 배경으로 삼아 한때 지대한 정치적 영향력을 행사했다. 하지만 이 때문에 그는 늘 친구가 적고 적이 많았다. 이것은 적이 적고 친구가 많았던 플라톤과 정반대였다. 따라서 아리스토텔레스가 겪게 된 초로의 처형 위험·탈주·비명횡사는 철학적 독신죄보다는 아테네에 적대적인 마케도니아와의 정치적 친분관계로 인해 야기된 것이었다.[962] 아테네 시민들이 알렉산더 대왕의 급서를 계기로 마케도니아 점령군으로부터 벗어나 독립을 회복하려고 목숨 건 봉기를 감행하면서 그를 체포해 처형하려고 한 것은 당연한 일이었다.

아리스토텔레스는 평생 마케도니아 왕실의 은덕을 누렸으므로 아테네

---

962) Spahn, "Aristoteles", 401-402쪽.

에서의 명예는 누리지 말았어야 했다. 마케도니아의 아테네 점령으로 인해 마케도니아와 아테네는 당시 양립할 수 없는 적대관계에 놓여 있었기 때문이다. 그는 모순되게도 마케도니아 왕실의 은덕과 아테네에서의 명예를 둘 다 탐했던 것이다. 그러나 그는 이 모순된 행동이 초래할 신변적 위험의 기미도 느끼지 못했고, 따라서 이를 우려하지도 않았다. 공자의 '군자'는 "기미를 보고 행동하는(君子見幾而作)" 선비다.[963] 군자는 기미를 보고 일의 잘됨과 못됨을 미리 알기 때문에 일이 잘못된 것을 나중에야 알고 후회하거나 호들갑 떨지 않으며, 큰 흉액을 반드시 미리 알고 행동을 삼가기 때문에 '개죽음'이나 '비명횡사'를 당하지 않는다. 아리스토텔레스는 공자의 '군자'나 (델피신탁의 신적 지혜를 존중하는) 소크라테스·플라톤의 '철학자'와는 아주 거리가 멀었던 것이다. 그의 '도피와 비명횡사'는 물욕과 권탐權貪에 찌든 타락하고 오만한 아테네인들을 깨우치라는 신의 명령을 완수하기 위해 죽음을 자원하고 의연하게 감당했던 소크라테스와 정반대되는 모습이었다.

4.3. 지성주의적 행복론과 비극적 종말

아리스토텔레스가 행운·불운 또는 운명에 대해 어떻게 생각하고 또 인간의 행복을 위해 어떤 피흉避凶의 안전보장책을 가지고 있었는지를 알아보기 위해서는 그의 행복론을 정밀하게 분석해 보아야 한다. 아무리 완전무결한 행복론도 갑작스런 불운과 흉액을 퇴치할 완전무결한 대책이 없다면 미완성 상태를 벗어나지 못할 것이기 때문이다.

아리스토텔레스는 "가장 선하고 가장 고결하고 가장 즐거운 것"으로서의 행복을 "영혼의 덕에 따른 활동", 즉 신체의 덕행이 아니라 "영혼의 덕

---

963) 『易經』「繫辭下傳」.

행"으로 정의한다.[964] 이것은 공자, 소크라테스, 플라톤의 덕행구복과 같은 의미다. 그러나 이 행복을 이루기 위해서는 대체로 자기의 통제 밖에 있는, 따라서 운에 많이 좌우되는 "외적 호조건이 필요하다". 아무런 수단과 조건이 없다면 고결한 일을 이루는 것이 불가능하거나 어렵기 때문이다. '외적 호조건'은 "벗, 재력, 정치권력" 등의 "도구", 그리고 "좋은 태생, 훌륭한 후손, 준수한 용모" 등이다. "외모에서 지나치게 추악하거나 천한 태생이거나 자식이 없이 고독하거나 그리고 아주 나쁜 자식 또는 친구를 가졌거나 좋은 자식과 친구가 있었더라도 죽어서 이들을 떠나보낸 사람들을 완전히 행복하다고 말할 수 없기 때문이다". 따라서 행복에는 이와 같이 운과 우연한 운명적 조건의 다양한 변수에 의해 좌지우지되는 외적 수단과 외적 무탈·안녕이 추가로 필요한 법이다.

이런 까닭에 "행운을 행복과 동일시하는" 사람도 있고, "덕성을 행복과 동일시하는" 사람도 있는 것이다.[965] 개인이 좌지우지할 수 없는 우연적인 외적 조건과 외적 뒷받침의 필요성 때문에 덕행구복이 운명의 영향에 부분적으로 굴복하고 이런 까닭에 행복이 마치 덕행과 행운의 혼합물처럼 보이기도 하는 것이다. 아리스토텔레스는 말한다. "인간적 선善이 평생 동안의 삶 안에 있는 것"이듯이 "행복에는 완전한 덕성도 필요하지만 평생의 기간도 필요하다. 일생을 살아가는 동안 많은 변화와 온갖 우연들이 생긴다. 트로이전쟁의 프리아모스에 대한 서사시에서 말하는 바와 같

---

964) Aristoteles, *Die Nikomachische Ethik*, 1098a15-20(제1권-6); 1099a20-23(제1권-9); 1099b25-28(제1권-10); 1100b10; 1102a5(제1권-11·12); Aristotle, *Eudemian Ethics*, 1218b31-19a39.
965) Aristoteles, *Die Nikomachische Ethik*, 1099a31-1099b8(제1권-8). 아리스토텔레스는 노예를 '천한 태생' 때문에 행복 참여자로 보지 않는다. "노예가 삶에 참여하고 있다는 깃을 부정하지 않을지라도 행복에 참여하고 있다고 말할 사람은 아무도 없을 것이다." Aristoteles, *Die Nikomachische Ethik*, 1177a8-9(제10권-6). 또 "노예와 하급동물은 폴리스를 만들 수 없다. 왜냐하면 그들은 행복에 참여할 수 없고 의지적 선택에 따른 삶에도 참여할 수 없기 때문이다." Aristoteles, *Politik*, 1280b32-34(제3권-9).

이 가장 잘 살았던 사람도 노년에 큰 불운에 처했다. 이런 것을 겪고 불운으로 끝난 사람을 아무도 행복한 사람이라고 말하지 않을 것이다."[966]

그러나 아리스토텔레스는 가장 위대하고 가장 고결한 것, 완벽한 덕성에 따른 영혼의 행위, 즉 완벽한 덕행으로서의 행복을 모조리 운명이나 우연에 맡기는 것은 지나치게 경솔한 짓이라고 생각한다.

- 행복이 수련에 의해 학습되거나 획득될 수 있거나 또는 어떤 다른 방식으로 수양될 수 있는 것인지, 아니면 신적 시혜 또는 운에 의해 부여되는 것인지 하는 물음이 제기된다. 그런데 인간이 가진 어떤 것이든 신들의 선물이라면, 행복이 신적 시여施與라고 가정하는 것은 합리적이다. 그것도 행복이 인간적 선 가운데 최고의 선인 만큼, 인간이 지닌 것들 가운데 행복이 신의 시여라는 가정은 가장 그럴 법하다. 그러나 이것은 오히려 다른 연구 분야에 속한다. 그러나 행복은 하늘로부터 인간에게 보낸 것이 아니라 덕과 그 어떤 배움이나 수신을 통해 이룩되는 것이라고 하더라도 행복은 아무튼 가장 신적인 것들 가운데 하나다. 덕의 포상과 목적은 명백히 최고선임이 틀림없기 때문이다. 그것은 신적이고 복된 어떤 것이어야 한다. 따라서 우리의 견해에 의하면, 행복이란 덕성의 능력과 관련해 망가지거나 불구화되지 않은 모든 사람이 그 어떤 학습과 노력으로 획득할 수 있는 것이기 때문에, 행복은 광범하게 확산되는 것을 허용한다. 이런 자기 노력을 통해 행복한 것이 운의 선물로 행복한 것보다 낫다면 이렇게 하는 것이 행복을 얻는 방법이라고 가정하는 것이 온당하다. 자연 세계에서 사물들은 최선

---

966) Aristoteles, *Die Nikomachische Ethik*, 1198A16-18; 1100a5-9. 프리아모스는 아름다운 왕비 헤쿠바와 더불어 헥토르, 파리스 등 50여 명의 왕자를 둔 트로이의 인자하고 권위 있는 행복한 왕이었다. 그러나 그는 트로이전쟁에서 아킬레스에게 이 50여 명의 왕자들을 다 잃는 비운을 당했다.

의 가능한 방법으로 질서 잡히는 경향을 띠는데, 이와 같은 경향은 기술의 산물에도 타당하고 그 어떤 유형의 인과응보에도, 특히 최고의 인과응보에도 타당하다. 이런 까닭에 가장 위대하고 가장 고결한 것을 운에 맡기는 것은 사물의 적성에 너무 반하는 것이다. 이와 동일한 결론은 우리의 숙고로부터도 도출된다. 행복은 영혼의 덕행으로 정의되었기 때문이다. 여타의 선들 가운데에 어떤 것은 반드시 행복에 동반되어야 하고, 다른 것은 도구의 형태로 도움이 되고 유용해야 한다.[967]

우리가 행복을 행운(운수)으로만 여긴다면 동일한 사람이 운수의 변천에 따라 한 번은 행복한 사람, 한 번은 비참한 사람이 되는 식으로 처지를 일평생 여러 차례 바꾸게 될 것이다. 그런데 선악은 운에 달려 있는 것이 아니다라는 것이다.

그러므로 "인간적인 삶은 운을 필요로 하기는 하지만" 운이 행복을 결정하는 것이 아니다. 결국, "행복에 결정적인 것은 덕행이다". 인간의 성취 가운데 덕행만큼 항구성을 갖는 것은 없다. 그러므로 덕행으로 행복해지는 사람은 우리가 추구하는 항구성을 지니고 있고 또 "일평생을 그렇게 살아갈 것이다". 그는 늘 또는 여타 모든 다른 사람들보다 많이 덕행을 행하며 덕성에 따라 사색을 할 것이다. 그리하여 "참으로 훌륭하고 나무랄 데 없이 네모반듯한 사람"은 "운명을 가장 고결하게, 모든 면에서 조화롭게 감당해 낼 것이다."[968] 여기까지는 공자의 덕행구복·인의구길(仁義求吉과 유사한 것으로 누구나 수락할 수 있을 것이다.

그러나 아리스토텔레스는 '임의의 작은(사소한) 불운'과 '크고(가혹하고) 반복적인 불운'을 구분하고 '작은 불운'은 덕행으로 극복함으로써 행

---

967) Aristoteles, *Die Nikomachische Ethik*, 1099b9-28(제1권-10).
968) Aristoteles, *Die Nikomachische Ethik*, 1100b5-22(제1권-11).

복할 수 있다고 말한다. 반면, 프리아모스의 불운 같은 '반복되는 큰 불운'에 맞서는 문제에 대해서는 '최선'을 다한 '의연한 감내'를 말하고 있다.

이 말은 아리스토텔레스의 덕행구복론이 대흉('큰 불운'과 '반복되는 불운') 앞에서는 속수무책임을 뜻한다. 공자는 상론했듯이 복서로 행복을 구하는 '복서구복ト筮求福'을 멀리했지만, 큰 흉액을 복서로 미리 알아 피하는 '복서피흉ト筮避凶'의 보장하에서 덕행으로 행복을 추구했다. 그러나 아리스토텔레스에게는 대흉을 피할 최소한의 어떤 안전장치도 없는 것이다. 이런 까닭에 아리스토텔레스는 행복을 만인이 접근 가능한 것으로 호언하는 위 인용문에서도 "덕성의 능력과 관련해 망가지거나 불구화되지 않은 모든 사람들이 그 어떤 학습과 노력으로 획득할 수 있는 것이다"라고 하여, '망가지거나 불구화된 사람', 즉 육체와 정신이 망가진 자, 환·과·고·독鰥寡孤獨, 노예 등의 처지에 있는 사회적 약자, 극빈자들을 제외하고 있는 것이다.

그리하여 아리스토텔레스는 말한다. "운명의 사건들은 많기도 하고 크기가 변화무쌍하기도 하다. 그래도 작은 행운은 분명 작은 불운만큼이나 삶의 행로에 별반 영향을 주지 못한다. 반복적 대성공은 많으면 많을수록 삶을 더욱 축복에 가득 차게 할 것이다." 하지만 "큰 반복적 불운은 이들이 야기하는 고통과 많은 활동에 가하는 장애로 우리의 축복을 짓부쉬 버리고 동시에 망쳐놓을 것이다". 하지만 "사람이 빈번하게 반복되는 가혹한 불운을 무감각에서가 아니라 고결하고 담대한 마음으로 침착하게 감당해 낸다면 이런 역경 속에서도 고귀함이 빛을 발하는 것이다." 따라서 아리스토텔레스는, 삶을 결정하는 것이 바로 행위이므로 "최고로 행복한 사람은 아무도 비참해질 정도까지는 되지는 않을 것이다"라고 말한다. 왜냐하면 "참으로 선하고 분별 있는 사람이란 어떤 종류의 운명이든 훌류한 자세로 감당하고 주어진 상황에서 늘 최선을 다할 것이므로 최고로 행복한 사람은 가증스러운 일이나 악한 일을 결코 행하지 않을 것이기 때문이다". 전후 사정이 이렇다면 "행복한 사람은 – 그도 프리아모스가 만난 불운을 만난다면 물론 완전히 행복하지는 않을 것이지만 – 결코 비참해질 정도까지는 되지 않을 것이다."[969]

아리스토텔레스의 행복 논리는 여기서 이렇듯 심히 꼬이고 있다. 앞서 인용했듯이 그는 같은 책의 다른 곳에서는 프리아모스 왕과 같이 노년에 큰 불운을 겪고 인생을 끝낸 사람을 "아무도 행복한 사람이라고 말하지 않을 것"이라고 말하고 있기 때문이다. 그의 말은 앞뒤가 맞지 않는 자가당착에 빠지고 있다. '작은 불운'은 덕행으로 극복할 수 있을 것이나, 프리아모스의 불운과 같이 큰 '흉액'은 덕행으로 극복할 수 없고 신탁점이나 주역시서에 의한 신적 지식을 통해 미리 알고 회피하는 수밖에 없는 것이다.

그러나 신탁점을 궁구하지 않는 아리스토텔레스에게는 속수무책이다. 그는 소크라테스나 플라톤이 믿은 피티아의 신탁을 믿지 않으려면, 『국가론』의 마지막 장에서 전개된 이들의 내세론來世論이라도 따랐어야 한다. 내세론은 이승에서 덕자德者가 우연히 겪는 불운이나 억울하고 부조리한 불행을 사후에라도 보상해 줄 수 있는 최후의 도덕 철학적 보장책이기 때문이다.

행복한 사람은 "임의의 사소한 불운에 의해 행복으로부터 가볍게 추방되지 않을 것"이기 때문에 "쉽게 바뀔 수도 없고 또 쉽게 변질될 수도 없다". 작은 불운에 대한 아리스토텔레스의 이 주장은 우리도 쉽게 수긍할 수 있다. 그러나 '반복적 불운'과 '큰 불운'을 의연하게 감내하고 최선을 다해 이 불운을 최소화하려고 싸우는 것은 '고귀한 일'일지 모르지만 그

---

969) Aristoteles, *Die Nikomachische Ethik*, 1100b23-1101a7.

가 스스로 실토하듯이 어쨌거나 불행한 것이다.

따라서 아리스토텔레스는 입장을 다시 180도 바꾼다. 임의의 사소한 불운을 능히 극복해 내는 덕자라 하더라도 "반복적인 큰 불운"에 처하면 "행복으로부터 추방되고" 말 것이라고 말한다. 결국 '크고 반복적인 불운'은 덕행으로도 극복할 수 없다는 것이다. 또한 행복한 사람이 '임의의 사소한 불운'에 처해 의연하게 이를 극복해 나갈지라도 "단시간에 다시 행복해지지 않을 것이고 또다시 행복해진다고 하더라도 온전히 길고 긴 기간에 위대하고 고결한 일을 성취해 낸 경우에만 다시 행복해질 것이다". 이 대목에서 그는 행복을 덕행과 행운의 혼합·절충물로 바꿔 정의한다. 그는, "완벽한 덕행을 행할" 뿐만 아니라 "외적 호조건을 충분히 갖추고 있는 사람"만을 "평생 동안 행복한" 사람이라 일컬어야 한다고 말한다.[970] 어떤 활동도 신체적·외적 악조건과 불운에 의해 방해받는다면 완벽하지 않은 것이다. 결국 순수한 덕행구복을 호언하던 아리스토텔레스는 자포자기해 어떤 덕행도 무의미하게 만드는 '대흉'의 위력에 굴복한다.

- 이런 까닭에 행복한 사람은 완벽한 것이 방해받지 않기 위해 양호한 신체 및 외적 호조건과 행운을 필요로 하는 것이다. 형틀에 매인 사람과 큰 불행에 처한 사람도 덕행을 한다면 행복한 것이라고 주장하는 이들은 의도적이든 비의도적이든 무의미한 헛소리를 하는 것이다.[971]

이것은 결국 행복을 영혼의 덕행과 행운의 혼합물로 본 것이다. 결국

---

970) Aristoteles, *Die Nikomachische Ethik*, 1101a8-17.
971) Aristoteles, *Die Nikomachische Ethik*, 1153b18-21. '양호한 신체'는 육체적·정신적 완전성(장애·정신지체로부터 자유로움)과 육체적·정신적 건강(무병장수)을 뜻하리라.

부지불식간에 아리스토텔레스는 자신의 행복 개념을 수정하고 말았다. 그에게는 큰 흉액에 대한 – 공자의 '복서피흉' 같은 – 덕행구복의 안전장치가 없기 때문이다. 그리고 "형틀에 매인 사람과 큰 불행에 처한 사람도 덕행을 한다면 행복한 것"이라는 주장은 "무의미한 헛소리"다는 그의 단정은 1932년 4월 29일 상해 홍구공원에서 7명의 왜인을 살상한 작탄의거 후 체포되어 가혹한 고문을 받으면서도 즐거워했던 윤봉길 의사 같은 살신성인자들의 행복감을 몰각하는 소리다.

물론 '행복이 행운의 뒷받침을 필요로 한다'는 사실을 과장해 '행운과 행복은 같은 것'이라고 주장하는 것도 마찬가지로 헛소리일 것이다. '행운'은 어디까지나 완벽한 덕행으로서의 행복을 뒷받침해 주는 외적 요소일 뿐이기 때문이다. 따라서 수백억 원의 로또에 당첨된 경우처럼 운이 지나치게 좋기만 해도 덕행을 소홀히 하게 만들어 '영혼의 완벽한 덕행'으로서의 행복을 어렵게 하는 법이다. 아리스토텔레스는 행복은 평생 동안 천수를 누리며 행하는 완전한 덕행의 삶을 필요로 할 뿐 아니라 평생 동안 너무 많지도 적지도 않은, 즉 적당한 행운을 필요로 한다고 말한다.[972] 그러므로 종합하면, 아리스토텔레스의 궁극적 행복 개념은 결국 '삶의 마지막 날까지 온전한 천수를 누리며 일평생 동안 덕행의 삶을 살면서 동시에 적당한 행운의 뒷받침을 받는 것'인 셈이다.[973] 하지만 아리스토텔레스의 이런 주장은 '큰 반복적 불운'에 대한 방책은커녕, 그의 최종적 행복론의 필수조건인 '적당한 행운'에 대한 보장책도 없기 때문에 말짱 빈말인 것이다.

공자가 '복서피흉'의 보장책을 전제한 '이덕희점以德稀占'의 원칙을 고

---

[972] Aristoteles, *Die Nikomachische Ethik*, 1100a1-01b9; 1153b23-24; Aristotle, *Eudemian Ethics*, 1219b4-8 참조.

[973] 참조: D. S. Hutchinson, "Ethics". Jonathan Barnes (ed.), *The Cambridge Companion to Aristotle* (Cambridge: Cambridge University Press, 1995).

수하고 끝내 '이덕대점以德代占'을 입에 담지 않은 것은 덕행구복을 중시하면서도 이를 그르치고 방해할 악운의 간섭과 – 덕행·인모의 통제가 아니라 천명의 통제 아래 들어 있는 – 빈부귀천, 안전과 재앙, 정치와 역사 흐름의 외적 영향을 고려했기 때문이다. 이것은 아리스토텔레스가 '영혼의 완벽한 덕행'이라는 인모人謀로서의 행복의 개념을 견지하면서도 이 덕행을 방해하지 않고 뒷받침해 줄 – 운명에 좌우되는 – '양호한 신체 및 외적 호조건과 행운', 즉 귀모鬼謀의 도움이 필요하다는 말을 덧붙이며 결국 행복의 정의를 수정하는 것과 상통한다. 여기서 '외적 호조건'은 조력과 조력자, 재력, 권력, 자식 복, 부모 복, 위대한 조국, 무사고, 무재앙, 평화, 호시절, 좋은 세상 등 한없이 나열될 수 있다. (아리스토텔레스에 의하면, 이것들은 "반드시 행복에 동반되어야 하는" 외적 호조건과 "도구의 형태로 도움이 되고 유용한" 외적 호조건 등 두 가지로 대별할 수 있다.)

그런데 아리스토텔레스는 행복의 외적 조건과 운수를 인간적 행복에 대한 제약과 부담으로 느껴서인지 갑자기 논의의 방향을 바꿔 새로운 행복 개념으로의 탈출을 시도한다. 상론했듯이 그는 영혼의 완벽한 덕행(윤리적 덕성에 입각한 행위)으로서의 행복이 행·불운의 운명에 지배되는 외적 실천 조건에 좌우되는 약점을 최소화하기 위해 외적 실천 조건을 가장 적게 필요로 하는 지성적 '관상', '테오리아'의 차원, 즉 이론적인 '지적 덕행'으로서의 행복을 신적神的 경지의 '완전한 행복', 최고 등급의 행복으로 정의한 반면, 그 밖의 현명(프로네시스 Φρόνησις)에 입각한 윤리적 덕행(덕을 베푸는 행위)을 인간 차원의 '2등급 행복'으로 낮춰 재배열한다. 공맹 식으로 표현하면 인·의·예·지·신의 5덕 가운데 실천 행위에 입각한 인·의·예·신의 덕성과 지성적 사유에 입각한 지덕智德을 분리시키고 이 비윤리적 지덕의 행위를 특화시켜 인·의·예·신의 덕행의 행복을 능가하는 '완전한 행복'으로 격상시킨 것이다. 그리하여 실천적 행복과 이론적 행복을 분리시켰다.

  아리스토텔레스는 말한다. "행복이 덕성에 따른 행위라면 그것은 당연히 최고의 덕성을 따라야 할 것이고, 최고의 덕성이라면 그것은 가장 좋은 것과 관련된 덕성이다. 이 '가장 좋은 것'이 '지성(누스νοῦς)'이라면 이 지성은 '고귀하고 신적인 것'에 대한 이해를 가지고 우리를 통제하고 이끄는 본성을 가지고 있다. 이 지성은 우리 안의 '신적인' 요소다." 따라서 '자신의 고유한 지덕에 따른 지성의 활동'이 '완전한 행복'인 것이다. 이 '자신의 고유한 지덕에 따른 지성의 활동'은 '관상'이다. '프락시스(πραξις, 실천·행위)'와 구별되는 '테오리아(θεωρία, 관상·이론)'는 '최고의 활동'이다. 우리 내면에서 지성은 최고의 것이고 지성이 상대하는 대상도 지知의 대상 가운데 최고이기 때문이다. 또 지성의 활동은 가장 지속적인 것이다. 관상은 그 어떤 활동보다 지속적이기 때문이다. 나아가 행복에는 즐거움이 따라야 하는데 "덕 가운데 소피아(σοφία, 지혜)의 덕성을 향한 활동"이 "가장 즐거운 것"이다. "애지愛智, 즉 필로소피아(φιλοσοφία)"는 그 경이로운 순수성과 항구성의 즐거움을 담고 있다". 물론 신처럼 이미 알고 있으면서 관상하는 경우가 인간처럼 이제 앎을 추구하는 경우보다 더 즐거운 삶을 살아갈 것이라는 것은 자명하다.[974]

  아리스토텔레스에 의하면, 행복의 일면인 '자족성'도 특히 관상에 맞는 말이다. 사랑·정의 등 다른 덕행을 하는 자는 다 상대나 동료·조력자를 필요로 하지만 지자智者는 혼자서 관상할 수 있고 지혜로우면 지혜로울수록 더욱 혼자서 관상할 수 있다. 지자는 동료가 있으면 더 좋겠지만 없어도 그만이므로 가장 자족적인 사람이다. 행복은 '여가 또는 한가(스콜레 σχολή)'를 필요로 하는데, 정치·전쟁 등 다른 덕행은 여가를 불허하나 관

---

974) 참조: Aristoteles, *Die Nikomachische Ethik*, 1177a11-28.

상은 여가를 허용한다. 따라서 관상의 삶은 '완전한 행복'인 것이다.[975]

그러므로 비윤리적·지성적 덕행의 관상적 행복은 '신적 행복'인 반면, 윤리적·실천적 덕행의 행복은 '인간적 행복', '2등급 행복'이다.

- 본질에 자연적으로 고유한 것은 이 본질에도 가장 좋고 즐거운 것이다. 인간의 경우에는 이 본질이 지성에 따른 삶이다. 이 본질이 가장 많이 인간적인 것이기 때문이다. 인간에게 지성을 따르는 삶은 가장 좋고 가장 즐거운 것이다. 그러므로 지성에 따른 이 삶도 역시 가장 행복한 삶이다. 반면, 여타의 덕성(윤리적 덕성)에 따른 삶은 2등급의 의미에서 행복하다. 이러한 윤리적 덕행들은 (신적인 것이 아니라) 인간적인 것이기 때문이다. (…) 그러나 지덕은 이 윤리적 덕행과 분리된 (신적) 경지에 있다.[976]

따라서 인간은 수량적 중도를 따르는 인간 덕성들의 분야에서와 달리 비윤리적 지덕의 분야에서는 중도의 '굴레'로부터 벗어난다. 이 때문에 인간도 무제한적·무제약적으로 관상적 지식 활동을 전개하고 이를 통해 인간 자신이 실제로 신과 동일한 '불사불멸의 존재'가 되는 삶을 살 수 있다.

신과 철학자의 일원론을 꾀하는 아리스토텔레스는 '지식을 위한 지식'을 추구하는 오만한 '무제한적·무제약적 지성주의'로써 인간다운 삶을 초

---

975) Aristoteles, *Die Nikomachische Ethik*, 1177a28-35 참조.
976) Aristoteles, *Die Nikomachische Ethik*, 1178a5-23. 앨런은 '2등급 행복'의 "이 용인이 없다면 아리스토텔레스가 단지 극소수만이 행복의 역량을 갖는다고 주장하는 바람직하지 못한 위치에 처할 것이다"라고 말한다. Allen, *The Philosophy of Aristotle*, 139쪽. 그러나 이 '용인'에도 불구하고 아리스토텔레스가 극소수의 사람들만이 '최고의 행복'의 기회를 맛본다고 주장하는 '바람직하지 못한 위치'에 처해 있기는 마찬가지다.

월하고 신에 범접犯接해 신의 영역에 침입하는 최고로 불경한 삶을 권고하고 있다.

- 지성의 활동은 관상하는 것으로서, (…) 활동 자체 외에 어떤 다른 목적도 추구하지 않고 자신의 고유한 즐거움을 안고 있는 것이라면, 또 인간에게 가능한 자족성과 한가의 속성, 싫증 나지 않는 성질, 그리고 사람들이 행복한 사람들에게 귀속시키는 모든 것들이 바로 이 지성의 활동에 따르는 것이 분명하다면, 이 활동은 일평생 지속되는 한에서 완전한 행복일 것이다. (…) 그러나 이러한 지적 관조의 삶은 인간으로서의 인간 자체에게 속하는 삶보다 더 고차적인 것이다. 인간은 인간인 한에서 이러한 지적 관조의 삶을 살 수 있는 것이 아니라 그가 자기 안에 뭔가 신적인 것을 지니고 있는 한에서 이러한 삶을 살 수 있는 것이다. 이 신적인 것과 – 육체와 영혼으로 구성된 – 인간적 존재 사이의 격차가 큰 만큼, 이 신적인 것에 근거한 활동과 기타 모든 덕행 사이의 격차도 그만큼 큰 것이다. 지성이 인간과 비교해 신적인 것이라면, 지성에 따른 삶도 인간적 삶과 비교해 신적이어야 한다. 그러므로 '인간으로서 인간적인 것만을 생각하고, 숙명적으로 죽어야 하는 존재로서 숙명적으로 죽어야 하는 것만을 생각하라'고 우리에게 가르치는 저 속견俗見을 들어서는 아니 되고, 가급적 우리는 우리 안에 들어 있는 최선의 것에 따라 살기 위해 불사불멸하고 만사를 행하려고 노력해야 한다.[977]

이어서 아리스토텔레스는 지성적 행복에 대한 외적 조건의 영향을 극소화하기 위해서 지덕(지성적 덕성)이 외적 수단을 극히 적게 필요로 한다

---

977) Aristoteles, *Die Nikomachische Ethik*, 1177b19-37.

고 말한다.

- 지덕은 외적 수단을 아주 적게 필요로 하거나 윤리적 덕성보다 적게 필요로 하는 것 같다. 관상하는 자는 자신의 활동만을 위해서라면 어떤 외적인 것도 필요치 않다. 오히려 관상에 대해서는 그런 것들이 장애물이라고까지 말할 수 있을 것이다.[978]

이로써 아리스토텔레스는 지성적 행복을 악운과 불운의 개입으로부터 최대로 자유롭게 만들어 신의 경지에 근접시키려고 한다.

그러나 이 말과 모순되게도 『정치학』에서는 아리스토텔레스 자신의 입으로 철학을 위한 한가로운 삶에는 많은 필수품들이 미리 준비되어야 한다고 말하고 있다. "한가롭게 살기 위해서는 많은 필수품들이 이미 있어야 한다. (…) 용기와 인내심은 일에 필요하고, 철학(애지)은 한가에 필요하고, 정심과 정의는 일과 한가의 두 시기에 다 필요하다."[979] 따라서 우리는 이 문제에서 아리스토텔레스가 스스로 종을 잡지 못하고 있다고 말해야 할 것이다.

한편, 그는 '완전한 행복'이 일종의 '관상활동'이라는 사실을 자신의 독특한 신학神學에서도 논증적으로 도출해 다시 검증한다. "신들은 가장 행복하고 가장 지락至樂하는 존재"다. 왜 신은 가장 행복한 존재인가? 신은 물건의 제작과 생산, 물품 거래, 채무 변제, 금전 관리 등 경제활동을 통해 행복한 것인가? 신이 이런 포이에시스(ποίησις, 생산·제작·창작) 차원의 경제활동을 한다면 이는 신의 신격神格에 어울리지 않는 것이다. 따라서 경제활동을 통한 행복은, 신에 관한 한, 어불성설이다. 또 신이 가령

---

978) Aristoteles, *Die Nikomachische Ethik*, 1178a24-1178b4.
979) Aristoteles, *Politik*, 1334a16-25.

두려움을 이기는 용감한 행위, 금전적으로 시원시원하게 잘 베푸는 행위·절제·정의 등 덕성에 입각한 '프락시스'를 통해 가장 행복하다는 말도 신격에 어울리지 않는다. 신은 극복해야 할 두려움도 없고, 신은 쪼들리거나 쫀쫀하지 않기 때문에 시원시원한 베풂을 행해야 할 까닭도 없고, 신은 나쁜 욕망을 가지고 있지 않기 때문에 이를 절제해야 할 이유도 없고, 신은 불의를 모르기 때문에 정의로울 필요도, 정의롭다고 칭송받을 필요도 없기 때문이다.

그렇지만 신은 잠자지 않고 어떤 형태로든 활동하며 살아있는 존재다. 신의 이 활동은 다름 아닌 '관상'이다. "살아있는 존재에게서 프락시스를 떼어내고 더 나아가 포이에시스까지 떼어낸다면 테오리아 외에 무엇이 남겠는가? 따라서 복된 면에서 모든 존재를 능가하는 신의 활동은 관상활동일 것이다. 그렇다면 인간의 활동 중에서도 이 신의 활동과 가장 많이 닮은 활동인 관상이 지락의 활동이다." 그러나 "신들은 삶 전체가 복된 반면, 인간은 신의 활동과 유사한 만큼만 복될 뿐이다". 따라서 "관상이 지속되는 만큼 행복도 지속되고 더 많이 관상하는 사람에게 행복도 더 많이 돌아가는데 그것도 우연에 의해서가 아니라 자신 안에 자기의 가치를 가진 관상에 근거해서 그렇게 된다. 따라서 행복은 일종의 관상인 것이다."[980] 아리스토텔레스는 반려적 세상을 등진 철학자의 이기적·방관적 삶을 '관상(이론)의 삶'으로 찬양하며 신적 경지의 '완전한 행복'으로 신격화하고 있다.

그러나 외적 조건이 관상에 대한 '장애물'이 될 수 없다고까지 말하던 아리스토텔레스는 갑자기 풀이 죽어 다시 외적 조건의 부담을 거론하고 있다. "물론 행복한 자도 인간이라서 외적 조건의 유리함이 요구될 것이다. 우리의 자연적 천성은 그 자체로서 관상을 구현하기에 충분치 못하기

---

980) Aristoteles, *Die Nikomachische Ethik*, 1178b6-33.

때문이다. 관상을 위해서는 육체도 건강해야 하고 음식과 여타 보살핌이 필요하다. 이처럼 외적 호조건 없이 행복을 달성하는 것이 가능하지 않더라도 행복하기 위해 상당한 비용이 필수적이라고까지 생각할 필요는 없다. 전측면적 독립성과 행위를 위해 과잉의 외적 조건이 전제되는 것이 아니라 오히려 그 반대이고, 따라서 땅과 바다를 지배하지 않아도 고귀한 행위를 할 수 있기 때문이다." 그는 이어서 말한다.

- 적절한 토대 위에서도 덕성에 따라 행위할 수 있다. 우리는 이것을 분명히 관찰할 수 있다. 주지하다시피 단순한 시민도 올바른 행위에서는 권력자에 뒤지지 않고 오히려 능가할 수 있기 때문이다. 외적 수단은 이미 말한 만큼 있으면 충분하다. 덕성에 따라 활동하는 사람의 삶이 행복할 것이기 때문이다. 솔론(Σόλων, 기원전 640?-560?)은 '행복한 사람'이란 외적 호조건이 적당히 주어져 있고 스스로의 관점에서의 가장 훌륭한 행위들을 행하며 절제심 있는 삶을 살아온 사람이라고 말했는데, 이는 행복한 사람의 모습을 잘 그려낸 것이다. 사람은 외적 조건이 적당히만 있어도 해야 하는 일들을 행할 수 있기 때문이다.[981]

아리스토텔레스는 앞서 관상적 행복(이론적 활동의 행복)이 '아주 적은' 외적 조건을 필요로 한다고 말했으면서도 다시 말을 바꿔 이제는 '적당한' 외적 조건을 필요로 한다고 말하고 있다. 그러나 곧 후술하겠지만, 철학자의 '관상적 행복'이야말로 '아주 적은' 외적 호조건도, '적당한' 외적 호조건도 아니고, 노예들의 노동에 의해 뒷받침된 '여가'라는 최고의 외적 호조건(억세게 운 좋은 사람들만 누리는 호조건)을 필요로 하는 것이다.
그러나 이 문제를 건너뛰면서 아리스토텔레스는 신과 가장 닮은 '지성'

---

981) Aristoteles, *Die Nikomachische Ethik*, 1178b33-1979a13.

에 따라 행동하는 '순수한 지자(소포스 σοφος)'가 신으로부터 가장 많이 사랑받는다는 논지로 관상적 행복론을 완결한다. "지성에 따라 활동하며 자기 안에서 이 지성을 돌보는 사람은 최선의 상태를 즐길 뿐만 아니라 신에 의해 가장 사랑받는 사람인 것 같다." 왜냐하면 "신들이 자신들을 가장 많이 닮은 최선의 것(이것은 지성이다)에서 기뻐한다는 것은 이치에 맞기 때문이다. 또 무엇보다도 지성을 가장 많이 사랑하고 높이 받드는 사람을, 신이 소중히 하는 것(지성)을 보살피는 사람으로 여기고 또 옳고 고귀한 행위를 하는 사람으로 여겨 응보應報를 한다는 것도 이치에 맞을 것이다. 이런 모든 것이 무엇보다도 순수한 지자에게 속한다는 것은 명백하다. 그러므로 그는 신에 의해 가장 많이 사랑받는다. 그렇다면 그는 가장 행복한 사람이기도 해야 한다. 이런 이유에서도 지자는 가장 행복한 사람이다."[982]

간단히 말하면, 지자는 우리 안의 '최선의 것', '가장 신적인 것'인 관상적 '지성'의 활동을 하기 때문에 가장 행복할 뿐만 아니라 신의 사랑을 가장 많이 받기 때문에도 가장 행복하다는 논리다. 그런데 그는 앞서 행복은 "영혼의 덕행"이므로 "수련에 의해 학습되거나 획득될 수 있거나 또는 어떤 다른 방식으로 수양될 수 있는 것"이라고 시사하면서 행복이 "신적 시혜 또는 운에 의해 부여되는 것임"을 부인하고 "행복이란 덕성의 능력과 관련해 망가지거나 불구화되지 않은 모든 사람이 그 어떤 학습과 노력으로 획득할 수 있다"고 말하는 한편, 최고의 덕행적 인과응보의 결과인 행복과 같은 "가장 위대하고 가장 고결한 것을 운에 맡기는 것은 사물의 적성에 너무 반하는 것"이라고 주장했다. 동시에 이 논의 과정에서 그는 '운'을 '신적 시혜'와 동일시했다. 따라서 그의 이 기본 관점에 따르면, '신의 사랑을 가장 많이 받아서' 이에 따른 '응보(응분의 보답)'를 신으로부

---

982) Aristoteles, *Die Nikomachische Ethik*, 1179a24-33. 괄호는 인용자.

터 받는 것은 '가장 운이 좋다'는 말이나 다름없다. 따라서 '관상적 활동이 가장 행복하다'는 주장은 결국 논리적으로 '가장 운이 좋아서 가장 행복하다'는, 말하자면 '사물의 적성에 너무 반하는' 자가당착적 주장으로 귀착되고 만다.

또한 신에게 부적합한 프락시스와 포이에시스를 모조리 다 제외시키고 나면 신에게 남는 활동은 관상(이론)활동 밖에 없다는 그의 명제와 정면으로 모순되게, 아리스토텔레스는 신이 신을 흉내 내어 관상하는 인간에 대해 '응보'하고 '사랑'하는 덕스런 행위도 한다고 말하고 있다. 따라서 철학자들은 이 신을 제대로 닮으려면 관상만이 아니라, 철학자들을 조금이라도 따르고 흉내 내는 반려적 인간들에게 사랑과 포상을 해 주어야 한다. 그러나 아리스토텔레스와 그의 관상적 철학자는 반려적 인간들에게 응보의 사랑이나 포상을 베푸는 인간의 '윤리적 덕행'을 2등급 덕행으로 경시하고 관상만을 추구한다. 따라서 '윤리적 덕행'을 소홀히 하는 아리스토텔레스와 그의 철학자는 신을 전적으로 잘못 흉내 내고 있다. 아마 궁극적으로 이런 아리스토텔레스적 철학자들은 가장 불행한 인간으로 전락하고 말 것이다.

아리스토텔레스가 자신의 윤리학에서 행복론을 전개하다가 불운에 대한 보장책의 문제 때문에 윤리적 덕행구복론의 완성이 불가능하자 지성적·초超윤리적 행복론으로 탈출한 것은 그의 윤리학의 자가당착성을 보여주는 것이다. 아리스토텔레스의 윤리학은 그 정점에서 괴기스런 형용모순의 '초윤리적 지덕의 윤리학'으로 전락하고 말았다.[983]

나아가 지적 행복론 안에서조차 이처럼 자꾸 논리가 꼬이는 것도 그의 행복론의 설득력을 위협한다. 게다가 어떻게 철인의 지위에 올랐든 상관

---

983) 따라서 앨런도 "이것(가급적 많이 영혼의 불멸적인 부분을 발휘하는 것)이 얼마나 가능하고 더구나 이것이 전체로서의 '윤리학'에 대한 연구가 구상될 수 있는 정신인가?"라고 의문을 제기한다. Allen, *The Philosophy of Aristotle*, 139쪽.

없이 철인의 '관상적 행복'이 불변의 신적인 위업과 명성을 이룰 '최고의 행복'이라는 그의 결론에도 우리는 결코 동의할 수 없다. 한때 재상의 지위에 올라 최고 수준의 치국도 해 보고 – 비록 온갖 노력에도 불구하고 다시 기용되지는 못했을망정 – 70여 평생을 제가와 교육, 그리고 학문과 덕행에 진력했던 공자가 최고의 행복을 누린 철인이자 전 인류의 영원한 성인으로 숭앙 되는 것은 그의 관상활동(이론·철학활동)의 지덕에서 연유하는 것이 아니라, 『주역』을 통해 지천명한 뒤 출사의 꿈을 버리고 수신·수덕을 게을리하지 않으면서 '무도無道'와 타협하지 않고 난세를 올곧게 비판하는 14년의 험난한 천하 계몽 및 재야 정치와, 제자를 기르며 경륜을 세우고 미래를 준비하는 데 진력한 살신성인의 '인덕실천(爲仁)'에서 연유하기 때문이다. 소크라테스의 명성도 '신지神智'를 존중해 '신명神命'에 따라 아테네와 그리스 전체의 정신 혁명을 위해 현실과 타협하지 않고 목숨을 걸고 전개한 살신성인의 교육활동과 재야 정치운동에서 연유하는 것이다.

또한 아리스토텔레스의 관상적 행복이 앞서 시사한 대로 실은 가장 많은 외적 호조건을 필요로 하고 따라서 운명에 가장 취약한 행복이라는 사실, 즉 관상적(이론적) 활동의 '행복'이 사실상 '행운'의 다른 이름이라는 사실이 입증된다면, 아리스토텔레스의 논증은 치명적 결함으로 붕괴될 것임이 분명해질 것이다. 지성에 따른 관상적 삶을 영위하려면 남다른 관상능력(높은 IQ와 높은 EQ)을 타고나는 유전적 행운을 얻어야 하고 또 이 능력과 지혜를 개발하는 수십 년에 걸친 장구한 학구 과정에서 운 좋게 훌륭한 스승을 만나야 하는 데다가(아리스토텔레스는 '아카데미'에서 플라톤이 죽을 때까지 20년을 수학했다), 다시 운 좋게도 오랜 수학 과정에 필요한 엄청난 학비와 생활비를 대줄 튼튼한 배경과 (생업 활동으로부터 자유로운) 충분한 여가를 가져야 한다. 아리스토텔레스는 노예들이 생업·가사 노동을 대행하는 유한有閑계급의 부유한 가정 출신인 데다 알렉산더 대왕의 할아버지였던 마케도니아 왕의 주치의를 지낸 그의 아비의 유산과 삼촌의 재정지원을 받았다. 또 능력을 개발한 뒤 관상의 삶을 사는 과정에서도 이를 뒷받침해 줄 주거비와 생활비, 연구비 등 상당한 자금과 수많은 유력자의 도움이 필요하다. 아리스토텔레스의 경우는 아타르네우스 지역을 다스리는 그의 학우 헤르미아스 참주, 마케도니아 제국의 필립 2세와 알렉산더 대왕 등의 전폭적 지원을 받았다.[984] 말하자면 관상(테오리아, 이론)의 삶에도 생계 활동과 가사 노동으로부터 완전히 해방된 충분한 '여가'가 필요하며, 이 '여가'를 확보하기 위해서는 엄청난 규모의 생활 물자가 타인들에 의해 마련되어야 하는 것이다. 아리스토텔레스도 자기 입으로 "한가롭게 살기 위해서는 많은 필수품들이 이미 있어야 한다"고 말하고 있다.[985] 이것은 '억세게 운 좋은' 극소수의 행운아에게나 가능한 삶의 조건이다. 관상적 삶을 준비하고 영위하는 데 요구되는 이 '억세게 운 좋은' 외적 호조건을 고려할 때, 관상적 삶의 완전한 행복이란 보통 사람의 삶과 동떨어진 소수의 철인들(오늘날은 순수이론과 철학·수학 분야의 정년보장 교수)에게나 가능한 개인적 행복인 것이다.[986]

결국 아리스토텔레스의 관상적 행복론은, 신의 사랑에 의해 예외적으로 최고의 길복과 행운을 보장받은 사람만이 가장 행복한 관상적 삶을 살 수 있고 또 이런 관상적 삶을 사는 사람만이 신의 사랑을 가장 많이 받는 사람이라는 순환논법에 빠지고 만다. '신의 사랑을 가장 많이 받는다'는 말은 '관상하는 철학자'의 지위에 있다는 말이고, '관상하는 철학자'는 철학을 할 만큼 여가가 있고 여가가 있을 만큼 부유하고 철학을 할 만큼 머

---

984) Barnes, "Life and Work", 3-6쪽.
985) Aristoteles, *Politik*, 1334a18-9.
986) 이에 대한 비판적 지적은 참조: James O. Urmson, *Aristotle's Ethics* (Oxford: Basil Blackwell, 1988). 엄슨(장영란 역), 『아리스토텔레스의 윤리학』(서울: 서광사, 1996), 198, 204쪽.

리가 좋은 '신의 사랑을 독차지한 억센 행운아'와 같은 뜻이다. 그리고 이 '억센 행운아'는 '신의 사랑을 가장 많이 받는 사람'이고 '신의 사랑을 가장 많이 받는 사람'은 '가장 행복한 사람'이고, '가장 행복한 사람'은 다시 '억센 행운아'다. 이것은 순환논리다. 신적 관상·이론 활동의 '완전한 행복'으로서의 '최고의 행복'이 행운의 혜택으로부터 가장 해방된 것임을 논증하려던 그의 논리는 의도치 않게 '최고의 행복'이란 실은 '최고의 행운'이라는 자기부정의 논리로 뒤집히고 만 것이다. 이는 다름 아니라 그가 가장 회피하고자 했던, 행복을 행운과 동일시하는 "너무 경솔한" 행복관과 같은 것이다.

종합하면, 그에게 인간적 덕행의 윤리적 행복이란 '윤리적 덕행과 행운의 절충·혼합물'이고, 지적·비윤리적 덕행의 관상적 행복은 '억센 행운'과 동일한 것이다. 이런 까닭에 소크라테스와 플라톤은 자신의 신화적 윤회설을 피력하면서 철학자에 대한 행복 보장을 강조하면서도 철학자도 결코 운명으로부터 자유롭지 못함을 지적하는 것을 잊지 않았다. "매번 이승의 삶으로 돌아오는 때면 건전하게 철학 하는(지혜를 사랑하는)" 사람이 "만약 그의 운명 선택의 제비가 마지막 제비들 가운데로 떨어지지 않는다면", 우리는 "그가 여기(이승)에서 행복할 뿐만 아니라 저승으로 가는 그의 여행길과 이승으로 돌아오는 길도 험한 지하도가 아니라 부드러운 천도일 것이라고 감히 위험을 무릅쓰고 확언할 수 있다."[987] 이처럼 인지人智로 신의 세계를 알 수 없기 때문에 "만약 ~하지 않는다면"이라고 조건부로 말함으로써 소크라테스와 플라톤은 '철학자'에게조차도 아리스토텔레스가 약속한 것 같은 운명 초월적인 '신적 행복'을 보장하지 않았던 것이다.

정의로운 자의 행복과 정의롭지 못한 자의 불행을 저승에서 그리고 윤

---

987) Platon, *Der Staat*, 619d-e.

회를 통해서라도 보장하려는 윤회론의 '이야기 틀' 안에서도 "극단의 경우에 철학의 가능성조차도 폐색시킬 수 있는 '운수(chance)' 또는 상황적 우연성(contingency)의 요소를 여전히 시인하지 않을 수 없었던 것"이다. 윤회론 안에서도 운명이 심지어 "교육받을 영혼의 적성(소질), 정의와 불의의 차이를 배워 행할 영혼의 적성, 육체로 환생한 삶의 선을 행동 선택의 점증하는 연관에 의해 구체적 형태로 빚어낼 영혼의 적성까지도 예정豫定하는" 결정론적 방향으로 흐를 수 있는 딜레마와 아이러니가 들어있기 때문이다.[988] 이런 마당에 인생행로의 큰 줄기는 더 말할 것이 없을 것이다.

따라서 아리스토텔레스가 처음에 개념화를 시도한 의도대로 윤리적·인간적 행복과 초윤리적·신적 행복이 둘 다 순전히 덕행의 결과임을 논증하는 데 이론적으로 성공했다손 치더라도, 그의 행복론은 그의 현실적 인생과 상극적 모순을 일으킬 수밖에 없는 것이었다. 그가 덕행자이고 애지자일지라도 정치적으로 얽힌 자기의 삶으로 인해 초로에 비명횡사를 당한 것은 큰 흉액("크고 반복적인 불운")에 대해 속수무책인 그의 윤리적·비윤리적 행복론이 결국 실패작임을 입증한다. 그에 의하면, 행복은 천수를 다하는 인생의 마지막 날까지 적당한 수준의 행운을 누리면서 평생 동안 윤리적 덕행의 삶 또는 관상의 삶을 사는 것이다. 그러나 그는 운수 사납게도 임박한 체포와 처형의 위협에 어쩔 수 없이 지성적 관상의 삶을 누리던 정든 아테네의 뤼케움학당을 버리고 친구도 제자도 없는 외지에서 급사하는 비극적 종말을 맞았다. 그러므로 자신이 내린 행복의 정의에 따르더라도 그의 삶은 아주 불행한 것이었다.[989]

---

988) Stephen Halliwell, "The Life-and-Death Journey of the Soul: Myth of Er", 470쪽. G. R. Ferrari (ed.), *The Cambridge Companion to Plato's Republic* (Cambridge·New York: Cambridge University Press, 1998).
989) Hutchinson, "Ethics", 232쪽.

또한 카를 마르크스도 '사유의 거인(Denkriese)'으로 찬미한 아리스토텔레스가 정치에 얽혀 비명횡사했다는 것은 관상적 삶이 외적 조건과 불운에 가장 적게 영향받는다는 그의 주장이 말짱 빈말이라는 것을 입증해 준다. 리케이온에서 누리던 그의 행복한 관상적 삶은 그의 생사를 가르는 갑작스런 정치적 위기의 형태로 외부로부터 닥친 불운의 치명적 일격에 박살 나 버렸기 때문이다.

반면, 공자는 50대 후반에서 60대 전반에 걸친 14년 동안 해외를 떠돌았지만 『주역』을 통해 대흉과 대과를 피하고 자신의 막힌 관운과 무도한 시대의 천명을 미리 알아서 노력의 방향을 돌려 학문과 교육에 전념했으며 그런 사이 정세가 호전되어 노나라 조정의 부름을 받고 조국으로 귀국할 수 있었다. 그는 아리스토텔레스처럼 국내외 체류의 20년 가까운 세월 동안 한낱 관상활동만을 즐겼던 것이 아니라 순천과 낙천의 자세로 학덕과 인덕을 펴면서 부처의 제자보다 2배 많은 3천 제자에 대한 가르침의 범애를 실천하는 인덕자의 삶을 살았다. 또한 그의 말년은 풍요로웠으며 그의 학당은 번창했다. 그는 제자들이 임종을 지켜보는 가운데 행복하게 눈을 감을 수 있었고 죽은 뒤에도 애제자들로부터 삼년상의 예를 받았다. 아리스토텔레스는 공자가 이런 순천과 낙천의 경지에서 누린 행복과 가장 거리가 먼 철학자였던 것이다.

지금까지 행복과 운명의 관계 및 신탁점에 대한 공자·소크라테스·플라톤·아리스토텔레스의 철학적·신학적 관점을 길게 논함으로써 얻을 수 있는 중요한 교훈이 있다면, 그것은 공자·소크라테스·플라톤 등 동서양의 철학자들이 모두 다 인간의 지혜를 개발하고 덕성을 쌓기 위해 스스로 노력하는 것을 신탁 자문보다 먼저 해야 할 일로 간주했지만, 인간의 지혜로 알 수 없고 또 인간들끼리의 논란으로 풀 수 없는 신적 범주의 문제들이 존재함을 겸허하게 인정하는 지적 겸손을 미덕으로 삼았고 나아가 제각기 신적 범주의 문제들과 관련해서는 신탁점을 경건하게 믿고 스스로 신중하게 활용했다는 것이다. 이러는 가운데 이들은 '성신成身' 또는 자기완성을 이루고 행복을 누렸다. 그래서 소크라테스는 죽음도 가벼이 여길 수 있었던 것이다. 공자와 플라톤은 각각 73세와 80세의 수를 누렸다. 반면, 신지와 관련된 학구를 등한히 하여 자기 인생의 미래를 한 치 앞도 내다볼 수 없었던 아리스토텔레스는 63세의 초로의 나이에 공포와 고독 속에서 횡사하고 말았던 것이다.

그러나 이 고대 철학자들은 모두 경신적敬神的이었고 신적 지혜를 배척하지 않았다. 따라서 서양의 철학자들은 세속적이고 합리적이었던 반면, 공자와 맹자는 역학과 천명관의 주술적 세계관에서 헤어나지 못했다고 보는 관점이나, 아테네 민주주의와 서양의 철학자들을 소위 '세속적·합리적 이미지'로 포장하고 공자와 맹자도 이 상에 맞춰 '합리화'하고 '역학'을 제거하는 관점은 심히 그릇된 것이다. 또 기독교 성경의 계시와 예언적 복음을 탐구하고 또 계시를 듣고 해석하는 이론들을 '신학'으로 인정해 주는 반면, 공자의 시서론蓍筮論과 중도역학을 '미신'으로 배척하는 것은 더욱 당치 않을 것이다. 서점筮占을 배척하는 정이천·주희·정약용 등 성리학자들의 의리역설은 천명을 깔보는 사변적 지성의 오만에서 이런 당치 않은 일을 일찍이 자행했던 셈이다. 굳이 견주자면, 초超지성적 신탁 계시를 아리스토텔레스의 '지성주의 신학'으로 정리한 '합리론적 기독신학'은 신탁 계시의 신지 획득을 까마득한 옛날의 신적·특권적 선지자들과 성자聖者들의 과거지사로 만든 다음, 결국 오만한 '무제한적 지성주의'로써 신탁계시의 신뢰성까지도 부정하는 자가당착에 빠진 반면, 공자의 역학은 인지人智의 지인과 신지神智의 지천을 결합시킴과 동시에 신지를 고금의 만인에게 개방한다. 역학은 오늘날도 누구나 배워 언제나 일용할 수 있는 비특권적·비권위적 시서蓍筮로 얻은 신지의 의미를 고증·논증·서증筮證의 경험적 인지人智와 실증적 '해석' 방법으로 이해하려는 겸손한 '경험론적 신지론'이기 때문이다. 이 점에서 공자의 역학은 서양 신학에 대한 유학적 등가물이지만, 이 가지론적 서양 신학과 근본적으로 다르고 이것보다 본질적으로 탈권위적이고 진보적인 것이다.

제5절

미메시스 미학과 예술론의 파탄

아리스토텔레스는 플라톤의 '미메시스 예술' 비판을 무시하고 예술의 아름다움이 미메시스(μίμησις; 모방 또는 흉내)에 기인하는 것이라고 생각했다. 그리하여 그는 끝까지 미메시스의 유희적 '재미'를 '아름다움'으로 착각했다. 그는 '미메시스'와, 이 미메시스로부터 느끼는 재미를 '즐거움(카이레인 χαίρειν)'이라고[990] 말하면서 이것을 인간의 본성으로 본다.

고대 그리스에서 '시詩', 즉 '포이티케(ποιιτική, 제작품)'는 문학예술 일반을 뜻했다. 이런 까닭에 여기서 이해의 편의를 위해 '포이티케'는 모두 '시'가 아니라 '문예 일반', 즉 '문학예술'로 옮길 것이다.

---

[990] "카이레인(χαίρειν)"의 동사형인 "카이로(χαίρω)"는 "to be full of cheer(아주 기분 좋다)", "to enjoy(즐거워 하다)", "to be calmly happy or well off(조용하게 행복하다)"를 뜻한다.

5.1. 미메시스와 예술적 아름다움?

아리스토텔레스의 다음 구절은 미메시스의 '재미'를 '즐거움'으로 오인하고 이 미메시스의 '즐거움'을 다시 문학 예술적 '아름다움'으로 착각하는 것을 전형적으로 보여준다.

- 문학예술은 일반적으로 말해서 그 기원을 두 특별한 본성적 원인에 두고 있는 것으로 보인다. 어릴 적부터 인간들은 미메시스의 본능을 가지고 있고, 인간은 인간이 훨씬 더 많이 모방적이고, 사물들을 모방함으로써 처음 학습을 한다는 점에서 다른 동물들과 다르다. 그리고 거기에는 사람들이 언제나 모방으로부터 얻는 즐거움(카이레인)이 있다. 실제 경험 속에서 일어나는 것은 이것을 증명해 준다. 우리는 그 자체로서 보기에 고통스런 사물들, 가령 흉측한 짐승과 시체의 정확한 화상畵像을 보면서 즐거워하기 때문이다. 그 까닭은 바로 이것이다. 사물들을 배우는 것은 철학자들에게 가장 큰 기쁨(헤디스톤 ἥδιστον)을 줄 뿐만이 아니라, 같은 방식으로 다른 모든 사람에게도 이 기쁨을 적은 정도로 함께 할지라도 기쁨을 준다. 우리가 화상畵像을 보는 것을 즐기는 이유는 우리가 이것을 볼 때 각각이 무엇인지를 배우고 가령 '그것이 이렇고 이렇구나'라고 추론한다는 것이다.[991]

여기서 아리스토텔레스는 미메시스 예술을 문예(문학예술)와 회화("화상")로 열거하고 있다. 그리고 그는 이 미메시스가 "카이레인"도 주고 "헤디스톤"도 준다고, 곧 "즐거움"도 주고 "기쁨"도 준다고 말하고 있다. 그

---

991) Aristotle, *Poetics*, 1448b1-5. Aristotle, *The Poetics*, "Longinus" on the Sublime, *Demetrius on Style* (Cambridge, Massachusetts: Harvard University Press, 1927-1965).

는 여기서 '기쁨'을 '즐거움'으로 오인하고, 다시 '기쁨'과 '아름다움'을 혼동하고 있다.

아리스토텔레스는 위 인용문에서 몇 가지 오류를 동시에 범하고 있다. 첫째, 배우는 것이 반드시 모방을 통하는 것이 아니지만 모방을 통해 배운다면 이 모방을 통한 배움이 인간을 동물과 구별하는 것처럼 말하고 있는데 이것은 오류다. 다른 동물들도 모방을 통해 배우기 때문이다. 둘째, 말들이 뒤엉키고 있다. 미메시스에서 즐거움이 나오는 것인지, 미메시스의 작품('화상')을 보는 것에서 즐거움이 나오는 것인지가 불확실하고, 또 미메시스에서 즐거움이 나온다고 말했으면서도 동시에 이와 어긋나게 '배우는 것'에서 '기쁨'이 기인起因한다고 말해 설명이 모호해지고 있다. 셋째, 아리스토텔레스는 배움이 철학자와 "다른" 일반 백성들에게도 "기쁨을 준다"는 헛말을 하고 있다. 그러나 공자는 "천자로부터 서인에 이르기까지 하나 같이 다 수신을 근본으로 삼는다(自天子以至於庶人 壹是皆以修身爲本)"라는[992] 만민평등교육을 강조하면서도 정확하게 "곤란해도 경험에서 배우지 않는 자들이 백성이니 이것이 최하다(困而不學 民斯爲下矣)"라고 단언한다.[993] 대부분의 사람은 배우는 것을 고역으로 느낀다. 또 철학자에게도 배우는 것은 대개 고역이다. 여기서 철학자가 '가물에 콩 나듯' 새로운 지식을 얻거나 새로운 해법을 찾음으로써 간혹 희열을 느낄 수 있다면('學而時習之 不亦說乎'), 일방적으로 배우기만 해야 하는 백성들은 이런 기쁨의 기회도 없이 강요되는 익힘(반복 숙달)의 힘듦 속에서 고통만을 느낄 뿐이다. 아무튼 아리스토텔레스가 예술적 미메시스의 미적 기쁨을, 예술 작품을 볼 때 '그것이 이렇고 이렇구나'라고 깨닫는 대중과 철학자들의 인식에서 나오는 것으로, 즉 '배우는 것'에서 나오는 것

---

992) 『大學』(經文首章).
993) 『論語』「季氏」(16-9).

으로 본다면, 그는 '지성주의적 예술론'을 추구하는 것이다.

아리스토텔레스는 모든 장르의 예술미와 미학적 즐거움을 '미메시스'로 설명하려는 기도를 고집한다.

- 문학예술은 세 가지 방식으로 서로 다르다. 즉, 이것들은 일반적으로 상이한 수단들을 사용하든가, 아니면 상이한 대상들을 모방하든가, 또는 대상들을 동일한 방식으로가 아니라 상이한 방법으로 모방하든가 하는 방식에서 다르다. 왜냐하면 사람들이 색깔과 형태를 둘 다 사용해 많은 대상들의 화상畵像을 만들면서 대상들을 모방하는 것처럼 – 어떤 이들은 기예의 지식을 가지고 작업하고 어떤 이들은 경험적으로 작업한다 – 그리고 다른 사람들이 목소리를 사용하는 것처럼, 우리가 언급한 것은 기예들 속에도 들어 있고, 사람들은 모두 리듬과 언어와 음률을 각각 분리해 또는 결합시켜 사용함으로써 이것들로 대상들의 모방을 행하기 때문이다. 피리 취주와 하프 연주에서는, 그리고 유사한 기능을 가진 어떤 다른 기예에서는 가령 목적牧笛 취주에서처럼 음률과 리듬만이 사용된다. 음률 없는 리듬은 무용수들에 의해 그들의 모방에서 쓰인다. 왜냐하면 리드미컬한 몸짓에 의해 그들은 성품과 감정(πάθη)과 행위들을 다 모방하기 때문이다. 단순한 산문과 운문에서 한 종류의 음보로 또는 여러 종류의 음보를 결합해 단어들을 사용하는 기예는 오늘날까지 아무런 명칭이 없다.[994]

또한 아리스토텔레스는 예술에서 모방의 대상을 '행위자들'로 보고 비극과 희극을 정의한다. 이 행위자들은 "선인"이거나 "열등한 인간"이어야 한다. "비극이 희극과 다른 것은 바로 이 점에 있다. 희극은 오늘날 사

---

994) Aristotle, *Poetics*, 1447a1-1447b.

람들보다 더 악한 사람들을 모방하려고 하고, 비극은 더 선한 사람들은 모방하려고 한다."[995] 또 어떤 사람에 의하면, 호메로스·소포클레스·아리스토파네스의 작품들이 "드라마(δραμα)"라고 불리는 이유가 이 작품들이 사람들을 "드론타스(δρωντας, 행위자)"로서 "모방하기" 때문이라고 한다.[996]

백 보 양보하여 미메시스 예술이 예술이라면 그것은 순수하게 아름다운 '순수예술'이 아니라, 재미있으나 아름답지는 않은 '통속예술'일 것이다. 아니면 유용하지만 아름답지는 않은 '상업예술'일 것이다. 따라서 아리스토텔레스 미메시스 미학의 본질은 통속·상업 예술론일 것이다.

5.2. 비非미메시스적 예술의 인정

아리스토텔레스의 다른 논의를 더 뜯어보면 그가 문학예술의 모든 분야를 미메시스로 설명하려고 하지만 어쩔 수 없이 예외들을 슬그머니 더 인정하고 있는 것을 알 수 있다.

- 서사시, 비극 문학, 더구나 희극, 디티람보스(디오니소스찬가)문학, 대부분의 피리 취주와 하프 연주는 모두 '미메시스'인 것으로 얘기될 수 있다.[997]

여기서 "대부분"의 피리 취주와 하프 연주가 미메시스라고 말하는 것은 미메시스에 입각하지 않은 음악도 있다는 것을 함의한다. 고대 그리스에서 음악은 독립적 장르가 아니라 가사를 가진 시가를 부르는 도구였다.

---

995) Aristotle, *Poetics*, 1448a2.
996) Aristotle, *Poetics*, 1448a3.
997) Aristotle, *Poetics*, 1447a1.

따라서 이 시가들은 흔히 많은 의성적·의태적 미메시스를 담고 있었다. 그러나 나중에 가사가 없는 순수음률 음악이 등장했는데 이런 음악은 미메시스로 설명할 수 없다. 따라서 이 음악을 빼놓기 위해 "대부분"이라는 말로 한정한 것이다. 그리고 아리스토텔레스는 플라톤이 미메시스를 전혀 쓰지 않는 문학으로 분류한 "디티람보스문학"까지도 미메시스 문학으로 오인하고 있다. 또 아리스토텔레스는 저 실물 원본을 모르는 경우의 예술과 이 무無가사 음악의 아름다움을 미메시스 예술의 범위에서 빼놓고 끝내 설명하지 않는다. 나아가 미메시스의 또 다른 대상인 자연 사물 자체로서의 '자연의 아름다움', 즉 '자연미'는 그의 시계에서 완전히 사라져 버렸다. 종합하면, 아리스토텔레스의 미메시스 예술론은 '예술미'의 파악에서 지극히 불완전하고, '자연미'의 이해에는 아예 불능이다.

또 아리스토텔레스는 미메시스 예술이 아닌, 기법이나 색깔 또는 기타 이유에 근거한 본능적 선율·리듬 예술, 즉 음악도 인정한다.

- 우리가 실물 원본을 본 적이 없다면, 우리의 기쁨은 모방 자체에 기인하는 것이 아니라, 기법이나 색깔 또는 기타 이런 이유에 기인한다. 그렇다면 우리는 모방에 대한 본성적 본능을 가지고 있고, 음보($\mu\varepsilon\tau\rho\alpha$)도 분명 리듬의 일종이기에 선율과 리듬에 대한 본능도 가지고 있고, 이 본능으로부터 시작해 인간들은 문학예술을 즉흥으로부터 산출하기까지 아주 점차적으로 선율과 리듬을 발전시켰다.[998]

여기서 아리스토텔레스는 "우리가 실물 원본을 본 적이 없다면, 우리의 기쁨은 모방 자체에 기인하는 것이 아니라, 기법이나 색깔 또는 기타 이런 이유에 기인한다"라고 하여, 미메시스로 설명될 수 없는 아름다움

---

998) Aristotle, Poetics, 1448b6-8.

이 있음을 슬쩍 인정하고 있다. 그는 이것 외에 다른 경우에도 미메시스로 설명될 수 없는 장르를 인정한다. 그러나 그는 끝내 이 장르의 아름다움을 설명하지 않는다.

5.3. 아리스토텔레스 미학의 오류와 예술론적 파탄

예술미의 본질을 미메시스로 보려는 아리스토텔레스의 시도는 문제가 많다.

첫째, 그는 그가 제외시켜 놓은 '실물 원본을 모르는 경우의 예술'과 '무無가사 음악'을 미메시스로 설명하지 못한다. 이것은 모방적 예술과 비모방적 예술을 관통하는 공통된 제3의 미 개념이 따로 존재해야 한다는 불가피성을 시사한다.

둘째, 그의 시도에 의하면 미메시스를 사용하지만 예술로 분류되지 않는 많은 행위, 가령 '놀이(유희)', 복제 기술, 표절, 산업스파이 행위 등이 예술 범주와 혼동된다.

셋째, 그의 시도는 아무것도 모방하지 않은 '자연미'를 설명하지 못한다.

넷째, 그의 모방적 예술 개념은 미메시스를 사용한 소크라테스의 철학적 대화와도 혼동된다.

다섯째, 모방이 아름다움의 원인이라면, 사진이 최고의 예술일 것이다. 그렇다면 사진기가 등장한 19세기쯤 회화 예술과 화가는 사라졌어야 할 것이다. 그러나 화가는 오늘날도 기세등등하게 군림하고 있다. 그렇다면 아름다움은 미메시스와 별개의 것이라는 것이 분명해진다. 아리스토텔레스는 늙은 창녀를 그대로 그린 그림을 미메시스적 미美의 대표적 사례로 제시했다. 그런데 늙은 창녀를 보는 화가의 공감미감적 테마 없이, 감상자와 공감하는 미감적 영혼 없이 그저 늙은 창녀를 그대로 정교하게 모방해 그린 것이라면 이 그림은 예술 작품이 아니다. 그것은 단순히 훗날 사진으로 대체되는 '영상影像'일 뿐이다.

플라톤의 오류가 '모든' 미메시스를 유희로 본 데 있다면, 아리스토텔레스 미학의 오류는 '모든' 미메시스를 '미의 원인'으로만 본 데 있다. 예술에서 미메시스는 '미'와 무관하고 재미있거나 유용한 하나의 표현 기법에 지나지 않을 뿐이다. 이것은 상공업 세계에서 모방이 경제적 가치(외화된 노동 가치나 효용)가 아니라, 하나의 '기술'에 불과한 것과 마찬가지다. 앞서 시사했듯이 미메시스 예술이 예술미는 없고 재미만 있다면 그것은 '통속예술'이다. 또는 미메시스 예술이 예술미는 없고 경제적으로 유용하기만 하다면 그것은 '상업예술'이다.

아리스토텔레스의 미메시스 미학은 이런 치명적 오류들에도 불구하고 오늘날도 추종자들이 꽤 많다.[999] 그러나 상술했듯이 미메시스는 '예술적' 요소가 아니라 '유희'이거나 예술을 포함한 다방면에서 쓰이는 하나의 '형상화 기법'이나 '기술' 또는 표절·커닝·산업스파이 수법일 뿐이다. 예술에서 "다른 사람과 동물의 '고유한' 겉모습이나 고유한 행동, 고유한 음성 등 '외감적 양태'를 의식적으로 모방하는" 유희적 미메시스를 사용해 재미를 더할 수 있으나, 이런 유희적 미메시스를 쓰면 쓸수록 예술 작품은 예술미를 잃고 재미 위주의 대중예술 작품으로 '통속화'된다. 그러

---

[999] 가령 참조: Theodor W. Adorno, *Ästhethische Theorie* (Frankfurt am Main: Suhrkamp, 1973·1990); Arne Melberg, *Theories of Mimesis* (Cambridge: Cambridge University Press, 1995); Robert Storey, *Mimesis and the Human Animal: On the Biogenetic Foundations of Literary Representation* (Evans, Illinois: Northwestern University Press, 1996). 더튼도 아리스토텔레스의 미메시스미학을 긍정하는 것으로 보인다. 참조: Dutton, The Art Instinct, 32-33쪽. 가다머도 아리스토텔레스의 미메시스 미학의 현대적 추종자다. 참조: Gadamer, *Wahrheit und Methode*, 118-120쪽. 플라톤과 아리스토텔레스의 미메시스 개념에 대한 논의는 참조: 황태연, 『놀이하는 인간』(2023); 황태연, 『예술과 자연의 미학』(2024).

나 예술에 재미를 더해 예술을 통속화시키는 '더 결정적인' 유희 요소는 미메시스가 아니라 유희의 최고 형태인 게임요소들(양편대결로서의 겨루기, 서스펜스, 스릴, 긴장, 돌발, 운수, 우연 등)이다. 예술 분야에서는 형상화하는 표현 기법으로서의 미메시스가 기본적으로 많이 쓰이지만, 유희로서의 미메시스의 사용도 만만치 않게 많다. 그러나 예술에서 미메시스를 많이 쓰면 쓸수록 예술은 미美가 줄어들고 재미와 유용성만 증가해서 '통속화'되거나 '상업화'된다.

따라서 아리스토텔레스의 미메시스 미학은 미메시스를 미美의 본질적 원인으로 보는 한에서 한마디로 '통속예술과 상업예술의 미학'이라 결론지을 수 있다. 이것은 '아리스토텔레스 예술론의 파탄'을 말하는 것이다.

제6절

아리스토텔레스의 가부장제적 여가교육론

　아리스토텔레스는 유한有閑계급(노예 농장주 신분)만이 교육받을 시간이 있으므로 유한계급 가운데서 소크라테스·플라톤처럼 인간들 가운데 천성적으로 지력이 우수한 수재와 천재를 선발해 가르치는 교육론을 폈다. 늘 여가(스콜레 σχολή)를 즐길 수 있는 이 유한계급 출신 수재·천재 교육론은 바로 공자의 교육론과 반대되는 것이다. 공자는 일정 범위의 차등을 인정할지라도 평준화시킬 수 있다고 생각하고 베이컨처럼 천재적 지성에 관심을 두지 않고 수신과 교육의 보편적 필요성(만민평등교육)을 강조했기 때문이다. 지적 능력의 개인차에 대한 이런 다른 대응은 아리스토텔레스와 공자의 지식 개념적 차이에 기인한다.

6.1. 철학함의 조건으로서의 여가와 수재·천재교육

수신과 교육을 통해 지식을 쌓는 데는 천부적 두뇌 차이로 인해 큰 편차가 나타난다. 인간의 타고난 지적 능력은 데카르트나 홉스의 평등주의 주장에도 불구하고 결코 평등하지 않다. 그래서 공자도 천재와 천치의 차이를 인정했다.

- 오로지 상등의 지혜(천재)와 하등의 어리석음(천치)만은 변하지 않는다.[1000]

그러므로 "중등 이상인 자에게는 상등의 것을 말해 줄 수 있으나 중등 이하인 자에게는 상등의 것을 말해 줄 수 없다."[1001] 상론했듯이 공자는 '생이지지'하는 신적 성인이 상등이라면, 배워서 아는 학자는 중등中等이고, 먹고살기 위해 어쩔 수 없이 배우는 전문 기술자는 그다음의 중등이고, 먹고 살기가 곤해도 배우지 않는 자(困而不學者)는 하등으로서 바로 일반백성이라고 말하기도 했다.[1002] 일반백성은 '곤이불학자困而不學者'들이다.

아리스토텔레스도 매우 유사하게 지적 능력의 차이에 따라 사람을 분류했다. 상론했듯이 그는 어떤 일을 탐구해 알아낼 때는 우리에게 이미 알려진 것으로부터 출발해 본성적 제1원리(아르케)의 앎으로 나아가야 한다고 생각한다. 이런 까닭에 고귀함과 정의, 그리고 정치학 일반에 관해 제대로 듣고자 하는 사람은 훌륭하게 살아야 한다.

- 제1원리는 사실이다. 따라서 이것이 충분히 분명해졌다면 더 이상 이

1000) 『論語』「陽貨」(17-2), "子曰 唯上知與下愚不移."
1001) 『論語』「雍也」(6-21), "子曰 中人以上 可以語上也. 中人以下 不可以語上也."
1002) 『論語』「季氏」(16-9), "孔子曰 生而知之者 上也. 學而知之者 次也. 困而學之 又其次也. 困而不學 民斯爲下矣."『斯: 이 사』.

유를 밝힐 필요가 없다. 이렇게 살아온 사람은 제1원리를 이미 체득하고 있거나 나중에라도 쉽게 이해할 것이다. 이도 저도 아닌 사람은 헤시오도스(Ἡσίοδος)의 다음 시구를 명심해야 할 것이다. '모든 것을 스스로 깨달은 사람은 최상이고, 훌륭한 말씀을 하는 사람을 따라 배우는 사람도 우수한 사람이라네. 허나 스스로 깨닫지도 못하고 다른 사람으로부터 들은 것을 마음속에 명심하지도 않는 사람은 아무 쓸모 없는 사람이라네.'[1003]

지적 능력의 차이는 이처럼 동서고금을 막론하고 분명한 것이지만, 아리스토텔레스는 플라톤처럼 "스스로 깨닫지도 못하고 다른 사람으로부터 들은 것을 마음속에 명심하지도 않는 사람"을 교육시키는 것이 국가적 문제인데도 플라톤처럼 "아무 쓸모 없는 사람"으로 내버리고 있다.

공자는 『대학』(수장首章) "천자에서 서인까지 수신을 근본으로 삼는다(自天子以至於庶人 壹是皆以修身爲本)"고 설파하고 서인 교육의 가능성과 이점을 밝혔다. 공자는 먼저 서인 교육의 가능성을 여러 가지로 설명한다. "백성에게 알게 하는 것은 불가능하지만 따라 하게는 할 수 있다(民可使由之 不可使知之)".[1004] 또 "위정자인 당신이 선하고자 하면 백성은 선할 따름이고 군자의 덕은 바람이고 소인의 덕은 풀이라서 풀은 그 위로 바람이 불면 반드시 눕는다.(子欲善而民善矣 君子之德風 小人之德草 草上之風 必偃)"[1005] 또한 공자는 "곧은 자를 들어 굽은 자들과 섞으면 굽은 자들을 곧게 만들 수 있다(擧直錯諸枉 能使枉者直)고 말한다.[1006] 이 때문에 위정자와 교사가 솔선수범하면 서인들도 가르칠 수 있는 것이다. 그리고

1003) Aristoteles, *Die Nikomachische Ethik*, 1095b5-14.
1004) 『論語』「泰伯」(8-9).
1005) 『論語』「顏淵」(12-19).
1006) 『論語』「顏淵」(12-22).

공자는 "소인이 도를 배우면 다스리기 쉽다(小人學道則易使也)"는 사실을[1007] 서인 교육의 이점으로 들었다.

나아가 공자는 천성적 능력 격차도 성실한 수신으로 얼마간 극복할 수 있다고 천명한다. "남이 한 번에 할 수 있으면 나는 백 번을 하고, 남이 열 번에 하면 나는 천 번을 해야 한다. 과연 이 도에 능하면 비록 어리석어도 꼭 밝아지고 비록 유약해도 굳세어진다."[1008] 따라서 "중등 이상인 자에게 상등의 지혜를 말해 줄 수 있는 것이다.(中人以上 可以語上也)"[1009] 또 공자는 어떻게든 지식을 이루기만 하면 이런 선천적 능력 차이가 큰 의미가 없다고 말한다. "혹은 나면서부터 알든(生而知之), 혹은 경험에서 배워 알든, 혹은 곤궁해서 할 수 없이 알든, 뭔가를 안다는 것에서는 매일반이다. 혹은 천성에 편안해서 행하든, 혹은 이로워서 행하든, 혹은 힘써 억지로 행하든, 그 성공에서는 매일반이다."[1010]

반면, 아리스토텔레스는 대중을 가르칠 수 없는 측면만을 강조한다.

- 이성적인 말로는 대중에게 진정 고결한 것을 사랑할 고상한 품성을 가르칠 수 없다. 대중은 천성적으로 경외감이 아니라 불안감에 복종하고 수치심 때문이 아니라 벌 때문에만 나쁜 짓을 삼가기 때문이다. 그들은 감정에 살고 자신들에게 맞는 기쁨과, 기쁨이 자신들에게 마련해 주는 것을 좇고 그에 대응하는 고통으로부터는 도망친다. 그러나 고결함과 진정한 기쁨에 대해서는 개념조차 없다. 그들은 이것들을 맛본 적이 없기 때문이다. 일반적으로 감정은 이성적인 말에 복종하는 것이

[1007] 『論語』「陽貨」(17-3).
[1008] 『禮記』「中庸」 제20장, "人一能之 己百之 人十能之 己千之. 果能此道矣 雖愚必明 雖柔必强."
[1009] 『論語』「雍也」(6-21).
[1010] 『禮記』「中庸」 제20장, "或生而知之 或學而知之 或困而知之 及其知之一也. 或安而行之 或利而行之 或勉强 而行之 及其成功一也."

아니라 힘에 복종한다. 다중은 이성적인 말에 복종하기보다 강제력에 복종하고 고결한 것에 복종하기보다 처벌에 복종한다.[1011]

그러므로 대중들을 강제해, 할 일을 하도록 할 법률이 필요하다. "특정한 현명(현덕)과 지성에서 나오는 이성적인 말로서 법률은 강제력을 가지고 있기" 때문이다.[1012] 대중은 순수한 이성적 말로 가르칠 수 없고 강제력을 갖춘 말로만 억지로 부릴 수 있다는 말이다. 아리스토텔레스의 강제적 '법률'은 공자의 예법과 정형政刑에 해당한다.

한편, 아리스토텔레스는 수재·천재교육을 별개로 철학을 할 수 있는 사람들을 여가(σχολή 스콜레)를 가진 유한계급으로 한정했다. 여가는 철학함의 조건이다. 아니, 역으로 여가에는 철학함이 필요하다. "노예는 한가가 없지만, 위험에 용감하게 맞설 수 없는 사람들도 침략자의 노예가 된다. 따라서 용기와 인내심은 일에 필요하고, 철학은 한가에 필요하고, 절제심과 정의는 일과 한가의 두 시기에 다 필요한데, 특히 사람들이 평화롭고 한가로울 때에 필요하다."[1013] 또 행복은 '여가 또는 한가(스콜레)'를 필요로 한다. 그런데 정치·전쟁 등 다른 덕행은 여가를 불허하나 철학적 관상(이론, 테오리아)은 여가를 허용한다. 역으로 여가가 있어야만 철학할 수 있다. 여가 속의 관상의 삶만이 '완전한 행복'인 것이다.[1014] 아리스토텔레스는 철학적 사색과 여가를 아예 상호 전제로 묶고 있다.

아리스토텔레스에 의하면, '지식을 위한 지식'으로서의 순수한 지식은

1011) Aristoteles, *Die Nikomachische Ethik*, 1179b11-16; 29-30; 1180a4-5. '현명(현덕)'은 '프로네시스(Φρόνησις)'의 번역어다. 소크라테스는 '소피아(σοφία)', '프로네시스', '에피스테메(ἐπιστήμη)', '누스(νούς)'를 지혜·지식의 의미로 혼용하지만, 아리스토텔레스는 상술했듯이 '프로네시스'를 실천적 '현명'으로, 소피아·에피스테메·누스는 주로 이론적 지혜·지식·지성의 의미로 쓴다.
1012) Aristoteles, *Die Nikomachische Ethik*, 1179b11 16; 29-30; 1180a4-5.
1013) Aristoteles, *Politik*, 1334a16-25.
1014) 참조: Aristoteles, *Die Nikomachische Ethik*, 1177a28-35.

관상(테오리아)이다. 아리스토텔레스의 지식론에서 전면에 등장하는 것은 '쓸모를 위한 지식'이 아니라 한가와 여가의 활용으로 산출되는 '지식을 위한 지식'이다. 상론했듯이 통상적 감각들을 넘어선 학예의 발명가가 처음 동포들에 의해 찬미 된 것은 단지 그의 발명이 어떤 쓸모가 있었기 때문에만이 아니라 그가 지혜롭고 더 뛰어난 인물이었기 때문에 찬미되었다는 것이다. 점점 더 많은 학예가 발견됨에 따라 "필요와 관련된 학예"와 "삶의 심심풀이와 관련된 학예" 중에서 이 심심풀이와 관련된 학예의 발명가들은 필요와 관련된 학예의 발명가들보다 더 지혜로운 것으로 생각되었다는 것이다. 그 이유는 "심심풀이와 관련된 학예의 발명가들의 학적 지식 분야가 쓸모를 겨냥하지 않았기 때문"이라는 것이다. 아리스토텔레스는 이런 종류의 모든 발견이 완전히 발전되었을 때, 쾌락과도 관련되지 않고 생활필수품들과도 관련되지 않는 '학적 지식(에피스테메)'이 발명되었는데, 그것도 "사람들이 여가를 가진 곳들"에서 발명되었다고 실토한다. 이집트 성직자들은 여가가 허용되었기 때문에 수학적 지식은 이집트에서 기원했다. '지혜'는 '제1원인(프로타 아이티아 πρῶτα αἴτια)'과 '제1원리(아르케)'를 다루는데, 경험자는 감각능력의 단순한 보유자보다 더 지혜롭고, 학예자는 경험자보다 더 지혜롭고, 건축가는 장인匠人보다 더 지혜롭다. 그리고 여가에서 나오는 관상(테오리아)을 다루는 "이론학(테오레티케)은 생산학(포이에티케)보다 더 지혜롭다". '지혜'는 "일정한 제1원리와 원인에 대한 지식"이기 때문이다.[1015)]

그런데 관상을 가능케 해주는 여가(스콜레 σχολή)는 어떻게 확보되는가? 아리스토텔레스는 일단 '프락시스'로서의 정치·철학·문예를 할 수 있게 해주는 여가를 확보하려면, '힘든' 노동으로부터 벗어날 뿐만 아니라 노동에서 해방된 부유한 노예주라도 노예 관리의 '귀찮은' 업무로부터 벗

1015) Aristotle, *Metaphysics*, 981a13-982a3.

어날 성공적 제가齊家가 요구된다. 그것은 노예 숫자의 확대와 노예 관리 업무의 위탁이다.[1016] 노동하지 않는 노예 소유주의 여가·쾌락·행복, 이 3 자는 상호 결합되어 있다. "여가는 그 쾌락과 행복과 복된 삶을 자기 안에 내포하는 것으로 보인다. 이것은 노동하는 자에게 속하는 것이 아니라, 여가를 가진 자들에게 속한다." 행복은 고통과 결합된 것이 아니라, 쾌락과 결합되어 있다. 가장 훌륭한 자는 가장 훌륭한 쾌락과 가장 아름다운 것으로부터 생겨나는 쾌락을 고른다. "삶을 위해 여가 속에서 일정한 것들을 배우고 소화해야 하는 것"은 "자기목적적"이고 "이 교육 대상과 교양 대상들"도 "자기 목적적인" 것은 "명백하다".[1017]

그런데 행복은 덕행이고[1018] 이 덕행은 궁극적으로 지적 이론 활동(테오리아)이다. 결론적으로, 테오리아는 노동과 노예 관리의 업무로부터 완전히 해방된 부유하고 한가한 노예주들에게만 가능하다. 따라서 교육도 이 노예주들에게만 열려있다.

고대 그리스 시대 유한계급은 이런 부유하고 한가한 노예 농장주들로 구성되었다. 따라서 아리스토텔레스는 항상 여가를 향유하는 이런 유한계급만이 철학함이 가능하다고 여기고, 여가를 철학함의 조건으로 보고 역으로 철학함(지덕의 추구)을 여가에 합당한 덕목으로 본 것이다. 그의 교육론을 종합하면, 그는 심심풀이로 철학적 이론을 사색할 여가가 보장된 유한계급 출신의 수재와 천재들만을 그의 교육 대상으로 설정했다. 그리하여 결국 그는 노예가 없거나 노예 관리 업무를 노예 대리인에게 위임할 수 없을 정도로 가난한 자유 시민들(하층민과 중산층)과 노예들로 구성된 대중, 곧 여가도 거의 없고 재산도 거의 없는 '일반 국민 전체'를 교육 대상에서 논외로 배제한 것이다. 이로써 그의 교육론은 교민教民의 이념

[1016] Aristoteles, *Politik*, 1255b30 38.
[1017] Aristoteles, *Politik*, 1338a1-12.
[1018] Aristoteles, *Die Nikomachische Ethik*, 1177a7-10.

으로 만민평등교육을 추구한 공자의 교육철학에 대해 대척점에 섰다.

6.2. 국민교육과 '3단계 학교' 개념의 결여

소크라테스와 플라톤의 철학에는 "교민敎民" 차원의 '국민교육'과 만민평등교육을 위한 '초등·중등·고등 3단계 학교' 개념이 없었다. 마찬가지로 아리스토텔레스의 철학에도 국민교육과 '3단계 학교' 개념이 없었다. 반면, 공자는 국민교육으로서 '교민敎民'을 주장하고 고대 하·은·주夏殷周의 고등·중등·초등학교 제도를 이어받아 학교론을 여러 번 논했다. 이에 따라 모든 유교 국가에서는 3단계 학교 제도가 발달했다.

그러나 소크라테스와 플라톤이 국민교육 개념 없이 선발된 수재·천재 교육만을 중시했기 때문에 '아카데메이아'를 세우고 수재·천재만을 가르쳤듯이, 아리스토텔레스도 국민교육 개념과 초등학교 개념 없이 '리케이온' 학당을 하나만 열고 수재·천재만을 가르치거나 왕실과 유한계급의 가정교사로만 가르쳤다.

또한 아리스토텔레스가 가르칠 피교육자인 수재와 천재는 모두 노예주의 자녀로 구성된 유한계급 출신 자제들이었다. 따라서 아리스토텔레스의 교육은 철저히 '신분교육'이었다. 따라서 교육을 통해 그리스 신분제는 더욱 공고화되었다. 이것은 공자의 교육관과 정반대되는 것이다. 공자는 신분제를 탈脫신분적 만민평등교육으로 타파하고자 했기 때문이다. 공자는 "학습이 서로 멀어지게 하기(習相遠)" 때문에 불평등 교육이 신분제를 재생산한다고 보았다. 따라서 공자는 "교육에는 유별이 없어야 한다(有敎無類)"고[1019] 주장하며 평등 교육을 제창한 것이다. 아리스토텔레스의 수재·천재 유한계급 교육은 바로 공자의 만민평등교육과 정면 대

1019) 『論語』「衛靈公」(15-39).

치되는 것이다.

수재·천재교육과 유한계급의 여가 교육을 주창한 아리스토텔레스의 신분 교육 이념은 소크라테스·플라톤의 수재·천재 교육 개념과 아울러 오랜 세월 서방세계에서 만민평등교육에 대한 걸림돌로 작용했다. 이것은 서양에서 '학교(school)'라는 말의 어원이 그리스어 '스콜레(σχολή, 여가, 한가)'라는 사실에서 여실히 입증된다. 서양 제국에 보통교육과 3단계 학교 제도가 등장한 것은 18-19세기인데, 이것은 교민敎民을 양민養民과 더불어 국가의 존재 이유로 삼는 극동 유교 제국諸國으로부터 보통교육과 3단계 학교 제도가 전해지면서부터였다.[1020]

6.3. 합리론적 남존여비론과 남녀불평등교육론

공자는 여성의 지위를 남성의 지위 아래로 굴종시키지도 않고 남성의 지배권력 아래 굴복시키지도 않을 뿐만 아니라 여성의 지위를 남성보다 높이려고 한 유일한 철학자였다. 주지하다시피 플라톤은 『국가론』에서 지배 집단의 지배체제를 재산·처자 공유의 공산주의 체제로 기획했다. 이것은 군사적 정의 국가의 수립을 위해 수호자집단 안에서의 급진적 남녀평등과 양성평등 군사교육을 주장하면서도 남성 수호자들이 여성 수호자들을 집단적으로 소유하는 여성공유(여성 노예)제도를 주창했다. 그러나 아리스토텔레스는 고대 그리스 가부장제를 자신의 철학에 응결시켜 이론화했다.

아리스토텔레스는 『정치학』에서 제가론齊家論을 전개하면서 '제가齊家'를 삼분하고 남성을 본성상 지배자로 간주한다.

[1020] 참조: 황태연, 『유교제국의 충격과 서구 근대국가의 탄생(1)』 (서울: 솔과학, 2022), 614-617쪽.

● 우리가 제가론의 세 부분을, 즉 앞서 얘기된 (노예에 대한) 지배관계, 부자 관계, 부부 관계를 구분했기 때문에 부인과 자식을 둘 다 자유인으로서 지배하는 것은 남성에게 속한다. 물론 아내와 자식에 대한 지배는 동일한 방식이 아니라 남자가 정치가로서 아내를, 군주로서 자식을 지배한다. 왜냐하면 남성은 (가령 본성에 반하는 사정이 존재하지 않는다면) 본성상 여성보다 지배에 더 적성이 있고, 마찬가지로 연장자와 성인이 연소자와 미성년자보다 더 적성이 있기 때문이다. 대부분의 입헌국가에서 지배자와 피지배자는 서로 뒤바뀐다. 이 국가유형은 그 본성상 평등과 무차등성을 추구한다. 그럼에도 일방이 지배하고 타방이 지배당하는 한에서 파라오 아마시스(Amasis)와 발 목욕통에 관한 이야기에 부합되게 풍채, 칭호, 영예 면에서 차이가 요구된다. 남성은 여성과 언제나 이런 식으로 관계한다.[1021]

　아리스토텔레스는 남편과 아내의 관계를 공자처럼 '선후관계'로 본 것이 아니라, '상하관계'를 뛰어넘는, 아내에 대한 남편의 '지배관계'로 보고, 남성이 본성상 지배에 적성이 더 많은 것으로 정당화하고 자식에 대한 아버지의 '지배권'을 운위하고 이것을 왕권과 비유하고 있다. "노예에 대한 지배관계"를 제가의 일부로 간주하고 부부·부자 관계를 "아내와 자식에 대한 지배" 관계로 운위하는 점에서 아리스토텔레스는 여기서 분명히 노예제적·가부장제적 지배를 개념화하고 있다.
　하지만 다른 것을 일단 차치하고서라도 아리스토텔레스의 사유의 비논리성을 지적하자면, 자식이 미성년인 한에서만 타당한 부자간의 '한시적' 지배관계를 신민의 성년·미성년 차별 없이 신민을 지배하는 '항구적' 군주제와 비유한 것은 난센스다. 그리고 그가 군주를 공자처럼 '부모'가

1021) Aristoteles, *Politik*, 1259a37-b16.

아니라 '아버지'와 비교한 것은 가부장제의 표현이다. 아리스토텔레스의 이 논의를 공자와 비교하면 더욱 가당치 않다. 공자는 '제가'에 노예 관리를 포함시키지 않고 있고 '아내와 자식에 대한 지배'라는 말은 일언반구도 한 적이 없다. 이 점은 공자와 아리스토텔레스 간에 놓여 있는 철학적 '천양지차'다!

아리스토텔레스는 지배와 피지배를 '인간의 차별적 본성'에 근거하는 것으로 논증하고 노예·여성·자식에 대한 지배 형태를 세분하려고 애를 쓴다.

- 제가의 관심은 영혼 없는 재산보다 인간들을 향하고 재산이라고 불리는 보유물의 이점보다 인간들의 쓸모를, 그리고 노예의 덕성보다 자유인의 덕성을 향한다. 그러나 노예의 경우에는 노예에게 도구와 하인으로서의 이점 외에 절제·용기·정의 등과 같은 다른, 더 높은 이점이나 그와 같은 다른 자세가 있는지, 또는 육체적 봉사 외에 아무것도 없는지를 물을 수 있을 것이다. 그러나 논의의 어려움은 두 방향에 있다. 즉, 전자가 옳다면, 노예는 자유인과 어떤 점에서 구분되는가? 그러나 전자가 옳지 않아야 하는 것도 황당무계하다. 왜냐하면 그들도 노예지만 인간이고 이성을 지니고 있기 때문이다. 이 점에서 여성과 자식에 대해서도 이들도 덕성들을 지니고 있는지, 그리고 여성도 사려 깊고 용감하고 정의로운지, 또한 금방 천방지축이었다가 금방 사려 깊은 어린이도 존재하는지, 아니면 존재하지 않는지 하는 것과 같은 거의 동일한 물음이 제기된다.[1022]

그리고 나서 아리스토텔레스는 지배와 피지배를 덕성의 본성적 유무

1022) Aristoteles, *Politik*, 1259b17-33.

에 구분하는 일반론을 피력한다.

- 완전히 일반적으로, 본성적 지배자와 본성적 피지배자에 대해서 이들이 동일한 덕성을 지닌 것인지, 아닌지가 구분되어야 한다. 그러나 양자가 둘 다 완벽성을 지녔다면, 왜 한쪽은 단연코 항상 명령만 하고 다른 쪽은 복종만 하는가? (다소의 차이는 있을 수 없다. 지배와 피지배의 구분은 다소 결코 할 수 없는 종류의 구분이기 때문이다.) 그러나 사정이 거꾸로 되어 있다면 이것이 이상할 것이다. 지배자가 사려 깊지 않고 정의롭지 않다면 그가 어떻게 잘 지배하겠는가? 또 피지배자가 그렇지 않다면 그가 어떻게 잘 지배받겠는가? 피지배자가 천방지축이고 게으르다면 그는 자신의 의무를 수행하지 않을 것이기 때문이다. 따라서 양자가 둘 다 덕성을 가지고 있지만 본성적 지배자가 구별되듯이 어떤 구별이 있을 것이라는 것은 분명하다.[1023]

이런 논의로부터 아리스토텔레스는 노예, 여성, 자식에 대해 일정한 덕성의 보유를 인정하되, 남성 지배자와 다른 덕성을 가졌다는 결론을 끌어낸다.

이를 위해 아리스토텔레스는 영혼의 차별적 기능론(이성·감성 구분, 순수한 지혜와 경험적 현명의 구분론)을 들이대고 사회적 관계를 뇌 기능에 관계에 비유한다. 그는 『형이상학』에서 이성에 의한 '아르케(궁극원인 또는 원리)'의 인식을 맡는 '지혜(소피아)'를 "명령을 받지 않고 명령을 내리는" 권능으로[1024] 규정한 바다. 그는 플라톤처럼 영혼의 기능들을 '본성상 지배하는 부분과 지배받는 부분'으로 구분한 것이다. 그리하여 그는

1023) Aristoteles, *Politik*, 1259b33-1260a5.
1024) Aristotle, *Metaphysics*, 982a16-18.

'지혜'의 이 명령적 지배권 개념을 연장해『정치학』에서 '지성적 덕(지덕)'을 지배권력의 정당한 근거로 제시하고, 이 지덕知德의 유무와 차별적 존재 상태를 기준으로 치자와 피치자의 관계를 본성에 기초한 것으로 규정한다. 그리하여 '이성적 덕성'은 지배자의 기능이고 '비이성적 덕성'은 피지배자의 기능이다. 그리고 "노예는 이성이 없다. 따라서 노예는 본성상 노예다".[1025] (노예가 이성이 없다는 이 말은 "그들도 노예지만 인간이고 이성을 지니고 있다"고 앞말과 배치된다.) 그리고 여성과 어린이는 이성 능력을 결하지 않았으나, 이들의 이성은 결함이 있다. 완전한 이성을 가진 자는 가정의 남자 성인뿐이고, 이 자가 지배자(가부장)다.

- 노예는 숙고(기획) 능력이 전무하고, 여성은 이 숙고 능력이 있으나 결정 능력이 없고(아퀴론 *ἄκυρον*), 어린이는 아직 이 숙고 능력이 불완전한 양상이다. 그리하여 지배자는 지덕을 완벽하게 지녔음에 틀림없다. (왜냐하면 절대적으로 이해하면 어떤 일이든 건축가『아르키텍토노스(*ἀρχιτέκτονος*)』의 지휘에 들어있는 것인바, 이성『로고스『*λόγος*』』은 일종의 건축가이기 때문이다). 반면, 기타 부류의 인간들도 각자에게 알맞은 정도로 이 지덕을 지녔음에 틀림없다.[1026]

아리스토텔레스는 지배권을 좌우하는 로고스(이성), 즉 초윤리적 지적만이 남녀 차별적인 것으로 파악하는 것이 아니라 윤리적 덕성도 남녀 차별적인 것으로 간주한다.

- 그러므로 우리는 동일한 것이 반드시 윤리적 덕에도 그대로 적용된다

1025) Aristoteles, *Politik*, 1260a442-b1.
1026) Aristoteles, *Politik*, 1260a11-20. 위 인용문은 Gigon의 독역본에 오역이 많아 그리스어 원본과 Rackham의 영역본(1977)을 참조해 대폭 손질한 것이다.

고 생각한다. 모두가 이 덕을 공유하지만 자신의 기능과의 관계에서 알맞은 정도로 공유한다. 그러므로 소크라테스가 생각하듯이 여성의 절제심과 남성의 절제심은 동일한 것이 아니고, 또 용기와 정의도 남녀 간에 동일한 것이 아니다. 명령하는 용기와 복종하는 용기는 별개의 것이고, 이것은 그 밖의 덕목들도 마찬가지다.[1027]

아리스토텔레스는 성인 남성의 지배권을 로고스(이성)로부터 끌어내 로고스를 여성과 어린이를 지배하는 정당한 근거로 삼고 있다. 이것은 그야말로 합리적 남존여비론이다. 또 아리스토텔레스는 지덕과 윤리적 덕성도 모든 인간이 지녔지만, 부분적 존부 또는 완전성과 불완전성의 차이가 있다고 주장하고 있다. 완전한 지덕과 지배하는 용기와 정의의 윤리적 덕목을 가진 남자 성인은 지배하고, 여성과 어린이 등 나머지 인간들은 불완전한 지능과 불완전한 윤리적 덕성으로 인해 지배받고 봉사한다. 그리고 그는 이성의 기능을 건축가의 지도 기능에 비유하는데, 노예는 이성이 전무하고, 여성과 어린이의 이성은 결함이 있거나 불완전하다는 것을 '사실'로 확정한다. 이렇게 하여 '합리론적·윤리적 남존여비론'이 완성된다.

당대 아테네 사회에서 남녀가 성별 역할을 교환한 사회의 문제점을 풍자하는 가운데 당시 아테네 여성들의 정치적 요구를 엿보게 하는 아리스토파네스의 희극 『평의회 여성들(Assemblywomen)』(기원전 392년) 등을 통해 짐작할 수 있듯이 혁신적 여성 의식과 여권신장 요구가 당대 아테네 사회에 확산되고 있었다. 아리스토텔레스는 고대의 남존여비 질서를 무비판적으로 추종하는 것을 넘어서 남녀의 천성 차이를 근거로 소크라테스·플라톤의 남녀 평등 철학을 정면으로 부정할 뿐만 아니라, 당대 여성

1027) Aristoteles, *Politik*, 1260a20-23.

들의 여권신장 요구를 반동적으로 진압하고자 한 것이다.

아리스토텔레스는 남자 성인의 이성이 완전하고 남성이 지배하는 용기를 가졌기 때문에 지배자이고 가정의 이성적 영혼이다.

- 이것에 대한 모델을 우리는 영혼에 비유한다. 왜냐하면 영혼 안에는 본성적 지배자와 봉사자가 존재하고, 이 둘의 각각, 즉 이성을 품부 받은 자와 이성을 품부 받지 못한 자는 자기의 고유한 덕성을 가졌기 때문이다. 다른 것에서도 사정은 명백하게 그러하다. 따라서 본성적 지배자와 봉사자의 여러 유형들이 존재하는 것이다. 왜냐하면 자유인은 노예를, 남성은 여성을, 성인은 어린이를 각각 다르게 지배하기 때문이다. 이 모두에게서 영혼이 부분적으로 존재하지만 다르게 존재한다.[1028]

두뇌 기능들이 "다르게 존재한다"는 것은 "노예는 숙고 능력이 전무하고, 여성은 이 숙고 능력이 있으나 결정 능력이 없고, 어린이는 아직 이 숙고 능력이 불완전한 양상이다"는 말이다.

아리스토텔레스는 남존여비론을 생물학적 논변으로까지 확대해 정당화한다. 그는 『동물의 역사』에서 논한 남녀 간의 생물학적 성격 차이를 논한다.

- 자연은 (…) 암수로 나뉜 모든 종들 안에서 암놈의 성격을 수놈과 구별했다. (…) 곰과 표범을 제외하면, 암놈은 모두 수놈보다 덜 기개적氣槪的·정열적이고, (…) 더 부드럽고, 더 장난스럽고, 덜 단순하고, 더 정적情的이고, 새끼를 기르는 데 더 관심을 갖고 있다. (…) 반대로 수놈은

[1028] Aristoteles, *Politik*, 1260a4-11.

더 기개적이고, 더 조야하고, 더 단순하고, 덜 약다. 거의 모든 동물 안에 이러한 성격의 특징이 있지만, 성격을 가진 동물들 안에서, 특히 인간 안에서 더 두드러진다. (…) 여성도 더 정감적이고 눈물 많고, 더 시기심 많고, 흠잡는 데 더 빠르고, 더 욕 잘하고 더 뒤로 나자빠지는 성향이 있고, (…) 더 비非기개적이고, 더 긴 기억력을 가지고 있고, (…) 더 느리고 움직이는 성향이 덜하다. (…) 다른 한편으로 남성은 (…) 여성보다 남을 돕는 성향이 더 많고 더 용감하다.[1029]

아리스토텔레스가 여기서 여성이 '더 비非기개적'이라고 말하는 것은 플라톤이 '기개'를 수호자계급의 특질로 귀속시킨 것과 유관하다. 한 마디로, 여성은 정치 능력이 없다는 의미다. 위에서 "여성은 이 기획 능력을 지니되, 결정 능력이 없다"고 말한 것도 아마 여성의 '기개' 미흡을 시사하고 있는 것으로 보인다.[1030] 아리스토텔레스는 여기서 소크라테스 부인처럼 사납고 포악스런 남성적 여성을 만나지 못했거나, 플라톤이 말하는, 남자보다 용감한 아마조네스처럼 기개 있는 '사위로마티다스' 여성들을 모르는 것처럼 굴고 있다.

그리고 아리스토텔레스는 지금까지의 논변의 정당성을 이렇게 검증한다.

- 이것은 개별적으로 검토해도 입증된다. 완전히 일반적으로, 덕성은

1029) Aristotle, *Historia Animalium* (Books VII-X), 608a21-b18. Leob Classical Library. *Aristotle*, Vol. XI in twenty-three volumes (Cambridge, MA·London: Harvard University Press·William Heinemann LTD, 1981).
1030) 아리스토텔레스가 페르시아(아시아)인들은 숙고능력이 있으나 기개가 없고 유럽인(트라키아인)들은 반대로 기개가 있으나 숙고능력이 없다고 말한 것(*Politik*, 1327b-29)을 근거로, 로버츠는 "기개의 결여는 아마도 여성들의 이성이 비효과적인 것으로 받아들여지는 이유일 것이다"라고 추정한다. Roberts, *Aristotle and the Politics*, 52-53쪽.

"영혼의 좋은 상태" 또는 "바른 행동"이라고 말하는 자들은 자기를 기만하는 것이다. 덕성을 이렇게 규정하는 대신에 (고르기아스처럼) 덕목들을 단순히 열거하는 자들이 훨씬 더 바른말을 하는 것이다. 따라서 도처에서 시인이 여성에 대해 "침묵은 여성에게 영예의 장식을 가져다준다"고 한 말은 타당하지만, 남성에게는 더 이상 맞지 않다. 어린이는 아직 미개발 상태에 있고, 그래서 당연히 그의 덕성은 아직 자립적 성격을 가진 것이 아니라서 어린이를 지도하는 성인과 관련되어 있다.[1031]

종합하면, 아리스토텔레스는 노예 농장의 관리, 곧 제가齊家를 전제로 노예제적 지배관계를 분화시켜 가족관계를 몽땅 가부장제적 지배-피지배 관계로 규정하고 이 규정을 영혼의 본성적 기능에 근거 지어 본성적 차별로 정당화하고 있다. 노예는 노예로 태어나고, 여성은 여성으로서 피지배자로 태어나고, 아이는 태어나자마자 성인이 될 때까지 피지배자다.

그리하여 아리스토텔레스의 남녀·부부 관계는 단순한 '선후관계'가 아니라 '상하관계'도 훌쩍 뛰어넘는 가부장제적 '지배-피지배 관계'이며, 부자 관계도 '상하 관계'로 그치는 것이 아니라, 단연코 '지배 관계'다. 주인·노예 관계, 남녀·부부 관계, 부자 관계는 비록 형태상 상이하되 모조리 일의적으로 '지배관계'로 규정된다. 그리하여 남자는 여자의 지배자이고, 남편은 아내의 가부장적 지배자이고, 아버지는 자식의 지배자다.

그러나 아리스토텔레스는 불완전한 이성을 가진 피지배자로서 여자와 자식의 교육이 필요하다고 인정하기 했으나 그 논의는 약소하고 불평등하다. 그는 『정치학』에서 이렇게 말한다.

[1031] Aristoteles, *Politik*, 1260a24-31.

● 남녀에 대하여, 그리고 부자에 대하여, 그리고 그 상호 교류에 대하여 (…) 헌정 체제에 대한 연구 안에서 얘기되어야 한다. 각 가정은 국가의 일부이고, 저 남녀·부자 관계는 가정의 일부이고, 부분의 덕성은 전체의 덕성의 관점에서 규정해야 하기 때문이다. 그러므로 여성과 어린이가 훌륭하다는 것이 나라의 훌륭함에 뭔가 작용을 하는 한에서 헌정체제의 관점에서 여성과 어린이를 교육시키는 것은 필수적이다. 기실 그것은 뭔가 작용을 함이 틀림없다. 여성은 자유인의 반절이고, 어린이는 국가행정에 대한 미래적 동참자이기 때문이다.[1032]

그러나 아리스토텔레스는 국익의 관점에서 여성교육을 어린이교육과 함께 언급하고 있기는 하지만, 그 불평등한 성격·범위·수준을 "여성은 자유인의 반절이고, 어린이는 국가행정에 대한 미래적 동참자"라는 말로 시사하고 있다. 적어도 그는 플라톤이 역설하는 '남녀평등교육'을 말하지 않고 있는 것이다. 전체적으로 아리스토텔레스는 스승의 가르침을 거부하는 '보수반동적' 성차별론자라고 평할 수 있다. 아리스토텔레스의 남존여비론과 불평등한 여성교육론은 성리학적 여필종부의 상하관계에 비해서도 더한 '생지옥'이다.

루소·칸트·벤담·헤겔 등 근대 서양 사상가들은 모두 다 아리스토텔레스처럼 남존여비 사상을 대변했다.[1033] 그러나 칸트와 동시대 인물로서 프

1032) Aristoteles, *Politik*, 1260b8-19.
1033) 루소의 남존여비적 여성교육론은: Jean-Jacques Rousseau, *Emil oder Über die Erziehung [Émile ou de l'Education*, 1762], besorgt v. L. Schmidts. 9.Auflage (Paderborn·München: Ferdinand Schöningh, 1978·1989), 385-530쪽; 칸트의 정치적 여성배제론은: Immanuel Kant, *Über den Gemeinspruch: Das mag in der Theorie richtig sein, taugt aber nicht für die Praxis* [1793]. *Kant Werke*, Teil 1 des Bd. 9 (Darmstadt: Wissenschaftliche Buchgesellschaft, 1983), 151쪽; 벤담의 판옵티콘적 여성교육론은: Jeremy Bentham, *Panopticon, or, the Inspection House*., 63-64쪽. *The Works of Jeremy Bentham*, Vol.4 (New York: Russell & Russell, 1962), 63-64쪽; 헤겔의 '여성식물론'은 참조: Georg W. F. Hegel,

랑스 혁명헌법의 기안자인 콩도르세만이 유독 프랑스 혁명기에 칠흑 같은 어둠을 밝히는 혜성처럼 양성평등을 주창했다. 그는 『인간정신의 진보의 역사적 서술 기안』에서 남녀 평등을 역설한다. "우리는 보편적 행복에 가장 중요한 인간정신의 진보의 항목에 양성 간 권리의 불평등을 창설한 편견의 완전한 제거를 집어넣지 않을 수 없다. 이 불평등은 이 편견을 조장한 저 성(남성)에게조차도 파멸적인 것이다. 이 불평등에 대한 정당화의 근거를 양성 간의 육체적 차이나 가령 지성, 도덕적 감수성 등에서 발견되는 양성 간의 상이성 속에서 찾을 것이지만, 이것은 다 헛된 짓이다. 이 불평등은 강권의 남용 외에 다른 어떤 원천도 갖고 있지 않은 것인데, 훗날 사람들은 이것을 궤변으로 변호하려고 헛되이 시도해 왔을 따름이다."[1034] 200여 년 전 콩도르세의 이 여성관은 가히 21세기적인 바, 이 구상과 이것을 공언할 혁명적 용기는 동양에서 '후천개벽後天開闢'의 각종 혁명적 이상을 태동시키고 유지시켜 온 공자의 대동적·역리적易理的 '여존남비론'의 선구적 역할에 버금가는 것이라 할 만하다.

플라톤과 아리스토텔레스의 합리론 철학은 그리스 당대로 끝나지 않는다. 플라톤의 이원론 철학과 아리스토텔레스의 일원론 철학은 각각 아우구스티누스의 이원론적 교부철학과 토마스 아퀴나스의 일원론적 스콜라철학의 골간으로 활용된다. 이로써 플라톤과 아리스토텔레스의 합리론은 칸트와 헤겔의 형이상학적 관념 철학에 이르기까지 길고 긴 수명을 이어간다.

Grundlinien der Philosophie des Rechts, 318-319쪽. G.W.F. Hegel, *Werke* Bd.7 in 20 Bänden (Frankfurt am Main: Suhrkamp, 1970). 이에 관한 논의는 참조: 황태연, 『계몽의 기획』(서울: 동국대학교출판부, 2004), 224-226쪽; 황태연, 『칸트에서 헤겔까지: 서양 합리론과 정치철학』(서울: 생각굽기, 2025), 헤겔 장(章).

1034) Condorcet, *Entwurf einer historischen Darstellung der Fortschritte des menschlichen Geistes* [1793] (Frankfurt am Main: Suhrkamp, 1976), 213쪽.

백세시대를 위한 서양철학사 시리즈·4

3 중세 교부철학과 스콜라철학

제1절/
아우구스티누스와 교부철학의 탄생
제2절/
토마스 아퀴나스와 스콜라 철학적 정치사상

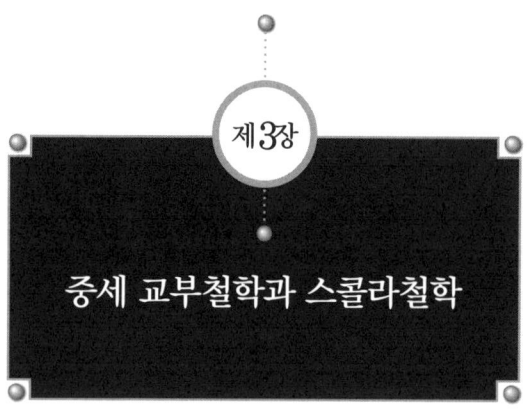

제3장
중세 교부철학과 스콜라철학

　기독교 신학은 로마 시대에 유행한 네오플라톤주의와 네오아리스토텔레스주의 철학을 바탕으로 탄생해서 중세 기독교 시대를 개창했다. 이 시대는 유럽이 다른 문명권으로부터 철학과 문화를 받아들이지 않고 자기 문화와 고대로부터 유습된 그리스철학 안에서 기독교 신학을 만들고 퍼트리는 데 여념이 없던 암흑시대(the Dark Age)였다. 이 중세 암흑시대를 사상적으로 이끈 3명의 철학자는 아우구스티누스(Aurelius Augustinus, AD 354-430), 안셀름(Anselm of Canterbury, 1033-1109), 토마스 아퀴나스(Thomas Aquinas, 1225-1274)였다. 아우구스티누스는 네오플라톤주의를 바탕으로 '신학의 시녀'라 불린, 이른바 '교부철학(Patristic philosophy)'을 창시했고, 안셀름은 아우구스티누스의 교부철학을 이어 발전시켜 아리스토텔레스의 일원론에 기운 '스콜라철학(Scholastic philosophy)'을 창시했다. 토마스 아퀴나스는 안셀름을 이어받아 네오아리스토텔레스주의적 '스콜라철학'을 완성하여 '스콜라철학의 왕'이라 불렸다. 또한 아퀴나스는 '중세사상의 완성자'라 불리기도 한다. 여기서는 아우구스티누스의 교부철학과 아퀴나스의 스콜라철학만을 고찰한다.

제1절

아우구스티누스와 교부철학의 탄생

아우렐리우스 아우구스티누스(Aurelius Augustinus Hipponensis, AD 354-430)는 '스콜라철학의 시조'로 불리는 안셀름과 '스콜라철학의 왕' 또는 '중세사상의 완성자'라 불리는 토마스 아퀴나스에게 스콜라철학의 길을 개척해 준 기독교 신학의 선구자다. 그는 플라톤과 아리스토텔레스를 둘 다 계승했지만, 네오플라톤주의를 더 중시했다. 그의 사상은 소크라테스·플라톤주의와 아리스토텔레스주의와 대체로 강세와 순서의 차이만 보일 뿐이다. 그의 주저는 『삼위일체론(*On the Trinity*)』, 『신국(*The City of God*)』, 『기독교리론(*On Christian Doctrine*)』, 『참회록(*Confessions*)』이다.

물론 아우구스티누스의 신학에는 '지식'에 대해 '시원적이고 궁극적인' 지위를 차지하는 종교적 '믿음'과 '지식에 의한 자연 사물의 이용·소유·지배'라는 두 가지 기독교적 사상 요소들이 더 들어 있다. 이런 요소들, 특히

'지식에 의한 자연의 정복·이용·소유·지배'의 관념은 자연 이용을 '지식'보다 낮은 차원의 경험과 학예(테크네)의 일로 간주하는 플라톤과 아리스토텔레스 철학에 낯선 것이고, 인도人道를 천도·지도에 일치시키는 삼도三道조화를 지향하는 공맹철학에서는 더욱 낯선 것이다. 이런 낯선 측면만을 강조한다면, 아우구스티누스 철학은 플라톤·아리스토텔레스의 철학과 크게 다르다고 말할 수 있다.

그러나 아우구스티누스의 철학은 플라톤·아리스토텔레스로부터 유래하는 '광적 지성주의'를 더욱 격화시키고 있는 점에서 '신에 대한 믿음'이 과하는 계율적 요소를 분쇄하고 저 '광적 지성주의'를 기독교적 자연지배론과만 결합시킨 근대 합리론으로 전진할 잠재적 '위험'을 안고 있다.

아우구스티누스는 '지성'과 '이성'을 구분하는 플라톤·아리스토텔레스적 전통에 따라 일단 이성을 '하급 이성(ratio inferior)'과 '상급 이성(ratio superior)'으로 이분한다. '하급 이성'은 '인식을 연합하고 분리하는 능력'이고, '상급 이성'은 '정신의 정상頂上(acies mentis)'으로서 영원불변자에 대한 관상觀賞 능력인 '지성(intellectus)'·'이지(intelligentia)' 능력으로 정의했다. 그러나 그는 전 저작에 걸쳐 'ratio', 'intellectus', 'intelligentia'라는 술어를 구별 없이 뒤섞어 쓰고 있다.

1.1. 생애와 사상

동시대인의 전언에 의하면 아우구스티누스는 고대 신앙을 새로 창설했다. 그는 청년기에 마니교에 기울어졌다가 나중에는 헬레니즘적 네오플라톤주의 철학에 매료되었다. 386년 기독교 침례교로 개종한 뒤 그는 철학과 신학에 대한 자신의 접근법을 개발하고 다양한 방법과 관점을 수용했다. 그는 그리스도의 은총이 인간의 자유에 불가결하다고 생각하여 원죄론을 정식화하는 것을 돕고 정의전쟁 이론의 발전에 대단한 기여를 했다. 서로마제국이 붕괴되기 시작했을 때 그는 교회를 물질적 세속국가와 다른 '영적 신국神國'으로 상상했다. 아우구스티누스의 『삼위일체론』은 니케아 공회와 콘스탄티노플 공회의 '삼위일체' 개념의 근간이 되었다.

■ 생애

아우구스티누스는 가톨릭교회, 동방정교회, 루터교, 성공회 공동체(The Anglican Communion) 등에서 성인으로 인정된다. 그는 발군의 가톨릭교회 박사이자 아우구스티누스회의 수호성인이기도 하다. 그의 사상은 중세 세계관에 심오한 영향을 끼쳤다. 많은 개신교도, 특히 루터 교파와 칼뱅파는 그를 구원과 신적 은총에 관한 그의 교설 때문에 그를 프로테스탄트 종교개혁의 신학적 교부들 가운데 1인으로 간주한다. 프로테스탄트 종교 개혁가들, 특히 마르틴 루터는 아우구스티누스를 초기 교부들 가운데 발군의 인물로 여겼다. 1505년에서 1521년까지 16년간 루터는 아우구스티누스은자隱者교단(Order of the Augustinian Eremites)의 일원이었다.

동방교회에서 아우구스티누스의 교설은 논란거리였다. 일부에서는 그의 교설을 공격했고, 다른 일부에서는 그의 논지에 동조했다. 그의 것으로 간주되는 가장 논쟁적 교리는 그의 '필리오케' 교리였는데, 이것은 동방교회에 의해 배격되었다. 필리오케(Filioque)는 "그리고 아들로부터"를 뜻하는 라틴어인데, 아우구스티누스는 '콘스탄티노플 교의'에 이것을 덧붙였다. 이것은 동서기독교 간의 큰 논쟁 주제가 되었다. 그 말은 성부와 함께 성자 예수 그리스도를 성신의 단일한 공동 기원으로 언급한다. 이것은 제1차 콘스탄티노플 공회에 정한 것으로 알려진, 성신이 "그리고 성자"라는 부가어 없이 "성부로부터" 생겨난다고 말하는 콘스탄티노플

교의의 원래 텍스트에는 들어 있지 않았다.

 기타 논란거리 교설들은 아우구스티누스의 원죄설, 은총설, 예정설 등이었다. 그는 몇몇 항목에서 오류를 범한 것으로 여겨지더라도 여전히 성자로 간주되고 동방교회 교부들에 대해 영향을 미쳤다. 그리스와 러시아 정교회에서는 오늘날도 매년 7월 15일 그를 경축한다.

 서구 기독교사상에 대한 아우구스티누스의 충격적 영향은 지대했다. 오직 바울만이 그보다 더 영향력이 있었는데, 이 바울의 복음조차도 서구인들은 일반적으로 아우구스티누스의 눈으로 읽는다.

 아우구스티누스는 히포 레기우스(Hippo Regius)에서[1035] 주교를 지냈다. 그는 354년 로마제국의 누미디아(Numidia) 지방에 있는 타가스테(Thagaste)[1036] 교구에서 태어났다. 그의 어머니는 독실한 기독교인이었고, 그의 아버지는 이교도였으나 임종 시에 기독교로 개종했다. 그의 아버지와 어머니는 베르베르인이었으나 아주 로마화 되어서 집안에서도 긍지와 자부심에서 라틴어만 썼다. 12세에 그는 타가스테 남쪽에 위치한 소도시인 마다우루스(Madaurus) 소재의 학당에 보내졌다. 그곳에서 그는 이교신앙에만 아니라 라틴 문예에 더 친숙해졌다. 죄악의 본성에 대한 그의 최초의 통찰은 그와 여러 명의 친구가 원치 않는 과일을 이웃 정원으로부터 훔쳤을 때 생겨났다. 그는 이 이야기를 그의 자서전에 실었다. 그는 그가 배고팠기 때문이 아니라 허용되지 않았기 때문에 그 과일을 훔쳤다고 기억한다. 그는 바로 그의 본성이 결함이 있었다고 말한다. 그것은 반칙이었지만 그것을 좋아서 했다고 고백한다. "나는 나 자신의 과오가 좋았다. 내가 과오를 범하는 이유가 아니라 과오 자체가 좋았다." 이 사건으로부터 그는 인간적 인격이 본성적으로 죄악의 성향이있고 그리

[1035] 오늘날 알제리의 안나바(Annaba).
[1036] 현재는 알제리의 소우크 아라스(Souk Ahras).

스도의 은총을 필요로 한다고 결론지었다.

아우구스티누스는 어느 동향인의 후원으로 카르타고로 가서 수사학 공부를 더 했다. 그는 청년기에 한동안 쾌락주의적 생활방식으로 살면서 자기들의 성적 실력을 자랑하는 젊은이들과 어울려 지냈다. 카르타고의 학생 시절 그는 그에게 지혜에 대한 사랑을 심어준 키케로의 대화편을 읽었다. 이것으로부터 그는 철학에 관심을 갖기 시작했다. 이 시절 아우구스티누스는 기독교인으로 길러졌어도 마니교도가 되었고, 그의 어머니는 이 때문에 분개했다.

17세쯤에 아우구스티누스는 카르타고의 한 처녀와 사귀기 시작했다. 그의 어머니는 그가 그 계급의 사람과 혼인하기를 바랐을지라도 그 처녀는 그의 연인으로 남았다. 그의 어머니는 그에게 외도를 피하라고 경고했지만, 그는 15년 이상 그 여인과 관계를 이어갔다. 그녀는 그에게 아들을 하나 낳아주었다. 이 아들은 '신의 선물'이라 불릴 만큼 지극히 총명했다. 그는 385년에 10대 상속녀와 결혼하기 위해 그녀와의 관계를 끊었다. 그는 결혼할 수 있게 되었을 그때 기독교 성직자가 되기로 결심했고, 결혼은 불발로 끝났다.

아우구스티누스는 처음부터 지적 열성과 지적 호기심을 가진, 두뇌가 번쩍이는 학생이었지만 그리스어는 숙달하지 못했다. 그리스어 선생이 폭력적이었기 때문이다. 그는 그에게 반항했고 그리스어 공부를 거부했다. 그러다가 그는 그리스어를 알 필요가 있다는 것을 깨달았지만, 때는 이미 늦었다. 그는 그 언어를 수박 겉핥기로 습득했지만, 결코 유창하지 못했다. 하지만 그는 라틴어를 숙달하고 라틴어 선생이 되었다.

아우구스티누스는 373년에서 374년까지 2년간 타가스테에서 라틴어 문법을 가르쳤다. 다음 해에 그는 카르타고로 이동해서 수사학 학당을 경영했고, 그곳에 9년 동안 재직했다. 그는 383년 카르타고의 불량한 학생들이 귀찮아서 가장 훌륭하고 총명한 수사학자들이 가르친다고 생각한 로마로 가서 학당을 열었다. 하지만 아우구스티누스는 로마 사람들의 냉담한 반응에 실망했다. 학기의 마지막 날 교수에게 수업료를 내는 것이 학당의 관행이었지만, 많은 학생이 학기 내내 강의를 충실히 듣고도 수업료를 내지 않았기 때문이다.

384년 즈음 아우구스티누스는 마니교 친구들의 소개로 로마 시장 심마쿠스(Symmachus)를 만났다. 그때 심마쿠스는 밀라노의 황실로부터 수사학 교수를 구해달라는 요청을 받은 상태였다. 아우구스티누스는 384년 직업을 얻어 밀라노의 그 지위에 오르기 위해 북으로 향했다. 30세에 그는 이러한 자리에서 정치적 기회를 잡기 용이한 시대에 라틴어 세계에서 가장 가시적인 학술 지위를 얻은 것이다.

아우구스티누스는 마니교도로서 10년을 보냈지만 전수자나 "선발주자(elect)"가 아니라 이 종교의 위계 체계에서 가장 낮은 지위인 "오디터(auditor)"였다. 그러나 그는 카르타고에서 마니교 신학의 대변자였던 마니교 주교 파우스투스(Faustus of Meleve)를 교류하면서 실망했고, 마니교에 대한 그의 회의는 그때 싹텄다. 로마에서 그는 마니교를 버리고 신新아카데미아운동의 회의주의를 수용했다. 아우구스티누스는 교육 덕택에 수사적 솜씨를 갖췄고 많은 종교들의 배후에 있는 철학들을 아주 잘 알았다. 밀라노에서 그의 어머니의 종교적 경건성, 그의 네오플라톤주의 학습, 그리고 그의 벗 심플리키아누스(Simplicianus)의 영향으로 그는 기독교를 다시 받아들였다. 이 기독교 개종은 테오도시우스 1세가 380년 2월 27일 기독교를 로마제국의 유일한 정통종교로 승인한 테살로니카 칙령(Edict of Thessalonica)을 선포하고 그다음 382년 모든 마니교 승려에게 사형 명령을 발령한 직후였다. 처음에 아우구스티누스는 기독교와 그 이데올로기의 영향을 강하게 받지 않았지만, 밀라노의 대주교 암브로즈

(Ambrose of Milan)와 만난 뒤 자기 자신을 재평가하고 나서 영원히 바뀌었다. 암브로즈는 아우구스티누스를 정신적 자식으로 받아들였다.

아우구스티누스의 어머니는 그를 따라 밀라노로 왔고 그를 위해 결혼을 주선했다. 그는 처음에 묵인했으나 첩을 물리쳤고 그의 애인을 버린 것을 몹시 슬퍼했다. 그는 그녀와 첫사랑을 결혼이나 다름없는 것으로 생각했다. 타가스테의 알리피우스(Alypius of Thagaste)는 아우구스티누스를 결혼으로부터 멀어지게 했고 결혼하면 지혜의 사랑 속에서 함께 살 수 없다고 말했다.

386년 8월 31세의 나이에 아우구스티누스는 기독교로 개종했다. 훗날 그는 『참회록』에 이 개종 사실을 설명했다. 이 『참회록』은 그의 인생 기록이기도 하지만 시간, 원인, 자유의지 등 철학적 주요 주제들도 다루고 있다.

암브로즈는 387년 4월 밀라노에서 아우구스티누스와 그의 아들 아데오다투스(Adeodatus)에게 세례를 주었다. 그리고 388년 아우구스티누스는 변론 『기독교 교회의 거룩함에 대하여』을 완성했다. 또한 동년 아우구스티누스는 아들과 함께 아프리카 집으로 돌아왔다. 어머니는 귀향길을 준비하던 중에 이탈리아에서 죽었다. 귀향하자마자 그들은 장원에서 귀족적 여가생활을 즐겼다. 그런데 조금 뒤 아들 아데오다투스도 죽었다. 그 뒤 그는 수도원으로 개조하기 위해 가족 주택만 남기고 장원을 판 돈을 빈자들에게 주었다.

기독교로 개종한 뒤 아우구스티누스는 설교에 더 집중하기 위해 수사학 교수직을 버렸다. 391년 그는 알제리에 소재하는 히포 레기우스(Hippo Regius, 현 안나바 Annaba) 교회의 목사로 임명되었다. 그는 특히 이전 이탈리아 학교에서의 수사학 훈련이 어떻게 기독교 교회를 돕고 성경의 상이한 기록들을 깨닫고 가르치는 목적을 달성하는 데 관심을 가졌다. 그는 유명한 설교자가 되었고 마니교와 싸운 것으로 명성을 날렸다. 그는 일평생 무려 6천-1만 편의 설교를 했는데 약 500편만 남아있다. 그는 설교할 때 비유, 그림을 보는 듯한 서술, 미소, 은유, 반복, 반명제 등 다양한 수사학적 방법을 구사했다. 이에 더해 그는 412년 설교에서 보듯이 지옥과 천당의 차이를 말할 때 질문과 리듬도 사용했다. 그는 설교자의 궁극 목표가 청중에게 구원의 확신을 주는 것이라고 믿었다.

395년 아우구스티누스는 보좌신부 히포 주교가 되었고, 조금 뒤 완전한 주교가 되었다. 그래서 '히포의 아우구스티누스(Augustinus of Hippo)'라는 명칭을 얻었다. 그는 430년까지 그 지위에 있었다. 주교들은 살아있는 동안 설교가 허용된 유일한 개인들이었다. 히포 주교로 근무할 때 그의 목표는 신도회중 가운데 개인들을 보살피는 것이었다. 그는 교회가 매주 읽기로 계획된 문장을 골랐다. 주교로서 그는 성서를 해석하는 것이 그의 일이라고 생각했다. 그는 『참회록』을 397-398년에 집필했다. 『신국』은 410년 서西고트족이 로마를 약탈한 직후 그곳 기독교인들을 위로하기 위해 썼다. 아우구스티누스는 쉬지 않고 일해서 히포의 백성들을 기독교로 개종시켰다. 그는 수도원을 떠나 있을 때도 주교 관사에서 수도원같이 생활했다.

아우구스티누스의 노경은 상이한 정치적·종교적 요인들에 대항하는 기독교인들의 큰 공동체를 이끄는 일을 돕는 것으로 채워졌다. 아우구스티누스가 죽기 직전, 예수의 신성을 부인하는 기독교 종파인 아리우스파(Arianism)로 개종한 반달족이 로마제국의 아프리카 땅에 침입했다. 반달족은 아우구스티누스가 임종 노환에 들어간 430년 봄 히포를 포위했다. 이 포위 동안 그의 병이 낫는 기적이 일어났다. 아우구스티누스는 공개적 참회와 죄인들과의 연대의 행위로 그의 죽음이 다가오자 자신을 파문했다고 인증되어 왔다. 그는 기도와 참회 속에서 마지막 날들을 보내면서 다윗의 참회 찬송가를 벽에 걸어두어 달라고 요청했다. 그는 히포교회 도서관을 관리해서 거기의 모든 서적을 정성스럽게 보존했다. 그는 430년 8월 28일 사망했다. 그의 사망 직후 반달족은 히포 포위를 풀었지만, 곧 돌아와 도시를 불태웠다. 그들은 모든 것을 불태우고 아우구스티누스의 묘지와 도서관만 손대지 않고 남겨두었다.

아우구스티누스는 대중의 갈채로 시성諡聖되었고, 훗날 1298년 교황 보니파체 8세에 의해 교회 박사로 인정되었다. 그의 축제일은 그가 사망한 8월 28일이다. 양조업자, 화가, 신학자, 수많은 도시와 교회관구의 수호성인이다. 그리고 눈병을 막아주는 수호신이다.

■ 아우구스티누스 철학사상의 개관

아우구스티누스의 방대한 저작들은 신학·철학·사회학 등 다양한 영역을 망라한다. 그는 초기 교회에서 가장 다작한 학자였다.

아우구스티누스는 '신학적 인간학'의 뚜렷한 비전을 라틴어로 개진한 최초의 기독교 저술가였다. 그는 인간을 영혼과 육체의 완벽한 통일로서 보았다. 『사자死者의 보살핌에 대하여』라는 논저의 제5부(§420)에서 인신의 바로 그 본성에 속한다는 이유에서 육신에 대한 존경을 권했다. 심신 통일을 묘사하는 그가 애호한 묘사는 결혼이다. "caro tua, coniunx tua(네 육신은 네 아내다)." 시초에 두 요소는 완전한 조화 속에 들어 있었다. 인류가 타락한 뒤에 두 요소는 극적 상호 투쟁을 경험하고 있다. 두 요소는 이제 범주적으로 다른 것들이다. 육신은 네 가지 요소로 구성된 3차원적 대상인 반면, 영혼은 어떤 공간적 차원도 가지고 있지 않다. 영혼은 이성에 동참해서 육신을 지배하기에 적합한 일종의 '실체'다. 영혼을 '실체'로 보는 이런 인식부터 진한 네오플라톤주의가 풍기고 있다. (이 모든 교설이 몇 가지 의문만으로도 붕괴된다. 유아 살해를 유발하는 호색한 성욕은 육신에 속하는데, 타락 이후에라도 이브나 기타 아내들이 그렇게 호색한가? 육신이 영혼의 지배를 받는다면, 남편들에게 드세게 들이대고 내주장하는 아내들이 왜 그리도 많은가? 등등) 아우구스티누스는 플라톤과 데카르트처럼 심신의 통일성의 형이상학을 설명하려는 세부적 노력에 사로잡히지 않았다. 그에게는 영혼과 육신이 형이상학적으로 판명하다는 것을 인정하는 것만으로 충분했다. 하나의 인간임은 영혼이 육신보다 우월한 방식으로 영혼과 육신이 합성된 존재임이다. (이 이해는 플라톤처럼 관념론적이다.) 이 명제는 사물들을 ① 단순히 실존하는 것, ② 실존하면서 살아있는 것, ③ 실존하고 살아있고 지성 또는 이성을 가진 것으로 위계적으로 분류하는 것에 근거해 있다.

아테나고라스(Athenagoras), 테르툴리안(Tertullian), 클레멘트 오브 알렉산드리아(Clement of Alexandria), 바실 오브 캐사리아(Basil of Caesarea)와 같은 다른 교부敎父들처럼, 아우구스티누스는 "인위적 낙태의 관행을 격렬하게 비난했다". 그리고 그는 어떤 임신 단계에서든 낙태를 인정치 않았을지라도 이른 낙태와 늦은 낙태를 구분했다. 그는 출애굽기(21장22=23절)의 70인역에서 언급된 "형성된" 태아와 "미형성된" 태아 간의 구별을 인정했다. 이 번역은 (원래의 히브리어 텍스트의) "해악(harm)"을 70인역 성서의 코이네 그리스어(Koine Greek)의 "형상(form)"으로 잘못 번역하고 있다. 그의 견해는 상정된 "'활성화' 전의 태아와 후의 태아"를 나누는 아리스토텔레스의 구분에 기초한 것이다. 그러므로 그는 태아가 영혼을 받았다는 것이 확실하게 알려질 수 없다고 생각했기 때문에 "미형성된" 태아의 낙태를 '살인'으로 분류하지 않았다.

아우구스티누스는 "영혼 주입의 타이밍이 하느님에게만 알려진 미스터리"라고 생각했으나 생식을 "결혼의 복 가운데 하나"로 간주했다. 따라서 "불임을 야기하는 약藥과 낙태는 이 복을 좌초시키는 수단으로 묘사되었다. 유아 살해도 '호색적 잔인성' 또는 '잔인한 호색'의 사례로서 그런 계열에 속했다." 아우구스티누스는 낙태와 피임을 '절망적 난제(evil work)'라 불렀다.

아우구스티누스는 세계 창조에 대해서도 새로운 해석을 내놓았다. 그는 『신국』에서 교회의 신성한 저술들과 달랐던 (일정한 그리스인들과 이집트인들의 시대 관념과 같은) 당대의 시대관들을 둘 다 배척했다. 『창세기의 글자 그대로의 해석』에서 그는 하느님이 우주 안의 만물을 6일 동안이 아니라 동시에 창조했었다고 주장했다. 그는 「창세기」에 쓰여 있는 세계 창조의 6일 구조가 물리적 방식이 시간의 흐름이 아니라 논리적 프레임워크를 대변한다고 주장했다. 그것은 물리적 의미라기보다 역시 글자 그대로인 정신적 의미를 담고 있다는 것이다. 이런 해석의 한 이유는 집회서(Sirach) 18장 1절 "*creavit omnia simul* (그분은 만물을 한 번에 창조했다)"는 구절이었다. 이 구절을 아우구스티누스는 창세기 1장의 날들을 직역조로 이해해서는 아니 되는 증거로 들이댔다. 그는 세계 창조의 실제적 사건을 인간들이 이해할 수 없고 그러므로 번역해야 한다고 생각했는데, 이것을 세계 창조의 6일을 발견적(heuristic) 방법으로 기술하는 부가적 근거로 이해했다.

아우구스티누스도 원죄를 우주 안에서의 구조적 변동을 야기하는 것으로 그리지 않았고, 심지어 아담과 이브의 육신이 타락 전에 이미 숙명적으로 죽어야 하는 것으로 창조되었다고 시사했다. 그의 특유한 관점과 별개로 그는 세계 창조 이야기를 해석하는 것이 어렵다는 것을 인정했고, 또 새로운 정보가 나타나면 해석이 바뀔 수 있다고도 언급했다.

아우구스티누스는 교회학(Ecclesiology) 분야도 저술했는데, 그는 주로 정통파의 세례와 안수식을 무효로 주장하는 도나투스 종파에 대한 대응으로 교회론을 전개했다. 그는 하나의 교회가 있지만 교회 내부에 두 현실, 가시적 측면(제도적 위계 체제, 가톨릭 성사聖事, 평신도)과 불가시적 측면(죽은 죄 있는 구성원들이나 하늘나라로 가도록 예정된 선민인 자들의 영혼)이 있다는 교설을 개진했다. 전자는 구원을 선언하고 성사를 관리하는 지상의 그리스도가 창설한 제도적 기구인 반면, 후자는 하느님께 유일하게 알려져 있는 모든 연령대의 진정한 신도로 구성된 선민들의 불가시적 기구다. 가시적·사회적인 교회는 종말이 올 때까지 시간의 "호밀"과 "독풀", 선한 사람들과 사악한 사람들로 구성될 것이다.(마태복음 13장 30절) 이 개념은 은총의 나라 안의 사람들만이 지상의 "참된" 또는 "순수한" 교회이고 은총의 나라 안에 있지 않은 사람들은 "순수한" 교회가 아니고, 성직자와 주교들은 성사를 베풀 어떤 권위도, 어떤 권능도 없다는 도나투스파의 주장에 대항한 것이다.

아우구스티누스의 교회학은 『신국』에서 온전히 전개되었다. 여기서 그는 교회를 사랑의 의해 다스려지는 하늘의 나라로 인식한다. 이 나라는 자만하고 오만에 의해 다스려지는 모든 지상의 제국에 대해 궁극적으로 승리할 것이다. 그는 교회의 주교와 성직자들이 사도들의 계승자들이고 그들의 교회 내 권위는 신으로부터 부여받은 것이라고 가르치는 점에서 사랑의 여신 아프로디테를 추종했다.

'불가시적 교회' 개념을 아우구스티누스는 그 이전의 교부들처럼 불가시적 교회와 가시적 교회를 동일한 하나로 보았을지라도 도나투스 종파에 대한 반박의 일부로 옹호했다. 그는 참 실재가 불가시적이고 가시적인 것이 불가시적인 것을 반영한다면 단지 부분적으로, 그리고 불완전하게만 그렇게 한다는 플라톤주의 교설(이데아·형상 이론)로부터 강한 영향을 받았다. 다른 신학자들은 아우구스티누스가 모종의 '불가시적 참 교회' 개념을 진짜 고수했는지 의문을 갖는다.

아우구스티누스는 특유한 종말론 또는 내세론(eschatology)도 전개했다. 원래 그는 그리스도가 일반적 부활 전에 글자 그대로 1000년 왕국을 창건한다는 천년왕국 전 예수재림설(premillennialism)을 믿었으나, 나중에는 이것을 세속적인 것으로 보고 물리쳤다. 중세에 가톨릭교회는 그리스도가 교회의 개선凱旋을 통해 정신적으로 지상을 지배한다는 아우구스티누스적 무無천년설(amillennialism) 위에 종말론 체계를 세웠다. 훗날 칼뱅도 무천년설을 받아들였다. 아우구스티누스는 영혼의 영구적 운명이 죽음에서 결정되고 중간 지대의 연옥 불이 교회와 함께하는 가운데 죽은 사람들만을 정화해 준다고 가르쳤다. 그의 가르침은 후대 신학에 연료를 제공했다.

아우구스티누스가 마리아론(Mariology)을 전개하지 않았지만, 마리아에 대한 그의 논평들은 다른 저술가들의 논고들을 그 수와 깊이에서 능가했다. 에베소 공회(Council of Ephesus) 앞에서도 그는 하느님의 어머니로서의 동정녀 마리아를 옹호하고, (제롬과 같은 라틴어 저술가들을 추종해서) 그녀의 성적 고결과 순결 때문에 그녀를 "은총이 가득한" 것으로 믿었다. 마찬가지로 그는 동정녀 마리아가 "처녀로서 수태했고 처녀로서 출산했고 영원히 처녀로 남았다"고 단언했다. 아우구스티누스는 글자 그대로의 해석이 과학이나 하느님이 품부해 준 인간 이성과 모순되면 성서 문장은 은유적으로 해석되어야 한다는 견해를 취했다. 성서의 각 문장이 글자 그대로의 의미 가지는 반면, 이 "글자 그대로의 의미"는 성서 문장들이 단순한 역사라는 것을 언제나 의미하는 것은 아니다. 때로 성서 문장들은 오히려 확장된 은유라는 것이다.

아우구스티누스는 원죄에 대해서도 특별한 해석을 남겼다. 아담과 이브의 죄가 하느님에 대한 오만과 불복종이 뒤따르는 어리석음(insipientia)의 행위거나 오만이 먼저인 행위였다고 가르쳤다. 최초의 부부는 그들에게 선악 지식의 나무 열매를 따 먹지 말라고 말한 하느님에게 불복종했다는 것이다. 그러나 아우구스티누스는 이 창세기 신화의 논리적 모순을 몰각하고 있다. 선악의 지식은 그 나무 열매를 따 먹어야만 얻을 수 있으므로 이 나무 열매를 따 먹기 전에 아담과 이브는 하느님에 대한 오만이나 불복종이 죄악인지 알 수 없었다. 그러므로 그들이 하느님의 명에 불복종해서 그 열매를 따 먹은 행위 자체를 죄악으로 규정·처벌할 수 없다. 오히려 하느님에 대한 오만과 불복종이 죄악인지를 알리면 그 나무 열매를 따 먹어야만 하는 것이다. 아우구스티누스는 창세기 신화에 숨어있는 논점 절취의 오류를 몰각하고 반反논리적 해석을 하고 있다. 아무튼 그에 의하면 나무는 세계 창조 질서의 상징이었다. 자기중심성 때문에 아담과 이브는 그 열매를 먹었고, 그리하여 존재와 가치의 위계질서를 가진, 하느님에 의해 창조된 그대로의 세계를 인정하고 존중하는 데 실패했다는 것이다. 그들은 사탄이 그들의 지각 속에다 "악의 뿌리"를 심어 넣지 않았다면 오만과 지혜 결여 속으로 추락하지 않았을 것이다. 그들의 본성은 색욕 또는 리비도에 의해 상처를 입었고, 이 욕망은 인간 지성과 의지, 그리고 감정과 (성욕을 포함한) 욕망을 해쳤다. 형이상학의 견지에서 강렬한 색욕은 존재의 상태가 아니라 나쁜 성질, 선의 상실, 또는 상처다.

원죄의 결과와 은총의 회복 필요성에 대한 아우구스티누스의 이해는 펠라기우스(Pelagius)와 그의 제자들인 캘레스티우스와 율리엔 오브 에클라눔(Caelestius and Julian of Eclanum)에 대한 투쟁 속에서 전개되었다. 그들은 테오도레 오브 몹수에스티아(Theodore of Mopsuestia)의 제자인 루피누스 오브 시리아(Rufinus of Syria)의 영향을 받았다. 그들은 원죄가 인간의 의지와 정신에 상처를 주었다는 것에 동의하지 않고, 하느님이 인간 본성을 창조할 때 인간 본성이 행동하고 말하고 생각하는 권능을 부여받았다고 주장했다. 인간 본성은 선을 행할 도덕적 역량을 상실할 수 없고, 사람은 바르게 행동하거나 행동하지 않을 자유가 있다는 것이다. 펠라기우스는 눈을 사례로 들었다. 눈은 보는 역량을 가졌지만, 사람은 그것을 좋게 또는 나쁘게 사용할 수 있는 것이다.

펠라기우스는 인간의 감정과 욕망이 타락에 의해 상처 입지 않았다고 주장했다. 부도덕성, 가령 간음은 배타적으로 의지의 일이다. 가령 사람이 본성적 욕망을 적절한 방식으로 쓰지 않는다는 것이다. 반대로 아우구스티누스는 정신에 대한 육신의 명백한 불복종을 지적하고, 이 불복종을 원죄의 결과들 가운데 하나로, 하느님에 대한 아담과 이브의 불복종에 대한 처벌로 설명했다.

아우구스티누스는 약 9년 동안 '원죄란 성교'라고 가르친 마니교도들의 청자였다. 그러나 세계 안에서 죄악의 원인을 알리는 그의 투쟁은 그 전에, 곧 19세에 시작했다. 그는 그가 사람을 지배하고 남녀 안에서 무질서를 야기하는 악덕으로 해석한 대부분의 색욕을 죄악으로 정의했다. 그러나 아우구스티누스의 개인적 체험은 색욕에 관한 그의 이론의 면목을 세워줄 수 없다. 그의 혼인 경험은 상당히 정상적이었고 심지어 모범적이었다. 아우구스티누스는 바울의 보편적 죄악과 구속救贖 이론을 해석하면서 키케로의 스토아적 감정 개념을 썼다. 이런 스토아적 감정 이해에서는 색욕이 죄악으로밖에 보이지 않을 것이다.

인간의 영혼만이 아니라 감각도 아담과 이브의 타락에 의해 영향을 받았다는 견해는 아우구스티누스 시대에 교부들 사이에 팽배했다. 아우구스티누스가 육신의 사건들에 대해 거리를 취한 이유가 육체적 욕망을 경멸을 통해서만 인간의 궁극적 상태에 도달할 수 있다고 가르친 네오플라톤주의자 플로티누스(Plotinus)의 이유와 다르다는 것은 명백하다. 아우구스티누스는 구속救贖, 가령 부활 속에서의 육신의 전환과 정화를 가르쳤다.

어느 견지에서 보면 아우구스티누스의 이론은 인간의 성性을 공격하는 것으로 간주되고, 금욕과 하느님에 대한 헌신에 관한 그의 주장은 『참회록』 안에서 묘사된 대로 그 자신의 고도로 성적인 본성을 배척할 그 자신의 필요로부터 생겨난 탓으로 여겨진다. 그는 인간의 성이 전 인간 본성과 더불어 상처를 입었고 그리스도의 구속救贖을 요한다고 가르쳤다. 그 치유는 부부 행위 안에서 실현되는 과정이다. 금욕의 덕성은 기독교적 혼인의 성례聖禮의 은총 덕택에 획득된다. 그러므로 기독교적 혼인은 색욕의 치료가 된다. 하지만 인간적 성의 구속救贖 또는 구원救援은 육신의 부활復活 속에서만 완전히 완성된다.

아담의 죄는 모든 인간에 의해 계승되었다. 이미 펠라기우스 종파 이전의 글에서 아우구스티누스는 원죄가 색욕을 통해 그의 후손들에게 이전되었다고 가르쳤다. 그는 이 색욕을 영혼과 육신의 정열로 간주했다. 원죄는 인류를 '군중'이라 비난받는 '파멸의 대중(massa damnata)'으로 만들고, 의지의 자유를 파괴하지는 않을지라도 약화시킨다는 것이다. 더 이른 시기의 기독교 저술가들이 육체적 죽음, 도덕적 취약성, 그리고 원죄 안의 죄악 성향을 가르쳤을지라도 아우구스티누스는 유아를 탄생 때부터 영원히 저주하는, 아담으로부터 '상속된 죄책'의 개념을 더한 최초의 교부철학자였다.

아우구스티누스의 반反펠라기아파적 원죄론 옹호가 카르타고 공회(418)·에베소 공회(431)·오렌지 공회(529)·트렌트 공회(1546) 등 수많은 공회에서 확인되고 또 가령 교황 이노센트 1세(401-417)와 조시무스(417-418)에 의해 확인되었을지라도 유아까지도 영원히 저주하는 그의 상속되는 죄는 이 공회들과 교황들이 누락시켰다. 안셀름 오브 캔터베리는 『신은 왜 사람이 되었는가(Cur Deus Homo)』에서 13세기 스콜라 철학자들이 추종하게 되는 정의, 곧 원죄原罪는 "모든 사람이 보유해야 하는 올바름의 박탈"이라는 정의를 확립했다. 이로써 안셀름은 원죄를 색욕과 분리시켰는데, 이 개념은 아우구스티누스의 몇몇 제자들이 수용하고, 나중에는 루터와 칼뱅이 받아들였다. 그리고 1567년에는 교황 피우스 5세(Pius V)가 원죄를 색욕과 동일시하는 것을 비판했다.

아우구스티누스는 예정설도 개진했다. 그는 하느님이 만물을 질서 있게 만들면서 인간 자유를 보존한다고 가르쳤다. 396년 이전 그는 예정이 개인들이 그리스도를 믿을지에 대한 하느님의 예지睿知에 기초해 있고 하느님의 은총은 "인간적 인정에 대한 보상"이라고 생각했다. 후에 펠라기우스에 대한 응답에서 아우구스티누스는 오만의 죄악이 "우리는 하느님을 선택하는 사람들이다"고 장담하는 것, 또는 우리 안에 가치 있는 어떤 것 때문에 "하느님은 (그의 예지에서) 우리를 선택한다"는 것에 있다고 말하고, 하느님의 은총이 개인의 신앙 행위를 야기한다고 주장했다.

아우구스티누스가 이중적 예정설, 곧 하느님이 몇몇 사람들을 저주를 위해 선택하고, 또 어떤 사람들은 구원을 위해 선택한다는 믿음을 함의하는지를 두고 의견이 갈린다. 가톨릭 학자들은 그가 이러한 견해를 지녔다는 것을 부정하는 경향이 있는 반면, 개신교 학자와 세속적 학자들은 그가 이중 예정설을 믿었다고 생각한다.

412년경 아우구스티누스는 예정설을 인간 선택과 무관한 일방적인 신적 사전事前결정론으로 이해하는 최초의 기독교인이 되었다. 그러나 이 개념은 그가 한때 따랐던 마니교 종파로부터 배운 것이었다. 일각에서는 그의 이 예정설을 은총이 거부할 수 없고, 개종으로 귀결되고 궁극의 구원으로 통한다고 해석한다.

『힐난과 은총(De correptione et gratia)』에서 아우구스티누스는 이렇게 썼다. "그분은 만인이 구원받기를 원하지만 만인이 다 구원받지 못한다고 쓰여 있는 것은 여러 가지 방법으로 이해될 수 있고, 그 방법 가운데 하나를 나는 나의 다른 글들에서 언급해 왔다. 그러나 여기에서 나는 한 가지 사실을 말하련다. 만인이 구원받기를 그분이 원한다는 것은 온갖 사람들이 만인 속에 끼어 있기 때문에 이 말이 모든 예정된 사람들을 뜻할 수 있다고 풀이된다." 또 아우구스티누스는 『궁극적 구원의 선에 관하여』에서 야곱과 예서 (이삭의) 쌍둥이 아들들을 말하면서 "야곱이 예정된 자이고 예서가 그렇지 않은 자라는 것은 지극히 확실한 사실이다"고 썼다.

아우구스티누스는 철학 분야의 저술도 많다. 그의 동시대인들은 종종 점성학이 엄정한 진짜 과학이라고 믿었다. 점성술사들은 진정한 학자로 간주되고, "mathematici"라 불렸다. 점술학은 마니교 독트린에서 연저한 역할을 했고, 아우구스티누스 자신도 청년 시절 그들의 서적들에 매료되었고, 특히 미래를 예견한다고 주장하는 사람들에 의해 매혹되었다. 나중에 그는 주교가 되었을 때 과학과 별점을 결합시키는 점성술사들을 피해야 했다. 그에 의하면 그들은 그리스의 유명한 수학자·천문학자·지리학자인 히파르코스(Hipparchus)나 에라토스테네스(Eratosthenes)의 제자들이 아니라, "흔해빠진 사기꾼들"이었다.

아우구스티누스의 지성은 인식론에 대한 관심을 통해 발달했다. 기독교로 개종한 직후에 쓴 두 대화편 『아카데미학도들에 대항하여(Contra academicos)』(386)와 『교사에 관하여(De Magistro)』(389)는 회의론적 논변에 대한 그의 동참을 반영하고 신적 조명설의 발전을 보여준다. 조명설은 신이 정신을 조명해 줌으로써 인간들이 하느님에 의해 현시되는 지성적 실재들을 인식할 수 있도록 인간적 지각과 지성 안에서 능동적·정례적 역할을 한다는 주장이다. (이 신적 조명설은 신이 인간 정신을 지속적으로 신뢰할 만한 것으로 지명했다는 가령 데카르트의 명백하고 판명한 지각 개념과 반대되는 것이다.) 아우구스티누스에 의하면, 모든 합리적 정신에 획득가능한 조명은 다른 형태의 감각적 지각과 다르다. 이 조명설은 정신이 지성적(예지적) 실체들과의 연결을 가지는 데 필요한 조건에 대한 설명으로 의도된 것이다.

아우구스티누스는 아마 가장 유명한 『삼위일체론』을 위시한 다른 저작들을 관통하는 다른 정신들의 문제도 제기하고, 다른 정신들과의 비유에 근거한 논변인 표준 해법을 발전시켰다. 플라톤이나 다른 고대 철학자들과 대조적으로 아우구스티누스는 인간 지식에 대한 하느님 말씀의 중심성을 인정하고, 하느님 외의 다른 사람들이 우리에게 말해준 것이 비록 우리가 성서상의 하느님 말씀에 대한 그들의 보고들을 믿을 독립적 이성을 가지고 있지 않을지라도 지식을 제공할 수 있다고 주장했다.

아우구스티누스는 정치철학 저서도 썼다. 우선 그는 정전론正戰論, 곧 '정의의 전쟁 이론'을 전개했다. 그는 기독교인들을 개인적·철학적 자세로서 평화주의자들이라고 주장했으나, 폭력에 의해서만 정지될 수 있을 심각한 잘못을 만난 마당에서의 평화성은 죄악이라고 말했다. 여기에서 아우구스티누스 정치신학의 폭력성이 노골적으로 드러난다. 모든 '심각한' 잘못을 모조리 폭력으로 중단시키려고 한다면 세상은 폭력적 난장판이 될 것이다. 잘못의 근절과 교정 방법은 폭력 외에도 무수하기 때문이고, '침략적 폭력'과 같은 심각한 잘못에 대한 정당방위의 대항 폭력이 아니라면 어떤 심각한 잘못도 폭력에 의해 다스려지지 않고 또 다른 폭력을 부를 것이기 때문이다. 그런데 그는 자기나 타인의 자아의 방어는 정당한 권위체에 의해 허가된다면 필요할 수 있다고 주장한다. 그런데 이 폭력적 방위가 정당방위라면 권위체의 허가는 난센스이고, 모든 자기방어에 다 폭력이 허용되는 것이 아니다. ① 다른 수단을 쓰는 것이 불가능할 정도로 급박한 ② 불법적이고 ③ 폭력적인 위해의 위험에 대해 ④ 위해의 정도에 비례하여 대항 폭력만이 허용되는 것이다. 아우구스티누스는 『신국』에서 전쟁이 정의롭게 수행되는 데 필요한 조건을 망가뜨리지 않으면서 관용구를 조어했다. 본질에서 평화의 추구는 평화의 장기적 보존을 위해 싸우는 의견을 포함해야 한다. 그는 이러한 전쟁은 선제적이 아니라 방어적일 수 있을 것이라고 말한다. 수 세기 뒤에 토마스 아퀴나스는 전쟁이 정의로울 수 있는 조건을 정의하려는 시도에서 아우구스티누스의 논변의 권위를 동원했다.

한편, 아우구스티누스의 초기 변신론辯神論 안에는 하느님이 인간과 천사를 자유의지를 가진 합리적 존재자로 창조했다는 주장이 들어 있다. 자유의지는 죄악을 지향하지 않는다. 이것은 선과 악, 이 둘에 대해 동일하게 미리 기울어 있지 않다는 것을 뜻한다. 죄악에 의해 더럽혀진 의지는 이전에 그랬던 만큼 "자유로운" 것으로 간주되지 않는다. 왜냐하면 그 의지는 상실될 수 있거나 포기하기 어려울 수 있을 물질적 것들에 의해 묶여있고 불행으로 귀결되기 때문이다. 한때 자유로웠던 의지만이 죄악의 타락을 겪을 수 있다. 412년 이후 아우구스티누스는 그의 신학을 바꿔서 인간이 그리스도의 존재를 믿을 자유의지가 없고 다만 죄를 지을 자유의지만 있다고 가르쳤다. "나는 사실 인간적 '의지'의 자유로운 선택을 위해 노력했지만, 하느님의 은총이 정복했다."

초기 기독교인들은 1-4세기에 만연된 스토아학파·그노시스교도들·마니교도들의 결정론적 견해에 반대했다. 기독교인들은 일방적으로 모든 사건들을 미리 명령하는 스토아학파적·그노시스교적 하느님이라기보다 인간들과 교섭하는 합리적 하느님의 개념을 옹호했다. 그러나 스토아학파는 그래도 자유의지를 가르친다고 주장했다. 아우구스티누스는 결정론적 하느님보다 인간의 자유로운 선택을 제기했었다. 그는 펠라기우스 교파와 싸울 때 초기 마니교파와 스토아학파의 결정론적 훈련으로 개종한 412년까지 전통적 자유 선택을 가르쳤다. 루터와 칼뱅이 아우구스티누스의 결정론적 가르침을 중심으로 받아들인 프로테스탄트 종교개혁

때까지는 소수의 기독교도들만이 아우구스티누스의 자유의지론을 수락했다.

가톨릭교회는 아우구스티누스의 가르침이 자유의지와 합치된다고 생각한다. 그는 누구든 원하면 구원될 수 있다고 종종 말했다. 하느님이 누가 구원받을 것인지 구원받지 않을 것인지를 알고 구원받지 못할 그 삶 속에서 구원받을 가능성이 없는 한편, 이 지식은 인간들이 어떻게 자유롭게 자기들의 운명을 선택할지에 대한 하느님의 완전한 지식을 표현한다는 것이다.

아우구스티누스는 사회학, 윤리도덕, 자연법에 대해서도 논했다. 아우구스티누스는 인정법人定法의 정당성을 검토하고, 인간들에 의해 자의적으로 과해지는 것이 아니라 자연적으로 생겨나는 법률과 권리의 경계를 정의하려고 했던 초기 신학자 가운데 한 사람이었다. 그는 지혜와 양심을 가진 모든 사람이 이성을 사용해서 자연법을 인정할 수 있다고 결론지었다. (본성적 도덕감정과 도덕감각의 총화인 '양심'이 이성의 어느 구석에서 나왔지?) 인정법은 바른 것을 하거나 그릇된 것을 피하도록 사람들에게 강제하려고 시도해서는 아니 되고, 단순히 정의롭게 남아 있으려고 해야 한다. 그러므로 "정의롭지 못한 법률은 전혀 법률이 아니다." 사람들은 불의한 법률에 복종할 의무가 없다는 것이다.

아우구스티누스는 그의 휘하에 들어 있던 많은 성직자에게 그들의 노예들을 해방하는 "경건하고 거룩한" 행위를 하도록 만들었다. 그는 용감하게도 황제에게 노예무역을 금지하는 새로운 법률을 제정하도록 압박하는 편지를 썼고, 어린이들의 판매에 대해 아주 많이 근심걱정을 했다. 25년 동안 당대의 기독교 황제들은 관행에 동의해서가 아니라 자식을 돌볼 수 없는 부모들에 의한 유아 살해를 방지하는 방법으로 어린이들의 판매를 허용했었다. 아우구스티누스는 특히 소작농들이 생존 수단으로 자식들을 빌려주거나 팔도록 내몰린다고 기록했다.

『신국』에서 아우구스티누스는 노예제의 발달을 하느님의 신적 계획에 반대되는 죄악의 산물로 규정한다. 그는 하느님이 "그의 이미지로 만들어진 이 합리적 피조물이 비합리적 피조물 외의 어떤 것에 대해 지배권을 갖는 것을 의도하지 않았다"고 썼다. 그리하여 그는 원시시대에 바른 사람이 인간에 대한 왕이 아니라 양 떼의 목자였다는 것이다. "노예제의 조건은 죄악의 결과였다." 『신국』에서 그는 비록 노예화된 개인적 인간이 벌받을 만한 죄악을 저지르지 않았다고 할지라도 노예제의 존재가 죄악의 존재에 대한 처벌이라고 느낀다고 썼다. "하지만 노예제는 형벌이고 자연 질서의 보존을 명하고 이 질서의 혼란을 금하는 그 법률에 의해 지정된 것이다." 아우구스티누스는 노예제가 노예화된 사람 자체보다 노예 소유주에게 더 많은 해를 끼친다고 생각했다. "낮은 지위는 자랑찬 지위가 주인에게 해를 끼치는 만큼 많은 이익을 노예에게 준다." 그는 노예들이 세계의 종말이 노예제를 영원히 근절시킬 때까지, "모든 불의가 사라지고 모든 수뇌 지위와 모든 인간 권력이 無가 되고 하느님이 모든 것 중 모든 것이 될 때까지 간악한 공포 속에서가 아니라 충실한 사랑 속에서 봉사함으로써 스스로 그의 노예 상태를 어느 정도 자유롭게 만들 수 있는" 상황에 대한 인지적 상상의 유형을 죄악에 대한 해법으로 제기한다.

아우구스티누스는 히브리어 성서를 쓰는 것을 거부하는 일정한 기독교 교파에 맞서 하느님이 유대인을 특별한 백성으로 선택했다고 대꾸하고, 로마제국에 의한 유대인의 분산을 예언의 시행으로 간주했다. 그는 살인적 태도를 반대하고 동일한 예언의 일부 구절, 곧 "궁극적으로 그대의 법을 망각하지 아니 되므로 그들을 살해하지 말라"(시편 59장 11절)을 인용했다. 유대인들이 "시간의 종말"에 기독교로 개종할 것이라고 믿는 그는 하느님이 그들이 흩어진 뒤에도 살아남을 것을 허용했다고 기독교인들에 대한 경고로 주장했다. 그는 그들이 그 자체로서 기독교 나라 안에서 사는 것을 허가받을 것이라고 논변했다. 아우구스티누스의 논변으로 돌려지는, 기독교인들이 유대인을 "번창하게 가 아니라 생존하도록" 해야 한다는 생각은 출처가 불분명하고, 아우구스티누스 저작의 그 어느 구석에서도 발견되지 않는다.

아우구스티누스는 교육사 안에서 영향력 있는 인물로 여겨진다. 그의 저작 안에서 이른 저작은 교육에 대한 통찰을 포함하는 『교사에 관하여』이다. 그가 자기의 생각을 표현하는 더 나은 방향이나 더 나은 방식으로 발견해 감에 따라 그의 생각은 변화를 보였다. 말년에 그는 『취소』라는 책을 써서 그의 저서들을 리뷰하고 특별한 문장들은 수정했다. 따라서 이 '취소'는 '재고再考'로 이해되어야 한다. 재고는 그가 배운 방식의 가장 중요한 주재로 간주될 수 있다. 쉴 새 없는 여행으로서의 인식·의미·진리에 대한 그의 탐구의 지성은 의심·발전·변화의 여지를 준다. 그는 비판적 사유 방법의 강력한 옹호자였다. 글말 저서들이 이 시간에 제한되기 때문에 지식의 입말 전달은 아주 중요했다. 학습방법으로서의 공동체의 중요성을 점에서 그의 교육학은 다른 교육학과 구별된다. 그는 변증법을 가장 좋은 학습 방법으로 믿고 이 방법이 교사와 학생 간의 학습적 조우를 위한 모델로 기여해야 한다고 생각했다. 그의 대화 형식의 저서들은 학습자들 간의 생생한 상호작용적 대화에 대한 필요를 모델화한다. 그는 교육 관행을 학도들의 교육 배경(식견 있는 교사들에 의해 잘 교육된 학생, 아무 교육도 받지 못한 학생, 빈약한 교육을 받았으나 스스로 잘 교육받았다고 믿는 학생)에 적응시킬 것을 권고했다. 학생이 다양한 주제에 걸쳐 잘 교육받았다면 교사는 그가 이미 배운 것을 반복하지 않고 그들이 아직 철저히 알지 못하는 학습자료로 학생의 관심을 조심스럽게 환기시켜야 한다. 아무 교육도 받지 못한 학생에 대해서는 인내심을 갖고 학생이 이해할 때까지 기꺼이 반복해 주고, 동정적이어야 한다. 하지만 가장 어려운 학생은 아마 잘 알지 못하면서 스스로 잘 안다고 착각하는 학생이다. 아우구스티누스는 이런 유형의 학생에게 "말을 아는 것과 이해를 하는 것" 사이의 차이를 보여주고 지식획득에 겸손하도록 돕는 것이 중요하다고 강조했다.

한편, 아우구스티누스는 도나투스파와 가톨릭 간의 갈등 때문에 폭력과 강제의 문제를 다루어야 했다. 그는 종교적 자유와 강제의 사상들을 이론적으로 정밀 검토해 본 아주 드문 고대 저술가다. 그는 형법 개정에 관한 현대적 논쟁과 유사한 방식으로 이 문제를 분석함으로써 법률 위반자들에 대한 처벌의 집행과 권력 행사를 다루었다. 강제에 대한 그의 가르침에 대해서는 찬반이 갈린다.

아우구스티누스의 사상에 대한 이러한 간략한 개관은 그의 철학에 정밀 분석을 용이하게 해준다. 이제 그의 지식철학부터 살펴보자.

1.2. "Si fallor sum"(내가 속는다면 나는 존재한다)

아우구스티누스는 일단 감각·경험을 인정한 다음, 이성을 내세워 무시하는 순서를 취하는 아리스토텔레스와 반대로 감각·경험·감정을 처음부터 불신하고 이성을 내세운 다음, 뒷문으로 감각에 미천한 자리를 마련해 주는 플라톤처럼 일단 감각·경험·감정을 무시했다가 자아의 사유적·지성적 확실성을 확보한 후에 경험적 지식을 2등급 지식으로 인정해 준다. 따라서 그는 『자유의지론』(396)에서 '지식'을 일단 합리적 지식으로만 좁게 정의한다. "안다(scire)는 것은 이성에 의해 인식하는 것(quam ratione habere perceptum)이다."[1037] 이런 '이성적 지식'의 '진리성'에 그는 심

1037) Augustine, *On Free Choice of the Will* [AD 396], translated by Thomas Williams

지어 '도덕성'까지도 부여한다. "경험(experientia)까지 포함하는 광의로 '지식'이라는 말을 쓰지 않는 한, 나는 지식이 악할 수 있다고 생각하지 않는다. 사람이 고난을 경험할 수 있기 때문에 경험은 늘 좋은 것은 아니다. 그러나 소위 고유하고 순수한 지식은 이성과 이지理智로 획득되기 때문에 어찌 악할 수 있겠는가?"[1038] 여기서 그는 이성적 지식에 대한 지나친 확신 속에서 진리와 선을 뒤섞고 있다.

■ 신앙조명설

아우구스티누스는 이성적 지식에 – 참으로 흔들리기 쉬운 – '신에 대한 신앙'이라는 족쇄이자 인식의 보조장치를 채운다. 신을 인식하기 위해 신을 믿고, 신에 대한 믿음을 지식으로 완성한다는 것이다. 일단 "믿는 것(credere)과 인식하는 것(intellegere)은 다르다". 따라서 우리가 인식하기 전에 알지 못하는 "위대하고 신적인 것"은 "우리가 인식하려면 먼저 믿어야 한다". 왜냐하면 "믿지만 알지 못하는 것은 아직 발견되지 않은 것이고 (…) 나중에 알게 될 것을 먼저 믿지 않으면 아무도 신을 찾을 준비가 되지 않을 것이기" 때문이다.[1039] 이것은 플라톤이나 아리스토텔레스, 아니 보통 사람들도 지금은 인식하지 못하지만 큰 진리든, 선의 이데아든 위대한 뭔가가 있다는 것을 먼저 확고하게 믿어야만 인식을 위한 탐구를 끝까지 밀고 나갈 수 있다. 다만 그 '위대한 뭔가'가 꼭 '신'이어야 하는 데서 의견이 갈릴 뿐이다. 아우구스티누스는 이 대목에서 "영원한 생명이란 오직 한 분의 참된 신이신 아버지를 알고 또한 아버지께서 파견한 예수 그리스도를 아는 것이다"는 성서의 요한복음 17장 3절을 인용한다. 이

(Indianapolis·Cambridge: Hackett Publishing Co., 1993), Book I ch.VII §16. 아우구스띠누스 (성염 역주), 『자유의지론』(서울: 분도출판사, 1998).
1038) Augustine, *On Free Choice of the Will*, Book I ch.VII §17.
1039) Augustine, On Free Choice of the Will, Book II ch.I §6.

것을 근거로 아우구스티누스는 신앙은 지식으로 완성되어야 한다고 주장한다.

나아가 신앙은 인식의 전제로 그치는 것이 아니라 인식 과정에서 인간을 도와주는 보조장치로도 기능한다. "진리를 기어코 발견하리라는 진리의 사랑으로 신의 도움을 얻어냈다". "신이 도와서 우리가 믿었던 바를 또한 인식하도록 해줄 것이다."[1040] 신과 예수에 대한 신앙은 지성을 비추어 주어 정신으로 하여금 신과 예수의 심오한 진리를 인식하게 이끌어준다. 이것이 바로 '신앙조명설信仰照明說'이다. 따라서 '권위에 대한 신앙'으로부터 '이성적 인식'으로 나가는 것은 정正방향인 반면, '이성의 인식'으로부터 '신앙'으로 나아가는 - 가령 자연종교적 - 방법은 역逆방향이다. 아우구스티누스는 우리가 뭔가를 배우는 것을 예로 들어 권위에 대한 믿음이 이성에 선행하는 것을 자연적 순서로 생각한 것이다. 그는 이 대목에서도 "너희가 믿지 아니하면 인식하지 못하리라"는 성경 구절을 근거(이사야 7장 9절)로 제시한다. 그러나 이 구절은 라틴어로 오역된 것으로 드러났다. 오늘날 제대로 번역하면, "너희가 굳게 믿지 아니하면 결코 굳건히 서지 못하리라"는 - 인식과 무관한 - 구절이다. 그럼에도 "우리가 믿었던 바를 또한 인식하도록 해줄 것이다"는 아우구스티누스의 명제로부터 훗날 안셀름은 "인식하기 위해 믿는다(credo ut intellegem)"는 - 그릇된 - 교부철학적 기본명제를 정립했다.

■ **광적 지성주의: 삶을 초월하는 지식**

아우구스티누스는 '신앙조명설'과 사뭇 다를 뿐만 아니라 대립적인 인식론적 출발을 감행한다. 아우구스티누스는 "Si fallor sum", 즉 "내가 속는다면 나는 존재한다" 또는 "내가 속더라도 나는 존재한다"를 인식론

1040) Augustine, *On Free Choice of the Will*, Book I ch.II §4.

적 기본 명제로 삼았다. 이 명제는 사물을 대상으로 마주하여 지식을 구하는 '격물치지格物致知'와 정반대로 '속다(fallor)'는 사유 작용을 대상으로 삼아 자기의 존재를 안다고 하는 점에서 순수한 '격사치지格思致知'다. 훗날 데카르트는 이 명제를 '표절'하여 "나는 생각한다(의심한다) 고로 나는 존재한다"는 명제로 변형시켜 스콜라철학을 '네오스콜라철학'으로 '신장개업'했다. 그런데 아우구스티누스의 "내가 속는다면 나는 존재한다(Si fgallo sum)"는 '격사치지' 명제도 다문다견의 온갖 경험과 소문을 포함한 전체적 지식체계를 완성하는 점에서 결국 지식으로 믿음을 파괴할 위험을 안은 것이다. 모르는 위대한 그 무엇을 알기 위해서 모르는 그 무엇의 존재를 먼저 확고하게 믿는 것은 필수적인 것이지만, 늘 그렇듯이 바로 '그 무엇'을 조금이든 전부든 알고 나면 그것이 아무리 위대하고 거룩한 것일지라도 신비성이 사라지면서 시시해지기 때문이다.

아우구스티누스는 아카데미 회의주의(아카데미 학당 존속기간 중 중기에 해당하는 온건한 회의주의)에 대한 투쟁 차원에서 플라톤·아리스토텔레스의 광적 지성주의를 계승하여 더욱 강화한다. 일단 그는 참된 인식(지식)의 관점에서 감각·감정·경험을 지성·이성·지식(인식)과 차별한다. 아우구스티누스의 감각·감정·경험은 플라톤의 그것과 같이 동물적이고 충동적이다. 그는 인간의 감각·감정·경험이 동물의 그것들과 특유하게 다르고, 충동적인 감정 외에도 가령 차분한 음악·그림·풍경·향기의 감상에서는 나오는 온갖 은은한 미학적 감정과 옛 추억이나 미래 비전의 상상, 기독교인에게 비근한 예인 '신에 대한 사랑' 등에서 나오는 차분한 감정도 무한하게 존재한다는 사실을 광적 '사유를 위한 사유', '지식을 위한 지식' 속에서 간단히 무시한다. 이뿐만 아니라 동물들의 특정한 육체적 능력과 지각 능력은 인간보다 훨씬 뛰어나다는 사실도 간단히 무시한다. 개·쥐·독수리 등의 후각·청각·시각은 인간보다 10배, 100배 더 예민하고 정확하며, 소·말·곰·사자·호랑이·하마·코끼리·상어·고래 등의 힘은 힘센 장사의 괴력을 압도하고, 말·개·사자·표범·곰·치타·호랑이 등은 사람보다 훨씬 더 빨리 달리고, 새들은 자유롭게 빨리 날 수 있고, 물고기들은 더 빨리 헤엄친다. 사자와 호랑이·늑대·곰은 사람보다 더 용맹하다. 또 개미·꿀벌·멸치·고래 등은 사람보다 더 조직적이고 사회적이다. 또 매미·사자·호랑이 등은 사람의 목소리보다 훨씬 큰 소리를 낸다. 또 여우·쥐 등은 사람보다 더 재빠르고 더 슬기롭다. 개는 사람보다 더 충직하다. 인간은 이 동물들의 능력을 빌려 열등한 자신의 감각적·육체적 능력을 보완한다. 우리는 개로 하여금 도둑과 강도로부터 집을 지키게 하고, 마약을 탐지하게 하고, 전장에서도 군용견으로 이용하고, 둥지를 잘 찾아가는 비둘기는 통신용으로 썼다. 다른 한편, 인간은 지성과 이성 면에서 동물보다 우월한 것이 사실이지만, 흄이 갈파했듯이 이 우월성은 질적인 것이 아니라 양적인 것이다. 지능 면에서 인간과 동물은 양적으로만 다를 뿐이다. 플라톤·아리스토텔레스·아우구스티누스와 같은 합리주의자들의 '미친' 지성주의적 억측과 '부지이작不知而作(알지 못하고 작화하는 것)'과 정반대로 인간과 동물 간의 초월적 차이는 지능에서가 아니라, 오히려 육체와 감각 능력에서 발견된다. 직립 인간의 손·발의 기능과 성기능은 동물과 질적(초월적)으로 다르다. 그러나 어떤 동물들의 감각은 '기능적 능률' 측면에서 인간의 감각보다 월등하다. 하지만 인간은 감각과 감정의 '미학적' 표현능력과 '미학적' 감상感賞능력은 동물의 미학적 표현·감상능력보다 월등하다. (공작·장끼·표범 등이 암컷에게 자태를 뽐내는 것이나, 모든 동물이 애호하는 먹이가 있고 돼지나 개가 맛 좋은 음식을 잘 먹고 맛없는 음식을 피하는 것을 볼 때, 미학적 감각도 인간에게만 배타적으로 속하는 것으로 볼 수 없다.) 아우구스티누스는 이런 온갖 진실들을 간단히 무시할 뿐 아니라, 성경에 대한 맹신 속에서 거꾸로 알고 있는 것이다. 즉, 그는 인간의 감각·

감정·육체 부위는 동물과 같고, 인간의 지성적·이성적 지능은 이것을 결한 동물과 다르다고 잘못 생각하는 것이다. 그러므로 그는 인간의 감각을 '동물적' 오류성과 기만성 때문에 경시한다.

- 한 인간이 유능하고 유식하다고 할 때 획득할 수 있는 바로 그 지식, 즉 우리가 아는 것을 우리가 말할 때 우리의 생각을 진리성 있게 형성해 주는 바로 그 지식은 어떤 유형이고 얼마나 큰 것인가? 육체적 감각으로부터 정신 속으로 들어오는 것들을 건너뛰자. 이 감각적인 것들이 진리를 닮은 것에 의해 지나치게 많이 억눌린 사람이 그 자신에게 제정신인 것으로 보이지만 실은 제정신이지 않을 정도로 많은 감각적인 것들이 보이는 것과 달리 존재하는 까닭이다. 이 때문에 아카데미 철학(플라톤 철학 – 인용자)이 모든 것을 의심함으로써 훨씬 더 형편없이 미치게 될 정도로 지배했던 것이다.[1041]

그리하여 감각을 이처럼 무시하는 아우구스티누스의 '이성'은 플라톤·아리스토텔레스의 이성처럼 동물적 감정을 누르고 동물을 지배하는 정복·지배·통제력인 반면, 동물적 감정과 감각은 애당초 이성에 의해 통제되어야 한다. "인간이 어떤 동물도 인간을 굴복시킬 수 없을 정도로 우월하고 많은 동물들을 통제할 수 있는" 인간의 능력은 "이성 또는 이지(ratio uel intellegentia)"이다. 동물들도 영혼을 가졌기 때문에 인간의 영혼 속에는 동물의 영혼보다 더 많은 이성이 존재하는데, 인간의 '이성'은 '이성'을 결여한 동물들을 우리가 그들을 굴복시키는 것이 허용된다는 것

1041) Augustine, *On the Trinity*, translated by Arthur West Haddan. A collection of literary, philosophical, and theological electronic texts compiled and edited by Darren L. Slider. (http://www.logoslibrary.org/augustine/trinity/index.html.), Book XV ch.II §12.

이다.[1042] '정신'이나 '정기(spiritus)'라 불리기도 하는 '이성'은 "인간을 동물보다 우월하게 해주는 것"이다. 따라서 '이성'이 인간을 구성하는 다른 것들(욕망들)을 "다스리고 통제한다면", 인간은 "완벽하게 질서 있게 된다." 인간 안에는 가령 명예욕이나 지배욕(affectatio dominandi)과 같은 특징적 욕망이 있다. 동물은 실로 이런 욕망이 없다. 아우구스티누스는 인간의 육체가 동물적인 것이므로 육체로부터 나오는 것은 모조리 무조건 동물적이고 무절제하다고 생각했다. 인간의 모든 '욕망'은 늘 '무절제한' 욕망과 등치되고, 모든 '감정'은 늘 '충동적' 감정과 등치된다. 따라서 모든 욕망과 감정은 통제되고 억압되어야 한다. 우리를 동물보다 더 우월하게 만들어 주는 것은 인간의 명예욕·지배욕과 같은 저 "무절제한 욕망"이 아니다. "이 충동이 이성에 의해 다스려지지 않을 때, 그것은 우리를 비참하게 만들기" 때문이다". 반대로, "영혼의 이러한 충동이 이성에 의해 다스려질 때, 인간은 질서 잡혀 있다고 얘기된다. 왜냐하면 우리는 보다 나은 것이 보다 못한 것에 종속되어 있는 경우에 그것을 '바른 질서', 아니 무릇 '질서'라고 불러서는 아니 되기 때문이다." 따라서 "이성, 또는 정신, 또는 정기가 영혼의 비이성적 충동들을 통제할 때, 인간은 우리가 영원하다고 여기는 법에 따라 다스려야 하는 바로 그것에 의해 다스려지는 것이다."[1043]

 이성은 '정신'이라고도 불리고 '정기'라고도 불리지만, 실은 이성과 정신은 다른 것이다. 이성이 정신을 사용하는 것이 아니라 정신이 이성을 사용하기 때문이다. 따라서 정신을 가진 자가 이성을 가지지 않을 수는 있어도, "이성을 가진 자가 정신을 가지지 않을 수는 없는 것이다." 이성은 육체 속에 있는 것이 아니라 정신 속에 있는 것이기 때문이다.[1044] 따

1042) Augustine, *On Free Choice of the Will*, Book I ch.VII §16.
1043) Augustine, *On Free Choice of the Will*, Book I ch.VIII §18..
1044) 참조: Augustine, *On Free Choice of the Will*, Book I ch.IX §19.

라서 '지자智者(sapientes)'는 자기의 육체와 육체적·동물적 정욕을 이성으로 제압한 자다. "진리가 부르라고 명하는 사람들"인 '지자'는 "정신의 지배권에 정욕(libidinis)이 온전히 예속됨으로써 화평을 이룬 사람들"이다.[1045]

이렇게 플라톤주의적 전제를 다진 뒤에 아우구스티누스는 신에 대한 믿음과 대립될 뿐 아니라 플라톤·아리스토텔레스의 논법과도 무관한 독창적인 논변으로 강력한 지성주의를 전개한다. '이성을 가진 자는 정신을 가진 자다'. 따라서 이성적으로 아는 자는 정신을 가진 자이고, 정신을 가진 자는 살아 있는 자다. 역으로 자기가 살아 있음을 '아는' 자는 이성을 가진다. 그러므로 아우구스티누스는 "자기가 살아 있다는 것을 아는 것은 이성을 결하고 있지 않은 것이다"라고 말한다. "자기가 살아 있음을 아는 모든 존재자는 실로 살아있음이 틀림없기" 때문이다. "살아있음과 살아있음을 아는 것"은 "구별"되는 것이다. 살아있는 것들 가운데 자기가 살아 있는지를 모르는 동식물 같은 존재자들이 있지만, 인간은 자기가 살아 있지 않다면, 자신이 살아 있는지를 '알지' 못한다.[1046]

그럼에도 아우구스티누스는 '삶' 자체보다 '삶의 앎'을, 아니 '앎 일반'을 우위에 놓는다. 자기의 삶을 아는 삶이 '더 밝고 완벽한 삶'이기 때문이다. "자기가 살아 있다고 아는 것이 삶 자체보다 우월하다". 즉, "앎이 삶 자체보다 더 높고 더 진정한 유형의 삶"이다. "이지적으로 인식하지 않는 것"은 "알 수 없는 삶"이다. "지성적·이성적으로 인식한다는 것(intellegere)"은 바로 "정신의 빛(luce mentis)으로 보다 더 밝고 보다 더 완벽한 삶을 산다는 것"을 뜻한다.[1047] 아우구스티누스는 앎을 삶과 동일시한 아리스토텔레스를 넘어서 아예 앎을 삶의 위에 놓고 있다.

[1045] Augustine, *On Free Choice of the Will*, Book I ch.IX §19.
[1046] Augustine, *On Free Choice of the Will*, Book I ch.VII §16.
[1047] Augustine, *On Free Choice of the Will*, Book I ch. VII. 17.

아우구스티누스에 의하면, 나는 신의 '조명적照明的' 도움 없이, 즉 독자적으로 나의 이성으로 나의 존재와 삶을 '확실히', 즉 '참으로' 알 수 있다. 나는 내가 존재한다고 믿도록 속을지라도, 아니 바로 속고 있기 때문에 이 '속고 있는 나'의 존재를 인정하지 않을 수 없으므로 나는 존재하는 것이다. 다시 말하면, 내가 존재한다는 것을 의심하거나 존재한다고 잘못 생각하거나 내가 속아서 내가 존재한다고 착각하는 가운데 '속고 있는 나'의 존재는 전제된다. 내가 존재하지 않는다면 나는 속을 수도 없기 때문이다. 따라서 '내가 속는다면, 아니 내가 속더라도 나는 존재한다(si fallor sum).' 아우구스티누스는 말한다.

- 나는 먼저 네게 '너 자신이 존재하는가?'라고 묻겠다. 아니면 '네가 이 존재에 대해서도 속을까 두려워하는가?'라고 묻겠다. 하지만 네가 존재하지 않았다면, 너는 속을 수 없다는 것이 확실하다. (…) 그렇다면 네가 존재하는 것이 명백하기(manifestum) 때문에 그리고 네가 살아 있지 않다면 이 사실이 분명하지 않을 것이기 때문에, 네가 살아 있다는 것도 분명하다.[1048]

따라서 너와 나의 '존재'와 '삶'이라는 두 가지 사실은 "절대 참된 것이다"는 것이 "완전히 인식된다." 따라서 또한 이 "인식한다(intellegere)"는 것도 분명하다.[1049] 그리하여 '존재·삶·인식'이라는 이 세 가지 것이 동시에 나온다. 돌멩이는 존재하고, 동물은 살아 있다. 나는 돌멩이가 살아있다거나 동물이 인식한다고 생각하지 않는다. 그러나 인식하는 자는 그 무엇이든 확실히 존재하고 살아있기도 해야 한다. 따라서 나는 이 세 가지

[1048] Augustine, *On Free Choice of the Will*, Book II ch. III. 7.
[1049] Augustine, *On Free Choice of the Will*, Book II ch. III §7.

것이 현존하는 것은 이 세 가지를 결한 것들보다 우월하다고 결론짓는 것을 주저하지 않는다. 살아 있지 않는 자는 인식할 수 없다는 것은 확실하다.[1050] "이 세 가지 것 가운데 가장 값진 것은 인간들이 이 다른 두 가지 것에 덧붙여 지닌 것, 즉 인식하는 것이다". 즉, "인식하는 자는 그 무엇이든 틀림없이 존재하고 살아있기도 하기 때문이다."[1051]

그러나 경험론적 반성을 통해 '격사치지格思致知(생각을 대상으로 삼아 아는 것)'의 방법'은 위험한 형이상학적 단잠이다. 왜냐하면 "생각하기만 하고 경험하지 않는 것은 위태롭기(思而不學則殆)' 때문이다. '내가 속는다면 나는 존재한다'는 명제나 '인식하는 자는 존재한다'는 명제가 성립된다면, '내가 느낀다면 나는 존재한다'는 명제도 성립하는 것이다. 감각이 이성 못지않게 우리를 속인다고 하더라도 – '내가 속는다면 나는 존재한다'는 동일한 명제에 따라 – '감각적으로 속는 나'도 존재하는 것이다. 내가 존재하지 않는다면 내 감각이 나를 속이지도 못하기 때문이다. '시 팔로르 숨'과 '인식하는 자는 존재한다'는 명제들은 아우구스티누스가 사유와 이성적 인식에만 타당한 것으로 간주하기 때문에 오류가 아니라면 궤변적 속임수다.

나아가 '시 팔로르 숨' 명제에는 중요한 오류가 감춰져 있다. 내가 속는지, 안 속는지를 어떻게 아는가? 환언하면 – 속는 것이 잘못 판단하고 잘못 생각하는 것이라면 – 속는 것도 생각하는 것이다. 그렇다면 '생각하는 것'을 어떻게 알았는가? '내가 생각한다'는 것을 '생각'으로 알았나? 그렇다면 '나는 생각한다, 고로 나는 존재한다'가 아니라 '나는 생각한다, 고로 나는 존재한다고 생각한다'는 것이 되므로 동어반복적 무한 진행 속에서 '나의 존재에 대한 앎'은 직관적으로 산출될 수 없다. 아니면, 이성적

1050) 참조: Augustine, *On Free Choice of the Will*, Book II ch.II §7.
1051) Augustine, *On Free Choice of the Will*, Book II ch.III §7.

'추리'로 알았는가? 그렇다면 이것은 '추리'지, '명백한 것(manifestum)', 즉 '직관적으로 확실한' 것이 아니다. 합리주의자들이 생각하는 – 우리가 앞서 부정한 2+2=4와 같은 – '이성적 직관'의 '확실성'이란 존재하지 않는 것이다. '나는 생각한다(속는다)'는 것과 '나의 존재'를 추리로 연결하는 것은 '추리'가 아니라 '동시적 사태'라고 반론할 수 있다. 그러나 이 반론도 문제를 근본적으로 해결할 수 없다. 이 사실관계의 문제와 생각함과 존재함에 대한 '앎'의 산출 문제는 별개의 문제이기 때문이다. 즉, 내가 존재한다고 생각하면서 또는 의심·착각·속음(잘못 생각함)과 '동시에' 나는 존재하는 것이라는 반론이 맞다고 하더라도, 이처럼 내가 존재한다고 내가 잘못 생각하고(의심·착각·자기기만하고) 있는 '동안에' 내가 존재한다는 것을 그 시점에 '아는' 것이 아니라, 잘못 생각한 뒤에 돌이켜 이 잘못된 생각을 기억해서 '나중에야' 아는 것이다. '돌이켜 기억해서' 간접적으로 산출되는 이 '존재에 대한 뒤늦은 앎'은 직관에 비해 확실성이 떨어지는 지식이다.

또 다른 문제는 부당전제의 오류다. 생각하는 것을 알았다고 하더라도 엄밀하게 생각하면 '이 생각하는 그것(this thing which thinks)'이 '나'인지 알 수 없다. 따라서 '나'라는 주어와 '생각한다'는 동사로 짜인 '나는 생각한다'는 명제는 이미 '나'의 존재를 주어로 부당전제하고 있다. 'fallor'로부터는 기껏해야 '그것이 속는다, 그러므로 내가 존재하는지 모른다'는 명제만이 도출될 수 있을 뿐이다. 마찬가지로 데카르트의 '생각한다'는 것으로부터는 기껏해야 '그것이 생각난다, 그러므로 그것이 무엇인지 모른다(It thinks, therefore it is unknown that I am)'는 의심스런 명제만이 가능할 뿐이다. (이에 대해서는 데카르트를 논하면서 상론한다.)

그러나 인간은 외물外物을 대상으로 마주해서 일어나는 다양한 외적 감지感知나 – 자기 내부를 대상으로 마주하는 – 다양한 내적 감지를 통해서 자기의 존재를 확실히 '직감'한다. 나는 외부감각에 의한 외부적 사물의 감각적 지각들(5감, 쾌감과 통증) 또는 내부감각을 통한 내부의 정신적·감정적·육체적 움직임(생각·희로애구애오욕·배고픔·배부름·성감·통증 등)의 내부 감각적 지각들에 의해 내가 살아 '있음'을 확신하고 이 많은 지각에 의해 '나'로 결속되고 구성되는 것이다. 나는 가령 나를 몇 차례 꼬집어보고 느끼는 감각적 통증들에 의해 생시인지 꿈인지, 내가 죽었는지 살았는지를 안다. 느낌들은 나에게서 일어나 나에게로 오는 것으로 직감直感되므로 '계속 느끼는 이것(this thing which feels continually)'은 이 다양한 느낌들의 결속을 통해 확실한 '나'를 결정結晶해내는 것이다. 따라서 '느끼는 이것(this thing which feels)'은 이 '결정'을 통해 틀림없이 '나'로 직감된다. 내가 생각하고 동시에 존재한다는 것도 나의 내감(내부감각)을 통한 현재적 '느낌'에 의해 직감된다. 즉, '나는 생각한다고 느낀다. 그러므로 존재한다고 느낀다.' 나는 "내가 '생각하고' 이 생각한다고 느끼는 동안에 동시에 '존재한다'는 것"을 느껴서 감각적으로 직관하는 것이다. 따라서 나는 '느낌'으로 '내가 생각함'과 '내가 있음'을 동시에 확실히 직관한다. 자기가 생각함을 직감하는 자는 확실히 존재하는 자다. 자기의 끔찍한 고통에 놀란 자가 동시에 자기의 존재를 느끼지 않는 자는 없을 것이고, 애인의 애무나 사람들의 칭찬을 받는 자가 짜릿한 쾌감이나 뿌듯함을 느끼면서도 동시에 자기의 존재를 지각하지 않는 자는 없을 것이고, 로크의 말처럼 불 속에 던져지더라도 자아의 존재를 의심하는 자는 없을 것이다. 또한 도덕적으로 자기 행위를 후회하거나 죄송해하는 '양심의 가책'을 느끼며 자책·자괴하거나 자기의 덕행을 도덕적으로 뿌듯해하며 자찬自讚하는 자가 자기의 존재를 모를 리 없을 것이다. 인간은 이런 감각적·경험적 '격물치지'를 통해 자기를 직감적으로 구성하고 이 직감을 내감의 자기 공감으로 지각하거나 자기의 행위까지도 내감의 시비감각으로 판단하고 이에 대한 자기 교감과 자기 공감 속에서 자책·자찬한다. 자책·자찬자는 자기의 존재를 조금도 의심할 바 없이 확신한다. 따라서 감성과 공감 능력을 가진 모든 고등동물들은 다 인간과 마찬가지로 자기들이 존재한다는 것을 충분하고 확실하게 자기 공감의 내감으로 직감할 수 있는 것이다.

아우구스티누스의 '격사치지格思致知' 방법의 기만적 트릭을 꿰뚫어 볼 이런 정도의 경험론적 명증성을 갖춘 뒤에, 그의 '자아증명론'을 충분히 복원해 보자. 그는 『삼위일체론』(416)에서 '광적狂的 의심', '광적 사유'를 통해 '의심하는 자'는 '존재하는 자'이고, '의심하는 자'는 '생각하는 자'이므로 생각하는 자는 살아 '있는' 자라고 논증한다. 심지어 '나는 살아 있지 않다'고 '생각하는' 자도 아무튼 '생각하기' 때문에 살아 '있다'는 것이다. 그러나 믿지 못할 감각에 의존하여 '나는 살아 있다고 느낀다'고 느끼는 경우만 아니라면, 나를 의심하든, 나를 생각하든, 나를 잘못 생각하든(속든 착각하든), 이 모든 경우에 다 나는 살아 '있는' 것이 확실하다는 것이다. 철학을 감성과 결별하고 지성만을 사랑하는 것으로 여기는 소크라테스-플라톤주의적 관념주의에 흠뻑 젖은 아우구스티누스는 말한다.

- 우리가 정신의 본성을 다루고 있으므로 육체의 감각들을 통해 외부로부터 받아들여진 모든 지식을 우리의 고찰에서 제거하자. 그리고 우리가 정한 입장, 모든 정신은 자기들 자신을 알고 자기들 자신에 대해 확실하다는 입장에 보다 더 주의 깊게 유의하자. 왜냐하면 인간들은 살 능력, 상기할 능력, 인식할 능력, 의지할 능력, 생각할 능력, 알 능력, 판단할 능력이 공기인지 또는 불인지, 또는 두뇌인지, 또는 피인지, 원자들인지 또는 보통 말하는 4원소 외에 내가 모르는 제5물체인지를 확실히 의심했다. 또는 우리의 이 육체 자체의 상호 배합 또는 알맞은 상

호 혼합이 이 능력들을 수행할 능력을 가진 것인지 의심했다. 그리고 어떤 사람은 이것을 시도했고 다른 사람들은 저것을 시도했다. 하지만 그 누가 그 자신이 살아 있다는 것을, 그리고 그 자신이 상기하고 인식하고 의지하고 알고 판단한다는 것을 의심하겠는가? 그가 의심할지라도 그가 살아있다는 것을 알 때, 그가 의심한다면, 그는 그가 왜 의심하는지를 상기한다. 그가 의심한다면, 그는 그가 의심한다는 것을 인식하는 것이다. 그가 의심한다면, 그는 확신하기를 바란다. 그가 의심한다면, 그는 생각하는 것이다(if he doubts, he thinks). 그가 의심한다면, 그는 그가 알지 못함을 아는 것이다(if he doubts, he knows that he does not know). 그가 의심한다면, 그는 성급히 동의해서는 아니 된다고 판단한다. 그러므로 그 밖의 어떤 것이든 의심하는 자라도 이 모든 것을 의심해서는 아니 된다. 이것들이 다 의심해서는 아니 되는 것이라면, 그는 이 가운데 어떤 것도 의심할 수 없기 때문이다.[1052]

뭐든 의심하는 자라도 '이 모든 것', 즉 의심한다는 것, 상기한다는 것, 인식한다는, 의지한다는 것, 알지 못한다는 것을 안다는 것, 판단한다는 것까지 의심할 수 없다면, 이런 것들은 확실하다는 것이다. 이것은 그가 의심하고 상기하고 인식하고 의지하고 알고, 판단하며 존재한다는 것, 즉 그가 살아 있다는 것이 '확실하다'는 말이다.

아우구스티누스는 '나는 속는다면 나는 존재한다(Si fallor sum)', 즉 '나는 (잘못) 생각한다, 그러므로 나는 존재한다'는 자아의 존재에 대한 – 신앙과 독립된 – 별도의 순수 지성주의적·사이불학적思而不學的 '격사치지' 방법을 『자유의지론』에서 『삼위일체론』을 거쳐 426년의 『신국론』에 이르기까지 평생 견지한다. 그러나 상술했듯이 공자의 경험론적 '격물치

[1052] Augustine, *On the Trinity*, Book X ch. 10.

지' 명제와 대립되는 이 '격사치지' 명제는 진리와 거리가 먼 '새빨간 허언'인 것이다.

사망 4년 전에 쓴 저작 『신국론』에서 아우구스티누스는 "si fallor sum" 명제를 다시 확인한다. 이것은 내가 잘못 생각해도 나는 존재하므로, 내가 제대로 생각한다면 더욱 잘 존재한다는 뜻으로 '나는 생각한다, 그러므로 나는 존재한다'는 의미를 더욱 강조하는 말이다. 그는 인간의 자아 속에서부터 '신의 이미지'를 도출하여 인간 주체와 신 사이의 가장 긴밀한 유사성을 인식한다.

- 우리는 우리 자신 안에서 신의 이미지, 즉 최고 삼위일체의 이미지, 말하자면 (…) 신의 어떤 작품보다도 자연 안에서 신에 훨씬 더 가깝고 앞으로 훨씬 더 긴밀한 닮음을 지니도록 복원되는 것으로 운명지어진 이미지를 진정으로 인식한다. 왜냐하면 우리는 존재하고, 또 우리가 존재한다는 것을 알기도 하고, 또 우리의 존재와 이 존재에 대한 지식을 기뻐하기 때문이다. 더구나 이 세 가지 것(존재·앎·기쁨)에서, 참인 듯한 환상이 나를 혼란시키지 않는다. 왜냐하면 우리가 우리 바깥의 사물들을 지각하듯이 - 가령 봄으로써 색깔을, 들음으로써 소리를, 맡음으로써 냄새를, 맛봄으로써 맛을, 닿음으로써 단단하고 부드러운 대상들을 지각하듯이 - 우리는 어떤 육체적 감각으로 이 세 가지 것들과 접촉하는 것이 아니기 때문이다. 이 모든 감각적 대상의 경우, 우리가 정신 속에서 그리고 기억 속에서 지각하는 것, 그리고 이 대상들을 욕망하도록 우리를 자극하는 것은 이 대상들 자체가 아니라, 이 대상들을 닮은 이미지들이다. 그러나 나는 내가 존재함을, 내가 나의 이 존재를 알고 또 기뻐함을 이미지 또는 환상의 어떤 기만적 재현 없이 최대로 확신한다. 이 진리의 관점에서 나는 '네가 속았다면 어쩔 건데?' 라

고 반문하는 아카데미 학파 사람들의 논변을 전혀 두려워하지 않는다. 왜냐하면 내가 속았다면 내가 존재하기 때문이다. 존재하지 않는 자는 속을 수 없고, 내가 속는다면 바로 이러한 징표에 의해 나는 존재하는 까닭이다. 내가 속는다면 내가 존재하기 때문에, 내가 존재한다는 것을 믿는 대목에서 어떻게 내가 속겠는가? 내가 속는다면 내가 존재한다(si fallor sum)는 것은 확실하기 때문이다. 그러므로 설령 내가 속았을지라도, 속은 사람인 나는 존재해야 하고, 나는, 내가 존재한다는 이 지식에서는 확실히 속지 않기 때문이다. 필연적 결과로 또한 나는, 내가 안다는 것을 아는 점에서도 속지 않은 것이다. 왜냐하면 내가 존재한다는 것을 내가 아는 것처럼, 나는 이것도, 즉 내가 안다는 것도 알기 때문이다. 내가 이 두 가지 것(나의 존재와 앎)을 사랑할 때, 나는 이 두 가지 것에 어떤 제3의 것을, 즉 동등하게 중요한 나의 사랑을 추가한다.[1053]

여기서 '네가 속았다면 어쩔 건데?' 라고 반문하는 "아카데미 학파 사람들"은 플라톤이 세운 아카데미아의 중기 사조를 지배한 온건한 회의론자들을 가리킨다. 이 '사이불학적' 차원에서 확실한 듯한 이 논증은 허구라는 것은 앞에서 이미 밝혔다. 여기서 다시 확인해 보자. 속는 순간에는 나는 속는 줄 모르고 생각하는 순간에는 나는 생각하는 것을 모른다. 따라서 속는 것, 생각하는 것을 속거나 생각한 직후에야 돌이켜 알고 내가 존재한다고 되짚어 '추리'하겠지만, 내가 속고 잘못 생각하는 바로 그 순

1053) Augustine, *City of God* [AD 426], translated by Marcus Dods. From Nicene and Post-Nicene Fathers, First Series, Vol. 2. Edited by Philip Schaff. (Buffalo, NY: Christian Literature Publishing Co., 1887), Book 11 ch.26. Revised and edited for New Advent by Kevin Knight. (http://www.newadvent.org/fathers/1201.htm. 최종검색일: 2009. 12. 3.). 괄호 안은 인용자. 성 아우구스티누스(조호연·김종흡), 『신국론』(서울: 현대지성사, 1997).

간에는 나의 존재를 알지 못한다. 나는 그 순간에 내 존재를 모르는 한편, 돌이켜 기억하는 것으로부터 나의 존재를 '추리'해 내는 것은 감성적 직관에 비해 덜 확실하다. 따라서 '시 팔로르 숨(si fallor sum)'은 실은 전혀 확실하지 않거나 감성적 직관에 비해 훨씬 덜 확실한 것이다. 그러므로 'si fallor sum'이 '직관적'으로 확실하다는 아우구스티누스의 단언은 신빙성이 없는 것이다.

아우구스티누스는 다시 『삼위일체론』에서 아카데미 회의론자들을 겨냥하여 단순히 '나는 나의 존재를 의심해도 존재한다'고 말할 뿐만 아니라, 아예 '나는 잠자며 (내가 존재한다고) 꿈꿔도, 속아서 (내가 존재한다고) 잘못 생각해도, 미친 상태에서 (내가 존재한다고) 지껄여도 존재한다'고 주장한다. 훗날 자신의 존재에 대한 온갖 의심의 과정에서 자신이 '미친' 경우를 제외시킨 데카르트보다도 더 과감하게 아우구스티누스는 '미친' 경우를 포함시킨다. 일단 그는 '육체적 감각에 의해 정신 속으로 들어오는 것들을 건너뛰면, 우리가 산다는 것을 우리가 아는 것과 같은 (확실한) 방식으로 우리가 아는 것이 얼마나 남아 있겠는가?'라는 수사적 물음에 답하는 말문을 연다.

- 이것(우리가 산다는 것을 우리가 아는 것)에 관해서는, 아마도 우리는 어떤 진리 유사물에 의해 속고 있지 않으니까 진정 절대적으로 두려움이 없다. 왜냐하면 속는 자는 그래도 살아 있다는 것은 확실하기 때문이다. 그리고 이 사실은, 물속의 노가 구부러져 보이고 우리가 배 타고 지나갈 때 탑이 움직이는 것처럼 보이고, 보이는 것과 달리 존재하는 수천 가지 다른 것들이 그렇게 보일 때 그러는 것과 같은 식으로 외부로부터 제시되어 눈이 그 시각 속에서 속는 시각의 대상들로 간주되지 않는다. 왜냐하면 이 사실은 육체의 눈에 의해 식별되는 어떤 것이 아니

기 때문이다. 우리가 살아있다는 것을 내가 아는 지식은 모든 지식 가운데 가장 내적인 지식이다. 이에 대해서는 아카데미아 학파 사람들도 살며시 끼어들 수 없다. 아마 당신이 잠잔다면, 당신은 잠자는 것을 모르고 잠 속에서 사물들을 볼 것이다. 그런데 사람들이 꿈속에서 보는 것이 깨어있을 때 보는 것과 정확히 같은 것이라는 사실을 누가 모른단 말인가? 하지만 그 자신의 삶에 대한 앎을 확신하는 자는 '내가 깨어 있음을 안다'고 말하는 것이 아니라, '내가 살아서 존재한다는 것을 안다'고 말한다. 그러므로 그가 잠자든 깨어있든 그는 살아 있는 것이다. 또한 그는 꿈에 의해서도 이 앎에서 속을 수 없다. 왜냐하면 잠자는 것과 잠 속에서 보는 것은 둘 다 살아있는 사람에게 속하는 것이기 때문이다. 또한 아카데미아 학파 사람들도 다시 이 진리에 대한 반론으로 '아마 당신이 미쳐서 그것을 모른다'라고 말하지 못할 것이다. 왜냐하면 미치광이가 보는 것도 멀쩡한 사람이 보는 것과 정확히 같은 것이기 때문이다. 아무튼 미친 자는 살아 있다. 또한 그도 내가 미치지 않았음을 안다고 말하는 것이 아니라 나는 내가 살아 있다는 것을 안다고 대답할 것이다. 그러므로 자신이 살아 있다는 것을 안다고 말하는 자는 이 점에서 속을 수도, 거짓말할 수도 없다. 그다음, 수천 가지의 기만적인 시각의 대상들을 '내가 살아 있음을 내가 안다'고 말하는 자에게 제시되도록 만들어 봐라. 그래도 그는 이 대상들의 어느 것도 두려워하지 않을 것이다. 왜냐하면 속는 자는 그래도 살아 있기 때문이다. 그러나 이런 것들만이 인간의 지식에 속한다면, 그것들은 진정 아주 소량일 것이다. 그것들이 각 종류로 배가되어 소량이 아닐 뿐만 아니라 그 결과에서 무한대에 도달하지 않는다면. '나는 내가 살아 있다'는 것을 안다고 말하는 자는 하나의 단일한 것을 안다고 말하는 것이다.[1054]

1054) Augustine, *On the Trinity*, Book X ch.10. 괄호 안은 인용자.

그러나 이 단일한 지식은 조작하기에 따라 계속 무한대로 늘어날 수 있다. "나아가 그가 '내가 살아 있음을 안다는 것을 안다'고 말한다면, 이제 앎이 둘이 있게 된다. 그러나 다시 이 둘을 안다면, 이것은 세 번째 앎이다. 이렇게 그는 네 번째, 다섯 번째 앎을 추가할 수 있고, 그가 계속 견지하면 셀 수 없는 다른 것들을 추가할 수 있다. 그러나 그는 단위의 추가에 의해 셀 수 없는 수를 인식하거나, 어떤 것을 셀 수 없이 많은 횟수로 말할 수도 없기 때문에 완벽한 확실성을 갖고 적어도 이것을 인식한다. 환언하면 그는 이것이 참이라는 것을 인식함과 동시에 또, 그가 그 무한수를 참으로 인식하고 말할 정도로 셀 수 없이 많다는 것을 인식한다. 이와 같은 것은 확실한 의지의 경우에도 그대로 목도될 수 있다. '나는 행복함을 의욕 한다'고 말하는 자에게 '아마 당신은 속고 있을 것이다'고 대꾸하는 것은 건방진 답변일 것이기 때문이다. 그리고 그가 '나는 내가 이것을 의욕함을 알고, 또 이것을 앎을 안다'고 말한다면, 이 둘에 그는 제3의 것을, 환언하면 그가 이 둘을 안다는 것을, 그리고 그 이 둘을 안다는 것을 안다는 제4의 것 등 무한진행으로(ad infinitum) 추가할 수 있다. 마찬가지로, 누군가 '나는 착각하지 않을 것을 의욕 한다'고 말한다면, 그가 착각하든 착각하지 않든 이것에도 불구하고 그가 착각하지 않을 것을 의욕 한다는 것은 참이지 않겠는가? 그가 속더라도 의심할 바 없이 그가 속지 않을 것을 의욕 한다고 생각하는 점에서는 속지 않고 있을 때, '아마 당신은 속고 있을 것이다'라고 말하는 것은 지극히 건방지지 않겠는가? 그리고 그가 이것을 안다고 말한다면, 그는 그가 선택하는 아는 것의 수를 추가하는 것이고, 그 수가 무한함을 인식한다. 왜냐하면 '나는 속지 않을 것을 의욕하고, 또 나는 내가 속지 않을 것을 의욕 한다는 것을 안다'고 말하는 자는 이제 여기서 무한수로 - 이것의 표현이 아무리 힘들지라도 - 진술할 수 있기 때문이다."[1055] 이런 식으로 그의 지식은 무한대로 늘어날 수 있다. 자신의 존재에 대한 앎, 이 앎에 대한 앎 외에도 속지 않음에 대한 앎, 의욕에 대한 앎 등 앎의 가짓수도 무한할 수 있다.

1.3. 감각의 격하, 수의 격상

아우구스티누스는 주체의 존재에 대한 주체의 지성적 확신의 기반 위에서 경험적 외부 세계의 존재와 보고 듣는 경험 지식의 확실성도 승인한다. 구부러져 보이는 물속의 노, 우리가 배 타고 지나갈 때 움직이는 것처럼 보이는 탑, 보이는 것과 달리 존재하는 수천 가지 다른 것들의 존재와 양상에 대한 감각을 인정한다는 말이다. 그러나 그는 감각을 인정하자마자 바로 격하시킨다.

■ **감각의 인정과 격하**

아우구스티누스는 대상의 감각적 지각을 앎으로 인정하는 대목에서 아리스토텔레스와 달리 신적 창조주를 동원한다.

- 그리고 다른 사항들도 '인간은 아무것도 알 수 없다'고 주장하는 아카데미아 학파 사람들을 반박할 수 있음을 알게 된다. (…) 두 종류의 가지적可知的인 것들 – 하나는 정신이 육체적 감각에 의해 받아들이는 것이고, 다른 하나는 정신이 그 자신에 의해 받아들이는 것이다 – 이 존재하는 반면, 이 철학자들은 육체적 감각에 대해 많은 것을 종알댔지만, '나는 내가 살아있음을 안다'고 내가 언급한 것과 같은, 정신이 그 자신에 의해 아는 참된 것들의 가장 확실한 인식에 대해서는 한 번

1055) Augustine, *On the Trinity*, Book X ch.10.

도 의혹을 던진 적이 없다. 하지만 우리가 육체적 감각에 의해 배운 것의 참됨을 의심하는 것도 우리와 거리가 멀다. 왜냐하면 우리는 이 감각에 의해 하늘과 땅, 그리고 - 우리와 사물들을 둘 다 창조한 그분이 우리의 앎의 범위 안에 들어있기를 의지한 한에서 - 우리에게 알려져 있는 것들을 배워 알았기 때문이다. 남들의 증언에 의해 우리가 배운 것을 앎을 부인하는 것도 우리와 거리가 멀다. 그렇지 않으면, 우리는 대양大洋이 있다는 것을 알지 못할 것이다. 가장 풍요로운 보고서가 우리에게 칭찬하는 땅과 도시들이 실존한다는 것을 알지 못한다. 우리는 역사를 읽음으로써 그러한 사람들이 존재했고 그들의 업적들이 존재했다는 것을 알지 못한다. 우리는, 매일 이 구역, 저 구역으로부터 우리에게 실려 오는 일관되고 잘 어우러지는 증거에 의해 확증된 새 소식을 알지 못할 것이다. 마지막으로, 우리는 우리가 어느 곳에서 또는 누구한테서 태어났는지를 알지 못할 것이다. 그러나 이 모든 것들에서 우리는 남들의 증언을 믿는다. 그리고 이것을 말하는 것이 가장 우스꽝스런 것이라도, 우리는 우리 자신의 감각뿐만 아니라 다른 사람들의 감각도 우리의 지식에 아주 많은 것을 더해왔다고 고백해야 한다. 그렇다면, 모든 것들, 인간 정신이 그 자신에 의해 아는 것들과 정신이 육체적 감각으로 아는 것들, 그리고 정신이 남들의 증언에 의해 받아서 아는 것들은 모두가 기억의 창고 속에 축적되고 보관된다.[1056]

그리고 아우구스티누스는 기억으로부터 경험적 일반자와 사물의 언어적 명칭을 도출할 때 아리스토텔레스를 따른다. "우리가 아는 것을 우리가 말할 때 참된 한 단어, 모든 소리 이전에, 그리고 소리에 대한 모든 생각 이전에 존재하는 한 단어가 이것들로부터 생겨났다. 왜냐하면 생각의

[1056] Augustine, *On the Trinity*, Book X ch.10.

시야가 지식의 시야로부터 생겨나므로, 그 단어는 그 이미지도 낳는 그 사물과 가장 똑같은 것이기 때문이다. 그것이 어떤 언어에도 속지 않는 단어이지만, 참된 사물과 관련된 참된 단어일 때 이 단어는 그 자신의 지식을 전혀 지니고 있지 않고 온전히 이 단어가 탄생한 원천인 그 지식으로부터 도출된 지식을 지니고 있다. 또한 자기가 아는 것을 말하는 자는 언제 그가 그것을 배웠는지를 통보해 주지 않는다. 그 단어가 참되기만 하다면, 즉, 알려진 것으로부터 튀어나오기만 한다면 종종 그는 그것을 배우자마자 그것을 즉각 말하기 때문이다."[1057] 이와 같이 아우구스티누스는 『자유의지론』에서와 달리 『삼위일체론』에서 감각 내용, 경험 지식, 경험적 일반자(개념)와 이로부터 기원하는 언어들을 인정한다.

그러나 아우구스티누스는 이렇게 인정된 감각적 지각과 경험 지식을 다시 이성보다 못한 것으로 차등화·격하한다. 물체의 모양, 크고 작음, 네모와 동그라미 등은 촉각과 시각의 두 감각에 의해 지각된다. 그러나 다른 어떤 것들은 배타적으로 한 감각에 의해서만 지각되지만, 다른 대상들은 하나 이상의 감각에 의해 지각될 수 있다. 무엇이 단 하나의 감각에 속하고 무엇이 하나 이상의 것에 속하는지를 정하는 인간의 능력은 이성이 아니라, 어떤 '내부적' 지각 능력이다. 그러나 우리는 "오감으로부터 모든 것을 전달받는 일종의 내적인 감각을 가지고 있다는 것을 이성에 의해 인식한다". 그리고 동물의 시각과, 동물이 보는 것을 피하거나 추구하는 감각은 아주 별개의 것이다. "전자의 시각은 눈에 있는 반면, 후자의 감각은 영혼 속에 들어있기" 때문이다. 이 후자의 감각에 의해 동물은 시각 또는 청각의 대상이건, 아니면 다른 육체적 감각의 대상이건 그에게 쾌락을 주는 것을 추구하고 받아들이거나 그에게 고통을 주는 것을 피하고 배격한다. 이 어떤 내적 감각은 시각·청각·후각·미각·촉각 등의 5감에 속하지

[1057] Augustine, *On the Trinity*, Book X ch.10. 괄호는 인용자.

않는다. 이 모종의 내적 감각은 이 5감들을 모두 주재하는 "제3의 감각"이다. 우리가 이것을 이성에 의해 인식할지라도, 이 '제3의 감각'은 이 이성 자체와 같은 것이 아니다. 이것은 명백히 동물들에게도 있기 때문이다.[1058]

이것은 아리스토텔레스가 '공통된 감각적 속성들을 감지하는 공통적인 것(κοινῶν αἴσθησιν κοινήν)'이라 부른 것이다. (이것은 라틴어 'sensus communis'로 번역되었다.) 아리스토텔레스는 『영혼론』에서 운동·정지·형태·크기·수·통일성을 '공통된 감각적 속성들'로 부른다. 가령 7색, 7음, 5미, 여러 가지 냄새, 여러 가지 감촉 등 오감의 감각적 속성들은 모든 사물에 공통되지 않지만, 운동·정지·형태·크기·수·통일성은 모든 사물에 공통되기 때문이다. 이 '공통된 감각적 속성들'은 근세 초에 갈릴레오와 데카르트가 – 오감이 감지하는 감각 속성들을 '이차 속성'이라고 부른 반면 – '일차 속성'이라고 부른 감각적 속성들이다. 그는 이 공통된 감각적 속성들을 감지하는 별개의 특별한 외감 기관은 존재하지 않는다고 명확하게 말하면서도 외감이 아닌 다른 공통된 감지 능력을 말한다. "우리가 각 감각에 의해 부수적으로 감지하는 공통된 감각적 속성들, 즉 내가 운동·정지·형태·수·통일성으로 열거하는 속성들을 감지하는 특별한 감각기관이 존재한다는 것은 불가능하다. 왜냐하면 우리는 이 모든 것들을 움직일 때, 그리고 움직이는 까닭에 감지하기 때문이다. 가령 우리는 움직일 때 크기를 지각하고, 형태도 이렇게 지각한다. 왜냐하면 형태는 크기의 한 형식이기 때문이다. 정지해 있는 것은 움직임의 부재에 의해 지각된다. 수는 지속성의 부정에 의해, 그리고 특별한 감각적 속성들(오감에 감지되는 감각적 속성들 – 인용자)에 의해 지각된다. 왜냐하면 각각의 감각은 단 한 가지 대상을 지각하기 때문이다. 그리하여 이 공통된 감각적 속

1058) Augustine, *On Free Choice of the Will,* Book II, ch.III §7.

성들의 어떤 속성도, 가령 운동의 특별한 감각이 존재한다는 것은 분명히 불가능하다. 이런 특별한 감각이 존재한다면, 단 것을 시각에 의해 지금 지각하는 것과 같은 방식으로 이 공통된 감각적 속성들을 감지할 것이다. 그러나 우리가 우연히 이 속성들(시각의 색깔과 미각의 단맛 - 인용자)의 각각에 대한 감각을 보유하기 때문에 우리는 이런 감지를 하고, 이 속성들이 함께 존재할 때 이 속성들을 인식한다. 그렇지 않으면 우리는 부수적인 방식 외에 이 속성들을 감지하지 못한다. 가령 우리는 클레온의 아들에 대해 그가 클레온의 아들이라는 사실이 아니라, 그가 백인이라는 사실을 감지한다. 그리고 이 하얀 객체는 부수적으로 클레온의 아들이다. 그러나 이미 우리는 공통된 감각적 속성들을 부수적이지 않은 식으로 감지하는 공통된 것(κοινων αἴσθησιν κοινήν)'을 가졌다." 이 마지막 구절의 그리스어 부분을 영역본은 "a common faculty which apprehends common sensibles"라고 'faculty'를 넣어서 번역하고 있다. 서양 철학자들은 운동·정지·형태·수·통일성을 감지하는 '공통감각'을 말한 것으로 풀이한다.[1059] 데카르트는 이를 그대로 '통합감각'이라고 부른 반면,[1060] 상술했듯이 존 로크는 이를 '내감(internal sense)'으로 정의하면서도 '반성'으로 바꿔 불렀고, 흄은 이 '반성'이라는 명칭을 따랐다.

아우구스티누스는 아리스토텔레스의 '통합감각'을 '내부감각(interiorem sensum)'으로 바꿔 부른다. 그는 말한다. "육체적 감각들이 전달하는 것들이 이 내부감각을 넘어가지 않는다면, 우리는 결코 지식을 획득할 수 없다. 우리는 오로지 이성에 의해 포착한 것만을 알기 때문이

1059) Aristotle, *On the Soul*, Book III, §I (425a14-425b12).
1060) René Descartes, *Meditations on First Philosophy* [1641], Meditation II·VI. René Descartes, *Discourse on Method and Meditations on First Philosophy*. Edited by David Weissman with essays by William T. Blum, Lou Massa, Thomas Pavel, John F. Post, Stephen Toulmin, David Weissman (New Haven·London: Yale University Press, 1996).

다. 그리고 우리는 가령 색깔이 청각에 의해 지각되거나 소리가 시각에 의해 지각될 수 없다는 것을 안다. 우리는 이것을 눈이나 귀에 의해 또는 동물들도 지닌 저 내부감각에 의해 알 수 없다. 우리는 귀가 빛을, 눈이 소리를 지각하지 못한다는 것을 동물들이 안다고 생각해서는 아니 되기 때문이다. 우리는 오로지 이성적 주의와 사고를 통해서만 그것을 알게 된다." 필경, (1) 지각되는 색깔, (2) 눈 속에 들어 있는 감각, (3) 영혼 속의 내부감각, (4) 이 각자를 정의하고 열거하는 이성을 동물들은 구별할 수 없다. 색깔을 보는 데 쓰는 바로 시각은 그 감각 자체를 보는 것을 보는 데 쓰는 내부감각과 같은 감각이 아니다. 그러나 "이성만이 이런 것들을 정의할 수 있다." 그런데 "이성은 고찰을 위해 그에게 제출된 사물들에 한해서만 이 정의를 한다." 우리가 아는 모든 것을 우리가 지각하면서 의지하는 내부감각은 "이성의 심부름꾼"이다. "그것은 그것이 접촉하는 것들을 가져다가 이성에게 제출하여, 이성이 지각된 것들을 한정하고 이것들을 단지 감感에 의해서만이 아니라 앎에 의해서도 파악하게 한다." 이성은 "자기의 심부름꾼들"과 "이들이 전달하는 것들"을 구별하고, 그 자신과 내부감각의 차이를 인식하고 이성 자신이 내부감각보다 "훨씬 강력하다"는 것을 시인한다. 아우구스티누스에 의하면, 이성은 이성에 의해서만 그 자신을 파악한다. 인간은 '이성에 의해 직관하지' 않는다면 이성을 가졌다는 사실을 알지 못한다.[1061] 아우구스티누스는 여기서 다시 '이성적 직관'이란 존재하지 않는 허구임을 모르고 있다. '2+2=4', '삼각형의 내각의 합은 180도다' 등과 같은 것은 절대적·이성적 '직관'이 아니라 관념 속에서 정의된 조건적 '지식'이기 때문이다. (관념 속에서 정의된 것과 같이 정확한 그런 삼각형은 자연적·인공적 현실 속에 존재하지 않는다.)

아무튼 아우구스티누스는 "내부감각이 육체적 오감으로부터 받아들

1061) Augustine, *On Free Choice of the Will*, Book II, Ch.I. §6.

인 것들을 지각할 뿐만 아니라 이 오감들 자체도 지각한다"는 것을 강조한다. 동물들도 자신이 감각적으로 지각하고 있다는 사실을 감각적으로 지각한다. 동물들이 그렇지 않다면 어떤 것을 추구하거나 이것으로부터 달아나기 위해 움직이지 않았을 것이기 때문이다. (따라서 동물들도 자신들이 존재함을 직감적으로 느끼고 안다. 그러나 아우구스티누스는 주지하다시피 이 사실에 눈감는다.) 동물은 자신이 감각적으로 지각하고 있다는 사실을 5감 중 어느 것으로도 지각하지 못하고 내부감각으로만 지각한다. 그러나 "동물의 이 지각은 지식에 도달하지 못한다. 오직 이성만이 지식을 산출할 수 있기 때문이다." 하지만 "이 지각은 동물을 움직이기에 충분하다". 정리하자면. "육체적 감각들은 물체를 지각한다. 어떤 육체적 감각도 그 자신을 지각할 수 없다. 하지만 내부감각은 육체적 감각들을 통해 물체들을 지각하고 육체적 감각들 자체도 지각한다. 그리고 이 모든 것들과 이성 자체는 이성에 의해 알려지게 되고 지식의 일부가 된다."[1062] 그러면 우리의 지각 능력은 오관의 외부감각·내부감각·하급이성·상급이성으로 서열화된다. "내부감각은 이성보다 아래고 우리 안과 동물들 안, 두 곳에 다 현존하는 것이다".[1063]

아무튼 여기서 '내부감각', '공통감각', '반성' 등 여러 가지로 불리는 것은 칸트에게서 '통각統覺(Apperzeption)'이라 불린다. 이것은 (1) 사물의 2차 성질들을 하나 이상의 감각들에 의해 공통으로 포착하는 '통합감각'이면서, (2) 오감에 의해 각각 포착된, 한 사물에 속한 여러 관념들을 묶고 통합하여 하나의 통일된 사물 관념을 형성하는 '통각統覺'이고, (3) 오감을 느끼는 내적 감각이면서, (4) 감각 내용에서 일부 내용(점·선·면·입체·군기·수·지속 등)을 개별적으로 분리시켜 추상하는 감각이며, (5) 통합되고

1062) Augustine, *On Free Choice of the Will,* Book II ch.I. §6.
1063) Augustine, *On Free Choice of the Will,* Book II ch.IV. §11.

분리된 이 감각 자료들을 지성에게 넘겨주는 감각이다. 상술했듯이 "나는 생각한다, 그러므로 나는 존재한다"는 명제로 주장되는 격사치지格思致知 식의 이른바 '이성적' 직관은 이 '내부 감각적' 직관의 위조품인 것이다. 합리주의자들은 줄곧 내부감각의 기능을 이성적 정신의 능력에 귀속시키곤 한다. 그러나 데카르트의 옹호·계승자 라이프니츠는 "나는 생각한다, 그러므로 나는 존재한다"는 명제의 확실성을 '이성적 직관'이 아니라 '내감적 직관'으로 이해했다. 라이프니츠의 이 이해가 바른 것이다.

■ 수의 격상

아리스토텔레스의 그릇된 관념은 그의 '수학' 관점에서 절정에 달한다. 플라톤은 수를 사물의 이미지(표상)로 보았으나, 아우구스티누스는 과격하게 이를 부정하고 수를 인간의 본성에 속하는 '정신의 공통 대상'이라고 주장한다. "저 수들이 우리 정신에 각인된 것은 그것들의 본성에 기인하기보다 육체적 감각으로 우리가 포착하는 그 사물들에 기인한다고, 즉 마치 사물들의 표상이나 마찬가지라고 보는 것"은 "절대로 생각할 수 없는 일"이다. "각 수가 그것이 일一(one)을 포함하는 배수倍數를 기초로 이름 붙여진 것을 깨닫는다면 수가 육체적 감각에 의해 지각된 것이 아니라는 것을 쉽게 알게 될 것이기" 때문이다.[1064] 그는 "수들의 거소居所나 집"이라고 부를 수 있는 "수들의 불변적 진리성과 이 수들의 (소위) 은신처와 내적 성소 또는 영역을 자기 자신 속에서 관상할" 때, 그는 그 자신이 "물질적 대상으로부터 멀리 떨어져 있다"고 말한다.[1065] 뒤에서 논하듯이 라이프니츠는 아우구스티누스의 이 '수' 관념을 바탕으로 한 걸음 더 나아가 수학적 진리를 신의 영원한 진리 또는 영원한 본질성으로 본

[1064] Augustine, *On Free Choice of the Will*, Book II ch.VIII. §20·22.
[1065] Augustine, *On Free Choice of the Will*, Book II ch.XI. §30.

다. 라이프니츠는 이 영원한 진리로부터 표현된 것의 근원을 '신의 이성', 곧 '영원한 진리의 장소'라고 주장하고 신을 '위대한 수학자'로 불렀다.

아우구스티누스에 의하면, 수는 지혜와 다르면서 동일하다. 그는 플라톤과 아리스토텔레스가 수를 지혜보다 낮춰 본 것을 비판한다. "지혜와 수는 물론 하나고 동일한 것이다. 그럼에도 성경은 지혜에 대해 '지혜가 끝에서 끝으로 위력적으로 뻗어나가고 만물을 달콤하게 다스린다'고 말한다.(전도서 8:1) 두 권력이 하나의 동일한 지혜에 속할지라도 아마 '끝에서 끝으로 위력적으로 뻗어나가는' 권력은 수이고, '만물을 달콤하게 다스리는' 권력은 엄격한 의미에서의 지혜일 것이다. 모든 물체는 아무리 미천할지라도 자기의 수를 가지고 있다. 그러나 지혜는 물체나 심지어 모든 영혼에도 부여되지 않고, 마치 지혜가 아무리 낮을지라도 수를 부여한 만물을 거기로부터 다스릴 권좌를 이성적 영혼 안에 수립하는 것처럼 오로지 이성적 영혼에만 부여되었다. 그런데 지혜는 모든 것에 낱낱이, 심지어 가장 낮고 가장 멀리 내동댕이쳐진 것들에게도 수를 주었다. 그리하여 우리는 이 사물들에서 각인된 수를 지각하기 때문에 물체들을 우리들보다 낮은 순서에 배치된 것으로 쉽사리 판단할 수 있다. 그 결과, 우리는 수 자체도 우리보다 더 낮다고 생각하고 수를 하시下視하게 된다. 그러나 우리는 다시 우리 자신 위를 쳐다보기 시작하면, 수가 우리의 정신을 초월하고 진리 자체 안에 고정·불변하는 것으로 상존함을 발견한다. 지혜로울 수 있는 자들은 소수인 반면 수를 세는 것은 바보도 할 수 있기 때문에, 사람들은 지혜를 경이롭게 여기지만 수는 깔본다. 하지만 식자와 학도들은 지상의 오물들로부터 점차 더 많이 분리될수록 지혜와 수가 진리 그 자체 안에서 통합되는 것을 더 명백하게 알게 되고, 이 둘을 다 값진 것으로 간주하게 된다."[1066] 지혜로운 것보다 수를 세는 것이 더 쉽다는 단순

1066) Augustine, *On Free Choice of the Will*, Book II ch.XII §30.

한 이유에서 사람들이 지혜를 경배하고 수를 헐뜯는 것은 그리 놀랄 일이 아닙니다. 이것은 "황금을 등잔 불빛보다 비싸게 치는" 풍조와 유사한 일이다. 하지만 "황금은 빛에 비하면 우스꽝스러울 정도로 하찮은 것이다. 거지도 남폿불을 켜는 반면, 황금은 소수만이 가지고 있다는 단순한 이유에서 사람들은 아주 열등한 것에 더 큰 명예를 부여하는 것이다." 이성과 수는 불의 '빛'과 '열기'로 비유할 수 있다. "빛과 열기는 둘 다 같은 불 속에서, 즉 같은 실체로 지각된다. 이 둘은 서로 분리시킬 수 없다. 하지만 열은 가까이 있는 사물들에만 영향을 미치는 반면, 빛은 멀리, 널리 방사된다. 같은 식으로, 지혜에 내재하는 이지(이성) 능력은 이성적 영혼처럼 지혜와 가장 가까운 사물들을 따뜻하게 해준다. 반면, 물체처럼 멀리 떨어진 사물들은 지혜의 열기가 미치지 않지만, 수의 빛으로 넘친다."[1067] 지혜와 수의 대비가 황금과 남폿불, 빛과 열기 등 뒤바뀌는 중간의 비유들 속에서 둘 다 지혜에 속하는 이지理智와 수의 대비로 바뀌고 말았다.

이것은 플라톤이 수학·학예 등의 '지성적 지식(디아노이아)'과 변증술의 '학적 지식(에피스테메)'을 합하여 '이성적 지식(노이에시스)'라고 부르고, 아리스토텔레스가 '에피스테메(학적 지식)'와 '누스(이성적 직관)'를 합하여 '소피아'라고 부른 것과 본질적으로 같은 것이다. 그러나 플라톤은 아무튼 디아노이아(산술과 기하학)를 에피스테메보다 낮은 지식으로 자리매김했다. 또한 플라톤·아리스토텔레스·토마스 아퀴나스 등은 수를 물질적 사물의 우유성偶有性 가운데 하나로 본 반면, 아우구스티누스·라이프니츠 등은 수를 신의 반영으로 본다. 이런 한에서 '수' 관념에서라면 아우구스티누스는 플라톤보다 피타고라스의 계보에 선 셈이다.

1.4. 잠재적 살신殺神과 지성적 자연 지배

[1067] Augustine, *On Free Choice of the Will,* Book II ch.XII §30.

아우구스티누스는 도덕관에서 소크라테스·플라톤처럼, 진리 속에서만 최고선이 인식된다고 보는 지성주의적 윤리·도덕 개념을 대변한다. 그리하여 도덕적 선악의 원천을 흄의 말대로 '기분 좋다, 기분 나쁘다'로 '느끼는' 도덕감정과 도덕감각(도덕적 공감감정)의 감정적 선악 범주가 아니라, 진·위의 지성적 범주로 '인식한다.' 모든 것을 지식으로 환원하려는 이 '광적 지성주의'는 결국 참과 거짓을 아는 것만 아니라 선과 악도 이성적으로 '인식할' 수 있다는 범주적 혼동으로 빠져들고, 나아가 '전지전능 全知全能'을 겸비한 '최고선의 하느님'으로서의 신을, 만물만이 아니라 최고선도 인식하는, 단순히 전지적인 '진리의 하느님', '지혜의 하느님'으로 둔갑시킨다. 그리하여 참과 거짓(인식론적 진위), 기술적인 정오, 윤리적 바름과 빗나감(선악)이 마구 뒤범벅이 된다.

■ 지성주의적 도덕 개념과 살신의 잠재성

아우구스티누스에 의하면, "지혜는 최고선이 식별되고 획득되는 진리다." 모든 인간은 다, 행복한 삶을 추구하는 한, 오류에 빠지지 않는다. 그러나 어떤 사람이 그의 유일한 목표가 행복한 것이라고 내내 주장하면서 행복으로 가는 길로부터 벗어나는 정도만큼, 그는 오류에 빠진다. '오류'란 단순히 우리가 가고 싶은 곳으로 우리를 데려다주지 않는 어떤 것을 따르는 것을 의미한다. 인생에서 바른길로부터 더 많이 벗어나면 날수록, 더 적게 지혜롭고, 또 최고선이 식별되고 획득되는 진리로부터 그만큼 더 멀리 떨어져 있는 것이다. "사람은 최고선을 따르고 얻을 때 행복해지는 것이다." 우리가 행복하고 싶은 것이 분명한 것처럼 우리가 지혜롭고 싶은 것도 분명하다. 아무도 지혜 없이는 행복할 수 없기 때문이다. 우리가 '지혜'라고 부르는 진리 속에서 식별되고 획득되는 최고선 없이 행복할 수 있는 사람은 아무도 없다. 우리가 행복하기 전에도 정신에 각인된 행복의 관념이 있는 것처럼, 지혜롭기 전에도 정신에 각인된 지혜의 관념을 우리는 지니고 있다는 것이다.[1068]

인간은 최고선을 알게 해주고 달성하게 해주는 지혜(진리)를 가져야 행복할 수 있다. 아니, 아리스토텔레스가 말했듯이 비윤리적·초超윤리적 진리(지혜)의 향유가 최고의 행복이다. 진리는 "우리의 정신과 이성보다 더 숭고한 것"이다. "할 수만 있다면 진리를 품어 안아라. 진리를 향유하라." 불변의 "지극히 탁월한 진리를 향유하는 것보다 더 큰 어떤 행복은 없다".[1069] 어느덧 아우구스티누스의 최고 행복은 탈脫윤리적으로 변질되었고, 심지어 신은 진리이기 때문에 신도 '탈윤리화'된다. 플라톤은 '선의 이데아'를 태양에 비유하고 이를 신적인 것으로 믿었으나, 아우구스티누스는 진리(최고선, 즉 선의 이데아에 대한 앎)를 태양에 비유하고 이를 신으로 간주한다.

- 최고선이 진리 속에서 알려지고 획득되고 이 진리가 지혜이기 때문에 이 진리 속에서 알고 획득하는 최고선을 온전히 향유하자. (…) 햇빛 속에서 맘에 드는 것을 골라 햇빛을 응시하며 즐거움을 얻는 이들을 잠깐 생각해 보라. 그들의 눈이 더 생기 있고 건전하고 예외적으로 강렬하기만 하다면, 더 약한 눈이 기뻐하는 열등한 사물들에도 빛을 주는 태양을 직시하는 것보다 더 나은 것을 좋아할 수 없다. 이것은 강렬하고 생기 있는 정신의 경우에도 마찬가지다. 정신은 참되고 변함없는 것들을 한번 이성의 확실한 눈으로 많이 관상했다면, 저 모든 참된 것들을 알게 만들어주는 진리 그 자체에로 방향을 돌리는 것이다.[1070]

1068) Augustine, *On Free Choice of the Will*, Book II, ch.IX §26.
1069) Augustine, *On Free Choice of the Will*, Book II, ch.XIII §35.
1070) Augustine, *On Free Choice of the Will*, Book II ch.XIII §36.

신에 대한 믿음과 별개로 '나는 생각한다, 그러므로 존재한다'는 이성적 인식으로부터 출발하는 광적 지식욕은 신적 진리를 앎으로써 충족된다. 신에 대한 믿음은 지식으로 완성된다고 했으므로 하느님과 예수에 대한 앎으로 '종결'된다. 환원하면, 신에 대한 믿음은 신을 앎으로써 '제거'된다. 이로써 신도 제거된다. 신적 영역에 대한 불가지와 불가침을 인정치 않는 아리스토텔레스의 광적 무제한 지성주의는 아우구스티누스의 신학에 '독신瀆神'을 넘어 '살신殺神'의 '사이불학즉태思而不學則殆'를 잉태시키고 있는 셈이다.

따라서 아우구스티누스가 소크라테스처럼 인간을 어리석음과 지혜 사이에 있는 중간자로 규정하더라도[1071] 이미 '광적 지식욕'에 충만한 아리스토텔레스적·아우구스티누스적 인간은 중간적 지혜로부터 신적 진리를 포함한 만물만사에 이르기까지 다 아는 전지全知를 추구할 수밖에 없다. 이것은 인간이 스스로 언젠가 신을 죽이는 '살신'을 행하고 전지자全知者, 즉 신이 되어야 한다는 무서운 전지주의적 오만을 함의한다. 이런 까닭에 건전한 회의론을 포함한 일체의 인식론적 회의주의를 분쇄하려는 투쟁 의지로 가득 찬 아우구스티누스의 전체적 신학논리체계는 에덴동산의 '인식의 과일'에 얽힌 의미심장한 신적 메시지와 반대로 '에덴동산의 사탄'이었던 그 '뱀'처럼 인간들에게 신이 되기 위해 선악과를 따먹도록 부추긴다. '인식의 과일' 이야기가 어떤 의미라도 있다면 그것은 신에 의한 '인간적 불가지의 자연적·도덕적 영역'의 경계 설정, 즉 '무제한적 지성주의에 대한 경고'일 것이다.

[1071] 『자유의지론』에서 아우구스티누스는 말한다. "사람의 본성은 어리석음이라고도 못하고 지혜라고 못할 어떤 중간적 상태를 부여받았음이 분명하다." Augustine, *On Free Choice of the Will*, Book Ⅲ ch.XXIV §71. 대담자 에보디우스도 말한다: "나는 시혜롭지 않지만, 내가 지혜를 알기 때문에 내가 바보라고 믿지도 않습니다. 왜냐하면 나는 내가 아는 것들이 확실하다는 것 또는 이것들이 지혜에 속한다는 것을 부정할 수 없기 때문이다." Book Ⅱ ch.XV §40.

베이컨은 『신기관』의 「'대갱신' 서문·」에서 이 경고를 도덕적 영역에만 한정된 것이고 자연 지식에는 적용하지 않은 것이라고 해석한 바 있다. 신은 자연 탐구의 어떤 부분도 금지하지 않았고, 아담이 사물들에 대해 적절한 이름을 할당하는 데 쓰인 '순수하고 완전무결한 자연적 지식'은 타락의 기회나 근거가 아니라는 것이다. 금지된 것은 인간이 신과 결별하여 자기 자신에게 법을 제정할 목적으로 선을 악과 구별하는 데 쓰인 도덕적 지식에 대한 야심 차고 지나친 욕망이었다는 것이다. 그러나 이 경고는 베이컨의 말대로 신의 피조물인 인간이 신으로부터 받은 '천명'인 '인간적 본성'으로서의 '도덕성'에 대한 개인적 단독이성의 무제한적 인식이 불가하다는 것일 뿐 아니라, 신의 다른 피조물인 자연이 신으로부터 받은 '천명'인 궁극의 '자연적 본성'에 대한 무제한적 인식이 불가하다는 것이기도 한 것이다. 도덕적·자연적 '불가지의 영역'은 '개인과 소수인의 이성 능력으로 알 수도 없고 알아서도 아니 되고 인간이 알더라도 좌지우지할 수 없는' 금단의 영역이다. 이것은 공자의 '천명'(천성) 또는 뉴턴과 흄의 자연의 '궁극원인'의 영역이다. 이 영역은 공자가 말했듯이 '의심스럽고 위태로운 영역', 뉴턴과 흄이 상론했듯이 결코 안다고 단언할 수 없는 '자연의 영역'과, 개인들의 의식적 '계약'이 아니라 무의식적 '관행협약'이나 - 더 이상 파고들어 알 수 없는 - 인간 본성에서 기원한 '도덕의 영역'이다. 따라서 이 영역은 인간이 조금 아는 것을 가지고 안다고 설치면 본성과 자연이 파괴·교란될 수밖에 없는 물성과 인성의 내밀한 세계다.

인간은 '인간 본성의 개조'를 주장하고 실행하려던 루소주의적·공산주의적·인종주의적 독재와 가공스런 환경위기 속에서 뒤늦게 '무제한적 지성주의'의 인권 유린적 '악마성'을 깨닫고 합리주의적·지성주의적 혁명과 결별했고, 각종 국내외적 입법 조치(핵 관련 지식의 사용금지 및 규제,

불화탄화수소[프레온가스]지식 실용 금지, 줄기세포·인간 복제 연구 금지 등)를 통해 인간의 광적 자연 탐구와 자연 지식의 이용을 제한하기 시작했다. 인류가 공자의 '궐의궐태' 자세로, 서양식으로 표현하면, 아카데미 중기 때의 '건전한 회의론'으로 되돌아오기 시작한 것이다. 그러나 이 건전한 회의주의를 격퇴시키며 광적 지식욕과 ('살신'으로 통하는) 지적 오만을 체계적으로 부추기는 아우구스티누스의 무제한적 지성주의는 '인식의 과일'을 따먹도록 부추긴다. 따라서 '인식의 과일'과 관련 성경 구절에 대한 그의 해석은 앞뒤가 맞지 않고 그 진의가 미심쩍기 짝이 없는 것이다. "오만은 지혜를 등지고, 이 등짐의 결과는 어리석음이다. (…) 신을 자신의 선善으로 삼는 어떤 자가 마치 그 자신이 신인 양 그 자신의 선이고 싶어 하는 것이 아니라면, 지혜를 등지는 원인이 무엇이란 말인가? 그리하여 (성경에) 다음과 같이 쓰여 있다: '나 자신 안에서 나의 영혼이 산란하다'(시편 42:6), 그리고 '그 열매를 맛보아라, 그러면 신과 같게 되리라'(창세기 3:5)."[1072] 전全 신학체계로써 오만을 명하고 이 한 구절로 입막음하려는 것은 당치 않다.

■ 지성주의적 자연 지배

아우구스티누스는 오만한 광적 지식욕을 최초로 성경 창세기에서 허용된 자연 정복·자연 지배·자연 이용(향유)·대지 소유욕과 접목시킴으로써 근현대의 무자비한 자연과학적 자연 정복으로 나아가는 첫길을 트고 있다.

- 의지는 우리가 그것들을 향유하거나 사용하기 위해 현존해야 한다. 왜냐하면 우리는 지성적으로 아는 사물들(things known)을 향유하기 때

[1072] Augustine, *On Free Choice of the Will*, Book III ch.XXIV §72.

문이다. 의지는 이 인식된 사물들 자체를 이 사물들 자체로서 즐기고 이 인식된 사물들 안에서 편히 쉰다. 그리고 우리는 이 인식된 사물들을 이용하고, 또 이용하는 이 인식된 사물들을 우리가 향유하는 어떤 다른 사물들에로 돌려 조회한다. 인간의 삶은, 잘못 이용하고 잘못 향유하는 것과 같은 그런 방식이 아니라면, 어떤 방식으로 살든 악하거나 죄스럽지 않은 것이다.[1073]

이것은 그리스·헬레니즘 전통에서 낯선 새로운 지식관이다. 플라톤의 이성적 지식은 철인치자의 치국과 철인 자신의 기쁨을 위한 것이다. 자연에 적용되는 앎은 경험적 '학예(테크네)'다. 아리스토텔레스의 '지혜(학적 지식+이성적 지식)'는 '쓸모'와 무관한 것, 단순히 지식욕을 여가 속에서 충족시키고 즐기는 초현세의 '지식을 위한 지식'이다. 지혜가 정치와 관련될 수도 있지만, 기본적으로 정치는 '현명'에 맡겨지는 한편, 자연의 이용은 '학예'에 맡겨진다. 그러나 아우구스티누스는 최초로 이성적 지식을 자연 사물의 관리와 향유에 접목시키는 기획을 선보이고 있다. 자연 지식의 이용에는 무제한적 자유까지 허용된다. '이성적으로 얻어진 자연 지식의 이용'은 어떻게 쓰든 자연에 대해 어떤 결과가 초래되더라도 죄악이 아니다.

무제한의 광적 지성주의에 입각한 이성적 자연 지식의 활용이라는 이 새로운 '아우구스티누스 프로젝트'는 1200여 년 뒤 18세기 계몽주의의 과학적 자연정복관으로 이론적 마각을 드러내고, 20세기 인간 파괴와 자연 파괴의 홀로코스트로 그 악마성을 현실화한다.

1073) Augustine, *On the Trinity*, Book X, ch. 10.

제2절

토마스 아퀴나스와
스콜라 철학적 정치사상

토마스 아퀴나스(Thomas Aquinas, 1224?-1274)의 이탈리아어 원명은 '톰마소 다키노(Tommaso d'Aquino)'다. 그는 안셀름이 아우구스티누스의 교부철학을 발전시켜 창시한 네오아리스토텔레스주의적 '스콜라철학(Scholastic philosophy)'을 이어받아 '스콜라철학'을 중세철학으로 완성했다. 그리하여 후세는 그를 '스콜라철학의 왕'이라 불렀다. 그는 자연신학의 선구자이자 토미즘 신학의 비조이기도 하다. 현재 가톨릭에서 그는 '신학자'와 '박사'로 공인되어 있다.

2.1. 생애와 사상

토마스 아퀴나스는 나폴리 근교에 위치한 로카세카(Roccaseca) 성에서 아퀴노(Aquino) 지방 영주 란돌포의 9남매 가운데 일곱 번째 아들(4남가운데 막내)로 태어났다. 아퀴나스의 탄생 연월일을 명시한 기록은 전무하다. 다만 그가 사망한 날짜, 즉 1274년 3월 7일을 기준으로 그가 태어난 해를 역추리할 뿐이다.

일설에 의하면 아퀴나스는 '49살이 되는 해'에 사망했다고 전한다. 그러나 다른 설에 의하면 그가 '49살을 넘겨 50번째 해를 막 시작할 무렵'에 사망했다고도 한다. 그런데 어떤 사람들은 그가 48세에 사망했다고 말한다.

이런 엇갈리는 여러 기록을 종합할 때 아퀴나스가 최소한 48살까지 살았다고 가정하면 그가 탄생한 해는 1224년과 1226년 사이로 추정할 수 있다. 그리고 일반적으로는 1224년과 1225년 사이에 태어났다고 한다. 하지만 1227년 출생설도 있는데 이도 전적으로 배제할 수 없다.

■ 생애

아퀴나스의 아버지는 1230·1231년경 막내아들 토마스를 성 베네딕토 수도회 산하의 몬테카시노 수도원으로 보냈다. 여기서 토마스는 수도사 수업을 받는다. 전언에 의하면 그 부모가 아퀴나스를 몬테카시노 대수도원에 보낸 까닭은 그가 미래의 수도원장이 되기를 바랐기 때문이었다. 그러나 1239년경 아퀴나스는 당시의 정치적 혼란 때문에 수도사 수업을 중단할 수밖에 없었다. 그래서 그는 몬테카시노 수도원을 나온 뒤 당시 프레데리쿠스 2세의 후원으로 성장일로에 있던 나폴리대학교에 입학했다. 나폴리대학교에서 아퀴나스는 당시의 대학 필수과목들(문법, 논리학, 수사학, 대수학, 기하학, 음악, 천문학)을 다 배운 것으로 알려져 있다.

이 대학 시절에 아퀴나스는 아리스토텔레스의 철학과 도미니크회 수도사들을 접했을 것으로 추정된다. 그가 특히 도미니크회 수도사들을 만난 것은 그의 삶을 결정적으로 바꾸는 계기가 되었다. 1244년 아퀴나스가 미래의 몬테카시노 수도원장이 될 것이라는 가족들의 기대를 저버린 채 새롭게 등장한 도미니크회의 수도사로 들어갔다.

이에 당황한 아퀴나스 가족은 도미니크 수도원의 주선으로 파리로 유학 가던 아퀴나스를 도중에 납치하여 로카세카 성에 유폐시켰다. 그리고 1년여 간 회유와 협박을 동원해서 도미니크회에서 탈퇴할 것을 강요했다. 그러나 어떤 노력으로도 그의 소신을 굽힐 수 없음을 알게 된 가족들은 1245년 여름 아퀴나스를 나폴리의 도미니크회 산하 수도원으로 되돌려 보냈다.

이와 같이 귀족의 아들로서 몬테카시노의 수도원장이 될 수 있는 화려한 삶 대신 소박한 삶을 사는 수도사가 되기를 선택한 아퀴나스의 일화는 아시시의 성 프란체스코 일화를 연상시킨다. 성 프란체스코는 부유한 상인의 아들로 누릴 수 있었던 모든 화려한 삶을 포기하고 예수 그리스도의 삶을 모방하기로 결심했던 성인이었다.

아퀴나스의 행적은 불분명한 것이 많다. 아퀴나스가 가족들의 연금에서 풀려나 나폴리로 돌아온 1245년부터 1248년까지의 행적, 특히 그가 1245년부터 1248년 전반기까지, 즉 그가 알베르투스 마그누스를 따라 독일의 쾰른으로 떠날 때까지 약 3년 남짓한 기간의 행적도 불분명하고, 그가 파리대학교의 학생으로서 정규 교육 과정을 받았는지도 불분명하다. 그렇지만 최소한 3년간 파리대학교 혹은 파리의 도미니크회에서 아퀴나스가 7개의 필수과목을 수강했을 것으로 추정된다. 3년간의 파리 체제 이후 1248년 아퀴나스는 쾰른에 있는 도미니크회 수도원에서 비로소 알베르투스 마그누스로부터 4년간 지도를 받게 되었을 것이다. 이 시기에 그는 알베르투스의 영향 아래 아리스토텔레스의 철학과 디오니시우스의 신학을 깊이 연구했을 것이다. 당시 그의 우람한 몸집과 과묵한 성격을 바라보던 동료들이 그에게 붙여준 장난기가 섞인 별명은 '시칠리아의 벙

어리 황소'였다. 일화에 따르면 알베르투스 교수는 제자들이 모인 자리에서 "지금 벙어리 황소라 불리는 저 수도사의 우렁찬 목소리를 온 세상이 듣게 될 것"이라고 예언했다.

　1251년 말엽 또는 1252년 초엽 알베르투스 교수는 도미니크회 총회장으로부터 파리에서 강의를 할 만한 신학자를 추천해달라는 부탁을 받았다. 이에 그는 "학문과 삶에서 빛나는 성취를 이룬" 아퀴나스를 파리대학교의 교수로 추천했다. 아퀴나스는 당대 최고의 학자 알베르투스의 신학 강의까지도 일부 분담할 만큼 신뢰를 얻었었다. 이 사실 하나만으로도 알베르투스 교수가 아퀴나스의 재능과 역량을 얼마나 인정했었는지를 짐작할 수 있다. 그러나 도미니크회 총회장은 스물일곱이라는 그의 젊은 나이 때문에 난색을 표했다. 무엇보다도 총회장은 파리대학교의 교수로서 학문적으로만이 아니라 정치적으로도 수많은 문제와 씨름을 벌일 만한 노련한 학자를 원했다. 그는 알베르투스를 원했으나 알베르투스는 아퀴나스의 추천 결심에서 한 발짝도 물러서지 않았다. 총장의 망설임이 길어지자 알베르투스는 도미니크회 소속 추기경이었던 위그 드 생 세르(Hugues de Saint Cher)를 설득해 총회장에게 압력을 가해 그의 결심을 관철시켰다. 이렇게 하여 아퀴나스는 젊은 나이에 페트루스 롬바르두스의 『명제집』 강독자로서 파리대학교에서 신학을 강의하게 되었다. 그는 1252년부터 1256년까지 5년 동안 이 강의를 하면서 신학 교수의 자격을 얻기 위한 필수과정으로서 『명제집』 주석 작업을 개시했다.

　'명제집' 주석 작업이 끝날 즈음인 1256년 토마스 아퀴나스는 파리대학교 신학 교수로 정식 취임하게 된다. 하지만 그 과정이 결코 평탄한 것만은 아니었다. 성직자들과 교수들이 프란체스코회·도미니크회와 같은 탁발수도회 출신 수도사들의 교수 취임에 대해 오랜 불만과 이에 따른 대립이 극에 달하여 재직 교수들과 수도회 출신 교수들 사이의 분쟁이 유혈

사태로 번질 만큼 최악의 상황으로 치닫고 있었기 때문이다. 실제로 아퀴나스의 취임 강연은 수도회 출신 교수를 반대하는 쪽 사람들이 청중들의 입장을 방해하는 가운데 만약의 폭력 사태를 막기 위해 프랑스 왕의 군대가 강연장까지 배치되어 삼엄한 경호를 펼친 상태로 진행되었다. 비슷한 시기에 교수가 된 동시대의 또 다른 거장 보나벤투라의 경우도 신학교 수로 취임할 자격을 갖추고서도 2년에 가까운 시간 동안 이 격동의 소용돌이 속에서 하릴없이 세월을 보내야 했다. 애초에 도미니크회 총회장이 토마스 아퀴나스의 나이에 대해 우려했던 것도 파리가 이런 분위기 속에 있었기 때문이었다.

쾰른 체제기에 얻었던 스승 알베르투스의 신뢰와 명제집 주석 및 강해 과정에서 재차 확인한 자신의 능력에 대한 자신감이 더해지면서 아퀴나스는 대학자로서 각성하게 된다. 영민했지만 소심한 성격으로 쉽게 자신을 표현하지 못하던 재능 있는 청년 아퀴나스가 자신의 소심함과 섬세함을 신중함과 정교함으로 변모시켜 체화함으로써 그의 스승 알베르투스 및 친구 보나벤투라와 더불어 당대 최고의 학자로 각광받기 시작한 것도 이때부터였다. 그리고 덩치만 큰 수줍어하던 말더듬이 벙어리 황소가 적수들의 입장을 단호하게, 그리고 조목조목 철두철미하게 비판하며 동료 수도사들과 수도회를 위기로부터 구하기 위해 최전선으로 뛰어든 위풍당당한 영웅으로 변모한 것 역시 이때부터였다. 실제로 수도회를 비판하는 데 앞장섰던 재속在俗 성직자들과 기존 교수들의 주장을 주도면밀하게 반박함으로써 교황청이 그의 주장을 철회하라는 명령을 내리기까지 도미니크회의 아퀴나스와 프란체스코회의 보나벤투라의 투쟁은 영향력이 있었다. 이런 의미에서 본다면 비록 소란스러운 가운데 진행된 그의 취임 강연은 그의 첫 승리를 기념하는 이정표였다고 할 수 있었다. 그가 만약 이런 "삶"에서의 승리를 거두지 못했더라면 '욥기 주석', 그리고 '진리에 관한 정규토론집', 그리고 자유토론집과 같은 이 시기에 저술되거나 막 써 내려간 저작들은 탄생하지 않았을 것이고 오늘날 '전사적 박사'라 불리는 위대한 스콜라학자는 존재하지 않았을지도 모른다.

1259년 말부터 1261년까지 2년 반 동안 토마스 아퀴나스의 행방은 묘연하다. 그가 1259년 말에서 1260년 초 사이에 후임자에게 교수 직책을 물려준 이후 파리를 떠난 것은 분명하지만 어디로 갔는지를 분명하게 확인할 수 없기 때문이다. 여러 가지 정황으로 보아 토마스 아퀴나스가 본래 자신이 속한 교구인 나폴리로 되돌아갔을 것으로 대개 추정된다.

분명한 것은 토마스 아퀴나스가 1261년 9월 14일 현재 오르비에토에 체류했다는 것이다. 이후 1265년 로마로 떠나기 직전까지 토마스 아퀴나스는 수도회를 대표하는 선생·학자·성직자로서 활발한 활동을 전개했다. 이 시기에 아퀴나스는 '욥기 주석'과 '대이교도대전', 그리고 '디오니시우스의 신명론 주석'을 완성했으며 '4복음서 연속 주해'의 상당 부분을 작성한 것으로 알려져 있다. 그리고 교회의 요구에 따라 '그리스인들의 오류를 반박하며'를 비롯한 다수의 소논문들을 작성한 것 외에도 오르비에토와 주변 도시까지 방문하여 성직자로서의 사명을 충실하게 이행했다. 이 시기에 그의 행적은 높아져 가는 명망과 더불어 문자 그대로 눈코 뜰 새 없이 바쁜 강행군이었다.

1265년부터 1268년까지 그 상징적 명성에 걸맞지 않게 학문적 불모지였던 로마로 초빙된 아퀴나스는 로마의 수도원에서 교수로서 활동하면서 저작 활동의 고삐를 늦추지 않는다. 그의 대표작 '신학대전'의 집필에 착수한 것도 이때의 일이다. 또한 이 시기는 '신의 권능에 관한 정규토론집'을 비롯하여 '영혼에 관한 정규토론집', 그리고 '영적 피조물에 관한 정규토론집' 등과 같은 작품들을 완성하는 풍요로운 결실을 맺는 시기였다.

나아가 이 시기는 아퀴나스의 연구에 중요한 전기를 마련하는 시기이기도 하다. 왜냐하면 바로 이때부터 그가 기욤 모어베크(Guillaume Moerbeke)의 새로운 아리스토텔레스 번역본을 이용해 『영혼론』부터 아리스토텔레스의 주요 저작들에 대한 주석 작업을 시작했기 때문이다. 그의 9년 남짓한 이탈리아 체재 기간은 '대이교도대전'이 완성되고 '신학대전'과 같은 작품이 집필되기 시작한 시기이자, 그의 성숙한 사유를 반영하는 수많은 주요 저작이 쏟아져 나온 때다. 하지만 일반적으로 막 꽃피우기 시작한 토미즘의 성숙한 사상들이 반영되어 있다고 평가되는 이 시기의 저작들은 골방에 들어앉아 오로지 펜과 책만 붙들고 앉아 있던 신학자의 손에서 나온 것이 아니다. 이 시기 아퀴나스는 무엇보다도 겸손한 순종의 태도로 신도와 동료들에게 잠깐의 강론을 하기 위해 며칠이 걸릴지 모를 수고를 아끼지 않았던 책임감과 사명감 강한 성직자였다. 이런 의미에서 이 시기에 완성되었거나 집필되기 시작한 두 대전을 비롯한 저작들은 책임감과 사명감 강한 인간의 초인적 노력의 결실이라 할 수 있다.

아퀴나스는 파리대학교 역사상 처음으로 두 차례나 교수직에 초빙되는 영광을 누렸다. 하지만 1268년으로부터 1272년까지 4년간의 파리 체재 기간은 겉으로 드러난 영광조차 느낄 시간도 없는 생활의 연속이었다. 이런 상황에서 수도회를 대표하는 학자로서, 또한 학생들을 올바르게 지도해야 하는 교수로서, 그리고 성직자로서 아퀴나스가 느꼈을 책임감과 압박감은 엄청났을 것이다. 그런 압박감은 종종 이 시기에 집필된 논박서, 예컨대 '세계의 영원성에 관하여'와 같은 저서에 자신과 대립하고 있는 상대에 대해 예의 냉정함과 침착함을 잃고 노기까지 드러내는 그의 모습을 통해 확인할 수 있다.

두 번째 파리대학 교수로 활동하던 시기에 토마스 아퀴나스는 그가 처했던 상황이 어려웠던 것만큼 잠시 쉴 틈도 없었다. 어쨌든 그의 쉴 새 없는 활동은 이 시기에 완성한 작품들의 상상을 초월하는 질과 양으로 결과를 맺었다. 마태복음, 바울 서간 및 요한복음에 대한 방대한 주석 및 강해를 이 시기에 행했으며 '악에 관한 정규 토론집' 및 자유토론집의 상당수는 이 시기에 토론한 내용을 토대로 작성한 것이다. 그리고 신학대전의 1부와 2부를 역시 파리에서 두 번째 교수 생활 당시 완성했으며 '영혼론 주석'과 '감각과 감각물에 관하여 주석'을 제외한 대부분의 아리스토텔레스 주석서들도 이 시기에 완성하거나 집필했다. 특히 이 시기 그의 활동과 저작 활동, 특히 엄청난 저술량과 그것을 능가하는 질적인 완성도, 특히 신학대전과 아리스토텔레스의 저서들에 대한 주석들이 보여주는 완성도는 '기적적'이라는 수식어 외에 달리 표현할 길이 없다.

1272년 토마스 아퀴나스는 파리를 떠나 나폴리로 향한다. 이곳에서 토마스 아퀴나스는 절필한 1273년까지 바울 서간문에 관한 주해 작업과 시편 주해, 그리고 결국 미완성으로 남게 되는 신학대전의 3부와 같은 대작과 함께 여러 소논문을 작성한다. 이렇게 끊임없이 집필에 여념이 없었던 아퀴나스는 1273년 12월 6일 성 니콜라우스 축일 미사 중 어떤 충격을 받은 듯한 모습을 보여 주변을 당황케 했다. 그리고 그 미사 이후 아퀴나스의 위대한 저작 활동을 완전히 멈춘다. 전한 바에 따르면, 이때 그는 신학대전 3부 가운데 속죄에 관해 집필하는 중이었다고 한다. 그가 이제 글을 쓰지 않게 된 것을 기이하게 생각한 그의 비서가 그에게 그 이유를 묻자, 그는 "난 이제 할 수 없네"라고 답했다고 한다. 이 답을 듣고 더욱 걱정이 되어 재차 이유를 묻는 비서에게 그는 "내가 본 것에 비하면 내가 쓴 것들은 모두 지푸라기에 지나지 않아"라고 말했다고 한다. 이후 그가 종종 명상 중에 의식을 잃었고, 1273년 12월부터는 취침과 기상 시에도 타인의 도움이 필요했을 정도로 그의 건강 상태가 급격히 악화되었다. 1274년 3

월 7일 토마스 아퀴나스는 백여 명 수도사와 평신도들이 임종을 지켜보는 가운데 영면했다.

1274년 5월 2일 수요일 파리대학교 총장과 운영진은 당시 철학부에 속해 있는 모든 교수의 이름으로 도미니크회 총회에 비통함이 담긴 편지를 보낸다. 이 편지에는 토마스 아퀴나스의 죽음을 애도하면서 토마스 아퀴나스가 젊은 시절부터 자라고 배우며 가르쳤던 그를 파리에 묻게 해달라는 부탁이 담겨 있었다. 물론 이 파리대학교 총장과 교수들의 부탁은 이루어지지 않았다. 포사누오바의 시토회 수도원이 '위대한 성인'의 시신을 내줄 수 없다고 완강하게 버텼기 때문이다.

그러나 이런 추모와 존경의 표현만이 사후의 토마스 아퀴나스에게 보내진 것은 아니었다. 그가 죽은 지 정확히 3년째 되던 1277년 3월 7일 파리와 3월 18일 옥스퍼드에서 각각 에티엔 텅피에, 그리고 같은 도미니크회 출신의 로버트 킬워드비에 의해, 그리고 1286년 4월 30일 또다시 옥스퍼드에서 킬워드비의 후임 요하네스 페캄에 의해 실체적 형상의 단일성에 대한 그의 이론 및 그의 몇몇 주요 이론들이 단죄당하는 불운을 겪기도 한다.

교황청은 토마스 아퀴나스의 이론이 옥스퍼드에서 이단으로 단죄당한 지 39년이 흐른 해인 1325년 2월 14일 토마스 아퀴나스의 정통성을 재확인하게 된다. 그리고 교황청은 그가 죽은 지 49년째 되던 1323년 7월 18일 그를 가톨릭교회의 성인으로 시성했고 이후 그의 이론들에 대한 단죄를 모두 철회했다. 또한 1567년 4월 15일에는 토마스 아퀴나스를 교회 학자로 공표했다. 한편 토마스 아퀴나스의 시성 심사와 관련하여 그가 성인의 격에 어울릴 만한 기적을 일으키지 못했다는 비판이 많았지만 당시 교황 요한 22세는 "그가 문제를 해결할 때마다 그만큼의 기적들을 행한 것이다"는 말로 비판을 일축했다.

■ 아퀴나스의 철학사상과 저서

아퀴나스는 기독교 교리를 아리스토텔레스 철학으로 정리하면서 그 부산물로 스콜라철학을 개창했다. 그는 아리스토텔레스를 응용하면서 "은총은 자연을 파괴하지 않고 오히려 자연을 완성시킨다"는 기본 입장에서 은총과 본성(자연), 신앙과 이성 사이에 조화로운 통일을 추구했다. 전 자연(본성)은 신이 창조한 것이다. 인간의 이성은 본성 가운데서 가장 고상한 능력이므로 인간이 자연(본성) 전체에 대한 이해를 통해 신의 존재를 추론하는 것은 신을 찬미하는 길이라고 생각했다.

아퀴나스는 신학자이자 스콜라 철학자였다. 그러나 그는 스스로를 철학자로 이해한 적이 없고 그가 이교도로 본 철학자들을 비판했다. 그들은 언제나 "그리스도의 계시 속에서 발견되는 참되고 적절한 지혜에 못 미친다"는 것이다. 이런 생각에서 그는 아리스토텔레스에게 존경을 표했고, 아리스토텔레스를 종종 간단히 "철학자"라는 호칭으로 인용했다. 그러나 그는 기독교 교리를 아리스토텔레스주의와 동렬 속으로 집어넣음으로써 기독교 교리를 위태롭게 하지 않았다. 오히려 그는 그것이 기독교 교리와 충돌할 때는 언제든 아리스토텔레스주의를 수정하고 교정했다.

아퀴나스의 저작은 대부분 철학적 주제에 관한 것이고 이런 의미에서 철학적 저작으로 특징지어져도 된다. 그의 철학사상은 기독교 신학, 특히 가톨릭교회의 신학에 엄청난 영향을 미쳤고, 서양 철학 일반에까지 확장했다.

아퀴나스의 존재론은 신학 전체의 특징을 이루는 것으로 아리스토텔레스적 관념론이다. 신과 피조물의 관계에 대한 이해에는 존재의 비유를 사용하여 비유와 참여의 개념에 의해 동일성 안에 차별을 갖고 있는 존재를 이해해서 불가지론不可知論과 범신론汎神論의 위험을 피해 나갔다. 그리고 본질 구조의 규정 원리로서 아리스토텔레스의 질료와 형상形相,

가능태可能態와 현실태現實態의 개념을 도입했다. 더욱이 아비체나에게서 발견한 '본질과 존재'의 구별을 이용하여 그의 독자적 원리를 전개하고, 본질과 존재가 일치하는 신神 존재의 필연성과 무無로부터의 창조라는 개념을 확립했다.

신의 존재에 대한 증명에는 본체론적本體論的 증명을 피하고, 경험에 의해 주어진 사실로부터 출발하여 제1원인인 다섯 가지 길을 사용한다. 악의 문제는 선의 결여라는 관점에서 해석한다. (악을 도덕감정의 결여와 반反중도에서 찾지 않았다. 그도 플라톤과 아리스토텔레스처럼 도덕감정과 도덕감각의 본성과 감성적 항상성[homeostasis]을 회복·유지하려는 중도 지향성이 인간에게 내재함을 알지 못했다.)

다음에 인격의 단일성을 믿던 아퀴나스는 영혼의 유일형상성唯一形相性에 바탕을 둔 인간학을 전개했다. 이성적 동물로서 영과 육의 합성체인 인간에게서 영혼에는 이성 작용과 의지 작용이 있으며, 영혼은 이성적 인식 작용의 원리일 뿐 아니라 동물적·식물적 생명 원리이기도 하다고 주장한다. 그의 인식론은 본질적으로 존재론적인데 이성은 감각이 주는 내용으로부터 추상 작용에 의해 대상의 본질개념을 형성한다고 주장하고 능동지성能動知性과 수동지성受動知性을 구별한다. 이것은 아우구스티누스의 상급이성과 하급이성의 구별에 해당한다.

아퀴나스는 모든 도덕을 하느님을 향하는 이성과 피조물의 운동으로 파악하고 종국적 목표는 피안에 있어서의 신직관神直觀이라고 주장하는 도덕론을 전개했다. 그러나 이런 말들은 성서를 믿는 기독교도 사이에서만 통할 이야기다. 하느님으로 인도하는 수단으로서 윤리적 행위를 심리학적으로 분석한다. 도덕률을 영원법의 반영이라 보고 초자연적 신에 입각하여 신을 향하는 목적론적 존재론의 체계 안에서 파악한다. 따라서 도덕률은 초월적인 것인 동시에 자연(본성)의 이성의 소리다. 그는 윤리적 덕성을 도덕적 행동의 습성화(체득)가 아니라 엉뚱하게도, 그러나 예상할 수 있듯이 '이성에 복종하는 습성'으로 보고, 덕성에 정의·절제·용기 등 세 윤리적 덕목에다 사려思慮의 덕목과 은총에 의한 신학적 덕목을 추가 하여 다섯 덕목을 설명한다. 그 가운데 사랑이 여러 덕의 형상으로서 인격의 최종적 완성을 이루게 한다고 주장한다.

아퀴나스는 알비파(Albigensians)와 발도파(Waldensians)가 결혼과 사유재산의 소유권에 관한 도덕적 개념들에 도전하고 이 도전이 오로지 자명한 규범에 기초한 논리적 논변에 의해서만 궁극적으로 해결될 수 있다고 생각했다. 그는 제1의 증명 원리가 무無모순의 자명한 원리("동일한 것이 동시에 긍정되고 부정될 수 없다"는 원리)인 것처럼 제1의 행동 원리는 자명한 선善 법칙("선은 행해지고 추구되고, 악은 회피되어야 한다"는 법칙) 이라고 논증했다. 이 자연법 개념은 (도덕감각이 아니라) 이성이 선하다고 아는 것을 행하고 추구하는 한편, 악을 회피하는 것을 규정규程으로 명한 다. 이성은 선이 본성상 유익하고 악은 그 반대이기 때문에 무엇이 객관적으로 선한 것인지를 안다. (그러나 "이성은 감정의 노예이고 오직 노예이어야만 하며, 감정에 봉사하고 복종하는 것 외에 감히 다른 직무를 결코 요구할 수 없다"는 명제로 합리적 도덕론을 철저히 분쇄한 데이비드 흄은 결단코 이성은 선악을 알지도, 판단하지도 못한다고 단언했다.[1074]) 그리고 선악을 이해利害에 근거 짓는 것은 공리주의다. 공리적 기준은 근검·절약 등 소덕小德의 소소한 선악을 가리지만, 이익을 초월한 대덕大德『인의예지』의 심각한 선악을 가리지 못한다.) 아퀴나스는 본성적으로 자명한 선善을 설명하기 위해 선을 만인이 바라는 자기보존의 실체적 선, 생식과 자식새끼의 교육과 같은 동물과 인간 양자에 공통된 선, 공동체 안에서 살고 신에 관한 진리

1074) 참조: Hume, *A Treatise of Human Nature* [1739-1740], Book 2: *Of the Passion*, 265-296쪽; 황태연, 『도덕의 일반이론(상)』 (서울: 한국문화사, 2024), 124-137쪽.

를 추구하는 것과 같은 합리적·지성적 존재자들을 특징짓는 세 범주로 나눈다. 그러나 이성이 없는 동물과 이성적 인간 양자에 공통된 선도 포함하는 이 구분은 바로 "선이 본성상 유익하고 악은 그 반대이기 때문에 무엇이 객관적으로 선한 것인지를 이성이 안다"는 그의 테제을 부정한다.

자기 자신과 타인들에 대한 이러한 본성적 선을 원하는 것은 사랑이라는 것이다. 이에 따라 아퀴나스는 신과 이웃을 사랑하도록 의무지우는 사랑 원칙이 "자연법의 첫 번째 일반원칙이고 본성을 통해서나 신앙을 통해서 인간 이성에 자명하다"고 논한다. 그러므로 십계명의 모든 원칙은 일반적 원칙들에 대한 결론으로서 이 사랑 원칙들로 귀착된다"는 것이다. 그러나 십계명은 한 계명도 사랑을 말하지 않고 있다.

그렇게 사랑을 기울여 선을 의욕 하는 것에 초점을 맞추는 것은 자연법의 초점을 덕행에 맞추는 것과 같다. 『신학대전』에서 그는 말한다. "덕성은 힘의 일정한 완벽화를 뜻한다. 이제 사물의 완벽화는 이 목적의 견지에서 숙고된다. 그러므로 권력은 행동을 사물의 작용에 결정적이 되어 가는 만큼 완벽하다고 예기된다." 아퀴나스에 의하면, "신더리세스(Synderesis: 태어나면서부터 가지고 있는 도덕의 근본 원칙에 대한 인간 정신의 본유적 능력)는 인간 행동의 제1원칙인 자연법의 원칙들을 포함하는 습성이기 때문에 우리의 정신의 법칙이라고 얘기된다." 아퀴나스는 "신더리세스"라는 개념으로 공맹의 본성적 사단지심(도덕감정과 도덕감각)을 뭉뚱그리는 것 같다. 그렇다면 이 '신더리세스'는 이성이 아니라 감성인 것이다. 그러나 아퀴나스는 이 '신더리세스'를 이성적 원칙으로 봄으로써 헛다리를 짚고 만다.

아퀴나스에 의하면, "모든 덕행이 자연법에 의해 규정되어 있다. 각인의 이성이 본성적으로 각인에게 덕행을 하도록 명하기 때문이다. 그러나 우리가 그 자체로서, 가령 그것들의 적절한 종류로 숙고된 덕행들에 관해 말한다면, 모든 덕행이 자연법에 의해 규정되는 것이 아니다. 왜냐하면 본성이 처음에 성향상 기울어지는 많은 것들은 덕스럽게 행해지기 때문이다." 그러나 "그것은 사람들이 이성의 탐구를 통해 잘 사는 것에 도움이 되는 발견이었다"는 것이다.

아퀴나스는 플라톤과 아리스토텔레스의 덕성론과 유사하게 사덕을 현명·절제·정의·불요불굴성으로 정의한다. 현명은 플라톤적 지혜의 대용물이고, 불요불굴성은 용기의 대용물이다. '대덕大德'은 본성적이고 본성에서 계시되고, 만인에 대해 구속력을 가진다. 하지만 신앙·희망·박애 등 세 가지 신학적 덕목이 있다. 아퀴나스는 또한 덕목들을 완전한 덕목과 불완전 덕목으로 분류했다. 완전한 덕목은 박애를 담은 모든 덕목이고, 박애는 대덕을 완성한다. 비기독교적 덕목은 용기일 수 있지만, 절제를 담은 용기일 것이다. 기독교적 덕목은 박애를 담은 용기일 것이다. 이 덕목들은 어느 정도 초超본성적이고, 그것들의 다른 목적에서, 곧 하느님 안에서 발휘는 다른 덕목들과 판이하게 다르다. "이제 신학적 덕목들의 목적은 우리 이성의 앎을 초월하는, 모든 것의 마지막 목적인 하느님 자체다. 다른 한편, 지성적·도덕적 덕목들의 목적은 인간 이성에 이해될 수 있는 어떤 것이다. 그러므로 신학적 덕목들은 도덕적·지성적 덕목과 특히 판이하게 다른 것이다." 아퀴나스는 "인간이 영원한 것들을 일시적인 것을 위해 비난하는 만큼 탐욕은 숙명적 인간의 모든 죄악과 똑같이 하느님에 반하는 죄악이다".

나아가 아퀴나스는 『법률론』에서 법을 영원법·자연법·인정법·신법 등 네 범주로 구분했다. 영원법은 모든 피조물을 다스리는 하느님의 명이다. "최고 이성인 법은 불변적이고 영원한 것과 다른 것으로 이해될 수 없다." 자연법은 영원법에 대한 인간의 "참여"이고, 이성에 의해 발견된다. 자연법은 제1원리에 기초한다. "이것은 제1의 법 원칙, 곧 선은 행해지고 증진되어야 하고 악은 회피되어야 한다는 법칙이다. 자연법의 모든 다른 원칙은 이것에 기초해 있다." 아퀴나스에 의하면 모든 인간적 경향은 인간적 복지를 향해 맞춰져 있다. 이 경우에 문제의 인간 본성은 혼인, 곧 자식을 위해 가정을 보장하고 인류를 위해 미래를 보장하는 이 사람의 저 사람에 대한 총체적 선물이다.

아퀴나스는 동물을 멍청하다고 언급하고 자연 질서가 동물을 인간의 사용을 위해 선언했다고 말한다. 그는 동물들이 사람이 아니기 때문에 인간이 동물에게 베풀어야 할 박애의 의무가 없다고 부정했다. 그렇지 않다면 먹기 위해 동물을 죽이는 것은 불법이 되고 말 것이다. 그러나 인간은 동물들에게 박애를 베풀어야 한다. 왜냐하면 "잔인한 습관들이 인간들의 취급 속으로 넘어 들어올지도 모르기" 때문이다.

아퀴나스는 경제도 윤리도덕의 관점에서 고찰해서 정의로운 가격의 개념, 통상 시장가격이나 생산비용을 커버하기에 충분한 규제된 가격을 논했다. 그는 판매자가 단순히 구입자들이 생산물을 절박하게 찾는다는 이유에서 가격을 올리는 것이 부도덕하다고 주장했다.

아퀴나스의 정치질서론은 고도로 영향력이 있었다. 그는 인간을 공동체 안에 살면서 다른 구성원들과 교제하는 사회적 존재로 간주한다. 그것은 무엇보다도 노동 분업을 낳는다.

아퀴나스는 아리스토텔레스를 따라서 군주가 다른 사람들과 타협할 필요가 없기 때문에 최선의 통치 형태라고 생각했다. 그러나 그는 군주정이 오직 한 가지 특유한 의미에서만 최선의 통치 형태라고 생각했다. 왕이 덕스러울 때만 그것은 최선의 통치 형태다. 그렇지 않고 군주가 악덕하다면 최악의 통치 형태다. 나아가 과두정은 군주정보다 쉽사리 폭정(참주정)으로 타락한다.

군왕이 참주가 되는 것을 막기 위해서 군왕의 정치권력은 제어되어야 한다. 모든 관련자의 합의가 이루어질 수 없다면, 관용되지 않으면 정치 상황이 참주정보다 훨씬 나쁜 무정부상태로 악화될 수 있는 만큼 참주는 관용되어야 한다. 「왕정론(De regno)」에서 그는 왕의 정치권력을 창조주 하느님의 신법과 인정법의 우위성에 하복下服시켰다. 왕은 한 나라의 백성을 지배하는 자, 그것도 공동선을 위해 지배하는 자다. 군주는 하느님의 대리인이지만, 교황에 의해 대표되는 교회는 교리와 윤리 문제에서 왕보다 우위에 있다. 세속적 지배자들은 국법을 가톨릭교회의 교리와 결정에 적응시킬 의무가 있다.

아퀴나스는 노예 상태를 인간의 자연 상태가 아닌 것으로 이해했다. 그는 노예도 본성상 그의 주인과 동등하다고도 생각했다. 그는 주인과 노예 양편에 이익을 주는 '자연적 노예 상태'를 노예로부터 모든 자율성을 박탈하고 죽음보다 못한 '비열한 노예 상태'를 구분했다. 적정가격에 대한 그의 독트린, 참주 살해(tyrannicide) 권리에 대한 그의 독트린, 성자의 공동체 안에 사는 하느님의 모든 세례받은 아들들의 평등에 대한 아퀴나스의 독트린은 참주정으로 타락하는 것을 막기 위해 정치권력에 제한을 설치했다. 이 이론 체계는 로마 가톨릭교회에 대한 프로테스탄트적 저항과 관련되었고, 칸트와 스피노자가 토미즘에 대해 수행한 "사심 없는" 응수와 관련되었다.

토마스 아퀴나스의 주요 저작은 다음과 같다. (저서 45권, 논문 7편)

『명제집 주석(Scriptum super Libros Sententiarum)』(1252-56)

『대對이교도대전(Summa contra gentiles)』(1259-1264)

『신학대전(Summa theologiae, I, II)』(1266-1272, III 1272-73, 미완성)

『철학대전(Summa Philosophiae)』(?)

『진리에 관한 정규토론집(Quaestiones disputatae de ueritate)』(1256-

1259)

『신의 전능에 관한 정규토론집(Quaestiones disputatae de potentia dei)』(1265-1266)

『영혼에 관한 정규토론집(Quaestiones disputatae de anima)』(1266-1267)

『영적 피조물에 관한 정규토론집(Quaestio disputata de spiritualibus creaturis)』(1267-1268)

『악에 관한 정규토론집(Quaestiones disputatae de malo)』(1270/1272)

『덕에 관한 정규토론집(Quaestiones disputatae de uirtutibus)』(1271/1272)

『육화될 말씀의 결합에 관한 정규토론집(Quaestiones disputatae de unione verbi incarnati)』(1272)

『자유토론집 VII-XI(Quaestiones de quodlibet VII-XI)』(1256-59)

『자유토론집 I-VI, XI(Quaestiones de quodlibet I-VI, XII)』(1268-72)

『이사야서 주해(Expositio super Isaiam ad litteram)』(1252)

『예레미아서 및 애가 주해(Super Isaiam et Threnos)』(1252)

『이사야서 주해(Expositio super Isaiam ad litteram)』(1252)

『취임강연록(Principium "Rigans montes de superioibus" et "Hic est liber mandatorum dei")』(1256)

『욥기 주해(Expositio super Iob ad litteram)』(1261-65)

『4복음서 연속 주해(Glossa continua super Evangelica, Catena aurea)』(1265-68)

『마태복음 강독(Lectura super Mathaeum)』(1269-70)

『요한복음 강독(Lectura super Ioannem)』(1270-72)

『바울서간문 주석 및 강해(Expositio et Lectura super Epistolas Pauli Apostoli)』(1265-73)

『시편 강연록(Postilla super Psalmos)』(1273)

『영혼론 주석(Sententia Libri de anima)』(1267-68)

『감각과 감각물에 관하여 주석(Sententia Libri de sensu et sensato)』(1268-69)

『자연학 주석(Sententia super Physicam)』(1268-69)

『기상학 주석(Sententia super Mateora)』(1270)

『명제론 주석(Expositio Libri peryermenias)』(1270/71 미완성)

『분석후서 주석(Expositio Libri posteriorum)』(1271/72)

『니코마코스 윤리학 주석(Sententia Libri ethicorum)』(1271-72)

『정치학 주석(Sententia Libri politicorum)』(1269-72)

『형이상학 주석(Sententia super Metaphysicam)』(1270-71)

『천체와 세계에 관하여 주석(Sententia super Librum de caelo et mundo)』(1272-73 미완성)

『생성과 소멸에 관하여 주석(Sententia super Libros de generatione et corruptione)』(1272/73 미완성)

『보에티우스의 삼위일체론 주석(Super Boetium de trinitate)』(1257-58/59)

『보에티우스의 주간론 주석(Expositio libri Boetii de ebdomadibus)』(1259?)

『디오니시우스의 신명론 주석(Super Librum Dionysii de diuinis nominibus)』(1261-65 혹은 1265-68)

『원인론 주석(Super librum de Causis)』(1261-65 혹은 1265-68)

『전례와 수도회를 업신여기는 자들에 대항하여(Contra impugnantes Dei cultum et religionem)』(1256)

『영적 삶의 완전성에 관하여(De perfectione spiritualis uitae)』(1270)

『수도회를 부인하는 자들에 대항하여(Contra doctrinam retrahentum a religione)』(1271)

『지성단일성론에 관하여 아베로에스주의자에 대항하여(De unitate intellectus contra auerroistas)』(1269/70)

『세계의 영원성에 관하여(De aeternitate mundi)』(1261-65 혹은 1265-68)

「자연의 원리들에 관하여(De principiis naturae)」(1252-56)

「존재와 본질에 관하여(De ente et essentia)」(1252-56)

「신학요강(Compendium theologiae)」(1265-67 미완성)

「왕정론(De regno)」(1267)

「분리된 실체에 관하여(De substantiis separatis)」(1271 미완성)

「요소들의 결합에 관하여(De mixtione elementorum ad magistrum Philippum de Caestro Caeli)」(1269?)

「심장의 박동에 관하여(De motu cordis ad magistrum Philippum de Caestro Caeli)」(1273)

2.2. 아퀴나스의 정치철학

오늘날 타당성을 거의 완전히 상실한 아퀴나스의 철학 전반을 상론하는 것은 학문적 실익이 없다. 여기서는 그의 정치철학만을 살펴본다.

아퀴나스의 정치철학을 아우구스티누스와 대조하는 것은 그의 정치철학을 이해하는 데 도움이 된다. 아우구스티누스는 『신국론』에서 정치적 권력을 원죄에서 비롯된 인간의 사회적 타락을 통제하기 위한 최소한의 공동체적 장치로 규정함으로써 '정치'를 기본적으로 아담의 타락으로 빚어진 원죄의 부산물로 이해했고,[1075] 또 "만인이 평등하게 창조되었기 때문에 어느 한 인간이 다른 사람들을 명령할 권리는 인류 바깥의 다른 곳으로부터 생겨날 수밖에 없다"고 주장했다.[1076] 아우구스티누스는 "한 인간이 다른 사람을 명령할 권리"라는 말로써 국가의 발생을 함의하고 있는 것으로 보인다. 그러나 "만인이 평등하게 창조되었다"는 아우구스티누스의 전제는 성서와 배치되는 오류의 명제다. 국가가 발생하기 오래전 에덴동산에서부터 인간들은 원죄 이전에도 남녀가 불평등하게 창조되었고 원죄 이후에도 남녀가 불평등하게 단죄되었다. 이브는 아담의 '보조자'로서 아담과의 관계에서 불평등하게 창조된 데다가 원죄로 인해 신으로부터 아담의 지배에 복종해야 하는 처벌을 받았고, 자식들은 신이 내린 계시인 십계명의 제4명에 의해 부모에게 피지배자로 종속되었다. 그리고 아우구스티누스 자신도 "만인이 평등하게 창조되었다"는 자신의 명제와 모순되게도 "예종 상태는 죄인 등에게 정당하게 부여된 것으로 이해된다"고 말했다.[1077]

그러므로 "한 인간이 다른 사람을 명령할 권리"는 이미 창세기 에덴동산 시절 또는 출애굽기로부터 '불평등하게 창조되고 불평등하게 처벌받고 부자 관계로 불평등하게 맺어진 인류' 안에서 충분히 생겨날 수 있는 것이다. 따라서 모든 인간의 평등한 창조 때문에 명령할 권리가 "인류 바깥의 다른 곳"으로부터 왔다는 아우구스티누스의 주장은 성서와 정면으로 배치되는 것이다.

1075) 유지황, 「토마스 아퀴나스 정치사상의 분석적 이해 – 질서와 평등을 중심으로」, 『철학사상』 25호(2007), 34-35쪽, 35쪽 각주4), 38쪽.
1076) Moorhouse F. X. Millar, "Introduction", 6쪽. Robert Bellarmine (K. E. Murphy, trans.), *De Laicis or The Treatise on Civil Government* (New York: Fordahm University Press, 1928).
1077) Robert Bellarmine, *De Laicis or The Treatise on Civil Government* [1581-1593], translated by Kathleen E. Murphy (New York: Fordham University Press, 1928), 35쪽에서 재인용.

성경 창세기에 따르면, 이브는 애당초 아담의 '보조자(helpmate)'로 불평등하게 창조되었고, 이후 원죄적 타락으로 인해 남편의 다스림을 받도록 더 불평등하게 처벌받았다. 그리고 신의 십계명은 '부모를 친애하라'가 아니라 "너의 아버지와 어머니를 공경하라(honour)"고 하고 있다.(「출애굽기」 십계명 20:12). 성서에 의하면, 인간은 태어나자마자 부모의 자식이므로 영락없이 부모의 피지배자인 것이다. 인간은 불평등하게 창조되었고 불평등하게 태어났다. 종합하면, 지상의 아무도 평등하게 창조되거나 평등하게 태어나지 않았다. 애당초 불평등하게 창조되고 원죄의 벌도 불평등하게 받은 아담과 이브를 포함해서 어떤 인간도 '부모의 자식'이 아닌 자는 없다. 이 때문에 탄생과 동시에 부모에 대한 공경의 의무를 짊어진 모든 인간은 태생적으로 불평등한 것이고, 남자와 남편의 지배에 복종해야 하는 여자와 아내는 더욱더 불평등하다.

토마스 아퀴나스는 정치를 기본적으로 아담과 이브의 타락으로 빚어진 원죄의 부산물로 이해한 아우구스티누스와 달리 정치를 인간 사회의 긍정적·적극적 요소로 보았다.[1078] 그는 아리스토텔레스의 '정치적 동물' 테제를 수용해서 정치란 인간이 태초부터 원죄와 무관하게 인간 사회에 존재해 사회질서의 유지를 도모함으로써 각 개인의 삶의 궁극목적을 달성하는 데 일조하는 것으로 이해했다. 따라서 그는 계도적 통치 권력이 원죄적 타락 이전에도 필요했다고 주장한다.[1079] 그러나 정치를 완전한 행복으로서의 '신과의 합일'을 달성하는 궁극의 길로 보지 않고 이런 목표로 가는 하나의 징검다리로만 간주했다.[1080]

그리고 논란을 일으키는 자유주의적·휘그주의적 변조 독법讀法을 제쳐 놓으면, 아퀴나스도 인정법人定法을 관철시키는 '정치적 권위'는 가부

1078) 유지황, 「토마스 아퀴나스 정치사상의 분석적 이해」, 34-35, 38쪽.
1079) 유지황, 「토마스 아퀴나스 정치사상의 분석적 이해」, 46-48쪽.
1080) 유지황, 「토마스 아퀴나스 정치사상의 분석적 이해」, 34-35쪽.

장적 권위의 대용물이 아니라 궁극적으로 "신이 내려준 권위"로부터 도출된다고 주장했다. 그는 정치권력이 신에 의해 부여된 것임을 신이 확립한 '우열 질서와 복종 논리'에 의거해 설명한다. "자연적 사물들의 작용들이 자연력으로부터 생겨나는 것처럼 인간 행동도 인간 의지로부터 생겨난다. 자연적 사물들에서 신에 의해 사물들에 부여된 자연력의 우월성에 의해 하급 사물들을 상급 사물들의 작용에 맞춰 움직이는 것이 상급 사물들의 의무다. 마찬가지로 인간사에서도 상급 인간 행동은 신적으로 확립된 권위에 의해 하급의 인간 행동을 자기들의 의지에 의해 움직이게 한다. 이성과 의지에 의해 움직이는 것은 이제 명령하는 것이다. 그러므로 신적으로 확립된 자연 질서에 의해 하급의 자연 사물들이 상급의 사물들의 움직임에 복종할 필요가 있듯이 인간사에서도 자연법과 신법의 질서에 의해 열등자들이 그들의 윗사람들에게 복종해야 한다."[1081] 왕권신수설인 셈이다. 정치는 신이 인간에게 단지 '허용'한 것이 아니라 '부여'한 것이다.[1082] 다만 그는 신이 인간에게 명령할 때 신적 권위를 행사하는 것과 동일한 포괄적 방식으로 정치적 권위가 행사되어서는 아니 된다는 단서를 달았다.

그리고 아퀴나스는 나라가 한 사람의 군주에 의해 다스려지는 것이 가장 적절하다고 말하면서도 동시에 최고통치자인 군주의 권력이 그가 다스리는 보통의 다수 인간들로부터 나온 것임을 지적한다. 그리하여 군주의 통치 권력에 대한 민주적 통제장치를 강조하고 나아가 혼합 정권의 유용성을 인정한다.[1083] "따라서 최선의 통치 형태는 한 사람이 모두를 다스리는 권력을 부여받은 한편, 그의 휘하에 통치권력을 가진 다른 사람들도

1081) Thomas Aquinas, *Summa Theologiae*, IaeIIae. q.104. art.1. 유지황, 「토마스 아퀴나스 정치사상의 분석적 이해」, 43쪽 각주18)에서 재인용.
1082) Thomas Aquinas, *Summa Theologiae*, Ia. q.103. art.6. 유지황, 「토마스 아퀴나스 정치사상의 분석적 이해」, 42쪽 각주18)에서 재인용.
1083) 유지황, 「토마스 아퀴나스 정치사상의 분석적 이해」, 57쪽 각주37.

존재하는 나라에 있다. 하지만 이런 종류의 통치는 모두가 통치할 자격이 있고 지자들이 만인에 의해 선발된다는 두 가지 이유에서 만인에 의해 공유된다."[1084]

여기서 아퀴나스는 군주정을 "최선의 통치 형태"로 선호하고 최고 입법권이 "만인" 또는 "전체 대중(tota multitudo)"에 의해, 또는 "대중의 인격을 띤" 몇몇 공인공인에 의해 장악된다고 말한다. 하지만 이것은 실은 미사여구의 빈말이다. 왜냐하면 아퀴나스가 이 "전체 대중"을 "자유민(libera multitudo)"으로 한정했기 때문이다. 말하자면 자유민보다 수십 배 많은 노예·농노·예농 계급을 배제한 것이다. 그리고 아퀴나스는 이 "대중의 인격을 띤다"는 말의 의미를 깊이 있게 상론하지 않았고, 또 특정한 대중이 자유롭고 자치적인지, 또는 자유롭지만 어떤 수장의 입법적 권위에 종속되는 것인지, 또는 부자유스런 대중인지도 상론하지 않았다.[1085]

또한 치자에 대한 저항권도 아퀴나스는 명백히 밝힌 적이 없다. 그리고 아퀴나스는 최선의 정부형태를 "군주정·귀족정·민주정"이 "잘 혼합되어 있는" 형태라고 주장함으로써 슬그머니 귀족 신분과 신분제도를 인정하고, "민주정"을 성품과 능력이 탁월한 고위 관리를 선출하는 선거권을 가진 '자유 시민 유권자집단'의 투표 행위로 제한하고 있다.[1086] 플라톤처럼 그는 "각자가 사회의 각계 각 분야에서 주어진 본분에 충실히 임하는 일종의 계층적 사회구조를 역설했다".[1087] 아퀴나스의 이 정치적 인간불평론은 근본적으로 그의 정치 개념에 너무 깊이 뿌리박혀서 근절시킬 수 없

1084) Thomas Aquinas, *Summa Theologiae*, IaIIae. q.105. art.1. 유지황, 「토마스 아퀴나스 정치사상의 분석적 이해」, 57쪽 각주37)에서 재인용.
1085) "Aquinas' Moral, Political, and Legal Philosophy". *Stanford Encyclopedia of Philosophy* (revision 2017).
1086) "Aquinas' Moral, Political, and Legal Philosophy". *Stanford Encyclopedia of Philosophy* (revision 2017).
1087) 유지황, 「토마스 아퀴나스 정치사상의 분석적 이해」, 57쪽.

는 성질의 것이다. 그는 정치를 "인간의 사회적 본성과 차별적 재능이 낳은 것"으로 보고 인간들이 신 앞에서 평등하지만, 인간이 인간 앞에서 엄연히 선천적 능력 차이와 계층·신분 차별이 존재함을 정상적 '사물의 질서'로 인정했다. 이로써 그는 "신에게서 받은 선천적 능력과 소명의 차이"에 따라 인간의 사회적·정치적 불평등을 신학적·신적 질서로 정당화하고 이를 통해 자신의 정치철학을 몽땅 중세 유럽의 신분 질서와 타협시켰던 것이다.[1088]

이와 같이 아퀴나스는 공자의 "성상근性相近" 명제와 정면 배치되는 본성적 인간불평등론을 개진하고 정당화한 것이다. 그는 이런 관점에서 군주정을 최선의 통치 형태로 규정한 것이다. "모든 인간이 이성적인 만큼 이성의 판단에 따른 통치에 한몫을 가지고 있기 때문에 모든 인간은 현명에 비례하여 유능하다. 그러므로 주인의 능력(mastercraft)의 방식에 따른 현명은 치자에게 있지만, 수공예 솜씨(handicraft)의 방식에 따른 현명은 신민들에게 있다."[1089] 그리하여 아퀴나스는 이 분업적 불평등을 신이 확립한 저 신적 차등 질서로 정당화하면서 "영원법(eternal law)"으로 공고화했다. 이것은 거의 그대로 플라톤의 분업적 정의관이다.

따라서 아퀴나스는 폭군적 군주도 백성이 직접 처형하거나 타도할 수 없다고 주장함으로 피치자에 의한 폭군 살해의 권리를 부정했다. 그러나 그는 이단방벌 차원에서 이단 폭군을 죽일 수 있는 종교적 폭군 살해 권리와, 신법에 배치되는 군주의 명령에는 저항할 의무가 있다는 종교적 저항권만을 인정했다. 그는 폭군적 질서도 '절대적 무질서'보다 더 용인할 만하다고 논변했다. 그는 『철학대전(Summa Philosophiae)』에서 심지어 복종이 '대덕大德(cardinal virtue)'이라고까지 주장한다. 이것으로부터

1088) 유지황, 「토마스 아퀴나스 정치사상의 분석적 이해」, 35-36, 59쪽.
1089) Aquinas, *Summa Theologiae*, IIaIIae. q.47. art.12. 유지황, 「토마스 아퀴나스 정치사상의 분석적 이해」, 57쪽 각주37)에서 재인용.

그는 불의한 치자에 대한 복종도 이 치자의 명령들이 덕성 자체와 대립하지 않고 신과 직접 대립하지 않는 한에서, 즉 그것들이 누군가를 신에게 죄를 짓도록 유도하지 않는 한에서 지상명령이라는 논지를 도출한다.[1090]

그러나 토마스 아퀴나스는 이것이 맞더라도 적어도 수동적 불복종은 – 자기의 생명을 버리더라도 – 절대 필수적이라고 말한다.[1091] 이 '수동적 불복종'은 종교 문제가 걸린 경우에 신을 위해 폭군 살해(tyrannicide)도 정당할 수 있는 것으로 해석될 여지가 있는 것으로 말하는 이들도 있다. 하지만 '수동적 불복종'이라는 말의 상식적 의미에서, 그리고 종교적 이단방벌의 이유가 아니라면 어떤 형태로든 폭군의 살해와 처형을 배제하는 그의 논리상 그럴 여지는 전무하다. 그리고 폭군의 자의성이 세속적 사건들에 국한된다면, 가령 그가 신민들을 강제노역시키거나 신민의 재산을 빼앗는다면, 수동적 불복종만이 허용된다. 그리고 아퀴나스는 불의한 치자를 정당하게 폐위할 가능성을 '제도적 질서의 틀' 안에서 이것을 수행하는 경우에 한정시켰다. 즉, 그 방법을 치자가 인민 투표에 의해 임명된 경우에 그를 퇴위하도록 강요하는 것이나, 치자보다 높은 심급에, 즉 황제나 신(결국, 교황)에게 그에 대한 고발장을 제출하는 것으로 국한한 것이다.[1092]

그러나 어떤 형식으로든 수많은 죄 없는 백성을 살해한 폭군이라도 살해하거나 처형할 수 없다. 결국, 아퀴나스는 백성이 나라를 도탄에 빠뜨

1090) Thomas Aquinas, *Summa Philosophiae*, IIaIIe, Q.104. Nikos Psarros, "The Political Philosophy of St. Thomas Aquinas in comparison to the political Ideas of St. Augustine and al-Farbi: Three Rationalist Conceptions", *Conference Paper* (June 2018), 2쪽에서 재인용.

1091) Aquinas, *Summa Philosophiae*, IIaIIe, Q.104. Nikos Psarros, "The Political Philosophy of St. Thomas Aquinas in comparison to the political Ideas of St. Augustine and al-Farbi: Three Rationalist Conceptions", 2쪽에서 재인용.

1092) Nikos Psarros, "The Political Philosophy of St. Thomas Aquinas in comparison to the political Ideas of St. Augustine and al-Farbi: Three Rationalist Conceptions", 2쪽.

린 '세속적 악정惡政'이나 부덕 또는 어리석음 때문에 군주를 제거하고 처형하는 혁명과 혁명적 폭군방벌을 부정한 것이다. ∎

참고문헌

⟨공맹경전⟩

『大學』, 『中庸』, 『論語』, 『孟子』, 『禮記』, 『書經』, 『詩經』, 『易經(周易)』,
『孝經』, 『春秋左氏傳』.

⟨동양문헌⟩

김선진, 「여가본질의 심리적 본질」, 『소비자학연구』(1996).
김선진, 『재미의 본질』(부산: 경성대학교 출판부, 2013).
杜預(注)·孔穎達(疏), 『春秋左傳正義』(開封: 欽定四庫全書, 宋太宗 淳化元年[976年]), 下 四六쪽(昭公六年).
박종현, 「희랍 철학에서 본 중용 사상」. 인문과학연구소 편, 『동서사상의 대비적 조명』 (서울: 성균관대학교출판부, 1994).
박종현, 『헬라스 사상의 심층』(서울: 서광사, 2001).
박종현, 『『필레보스』해제』. 플라톤(박종현 역주), 『필레보스』(서울: 서광사, 2004).
司馬遷, 『史記世家』. 『史記列傳』.
蕭公權, 『中國政治思想史』(上海: 商務印書館, 1947). 蕭公權(최명 역), 『中國政治思想史 』(서울: 法文社, 1994)
宋時烈, 「雜著·雜錄」. 『송자대전(VII)』(서울: 민족문화추진위원회, 1983).
劉安, 『淮南子』. 劉安(안길환·편역), 『淮南子(상·중·하)』(서울: 명문당, 2001).
유지황, 「토마스 아퀴나스 정치사상의 분석적 이해 질서와 평등을 중심으로」, 『철학사상 』25호(2007).
李相玉 편저(新완역), 『禮記(上·中·下)』(서울: 명문당, 2003).
이영재, 「공자의 '恕' 개념에 관한 공감도덕론적 해석」. 『정치학회보』 47집 1호 (2013) [29-46쪽].

李澤厚,『中國古代思想史論』(北京: 人民出版社, 1985). 리쩌허우(정병석 옮김),『중국고대사상사론』(서울: 한길사, 2005).
丁若鏞(全州大 호남학회연구소 역),『與猶堂全書』「經集 I·II·中庸自箴·論語古今註」(전주: 전주대학교출판부, 1989).
丁若鏞,『孟子要義』[1814]. 丁若鏞(金誠鎭 編, 鄭寅普.安在鴻 同校),『與猶堂全書』第二集 經集 第五卷.第六卷 (서울: 驪江出版社, 1985 영인본).
鄭玄(注)·賈公彦(疏),『周禮注疏』十三經注疏編纂委員會 간행 (北京: 北京大學校出版部, 2000).
鄭玄(注)·孔穎達(疏),『禮記正義』. 十三經注疏整理委員會 (北京: 北京大學出版社, 2000).
朱熹,『四書集註』. 주희 집주(임동석 역주),『四書集註諺解(전4권)』(서울: 학고방, 2006).
朱熹,『中庸章句』, 「序」.
陳淳,『北溪字義』. 진순(김영민 역),『북계자의』(서울: 예문서원, 1994·2005).
천성림,「공자와 여성」. 전인갑,『공자: 현대 중국을 가로지르다』(서울: 새물결, 2006).
何晏(注)·邢昺(疏),『論語注疏』, 十三經注疏整理本 (北京: 北京大學出版社, 2000).
韓非子,『韓非子』. 王先謙,『韓非子集解』(上海書店 諸子集成本).
황태연,『지배와 이성』(서울: 창작과비평사, 1996).
황태연,『계몽의 기획』(서울: 동국대학교출판부, 2004).
황태연,『실증주역』(파주: 청계, 2008·2012).
황태연,「서구 자유시장론과 복지국가론에 대한 공맹과 사마천의 무위시장 이념과 양민철학의 영향」.『정신문화연구』. 2012년 여름호 제35권 제2호: [316-410쪽].
황태연,『감정과 공감의 해석학(1·2)』(파주: 청계, 2014·2015).
황태연,『공자의 인식론과 역학』(파주: 청계, 2018).
황태연,『공자철학과 서구 계몽주의의 기원』(파주: 청계, 2019).
황태연,『유교제국의 충격과 서구 근대국가의 탄생(1)』(서울: 솔과학, 2022).
황태연,『근대 영국의 공자 숭배와 모럴리스트들(1-2)』(서울: 한국문화사, 2020·2023).
황태연,『공자의 충격과 서구 자유·평등사회의 탄생(상·중·하)』(서울: 공감의 힘, 2021).
황태연,『극동의 격몽과 서구 관용국가의 탄생』(서울: 솔과학, 2021)
황태연,『한국 금속활자의 실크로드』(서울: 솔과학, 2023).
황태연,『유교적 근대의 일반이론』(서울: 한국문화사, 2023).
황태연,『근대 영국의 공자숭배와 모럴리스트들(상·하)』(서울: 한국문화사, 2023).
황태연,『공자와 미국의 건국(상)』(서울: 한국문화사, 2023).
황태연,『근대 프랑스의 공자 열광과 유교적 계몽철학』(서울: 한국문화사, 2023).
황태연,『놀이하는 인간』(서울: 지식산업사, 2023).
황태연,『도덕의 일반이론: 도덕철학에서 도덕과학으로(상·하)』(서울: 한국문화사, 2024).
황태연,『정의국가에서 인의국가로: 국가변동의 일반이론』(서울: 지식산업사, 2024).
황태연,『베이컨에서 홉스까지: 서양 경험론과 정치철학』(서울: 생각굽기, 2024).
황태연,『예술과 자연의 미학』(서울: 지식산업사, 2024).

⟨서양문헌⟩

Adorno, Theodor W., Ästhethische Theorie (Frankfurt am Main: Suhrkamp, 1973·1990).
Aeschines, Against Timarchus (Cambridge [MA]·London: Harvard University Press·William Heinemann LTD, 1968).
Albrecht, Michael, "Einleitung". Christian Wolff, Oratio de Sinarum philosophia practica [1721·1726] - Rede über die praktische Philosophie der Chinesen. Übersetzt u. eingeleitet v. Michael Albrecht (Hamburg: Felix Meiner Verlag, 1985).
Allen, D. J., The Philosophy of Aristotle (London·Oxford·New York: Oxford University Press, 1970).
Annas, Julia, "Platon". Iring Fetscher und Herfried Mnkler (Hg), Pipers Handbuch der Politischen Ideen, Bd.1: Frhe Hochkulturen und europische Antike (Mnchen: R. Piper, 1988).
Aristotle, The Athenian Constitution. Aristotle, The Athenian Constitution·Eudemian Ethics·Vertues and Vices (Cambridge [MA] & London: Harvard University Press·William Heinemann LTD, 1981).
Aristoteles, Politik. Übersetzt v. Olof Gigon (München: Deutscher Taschenbuch Verlag, 1955·1986). 영역본: Aristotle, Politics. Aristotle, Vol.XXI. The Leob Classical Library (Cambridge [MA]·London: Harvard University Press·William Heinemann LTD, 1981).
Aristoteles, Die Nikomachische Ethik. Übersetzt v. Olof Gigon (München: Deutscher Taschenbuch Verlag, 1951·1986). 영역본: Aristotle, The Nicomachean Ethics, with an english translation by H. Rackham. Aristotle, Vol.XIX in twenty-three volumes (Cambridge [MA]·London: Harvard University Press·William Heinemann LTD, 1968).
Aristotle, Posterior Analytics. Aristotle, Vol.II (Cambridge [MA]·London: Harvard University Press, 1935·1981).
Aristotle, Metaphysics. Aristotle, Vol.XIIV (Cambridge [MA]: Harvard University Press, 1935·1981).
Aristotle, Magna Moralia. Aristotle, Metaphysic (X-XIV), Oeconomica, Magna Moralia. Aristotle, Vol.XIIIV (Cambridge [MA]: Harvard University Press, 1935·2006).
Aristotle, Eudemian Ethics. Aristotle, Vol.XX (Cambridge [MA]: Harvard University Press, 1935·1981).
Aristotle, Poetics. Aristotle, The Poetics, "Longinus" on the Sublime, Demetrius on Style (Cambridge [MA]: Harvard University Press, 1927·1965).

Aristotle, On the Soul. Aristotle, Vol.8 (Cambridge [MA]: Harvard University Press, 1969).
Aristotle, Longinus on the Sublime. Aristotle, Longinus on the Sublime·Demetrius on Style (Cambridge [MA]·London: Harvard University Press·William Heinemann LTD, 1977).
Aristotle, On the Cosmos. Aristotle, Sophistical Refutation·Coming-to-be and Passing-away·On the Cosmos (Cambridge [MA]·London: Harvard University Press·William Heinemann LTD, 1981).
Aristotle, The Art of Rhetoric (Cambridge [MA]·London: Harvard University Press·William Heinemann LTD, 1975).
Aristotle, Historia Animalium (Books VII-X). Leob Classical Library. Aristotle, Vol.XI in twenty-three volumes (Cambridge, MA·London: Harvard University Press·William Heinemann LTD, 1981).
Arnhart, Larry, Darwinian Natural Right: the Biological Ethics of Human Nature (Albany, NY: State University of New York Press, 1998).
Augustine, On Free Choice of the Will [AD 396]. Translated by Thomas Williams (Indianapolis·Cambridge: Hackett Publishing Co., 1993).
Augustine, On the Trinity [AD 416]. Translated by Arthur West Haddan. A collection of literary, philosophical, and theological electronic texts compiled and edited by Darren L. Slider.
(http://www.logoslibrary.org/augustine/trinity/index.html.).
Augustine, City of God [AD 426]. Translated by Marcus Dods. From Nicene and Post-Nicene Fathers, First Series, Vol.2. Edited by Philip Schaff. (Buffalo, NY: Christian Literature Publishing Co., 1887.) Revised and edited for New Advent by Kevin Knight.
(http://www.newadvent.org/fathers/1201.htm. 최종검색일: 2009. 12. 3.). 성 아우구스티누스(조호연·김종흡),『신국론』(서울: 현대지성사, 1997).
Bacon, Francis, The New Organon [1620]. Edited by Lisa Jardine and Michael Silverthorne (Cambridge: Cambridge University Press, 2000).
Barnes, Jonathan, Aristotle: "Posterior Analytics (Oxford: Clarendon Press, 1994).
Barnes, Jonathan, "Life and Work". Jonathan Barnes (ed.), The Cambridge Companion to Aristotle (Cambridge: Cambridge University Press, 1995).
Barnes, Jonathan, "Metaphysics". Jonathan Barnes (ed.), The Cambridge Companion to Aristotle.
Bellarmine, Robert, De Laicis or The Treatise on Civil Government [1581-1593], translated by Kathleen E. Murphy (New York: Fordham University Press, 1928).

Bentham, Jeremy, Panopticon, or, the Inspection House. The Works of Jeremy Bentham, Vol.4, (New York: Russell & Russell, 1962).
Bowden, Hugh, Classical Athens and the Delphic Oracle Divination and Democracy (Cambridge: Cambridge University Press, 2005).
Bowie, A. M., "Greek Sacrifice Forms and Functions", Anton Powell (ed.), The Greek World (London·New York: Routledge, 1995).
Brown, Alan S., Deja Vu Experience: Essays in Cognitive Psychology (Hove, East Sussex: Psychology Press, 2004).
Caillois, Roger, Les jeux er les hommes (Paris: Librairie Gallimard, 1958). 영역판: Man, Play and Games (Urbana·Chicago: University of Illinois Press, 1961·Reprint 2001).
Clarke, John J., Oriental Enlightenment (London·New York: Routledge, 1997; 1998).
Cohen, S. Marc, "Substances". Georgios Anagostolpoulos, A Companion to Aristotle (Malden『MA』·Oxford: Blackwell Publishing Ltd, 2009).
Colaiaco, James A., Socrates Against Athens: Philosophy on Trial (London: Routledge, 2001). 제임스 A. 콜라이코(김승욱 역), 『소크라테스의 재판』 (서울: 작가정신, 2005).
Condorcet, Entwurf einer historischen Darstellung der Fortschritte des menschlichen Geistes [1793] (Frankfurt am Main: Suhrkamp, 1976).
Descartes, René, The Principles of Philosophy [1647]. The Philosophical Wrings of Descartes, Vol.I. Translated by John Cottingham·Robert Skoothoff·Dugald Murdoch (Cambridge·New York·Melborne: Cambridge University Press, 1985, 19th printing 2007).
Descartes, René, Rules for the Direction of the Mind [1701]. The Philosophical Wrings of Descartes, vol.I.
Descartes, René, Meditations on First Philosophy [1641]. René Descartes, Discourse on Method and Meditations on First Philosophy. Edited by David Weissman with essays by William T. Blum, Lou Massa, Thomas Pavel, John F. Post, Stephen Toulmin, David Weissman (New Haven·London: Yale University Press, 1996).
Domanski, Andrew, "Principles of Early Education in Plato's Law". Acta Classica (2007): [65-80].
Dutton, Denis, The Art Instinct: Beauty, Pleasure, and Human Evolution (New York: Bloomsbury Press, 2009·2010).
Engels, Friedrich, "Beschreibung der in neuerer Zeit entstandenen und noch bestehenden kommunistischen Ansiedlungen". MEW [Marx Engels Werke], Bd.2 (Berlin: Dietz Verlag, 1980).

Engels, Friedrich, "Zwei Reden in Elberfeld", MEW, Bd.2. (Berlin: Dietz Verlag, 1980).
Gadamer, Hans-Georg, Wahrheit und Methode, Grundzüge einer philosophischen Hermeneutik. Gadamer, Gesammelte Werke, Bd.1, Hermeneutik I (Tübingen: J. C. B. Mohr, 1960·1986).
Gress, David, From Plato to NATO: The Idea of the West and its Opponents (New York·London·Toronto: The Free Press, 1998).
Guthrie, W. K. C., A History of Greek Philosophy, Vol.5: The Later Plato and the Academy (Cambridge: Cambridge University Press, 1978).
Du Halde, P., The General History of China [Paris: 1835], 4 Volumes (London: Printed by and for John Watts, 1736).
Ferejohn, Michael, "Empiricism and the First Principles of Aristotelian Science". Georgios Anagostolpoulos, A Companion to Aristotle (Malden, MA·Oxford: Blackwell Publishing Ltd, 2009).
Halliwell, Stephen, "The Life-and-Death Journey of the Soul: Myth of Er". G. R. Ferrari (ed.), The Cambridge Companion to Plato's Republic (Cambridge·New York: Cambridge University Press, 1998).
Hegel, Georg W. F., Grundlinien der Philosophie des Rechts. G.W.F. Hegel, Werke Bd.7 in 20 Bänden (Frankfurt am Main: Suhrkamp, 1970).
Herodotus, The Histories (London·New York: Penguin Books, 2003).
Hobbes, Thomas, Leviathan. The Collected Works of Thomas Hobbes, Vol. III. Part I and II, Collected and Edited by Sir William Molesworth (London: Routledge/Thoemmes Press, 1992).
Hourani, George F., "The Education of the Third Class in Plato's Republic", The Classical Quarterly 1, Vol.43, No.1/2 (Jan. - Apr., 1949).
Huizinga, Johan, Homo Ludens: A Study of the Play Element in Culture (Boston: The Beacon Press, 1950·1955).
Hume, David, A Treatise of Human Nature [1739-1740], Book 2: Of the Passion, edited by David Fate Norton and Mary J. Norton, with Editor's Introduction by David Fate Norton (Oxford·New York·Melbourne etc.: Oxford University Press, 2001·2007).
Hume, David, A Treatise of Human Nature [1739-1740], Book 3: Of Morals, edited by David Fate Norton and Mary J. Norton, with Editor's Introduction by David Fate Norton (Oxford·New York·Melbourne etc.: Oxford University Press, 2001·2007).
Hutchinson, D. S., "Ethics". Jonathan Barnes (ed.), The Cambridge Companion to Aristotle (Cambridge: Cambridge University Press, 1995).
Jaspers, Karl, Die Großen Philosophen (Mnchen: Piper, 1957). 카를 야스퍼스(권

영경 역), 『위대한 사상가들: 소크라테스·석가모니·공자·예수』 (서울: 책과함께, 2005).

Justi, Johann H. G., Justi, Vergleichungen der Europäischen mit den Asiatischen und anderen, vermeintlichen Barbarischen Regierungen (Berlin/Stetten/Leipzig: Johann Heunrich Rüdiger Verlag, 1762)

Justi, Johann H. G., Abhandlung von den Mittel, die Erkenntnis in den Oeconimischen und Cameral-Wissenschten dem gemweinen Wesen recht nützlich zu machen (Göttungen: Verlag nicht angezeigt, 1755).

Kant, Immanue, Kritik der reinen Vernunft [1781·1787], zweiter Teil. Kant Werke, Bd.4 (Darmstadt: Wissenschaftliche Buchgesellschaft, 1983).

Kant, Immanuel, Über den Gemeinspruch: Das mag in der Theorie richtig sein, taugt aber nicht für die Praxis [1793]. Kant Werke, Teil 1 des Bd. 9 (Darmstadt: Wissenschaftliche Buchgesellschaft, 1983).

Klosko, George, The Development of Plato's Political Theory (New York: Methuen, 1986).

Kosman, Aryeh, "Justice and Virtue. The Republic's Inquiry into Proper Difference". G. R. Ferrari (ed.), The Cambridge Companion to Plato's Republic (Cambridge: Cambridge University Press, 2007).

Kow, Simon, China in Early Enlightenment Political Thought (Oxford: Routledge, 2017).

Laertius, Diogenes, Lives of the Eminent Philosophers. Translated by Robert Drew Hicks. A Loeb Classical Library edition, vol.1·2 (Cambridge, MA: Harvard University Press, 1925).

Lesher, James, "The Meaning of NOUS in the Posterior Analytics," Phronesis 18 (1973).

Lloyd, Marshall Davies, "Polybius and the Founding Fathers: the Separation of Powers" (2006; http://mlloyd.org/mdl-index/polybius/polybius.htm).

Locke, John, An Essay concerning Human Understanding [1689] (New York: Prometheus Books, 1995).

Marx, Karl, Das Kapital I·II·III. Marx Engels Werke (MEW), Bd.23·24·25 (Berlin: Dietz Verlag, 1981).

Maverick, Lewis A., China - A Model for Europe, Vol.II (San Antonio in Texas: Paul Anderson Company, 1946).

McDougall, William, An Introduction to Social Psychology (London: Methuen & Co. Ltd., 14th Edition. 1919; Republished, Ontario: Batoche Books, 2001).

Mead, George Herbert, "The Self and the Process of Reflection". George Herbert Mead, Mind, Self & Society (Chicago·London: The University of Chicago, 1934).

Melberg, Arne, Theories of Mimesis (Cambridge: Cambridge University Press, 1995).
Mendal, Puja, "Plato's Theory of Education".
https://www.yourarticlelibrary.com/education/platos-theory-of-education/40135 (최종검색일: 2024. 5. 27.)
Mill, John Stuart, "Grote's Plato". John Stuart Mill, Collected Works of John Stuart Mill, Vol. XI: Essays on Philosophy and the Classics (Toronto·Buffalo·London: University of Toronto Press·Routledge & Kegan Paul, 1978).
Millar, Moorhouse F. X., "Introduction". Robert Bellarmine (K. E. Murphy, trans.), De Laicis or The Treatise on Civil Government (New York: Fordahm University Press, 1928).
Montesquieu, The Spirit of the Laws, translated and edited by Anne M. Cohler·Basia Carolyn Miller·Harold Samuel Stone (Cambridge·New York·etc.: Cambridge University Press, 2008).
Nietzsche, Friedrich, "Der griechischer Staat". Nietzsche Werke, III-2, hrg. v. G. Colli u. M. Montinari (Berlin/New York: Walter de Gruyter & Co, 1974).
Nietzsche, Friedrich, "Ueber Wahrheit und Lüge im aussermoralischen Sinne". Nietzsche Werke, V-I, hg. v. G. Colli und M. Montarinari (Berlin: Walter de Gruyer, 1973).
Nietzsche, Friedrich, Morgenröthe, Nietzsche Werke, V-I, hg. v. G. Colli und M. Montarinari (Berlin: Walter de Gruyer, 1971).
Ottmann, Henning, Philosophie und Politik bei Nietzsche (Berlin: Walter de Gruyter, 1987).
Pangle, Thomas L., The Laws of Plato. Translated with Notes and an Interpretative Essay (Chicago: The Chicago University Press, 1980).
Panksepp, Jaak, Affective Neuroscience: The Foundations of Human and Animal Emotions (Oxford: oxford University Press, 1998).
Platon, Charmides. Platon Werke, Bd.I. in Acht Bänden. Herausgegeben von G. Eigler. Deutsche Übersetzung von Friedrich Schleiermacher (Darmstadt: Wissenschaftliche Buchgesellschaft, 1977).
Platon, Alkibiades I. Platon Werke, Bd.I.
Platon, Lysis. Platon Werke, Bd.I.
Platon, Euthyphron. Platon Werke, Bd.I,
Platon, Charmides, Platon Werke, Bd.I.
Platon, Des Sokrates Apologie. Platon Werke, Bd.II.
Platon, Euthydemos. Platon Werke, Bd.II.
Platon, Gorgias. Platon Werke. Bd.II.

Platon, Menon. Platon Werke Bd. II
Platon, Phaidon. Platon Weke, Bd.III.
Platon, Der Staat. Platon Werke, Bd.III. Plato, The Republic, Vol.II in Two Volumes. With an English Translation by Paul Shorey. Leob Classical Library(Cambridge, MA·London: Harvard University Press, 1946). 국역본: 플라톤(박종현 역), 『국가·政體』(서울: 서광사, 2007).
Platon, Phaidros. Platon Werke, Bd.V
Platon, Das Gastmahl. Platon Werke, Bd.V.
Platon, Theaitetos. Platon Werke, Bd.VI.
Platon, Der Staatsmann. Platon Werke, Bd.VI. 플라톤(김태경 옮김), 『정치가』(서울: 한길사, 2008).
Platon, Timaios, Platon Werke, Bd.VII.
Platon, Philebos. Platon Werke, Bd.VII. 플라톤(박종현 역주), 『필레보스』(서울: 서광사, 2004).
Platon, Gesetze. Platon Werke, Zweiter Teil des Bd.VIII. 플라톤(박종현 역주), 『법률』(파주: 서광사, 2009).
Plato, Epinomis. Plato, Vol.12 in twelve volumes (Cambridge, Massachusetts: Harvard University Press, 1975). 플라톤, 『에피노미스』, 플라톤(박종현 역주), 『법률』의 부록 (파주: 서광사, 2009).
Polybius, The Histories. Translated by W. R. Paton in 6 Volumes. Leob Classical Library Series (Cambridge [MA]·London: Harvard University Press first published, 1923).
Psarros, Nikos. "The Political Philosophy of St. Thomas Aquinas in comparison to the political Ideas of St. Augustine and al-Farbi: Three Rationalist Conceptions", Conference Paper (June 2018).
Quesnay, François, Despotism in China [1767]. Lewis A. Maverick, China - A Model for Europe, Vol.II (San Antonio in Texas: Paul Anderson Company, 1946).
Redmond, Geoffrey, and Tze-ki Hon, Teaching the I Ching (Oxford·New York: Oxford University Press, 2014).
Reid, Heathet, "Plato on Women in Sport", Journal of the Philosophy of Sport, Vol.47, No.3 (2020) [344-361].
Rilling, James K., David A. Gutman, Thorsten R. Zeh, Giuseppe Pagnoni, Gregory S. Berns &, Clinton D. Kilts, "A Neural Basis for Social Cooperation", Neuron, 35-2(18 July 2002).
Roberts, Jean, Aristotle and the Politics (New York: Routledge, 2009).
Roochnik, David, Beautiful City. The Dialectical Character of Plato's 'Republic' (Ithaca·London: Cornell University Press, 2003).

Rousseau, Jean-Jacques, Emil oder Über die Erziehung [Émile ou de l'Education, 1762], besorgt v. L. Schmidts. 9. Auflage (Paderborn·München: Ferdinand Schöningh, 1989).
Rowe, Christopher J., "The Place of the Republic in Plato's Political Thought". G. R. Ferrari (ed.), The Cambridge Companion to Plato's Republic (Cambridge·New York: Cambridge University Press, 1998).
Schofield, Malcolm, Plato: Political Philosophy (Oxford·New York: Oxford University Press, 2006).
Schopenhauer, Arthur, Die Welt als Wille und Vorstellung. Arthur Schopenhauer Sämtliche Werke, Bd.I (Frankfurt am Main: Suhrkamp, 1986).
Schopenhauer, Arthur, Preisschrift über die Grundlage der Moral [1840·1860]. Arthur Schopenhauer Sämtliche Werke, Bd.III (Frankfurt am Main: Suhrkamp, 1986).
Sedley, David, "Philosophy, the Forms, and the Art of Ruling". G. R. Ferrari (ed.), The Cambridge Companion to Plato's Republic (Cambridge: Cambridge University Press, 2007).
Seidel-Höppner, W., und J. Höppner, Sozialismus vor Marx. Beiträge zur Theorie und Geschichte des vormarxistischen Sozialismus (Berlin: Akademe-Verlag, 1987).
Smith, Adam, The Theory of Moral Sentiments, or An Essay toward an Analysis of the Principles by which Men naturally judge concerning the Conduct and Character, first of their Neighbours, and afterwards of themselves [1759, Revision: 1761, Major Revision: 1790], edited by Knud Haakonssen (Cambridge/New York: Cambridge University Press, 2002·2009[5. printing]).
Spahn, Peter, "Aristoteles". Iring Fetscher und Herfried Münkler (Hg), Pipers Handbuch der Politischen Ideen. Bd.1: Frühe Hochkulturen und europäische Antike (München: R. Piper GmbH & Co. KG, 1988).
Storey, Robert, Mimesis and the Human Animal: On the Biogenetic Foundations of Literary Representation (Evans, Illinois: Northwestern University Press, 1996).
Suttie, Ian Dishart, The Origins of Love and Hate (Oxford·New York: Routledge, 1935; 1999·2001 reprinted; Digital Printing 2007).
Taylor, Frederic Winslow, Die Grundsätze wissenschaftlicher Betriebsführung (Weinheim·Basel: 1977).
Temple, William. "An Essay upon the Ancient and Modern Learning" (London: First printed by J. R. for Ri. and Ra. Simpson under the title Miscellanea. The second part in four essays, 1699). The Works of William Temple

(London: Printed by S. Hamilton, Weybridge, 1814).
Thucydides. History of the Pelophonnesian War (Cambridge, Massachusetts·London: Harvard University Press, 2006).
Urmson, James O., Aristotle's Ethics (Oxford: Basil Blackwell, 1988). 엄슨(장영란 역), 『아리스토텔레스의 윤리학』(서울: 서광사, 1996).
Weiss, Roslyn, "Wise Guys and Smart Alecks in Republic I and II". G. R. F. Ferrari (ed.), The Cambridge Companion to Plato's Republic (Cambridge: Cambridge University Press, 2007).
Wolff, Christian, Oratio de Sinarum philosophia practica [1721·1726] - Rede über die praktische Philosophie der Chinesen (Hamburg: Felix Meiner Verlag, 1985).
Wolin, Sheldon S., Politics and Vision (Boston: Little, Brown and Co., 1960).
Xenophon. Memorabilia (Recollections of Socrates), translated and annotated by Amy L. Bonnette (Ithaca·London: Cornell University Press, 1994). 크세노폰(최혁순 역),『소크라테스의 회상』(서울: 범우사, 2002).
Xenophon, Symposium. Xenophon, vol.VI in seven volumes (Cambridge, MA·London: Harvard University Press·William Heinemann LTD, 1968).
Xenophon, Hellenica. Xenophon, seven vols. (Cambridge [MA]·London: Harvard University Press·William Heinemann LTD, 1968).